Umbrüche in der Industriegesellschaft
Herausforderungen für die politische Bildung

Schriftenreihe   Band 284

Studien zur Geschichte und Politik

Umbrüche in der Industriegesellschaft

Herausforderungen für die politische Bildung

Bundeszentrale
für politische Bildung

Bonn 1990
© Bundeszentrale für politische Bildung
Redaktion und Gesamtkonzeption: Will Cremer · Ansgar Klein
Karikaturen: Gerhard Mester, Wiesbaden
Anmerkung der Redaktion: Die Auswahl der Karikaturen wurde durch die Redaktion
vorgenommen. Die Karikaturen stellen keine inhaltliche Aussage der Autoren dar.
Diese Veröffentlichung stellt keine Meinungsäußerung
der Bundeszentrale für politische Bildung dar.
Für die inhaltlichen Aussagen tragen die Autoren die Verantwortung.
Eine Buchhandelsausgabe besorgt der Leske Verlag + Budrich GmbH · Opladen

Satzherstellung: Froitzheim, Bonn
Druck: May + Co., Darmstadt
ISBN 3–89331–060–6 · ISSN 0435–7604

Inhalt

Vorwort

I. Umbrüche:
Der Wandel der Industriegesellschaft

ULRICH BECK
Von der Industriegesellschaft zur Risikogesellschaft –
Überlebensfragen, Sozialstruktur und ökologische Aufklärung   13

CHRISTIAN LEIPERT
Ökologische Ökonomie   37

GERD-E. FAMULLA
Zum Wandel von Arbeit und Ökonomie   51

STEFAN HRADIL
Epochaler Umbruch oder ganz normaler Wandel?
Wie weit reichen die neueren Veränderungen der
Sozialstruktur in der Bundesrepublik?   73

MICHAEL OPIELKA
Der Wandel im Verhältnis der Geschlechter   101

ROLAND ECKERT
Die Entstehung besonderer Lebenswelten –
Konsequenzen für die Demokratie   137

ULRICH SARCINELLI
Krise des politischen Vermittlungssystems? –
Parteien, neue soziale Bewegungen
und Massenmedien in der Kritik   149

HEINRICH OBERREUTER
Wandlungstendenzen im Parteiensystem
– Ein Diskussionsbeitrag   169

BARBARA METTLER-MEIBOM
Informationsgesellschaft als Risikogesellschaft   179

BERND GUGGENBERGER
Freizeitgesellschaft – Ohne Freizeit und Zeit
Kritische Anmerkungen zur Neubestimmung des Verhältnisses
von Arbeit und Freizeit   199

II. Herausforderungen:
Problemstellungen der politischen Bildung

KLAUS MICHAEL MEYER-ABICH
Umwelt- und Sozialverträglichkeit: Neue Bedingungen einer
politischen Ethik   223

BERNHARD CLAUßEN
Politisches Lernen angesichts der Veränderungen
von System und Lebenswelt   235

AXEL BUST-BARTELS
Massenarbeitslosigkeit als Herausforderung der politischen Bildung   259

HENDRIK OTTEN
Multikulturelle Gesellschaft – Oder: »Wer hat Angst vorm
Schwarzen Mann?« – Anregungen für die politische Bildung   281

III. Orientierungen:
Ziele der politischen Bildung

WOLFGANG KLAFKI
Allgemeinbildung für eine humane, fundamental-demokratisch
gestaltete Gesellschaft   297

BERNHARD SUTOR
Politische Bildung als Allgemeinbildung   311

WOLFGANG HILLIGEN
Gewandelte Legitimationsmuster und Perspektiven
der politischen Bildung   329

KLAUS EDER
Kollektive Identität, historisches Bewußtsein
und politische Bildung   351

UTA ENDERS-DRAGÄSSER
Das Geschlechterverhältnis als Gegenstand politischer Bildung   369

WALTER GAGEL
Politisierung der politischen Bildung?
Erfahrungen und Perspektiven   383

WOLF-DIETRICH GREINERT
Das Verhältnis von politischer und beruflicher Bildung –
Drei Beziehungsmodelle als Ansatzpunkte für didaktische Überlegungen   401

PETER WEINBRENNER
Lebenslanges Lerninteresse oder lebenslänglicher Lernzwang?
Neue Akzente in der Weiterbildungsdebatte   415

HORST SIEBERT
Lerninteressen und Lernprozesse in der politischen Erwachsenenbildung   431

SIEGFRIED GEORGE
Situation, Ziele und Inhaltsfelder der politischen Bildung in der
Bundesrepublik Deutschland – Die Sicht der Deutschen Vereinigung
für politische Bildung   449

Auswahlbibliographie   468

Die Autoren   485

Vorwort

Die Rückwirkungen der industriellen Modernisierung auf die Gesellschaft, das unübersehbar gewordene Risiko von Großtechnologien und die mangelnde Sensibilität für die Bedrohung der ökologischen Ressourcen kennzeichnen tiefgreifende Umbrüche. Aus dem Wandel des Verhältnisses von Arbeit, Beruf und Freizeit, aus dem differenzierten Parteiensystem und aus ausgeweiteten politischen Beteiligungsformen entstehen neue Anforderungen an die politischen, sozialen und ökonomischen Institutionen.

Damit die Gesellschaft mit dem raschen Wandel auf allen Gebieten Schritt halten kann, ist lebenslanges Lernen notwendig. Dabei kommt der politischen Bildung eine wichtige Rolle zu. Sie muß die Übersetzungsarbeit an den Nahtstellen zwischen den Lebenswelten und den gesellschaftlichen Erfordernissen leisten und in den neunziger Jahren an der Neubestimmung des Verhältnisses von Allgemeinbildung, beruflicher Bildung, Weiterbildung und politischer Bildung mitwirken. Schulische und außerschulische politische Bildung müssen in ihrer Didaktik auf die Veränderung der Industriegesellschaft und die neuen Herausforderungen reagieren.

Der vorliegende Band versucht einen Überblick über die Perspektivdiskussion in der politischen Bildung. Er dokumentiert Beiträge unserer Fachtagung zum Thema »Politische Bildung als Erziehung zur Demokratie. 40 Jahre Bundesrepublik Deutschland« sowie des 4. Bundeskongresses für Politische Bildung der Deutschen Vereinigung für politische Bildung zum Thema: »Herausforderungen der Industriegesellschaft. Politische Bildung im 40. Jahr der Bundesrepublik Deutschland«. Zur thematischen Abrundung sind weitere Aufsätze aufgenommen worden.

Wir danken dem Bundesvorstand der Deutschen Vereinigung für politische Bildung, dessen konzeptionelle Arbeit in Vorbereitung des Bundeskongresses die Konturen des vorliegenden Bandes maßgeblich beeinflußt hat und der zum Abschluß der vorliegenden Beiträge die Situation, die Ziele und die Inhalte der politischen Bildung skizziert. Unser Dank gilt auch den beteiligten Autorinnen und Autoren.

Die Bundeszentrale hofft, mit diesem Band Anstöße für die Diskussion über die Aufgaben der politischen Bildung in den neunziger Jahren geben zu können. Die Beiträge verdeutlichen das Bemühen der politischen Bildung, sich den Herausforderungen einer modernen Industriegesellschaft zu stellen.

Das Direktorium der Bundeszentrale für politische Bildung

Franklin Schultheiß   Horst Dahlhaus   Wolfgang Maurus

I. Umbrüche:
Der Wandel der Industriegesellschaft

Ulrich Beck

Von der Industriegesellschaft zur Risikogesellschaft

Überlebensfragen, Sozialstruktur und ökologische Aufklärung*

1. Sind Risiken zeitlos?

Sind Risiken nicht mindestens so alt wie die Industrialisierung, möglicherweise so alt, wie das Menschengeschlecht überhaupt? Steht nicht alles Leben unter dem Risiko des Todes? Sind und waren nicht also alle Gesellschaften, alle Epochen »Risikogesellschaften«?

Kann oder muß man nicht gerade umgekehrt davon sprechen, daß seit Beginn der Industrialisierung kontinuierlich Gefahren – Hungersnöte, Seuchen, Naturkatastrophen – abgebaut wurden? Hier nur die Stichworte: Rückgang der Kindersterblichkeit, die »gewonnenen Jahre« (Imhof), die Errungenschaften des Sozialstaates, der enorme Fortschritt an technischer Perfektion im Laufe der letzten einhundert Jahre. Ist nicht insbesondere die Bundesrepublik ein Eldorado an bürokratisch organisierter Sorgfalt und Vorsicht?

Gewiß, da sind die »neuen Risiken« wie Atomkraft, chemische und gentechnische Produktionen und so weiter. Aber handelt es sich dabei nicht gerade um Gefahren – mathematisch-physikalisch betrachtet – von großer Reichweite, aber äußerst geringer, also vernachlässigbarer Eintrittswahrscheinlichkeit? So daß diese, kühl rational betrachtet, geringer zu bewerten sind als längst akzeptierte Risiken, wie zum Beispiel das unglaubliche Massensterben auf den Straßen oder das Raucherrisiko?

Gewiß, letzte Sicherheit ist uns Menschen versagt. Sind nicht aber die unvermeidlich bleibenden »Restrisiken« die Kehrseite der Chancen – des Wohlstands, der vergleichsweise hohen sozialen Sicherheit und des allgemeinen Komfort –, die die entfaltete Industriegesellschaft der Mehrzahl ihrer Mitglieder in historisch unvergleichlicher Weise bietet? Ist die Dramatisierung der Risiken nicht also letztlich doch ein typisches Medienspektakel, vorbei an dem etablierten Sachverstand – eine »neue deutsche Aufgeregtheit«, unhaltbar und vergänglich wie das Debakel um die »Eisenbahnkrankheit« Ende des 19. Jahrhunderts?

Und schließlich: Sind Risiken nicht eine Urangelegenheit der Technik- und Naturwissenschaften? Was hat der Soziologe hier eigentlich zu suchen? Ist das nicht wieder einmal typisch?

---

* Dieser Aufsatz ist eine überarbeitete und erweiterte Fassung eines Textes mit dem Titel »Risikogesellschaft. Überlebensfragen, Sozialstruktur und ökologische Aufklärung«, der erschienen ist in: Aus Politik und Zeitgeschichte, B 36/1989, S. 3–13.

2. Das Risikokalkül: Berechenbare Sicherheit angesichts einer offenen Zukunft

Menschheitsdramen – Pest, Natur- und Hungerkatastrophen, die drohende Gewalt von Göttern und Dämonen – mögen in ihren tödlichen Folgen, ihrem quantifizierbaren Gefahrengehalt dem Zerstörungspotential moderner Großtechniken gleichen oder nicht. Sie sind wesentlich von »Risiken« in meinem Sinne dadurch unterschieden, daß sie nicht auf Entscheidungen beruhen – genauer auf Entscheidungen, die technisch-ökonomische Vorteile und Chancen vor Augen haben und Gefahren nur als Schattenseiten des Fortschritts in Kauf nehmen. Dies ist mein erster Punkt: Risiken setzen industrielle, das heißt technisch-ökonomische Entscheidungen und Nutzenabwägungen voraus. Von Kriegsfolgen sind sie durch ihre »Normalgeburt«, genauer: ihre »friedliche Entstehung« aus den Zentren von Rationalität und Wohlstand mit dem Segen der Garanten von Recht und Ordnung unterschieden; von vorindustriellen Naturkatastrophen durch ihre Entscheidungsgenese, die allerdings nie nur die einzelner, sondern die ganzer Organisationen und (politischer) Verbände ist[1].

Die Konsequenz ist wesentlich: Vorindustrielle Gefahren, wie groß und verheerend sie auch immer gewesen sein mögen, waren »Schicksalsschläge«, die von »außen« über die Menschen hereinbrachen und einem »Außen« – Göttern, Dämonen, Natur – zugerechnet werden konnten. Auch hier gab es unendliche Anklagen, aber diese richteten sich gegen Götter oder Gott, waren – vereinfacht gesagt – religiös motiviert, nicht aber – wie industrielle Risiken – politisch aufgeladen. Denn mit der Entscheidungsherkunft stellt sich für industrielle Risiken unaufhebbar das innergesellschaftliche Zurechnungs- und Verantwortungsproblem, und zwar auch dort, wo die geltenden Regeln in Wissenschaft und Recht die Zurechnung nur in Ausnahmefällen erlauben. Für die industriellen Risiken sind Menschen, Betriebe, Behörden, Politiker verantwortlich. Ihre gesellschaftliche Entstehungsgeschichte verhindert – wie wir Soziologen sagen – die »Externalisierbarkeit« des Zurechnungsproblems[2].

Also: **Nicht** die Zahl der Toten und Verletzten, sondern ein gesellschaftliches Merkmal, die industrielle Selbstproduktion, macht großtechnische Gefahren zum Politikum. Doch die Frage bleibt: Müssen die vergangenen zweihundert Jahre nicht als ein kontinuierlicher Zuwachs an Kalkulierbarkeit und Vorsorge im Umgang mit industriell erzeugten Unsicherheiten und Zerstörungen beschrieben und bewertet werden? Tatsächlich ist es ein vielversprechender und bislang nur wenig erschlossener Zugang, die (politische) Institutionengeschichte der sich entfaltenden Industriegesellschaft als die konfliktvolle Enstehung eines Regelsystems im Umgang mit industriell

---

1 Auf diesen Unterschied zwischen vorindustriellen Gefahren, die nicht beherrschbar, aber auch nicht entscheidungsbedingt sind, und industriellen Risiken, die aus Entscheidungen und Nutzenabwägungen hervorgehen, hat Niklas Luhmann (Die Moral des Risikos und das Risiko der Moral, in: G. Bechmann [Hrsg.], Risiko und Gesellschaft, im Erscheinen) hingewiesen. Wobei er – der Systemtheoretiker – allerdings die Entscheidungen paradoxerweise ausschließlich den Individuen zuordnet, die doch sonst innerhalb von Organisationen und Bürokratien in seiner Theorie überhaupt nicht vorkommen.

2 Dies vollzieht sich in einem historischen Verschmelzungszustand von Natur und Gesellschaft, wo selbst scheinbar außenbedingte Naturkatastrophen wie Überschwemmungen, Erdrutsche und so weiter menschenbedingt erscheinen; vgl. dazu U. Beck, Gegengifte. Die organisierte Unverantwortlichkeit, Frankfurt/M. 1988, Kap. II.

erzeugten Unsicherheiten und Risiken nachzuzeichnen[3]. Daß man auf die Abenteuer, die in der Erschließung und Eroberung neuer Märkte und in der Entwicklung und Umsetzung neuer Technologien liegen, mit kollektiven Absprachen reagieren kann oder muß – beispielsweise durch Versicherungsverträge, die den einzelnen durch generelle Abgaben ebenso heranziehen wie sie ihn gegenüber dramatischen Schadensfällen entlasten –, ist eine soziale Erfindung, die zurückreicht zu den Anfängen der interkontinentalen Handelsschiffahrt, aber mit der Entfaltung des Industriekapitalismus in nahezu alle Problemzonen gesellschaftlichen Handels ausgedehnt und mehr und mehr perfektioniert wurde. Folgen, die zunächst den einzelnen treffen, werden zu »Risiken«, zu systembedingten, statistisch beschreibbaren und in diesem Sinne »berechenbaren« Ereignistypen, die damit auch überindividuellen, politischen Anerkennungs-, Ausgleichs- und Vermeidungsregeln zugeführt werden können.

Das Risikokalkül verbindet Natur-, Technik- und Sozialwissenschaften. Es kann auf völlig disparate Phänomene nicht nur innerhalb des Gesundheitsmanagements – vom Raucherrisiko bis zum Atomkraftrisiko – angewendet werden, sondern auch auf ökonomische Risiken, Risiken des Alters, der Arbeitslosigkeit, des Verkehrsunfalls, bestimmter Lebensphasen und so weiter. Im übrigen erlaubt es eine Art technischer Moralisierung, die sich nicht mehr moralischer und ethischer Imperative bedienen muß. An die Stelle des »kategorischen Imperativs« treten – beispielhaft gesprochen – Sterblichkeitsquotienten unter Smogbedingungen. In diesem Sinne kann man sagen, daß das Risikokalkül eine Art Moral ohne Moral, die mathematische Moral des technischen Zeitalters versinnbildlicht. Der Siegeszug des Risikokalküls wäre wohl nicht möglich gewesen, wenn damit nicht auch zentrale Vorzüge verbunden wären.

Ein erster liegt darin, daß Risiken die Chance eröffnen, Folgen, die zunächst immer »individualisiert«, auf die einzelnen abgewälzt werden, statistisch zu dokumentieren und auf diese Weise als Ereignisse zu entdecken, die systembedingt sind und entsprechend auch einer allgemeinen politischen Regelung bedürfen. Mit der statistischen Beschreibung von Risiken (etwa in Form von Unfallwahrscheinlichkeiten) wird die Sichtbarriere der Individualisierung aufgebrochen (was bei Umweltkrankheiten wie Pseudokrupp, Asthma oder auch Krebs bislang immer noch nicht zureichend der Fall ist) und ein entsprechendes politisches Handlungsfeld erschlossen: Unfälle am Arbeitsplatz werden beispielsweise nicht demjenigen angekreidet, dessen Gesundheit sie sowieso schon ruiniert haben, sondern ihrer individuellen Entstehungsgeschichte entkleidet und auf die betriebliche Organisation, Vorsorge und so weiter bezogen.

Ein zweiter Vorzug ist eng damit verbunden: Versicherungsleistungen werden verschuldensunabhängig vereinbart und gewährt (die Extremfälle grober Fahrlässigkeit oder Vorsätzlichkeit einmal ausgenommen). Damit kann der Rechtsstreit um die Verursachung entfallen, und die moralische Empörung wird abgemildert. Statt

---

3 Wichtige Überlegungen dazu finden sich bei F. Ewald, L'Etat Providence, Paris 1986 (deutsch: Frankfurt/M., im Erscheinen), auch bei A. Evers/H. Nowotny, Über den Umgang mit Unsicherheit, Frankfurt/M. 1987; C. Böhret (Hrsg.), Herausforderungen an die Innovationskraft der Verwaltung, Opladen 1987, K. M. Meyer-Abich, Von der Wohlstands- zur Risikogesellschaft in: Aus Politik und Zeitgeschichte, B 36/1989, S. 3ff., sowie Ch. Lau, Risikodiskurse, in: Soziale Welt, (1988)3, S. 418–436.

dessen entsteht je nach Höhe der Versicherungskosten für die Unternehmen ein Anreiz zur Prävention – oder eben gerade nicht.

Entscheidend aber ist wohl letztlich, daß auf diese Weise das Industriesystem (mit dem ja die industrielle Revolution institutionalisiert wurde) in bezug auf seine eigene, unabsehbare Zukunft handlungsfähig wird. Risikokalküle und Versicherungsschutz versprechen das Unmögliche: Noch nicht eingetretene Ereignisse werden Gegenstand gegenwärtigen Handelns – Prävention, Kompensation, vorsorgende Nachsorge. Wie der französische Soziologe François Ewald in detaillierten theoretisch-historischen Studien aufzeigt[4], liegt die »Erfindung« des Risiko-Versicherungs-Kalküls in diesem Sinne darin, das Nichtkalkulierbare kalkulierbar zu machen – mit Hilfe von Unfallstatistiken, durch die Verallgemeinerbarkeit von Lösungsformeln sowie durch das generalisierte Tauschprinzip »Zerstörung gegen Geld«. Auf diese Weise schafft ein in seinen Einzelheiten sehr umstrittenes System gesellschaftlicher Zurechnungs-, Kompensations- und Vorsorgeregeln gegenwärtige Sicherheit angesichts einer offenen, ungewissen Zukunft. Die Moderne, die Unsicherheiten in alle Nischen der Existenz hineinträgt, findet ihr Gegenprinzip in einem aus öffentlichen und privaten Versicherungsverträgen geknüpften *»Gesellschaftsvertrag« gegen die industriell erzeugten Unsicherheiten und Zerstörungen.*

Dieser Pakt zur Eindämmung und »gerechten« Verteilung von Folgen der industriellen Normalrevolution ist politisch-programmatisch irgendwo zwischen Sozialismus und Liberalismus angesiedelt, weil er die systemische Entstehung der Folgen und Gefahren zur Grundlage hat, zugleich aber die einzelnen an deren Kompensation und Prävention beteiligt. Der durch ihn herstellbare, erreichbare Konsens bleibt immer labil, konfliktvoll, revisionsbedürftig. Doch stellt er gerade deswegen das eigentliche Kernstück, die innere »soziale Logik« des Fortschrittskonsens dar, die die technisch-ökonomische Entwicklung in der ersten Phase des Industrialismus – im Prinzip – legitimiert hat. Wo gegen diesen »Sicherheitsvertrag« pauschal, eklatant und systematisch verstoßen wird, steht infolgedessen der Fortschrittskonsens selbst zur Disposition.

3. Risiko und Gefahr: Zur Überschneidung von Normal- und Ausnahmezustand

Mein entscheidender weiterführender Gedanke ist nun, daß genau dies bei einer Serie von technischen Herausforderungen, mit denen wir es heute zu tun haben – Atomkraft, viele chemische und gentechnische Produktionen sowie die laufenden und drohenden ökologischen Zerstörungen –, der Fall ist: Die Grundlagen der etablierten Risikologik werden unterlaufen oder außer Kraft gesetzt[5].

---

4 Vgl. F. Ewald (Anm. 3).
5 Dieser Gedanke wurde in Fallstudien von Großunfällen zunächst von P. Lagadec, Das große Risiko, Nördlingen 1987 (Original französisch 1982) erarbeitet, von Ch. Perrow, Normale Katastrophen, Frankfurt/M. 1988 (englisch 1985) sowie F. Ewald (Anm. 3) vertieft und im deutschen Sprachraum auch von A. Evers/H. Nowotny (Anm. 3) ausargumentiert; siehe dazu im einzelnen auch U. Beck, Gegengifte (Anm. 2) sowie Ch. Lau (Anm. 3).

Anders gesagt: Die gesellschaftlichen Institutionen der Industriegesellschaft sehen sich seit der zweiten Hälfte dieses Jahrhunderts mit der historisch völlig neuartigen entscheidungsbedingten Selbstvernichtungsmöglichkeit allen Lebens auf dieser Erde konfrontiert; dies unterscheidet unsere Epoche nicht nur von der ersten Phase des Industrialismus, sondern auch von allen anderen Kulturen und Gesellschaftsformen, so vielfältig und gegensätzlich diese auch im einzelnen gewesen sein mögen. Wenn ein Brand ausbricht, kommt die Feuerwehr; bei einem Verkehrsunfall zahlt die Versicherung. Dieses Zusammenspiel von vorher und nachher, von Sicherheit im Jetzt, weil auch Vorkehrung für den schlimmstdenkbaren Fall getroffen wurde, ist im Atom-, Chemie-, Genzeitalter aufgehoben. Atomkraftwerke haben im Glanze ihrer Perfektion das Versicherungsprinzip nicht nur im ökonomischen, sondern auch im medizinischen, psychologischen, kulturellen und religiösen Sinne außer Kraft gesetzt. *Die »Restrisikogesellschaft« ist eine versicherungslose Gesellschaft, deren Versicherungsschutz paradoxerweise mit der Größe der Gefahr abnimmt.*

Es gibt keine Institution, keine reale und auch wohl keine denkbare, die auf den drohenden GAU, dem größten anzunehmenden Unfall, vorbereitet wäre, und keine gesellschaftliche Ordnung, die die kulturelle und politische Verfassung auch für diesen Fall der Fälle gewährleisten könnte[6] – viele dagegen, die sich auf die nun einzig mögliche Leugnung der Gefahren spezialisieren. Denn an die Stelle der Nachsorge, die Sicherheit auch in der Gefahr verbürgt, tritt das Dogma technischer Irrtumslosigkeit, das der nächste Unfall widerlegt. Hüter des Tabus wird die Königin des Irrtums, die Wissenschaft. Nur »kommunistische« Reaktoren, nicht aber westdeutsche, sind empirische Gebilde von Menschenhand, die all ihre Theorien über den Haufen werfen können. Schon die simple Frage: »Was aber, wenn doch?« trifft ins Leere einer Nichtvorsorge der Nachsorgemöglichkeit. Entsprechend ist die politische Stabilität in Risikogesellschaften die des Nichtdarübernachdenkens.

Genauer gesagt: Atomare, chemische, genetische und ökologische Großgefahren heben die vier tragenden Säulen des Risiko-Sicherheits-Kalküls auf. Es handelt sich erstens um nicht eingrenzbare, globale, oft irreparable Schädigungen: Der Gedanke der geldlichen Kompensation versagt. Zweitens ist die vorsorgende Nachsorge für den schlimmsten denkbaren Unfall im Fall von Vernichtungsgefahren ausgeschlossen: Die Sicherheitsidee der antizipatorischen Folgenkontrolle versagt. Drittens verliert der »Unfall« seine (raum-zeitliche) Begrenzungen und damit seinen Sinn; er wird zu einem »Ereignis« mit Anfang ohne Ende, zu einem »open-end-festival« der schleichenden, galoppierenden und sich überlagernden Zerstörungen. Das aber heißt, Normalitätsstandards, Meßverfahren und damit die Kalkulationsgrundlagen für Gefahren werden aufgehoben; Unvergleichbares wird verglichen; Kalkulation schlägt in Verschleierung um.

Besonders eindringlich wird das Problem der Nichtkalkulierbarkeit von Folgen und Zerstörungen an ihrer fehlenden Zurechenbarkeit deutlich. Die Anerkennung und Zurechnung von Gefahren erfolgt bei uns wissenschaftlich und rechtlich nach dem Kausalprinzip, dem Verursacherprinzip. Was allerdings Technikern und Juristen ganz selbstverständlich, geradezu ethisch gefordert erscheint, hat im Kontext von

---

6 Insofern haben die Auseinandersetzungen beispielsweise um die sogenannte »Katastrophen-
  medizin« exemplarischen Charakter.

Großgefahren äußerst fragwürdige, paradoxe Konsequenzen. Ein Beispiel: das Verfahren gegen eine Bleikristallfabrik in der oberpfälzischen Gemeinde Altenstadt[7].

Über den Ort waren pfenniggroße Staubflocken aus Blei und Arsen niedergegangen, Fluorschwaden färbten Äste braun, verätzten Fenster und ließen Ziegel zerbröckeln. Bewohner litten unter Hautausschlägen, Übelkeit und Kopfschmerzen. Woher das alles kam, war keine Frage. Aus dem Schornstein der Fabrik quoll sichtbar der weiße Staub. Ein klarer Fall. Ein klarer Fall? Am zehnten Verhandlungstag bot der Vorsitzende Richter an, das Verfahren gegen eine Geldbuße von 10000 DM einzustellen. Ein Ausgang, wie er für Umweltdelikte in der Bundesrepublik die Regel ist (1985: 13000 Ermittlungen, 27 Verurteilungen mit Freiheitsstrafe, 24 davon zur Bewährung ausgesetzt, der Rest eingestellt).

Wie ist das möglich? Nicht (nur) die fehlenden Gesetze, nicht (nur) das legendäre Vollzugsdefizit schützen die Täter. Die Gründe liegen tiefer und sind durch den strammen Ruf nach Polizei und Gesetzgeber, der gerade auch aus den Reihen der Umweltschützer immer lauter erklingt, nicht aus der Welt zu schaffen. Was die Verurteilung herbeiführen soll, verhindert sie: die strikte Anwendung des (individuell ausgelegten) Verursacherprinzips.

---

7 Von dem vor einiger Zeit Der Spiegel (49/1986, S. 32ff.) berichtete.

Die Täterschaft war auch im Fall der Bleikristallfabrik nicht zu leugnen, wurde auch von niemandem geleugnet. Es kam für sie nur – entlastend – hinzu: In der Nähe gab es drei weitere Glasfabriken, die denselben Dreck produzierten. Merke: Je mehr vergiftet wird, desto weniger wird vergiftet.

Genauer: Je liberaler die Grenzwerte fixiert werden, je größer die Anzahl der Schornsteine, Abflußrohre, durch die Schadstoffe und Gifte ausgestoßen werden, desto geringer ist die »Restwahrscheinlichkeit«, daß ein Täter für das kollektive Schniefen und Keuchen verantwortlich gemacht werden kann, desto weniger wird also vergiftet. Wobei gleichzeitig – das eine schließt das andere nicht aus – das allgemeine Verseuchungs- und Vergiftungsniveau steigt. Willkommen im Realkabarett der Gefährdungstechnokratie[8].

Die organisierte Unverantwortlichkeit beruht wesentlich auf einer Verwechslung der Jahrhunderte. Die Gefahren, denen wir ausgesetzt sind, entstammen einem anderen Jahrhundert als die Sicherheitsversprechen, die sie zu bändigen versuchen. Darin liegt beides begründet: das periodische Hervorbrechen der Widersprüche hochorganisierter Sicherheitsbürokratien und die Möglichkeit, diese »Gefahrenschocks« immer wieder zu normalisieren. Die Herausforderungen des Atom-, Chemie- und Genzeitalters an der Wende ins 21. Jahrhundert werden in Begriffen und Rezepten verhandelt, die der frühen Industriegesellschaft des 19. und beginnenden 20. Jahrhunderts entnommen sind[9].

Gibt es ein operationales Kriterium, um zwischen Risiken und Gefahren zu unterscheiden? Die Wirtschaft selbst deckt mit ökonomischer Präzision die Grenzlinie des Zumutbaren auf, und zwar durch die Verweigerung der privatwirtschaftlichen Versicherung. Wo die privatwirtschaftliche Versicherungslogik ausklinkt, wo den Versicherungskonzernen das ökonomische Risiko der Versicherungsleistung zu groß oder unkalkulierbar erscheint, wird offenbar immer wieder im Kleinen und Großen die Grenze überschritten, die »berechenbare« Risiken von nicht beherrschbaren Gefahren trennt.

Mit dieser Grenzüberschreitung sind dann prinzipiell zweierlei Konsequenzen verbunden: Erstens versagen die *gesellschaftlichen* Säulen des Risikokalküls; Sicher-

---

8 Entsprechend hat die Diskussion um Aufgaben und Funktion des Rechts in den Risikogesellschaften in den letzten Jahren beträchtlich zugenommen: R. Wolf, Die Antiquiertheit des Rechts in der Risikogesellschaft, in: Leviathan, 15 (1987), S. 357–391; ders. »Herrschaft kraft Wissen« in der Risikogesellschaft, in: Soziale Welt, (1988) 2, S. 164–187; K. M. Meyer-Abich/B. Schefold, Die Grenzen der Atomwirtschaft, München 1986; E.-H. Ritter, Umweltpolitik und Rechtsentwicklung, in: Neue Zeitschrift für Verwaltungsrecht, (1987) 11, S. 929–938; Th. Blanke, Autonomie und Demokratie, in: Kritische Justiz, (1986) 4, S. 406–422; G. Heinz/U. Meinberg, Empfehlen sich Änderungen im strafrechtlichen Umweltschutz, insbes. in Verbindung mit dem Verwaltungsrecht? Gutachten D für den 57. Dt. Juristentag, in: Ständige Deputation des Dt. Juristentages (Hrsg.), Verhandlungen des 57. Dt. Juristentages in Mainz, 1988, Bd. I, Teil D, München 1988; R.-P. Calliess, Strafzweck und Strafrecht. 40 Jahre Grundgesetz – Entwicklungstendenzen vom freiheitlichen zum sozial-autoritären Rechtsstaat?, in: Neue Juristische Wochenschrift (NJW), (1989) 21, S. 1338–1343; G. Bruggemeier, Umwelthaftsrecht. Ein Beitrag zum Recht in der »Risikogesellschaft«?, in: Kritische Justiz, (1988) 2, S. 209–230.

9 In der Folge handelt es sich nicht nur, nicht primär um Fragen einer neuen Ethik zivilisatorischen Handelns, sondern darum, daß die etablierten Handlungskategorien und -kriterien der Institutionen einer anderen Welt entstammen.

heit degeneriert zur nur-technischen Sicherheit. Das Geheimnis des Risikokalküls aber ist, daß technische *und* gesellschaftliche Komponenten zusammenwirken: Eingrenzung, Zurechnung, Kompensation, vorsorgende Nachsorge. Diese laufen leer, und gesellschaftliche, politische Sicherheit muß ausschließlich über ein widerspruchsvolles Maximieren technischer Superlative hergestellt werden.

Zentral für die politische Dynamik ist – zweitens – der gesellschaftliche Widerspruch zwischen hochentwickelten Sicherheitsbürokratien einerseits und der offenen, nachsorgelosen Legalisierung von nie dagewesenen Großgefahren andererseits. Eine vom Kopf bis zu den Zehen auf Sicherheit und Gesundheit getrimmte Gesellschaft wird mit dem Schock des Gegenteils, nämlich allen Vorkehrungen hohnlachenden Zerstörungen und Gefahren konfrontiert.

Zwei gegenläufige historische Entwicklungslinien treffen also am Ende des 20. Jahrhunderts im Zentrum Europas zusammen: ein Sicherheitsniveau, das auf der Perfektionierung technisch-bürokratischer Normen und Kontrollen gegründet ist, und die Verbreitung und Zumutung historisch neuartiger Gefahren, die durch alle Maschen von Recht, Technik und Politik fallen. Dieser nichttechnische, gesellschaftlich-politische Widerspruch bleibt in der Verwechslung der Jahrhunderte (Günter Anders) verdeckt, und zwar solange die alten industriellen Rationalitäts- und Kontrollmuster halten; er bricht in dem Maße, in dem unwahrscheinliche Ereignisse wahrscheinlich werden. »Normale Katastrophen« nennt Charles Perrow in seinem Buch diese Vorhersehbarkeit, mit der das Ausgeschlossene eintritt – und zwar um so eher, verheerender und schockartiger, je nachdrücklicher es geleugnet wird. In der Verkettung öffentlich ausgeleuchteter Katastrophen, Fast-Katastrophen, vertuschter Sicherheitsmängel und -skandale zerschellt nun aber – ganz unabhängig von dem etablierten Maßstab für Gefahren: der Zahl von Toten, Gefährlichkeit von Verseuchungen und so weiter – der technisch zentrierte Kontrollanspruch staatlich-industrieller Autorität.

Das zentrale gesellschaftsgeschichtliche, politische Potential der ökologischen, atomaren, chemischen und genetischen Gefahren liegt in dem Verwaltungskollaps, in dem Kollaps wissenschaftlich-technischer, rechtlicher Rationalität und institutionell-politischer Sicherheitsgarantien, den sie vor aller Augen heraufbeschwören. Es liegt in der Enttarnung der real existierenden Anarchie, zu der die gesellschaftliche Produktion und Verwaltung der Großgefahren unter den Bedingungen ihrer Leugnung ausgewuchert sind[10].

Gefahren des Atom- und Chemiezeitalters haben also neben ihrer physikalischen auch eine soziale Explosivität. Die Institutionen werden mit dem Hervortreten der Gefahren, für die sie zuständig und auch wieder nicht zuständig zeichnen, in einen Wettlauf mit ihren abgepreßten Sicherheitsbehauptungen geschickt, aus dem sie nur als Verlierer hervorgehen können. Einerseits geraten sie in den Dauerzwang, das Sicherste immer noch sicherer zu machen; andererseits wird auf diese Weise der Erwartungsbogen überspannt, und es werden Aufmerksamkeiten eingeschärft, so

---

10 Bis Tschernobyl war Katastrophenschutz beispielsweise nur im Umkreis von 29 km zu einem Kraftwerk vorgesehen; ausländische Unfälle wurden amtlich ausgeschlossen; dazu R. Czada/ A. Drexler, Konturen einer politischen Risikoverwaltung, in: Österreichische Zeitschrift für Politikwissenschaft, (1988) 1, S. 52ff. sowie H. Gottweis, Politik in der Risikogesellschaft, in: ebenda, S. 3ff.

daß am Ende nicht mehr nur Unfälle, sondern bereits ihr Verdacht die Fassaden der Sicherheitsbehauptungen zusammenbrechen läßt. Die andere Seite der Anerkennung von Gefahren ist das Versagen der Institutionen, die aus der Nichtexistenz der Gefahr ihre Berechtigung ableiten. Daher ist die »soziale Geburt« einer Gefahr ein ebenso unwahrscheinliches wie dramatisches, traumatisches, die gesamte Gesellschaft erschütterndes Ereignis.

Gerade aufgrund ihrer Explosivität im sozialen und politischen Raum bleiben Gefahren in ihrem Wirklichkeitscharakter Zerrgüter, vieldeutig, ausdeutbar, ähneln modernen Fabeltieren, die je nach Blickrichtung und Interessenlage einmal als Regenwurm, einmal als Drachen erscheinen. Mehrdeutigkeit von Risiken hat auch ihren Grund in den Umwälzungen, die deren amtliche Eindeutigkeit auslösen müßte. Die Institutionen der entwickelten Industriegesellschaft – Politik, Recht, Technikwissenschaften, Industrieunternehmen – verfügen entsprechend über ein breites Arsenal der »Normalisierung« nichtkalkulierbarer Gefahren; diese können kleingerechnet, wegverglichen, kausal und rechtlich anonymisiert werden. Diese Instrumente einer symbolischen Entgiftungspolitik erfreuen sich entsprechend großer Bedeutung und Beliebtheit[11].

Umweltminister, welcher parteipolitischen Couleur auch immer, sind nicht zu beneiden. Sie müssen – eingebunden in den Handlungsradius ihres Ministeriums und dessen finanzielle Ausstattung – die Ursachen weitgehend konstant halten und dem Selbstlauf der Zerstörungen primär symbolisch entgegenwirken. Ein »guter« Umweltminister ist am Ende derjenige, der öffentlichkeitswirksam Aktivitäten inszeniert – Gesetze auf Halde legt, behördliche Zuständigkeiten schafft, Informationen zentralisiert, auch schon einmal todesmutig-lächelnd in den Rhein springt oder verseuchtes Molkepulver löffelt, vorausgesetzt, die Medienaugen der verschreckten Öffentlichkeit sind auf ihn gerichtet. Das sture Festhalten am Kurs gegen alle öffentlichen Proteste muß wie der Kurswechsel um 180 Grad mit dem gleichen Fernsehlächeln und immer »guten Argumenten« verkauft werden: Erst wird Wackersdorf mit Polizeigewalt durchgepeitscht, um dann – nachdem andere, die es offenbar besser wissen, nein gesagt haben – April, April! zu rufen.

Doch allmählich, Unfall für Unfall, kann sich die Logik der institutionalisierten Nichtbewältigung in ihr Gegenteil umdrehen: Was besagen Wahrscheinlichkeitssicherheiten – und damit die gesamte naturwissenschaftliche Diagnostik – noch für die Beurteilung eines GAUs, dessen Eintritt zwar die Theorien der Experten intakt läßt, aber das Leben vernichtet?

Irgendwann stellt sich die Frage, was ein Rechtssystem taugt, das die technisch handhabbaren Kleinrisiken bis in alle Einzelheiten hinein regelt und verfolgt, aber die Großgefahren, soweit sie sich einer technischen Minimierung entziehen, kraft seiner Autorität legalisiert und allen – auch den vielen, die sich dagegen zur Wehr setzen – zumutet?

Wie läßt sich demokratisch-politische Autorität aufrechterhalten, die dem ausufernden Gefahrenbewußtsein mit energischen Sicherheitsbehauptungen entgegentreten muß, aber gerade dadurch sich in den Zustand der Daueranklage versetzt und

---

11 Dies zeigt anschaulich und mit dem Blick von innen J. Fischer, Der Umbau der Industriegesellschaft, Frankfurt/M. 1989, S. 29–54.

mit jedem Unfall oder Anzeichen eines Unfalls ihre gesamte Glaubwürdigkeit aufs Spiel setzt?

4. Die Rolle von Technik und Naturwissenschaften in der Risikogesellschaft

Zur Abwendung unkalkulierbarer, inhumaner Folgen großtechnischer Projekte wird öffentlich über eine neue Forschungsethik gestritten. Wer sich darauf beschränkt, verkennt jedoch den Grad und die Art der Involviertheit der Technikwissenschaften in die Produktion von Gefahren. Eine ethische Erneuerung der Wissenschaften, selbst wenn sie nicht im Dickicht ethischer Standpunkte stecken bleiben würde, käme angesichts der Verselbständigung der technischen Entwicklung und ihrer Verzahnung mit ökonomischen Interessen immer nur einer Fahrradbremse am Interkontinentalflugzeug gleich. Im übrigen geht es nicht nur um Forschungsethik, sondern um die Forschungslogik und die Einheit von Täter und Richter (Gutachter) der Technikwissenschaft in der Gefahrentechnokratie.

Eine Einstiegseinsicht ist zentral: In Sachen Gefahr ist niemand Experte – auch und gerade die Experten nicht. Risikoaussagen beinhalten eine doppelte Unschärferelation: Erstens setzen sie kulturelle Akzeptanz voraus und können diese nicht erzeugen. Zwischen Zerstörung und Protest, Zerstörung und Hinnahme gibt es keine wissenschaftliche Brücke. Akzeptable Risiken sind letztlich akzeptierte Risiken. Zweitens kann neues Wissen von heute auf morgen Normalität in Gefahren verwandeln. Das Ozonloch und die Kernenergie sind prominente Beispiele. Also: Der Fortschritt der Wissenschaft widerlegt deren ursprüngliche Sicherheitsbehauptungen. *Es sind die Erfolge der Wissenschaft, die Zweifel an deren Risikoaussagen säen.*

Doch es gilt auch umgekehrt: Die akute Gefahr spielt ausgerechnet ihren Verursachern das Monopol ihrer Deutung zu. Im Schock der Katastrophe reden alle von Becquerel, rem, Glykol, als wüßten sie, was das bedeutet, und sie müssen es tun, um sich in den alltäglichsten Dingen zurechtzufinden. Diesen Widerspruch gilt es aufzudecken: Einerseits betreiben die Technikwissenschaften im gegeneinander ihrer Risikodiagnosen unfreiwillig ihre Selbstwiderlegung. Andererseits verwalten sie ungebrochen das Privileg aus Kaiserzeit, nach ihren immanenten Maßstäben die gesellschaftliche Globalfrage erster politischer Qualität zu entscheiden: Wie sicher ist sicher genug?

Dabei beruht die Macht der Technikwissenschaften auf einem simplen sozialen Konstrukt. Ihnen wird verbindlich zugestanden – verbindlich für Recht und Politik –, anhand ihrer Maßstäbe zu entscheiden, was der »Stand der Technik« gebietet. Da aber diese Generalklausel der Maßstab für einklagbare Sicherheit ist, entscheiden de facto in der Bundesrepublik Deutschland private Organisationen und Gremien (zum Beispiel der Verein deutscher Ingenieure, das Institut für Normung), was allen an Gefahren zugemutet wird[12].

---

12 Dazu und zum Folgenden R. Wolf (Anm. 8), W. Roters, Innovative Reaktionen auf technologische und ökologische Herausforderungen, in: C. Böhret u. a. (Hrsg.) (Anm. 3).

Fragt man etwa, welche Belastungen durch künstlich erzeugte radioaktive Strahlung die Bevölkerung hinzunehmen hat, wo also die Toleranzschwellen liegen, die Normalität von Gefährlichkeit trennen, so gibt das Atomgesetz dazu die allgemeine Antwort, daß die erforderliche Vorsorge »dem Stand von Wissenschaft und Technik« (§ 7 II Nr. 3 AtG) zu entsprechen habe. Die Ausfüllung dieser Formel findet sich dann in den »Leitlinien« der Reaktorsicherheitskommission – einem »Beratungsgremium« des Bundesumweltministeriums, in dem Vertreter der Ingenieurverbände das Sagen haben.

Auch in der Luftpolitik, im Lärmschutz oder in der Wasserpolitik immer dasselbe Muster: Gesetze geben das allgemeine politische Konzept vor. Wer aber wissen will, was den Bürgern als konstante Dauerration Normalvergiftung zugemutet wird, muß die »Großfeuerungsanlagenverordnung«, die »Technische Anleitung Luft« und so weiter zur Hand nehmen und darin die (im wahrsten Sinne des Wortes) »ausschlaggebenden« Einzelheiten nachlesen.

Selbst die klassischen Instrumente politischer Steuerung – Rechtsverordnung und Verwaltungsvorschrift – sind in den Kernaussagen leer, jonglieren mit dem »Stand der Technik«, untergraben auf diese Weise ihre eigene Zuständigkeit und setzen zugleich an ihre Stelle den »wissenschaftlich-technischen Sachverstand« auf den Thron der Gefahrenzivilisation.

Dieses *Technikermonopol in der Gefahrendiagnose* wird aber gleichzeitig durch die »Realitätskrise« der Natur- und Technikwissenschaften im Umgang mit den von ihnen produzierten Gefahren in Frage gestellt. Nicht erst seit Tschernobyl gilt, aber hier wurde es für eine breite Öffentlichkeit erfahrbar: Den kleinen Unterschied zwischen Sicherheit und wahrscheinlicher Sicherheit trennen Welten. Die Technikwissenschaften verfügen immer nur über wahrscheinliche Sicherheiten. Ihre Aussagen bleiben also auch dann wahr, wenn morgen noch zwei, drei Atomkraftwerke hochgehen.

»Es ist genau das Zusammenspiel zwischen Theorie und Experiment oder Versuch und Irrtum«, schreibt Wolf Häfele, der Nestor der deutschen Reaktorindustrie, 1974, »das für die Reaktortechnologie nicht länger möglich ist . . . Reaktoringenieure tragen diesem Dilemma dadurch Rechnung, daß sie das Problem technischer Sicherheit in Unterprobleme zergliedern. Jedoch auch die Aufspaltung des Problems kann nur der Annäherung an ultimative Sicherheit dienen . . . Das verbleibende ›Restrisiko‹ öffnet die Tür in das Reich des ›Hypothetischen‹ . . . Der Austausch zwischen Theorie und Experiment, der zur Wahrheit in traditionellem Sinne führt, ist nicht länger möglich . . . Ich glaube, daß diese letzte Unschlüssigkeit, die in unserem Vorhaben steckt, teilweise die besonderen Empfindlichkeiten öffentlicher Debatten über die Sicherheit von nuklearen Reaktoren erklärt.«[13]

Was hier anklingt, ist nicht weniger als der Widerspruch zwischen experimenteller Logik und atomarer Gefahr. Ähnlich wie die Soziologen Gesellschaft nicht ins Reagenzglas zwingen können, können die Technikwissenschaftler den Menschen ihre Reaktoren nicht um die Ohren fliegen lassen, um ihre Sicherheit zu testen – es sei denn, sie machen die Welt zum Labor. Reaktorsicherheitstheorien sind nicht vor,

---

13 W. Häfele, Hypotheticality and the New Challenges: The Pathfinder Role of Nuclear Energy, in: Minerva, Vol. XII, No. 1, 1974, S. 313ff., (Übersetzung: U. B.).

sondern erst nach dem Bau von Atomkraftwerken überprüfbar. Der Ausweg, Teilsysteme zu überprüfen, verstärkt die Kontingenzen ihres Zusammenwirkens und enthält damit Fehlerquellen, die ihrerseits nicht experimentell kontrolliert werden können.

Wenn man dies mit der ursprünglich verabredeten Forschungslogik vergleicht, bedeutet dies ihre schlichte Umkehrung. Nicht mehr die Folge: erst Labor, dann Anwendung, sondern die Überprüfung kommt nach der Umsetzung, Herstellen vor Forschung. Das Dilemma, in das die Großgefahren die wissenschaftliche Logik gestürzt haben, gilt durchgängig, also für atomare, chemische und genetische Experimente: *Die Wissenschaft schwebt blind über der Grenze der Gefahren.* Retortenbabys müssen erzeugt, gentechnische Kunstwesen ausgesetzt, Reaktoren gebaut werden, bevor und damit ihre Eigenschaften und ihre Sicherheit studiert werden können. Es muß also die Frage nach der Sicherheit zuerst positiv beantwortet worden sein, um sie überhaupt aufwerfen zu können. Die Autorität der Technikwissenschaften wird durch diesen »Sicherheitszirkel« untergraben.

Durch die Vorwegnahme der Anwendung vor ihrer Erforschung hat die Wissenschaft selbst die Grenzen zwischen Labor und Gesellschaft eingerissen[14]. Damit haben sich die Konditionen der Forschungsfreiheit verschoben. Forschungsfreiheit impliziert Anwendungsfreiheit. Wer heute nur Forschungsfreiheit fordert oder zugesteht, hebt die Forschung auf. Die Macht der Technik liegt auch in ihrer Verfügbarkeit über Praxis begründet. Die Techniker können direkt umsetzen, wo die Politik erst beraten, überzeugen, abstimmen und dann gegen Widerstände durchsetzen muß. Dies versetzt sie in die Lage, eine Politik der vollendeten Tatsachen zu betreiben, die nicht nur alle anderen permanent unter Zugzwang setzt, sondern zur Einschätzung und Abwendung des Schlimmsten wiederum an das Urteil der Techniker ausliefert. Diese Macht wächst mit der Geschwindigkeit der Innovationen, der Unübersichtlichkeit ihrer Folgen und Gefahren, und zwar selbst dann, wenn dadurch gleichzeitig die Glaubwürdigkeit technischer Sicherheitsversprechen ausgehöhlt wird.

Wo das Technikermonopol zum Monopol der verdeckten Gesellschaftsveränderung wird, muß es – wie ehedem die »Rechtsjenseitigkeit des Monarchen« – durch das Prinzip der Gewaltenteilung demokratisch infragegestellt und aufgehoben werden. Nach innen: Umverteilung der Beweislasten, nach außen: Freisetzung des Zweifels[15]. In allen gesellschaftszentralen Fragen und Gremien zur Technikentwicklung wären immer systematische Alternativen, Gegenstimmen, Gegenexperten, interdisziplinäre Vielfalt zusammenzubinden: Die Offenlegung wissenschaftlicher Unsicherheit ist die Befreiung der Politik, des Rechts, der Öffentlichkeit aus ihrer technokratischen Unmündigkeit.

---

14 Dazu U. Beck (Anm. 2), Kap. V, sowie W. Kohn/J. Weyer, Gesellschaft als Labor, in: Soziale Welt, (1989) 3, S.349-373.
15 Vgl. ausführlich U. Beck (Anm. 2), Kap. VIII, sowie ders., Praxis als Forschung, in: Forschungsjournal Neue Soziale Bewegungen, 3(1990)1 (Marburg, im Erscheinen).

5. Konfliktszenarien oder Die Frage nach der ökologischen Sozialstrukturanalyse

Wenn Risikogesellschaft nicht nur eine technische Herausforderung meint, dann stellt sich die Frage: Welche politische Dynamik, welche Sozialstruktur, welche Konfliktszenarien entstehen aus der Legalisierung und Normalisierung globaler, nicht beherrschbarer Systemgefährdungen? Auf eine – zugegeben grobe – Formel gebracht: Hunger ist hierarchisch. Auch im letzten Krieg haben nicht alle gehungert. Aber atomare Verseuchung ist egalitär und insofern »demokratisch«. Nitrate im Trinkwasser machen auch nicht halt vor dem Wasserhahn des Generaldirektors[16].

Alles Leid, alle Not, alle Gewalt, die Menschen Menschen zugefügt haben, kannte bisher die Kategorie der »anderen« – Arbeiter, Juden, Schwarze, Asylanten, Dissidenten, Frauen und so weiter –, hinter der die scheinbar Nichtbetroffenen sich zurückziehen konnten. *Es ist das »Ende der anderen«, das Ende all unserer hochgezüchteten Distanzierungsmöglichkeiten, das mit der atomaren und chemischen Verseuchung erfahrbar geworden ist.* Not läßt sich ausgrenzen, die Gefahren des Atom-, Chemie- und Genzeitalters nicht mehr. Darin liegt ihre neuartige kulturelle und politische Kraft. Ihre Gewalt ist die Gewalt der Gefahr, die alle Schutzzonen und sozialen Differenzierungen innerhalb und zwischen Nationalstaaten aufhebt.

Es mag sein, daß in der Sturmflut der Gefahr – wie es immer so schön heißt – »alle in einem Boot sitzen«. Aber wie so oft gibt es auch hier Kapitäne, Passagiere, Steuermänner, Maschinisten und Ertrinkende. Es gibt mit anderen Worten Länder, Branchen und Unternehmen, die von der Risikoerzeugung profitieren, und andere, die mit ihrer gesundheitlichen zugleich auch ihre ökonomische Existenz bedroht sehen. Wenn zum Beispiel die Adria oder die Nordsee sterben oder sozial als »gesundheitsgefährdend« wahrgenommen werden – für die wirtschaftlichen Effekte hebt sich die Differenz auf –, dann sterben nicht nur die Adria und die Nordsee mit dem Leben, das diese Meere beinhalten und ermöglichen, sondern es erlischt auch das wirtschaftliche Leben in allen Orten, Branchen, Küstenländern, die direkt und indirekt von der Vermarktung dieser Meere leben. An den Spitzen der Zukunft, die in den Horizont der Gegenwart hineinreichen, verwandelt sich die Industriezivilisation in eine Art »Länderkampf« der Weltrisikogesellschaft. Hier fallen Naturzerstörungen und Marktzerstörungen zusammen. Nicht was einer hat oder kann, entscheidet über seine gesellschaftliche Stellung und Zukunft, sondern wo er lebt und wovon er lebt, und inwieweit andere sein Haben und Können in vorbestimmter Unzurechenbarkeit als »Umwelt« vergiften dürfen.

Auch die engagierte Leugnung, die sich aller amtlichen Unterstützung gewiß weiß, hat also ihre Grenzen. Die Rache des abstrakten Expertenstreits um Gefährdungen ist deren geographische Konkretion. Man kann alles abstreiten, die amtliche Maschinerie die Schönfärberei auf Hochtouren laufen lassen. Das verhindert nicht, sondern beschleunigt die Zerstörung. So entstehen, quer zu Nationalgrenzen und

---

16 Dazu ausführlich U. Beck, Risikogesellschaft. Auf dem Weg in eine andere Moderne, Frankfurt/M. 1986, S. 48ff. Dabei sind die Konflikte und Krisen der klassischen Industriegesellschaft ja nicht beendigt, so daß es realistischerweise zu Überlagerungen zwischen industrieller und risikogesellschaftlicher Sozialstruktur und Konfliktdynamik kommt, die hier ausgeklammert bleiben.

politisch-industriellen Konfliktlinien, geographische Lagen – »Giftschlucker-Regionen« –, deren »Schicksal« mit der industriellen Zerstörung der Natur zusammenfällt[17].

Der »Treibhauseffekt« beispielsweise wird die Lufttemperaturen und die Meeresspiegel durch Abschmelzen des Eises weltweit steigen lassen. Die Warmzeit wird ganze Küstenregionen ertränken, Ackerland verwüsten, die Klimazonen unkalkulierbar verschieben und das Artensterben dramatisch beschleunigen. *Die Ärmsten der Welt wird es am schlimmsten treffen.* Sie werden sich am wenigsten der Veränderung der Umwelt anpassen können. Wer sich aber um seine Existenzgrundlage gebracht sieht, der wird dem Ort des Elends entfliehen. Wahre Völkerwanderungen von Ökoflüchtlingen und Klima-Asylanten werden den reichen Norden überfluten; Krisen der Dritten und Vierten Welt könnten zu Kriegen eskalieren. Auch das weltpolitische Klima wird sich schneller verändern als es uns heute vorstellbar ist. Das alles sind bisher nur Projektionen, aber wir müssen sie ernst nehmen. Wenn sie erst einmal Wirklichkeit geworden sind, wird es zum Gegenhandeln zu spät sein.

Dabei wäre vieles einfacher, wenn jenen Ländern auf dem Wege der Industrialisierung die Fehler der hochindustrialisierten Länder erspart werden könnten. Doch der ungehemmte Ausbau der Industriegesellschaft gilt immer noch als Königsweg, der die Bewältigung vieler Probleme – nicht nur der Armut – verspricht, so daß die vorherrschende Not die oft abstrakten Fragen der Zerstörung verdrängt.

»Naturgefährdungen« sind also gerade nicht nur »Naturgefährdungen«, sondern ihr Aufweis gefährdet auch Besitz, Kapital, Arbeitsplätze, gewerkschaftliche Macht, die wirtschaftliche Grundlage ganzer Branchen und Regionen, das Gefüge der Nationalstaaten und der Weltmärkte. Anders formuliert: Ein wesentlicher Unterschied zwischen dem Konfliktfeld der Reichtumsproduktion, aus dem das 19. Jahrhundert die Erfahrung und die Prämissen der Industrie- und Klassengesellschaft abgeleitet hat, und dem Konfliktfeld der Gefahrenproduktion im entwickelten Atom- und Chemiezeitalter, für das wir erst langsam soziologisch sensibel werden, liegt wohl darin, daß die Reichtumsproduktion Klassengegensätze zwischen Arbeit und Kapital hervorgebracht hat, hingegen die atomaren, chemischen und ökologischen Systemgefährdungen Polarisierungen zwischen Kapital und Kapital – und damit auch zwischen Arbeit und Arbeit – quer zur gesellschaftlichen Ordnung entstehen lassen. Mußte der Sozial- und Wohlfahrtsstaat gegen den geschlossenen Widerstand der privaten Investoren durchgesetzt werden, die in Gestalt von Lohn- und Lohnnebenkosten zur Kasse gebeten wurden, *so spalten ökologische Gefährdungen das wirtschaftliche Lager.* Es ist auf den ersten Blick gar nicht auszumachen, wo und wie die Grenze verläuft; oder genauer: wer wodurch die Macht erhält, die Grenze wie verlaufen zu lassen.

Mag es noch möglich sein, auf einzelbetrieblicher Ebene von »Umwelt« zu sprechen, so wird diese Rede auf gesamtwirtschaftlicher Ebene schlechterdings fiktiv, weil hier hinter den dünner werdenden Wänden von »Umwelt« faktisch eine Art »russisches Roulett« praktiziert wird. Wenn plötzlich aufgedeckt und in den Massenmedien verbreitet wird (die Informationspolitik gewinnt angesichts der meist für den Alltag nicht wahrnehmbaren Gefahren eine Schlüsselbedeutung), daß bestimmte

---

17 Vgl. U. Beck (Anm. 2), S. 247 ff.

Produkte bestimmte »Gifte« enthalten (nach den gängigen Definitionsnormen; – hier liegt die Abhängigkeit vom Recht, wissenschaftlichen Kausalregeln oder auch Grenzwerten), dann brechen ganze Märkte zusammen, investiertes Kapital und Arbeitsleistung werden auf einen Schlag entwertet.

So abstrakt die Gefahren sind, so irreversibel und regional identifizierbar sind also am Ende ihre Konkretisierungen. Was geleugnet wird, sammelt sich in geographischen Lagen, in »Verliererregionen«, die die Zeche der Zerstörung und ihrer »Unzurechenbarkeit« mit ihrer wirtschaftlichen Existenzbasis bezahlen müssen. Es handelt sich bei dieser »ökologischen Enteignung« um das historische Novum einer Kapital- und Leistungsentwertung bei konstanten Besitzverhältnissen und manchmal sogar unveränderten Eigenschaften der Waren. Davon sind gerade auch Wirtschaftszweige betroffen – Landwirtschaft, Ernährungs-Lebensmittelbranchen, Tourismusindustrie, Fischerei, aber auch Einzelhandel, Teile des Dienstleistungsgewerbes und so weiter –, die ursächlich mit der Gefahrenproduktion wenig zu tun haben.

Wo sich die (Welt)Wirtschaft – schwer abgrenzbar – in Risikogewinner und Risikoverlierer aufspaltet, schlägt diese Polarisierung auch auf die Erwerbsstruktur durch. Es entstehen erstens neuartige, länder-, branchen-, sektoren-, unternehmensspezifische Gegensätze zwischen Erwerbsgruppen und entsprechend auch innerhalb und zwischen gewerkschaftlichen Interessenorganisationen; zweitens sind diese sozusagen Gegensätze aus dritter Hand, abgeleitet aus den Gegensätzen zwischen Kapitalfraktionen, die das »Arbeiterschicksal« in einer weiteren, wesentlichen Dimension zum »Schicksal« werden lassen; und drittens kann es mit dem Verschärfen und Bewußtwerden der entsprechenden Konfliktlinien zu einem branchenspezifischen Zusammenschluß der alten »Klassengegner« Kapital und Arbeit kommen und in der Folge zu einer Konfrontation dieses Gewerkschafts-Unternehmer-Blocks mit anderen gemischten Teilfraktionen über die – unter dem Druck »ökologischer Politisierung« zusammengedrückten – Klassengräben hinweg[18].

Man muß sich vor Augen halten, was dies für die Arbeiter- und Gewerkschaftsbewegung heißen könnte. Die Gefährdungsproduktion und -definition zielt weitgehend auf die Produktebene, die sich dem Einfluß der Betriebsräte und Arbeitnehmergruppen fast ganz entzieht und vollständig in den Hoheitsbereich des Managements fällt. Dies ist dabei noch die innerbetriebliche Ebene. Gefährdungen werden zwar betrieblich erzeugt, aber gesellschaftlich definiert und bewertet – in den Massenmedien, im Streit der Experten, im Dickicht der Interpretationen, Zuständigkeiten, vor Gerich-

---

18 »Daß es Anzeichen für eine solche Blockbildung gibt, zeigt sich nach Tschernobyl in der westdeutschen Atomindustrie: gemeinsam verteidigten Betriebsräte und Arbeitgebervertreter der Kernkraftwerke die bisherige westdeutsche Energiepolitik gegen jede Kursänderung« (M. Schumann, Industrielle Produzenten in der ökologischen Herausforderung, Forschungsantrag Göttingen 1987, S. 18f.). In der entsprechenden Untersuchung »Industriearbeiter contra Umweltschutz« (Frankfurt/M. 1989) kommen H. Heine und R. Mautz – gegenläufig zu den vorherrschenden Annahmen – zu dem Schluß: »Mit dem Trend zur Professionalisierung von Produktionsarbeit in der Großchemie könnten Chemiearbeiter ein künftig noch wachsendes Potential ökologisch wachsamer industrieller Produzenten bilden, die die ökologischen Bedingungen und Folgen der eigenen Arbeit kritisch zu reflektieren vermögen und eine unterstützende Kraft für ökologisch motivierte politische Interventionen im Industriebereich bilden« (S. 187).

ten, mit strategisch-intellektuellen Winkelzügen –, also ganz und gar in einem Milieu und in Zusammenhängen, denen die Mehrzahl der Arbeiter völlig fremd gegenübersteht. Es handelt sich um »Wissenschaftskämpfe« über die Köpfe der Arbeiter hinweg, die in intellektuellen Milieus mit intellektuellen Strategien ausgetragen werden. Die Definition von Gefahren entzieht sich dem Arbeiter-Zugriff, sogar, wie die Dinge liegen, weitgehend dem Gewerkschafts-Zugriff. Arbeiter und Gewerkschaften sind noch nicht einmal die Primärbetroffenen; – das sind die Unternehmen und das Management. Sie müssen aber als Sekundärbetroffene schlimmstenfalls mit dem Verlust ihres Arbeitsplatzes bezahlen.

Auch trifft sie schon die latente Gefährdungsdefinition im Zentrum ihres Leistungsstolzes, ihres Gebrauchswertversprechens. Arbeit und Arbeitskraft können sich nicht länger nur als Quelle des Reichtums, sondern müssen sich der sozialen Wahrnehmung nach auch als Motor der Bedrohung und Zerstörung begreifen. Der Arbeitsgesellschaft geht nicht nur die Arbeit aus und damit, wie Hannah Arendt ironisch formuliert, das einzige, was dem Leben in ihr Sinn und Rückgrat verleiht; sie gefährdet auch noch diesen Restsinn.

Etwas vergröbert kann man zusammenfassend sagen: Was für die Verursacherindustrie »Umwelt« ist, ist für die betroffenen Verliererbranchen und -regionen die Basis ihrer wirtschaftlichen Existenz. Die Folge ist: Politische Systeme in ihrer nationalstaatlichen Architektur einerseits und großräumige, ökologische Konfliktlagen andererseits verselbständigen sich gegeneinander und lassen »geopolitische« Verschiebungen entstehen, die das inner- und zwischenstaatliche Gefüge von Wirtschafts- und Militärblöcken vor völlig neue Belastungen, aber auch Chancen stellen. *Die heute gerade im Umfeld von Abrüstung und Entspannung im Ost-West-Verhältnis sich ankündigende Phase risikogesellschaftlicher Politik ist nicht mehr national zu begreifen und zu betreiben, sondern nur noch international,* weil die soziale Mechanik von Gefahrenlagen den Nationalstaat und seine Bündnissysteme mißachtet. Insofern geraten scheinbar eherne politische, militärische und wirtschaftliche Konstellationen in Bewegung, und dies erzwingt bzw. ermöglicht auch eine neue »europäische Weltinnenpolitik« (Genscher).

6. Politische Reflexivität: Die Gegenmacht der Gefahr und die Einflußchancen sozialer Bewegungen

Wo Fortschritt und Verhängnis ineinander verwoben erscheinen, werden die Ziele der gesellschaftlichen Entwicklung von der obersten bis zur untersten Etage gegensätzlich buchstabiert. Dieses ist gewiß nicht der erste Konflikt, den moderne Gesellschaften zu bestehen haben, aber einer der grundsätzlichsten. Klassenkonflikte, Revolutionen verändern die Machtverhältnisse, tauschen die Eliten aus, halten aber an den Zielen des technisch-ökonomischen Fortschritts fest, stehen im Streit gemeinsam unterstellter Menschen- und Bürgerrechte. Das Doppelgesicht des „Selbstvernichtungsfortschritts" bringt dagegen Konflikte hervor, die die gesellschaftliche Rationalitätsbasis – Wissenschaft, Recht, Demokratie – in Zweifel ziehen. Damit wird die Gesellschaft in den Dauerzwang versetzt, Grundlagen ohne Grundlagen auszuhandeln. Sie gerät in eine institutionelle Destabilisierung, in der alle Entscheidungen – von der Geschwindigkeits- und »Parkplatz-Politik« der Kommunen über die Herstellungsdetails industrieller Güter bis zu den Grundfragen der Energieversorgung, des Rechts und der Technikentwicklung – urplötzlich in den Sog politischer Grundsatzkonflikte geraten können.

Bei intakten Fassaden entstehen so im Milieu der definitions- und öffentlichkeitsabhängigen Gefahren nebenregierungsähnliche Machtpositionen in den Forschungslabors, Kernkraftwerken, Chemiefabriken, Redaktionen, Gerichten und so weiter. Anders formuliert: Systeme werden mit dem Schüren sicherheitsstaatlicher Widersprüche handlungsanfällig und subjektabhängig. Die mutigen Davids erhalten ihre Chance. Die kolossale Interdependenz der Gefahrendefinitionen – der Zusammenbruch von Märkten, Besitzrechten, gewerkschaftlicher Macht und politischer Verantwortung – läßt Schlüsselstellungen und -medien der »Risikodefinition« entstehen, die quer zu der politischen und beruflichen Hierarchie liegen.

Man kann auf der einen Seite die ganze Überzeugungskraft für die institutionellen Nichtexistenz-Argumente von Selbstvernichtungsgefahren auftürmen, muß auch der institutionellen Übermacht kein Hoffnungsquentchen absprechen, kann vielmehr die Zerstreutheit der sozialen Bewegungen und die Begrenztheit ihrer politischen Wirkungsmöglichkeiten noch hinzuziehen, um doch mit gleichem Realismus zu erkennen: Alles dies wird konterkariert durch die Gegenmacht der Gefahr. Sie ist konstant, dauerhaft, an sie leugnende Interpretationen nicht gebunden, auch dort präsent, wo Demonstranten längst ermüdet sind. Die Wahrscheinlichkeit unwahrscheinlicher Unfälle wächst mit der Zeit und Zahl durchgesetzter Großtechnologien; jedes »Ereignis« weckt Erinnerungen an alle anderen, nicht nur in Deutschland, sondern überall in der Welt.

Man hat verschiedene Formen von Revolutionen gegenübergestellt: Staatsstreich, Klassenkampf, zivilen Widerstand und so weiter. Ihnen allen ist gemeinsam, daß sie soziale Subjekte er- und entmächtigen. Revolution als verselbständigter Prozeß, als verdeckter, latenter Dauerzustand, in dem die Verhältnisse gegen sich selbst verwikkelt werden, und zwar bei konstanten politischen Strukturen, Eigentums- und Machtverhältnissen – diese Möglichkeit ist meines Wissens bisher weder in Erwägung gezogen noch durchdacht worden. Genau in dieses begriffliche Schema paßt aber *die soziale Kraft der Gefahr*. Sie ist Produkt der Tat, die keiner Ermächtigung, keines Ausweises bedarf, sich in den Gewändern durchsetzt, in denen der Fortschritt alle Kontrollen passiert: Wissenschaft, Produktivitätsgewinn, Arbeitserleichterung, Beschäftigungswirkung. Einmal auf der Welt, gefährdet ihre Bewußtwerdung aber alle Institutionen – von der Wirtschaft über die Wissenschaft, vom Recht bis zur Politik –, die sie produziert und legitimiert haben.

Alle fragen: Woher kommt die Gegenkraft? Es dürfte wenig erfolgversprechend sein, noch einmal in Klein- und Großanzeigen in Subkultur-Blättern eine Vermißtenanzeige nach dem »revolutionären Subjekt« aufzugeben. Natürlich tut es gut und kann schon deswegen nichts schaden, mit aller zu Gebote stehenden Härte an die Vernunft zu appellieren, weil dies in einer wirklichkeitsnahen Betrachtungsweise erfahrungsgemäß wenig Spuren hinterläßt. Man könnte noch einen Zirkel zur Lösung der Weltprobleme gründen. Auf die Einsicht von politischen Parteien sollte durchaus gehofft werden. Sollte alles dies aber vielleicht doch nicht hinreichen, um das politische Gegenhandeln anzustacheln, dann bleibt noch die Einsicht in die aktivier-

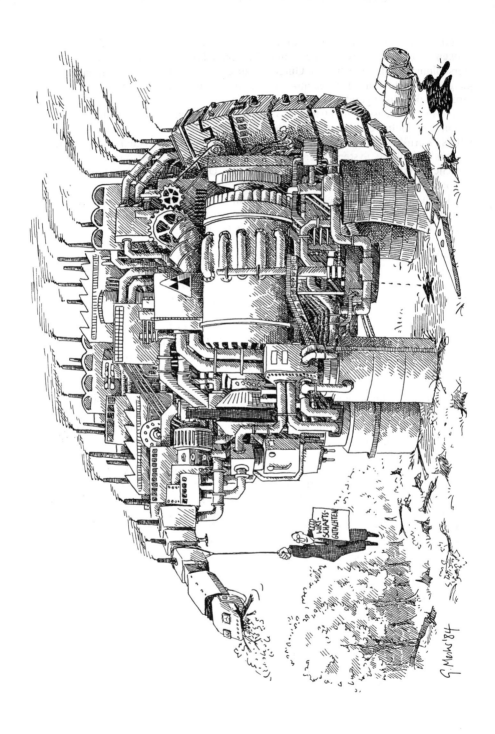

bare politische Reflexivität des Gefahrenpotentials[19]. Harrisburg, Tschernobyl, Hanau, Biblis, Wackersdorf und so weiter: Das Weltexperiment Kernenergie (Gefahrenchemie) hat die Rolle seiner Kritiker inzwischen mit übernommen, vielleicht sogar überzeugender und wirkungsvoller, als es die politischen Gegenbewegungen allein jemals gekonnt hätten. Dies wird nicht nur in der weltweiten, unbezahlten Antiwerbung zu den besten Nachrichtenzeiten und auf den ersten Seiten der Zeitungen deutlich, sondern auch daran, daß über Nacht alle Welt – von den Halligen bis zur Almhütte – die Sprache der Atomkritiker versteht und spricht. Die Menschen haben unterm Diktat der Not eine Art Blitzkurs über die Widersprüche der Gefahrenverwaltung in der Risikogesellschaft absolviert: über die Willkürlichkeit von Grenzwerten, die Beliebigkeit von Berechnungsverfahren oder auch die Unvorstellbarkeit von Langzeitfolgen und die Möglichkeiten, sie statistisch zu anonymisieren – mehr, deutlicher und anschaulicher, als die kritischste Kritik ihnen jemals hätte beibringen oder zumuten können.

Die ausdauerndsten, überzeugendsten, wirkungsvollsten Kritiker der Atomenergie (der Chemieindustrie und so weiter) sind nicht die Demonstranten vor den Bauzäunen oder die kritische Öffentlichkeit (trotz aller Wichtigkeit und Unverzichtbarkeit). Der einflußreichste Gegner der Gefahrenindustrie ist – die Gefahrenindustrie selbst.

Die Macht der sozialen Bewegungen liegt – anders gesagt – nicht nur in diesen begründet, sondern auch in der Qualität und Reichweite der Widersprüche, in die sich die gefahrenproduzierenden und -verwaltenden Institutionen der Risikogesellschaft verwickelt sehen. Diese werden durch die Nadelstich-Aktivitäten der sozialen Bewegungen öffentlich und skandalös. Es gibt also nicht nur einen Selbstlauf der Verdrängung von Gefahren, sondern auch Gegentendenzen der Aufdeckung dieser Verdrängung, – wenn auch sehr viel schwächer ausgeprägt, immer angewiesen auf die Zivilcourage einzelner und die Wachsamkeit sozialer Bewegungen: Katastrophen, die an die Überlebensnerven der Gesellschaft im Milieu hochentwickelter bürokratischer Sicherheit und Wohlfahrt rühren, wecken die Sensationsgier der Massenmedien, bedrohen Märkte, machen Absatzchancen unkalkulierbar, entwerten Kapital, bewirken globale Marktverschiebungen und setzen Wählerströme in Bewegung. So über-

---

19 Dieser Sicht liegt allgemein die bislang ungenügend ausgearbeitete theoretische Unterscheidung zwischen einfacher und reflexiver Modernisierung zugrunde. Während, grob gesagt, einfache Modernisierung im Rahmen industriegesellschaftlicher Kategorien und Organisationsprinzipien verläuft, handelt es sich im zweiten Fall um eine Phase gesamtgesellschaftlichen Wandels, in der Modernisierung kraft ihrer Eigendynamik ihre industriegesellschaftliche Gestalt verändert: Klasse, Schicht, Beruf, Geschlechtsrollen, Betrieb, Branchenstruktur und eben gerade auch die Voraussetzungen und Verlaufsformen des »naturwüchsigen« technisch-ökonomischen Fortschritts. Die Welt der klassischen Industriegesellschaft wird ebenso zur Tradition, die überrollt, entzaubert wird, wie im 19. Jahrhundert industrielle Modernisierung die ständische Feudalgesellschaft überrollt und entzaubert hat. Ohne Bewußtsein, gegen die planvolle Tätigkeit untergräbt Modernisierung Modernisierung. Dadurch aber entstehen Umschichtungen in den Sozialstrukturen, Machtverschiebungen, neue Konfliktlinien, Koalitionsmöglichkeiten und -zwänge: Die Frage nach der Politik stellt sich neu. Soziale Bewegungen, Öffentlichkeit, Ethik, Zivilcourage einzelner, die Netzwerke differenzieller Politik erhalten ihre historischen Einflußchancen; vgl. dazu U. Beck (Anm. 16), S. 176ff. und Kap. VII und VIII.

trifft die abendliche Tagesschau am Ende sogar die Phantasie subkultureller Gegen-expertisen; die tägliche Zeitungslektüre wird zur Einübung in Technikkritik.

Diese Gegenmacht einer unfreiwilligen Demaskierung von Gefahren beruht aller-dings auf gesellschaftlichen Rahmenbedingungen, die bislang nur in wenigen Ländern erfüllt sind: parlamentarische Demokratie, (relative) Unabhängigkeit der Presse und fortgeschrittene Reichtumsproduktion, in der für die Mehrheit der Bevölkerung die unsichtbare Krebsgefahr nicht übertrumpft wird durch akute Unterernährung und Hungersnot.

Im Zusammenwirken von innen und außen über die Grenzlinien der Teilsysteme hinweg gibt es insofern auch Anzeichen einer Stärke, die bislang fast unbemerkt geblieben sind. Das gesellschaftlich erstaunlichste, überraschendste und wohl am wenigsten begriffene Phänomen der achtziger Jahre ist in der Bundesrepublik die unverhoffte Renaissance einer »enormen Subjektivität« – außerhalb und innerhalb der Institutionen[20]. In diesem Sinne ist es nicht übertrieben zu sagen: *Die Bürgergrup-pen haben thematisch in dieser Gesellschaft die Initiative ergriffen.* Sie waren es, die gegen den Widerstand der etablierten Parteien die Themen einer gefährdeten Welt auf die gesellschaftliche Tagesordnung gesetzt haben. Nirgendwo wird dies wohl so klar wie an dem Gespenst der »neuen Einigkeit«, das durch Europa geistert: Der Zwang zu ökologischen Lippenbekenntnissen ist universal. Er vereint die CSU mit den Kommunisten, die chemische Industrie mit ihren grünen Kritikern. Alle, wirklich alle Produkte sind »umweltverträglich« – um das Mindeste zu sagen. Es gibt Gerüchte, die Chemiekonzerne wollen ihre mehrseitigen Glanzreklamen wahrma-chen und sich als eingetragener Naturschutzverein neu gründen.

Zugegeben: alles Verpackung, programmatischer Opportunismus, hier und da vielleicht auch wirklich beabsichtigtes Umdenken. Das Handeln, die Orte, aus denen die Fakten entstehen, sind davon noch weitgehend unberührt. Dennoch bleibt: Die Zukunftsthemen, die jetzt in aller Munde sind, sind nicht der Weitsichtigkeit der Regierenden oder dem Ringen im Parlament entsprungen – schon gar nicht den Kathedralen der Macht in Wirtschaft, Wissenschaft und Staat. Sie sind gegen den geballten Widerstand dieser institutionalisierten Ignoranz von den in sich verhaspel-ten, moralisierenden, sich um den richtigen Weg streitenden, vom Zweifel geplagten und zerstrittenen Gruppen und Grüppchen auf die gesellschaftliche Tagesordnung gesetzt worden. *Die demokratische Subversion hat einen ganz unwahrscheinlichen thematischen Sieg errungen.* Und dies in Deutschland, im Bruch mit einer autoritäts-gläubigen Alltagskultur, die noch jeden amtlichen Unsinn und Wahnsinn durch vorwegeilenden Gehorsam ermöglicht hat.

Auch das Überraschende der Ereignisse in Osteuropa ist ja der Aufstand der real existierenden Individuen gegen ein »System«, das sie angeblich bis in die Kapillaren des Alltags hinein beherrscht hat. Die Grüppchen verschworener Bürgerrechtler schwellen zu Volksbewegungen an, die den Grundriß des Staatsgebäudes neu entwer-fen. Nicht nur die Planwirtschaft ist pleite. Auch die Systemtheorie, die Gesellschaft subjektunabhängig denkt, ist gründlich widerlegt worden. In der zustimmungslosen, geradezu legitimatorisch entkernten Gesellschaft kann offenbar bereits ein Windstoß,

---

20 Siehe dazu die Diskussion über Individualisierung und Sozialstruktur, in: U. Beck (Anm. 16), Kap. III und IV, sowie U. Beck/E. Beck-Gernsheim, Das ganz normale Chaos der Liebe, Frankfurt/M. 1990 .

den der Ruf nach Freiheit verursacht, das Kartengehäuse der Macht zusammenbrechen lassen. Das Weiche – die Orientierungen, Hoffnungen, Ideen, Interessen der Menschen – triumphiert über das Harte, die Organisation, das Etablierte, Mächtige, Bewaffnete. Osteuropa ist eine große Bürgerinitiative im Überschwang eines sie selbst überrollenden Erfolges.

Die Unterschiede zwischen auftrumpfenden Bürgern in Ost und West sind offensichtlich und oft genannt worden, weniger dagegen die auch sehr beachtenswerten Gemeinsamkeiten: basisorientiert, außerparlamentarisch, nicht klassen- oder parteigebunden, organisatorisch und programmatisch diffus und zerstritten. Ähnlich auch ihre Tellerwäscherkarriere hier wie drüben: kriminalisiert, bekämpft, belächelt, doch dann Parteiprogramm, Regierungserklärung. So geschehen bei Umweltfragen, Frauenfragen und der Friedensbewegung, übertroffen nun von der galoppierenden Demokratisierung in Osteuropa. Die »demokratische Frage«[21] ist neu erwacht – in Ost wie West. Dort im Kampf um die elementaren Grundrechte, hier in der Durchsetzung von Rechten, die auch bei uns nur halbiert gewährt werden. Die Frage aber, wie die universelle Herausforderung des Reichtum *und* Zerstörung produzierenden Industriesystems demokratisch aufgelöst werden kann, ist theoretisch und praktisch völlig offen.

7. Die Utopie der ökologischen Demokratie

Europa ist zu einem neuen Gesellschaftsprojekt aufgerufen, aufgebrochen. Der Ost-West-Gegensatz als ideologische Festungsmentalität löst sich hier wie drüben auf. In das entstehende Vakuum könnten die übernationalen Themen der Risikozivilisation treten. Dafür spricht der Zwang zu weltweiten Absprachen, den Technik, Wissenschaft und Ökonomie erzeugen. Dafür spricht auch das Dämmern der kleinen und großen, schleichenden und galoppierenden Vernichtungsgefahren überall auf der Erde, und dafür sprechen schließlich die hochgesteckten Maßstäbe der versprochenen Sicherheit und Rationalität im entfalteten Wohlfahrtskapitalismus. Es sind dies die Chancen des Schreckens, die sich einer europäischen Weltinnenpolitik bieten, und zwar nicht nur bei der Fundierung und Errichtung des »europäischen Hauses«, sondern auch, indem die hochindustrialisierten Länder einen Großteil der Verantwortung und die Kosten für das notwendige Gegensteuern übernehmen. Dort, wo die industrielle Entwicklungsdynamik ihren Aufschwung genommen hat, in Europa, könnte auch Aufklärung über und gegen die Industriegesellschaft beginnen. Dieses Projekt einer ökologischen Aufklärung wäre im Großen und im Kleinen zu entwerfen, zu erstreiten. Auch im Alltäglichen deshalb, weil die Gefahren überall die eingeschliffene Routine umwerfen und einen eklatanten Aufruf zur Zivilcourage darstellen – am Arbeitsplatz in der Industrie, in der Praxis der Ärzte, in die die Menschen mit ihren Ängsten und Fragen kommen, in der Forschung, die abblocken oder aufdecken kann, in den Gerichten, in der kontrollierenden Verwaltung und nicht zuletzt in den Redaktionen der Massenmedien, in denen das Unsichtbare

---

21 U. Rödel/G. Frankenberg/H. Dubiel, Die demokratische Frage, Frankfurt/M. 1989.

kulturell erfahrbar gemacht werden kann. Es geht im Verhältnis des »europäischen Hauses« zu seinen Nachbarn auf dieser Erde um viel Konkretes. Es geht aber auch darum, daß wir nicht länger in der Selbstgewißheit der gebenden Reichen auftreten können, sondern uns zu unserer industriellen Zerstörerrolle bekennen und diese im Denken und Handeln korrigieren.

Das Technikprojekt, der technologische Dogmatismus des Industrialismus darf nicht einfach auf die ökologische Krise verlängert werden, sonst entsteht mit der öffentlichen Dramaturgie der Gefahr eine immer perfektere Technokratie. *Die Industriegesellschaft hat eine »halbierte Demokratie« hervorgebracht, in der die Fragen der technischen Gesellschaftsveränderung der politisch-parlamentarischen Entscheidung entzogen bleiben.* Wie die Dinge stehen, kann man zum technisch-ökonomischen Fortschritt zwar nein sagen, das ändert aber nichts an seinem Vollzug. Er ist der Blankoscheck auf Durchsetzung – jenseits von Zustimmung oder Ablehnung. Das ist hergestellter zivilisatorischer »Naturzwang«, ein »industrielles Mittelalter«, das es durch mehr Demokratie – Herstellung von Zurechenbarkeit, Umverteilung der Beweislasten, Gewaltenteilung zwischen Produktion und Begutachtung der Gefahren, öffentliche Dispute über technologische Alternativen – zu überwinden gilt[22]. Dies wiederum erfordert andere Organisationsformen von Wissenschaft und Wirtschaft, Wissenschaft und Öffentlichkeit, Wissenschaft und Politik, Technik und Recht und so weiter.

Ökologische Erweiterung der Demokratie heißt dann: Das Konzert der Stimmen und Gewalten, die Entfaltung der Eigenständigkeiten von Politik, Recht, Öffentlichkeit und Alltag auszuspielen gegen die gefährliche und falsche Sicherheit einer »Gesellschaft vom Reißbrett«.

Mein Vorschlag beinhaltet zwei ineinandergreifende Prinzipien: 1. Durchsetzung der Gewaltenteilung, 2. Herstellung von Öffentlichkeit. Nur eine starke, kompetente, mit wissenschaftlichen Argumenten »munitionierte« öffentliche Debatte ist in der Lage, die wissenschaftliche Spreu vom Weizen zu trennen und die Institutionen der Techniksteuerung – Politik und Recht – die Macht ihres eigenen Urteils zurückerobern zu lassen.

Das bedeutet: In allen gesellschaftszentralen Fragen und Gremien sind immer Gegenstimmen, Gegenexperten, interdisziplinäre Vielfalt und nicht zuletzt: systematisch zu entwickelnde Alternativen zusammenzubinden. Die Öffentlichkeit im Zusammenwirken mit einer Art »Öffentlichkeitswissenschaft« wäre als zweiter Ort »diskursiver Überprüfung« wissenschaftlicher Laborergebnisse im Fegefeuer der Gegenmeinungen insbesondere mit allen Fragen befaßt, die die großen Linien und Gefahren der wissenschaftlichen Zivilisation betreffen und in der Normalwissenschaft chronisch ausgeklammert bleiben. Ihr käme die Rolle einer Art »offenen Oberhauses« zu. Sie hätte den Maßstab: Wie wollen wir leben? an wissenschaftliche Vorhaben, Folgen und Gefahren zu legen.

Das setzt voraus, daß die Forschung wesentlich auch die Fragen der Öffentlichkeit berücksichtigt und an diese adressiert wird und nicht nur im ökonomischen Kurz-

---

22 Siehe dazu ausführlicher Kap. VII in den »Gegengiften« (Anm. 2); die dort entfalteten Argumente werden oft als politische Lösungsvorschläge für die ökologische Krise mißverstanden, während sie doch darauf abzielen, institutionelles Lernen politisch in Gang zu setzen.

schluß mit der Industrie die Probleme aller multipliziert. Vielleicht wäre es möglich, daß durch diese zwei Schritte – Öffnung der Wissenschaft von innen und Ausfilterung ihrer Fachborniertheit im öffentlichen Praxistest – Politik und Recht sukzessive ihre (jetzt weitgehend leer laufenden) Steuerungs- und Kontrollinstrumente schärfen können.

Die kulturelle Erblindung des Alltags in der Gefahrenzivilisation ist letztlich nicht aufzuheben; aber Kultur »sieht« in Symbolen: Die Bilder der Baum-Gerippe oder verendender Robben in der Tagesschau haben den Menschen (wie es so schön heißt) die Augen geöffnet. Das öffentliche Sichtbarmachen der Gefahren und das Wecken der Aufmerksamkeit im Kleinen, im eigenen Lebensraum – dies sind kulturelle Augen, durch die der »blinde Citoyen« vielleicht die Souveränität seines Urteils zurückgewinnen kann.

Zum Schluß eine Frage: Was wäre, wenn Radioaktivität jucken würde? Realisten, auch Zyniker genannt, werden antworten: Man würde irgend etwas erfinden, beispielsweise eine Gegensalbe, um das Jucken »abzuschalten«. Ein großes Geschäft also. Gewiß kämen schnell Erklärungen auf und würden sich großer Öffentlichkeitswirksamkeit erfreuen: daß der Juckreiz gar nichts zu bedeuten habe, möglicherweise mit anderen Phänomenen als Radioaktivität korreliere, jedenfalls nicht schädlich sei; unangenehm, aber bewiesenermaßen unschädlich. Anzunehmen wäre – wenn alle kratzend und mit geröteter Haut herumlaufen würden, und Fototermine mit Mannequins wie Managementsitzungen der vereinigten Leugnerinstitute unter dauerndem Kratzen aller Beteiligten stattfänden –, daß derartige Wegerklärungen keine große Überlebenschance hätten. Damit stünde die Atompolitik wie überhaupt der Umgang mit modernen Großgefahren vor einer völlig veränderten Situation: Es wäre kulturell erfahrbar, worüber gestritten und verhandelt wird[23].

Genau daran entscheidet sich die Zukunft der Demokratie: Sind wir in allen Einzelheiten der Überlebensfragen von Experten, auch von Gegenexperten, abhängig, oder gewinnen wir mit einer kulturell herzustellenden Wahrnehmbarkeit der Gefahren die Kompetenz des eigenen Urteils zurück? Lautet die Alternative nur noch: autoritäre oder kritische Technokratie? Oder gibt es einen Weg, der Entmündigung und Enteignung des Alltages in der Gefahrenzivilisation entgegenzuwirken?

---

23 Bildlich Gesprochen: Daß Radioaktivität juckt, darin liegt ein zentraler Auftrag auch der politischen Bildung in der Risikogesellschaft. Siehe dazu B. Claußen, Politische Bildung in der Risikogesellschaft, in: Aus Politik und Zeitgeschichte, B 36/1989, sowie H. Ackermann u. a. (Hrsg.), Technikentwicklung und politische Bildung, Opladen 1988.

CHRISTIAN LEIPERT

Ökologische Ökonomie

1. Auszug der Natur aus der ökonomischen Theorie

Ökologische Ökonomie beginnt mit einer neuen Perspektive für ökonomisches Denken und Handeln im allgemeinen und für die ökonomische Theorie im besonderen. Die Ökonomie war wie die anderen Sozialwissenschaften dadurch gekennzeichnet, daß sie sich ausschließlich mit Handlungen von Menschen, deren Wechselwirkungen und ihren Auswirkungen auf relevante Ziele von Individuen und Kollektiven beschäftigte. Die ökologische Umwelt, innerhalb derer das ökonomische System einer Gesellschaft agiert, die Wechselwirkungen zwischen ökonomischem System und seiner ökologischen Umwelt und die Folgen dieser Interdependenzen für beide Seiten blieben systematisch ausgeblendet.

Dies war einmal anders. Am Beginn der Entwicklung des ökonomischen Denkens als Wissenschaft in der Neuzeit stand die Theorie der Physiokraten. Diese betrachteten die Natur als einzige werteschaffende Kraft und bauten ihr gesamtes theoretisches Gebäude auf der Notwendigkeit der Erhaltung, Reproduktion und Verbesserung der Fruchtbarkeit der Böden, auf die sich ihre Aufmerksamkeit – zeitbedingt – konzentrierte, auf. Auch in den Theorieentwürfen von Malthus und Ricardo – zwei bedeutenden klassischen Ökonomen des frühen 19. Jahrhunderts – spielte die Natur noch eine zentrale Rolle. Sie bildete einen die Wachstumsdynamik begrenzenden Faktor in ihrer Bevölkerungstheorie (Malthus) und in ihrer Theorie der langfristigen wirtschaftlichen Entwicklung (Ricardo).

Der Siegeszug der Neoklassik in der ökonomischen Wissenschaft, der Ende des 19. Jahrhunderts einsetzte, bedeutet dann den endgültigen Auszug der Natur aus der ökonomischen Theorie. Das Interesse an den Antriebsquellen der wirtschaftlichen Entwicklung und an den langfristigen Entwicklungsaussichten gewinnorientierter Wirtschaftssysteme, das charakteristisch für die Klassiker war, ging in der Neoklassik verloren. Ökonomische Theorie beschäftigte sich nunmehr primär – wenn nicht ausschließlich – mit dem statischen Problem der Allokation knapper Mittel auf konkurrierende Zwecke, und dies aus ausschließlich individualistischer Perspektive. Von überragendem Interesse war die Analyse der Optimalitätseigenschaften marktwirtschaftlicher Koordinierung von Handlungen rational entscheidender Individuen. Zentrale Einflußgrößen der ökonomischen Entwicklung wie die Technik, individuelle Präferenzen, Ausstattung mit natürlichen Ressourcen und anderen Naturgütern, Politik, andere institutionelle Bedingungen und so weiter wurden in den sogenannten »Datenkranz« verwiesen, der als gegeben vorausgesetzt wurde. Wenn überhaupt einmal die Naturbasis menschlichen Wirtschaftens angesprochen wurde, dann sprach daraus ein großes Vertrauen in die »Unzerstörbarkeit des Bodens« (Ricardo), in die

Belastbarkeit und Anpassungsfähigkeit der Natur oder in den großen unausschöpfbaren Reichtum der Natur. Nicht zuletzt die Umweltkrise hat die Grenzen dieser Theorie in besonderer Weise deutlich werden lassen. Dabei gilt die Kritik einmal dem statischen Charakter dieser Theorie und zum anderen der Abschließung der Theorie vom allgemeinen Naturzusammenhang menschlichen Lebens. Es fehlt eine Theorie der Entwicklung des ökonomischen Prozesses. Diese kann jedoch von der Neoklassik aufgrund ihrer Befangenheit im mechanistischen Paradigma der klassischen Physik nicht geleistet werden. Es gibt in der ökonomischen Theorie Ansätze zu einer Entwicklungstheorie, zu einer evolutionären Theorie des ökonomischen Prozesses. Am bekanntesten ist sicherlich – sieht man einmal von Marx' letztlich doch mechanistischer und teleologischer Entwicklungstheorie ab – die Entwicklungstheorie von Schumpeter, in der die Neuerungsleistungen des schöpferischen Unternehmers das zentrale Agens der wirtschaftlichen Entwicklung darstellen. Innerhalb der Ökonomie finden wir vor allem beim amerikanischen Institutionalismus Ansätze zu einer Theorie des ökonomischen Wandels[1]. In diesem wird vor allem die Spannung zwischen der Dynamik der Technologieentwicklung oder des Wissensfortschritts und dem entwicklungshemmenden Charakter von Institutionen thematisiert. Aber alle diese Ansätze – wie übrigens auch die soziale Evolutionstheorie in der Soziologie – sind Theorien der Evolution des ökonomischen und sozialen Systems.

2. Die neue Perspektive: Ko-Evolution des ökonomischen und ökologischen Systems

Die Umweltkrise enthüllt nunmehr den fiktiven Charakter einer solchen naturabgeschlossenen Perspektive ökonomischer (und soziologischer) Theorie. Tatsächlich ist das ökonomische System ein offenes System. Es interagiert mit seiner sozialen, politischen *und* ökologischen Umwelt. Nicht nur das: *Nur* durch seinen Austausch mit der ökologischen Umwelt kann das ökonomische System überleben, sich erhalten, sich reproduzieren und sich weiterentwickeln. Das ökonomische System benötigt zur Erfüllung seiner Funktionen eine ständige Zufuhr von Energie und Materie, die für ökonomische Zwecke verwendbar sind, aus der ökologischen Umwelt. Nachdem diese für die ökonomischen Zwecke eingesetzt worden sind, muß die bei dieser Energie- und Materie-Transformation entstehende umgewandelte Energie und Materie (Abwärme, Schadstoffe, Abwasser und Abfälle) wiederum an die ökologische Umwelt abgegeben werden.

---

1 Als Einstieg in das Ideengebäude des amerikanischen Institutionalismus eignen sich besonders die beiden Aufsätze von Kapp »Die Volkswirtschaft als offenes System: Implikationen für die Wirtschaftstheorie« und »Zur Verteidigung der institutionellen Ökonomie«, in: K. W. Kapp, Für eine ökosoziale Ökonomie, Frankfurt/M. 1987, S. 33 ff. und S. 52 ff. Die Vertreter dieser Theorierichtung publizieren vor allem in dem »Journal of Economic Issues«. Einen umfassenden Überblick über den heutigen Stand des Institutionalismus liefern zwei umfangreiche Hefte dieser amerikanischen Zeitschrift: Evolutionary Economics I/II: Foundations of Institutional Thought, No. 3 und 4, Vol. XXI, 1987.

Wenn man die ökologische Umwelt auch als ein System beschreibt, haben wir zwei Systeme – das ökonomische und das ökologische –, die sich jedoch nicht unabhängig voneinander, sondern in wechselseitiger Abhängigkeit entwickeln (evolvieren). Man kann hier auch von einer Ko-Evolution zweier wechselseitig miteinander verflochtener Systeme sprechen. Diese gehorchen unterschiedlichen, gleichwohl miteinander interagierenden Gesetzmäßigkeiten.

Die Idee der Ko-Evolution ist eine mögliche und meines Ermessens fruchtbare Perspektive für eine ökologische Ökonomie. Eine andere ist die Auffassung eines einheitlichen Naturprozesses, von dem der Mensch, der auch ein Naturwesen ist, einen unabtrennbaren Teil darstellt. Die Evolution des Lebens hat auch den Menschen hervorgebracht. Die Kultur, die er zur Bewältigung der Anforderungen an seine Selbsterhaltung und Selbstentwicklung schafft, ist seine Weise, sich mit seiner Umwelt auseinanderzusetzen. Diese Kultur hat immer auch eine Naturseite. Gleichzeitig heißt dies, daß dem Naturprozeß immer auch der Stempel der Kultur aufgedrückt ist. Kultur und Natur sind nur zwei verschiedene Betrachtungsweisen des gleichen Prozesses der allgemeinen Evolution des Lebens, in die der Mensch mit seinen besonderen Fähigkeiten involviert ist.

Didaktisch gesehen ist es jedoch nicht unklug, im folgenden vom Modell der Ko-Evolution von ökologischem und ökonomischem System auszugehen. Beide folgen (heute) unterschiedlichen Gesetzmäßigkeiten: den ökologischen Gesetzmäßigkeiten, die in diesen Jahren aufgrund der menschlichen Eingriffe in das globale Ökosystem beginnen, die Lebensbedingungen des Menschen möglicherweise irreversibel zu zerstören, und den ökonomischen Gesetzmäßigkeiten des Sozialsystems, die kulturell geprägt sind.

Ökonomische und soziologische Theorie beschränkt sich bisher auf die Analyse der Bedingungen der Reproduktion, der Stabilität, des Gleichgewichts oder des Wachstums des ökonomischen und sozialen Systems. Diese Analyse erfolgte unter der stillschweigenden Annahme, daß von der systemtypischen Weise der Reproduktion, der Stabilitätssicherung, des Wachstums des ökonomischen Systems keine Störungen auf die Umwelt des Systems ausgehen, die dann wieder negativ auf die Funktionsweise des ökonomischen Systems zurückwirken könnten. Dies war ja ausgeschlossen worden durch die Annahme eines gegebenen Datenkranzes. Die einer ökologischen Ökonomie angemessene Perspektive einer Ko-Evolution von ökonomischem und ökologischem System zeigt jedoch, daß die ökonomische Theorie in der Zeit der ökologischen Krise die Wechselbeziehungen zwischen beiden Systemen thematisieren muß.

Es ist tägliche Realität auf unserem Erdball, daß die Prozesse, die zur Erreichung ökonomieinterner Ziele führen, gleichzeitig die Funktionsbedingungen des ökologischen Systems in verschiedenen Dimensionen beeinträchtigen. Ökonomische Erfolge im traditionellen Sinne haben heute in zunehmendem Maße eine ökologische Kehrseite. Hohe Wachstumsraten des Bruttosozialprodukts (BSP) – immer noch das prioritäre wirtschaftspolitische Ziel wohl aller Regierungen in Industrie- und Entwicklungsländern – werden erkauft mit dem irreversiblen Verbrauch von Natur, mit dem Abbau von erschöpfbaren Ressourcen und der Beeinträchtigung und Zerstörung von Umweltmedien und ökologischen Kreisläufen. Erfolg am Markt durch eine Unternehmenspolitik der Kostenminimierung heißt heute oft vermehrte Verluste auf der Seite der Ökologie, weil der Markterfolg nicht zuletzt durch eine Politik der maximalen Externalisierung von Umweltkosten auf Dritte oder die Gesamtgesellschaft erreicht wird.

Oder auf gesamtwirtschaftlicher Ebene: Heute ist sich eine Regierung eher noch des Beifalls sicher, die unter Verweis auf die Risiken für die internationale Wettbewerbsfähigkeit nicht mit strikten umweltpolitischen Vorschriften, die die Kosten der Energiewirtschaft und energieintensiver Produktions- und Konsumbereiche erhöhen würden, vorprescht. Tatsächlich heißt dies aber nichts anderes, als daß sich die ökologischen Bedingungen weiter (beschleunigt) verschlechtern werden und daß die Chancen eines Nachziehens anderer bisher eher noch zögerlicher Länder in der Folge des Vorpreschens einiger – selbst eines einzigen der ökonomisch stärksten – Industrieländer der Welt vergeben wird.

Erklärungsbedürftig ist jedoch die durchschlagende Wirkung dieser ökonomischen Erfolgsindikatoren und Auslesemechanismen. Hier ist zu bedenken, daß diese Indikatoren und Auslesemechanismen ökonomische Interessen verkörpern, die in einer Industriegesellschaft wie der Bundesrepublik Deutschland massiv verankert sind. Diese reichen von den in einer Marktwirtschaft zentralen, mit Macht ausgestatteten Gewinninteressen der Unternehmen über die fiskalischen Interessen des Staates, die direkt an die Entwicklung des Bruttosozialprodukts gekoppelt sind, bis zu den ökonomistisch verkürzten Vorstellungen von einem guten Leben bei der Masse der Bevölkerung. Wie sollen sich »Natur«-Interessen in einer Gesellschaft durchsetzen, wenn dies in gleicher Weise eine Schmälerung der ökonomischen Gewinne, der Realeinkommen, des Lebensstandards und des Wohlstands im üblichen Sinne bedeutet? Verwirklichung von Naturinteressen in einer Wirtschaftsgesellschaft setzt eine Korrektur der Idealvorstellung des »Ökonomismus« voraus: der Vorstellung einer Ausschöpfung aller sich bietenden Gewinn-, Einkommens- und Konsumerhöhungsspielräume.

Die ökonomische Nutzung der Natur nach dem Motto »Was nicht verboten ist, das ist erlaubt« wird nicht zuletzt auch dadurch erleichtert, daß gegenlaufende soziale Institutionen – etwa spezifische Denk- und Verhaltensgewohnheiten oder gesellschaftliche Normen, die naturschonendes und naturbewußtes Verhalten positiv sanktionieren – in unserer Gesellschaft angesichts eines jahrhundertelangen Prozesses der Naturentfremdung nicht mehr oder nur noch rudimentär vorhanden sind. Diese natur-»ignorante« Haltung schafft erst die individual- und sozialpsychologischen Voraussetzungen für die maximale Wirkung des ökonomischen Anreizes zur Externalisierung ökologischer Kosten auf Dritte.

3. Erweiterung der Zielkriterien des ökonomischen Systems: Sicherung der ökologischen Nachhaltigkeit

Die Realität der Ko-Evolution zwischen ökonomischem und ökologischem System sowie die seit einiger Zeit sich abzeichnenden bedrohlichen Entwicklungen im ökologischen System erfordern eine Erweiterung der Zielkriterien des ökonomischen Systems. Reproduktion und Stabilität dieses Systems sind mittel- und langfristig nicht mehr gewährleistet bei bloßer Verwirklichung der ökonomieinternen Ziele wie Preisstabilität, Vollbeschäftigung, wirtschaftliches Wachstum, gerechte Einkommensverteilung und so weiter. Der Prozeß der ökonomischen Zielerreichung ist nunmehr einer Generalprämisse zu unterstellen: der der ökologischen Nachhaltigkeit des wirtschaftlichen Handelns. Die Entscheidungsträger haben die Reproduktion und Stabilität des ökonomischen Systems unter der Voraussetzung sicherzustellen, daß die Reproduktion und (dynamische) Stabilität des ökologischen Systems nicht in Frage gestellt werden.

Das neue Leitbild einer »ökologisch nachhaltigen Entwicklung« hat in den letzten Jahren vor allem durch seinen prominenten Platz im Bericht der Brundlandt-Kommission, der Weltkommission für Umwelt und Entwicklung, einen Aufmerksamkeitsgewinn erfahren. Unter »nachhaltiger Entwicklung« versteht die Kommission »eine Entwicklung, die den Bedürfnissen der heutigen Generation entspricht, ohne die Möglichkeit künftiger Generationen zu gefährden, ihre eigenen Bedürfnisse zu befriedigen und ihren Lebensstil zu wählen ... Eine nachhaltige Entwicklung bedeutet ein Wachstum, das die Grenzen der Umweltressourcen respektiert, das also die Luft, die Gewässer, die Wälder und Böden lebendig erhält, ein Wachstum, das die genetische Vielfalt erhält und das Energie und Rohmaterialien optimal nutzt.«[2] Ökologisch nachhaltig sind Produktion und Einkommenserzielung nur dann, wenn die Produktionsgrundlagen und Einkommensquellen im Produktionsprozeß nicht reduziert oder sonst qualitativ beeinträchtigt werden, mit anderen Worten: wenn die Einkommensquellen, also Arbeit, Kapital und Naturvermögen, auch im Gefolge des gesellschaftlichen Produktionsprozesses in qualitativer und quantitativer Hinsicht dauerhaft erhalten bleiben.

Diese Generalvoraussetzung ökonomischen Handelns in der Zukunft ist in dieser allgemeinen Formulierung natürlich nicht politikfähig. Eine Konkretisierung dieser Leitidee auf den verschiedenen Ebenen ökonomischen, gesellschaftlichen und politischen Handelns beginnt mit Visionen ökologischen Wirtschaftens in einer Industriegesellschaft, die den notwendigen gesellschaftlichen Diskurs über ökologische Zukunftsalternativen laufend unterfüttern könnten. Sie setzt sich fort bei der Anpassung gesellschaftlicher, ökonomischer und politischer Institutionen an die neuen ökologischen Herausforderungen. Eine solche Anpassung kann von der Einführung einer Öko-Bilanz auf Unternehmensebene über die Schaffung eines neuen Haftungsrechts bis hin zu einem ökologischen Abgaben- und Steuersystem reichen. Und schließlich gilt es, ökologische Zielkriterien festzulegen, anhand derer letztlich gemessen und kontrolliert werden kann, inwieweit die Entwicklung des Ökonomiesystems im ökologischen Zielkorridor verbleibt.

Eine Konkretisierung des Ziels der ökologischen Nachhaltigkeit des menschlichen Wirtschaftens kann nicht heißen, daß endgültige und autoritative Zielkriterien und Schwellenwerte festgelegt werden. Angesichts unseres unzureichenden Wissens über langfristige Auswirkungen der menschlichen Eingriffe in die Ökosysteme auf das interdependente ökologische Gefüge und aufgrund der damit verbundenen hochgradigen Entscheidungsunsicherheit stehen alle Zielkriterien unter dem Generalvorbehalt der Vorläufigkeit. Neues Wissen muß zu einer Anpassung der Zielkriterien führen (können). Angesichts der fundamentalen Rolle der Unsicherheit bei Eingriffen in das ökologische Wirkungsgefüge und der Irreversibilität vieler Schadensent-

---

2 Weltkommission für Umwelt und Entwicklung, Unsere gemeinsame Zukunft, Greven 1987, hier: Vorwort, S. XV.

wicklungen im ökologischen System ist ein institutioneller Wandel hin zu einer Verankerung des Vorsichtsprinzips auf den verschiedenen Handlungsebenen bedeutsam. Dies kann etwa heißen, aus Vorsorgegründen rigorose Grenzwerte zu setzen, obwohl nach heutigem Wissen auch höhere Werte gesundheitlich und/oder ökologisch unbedenklich sind. Als Beispiel sei hier die neue Trinkwasserrichtlinie genannt, die nur minimale Konzentrationen des Trinkwassers mit Pestiziden zuläßt. (Auf einem anderen Blatt steht die Praxis der Bundesregierung, die bewußt das Risiko der Nicht-Vollziehbarkeit der EG-Richtlinie eingegangen ist und nunmehr betroffenen Wasserwerken unter bestimmten Voraussetzungen eine Übergangsfrist von bis zu weiteren 10 Jahren eingeräumt hat.)

Auf rechtlicher Ebene könnten ein neues Haftungsrecht, eine Beweislastumkehr und die Schaffung eines Klagerechts für Naturschutzverbände die Institutionalisierung des Vorsichtsprinzips befördern. Wenn eine Firma damit rechnen muß, daß rechtlich für alle ökologischen, gesundheitlichen und ökonomischen Schäden belangt werden kann, die von Negativwirkungen ihres Produktionsprozesses beziehungsweise des Gebrauchs ihrer Produkte ausgehen, dann ist zu vermuten, daß die Firma aus ökonomischem Eigeninteresse eine intensivere ökologische Kontrolle ihrer Produktionsverfahren und Produkte vornehmen würde, als es bei der heutigen Interessenlage der Fall ist. Ähnliches gilt für eine Beweislastumkehr. Muß die Firma im Streitfall nachweisen, daß von ihren Produktionsverfahren/Produkten keine ökologischen und/oder gesundheitlichen Schädigungen ausgegangen sind, ist sie mit der im Ökologiebereich bekanntlich außergewöhnlich schwierigen Frage des Kausalitätsnachweises konfrontiert. Müssen Unternehmen damit rechnen, daß Naturschutzverbände Klage bei ökologischen Schäden und Verlusten auch dann erheben können, wenn eine direkte Betroffenheit privater Rechte nicht gegeben ist, ist auch in diesem Fall wegen einer Verschiebung der ökonomischen Anreize ein vorsichtigeres Verhalten anzunehmen.

4. Konturen eines neuen diagnostischen Instrumentariums: Anforderungen an ein System der Umwelt- und Wirtschaftsberichterstattung

Eine Ökologisierung der Wirtschaft heißt umweltpolitisch gesehen eine Verlagerung der Handlungsorientierung von der Nachsorge- und Reparaturpolitik, die heute noch vorherrscht, hin zur Vorsorgepolitik, die langfristig eine Minimierung anthropogener Schadstoffeinträge in die Umwelt anstrebt. Die Nachsorge- und Reparaturpolitik ist durch und durch unökologisch. Sie agiert ohne Bewußtsein der systemischen Wechselwirkungen und der komplexen Kausalketten und Kreisläufe im ökologischen System. Obwohl sich die Grenzen einer rein medialen Umweltpolitik[3] mittlerweile

---

3 Luft, Wasser und Boden werden oft als Umweltmedien bezeichnet, in die sich die Schadstoffe, Abwasserfrachten und Abfälle der industriellen Zivilisation ergießen. Eine mediale Umweltpolitik ist ausschließlich auf die Verbesserung der Umweltsituation in einem Umweltmedium hin orientiert. Sie trägt mithin nicht der Tatsache Rechnung, daß die drei Medien tatsächlich ökologisch eng miteinander verknüpft sind. Dadurch entgeht ihr, daß die

überall herumgesprochen haben und heute – zumindest verbal – ein Konsens hinsichtlich der ökologischen und – mittel- und langfristig – auch ökonomischen Überlegenheit einer präventiven Umweltpolitik im Sinne einer antizipativen Ex-ante-Vermeidungsstrategie besteht, beobachten wir gegenwärtig einen kontinuierlichen Bedeutungsanstieg der Entsorgungs- und Sanierungspolitik. Wenn relativ kurzfristig anspruchsvollere Grenzwerte und Qualitätsziele erreicht werden müssen, bleibt oft nur die Alternative einer »end-of-the-pipe«-Technologie.

Wir befinden uns gegenwärtig in einer Phase der Umweltpolitik, in der auf nahezu allen Gebieten anspruchsvollere Ziele durchgesetzt werden müssen. Da die Wirtschaft in den vergangenen 10 bis 15 Jahren in ihren forschungs- und entwicklungspolitischen Prioritätsentscheidungen keine Weichenstellung hin zu einer neuen technologischen Basis des ökologischen Zeitalters, hin zu Vorsorgetechnologien, zu emissions- und abfallarmen sowie energie- und rohstoffsparenden Produktionsverfahren und recyclingfähigen Produkten vorgenommen hat, muß sie heute unter dem Zwang der Verhältnisse massiv auf Schadstoffreduzierungs- und Entsorgungstechnologien als Zusatzeinrichtungen zum herkömmlichen Produktionsapparat setzen. Der Boom der nachsorgenden Sparte der Umweltschutzindustrie in den kommenden Jahren ist vorprogrammiert[4].

Eine Verlagerung des Schwergewichts auf Vorsorgepolitik setzt auf politischer Ebene eine klare Vorstellung von den ökologischen Zielen voraus, die langfristig – zum Beispiel bis zum Jahre 2010, wie das bei dem neuen Umweltplan der Niederlande der Fall ist – erreicht werden sollen. Erforderlich ist ferner ein System der Umwelt- und Wirtschaftsberichterstattung, das einerseits die systematische und umfassende Dauerbeobachtung ökonomischer und ökologischer Entwicklungstrends ermöglicht und zum anderen die ökonomische Berichterstattung auf eine neue – auch ökologisch korrekte – Basis stellt (etwa die fehlerhafte Wahrnehmung ökonomischer Wertschöpfungs-, Wachstums- und Wohlstandsentwicklungen vor dem Hintergrund der Beeinträchtigung, des Verbrauchs und der Zerstörung ökologischer Potentiale korrigiert).

Ökologieziele werden in Zukunft integrale Ziele der Wirtschaftspolitik werden müssen. Um politisch wirksam zu werden, müssen diese jedoch soweit wie möglich operationalisiert und anhand eines noch überschaubaren Bündels von Umwelt- und Ressourcenindikatoren meß- und kontrollierbar gemacht werden. Angesichts unserer massiven Wissenslücken ist ein solches System von Zielindikatoren offen, korrigierbar und erweiterungsfähig anzulegen. Ein derartiges System eines überschaubaren Bündels komprimierter Umwelt- und Ressourcenindikatoren wird gegenwärtig in den Niederlanden entwickelt. Der neue Umweltplan orientiert sich am Zielkonzept des nachhaltigen Wachstums (»sustainable growth«). Das Indikatorensystem wird benötigt, um dieses ökonomisch-ökologische Konzept in bestimmten Grenzen meßbar, kommunizierbar und damit auch politisch kontrollierbar zu machen.

»Verbesserung« der Situation in einem Umweltmedium zu Verschlechterungen in einem anderen Medium führen kann. So ist beispielsweise die Verminderung der SO_2-Luftbelastung durch den Bau von Entschwefelungsanlagen mit der Entstehung von zusätzlichen Abwasserfrachten verbunden. Oder: Die Verbesserung der Luftsituation durch den Einbau von Filtern führt zu einem vermehrten Anfall von Filterstäuben. Diese müssen auf irgendeine Weise deponiert werden und können in der Folge den Boden zusätzlich belasten.

4 C. Leipert, Die heimlichen Kosten des Fortschritts. Wie Umweltzerstörung das Wirtschaftswachstum fördert, Frankfurt/M. 1989.

Die Aufgabe einer Erneuerung der ökonomischen Berichterstattung vor dem Hintergrund der ökologischen Krise heißt: Sie muß wieder vom Kopf auf die Füße gestellt werden. Der Siegeszug des Keynesianismus seit den vierziger Jahren (in der Nachfolge der schweren Depression in den dreißiger Jahren) und die überragende Bedeutung des wirtschaftlichen Wachstums als konsensuales Fortschrittskonzept der Nachkriegsgesellschaft haben in der Wirtschaftspolitik zu einer dominanten Ausrichtung auf ökonomische Stromgrößen als wirtschaftspolitischen Ziel- und Erfolgsgrößen geführt. Diese – historisch gesehen – Verengung des Blickwinkels wird am besten repräsentiert durch die überragende Bedeutung des Sozialproduktkonzepts, nicht zuletzt auch als Maßgröße zur Messung des wirtschaftspolitischen Kernkonzeptes »Wirtschaftswachstum«. Gegenpol der Stromgrößen, die zeitraumbezogen definiert sind, sind die sogenannten Bestandsgrößen, die – wie etwa Rohstoff- und Energiebestände oder auch die Bevölkerung und das Vermögen einer Person – nur zeitpunktbezogen (zum Beispiel Stichtag 1. 1. 1988) gemessen werden können.

Auch wenn es seit Anbeginn der Volkswirtschaftlichen Gesamtrechnung (VGR), in dessen Zentrum die Sozialproduktberechnung steht, wissenschaftsinterne Kritik an den Konzepten und Konventionen dieser Rechnung gegeben hat, hat erst die ökologische Krise die Mängel des Wachstumsindikators als gesellschaftlichem Fortschritts- und wirtschaftspolitischem Zielkonzept auch für eine breitere Öffentlichkeit offenbar werden lassen. Die ganze Ausrichtung auf ein möglichst hohes Wirtschaftswachstum ließ aus den Augen verlieren, daß dieser Prozeß der Maximierung einer Stromgröße zunehmend auf Kosten von Bestandsgrößen ging, von deren ständiger Reproduktion und dauernder Erhaltung Produktion und Einkommen als abgeleitete Faktoren letztlich abhängen. Es konnte gezeigt werden, daß Produktion und Wachstum – nachdem bestimmte Schwellenwerte der Belastbarkeit von Ökosystemen überschritten waren – zunehmend auf der Belastung, dem Verbrauch und der Zerstörung von ökologischen Potentialen und von erschöpflichen Rohstoff- und Energiebeständen beruhen. Wachstum und Einkommen führen aus dieser Sicht also immer stärker zu dem Verbrauch von Vermögen, von Kapital.

Die (fehlerhafte) Verrechnung der Produktionserträge beziehungsweise der Einnahmen aus der qualitativen Beeinträchtigung von ökologischem »Kapital« respektive aus dem Verkauf und Verbrauch von begrenzten Naturressourcen als Nettoproduktion und Nettoeinkommen in der VGR hat ihre Ursache in der Nichtwahrnehmung der Natur – der ökonomischen Bezüge der Natur – als volkswirtschaftlicher Vermögensgröße. Die Reproduktionsperspektive ist der VGR nicht grundsätzlich fremd. Sie wendet sie an auf den Kapitalstock des Unternehmens- und Staatssektors, den Bestand der »reproduzierbaren« Produktionsmittel. Aber sie ist blind gegenüber der Auszehrung des ökologischen Potentials, vermutlich noch geblendet von dem Mythos der unerschöpflichen und unzerstörbaren Natur.

Die Ausblendung der ökonomischen Dimension der Natur als volkswirtschaftliche Vermögensgröße hat eine weitere Verzerrung der Einkommens- und Produktionsrechnung zur Folge. Das Bruttosozialprodukt-Konzept erkennt nicht, daß es in wachsendem Maße Produktionsaktivitäten oder Ausgaben als Teile der Endproduktion beziehungsweise des positiv gewerteten Wirtschaftswachstums eines Jahres verrechnet, die *tatsächlich* nur Verschlechterungen der Umwelt-, Lebens- und Arbeitsbedingungen, die selbst Ausfluß negativer Folgewirkungen des industriegesellschaftlichen Wirtschaftsprozesses sind, kompensieren. Defensive oder kompensatorische

Ausgaben, die den Fortgang des Prozesses der Umweltschädigung verlangsamen oder anhalten oder Umweltschäden beseitigen, reparieren, neutralisieren und kompensieren sollen, repräsentieren keine Nettoproduktion und kein Nettoeinkommen. Sie zielen darauf, den Wohlstand oder die Lebens- und Umweltqualität, die durch Negativwirkungen des Wirtschaftsprozesses beeinträchtigt worden sind, wiederherzustellen. Es sind Reproduktionskosten zur Wiederherstellung eines »status quo ante«, eines schon erreichten Wohlstands- und Umweltqualitätsniveaus, und keine Aktivitäten zur Erhöhung des Nettowohlstands. Sie sind damit letztlich den Ersatzinvestitionen zur Wiederherstellung eines produktionsbedingt zerschlissenen Kapitalstocks vergleichbar; es sind Ersatzinvestitionen in den Erhalt des Natur-»Kapitals«.

Ich habe in einer Studie für die Bundesrepublik Deutschland die empirische Größenordnung dieser defensiven Ausgaben der Schadens- und Nachteilsregulierung ermittelt. Einbezogen waren zusätzlich zum Umweltbereich auch Kategorien aus dem Verkehrs-, Gesundheits-, Wohn-, Kriminalitäts- und Arbeitsbereich[5]. Nach meinen Berechnungen ist der Anteil der defensiven Ausgaben am Bruttosozialprodukt im Zeitraum von 1970–1988 von knapp 7 Prozent auf nahezu 12 Prozent gestiegen[6]. Sie sind in dem Untersuchungszeitraum gut dreimal so schnell gestiegen wie das Bruttosozialprodukt als Ganzes. Die Schadensentwicklungen, die diese korrektiven Ausgaben letztlich provozieren, lassen es als nahezu sicher erscheinen, daß sich das Wachstumstempo dieser Sanierungs- und Reparaturausgaben im kommenden Jahrzehnt eher noch beschleunigen wird.

Festzuhalten bleibt: Will eine ökologische Wirtschaftspolitik in Zukunft für die ihr zufallenden Aufgaben gerüstet sein, so benötigt sie ein diagnostisches Instrumentarium, das mindestens drei – miteinander verknüpfte – Ebenen der Rechnungslegung und Dauerbeobachtung abdeckt:
1. Die Bruttosozialproduktrechnung ist um eine Nettokonsumrechnung zu ergänzen, die um die kompensatorischen Ausgaben bereinigt ist. Der Weg zu einem »Ökosozialprodukt« ist offenzuhalten.
2. Die Ausrichtung auf ökonomische Stromgrößen ist um das Fundament zu ergänzen, ohne das das ständige Sprudeln von Stromgrößen nicht sichergestellt werden kann. Aufzubauen ist eine gesellschaftliche Vermögensrechnung, in der einer Bestandsaufnahme über das produktive und konsumtive Naturvermögen eine zentrale Rolle zufällt. Diese ist zunächst in physischen Kategorien vorzunehmen. Monetarisierungen sind dort einzuführen, wo sie naheliegen. In anderen Fällen haben sie eher experimentellen Charakter.
3. Komplett ist das diagnostische Instrumentarium erst mit einem System von Sozial- und Umwelt-Indikatoren. Liefern die ökonomischen Stromgrößen Hinweise auf die Entwicklung von aktuellen Wohlstandsgrößen (Produktion, Einkommen, Nettokonsum und so weiter) und die Beständerechnung Anhaltspunkte auf das in der Zukunft nutzbare Potential für Wohlstand sowie Lebens- und Umweltqualität, so schafft ein Indikatorensystem Grundlagen für eine Messung der aktuellen Wohlfahrt sowie der aktuellen Lebens- und Umweltqualität.

---

5 C. Leipert (Anm. 4), S. 123 ff. und 223 ff.
6 Ebenda, S. 126 f.

»Ökosteuer!?! So ein Quatsch!! Gleichmacherei! Sozialistische Bevormundung!!«

5. Grundfragen der ökologischen Wirtschaftspolitik

Die Sicherung der Reproduktionsfähigkeit und der Produktivität der Natur ist die Hauptaufgabe der ökologischen Wirtschaftspolitik. Worin liegt nun der entscheidende Konstruktionsfehler unseres Wirtschaftssystems, dem die sich zuspitzende Krisenhaftigkeit des zeitgenössischen Ökonomie-Ökologie-Verhältnisses anzulasten ist. Vereinfachend könnte man ihn in der Kostenlosigkeit der Inanspruchnahme von Naturleistungen, die tatsächlich schon lange ökologisch knapp geworden sind, lokalisieren. Die Behandlung eines ökologisch knappen Gutes als ökonomisch freies Gut hat eine massive Fehlallokation der Ressourcen in der Volkswirtschaft zur Folge, die sich im Zeitablauf aufgrund von – in ökologischen Systemen wirksamen – Verstärkungseffekten (Akkumulation, Umwandlung, Synergien, Schwellenwerte und so weiter) immer weiter aufschaukeln. Unsere ganze ökologische Krise ist ein Symptom dieser Fehlallokation.

In der Natur gibt es kein unbegrenztes Wachstum einer Art. In jedem ökologischen System gibt es negative Rückkoppelungsschleifen, die das hypertrophe Wachstum einer Art irgendwann beenden und Ausgleichsprozesse in Gang setzen. Die ökologisch vielfältig verzerrten einzel- und gesamtwirtschaftlichen Strukturen in unseren heutigen Industriegesellschaften sind nicht zuletzt auf dieses Fehlen eines in die Gesellschaft eingebauten ökologischen Widerstands zurückzuführen, der hypertrophe Wachstums-, Konzentrations-, Monokultur- und Massenproduktionsprozesse hätte rechtzeitig abstoppen und umkehren können. Wohin man auch blickt: Die Entwicklung der industrialisierten und chemisierten Monokultur in der Landwirtschaft, die sich von den ökologischen Kreisläufen der traditionellen Agrarkultur abgelöst hat, ebenso wie die Konzentration, Zentralisierung, Spezialisierung und Standardisierung der Güterproduktion im »Industrialismus« der Moderne haben sich ökonomisch durchgesetzt, weil die Rechnung ohne den Wirt »Natur« gemacht worden ist.

Wieso rechnet sich eine Entwicklung der Bierherstellung, die aufgrund der Verlagerung auf Dosenbier zu einer Konzentration auf einige wenige Hersteller, die den europäischen Markt mit Billigbier in Einweggebinde überschwemmen, führen könnte? Nun, der Transport ist heute kein ernstzunehmender Kostenfaktor, wenn sämtliche Umweltkosten auf Dritte abgewälzt werden können und die zukünftige Verknappung der begrenzten Erdölvorräte sich nicht in höheren Treibstoffpreisen niederschlägt. Weitere Entlastungen erfährt der Produzent durch geringe Rohstoff- und Energiekosten – was den Übergang zu Einwegdosen und -flaschen erleichtert –, durch Nichtanlastung der Entsorgungskosten sowie durch die vorhandenen Spielräume zur Abwälzung von Umweltkosten bei der Produktion von Bier in großindustriellem Maßstab. Verloren gehen könnte eine traditionelle Versorgungsstruktur, die von örtlich eingebundenen Klein- und Mittelbetrieben geprägt wird. Qualitätsbewußtsein, Kundenorientierung, Diversität im Angebot, geringe Transportkosten, Nutzung regionaler Ressourcen und die Auflegung von Mehrwegsystemen im räumlich eng verkoppelten Produzenten-Kunden-Verbund sind einige der ökologischen Gratiseffekte der traditionellen Struktur.

Die ökonomische Theorie hat diese in ökologischer Hinsicht massive Fehlallokation mit dem Begriff der externen Effekte thematisiert. Einzel- und gesamtwirtschaftliche Vernunft fallen in der marktwirtschaftlichen Theorie nur dann zusammen, wenn die Rationalität des Preissystems gegeben ist. Diese ist aber nur dann gegeben, wenn die Preise die gesellschaftlichen Kosten der Produktion widerspiegeln. Existieren negative externe Effekte der Produktion, fallen einzel- und gesamtwirtschaftliche Rationalität des Wirtschaftsprozesses auseinander. Umweltschäden sind nun aber der klassische Fall von negativen externen Effekten der Produktion. Im Falle von Umweltschäden wälzt das Unternehmen Kosten, die durch die eigene Produktion entstehen, auf Dritte oder die Gesamtgesellschaft ab. Dadurch entsteht eine Divergenz zwischen den einzelwirtschaftlich getragenen und den insgesamt durch den betrieblichen Produktionsprozeß induzierten Kosten in Höhe der sogenannten negativen externen Effekte. Abgesehen von den negativen Auswirkungen auf die Einkommens-, Vermögens- und Wohlfahrtsverteilung in der Gesellschaft führt die Subventionierung der kostenexternalisierenden Unternehmen durch die Gesellschaft zu einer Begünstigung der Umweltverschmutzer zu Lasten der umweltfreundlicher produzierenden Anbieter. Die kostenabwälzenden Firmen können ihre Produkte billiger anbieten, größere Mengen absetzen, höhere Marktanteile und mehr Wirtschaftsmacht erringen.

Hauptaufgabe der Wirtschaftspolitik ist es, einen Ordnungsrahmen für die Wirtschaft zu schaffen, der zu einer sukzessiven Internalisierung der Umweltkosten führt. Leitidee einer derartigen Ökologisierung der Wirtschaftsordnung ist das Prinzip: Es darf sich in Zukunft nicht mehr ökonomisch (im betriebswirtschaftlichen Kalkül) lohnen, die Umwelt als Schadstoffaufnahmemedium und Abfallbecken auszubeuten sowie Raubbau an den knappen Rohstoff- und Energiereserven zu betreiben. Für dieses Ziel müssen alle Instrumente mobilisiert werden, die einen abgestimmten Beitrag zur Zielerreichung leisten können.

Unterbelichtet in den bisher praktizierten Politikformen sind Instrumente, die die ökonomische Motivation der Einzelakteure in unserer Wirtschaftsgesellschaft bei der ökologischen Umgestaltung ansprechen und »ausbeuten«. Die aktuelle Debatte über ökologische Abgaben und Steuern zeigt, daß eine ökologische Korrektur des Preissystems nun endlich erwogen wird. Dabei sollte man freilich die Erwartungen an die dadurch erreichbaren ökologischen Struktureffekte nicht überstrapazieren. Ökologisch hochproblematische und machtpolitisch festgezurrte Wirtschaftsstrukturen – wie etwa in der Landwirtschaft oder im Verkehr – bedürfen zunächst einer neuen politischen Zielorientierung. Erst vor dem Hintergrund eines ernsthaften politischen Umgestaltungswillens und eindeutiger – vor allem auch finanzieller – Prioritätsentscheidungen für die ökologischen Optionen können ökologische Abgaben und Steuern einen sinnvollen Beitrag zur Beschleunigung des Tempos der ökologischen Umgestaltung leisten.

Selbstverständlich gehören zu einer Ökologisierung der Wirtschaftsordnung auch rechtliche Innovationen, die die »angestammten« Rechte der gesellschaftlich etablierten Einkommens-, Gewinn- und Wachtumsinteressen auf beliebige Nutzung der Natur zugunsten der sich zunehmend stärker artikulierenden Interessen auf Naturbewahrung, Umweltschutz und ökologisch nicht-zerstörerische Produktion beschneiden. Wichtige Schritte hierzu sind ein neues Haftungsrecht, eine Neuregelung der Beweislastpflichten, die Einrichtung von Entschädigungsfonds, die Schaffung von Klagerechten für Umwelt- und Naturschutzgruppen, die Einführung einer obligatorischen Umweltverträglichkeitsprüfung, die Einräumung eines Vetorechts für den Umweltminister sowie die Institutionalisierung der Umweltinteressen in den Aufsichts- und Entscheidungsorganen von Unternehmen.

Weiterführende Literatur

AHMAD, Y. J. u. a. (Hrsg.), Environmental and Natural Resource Accounting and Their Relevance to the Measurement of Sustainable Development, The World Bank, Washington/D. C. 1989.

GLAESER, B. (Hrsg.), Humanökologie. Grundlagen präventiver Umweltpolitik, Opladen 1989.

IMMLER, H., Natur in der ökonomischen Theorie, Opladen 1985.

DERS., Vom Wert der Natur. Zur ökologischen Reform von Wirtschaft und Gesellschaft, Opladen 1989.

KAPP, K. W., Für eine ökosoziale Ökonomie. Entwürfe und Ideen, hrsg. von C. Leipert/R. Steppacher, Frankfurt/M. 1987.

KÜHNE, K., Evolutionsökonomie. Grundlagen der Nationalökonomie und Realtheorie der Geldwirtschaft, Stuttgart-New York 1982.

LEIPERT, C., Natur in der ökonomischen Theorie und Praxis, in: Wirtschaft und Gesellschaft, Wien (1988) 2, S. 255–264.

DERS., Grundlagen einer ökologisch ausgerichteten Wirtschafts- und Umweltpolitik, in: Aus Politik und Zeitgeschichte, B 27/1988, S. 29–37.

DERS., Die heimlichen Kosten des Fortschritts. Wie Umweltzerstörung das Wirtschaftswachstum fördert, Frankfurt/M. 1989.

DERS., Ökologische und soziale Folgekosten des Wirtschaftens – Zeichen der sich verschlechternden Wohlfahrtsbilanz der Industriegesellschaft, in: H. Donner u. a. (Hrsg.), Umweltschutz zwischen Staat und Markt. Moderne Konzeptionen im Umweltschutz, Baden-Baden 1989, S. 103–123.

DERS./R. ZIESCHANK (Hrsg.), Perspektiven der Wirtschafts- und Umweltberichterstattung, Berlin 1989.

STEPPACHER, R., Institutionalismus, in: J. Jarre (Hrsg.), Die Zukunft der Ökonomie. Wirtschaftswissenschaftliche Forschungsansätze im Vergleich, Loccumer Protokolle 15/1984, Rehburg-Loccum 1985, S. 30–92.

SWANEY, J. A., Elements of a Neoinstitutional Environmental Economics, in: Journal of Economic Issues, 21 (1987) 4, S. 1739–1779.

VON WEIZSÄCKER, E. U., Plädoyer für eine ökologische Steuerreform, in: Scheidewege. Jahresschrift für skeptisches Denken, 18 (1988/89), S. 197–203.

Gerd-E. Famulla

Zum Wandel von Arbeit und Ökonomie

1. Kein Ende der Arbeitsgesellschaft

Die These vom »Ende der Arbeitsgesellschaft«[1], noch vor einigen Jahren Gegenstand sozialwissenschaftlicher und arbeitspolitischer Auseinandersetzungen, ist in den Hintergrund gerückt und hat der These vom Struktur- oder »Systemwandel der Erwerbsarbeit« Platz gemacht[2]. Mit der *ersten These* verbanden sich unter anderem die Annahmen, daß die »Produktionsarbeit« strukturell zu Gunsten von Dienstleistungstätigkeiten an Gewicht verliere, daß die Lebensarbeitszeit kürzer werde, daß die Arbeitsorientierung im Bewußtsein der Bevölkerung sinke und der Wohlfahrtsstaat mit seinem System kollektiver Sicherung keine oder jedenfalls keine hinreichende arbeitsmotivierende und disziplinierende Wirkung mehr ausübe[3]. Auch die Massenarbeitslosigkeit stimuliere nicht etwa individuelle Erwerbsmotive, sondern führe bei den Betroffenen eher zum fatalistischen Rückzug. Innerhalb des Beschäftigungssystems, so die Annahme, gestatten die entfremdeten Arbeitsbedingungen und -inhalte keine Identifizierung mit den ausgeübten Tätigkeiten. Die protestantische Arbeitsethik, von Max Weber noch als entscheidende Triebkraft wirtschaftlicher Entwicklung diagnostiziert, habe durch ihre »historische Säkularisierung« an Bedeutung eingebüßt. Zusammengenommen habe sich – so Claus Offe – die Arbeitssphäre gegenüber anderen Lebensbereichen »dezentriert«.

Neuere Untersuchungen über die Einstellung zu Arbeit und Beruf widerlegen oder differenzieren zumindest die Auffassung von der sinkenden Bedeutung der Berufsarbeit im Bewußtsein der Menschen. Die hiermit eher vereinbare *zweite These* vom Strukturwandel der Erwerbsarbeit lenkt zwar auch das Augenmerk auf sich verschärfende soziale und ökologische Problemlagen mit und in der Berufsarbeit, doch werden hier beispielsweise Differenzierungen im traditionellen Wertesystem – etwa im Hinblick auf die Arbeitsethik – eher als Bestätigung dafür gesehen, daß Berufsarbeit auch in Zukunft das organisierende Zentrum der Lebensführung sein wird. Als herausragendes Merkmal des Strukturwandels wird die Flexibilisierung der

---

1 Vgl. H. Arendt, Vita activa oder vom tätigen Leben, München 1981; R. Dahrendorf, Wenn der Arbeitsgesellschaft die Arbeit ausgeht, in: J. Matthes (Hrsg.), Krise der Arbeitsgesellschaft? Verhandlungen des 21. Soziologentags in Bamberg 1982, Frankfurt/M. – New York 1983, S. 38–65; C. Offe, Arbeit als soziologische Schlüsselkategorie?, in: ders., »Arbeitsgesellschaft« – Strukturprobleme und Zukunftsperspektiven, Frankfurt/M. – New York 1984, S. 13–43.

2 Vgl. U. Beck, Risikogesellschaft. Auf dem Weg in eine andere Moderne, Frankfurt/M. 1986.

3 So insbesondere bei C. Offe (Anm. 1).

Beschäftigung in Verbindung mit einer zunehmenden Tendenz zur »Individualisierung« von Lebenslagen und Lebenswegen der Menschen hervorgehoben[4]. »Individualisierung« bedeutet hier nicht nur ein Aufweichen tradierter sozialer Strukturen (»Klassenmilieus«), sondern auch das Offenhalten für alle Optionen der Selbsterfüllung, was wiederum die Abhängigkeit des einzelnen von der Erwerbsarbeit verstärkt.

Die sich verschärfenden sozialen und ökologischen Problemlagen in Arbeit und Beruf einerseits sowie die höheren Selbstentfaltungsansprüche und das gestiegene Umweltbewußtsein andererseits legen eine *dritte These* nahe: Ein Wechsel oder zumindest eine Korrektur der Perspektive beim Verfolgen des Wohlstandskonzepts, das bislang auf steigende Arbeitsproduktivität und Wirtschaftswachstum orientiert ist, scheint nicht nur notwendig, sondern auch möglich. Die wachsende Einsicht in die Verschränkung von subjektiven, sozialen und ökologischen Dimensionen der Arbeit befördert zwangsläufig das Interesse für den Eigenwert des Arbeitsinhalts gegenüber seiner ökonomischen Instrumentalisierung. Mit der Relativierung der – bislang übergeordneten – ökonomischen Zwecksetzung zugunsten erhöhter Aufmerksamkeit für den Arbeitsinhalt geht ein Attraktivitätsverlust des »kompensatorischen Wohlstandskonzepts« einher. Denn dieses basiert ganz wesentlich auf der bis heute wirksamen Fiktion, daß bei steigender Produktivkraft der Arbeit und wachsendem Sozialprodukt die damit verbundenen höheren Belastungen für Mensch und Natur in Form von höherem Einkommen und Konsum kompensiert werden können.

Eine Reihe von Anzeichen – von denen auch in diesem Beitrag die Rede ist – gibt jedenfalls Anlaß für eine Überprüfung des »kompensatorischen Wohlstands- oder Arbeitskonzepts«. Erneute Aktualität gewinnt die bereits von Karl Polanyi vor etwa 50 Jahren erhobene und heute stärker mit der Ökologiefrage verbundene Forderung nach einer Re-Integration der Ökonomie in die Gesellschaft[5] oder, anders ausgedrückt, nach einem neuen Verhältnis von subjektiven, sozialen und ökologischen Dimensionen gegenüber der ökonomischen Dimension der Arbeit.

Das traditionelle Konzept der Ökonomisierung von Arbeit und einer ihm zugehörigen kompensatorischen Arbeitspolitik wird zunächst in aller Kürze umrissen (2.). Danach folgt eine Diskussion des »Normalarbeitsverhältnisses«, an dessen Erosion (»Flexibilisierung«) der ökonomische Druck auf die Beschäftigten und Nichtbeschäftigten ebenso deutlich wird wie die neuen Ansprüche an die Arbeit (3.). Die empirischen Problemlagen der Arbeit und des Berufs sollen die Begleiterscheinungen ökonomisierter Arbeit und kompensatorischer Arbeitspolitik dokumentieren, aber auch die Notwendigkeit einer Neuorientierung aufzeigen. Die besondere Form der Darstellung – jeweils Materialien zu einer vorangestellten These – läßt bewußt Raum zur Aktualisierung und kritischen Ergänzung (4.). In der Folge werden die Entscheidungssituationen und möglichen alternativen Verhaltensmöglichkeiten aufgezeigt, die sich ergeben, wenn die Mängel und Probleme des traditionellen Wohlstandskonzepts offenbar werden und der Arbeitsinhalt stärker nach seinem Eigenwert beurteilt wird (5.). Als eine entscheidende Herausforderung für Veränderungen in der Arbeit gilt der Einsatz von Informations- und Kommunikationstechnologien. Es wird daher der Frage nachgegangen, welche neuen Formen der Arbeitsgestaltung, das heißt

---

4 Vgl. U. Beck, Perspektiven einer kulturellen Evolution der Arbeit, in: Mitteilungen aus der Arbeitsmarkt- und Berufsforschung, (1984) 17, S. 52–62.
5 Vgl. K. Polanyi, The Great Transformation, Frankfurt/M. 1977.

auch, welche Gefährdungs- und Entwicklungspotentiale sich für die verschiedenen Beschäftigtengruppen ergeben, wenn das Management von sich aus stärker auf die subjektiven Fähigkeiten und neuen Organisationsformen der Arbeit als auf die ökonomische Instrumentalisierung der Arbeit (Taylorismus) setzt (6.). Schließlich stellt sich die Frage, wie es denn mit der Einstellung und Bereitschaft der Menschen steht, ein anderes, stärker auf den Arbeitsinhalt gerichtetes, Interesse gegenüber einer vorgegebenen primär ökonomischen Zwecksetzung auch wahrzunehmen (7.).

2. Der traditionelle Ablauf: Ökonomisierung der Arbeit und kompensatorische Arbeitspolitik

Der tiefgreifende Prozeß der Ökonomisierung der Gesellschaft – einer Orientierung am Wirtschaftlichkeitskalkül in allen Lebensbereichen wie Politik, Gesundheitswesen, Bildung, Freizeit, Haushalt – ist durchaus nicht zu Ende[6], auch wenn sich heute seine sozialen und ökologischen Grenzen deutlicher abzeichnen und – zumal im Bereich von Arbeit und Beruf – die Politikabhängigkeit dieser Grenzen erkennbarer wird. Zu berücksichtigen ist, daß die Dominanz der Ökonomie – und verbunden damit vor allem die Ökonomisierung der Arbeit – weitreichende historische Wurzeln hat, die bei einem Wandel des Verhältnisses von ökonomischer Rationalisierungslogik und Arbeitsinhalt tangiert werden. Im folgenden geht es zunächst um die Vergewisserung dieses Übergewichts ökonomischer Rationalisierungslogik und dessen hohe Attraktivität auch für die Gewerkschaften und, wie sich heute abzeichnet, große Teile der Reformbewegung in den osteuropäischen Ländern.

Adam Smith sah in seinem 1776 erschienen Buch »The Wealth of Nations« in der Arbeit und der Arbeitsteilung die eigentlichen Quellen des Volkswohlstands. Auch Karl Marx' Kritik der Politischen Ökonomie richtete sich rund hundert Jahre später weniger gegen die im Kapitalismus maßgeblich betriebene Steigerung der Produktivkraft der Arbeit (»das historische Verdienst des Kapitals«), sondern vielmehr gegen die historische Form der Arbeit, die Lohn-Arbeit. Frederik Winslow Taylor entwickelte um 1900 systematische Arbeitsstudien (»the one best way«) und Lohnanreizsysteme mit dem Ziel der Steigerung der Arbeitsproduktivität[7]. In Taylors Prinzipien, wenn auch vielfach kritisiert, modifiziert und ergänzt[8], steckt das bis heute wirksame Versprechen, daß die immer weitere Produktivitätssteigerung der Arbeit allen zugute kommen werde. Dieses Versprechen schließt auch die Erwartung ein, daß die während der Arbeitszeit durch immer höhere Verdichtung der Arbeit erlittene Einbuße an Lebensqualität schließlich durch mehr Lohn oder mehr Konsum kompensiert werden könne.

In der ökonomischen Theoriebildung – und das ist vor allem aus ideologischen Gründen bedeutsam – wurden Entscheidungskalküle für rationales Verhalten entwik-

6 G. S. Becker, Der ökonomische Ansatz zur Erklärung menschlichen Verhaltens, Tübingen 1982.

7 F. W. Taylor, The Principles of Scientific Management, München 1913.

8 H. Spitzley, Wissenschaftliche Betriebsführung, REFA-Methodenlehre und Neuorientierung der Arbeitswissenschaft, Köln 1980.

kelt (Neoklassik), die allen »Wirtschaftssubjekten« – wie Unternehmern, Haushaltsvorständen und Arbeitern – strukturell ähnliche, »rein ökonomische« Entscheidungssituationen unterstellen: Sie sind bestrebt, aus einem gegebenen Bestand an Mitteln (Geld, Güter, Menschen, Zeit) ihr Gewinn- oder Nutzenmaximum zu erwirtschaften. So wird hier (auch) der Arbeiter zum *homo oeconomicus*. Er erreicht sein Nutzenmaximum, wenn der Lohn für eine zusätzlich von ihm angebotene Arbeitsstunde (»Grenzlohn«) nicht mehr das Leid kompensiert (»Grenzleid«), welches er durch diese zusätzliche Stunde erfährt[9].

Selbst wenn dieses hier wiedergegebene wirtschaftstheoretische Standardmodell nicht das Muster für das tatsächliche Verhalten des Lohnarbeiters wiedergibt – auch innerhalb der Arbeits- wie Wirtschaftswissenschaften gibt es die Einsicht, daß in diesem Modell die sozialen und psychischen Bedürfnisse auf ökonomische reduziert worden sind –, bleibt dennoch die Frage, inwieweit sich in diesem Modell gleichwohl das noch vorherrschende Menschenbild oder der Idealtypus einer ganzen historischen Epoche ausdrückt. Der zweckrational handelnde »Wirtschaftsmensch« hat ein instrumentelles Verhältnis zur Welt. Sie ist für ihn bloßes Mittel oder ein Produktionsfaktor bei der Verfolgung seiner Ziele. Da er – idealtypisch gesehen – aber auch selbst die Rolle eines Produktionsfaktors für andere spielt, sucht er seine Instrumentalisierung so gut es geht durch Geld und Konsum zu kompensieren. Hierzu ist innerhalb einer auf lohnabhängiger Arbeit beruhenden Wirtschaftsgesellschaft aber bereits die gewerkschaftliche Organisation erforderlich. Diese ökonomische Interessenvertretung sorgt gegenüber den Nachfragern nach Arbeitskraft auf dem Arbeitsmarkt (Unternehmern) für eine »angemessene« und »gleiche« Entlohnung.

Tatsächlich haben die Gewerkschaften praktisch bis zum Beginn der Debatte um Rationalisierungsschutzabkommen beziehungsweise etwas später um eine »Humanisierung der Arbeit« in den siebziger Jahren überwiegend eine bloße Kompensationspolitik betrieben. Die Tarifparteien haben der betriebswirtschaftlichen Rationalität in Gestalt steigender Arbeitsproduktivität und -intensität bis dahin nicht oder kaum arbeitsinhaltliche Forderungen betreffend die Qualität der Arbeitsbedingungen und -gegenstände hinzugefügt, sondern steigende Arbeitsbelastungen überwiegend in Form von Lohnerhöhungen und Arbeitszeitverkürzungen aufzuwiegen versucht[10]. Erst relativ spät entwickelte sich die Einsicht, daß die Stufen der arbeitswissenschaftlichen Durchdringung des Produktions- und Verwaltungsablaufs vom Taylorismus bis zu den »Neuen Formen der Arbeitsorganisation« nicht nur als Mittel allgemeiner Wohlstandssteigerung, sondern auch als »stufenweise Erschließung neuer Intensifikationspotentiale« mit in ihrer Folge steigenden Arbeitsbelastungen, beispielsweise im nervlich-psychischen Bereich, beurteilt werden können[11]. Damit verbindet sich die Erkenntnis, daß Leistungslohn und Lohndifferenzierung als Mittel unternehmerischer Leistungspolitik durchaus keine Alternative zur unterlassenen Humanisierung der Arbeit darstellen[12].

---

9 J. Zerche, Arbeitsökonomik, Berlin – New York 1979.
10 Vgl. auch das gewerkschaftliche Konzept der »produktivitätsorientierten Lohnpolitik«.
11 P. Groskurth/W. Volpert, Lohnarbeitspsychologie, Frankfurt/M. 1975.
12 R. Schmiede/E. Schudlich, Die Entwicklung der Leistungsentlohnung in Deutschland, Frankfurt/M. – New York 1978.

»Um Himmels Willen! Fräulein Konjunktur kann sie jetzt nicht empfangen! Sie braucht dringend Ruhe!«

Gegenüber den Folgen ökonomischen Rationalisierungsdrucks können die Betriebsräte nach dem Betriebsverfassungsgesetz (§§ 90, 91) nur im nachhinein »gesicherte arbeitswissenschaftliche Erkenntnisse« geltend machen. Doch wer stellt dies fest, und von welchen Interessen läßt er sich dabei leiten? Wann gelten gesundheitliche Beeinträchtigungen – beispielsweise infolge von Bildschirmarbeit – als gesichert? Wie lange dauert die Anerkennung einer arbeitsbedingten Erkrankung als Berufskrankheit? Selbst im positiven Fall läuft eine solche Anerkennung auf eine nachträgliche Kompensationszahlung für gesundheitliche Schäden hinaus, wodurch dann aber weder die Arbeitsfähigkeit zurückgegeben wird noch die Ursachen der Arbeitsunfähigkeit beseitigt werden.

Ein deutliches Indiz für eine beginnende programmatische Abkehr vom ökonomistischen Kompensationskonzept (höhere Belastung = höherer Lohn) kann im Aktionsprogramm der IG Metall »Arbeit und Technik: Der Mensch muß bleiben« (1984) gesehen werden, in dem von den Unternehmensleitungen gefordert wird, daß sie vor der Einführung von neuen Technologien zunächst einmal die »Ungefährlichkeit des Arbeitsmittels« für den Menschen nachweisen sollen (Umkehr der Beweislast). Die Forderung der IG Metall deutet an, daß sie den Mittelcharakter der Arbeit für eine ihr übergeordnete ökonomische Zwecksetzung da begrenzt sehen möchte, wo gesundheitliche Schäden für den Menschen zu befürchten sind. In eine ähnliche

Richtung, und zwar aus ökologischen Erwägungen, geht die jüngst ebenfalls in der IG Metall diskutierte Forderung nach »Produktmitbestimmung«. Beide Forderungen sind – wie auch zahlreiche bereits erreichte Vereinbarungen auf betrieblicher Ebene (zum Beispiel über Begrenzung von Bildschirmarbeit, »sozialverträgliche Arbeitszeitregelung« oder Entdifferenzierung von Löhnen) – durchaus als Ansätze zur Relativierung kompensatorischer Arbeitspolitik zu sehen.

3. Das Normalarbeitsverhältnis – Abschied von einer »herrschenden Fiktion«

Das Sozialmodell abhängiger Arbeit, auf das hin sich bislang die – der ökonomischen Instrumentalisierung der Arbeit zugehörige – Kompensationspolitik zwischen Kapital und Arbeit orientiert, wird unter dem Begriff »Normalarbeitsverhältnis« gefaßt[13]. Gegenüber dem Urzustand einer kapitalistischen Gesellschaft, in der sich die Anbieter von Arbeitskraft ohne Arbeitsvertrag und Arbeitsschutz in einem »total flexiblen arbeitsrechtlichen Grundverhältnis« befanden[14], enthält das Modell des Normalarbeitsverhältnisses soziale Sicherheiten und Standardisierungen. »Seine historische Leistung besteht darin, in die durch Flexibilität begründete Unsicherheit, Unordnung und Unruhe der Lohnarbeiterexistenz (...) Korsettstangen von Gewißheit, Voraussehbarkeit und Frieden einzuziehen.«[15]

In Anlehnung an Bernhard Teriet[16], Claus Offe[17], Ulrich Beck[18], Ulrich Mückenberger[19] und Edwin Schudlich[20] lassen sich folgende Elemente des Normalarbeitsverhältnisses bestimmen:

– abhängige Erwerbsarbeit als Existenzgrundlage,
– Einbindung in ein System arbeits- und sozialrechtlicher Schutzbestimmungen,
– auf Kontinuität angelegte Berufsbiographie mit Aus- und Weiterbildung und Karrierechancen,
– Konzentration des Arbeitsverhältnisses auf einen Arbeitsplatz und Arbeitgeber,
– Geschlechterrollentrennung bei der Zuweisung von bezahlter Erwerbsarbeit und unbezahlter Hausarbeit,
– Vertretung der Arbeitnehmer/innen und Arbeitgeber/innen durch Großverbände, die Arbeitsentgelte und -zeiten regeln.

Diese »Elemente«, die allerdings nie umfassend verwirklicht werden konnten und insofern »herrschende Fiktion« blieben (Ulrich Mückenberger), sind heute durch eine Phase der Re-Flexibilisierung der Arbeitsverhältnisse gefährdet. Einer

---

13 U. Mückenberger, Die Krise des Normalarbeitsverhältnisses. Hat das Arbeitsrecht noch Zukunft?, in: Zeitschrift für Sozialreform, (1985) 7, S. 415–434; (1985) 8, S. 457–475.
14 Ebenda, S. 431.
15 Ebenda.
16 B. Teriet, Die Herausforderung peripherer Erwerbsbeteiligungen, in: Arbeit und Sozialpolitik, (1980) 11, S. 388 ff.
17 C. Offe (Anm. 1).
18 U. Beck (Anm. 2).
19 U. Mückenberger (Anm. 13).
20 E. Schudlich, Die Abkehr vom Normalarbeitstag, Frankfurt/M. – New York 1987.

umstandslosen gesellschaftspolitischen Orientierung auf den Erhalt und die weitere Durchsetzung des Normalarbeitsverhältnisses stehen heute aber zumindest zwei Positionen mit ganz unterschiedlichen Begründungen entgegen:

a) Aus konservativer sozial- und wirtschaftspolitischer Position wird der erreichte Stand tarif- und sozialrechtlicher Schutzbestimmungen bereits als zu weitgehend und als beschäftigungshemmend beurteilt. Hans-Joachim Rudolph stellt nahezu die gesamten Elemente des Normalarbeitsverhältnisses in Frage, wenn er ein »Recht auf volle Freiheit beim Abschluß des Arbeitsvertrages, ohne Rücksicht auf den Tarifvertrag« fordert: »Der Arbeitslose könnte sich also um eine Tätigkeit bewerben mit einem Lohn zum Beispiel um zehn oder zwanzig Prozent unter dem Satz des Kollektivvertrages. Er könnte auf Nebenleistungen des Arbeitgebers wie bezahlten Urlaub oder Ruhegeld verzichten. Er mag sich bereit finden, jedwede ihm zugewiesene Arbeit zu übernehmen, auch wenn sie nicht zu seinem Beruf gehört oder wenn sie nach gewerkschaftlichen Abgrenzungen anderen vorbehalten sein soll. Es müßte zulässig sein, daß er für seine Person zeitweilig auf gesetzliche Schutzbestimmungen wie Kündigungsschutz oder auf Lohnfortzahlung bei Krankheit verzichtet.«[21] Mit diesem Vorschlag einer Re-Flexibilisierung der Arbeitsverhältnisse verbindet sich – ganz im Sinne einer angebotsorientierten Wirtschaftspolitik – die Hoffnung auf positive Beschäftigungswirkungen durch Senkung der Arbeitskosten für die Unternehmen.

b) Die zweite Position geht in die entgegengesetzte Richtung. Sie schätzt den erreichten Stand arbeits- und sozialpolitischer Absicherung des einzelnen nicht nur als zu gering und zudem noch gefährdet ein, sondern beurteilt den »kompensatorischen Weg« als prinzipiell nicht erfolgsversprechend und geht insofern über das Normalarbeitsverhältnis hinaus. Sie will dessen diskriminierende Wirkungen auf bestimmte Beschäftigtengruppen und Nichterwerbstätige durch Schaffung einer allgemeinen sozialen Grundsicherung[22] und vermittels einer stärkeren Hervorhebung arbeitsinhaltlicher Aspekte positiv überwinden. Ein bloßes Festhalten am Normalarbeitsverhältnis verfestigt aus dieser Perspektive jedenfalls nicht nur den alten Mechanismus von ökonomisch determinierter Instrumentalisierung der Arbeit und kompensatorischer Arbeitspolitik; es ignoriert zugleich die wachsenden arbeitsinhaltlichen Anforderungen wie zum Beispiel ökologische Erfordernisse und Autonomieansprüche der Subjekte, wozu wesentlich die Aufhebung der Ungleichverteilung gesellschaftlicher Arbeit zwischen den Geschlechtern gehört. Für Ulrich Mückenberger sind als Antwort auf den »unvermeidlichen Niedergang des Normalarbeitsverhältnisses ... schrittweise sozialpolitische Sicherungen einzuziehen, die schon Elemente eines heraufkommenden Neuarrangements gesellschaftlicher Produktion und Reproduktion darstellen und/oder vorwegnehmen.«[23] Der im Zuge dieser Strukturveränderungen sich herausbildende neue Facharbeiter/innen-Typus, der stärker arbeitsinhaltlich sowie betriebs- und arbeitsplatzorientiert ist, stellt auch für die traditionelle

---

21 In einem Leitartikel der Frankfurter Allgemeinen Zeitung vom 2. August 1988.

22 Vgl. unter anderem M. Opielka, Die Idee des garantierten Grundeinkommens – eine Alternative zur Vollbeschäftigungspolitik, in: Theorie und Praxis der sozialen Arbeit, (1989) 5, S. 183–189.

23 U. Mückenberger (Anm. 13), S. 467; vgl. auch G. Busch, Den Männern die Hälfte der Familie – den Frauen mehr Chancen im Beruf, Weinheim 1988..

gewerkschaftliche Interessenorganisation und -vertretung eine zentrale Herausforderung dar[24].

Der folgende geraffte Überblick über empirische Problemlagen der Arbeit sowie der traditionellen Arbeitspolitik soll zeigen, wie weit die gegenwärtige Entwicklung an der »herrschenden Fiktion« des Normalarbeitsverhältnisses vorbeigeht und wie dringlich hier eine Neuorientierung ist.

4. Empirische Problemlagen der Arbeit und des Berufs

Die folgende Zusammenstellung von empirischen Problemen in und um Arbeit und Beruf ist weder umfassend noch gewichtend. Sie soll allein das Spektrum der Probleme verdeutlichen, die mit dem Ökonomisierungsprozeß der Gesellschaft und der Arbeit einhergehen und die bislang überwiegend durch eine kompensatorische Politik zu regeln versucht wurden:

4.1 Erwerbslosigkeit

These: Die anhaltend hohe Erwerbslosigkeit ist weder durch hohes Wirtschaftswachstum noch durch eine hohe Mobilitätsbereitschaft der Erwerbslosen zu überwinden.

Im Jahresdurchschnitt 1988 gab es 2,24 Millionen Erwerbslose; bei den Arbeitsämtern wurden 3,67 Millionen Zugänge in und 3,8 Millionen Abgänge aus Erwerbslosigkeit gemeldet; mehr als 700 000 Personen sind gegenwärtig länger als ein Jahr ohne Erwerbsarbeit, ihre Zahl ist steigend[25]. Die »Stille Reserve« (verdeckte Erwerbslosigkeit) wird auf über 1 Million geschätzt; Prognosen zum Arbeitsmarkt lassen auch noch bei hohen Wachstumsraten des Sozialprodukts bis zum Jahr 2000 Erwerbslosigkeit in Millionenhöhe erkennen[26]. Um Waren und Dienstleistungen im Wert von 1 Million DM (zu Preisen von 1985) hervorzubringen, waren 1955 noch 39 Erwerbstätige, 1985 nur 14 Erwerbstätige erforderlich (siehe auch den Beitrag von Axel Bust-Bartels in diesem Band).

4.2 Flexible Beschäftigung/Entstandardisierung der Arbeitszeit

These: Seit den siebziger Jahren wird in der Bundesrepublik der Übergang von einem standardisierten System lebenslanger Ganztagsarbeit im Betrieb zu einem System

---

24 Vgl. hierzu näher J. Feldhoff, Struktur und Wandel des deutschen Systems industrieller Beziehungen, in: ders. u. a. (Hrsg.), Regulierung – Deregulierung. Steuerungsprobleme der Arbeitsgesellschaft (Beiträge zur Arbeitsmarkt- und Berufsforschung 119), Nürnberg 1988, S. 128ff.

25 Vgl. WSI–Informationsdienst Arbeit, (1989) 4.

26 Institut für Arbeitsmarkt- und Berufsforschung, Materialien aktuell, (1988) 1.

Warum Arbeit knapp wird

Um Waren und Dienstleistungen im Wert* von

1 Million DM

hervorzubringen, waren notwendig:

| 1955 | 1965 | 1975 | 1985 |

39 Erwerbstätige

25

18

14

G 5957 © Globus

* zu Preisen von 1985

pluralisierter, flexibler, dezentraler Beschäftigung vollzogen[27]. Ökonomische Ziele (zum Beispiel Kapazitätsauslastung) stehen im Konflikt mit Kriterien einer »sozialverträglichen Arbeitszeitgestaltung«[28].

Das 1985 verabschiedete und 1990 verlängerte »Beschäftigungsförderungsgesetz« gestattet die Befristung von Arbeitsverträgen ohne sachliche Begründung auf 18 Monate. Etwa vier von zehn neuen Arbeitsverhältnissen sind Teilzeitjobs, vor allem im Dienstleistungsbereich; 1988 gab es in der Bundesrepublik 3,1 Millionen Teilzeitbeschäftigte, davon 90 Prozent Frauen[29]. Vielfältige Formen der Entkoppelung von Betriebs- und Arbeitszeiten nehmen zu[30]. 1987 gingen 32 Prozent der Beschäftigten

---

27 Vgl. U. Beck (Anm. 2), S. 222 ff.
28 H. Seifert, Sozialverträgliche Arbeitszeitgestaltung, in: WSI-Mitteilungen, (1989) 11, S. 670–681.
29 Vgl. Informationsdienst des Instituts der deutschen Wirtschaft, (1989) 49, S. 3.
30 Vgl. das »BMW-Modell«, in: Wirtschaftswoche, (1988) 25. Siehe auch G. Bosch, Entkoppelung von Arbeits- und Betriebszeiten, in: WSI-Mitteilungen, (1987) 12, S. 716–717.

regelmäßig samstags arbeiten (1980: 18 Prozent); 2,2 Millionen gehen sonntags einer bezahlten Beschäftigung nach[31].

4.3 Qualifikationsrisiken

These: Berufliche Qualifizierung wird immer notwendiger zum Einstieg ins Erwerbsleben, sie garantiert jedoch immer weniger einen sicheren Arbeitsplatz. Die Berufsform der Arbeit wird künftig nur über besondere inhaltliche Kompetenzen der Subjekte noch zu legitimieren sein.

Nach einer noch unveröffentlichten IAB/Prognos-Projektion (1988/89) wird sich von 1985 bis 2010 das Anforderungsprofil bei den Erwerbstätigen zu Lasten der einfachen Tätigkeiten (von 28 Prozent auf 18 Prozent) und zu Gunsten der höherqualifizierten Tätigkeiten (von 28 Prozent auf 39 Prozent) verändern. Die mittelqualifizierten Tätigkeiten werden in etwa gleichbleiben (45 Prozent auf 43 Prozent). Aufgrund des wesentlich betriebswirtschaftlich bestimmten Ausbildungsplatzangebots werden trotz Bildungsexpansion und genereller Höherqualifizierung bis zum Jahr 2000 von den dann unter 40jährigen mindestens 2,5 Millionen Menschen ohne beruflichen Abschluß geblieben sein[32]. Nach einer DGB-Studie gibt es 4,5 Millionen Beschäftigte, die als Facharbeiter/innen eingestuft sind und 1,3 Millionen Lohnabhängige mit Fachausbildung, die als Hilfsarbeiter/innen tätig sind[33]. Berufs- und Tätigkeitsstruktur entwickeln sich weiter auseinander – mit der Folge, daß bisher wesentliche Berufsmerkmale wie Status, Identität, Aufstiegschancen und Einkommen gegenüber anderen Kriterien wie Zugehörigkeit zu einem bestimmten Betrieb, Zusatzqualifikationen, Fremdsprachen und EDV-Kenntnisse in den Hintergrund treten. Zudem ist eine Verdrängung des Facharbeiterberufs durch den Ingenieurberuf zu erwarten. »Die Facharbeiterposition gerät in Gefahr, weiter an Attraktivität zu verlieren, . . . (und) damit eine deutsche Spezialität – unsere Facharbeiterkultur.«[34]

4.4 Frauenerwerbstätigkeit

These: Der Anstieg der Frauenerwerbstätigkeit und Verbesserungen der Bildungs- und Ausbildungsabschlüsse von Frauen haben die soziale Ungleichheit der Geschlechter in Arbeit und Beruf nicht wesentlich verändert. Ökonomische Rationalitätsziele der Betriebe und soziale Machtfragen zwischen den Geschlechtern sind gerade in diesem Bereich aufs Engste verzahnt.

Die Frauenerwerbsbeteiligung beträgt in der Bundesrepublik 53,1 Prozent (Italien: 41,9 Prozent; Schweden: 77,9 Prozent)[35]. 46 Prozent der 25- bis 45jährigen

31 Vgl. Der Spiegel, (1988) 40, unter Verweis auf eine Untersuchung des Kölner Instituts zur Erforschung sozialer Chancen (ISO), »Arbeitszeit '87«.
32 K. Klemm, Die vergessene Generation: Bilanz der Ausbildungskrise, in: Pädagogik, (1989) 7, S. 111 f.
33 Vgl. DGB, Informationen zur Sozial- und Arbeitsmarktpolitik, (1989) 2.
34 F. Stooß, Arbeitsmarkt 2000/2010. Veränderungen im Umfeld Beruf/Ausbildung, in: Gewerkschaftliche Bildungspolitik, (1989) 7/8, S. 221–223, hier: S. 222.
35 Vgl. U. Engelen-Kifer, Frauenerwerbstätigkeit und demographischer Wandel, in: Informationen für die Frau, (1989) 6, S. 4.

Frauen mit Kindern sind erwerbstätig; 2,3 Millionen Frauen streben eine erneute Erwerbstätigkeit an; durchschnittlich 1,04 Millionen Frauen waren 1988 arbeitslos gemeldet[36].

1982 gab es zum erstenmal mehr erwerbstätige Männer als Frauen ohne berufliche Ausbildung; Frauen sind erheblich weniger als Männer ausbildungsadäquat beschäftigt[37]. Die Sonderstellung von Frauen auf dem Arbeitsmarkt besteht in: Einkommens- und Lohndiskriminierung, Ausübung von Erwerbstätigkeiten mit unzureichender sozialversicherungsrechtlicher Absicherung, häufiger ausbildungsfremder Beschäftigung, häufigem Betriebswechsel, größerem Beschäftigungsrisiko, geringen Weiterbildungs- und innerbetrieblichen Aufstiegschancen[38].

4.5 Arbeitsbedingte Erkrankungen

These: Aufgrund tradierter arbeitsmedizinischer Sichtweisen und der Überwälzung steigender Kosten des Gesundheitswesens – als betriebsexterne Kosten – auf die Gesellschaft werden arbeitsbedingte Erkrankungen weder zureichend erfaßt noch ihre Ursachen wirksam beseitigt[39].

Nur etwa die Hälfte der Arbeitnehmer/innen ist bis zum Rentenalter berufstätig; durch Frühverrentung und hohe Erwerbslosigkeit wird ein überproportional großer Teil gesundheitlich eingeschränkter Arbeitnehmer/innen aus dem Erwerbsleben ausgegliedert[40]. Durch die Zuweisung der medizinischen Rehabilitation an die Rentenversicherung »wurde der für die Frühinvalidität entscheidende Verursachungsbereich, die arbeitsbedingten chronischen Erkrankungen, die nicht zu den Berufskrankheiten zählen, aus dem betrieblichen Arbeitsschutz ausgeklammert.«[41] Nach ernstzunehmenden Schätzungen steht jede dritte Krebserkrankung mit den Arbeitsbedingungen in Zusammenhang[42].

4.6 »Tertiarisierung« der Arbeit

These: Der in allen westlichen Industrieländern zu beobachtende Trend zur Ausdehnung des Dienstleistungsbereichs (»Tertiarisierung«) mindert nicht die sozialen Risiken in Arbeit und Beruf.

---

36 Vgl. Bundesministerium für Jugend, Familie, Frauen und Gesundheit, Pressedienst Nr. 283 vom 18. Dezember 1989.
37 Vgl. V. Volkholz, Frauenerwerbstätigkeit 2000, in: Jahrbuch Arbeit und Technik Nordrhein-Westfalen 1988, Bonn 1988, S. 283–290.
38 Vgl. S. Gensior/S. Metz-Göckel, Differentielle Gleichheit und subtile Diskriminierung. Zur Gleichstellung der Geschlechter in Bildung und Beruf – eine Zwischenbilanz, in: Zwischenbericht der Enquete-Kommission »Zukünftige Bildungspolitik – Bildung 2000« des Deutschen Bundestags, Drucksache 11/5349 vom 14. September 1989, S. 148–168, hier: S. 164. In diesem Beitrag finden sich auch zahlreiche Literaturverweise.
39 Vgl. R. Müller, Arbeitsmedizin in sozialer Verantwortung, Bremen 1985.
40 Vgl. K. Preiser/W. Schräder, Weniger kranke Arbeiter in den Betrieben, in: G. Elsner (Hrsg.), Was uns kaputt macht, Hamburg 1984, S. 46ff.
41 Ch. v. Ferber, Arbeitsorientierte Gesundheitspolitik im Betrieb, in: W. Fricke u. a. (Hrsg.), Jahrbuch Arbeit und Technik in Nordrhein-Westfalen 1985, Bonn 1985, S. 117–130.
42 Vgl. G. Michelsen (Hrsg.), Öko-Almanach 1984/85, Frankfurt/M. 1984, S. 58.

Auch wenn die Erhebungskonzepte teilweise umstritten sind, kann von einer deutlichen Zunahme des Dienstleistungsbereichs und auch der Dienstleistungstätigkeiten in den letzten 20 Jahren in allen westlichen Industriegesellschaften ausgegangen werden. Nach der vom Institut für Arbeitsmarkt- und Berufsforschung gemeinsam mit dem Umfrageinstitut Prognos 1985 durchgeführten Untersuchung »Die Zukunft der Arbeitslandschaft« wird sich die Zahl der Beschäftigten im Dienstleistungssektor (ohne Verkehr und Handel) von 1990 bis zum Jahr 2000 um 1 Million auf dann etwa 10 Millionen erhöhen. Mittelfristig wird mit einer Zunahme produktionsbezogener (zum Beispiel Marketing, Software-Entwicklung), langfristig mit einer Zunahme personenbezogener (unter anderem sozialpflegerischer) Dienstleistungen gerechnet. Die »Tertiarisierungsthese«, nach der auch im warenproduzierenden Bereich die Dienstleistungstätigkeiten erheblich zugenommen haben und nach der in den Dienstleistungsberufen eine deutliche Tendenz von manuellen Tätigkeiten hin zu intellektuell anspruchsvoller ›tertiärer‹ Arbeit besteht, läßt sich nicht bestätigen[43]. Zu

---

Der Wandel der Berufe
im Umfeld der Produktion, Steuerung und
Einrichtung von Maschinen und Reparatur

Angaben für 1985–2000

Sinkender Arbeitskräftebedarf (–)

Hilfstätigkeiten beim Gewinnen, Erzeugen, Fertigen	–660 000
Fachtätigkeiten der	
– Landwirtschaftlichen Produktion	–110 000
– Handwerklichen Fertigung	–120 000
– Industriellen Fertigung	–130 000
Reparieren	– 80 000

Steigender Arbeitskräftebedarf (+)

Maschinen steuern, warten, einstellen in	
– der Produktion	+530 000
– Dienstleistungsbetrieben	+160 000

Fazit:

- Einschneidende Änderungen liegen hinter uns; Trends wirken aber fort.
- Technikeinsatz bestimmt Strukturen.
- Qualifizierte Kräfte sind gefragt.

Quelle: F. Stooß, Arbeitsmarkt 2000/2010, in: Gewerkschaftliche Bildungspolitik. (1989) 7/8, S. 222f.

---

43 Vgl. Rheinisch-Westfälisches Institut für Wirtschaftsforschung, Analyse der strukturellen Entwicklung der deutschen Wirtschaft (Strukturbericht 1987), Bd. 1, Essen 1987, S. 198.

Der Wandel der Berufe im Umfeld der Infrastruktur- und Dienstleistungsaufgaben (tertiäre Funktionen)

Angaben für 1985–2000

Sinkender Arbeitskräftebedarf (–)

Lager-, Transportarbeiten	–210 000
Verkaufs-, Bürohilfen	–360 000
Allgemeine Sachbearbeitung	–360 000

Steigender Arbeitskräftebedarf (+)

Reinigen, Bewirten, Sichern	+180 000
Fachver(ein)käufer	+ 20 000
Qualifizierte Vertriebsaufgaben und Sachbearbeiterfunktionen	+390 000
Forschung und Entwicklung (FuE)	+450 000
Organisation, Management	+770 000
Pflegen/Betreuen, Beraten	+410 000
Unterrichten, Aus-/Weiterbilden	+520 000
Publizieren, Künstlerisch arbeiten	+100 000

Fazit:

• Anhaltender Trend zum Ausbau der wirtschaftsnahen Dienstleistungen.

• Wachsender Bedarf an qualifizierten Kräften.

Quelle: F. Stooß, Arbeitsmarkt 2000/2010, in: Gewerkschaftliche Bildungspolitik, (1989) 7/8, S. 222f.

berücksichtigen ist weiterhin, daß im Dienstleistungsbereich eine erhebliche Zahl von Teilzeitarbeitsverhältnissen, überwiegend von Frauen, eingegangen wird.

Friedemann Stooß schätzt den Wandel der Berufe von 1985 bis zum Jahr 2000 wie folgt ein[44]:

4.7 Arbeit und Umwelt

These: Die Verschärfung von Umweltproblemen im globalen Maßstab hat zwar zu einem gestiegenen Umweltbewußtsein geführt, aber noch keine allgemeine Verhaltensänderung verbunden mit nachhaltiger Vermeidung und Verhinderung von Umweltschäden bewirkt. Zunehmend wichtig für eine ökologisch bewußte Berufspraxis sind Fachkenntnisse und politische Handlungsfähigkeit, die sich im Spannungsfeld von Ökologie und Ökonomie bewähren müssen.

Umweltbelastungen entstehen nicht allein bei der Herstellung von Produkten, sondern unter Umständen in jeder Phase ihres Lebenszyklusses: bei der Beschaffung,

---

44 F. Stooß (Anm. 34), S. 222f.

Verarbeitung/Herstellung, Verteilung, Anwendung und bei der Beseitigung; betroffen können beispielsweise sein: nicht-erneuerbare Rohstoffe und Energien, die Umwelt (Luft, Boden, Gewässer, Pflanzen) und die Gesundheit des Menschen[45]. »Über die meisten chemischen Stoffe (95 vH) liegen keine Untersuchungen der ökologischen und gesundheitlichen Wirkungsketten vor . . .; die Weltgesundheitsorganisation (WHO) führt inzwischen 70 bis 90 vH aller Krebserkrankungen auf Umwelt-Einflüsse, insbesondere auf Umwelt-Chemikalien zurück.«[46] Als »defensive Ausgaben« bezeichnet Christian Leipert jene, »die zur Reparatur, zum Ausgleich, zur Beseitigung und vorbeugenden Vermeidung, kurz: zur Regulierung von Schäden, Nachteilen und Verschlechterungen der Umwelt-, Arbeits- und Lebensbedingungen verwendet werden, die zuvor durch negative Folgewirkungen des Wachstums- und Entwicklungsprozesses ausgelöst worden sind.«[47] Er ermittelt deren Höhe für 1985 mit 158 Milliarden DM; das entspricht 10 Prozent des Bruttosozialprodukts (siehe auch den Beitrag von Christian Leipert in diesem Band).

Bei Facharbeiter/innen gibt es ein wachsendes Interesse am Umweltschutz; jeder vierte plädiert für den Vorrang des Umweltschutzes gegenüber dem Erhalt von Arbeitsplätzen, und »mehr als drei Viertel wollen die Erhaltung der Arbeitsplätze zumindest nicht zu Lasten des Umweltschutzes gehen lassen«[48]. Umweltbewußte Unternehmer haben mit der Entwicklung und Anwendung von Instrumenten zur ökologischen Unternehmenspolitik begonnen[49]. Die Checkliste »Arbeitsbedingungen« bei Georg Winter enthält beispielsweise zahlreiche Vorschläge zur Gestaltung der Arbeitsumgebung wie auch arbeitsinhaltliche Grundregeln betreffend Kontrollmöglichkeiten und Mitwirkung der Mitarbeiter/innen bei Planungs- und Entscheidungsvorgängen[50]. In der beruflichen Umweltbildung beginnt sich ein weiter gefaßtes Verständnis ökologischen Lernens abzuzeichnen, das vor allem auf die Entwicklung der Handlungsfähigkeit setzt[51].

5. Ökonomische Rationalität versus Arbeitsinhalt: Autonomie und Ökologie

Die ökonomisch determinierte Instrumentalisierung von Mensch und Natur kann auf ökonomische, soziale und ökologische Grenzen stoßen. Dies ist beispielsweise dann der Fall, wenn die Steuerung und Überwachung komplexer technischer Systeme

45 H. Müller-Witt, Produktfolgeabschätzung als kollektiver Lernprozeß, in: Öko-Institut (Hrsg.), Arbeiten im Einklang mit der Natur, Freiburg i. Br. 1985, S. 282–307.
46 K. Roth, Ökologische Verantwortung der Gewerkschaften, in: WSI-Mitteilungen, (1989) 12, S. 720–729, hier: S. 721 und S. 722.
47 Ch. Leipert, Folgekosten des Wirtschaftsprozesses und Volkswirtschaftliche Gesamtrechnung – Zur Identifikation von defensiven Ausgaben in der Sozialproduktrechnung, in: Jahrbuch Arbeit und Technik in Nordrhein-Westfalen 1988, Bonn 1988, S. 49–59, hier: S. 52.
48 H. Heine/R. Mautz, Industriearbeiter contra Umweltschutz?, Frankfurt/M. – New York 1989, S. 105.
49 Vgl. J. Freimann, Instrumente sozial-ökologischer Folgenabschätzung im Betrieb, Wiesbaden 1989.
50 G. Winter, Das umweltbewußte Unternehmen, München 1987.
51 Berufsbildung in Wissenschaft und Praxis, (1989) 1.

durch qualifizierte, kreativ und selbständig handelnde Beschäftigte auch ökonomisch effizienter ist als die weitere Automatisierung. Eine Grenze ist auch dann erreicht, wenn die Subjekte sich nicht mehr mit dem Maß an Kompensation(szahlungen) für die während der Erwerbsarbeitszeit erfahrene Einbuße von Lebensqualität zufrieden geben und mehr Autonomie bei der Gestaltung ihrer Arbeitsbedingungen beanspruchen[52]. Grenzen der ökonomischen Rationalität sind schließlich auch erreicht, wenn die anderen natürlichen Produktionsvoraussetzungen (zum Beispiel Rohstoffe) vernichtet, verbraucht oder betriebswirtschaftlich kostenwirksam gefährdet sind, auf die sich die Fortexistenz der Betriebe gründet.

Prinzipiell bestehen drei Möglichkeiten der Reaktion in diesen Grenz- oder Entscheidungssituationen. Es gibt *erstens* die Möglichkeit der *Fortsetzung einer Ökonomisierung der Arbeit zu einem höheren Preis.* In Bezug auf die Beschäftigten hieße das Erhöhung der Zulagen bei höheren Belastungen, beispielsweise durch Schichtarbeit, wobei die höheren Lohnkosten durch Einsparung bei den Kapitalkosten der Betriebe und die höheren Krankheitskosten durch Beitragserhöhungen für die Allgemeinheit aufgefangen würden. Im Hinblick auf die Gefährdungen der Umwelt kann der einzelne Betrieb so lange umweltschädigende Produktionsverfahren anwenden (etwa Pestizid-Einsatz und Stickstoffdüngung in der Landwirtschaft; Dünnsäure in den Rhein oder die Nordsee), wie die Folgekosten von anderen (der Gesellschaft) übernommen werden und seine eigene Gewinnsituation langfristig positiv bleibt. Dieser Weg fortschreitender Ökonomisierung, verbunden mit höheren Arbeitsbelastungen und Umweltzerstörungen, dürfte auch bei optimistischer Einschätzung sozial- und umweltkritischer Gegenbewegungen und staatlicher Maßnahmen – wegen der vergleichsweise oft späten Wirkung auf die einzelbetriebliche Kostensituation – noch für längere Zeit der dominierende bleiben.

Zweitens gibt es Versuche, *die »Schnittmenge« zwischen ökonomischer Rationalität und sozial- und umweltverträglicher Arbeit zu vergrößern.* Dieser Weg dürfte heute für Produktion und Verwaltung der attraktivste sein, wenn es tatsächlich gelingt, gleichermaßen ökonomische Effizienzkriterien und Autonomie- oder Mitwirkungsansprüche der Beschäftigten bei der Arbeitsgestaltung sowie ökologische Belange zu berücksichtigen. In einer Reihe von Unternehmen dürften die hierzu bestehenden Handlungsmöglichkeiten durchaus nicht ausgeschöpft sein, und die mangelnde Berücksichtigung sozialer Gesichtspunkte (Partizipation, Qualifikation) wie ökologischer Belange scheint oftmals nur auf fehlende Informationen rückführbar zu sein. Das Interesse vor allem der Unternehmensleitungen an solchen betriebspolitischen Maßnahmen ist verständlich, wenn in ihnen die postulierte »Vereinbarkeit von Wirtschaftlichkeit, Humanisierung und Ökologie« sich bestätigt und die gleichzeitige Einführung aller drei Ziele ohne Interessenskonflikte und ein Aufwerfen von Machtfragen möglich ist. Dieses Harmoniebedürfnis kann aber auch nicht darüber hinwegtäuschen, daß gravierende soziale wie ökologische Problembereiche der Berufsarbeit auch außerhalb der »Schnittmenge« dieser drei Ziele liegen. Sie sind mit Interessengegensätzen verbunden und legen zum Teil weitergehende, politische Lösungen nahe, die über den kurz- bis mittelfristigen Horizont einzelbetrieblicher Wirtschaftlichkeit weit hinausgehen.

---

52 Ch. Nitschke, Autonomie in der Erwerbsarbeit, Berlin 1988.

Schließlich bleibt als *dritte* Entscheidungs- oder Verhaltensvariante das *Insistieren von Betroffenen auf sozial- und umweltverträglicher Arbeit,* unabhängig von der betrieblichen Aufwands- und Ertragssituation und auch unabhängig von der Höhe irgendwelcher Kompensationszahlungen. Wird bei Gefährdungen von Menschen und Umwelt durch betriebliche Produktionsverfahren von den Betroffenen auf die Beseitigung der Ursachen gedrängt, rüttelt das insofern an den Grundlagen der auf Privateigentum beruhenden Marktwirtschaft, als diese bislang keine Mitbestimmung bei den Produktionsentscheidungen vorsieht. Weiterhin steht die Praxis der parlamentarischen Demokratie auf dem Prüfstand, je deutlicher es wird, daß ein politischer Maßnahmenkatalog (Gesetze, Verordnungen und anderes mehr) zur Verhinderung von Gefährdungen des Menschen und der Natur zu spät kommt und zudem häufig mit hohem bürokratischem Aufwand verbunden ist[53].

Fazit: Der dritte Weg scheint angesichts der sozialen und ökologischen Problemlagen in Arbeit und Beruf der wirksamste, wenn auch ökonomisch und politisch schwierigste und brisanteste; der zweite Weg – die Suche nach der »Schnittmenge« – erscheint zwar als machbar und fortschrittlich, bleibt aber halbherzig, da er soziale und ökologische Ziele nur dort verfolgt, wo die ökonomische Rationalität nicht in Frage gestellt wird; der erste und traditionelle Weg einer weiteren Ökonomisierung und Instrumentalisierung von Mensch und Natur erscheint wegen des damit immer noch verbundenen relativ hohen Lebensstandards für die jetzt lebende Generation in den westlichen Industrieländern zwar als der ökonomisch erfolgreichste, aber im Hinblick auf den langfristigen Erhalt der Arbeits- und Lebensbedingungen auch als der gefährlichste.

Auf welchem Wege der weitere Strukturwandel in Arbeit und Beruf in diesem Spannungsverhältnis zwischen ökonomischer Rationalität und sozial- und umweltverträglich gestaltetem Arbeitsinhalt überwiegend erfolgen wird, ist nicht vorhersagbar. Die zuvor dargestellten Problemlagen in Arbeit und Beruf stellen zugleich zentrale Herausforderungen an dieses Spannungsverhältnis dar. Eine dieser Problemlagen ist die Anwendung und weitere Verbreitung der neuen Informations- und Kommunikationstechnologien(Iuk-Technologien). Der folgende Abschnitt gilt diesem Bereich als einem der gegenwärtig am meisten beachteten und diskutierten Probleme, an dem sich zugleich die meisten anderen Herausforderungen – wie beispielsweise die Gleichstellung der Geschlechter – manifestieren.

Der Einsatz von neuen IuK-Technologien, so die im folgenden vertretene These, bewegt sich dabei wesentlich innerhalb der beiden erstgenannten Handlungsalternativen in bezug auf die ökonomische Instrumentalisierung des Arbeitsinhalts. Das heißt, auf die »Sozialverträglichkeit« des Technikeinsatzes wird nicht oder nur insoweit geachtet, als der ökonomische Erfolg zugleich verbessert oder jedenfalls nicht gefährdet wird. Das »Institut der deutschen Wirtschaft« hierzu: »Mit der Zunahme der Entscheidungsspielräume der einzelnen Mitarbeiter wächst auch die Motivation und das Wohlbefinden am Arbeitsplatz. Für den Betrieb bedeutet das Erschließung zusätzlicher Produktivitätsreserven.«[54] Es wird an Hand vorliegender Untersuchungen im einzelnen zu diskutieren sein, wie sich auf diesem Weg sowohl Entwicklungs-

---

53 G.-E. Famulla, Umweltorientiertes Management, in: Jahrbuch Arbeit und Technik in Nordrhein-Westfalen 1988, Bonn 1988, S. 31–47, hier: S. 38.
54 Informationsdienst des Instituts der deutschen Wirtschaft, (1990) 4, S. 8.

chancen als auch neue Gefährdungen für die verschiedenen Beschäftigtengruppen ergeben, wobei die Frage nach dem Arbeitsinhalt hier weniger in seiner stofflichen als vielmehr in seiner sozialen Dimension – im Hinblick auf Gestaltungsspielräume und Partizipation – analysiert wird[55].

6. Neue Technologien und Produktionskonzepte: Gefährdungs- und Entwicklungspotentiale

Angestoßen durch die von Horst Kern und Michael Schumann vorgetragene These der »neuen Produktionskonzepte« hat sich eine weitverzweigte Diskussion über die veränderte Rolle qualifizierter Facharbeit im Produktionsprozeß entwickelt[56]. Wurden unter Hinweis auf den amerikanischen Sozialtheoretiker Harry Braverman in der sozialwissenschaftlichen Diskussion lange Zeit die arbeitssparenden und dequalifizierenden Prinzipien des Taylorismus angeführt[57], so lautet der gemeinsame Nenner in der heutigen Diskussion, »... daß die aktuelle Rationalisierungsdynamik unübersehbar an die Grenzen traditioneller fordistischer Industriestrukturen und klassischtayloristischer Rationalisierungsrezepte stößt«[58].

Horst Kern und Michael Schumann stellten bei ihren Untersuchungen über Rationalisierungsformen in der Automobilindustrie, dem Werkzeugmaschinenbau und der chemischen Großindustrie deutliche Anzeichen für ein mögliches Ende des Prozesses weitgehender Verdrängung von Arbeit aus dem Produktionsprozeß und der immer weiter getriebenen Technisierung und Automatisierung fest. Auffällig war die Suche nach neuen Kombinationen von Arbeit und Technik, bei denen Kreativität und Qualifikation der Facharbeit wieder eine stärkere Rolle spielten. Die Gründe für die neuen Managementkonzepte lagen in dem Offenbarwerden einer sinkenden Effizienz immer weiterer Zerlegung der Arbeit in Einzelverrichtungen und deren Technisierung und Automatisierung (»technikzentrierter Pfad der Produktion«)[59]. Für die »neuen Produktionskonzepte« waren und sind dann vor allem solche Arbeiter/innen gefragt, die über ein umfangreiches Produktionswissen verfügen, Verantwortungsbereitschaft und Flexibilität zeigen, und mit denen die Unternehmen den Marktanforderungen (»Produktflexibilität«) und den Produktionserfordernissen (kontinuierlicher Produktionsablauf) erfolgreich begegnen können. In dieser Tendenz zur Reprofessionalisierung der Arbeit wird heute der Ansatz zu einem (west-)europäischen Produktionskonzept gesehen, das sich gegenüber der zentralisierten

---

55 Vgl. näher hierzu auch G.-E. Famulla u. a., »Persönlichkeit und Computer«. Abschlußbericht des Forschungsprojekts im Rahmen des Programmes »Mensch und Technik – Sozialverträgliche Technikgestaltung« des Landes Nordrhein-Westfalen, Bielefeld 1989.
56 H. Kern/M. Schumann, Das Ende der Arbeitsteilung? Rationalisierung in der industriellen Produktion, München 1984.
57 H. Braverman, Die Arbeit im modernen Produktionsprozeß, Frankfurt/M. 1977.
58 T. Malsch/R. Seltz (Hrsg.), Die neuen Produktionskonzepte auf dem Prüfstand, Berlin 1987, S. 13.
59 Vgl. hierzu näher P. Brödner, Fabrik 2000. Alternative Entwicklungspfade in die Zukunft der Fabrik, Berlin 1986[3].

Massenfertigung in den USA und Japan durch einen »pfleglicheren Umgang mit der Arbeit« unterscheiden könnte[60].

Allerdings sind bei den »neuen Produktionskonzepten« auch nicht die negativen Aspekte zu übersehen, die von Horst Kern und Michael Schumann ebenfalls thematisiert, aber in den nachfolgenden Diskussionen weniger betont wurden[61]. Ohne nähere Aussagen über die Wirkungen der neuen Produktionskonzepte auf die Beschäftigten insgesamt zu machen, differenzieren die Autoren zwischen drei Gruppen: »den Rationalisierungsgewinnern«, den »Rationalisierungsduldern« und den »Rationalisierungsverlierern«. Nur bei einer Minderheit, den »Rationalisierungsgewinnern«, machen die Autoren Entwicklungen zu einem ganzheitlichen Charakter der Arbeit und zu einer Requalifizierung der Berufstätigen aus, wenn auch mit durchaus widersprüchlichen Anforderungen und Belastungen. Ihre Tätigkeit ». . . scheint qualifiziert und belastend, autonom und verdichtet . . .«[62]

Für die große Zahl »der Rationalisierungsdulder und -verlierer« kann hingegen nicht davon ausgegangen werden, daß sich ihre Arbeits- und Lebensbedingungen verbessert hätten. Im Gegenteil sehen die Autoren eine Verstärkung der sozialen Ungleichheit und noch stärkere Abschottung der Beschäftigten innerhalb der »neuen Produktionskonzepte« gegenüber den Erwerbslosen und Berufsanfängern. »Man könnte in bezug auf die letzten dreißig Jahre sagen: Wenn das Wort von den disparaten Lebensverhältnissen je einen Sinn gehabt hat, so jetzt. Noch nie sind mit industrieller Arbeit verknüpfte Risiken und Chancen unter den Arbeitskräften so unterschiedlich verteilt gewesen wie heute.«[63]

Der wesentlich ökonomisch stimulierte Wandel der Qualifikationsanforderungen im Zusammenhang mit den »neuen Produktionskonzepten« führt also dazu, daß für Jugendliche und Stellensuchende die Zugänge in die Kernbelegschaften schwieriger werden.

Auch im Dienstleistungsbereich, so die Studie von Martin Baethge und Herbert Oberbeck, werden durch die Einführung neuer IuK-Technologien differenzierte berufs- und beschäftigungsstrukturelle Wirkungen festgestellt[64]. Nach einer Phase *punktueller* Rationalisierung im Büro, verbunden mit einer höheren Gewichtung fachlicher Kenntnisse der Sachbearbeiter, geht es heute um eine *systemorientierte* Rationalisierung, um die Organisation von Betriebsabläufen und um die übergreifende Steuerung verschiedener Betriebsbereiche. Vorläufiger »Gewinner« ist hier der qualifizierte Sachbearbeiter, der die Computertechnologie beherrscht und in »ganzheitlichen Arbeitsvollzügen« den Markt- und Kundenbezug herstellen kann. Die aus Gründen der Wirtschaftlichkeit betriebene Zusammenführung von Bürohilfsfunktionen mit Sachbearbeitung und Kundenbetreuung kann hier eine Requalifizierung des Sachbearbeiters in Gang setzen, bei der sogenannte Schlüsselqualifikationen wie Abstraktionsfähigkeit, Flexibilität und Konzentrationsfähigkeit zu Lasten des Fach- oder Spezialwissens bedeutsamer werden. »Verlierer« sind diejenigen – zumeist

---

60 Friedrich-Ebert-Stiftung (Hrsg.), Forschungen zu Arbeit und Technik, (1989) 10.
61 Vgl. zum Beispiel bei W. Schlaffke, Wissenschaftliche Berufsausbildung in der modernen Gesellschaft, in: Die Neue Hochschule, (1988) 6, S. 14–19.
62 H. Kern/M. Schumann (Anm. 56), S. 99.
63 Ebenda, S. 23.
64 M. Baethge/H. Oberbeck, Zukunft der Angestellten, Frankfurt/M. 1986.

Frauen –, die routinisierte Tätigkeiten im Schreib- oder Buchhaltungsbereich auszuführen haben und die entweder steigenden Beschäftigungsrisiken ausgesetzt sind oder bei denen es zu weiterer Fragmentierung oder Dequalifizierung ihrer Arbeit kommt. Zusammenfassend kann also für den Produktionsbereich wie auch den Dienstleistungsbereich von einer strukturell ähnlichen Entwicklung im Hinblick auf die Arbeitsbedingungen und Qualifikationsanforderungen gesprochen werden. Für die gebildeten und qualifizierten Facharbeitereliten und höheren Angestellten erwachsen hier weitere Chancen zur Wahrnehmung selbständiger und kreativer Arbeit (»Gestaltungsspielräume«), zu der diese Gruppen durch Weiterbildung und »Qualitätszirkel« auch qualifiziert werden. Gefährdungen erwachsen für diejenigen, die, in Hilfsfunktionen beschäftigt, aus dem Erwerbsarbeitssystem herausgedrängt werden oder nur noch sehr schwer oder gar nicht mehr hereinkommen. Martin Baethge und Herbert Oberbeck konstatieren weiterhin eine zunehmende soziale Isolation der Arbeitnehmer/innen beim Einsatz von neuen Informations- und Kommunikationstechnologien. Auch die gemeinsame Studie des Bundesinstituts für Berufsbildung mit dem Institut für Arbeitsmarkt- und Berufsforschung spricht von »spürbaren sozialen Isolierungstendenzen« bei der Arbeit mit modernen Arbeitsmitteln[65].

Von einer Stärkung der betriebspolitischen Position der Beschäftigten durch die »neuen Produktionskonzepte« wird jedenfalls nicht gesprochen. Die persönliche und politische Identität auch der »Rationalisierungsgewinner«, der politischen Hoffnungsträger von Horst Kern und Michael Schumann, wird nicht erkennbar. Zweifelhaft bleibt aber auch, ob daraus nun schon der Schluß auf ein mehr und mehr »individualisiertes Handlungsbewußtsein« des »modernen Arbeitnehmers« gezogen werden kann[66].

Auf die Begrenztheit des Konzepts rationalen Handelns und die Notwendigkeit stärkerer Berücksichtigung emotionaler Komponenten bei der technisierten Arbeit verweisen insbesondere Fritz Böhle und Brigitte Milkau[67]. Ihre These läuft darauf hinaus, daß die sinnlichen Erfahrungsmöglichkeiten im Arbeitsprozeß drastisch abnehmen und die Arbeitstätigkeiten kaum noch unmittelbar durch die Sinne steuerbar seien. An die Stelle der unmittelbar handgreiflichen Kontrolle und Beeinflussung der Maschine tritt eine »menügesteuerte Abhängigkeit«, die im psychischen Bereich Streß, Angst und Unsicherheit bewirkt.

Spezifische Untersuchungen über die Wirkungen des Computereinsatzes an Frauenarbeitsplätzen zeigen je nach betroffener hierarchischer Ebene ein unterschiedliches Bild. Frauen sind nicht nur Arbeitnehmerinnen, sondern in ihrer »Doppelrolle« anders als Männer gezwungen, die Vereinbarungsleistungen von Erwerbs- und Familienarbeit stets für sich auszuhalten. Sind sie dadurch bereits ingesamt in Nachteil gesetzt, so scheint sich außerdem auch hier noch die These von den Rationalisierungsgewinnerinnen und -verliererinnen zu bestätigen. Frauen, die bereits über Handlungsspielräume verfügen, können diese bei Einsatz von Compu-

---

65 Bundesinstitut für Berufsbildung/Institut für Arbeitsmarkt- und Berufsforschung (Hrsg.), Neue Technologien: Verbreitungsgrad, Qualifikationen und Arbeitsbedingungen (Beiträge zur Arbeitsmarkt- und Berufsforschung 118), Nürnberg 1987, S. 426 f.
66 D. Brock, Vom traditionellen Arbeiterbewußtsein zum individualisierten Handlungsbewußtsein, in: Soziale Welt, (1988) 4, S. 413–434.
67 F. Böhle/B. Milkau, Vom Handrad zum Bildschirm. Eine Untersuchung zur sinnlichen Erfahrung im Arbeitsprozeß, Frankfurt/M. – New York 1988.

tern zum Teil noch erweitern, während Frauen mit routinisierten und monotonen Tätigkeiten eher noch mehr kontrolliert werden und zudem einem hohen Beschäftigungsrisiko unterliegen. Petra Frerichs und ihre Mitarbeiter/innen kommen zu dem Schluß: »Die wichtigsten Unterschiede bestehen nach wie vor in der Arbeitssituation zwischen Arbeiterinnen und weiblichen Angestellten. Daran haben auch die neuen Technologien nichts geändert ...«[68]

Im Hinblick auf Umgangsweise und Aneignungsform der Computertechnologie durch Frauen relativiert Heidi Schelhowe die Bedeutung frühkindlicher Sozialisationsfaktoren und anerzogener Technikdistanz und verweist auf den sozialen Kontext, aus dem sich der Ausschluß von Frauen aus qualifizierten EDV-Ausbildungsgängen erklärt[69]. Sie vermutet hier eher »Maßnahmen« von männlichen Jugendlichen und Erwachsenen zum Schutz ihrer »kulturellen Überlegenheit« und der Verteidigung des Computers als »Domäne des Männlichen«[70]. Schelhowe plädiert folgerichtig dafür, »daß mehr Frauen sich über fachliche Qualifikation die notwendigen Kenntnisse verschaffen sollten, um geschlechtsspezifische (männliche) Inhalte in der Technik aufdecken und kritisieren (...), die Wirkungen der Informationstechnologie auf Politik, Arbeit und Kultur und die Mechanismen ihrer Vermittlung besser durchschauen zu können.«[71]

7. Wandel der Einstellung zu Arbeit und Beruf: Distanz und Interesse

Ein aus berufspädagogischer Perspektive hoffnungsvolles Zeichen zum Wandel beruflicher Arbeit kann in dem Bremer Ansatz zur »Gestaltung von Arbeit und Technik am Arbeitsplatz« gesehen werden[72]. Hier wird ein Weg gezeigt, wie durch berufliche Qualifizierung, Einrichtung von Gestaltungsarbeitskreisen im Betrieb und Verknüpfung von beruflicher Erstausbildung und Weiterbildung eine Spaltung der Belegschaften tendenziell überwunden und eine Demokratisierung gefördert werden kann. Zu fragen ist allerdings, wie die auf der Ebene der Arbeitsorganisation vorhandenen möglichen Entwicklungspfade zwischen tayloristischer, leistungskontrollierter Tätigkeit einerseits und teilautonomer Arbeit mit vergrößertem Arbeitsinhalt andererseits mit den subjektiven Einstellungen zu Arbeit und Beruf korrespondieren. Kommt den in Produktion und Verwaltung vorhandenen – und zum Teil aus ökonomischen Gründen geforderten – gestiegenen Verantwortungs- und Entscheidungsspielräumen am Arbeitsplatz ein steigendes Interesse der Subjekte am Inhalt ihrer Arbeit entgegen?

---

68 P. Frerichs u. a., Interessenvertretung von Frauen und neue Technologien, unveröffentlichte Kurzfassung (1988).
69 H. Schelhowe, Frauenspezifische Zugänge zur und Umgangsweisen mit Computertechnologie, in: Ministerium für Arbeit, Gesundheit und Soziales Nordrhein-Westfalen (Hrsg.), Mensch und Technik – sozialverträgliche Technikgestaltung, Werkstattbericht Nr. 74, Düsseldorf 1990.
70 Ebenda, S. 63.
71 Ebenda, S. 66.
72 Vgl. G. Heidegger u. a. (Hrsg.), Gestaltung von Arbeit und Technik – ein Ziel beruflicher Bildung, Frankfurt/M. – New York 1988.

Folgt man der These von Ronald Inglehart über gesellschaftlichen Wandel in Richtung zunehmender Bedeutung postmaterieller Werte – wie hedonistische Lebenseinstellung und gestiegene Freizeitorientierung[73] –, so scheint eher die Annahme einer sinkenden Arbeitsmotivation und eines wachsenden Bedürfnisses nach Selbstentfaltung außerhalb der Berufsarbeit gerechtfertigt. Dieser Annahme widersprechen aber eine Reihe von Untersuchungen zum Wandel von Arbeitsorientierungen und Arbeitszufriedenheit. Danach ergibt sich ein durchaus differenziertes, zum Teil paradoxes Bild. Bei Arbeitern und nichtleitenden Angestellten und Beamten ist eine ausgeprägte berufliche Arbeitsorientierung und Leistungsethik anzutreffen. Sie bekunden außerdem ein relativ geringes Maß an Arbeitszufriedenheit[74]. Bei *leitenden* Angestellten, Beamten und Selbständigen hingegen als »Repräsentanten« postmaterialer Werte (»Selbstentfaltung«) ist ein hohes Maß an Arbeitsfreude und Arbeitszufriedenheit festzustellen[75]. Demnach ist also weder von einem generellen Verfall der Pflichtethik in der Arbeitswelt[76] noch von einer – postmaterialistisch begründeten – Verlagerung der Selbstverwirklichungsziele in den Freizeitbereich auszugehen. Vielmehr ergibt sich je nach Status in der Berufshierarchie ein unterschiedliches Bild, wobei generell allenfalls von geänderten Ansprüchen an die Arbeit gesprochen werden kann.

Auch den »unteren Berufsgruppen« kann das Bedürfnis nach Selbständigkeit und Verantwortung am Arbeitsplatz nicht einfach abgesprochen werden. Vielmehr ist davon auszugehen, daß dieses Bedürfnis noch nicht mit den derzeitigen Arbeitsstrukturen korrespondiert[77]. »Dort aber, wo die neuen Ansprüche der Arbeitnehmer erfüllt werden, zeigen die empirischen Daten ein Arbeitsengagement, das wenig zu wünschen übrig läßt«[78].

Angesichts tiefgreifender struktureller Wandlungen in der Arbeitswelt, anhaltender Arbeitslosigkeit, abnehmender Wochen- und Lebensarbeitszeit ist es wenig erstaunlich, wenn Menschen auf Distanz gehen und sich ein realistischeres Bild von der Arbeit machen[79]. Unzutreffend wäre es jedoch, wenn dieser Realismus als eine sinkende Bereitschaft zum Engagement in der Berufsarbeit gedeutet würde. Die Menschen sind nur weniger bereit, die Bereiche Arbeit, Familie und Freizeit als einander ausschließende Alternativen anzusehen.

Diese Einstellung zeigt sich heute besonders bei jungen Menschen, die gegenüber der Nachkriegsgeneration eher nach dem Sinn und Inhalt ihrer Arbeit fragen.

---

73 R. Inglehart, The Silent Revolution, Princeton 1977.
74 Vgl. P. Pawlowski, Berufsgruppenspezifische Ansprüche an die Arbeit und Arbeitsbedingungen, in: H.-J. Hoffmann-Nowotny/F. Gehrmann (Hrsg.), Ansprüche an die Arbeit, Frankfurt/M. – New York 1984, S. 94.
75 Vgl. J. Behrens, »Selbstverwirklichung« – oder: Vom Verblassen aller Alternativen zur Berufsarbeit, in: H.-J. Hoffmann-Nowotny/F. Gehrmann (Hrsg.) (Anm. 74), S. 122.
76 E. Noelle-Neumann/B. Strümpel, Macht Arbeit krank? Macht Arbeit glücklich? Eine aktuelle Kontroverse, München – Zürich 1984.
77 Vgl. hierzu die Untersuchungen von Ch. Flodell u. a., Schöne neue Arbeitswelt?, in: »Die Zeit« vom 9. November 1984, S. 44 f.; dies., Mitbestimmung am Arbeitsplatz und ihr Einfluß auf die Arbeitsorientierung, in: M. Klipstein/B. Strümpel (Hrsg.), Gewandelte Werte – Erstarrte Strukturen, Bonn 1985.
78 Vgl. hierzu Ch. Flodell u. a. (Anm. 77).
79 K.-H. Reuband, Arbeit und Wertwandel – Mehr Mythos als Realität?, in: Kölner Zeitschrift für Soziologie und Sozialpsychologie, 37 (1985), S. 698–722.

Allerdings ist das inhaltliche Interesse einerseits vom Grad der Schulbildung, andererseits von der Qualität und den Bedingungen am Arbeitsplatz abhängig[80]. Im übrigen ist das Interesse an wichtiger und interessanter Arbeit für Jungen und Mädchen gleich wichtig geworden[81].

Die Frage danach, ob dem in Produktion und Verwaltung aus ökonomischen Gründen vorangetriebenen Prozeß der Neuschneidung von Arbeitsplätzen mit höherer Verantwortung und vergrößertem Arbeitsinhalt (»neue Produktionskonzepte«, »systemische Rationalisierung«) auch ein steigendes Interesse der Subjekte am Inhalt ihrer Arbeit entgegenkommt, läßt sich jetzt relativ deutlich beantworten:

Zwar stellen die vielfältigen Studien über die Einstellung zu Arbeit und Beruf ein distanzierteres Verhältnis zur Erwerbsarbeit fest, das heißt, Freizeit und Familie sind bedeutsamer geworden, auch ist das Interesse an Selbstentfaltung gestiegen – aber dieses Interesse wird durchaus in der Erwerbsarbeit zu befriedigen gesucht. Arbeitsinhaltliche und sozialkommunikative Aspekte stehen vor allem bei Höherqualifizierten im Vordergrund, sofern dafür die entsprechenden Arbeitsbedingungen gegeben sind. Ein »Engpaß« für die Wahrnehmung inhaltlich anspruchsvoller Erwerbsarbeitsplätze ist also nicht die (mangelnde) subjektive Bereitschaft, sondern vielmehr die (zu geringe) Zahl der angebotenen anspruchsvolleren Arbeitsplätze.

Die Schlußfolgerung aus der »Wertwandeldiskussion« und der »Postmaterialismus-These« kann demnach nicht lauten, daß es ein sinkendes Interesse an Arbeit und Beruf gebe, sondern daß inhaltlich anspruchsvollere Arbeitsplätze zu schaffen sind. Das gilt um so mehr für diejenigen, die bislang bei der Verteilung von Qualifikation und Arbeit benachteiligt worden sind.

---

80 Vgl. M. Baethge u. a., Arbeit und Gewerkschaft – Perspektiven von Jugendlichen, Göttingen 1985; Sinus-Institut, Die verunsicherte Generation – Jugend und Wertewandel, Opladen 1983.
81 K. Allerbeck/W. J. Hoag, Jugend ohne Zukunft. Einstellungen, Umwelt, Lebensperspektiven, München – Zürich 1985, S. 120f.

STEFAN HRADIL

Epochaler Umbruch oder ganz normaler Wandel? Wie weit reichen die neueren Veränderungen der Sozialstruktur in der Bundesrepublik?

1. Die Fragestellung

In den letzten Jahren haben sozialwissenschaftliche Befunde in der Öffentlichkeit für viel Aufsehen gesorgt und den Eindruck erweckt, daß sich die Sozialstruktur der Bundesrepublik auf nahezu allen Gebieten in einem epochemachenden Umbruch befindet:»Pillenknick« und Einwanderungswellen sorgen für abrupte Veränderungen der Bevölkerungsstruktur; neue Familien- und Haushaltsformen, unter anderem die »singles«, die nichtehelichen Lebensgemeinschaften und die Alleinerziehenden, drängen die »Normalfamilie« zurück; die »neuen sozialen Ungleichheiten«, von der »neuen Armut« bis hin zur »Pluralisierung der Lebensstile«, zerfasern die vertikale, berufsnahe Klassen- und Schichtstruktur; neue Lebensphasen – wie die »Postadoleszenz« und die »nachelterliche Gefährtenschaft« – kündigen das »Ende der Normalbiographie« an; Arbeitszeitflexibilisierung und Teilzeitarbeit signalisieren das »Ende des Normalarbeitszeitverhältnisses«; neue Technologien und mit ihnen der »neue Arbeiter«, die »neuen Selbständigen«, aber auch kleine Produktionsserien und computergesteuerte Produktion läuten das »Ende der Arbeitsteilung« ein; Schattenwirtschaft und alternative Betriebe lassen die ehedem unverrückbar erscheinende Grenze zwischen Erwerbsarbeit und Privatheit verschwimmen; die Fabriksirene und das Wort »Feierabend« verlieren ihren Symbolgehalt; »neue soziale Bewegungen« – wie die Friedens-, Frauen- und die Ökologiebewegung – ergänzen und bekämpfen das »normale«, hochinstitutionalisierte System der politischen Willensbildung in Parteien und Verbänden. Allein schon das Wort »neu« hat Hochkonjunktur. Grundstrukturen unserer Gesellschaft scheinen in Auflösung begriffen.

So einig man sich auch unter Sozialwissenschaftlern über die Erscheinungsformen dieses Wandels ist, so groß ist die Uneinigkeit darüber, wie weit die Veränderungen reichen:

a) Nicht wenige Soziologen halten alle Thesen von einem epochalen Umbruch für weit überzogen. Sie vertreten die Meinung, wir durchlebten lediglich eine Phase des zufälligen historischen *Zusammentreffens teils punktueller, teils längerfristiger Wandlungsimpulse* – etwa der generellen Wohlstands- und Freizeitmehrung, der Bildungsexpansion, der Einwanderung, der Arbeitslosigkeit und neuer Technologien. Diese stellten durchaus nennenswerte Veränderungen dar und zögen weitere nach sich, änderten aber im Grunde nichts am »System« und am Gesamtaufbau unserer Gesellschaft. Ihnen stünden im übrigen erhebliche und heute oft wenig beachtete Bereiche der Stabilität entgegen – wie zum Beispiel in der Vermögensverteilung, im formellen politischen System, wie überhaupt in großen Teilen des organisatorischen Gefüges.

b) Andere Soziologen gehen etwas weiter und sprechen von einer *neuen Phase der Industriegesellschaft*. Dieser Etappenübergang sei vergleichbar mit früher schon registrierten Zäsuren[1], etwa mit der Abfolge der extensiven, der intensiven, der automatisierten und der computergesteuerten Technisierung, mit dem Übergang von der produktionsorientierten, industriellen zur dienstleistungsorientierten, postindustriellen Gesellschaft[2], mit der Transformation von der kapitalistischen zur postkapitalistischen Gesellschaft, mit dem Umschwung von der Arbeits- zur sich anbahnenden Tätigkeitsgesellschaft[3], oder mit den Kondratieffschen Zyklen[4] technologischer und ökonomischer Innovationen[5].

c) Für etliche, in letzter Zeit sehr beachtete Interpreten[6] bedeuten die derzeitigen Veränderungen aber noch weit mehr; nämlich das *Ende der Industriegesellschaft*. Das Zusammenbrechen ihrer zentralen Strukturen markiert hiernach den Übergang in eine »andere Moderne«.

d) Gelegentlich wird dem Neuen ein noch höherer Stellenwert zugemessen: Er kündigt das Ende der Moderne an. Diesen Deutungen zufolge beschränkt sich die »Postmoderne« nicht länger auf die Architektur und die Künste, sie ist im Begriff, Einzug in die Gesellschaft zu halten und der »Moderne« zumindest in Teilen – vor allem in sozio-kultureller Hinsicht – ein Ende zu bereiten.

Man kann die unterschiedliche Reichweite der vier angedeuteten Interpretationen auch in Zeitspannen ausdrücken: Wer die gesellschaftliche Postmoderne ausruft, für den geht eine Epoche zu Ende, die mit der Renaissance und dem Humanismus begann und fast fünfhundert Jahre andauerte. Wer die Industriegesellschaft vergehen sieht, verabschiedet eine Gesellschaftsformation, die sich in Deutschland seit etwa einhundertfünfzig Jahren aufbaute. Wer eine neue Phase der Industriegesellschaft einläutet, denkt immerhin noch in jahrzehntelangen Wandlungsschüben.

Im folgenden möchte ich in dieser Kontroverse Stellung nehmen und eine empirisch und theoretisch begründete Antwort auf die Frage nach der Reichweite der heutigen sozialstrukturellen Wandlungen geben. Damit soll auch die Frage beantwortet werden, ob die derzeitigen Veränderungen den Namen »Umbruch« verdienen.

---

1 W. Zapf, u. a., Individualisierung und Sicherheit, München 1987.

2 D. Bell, Die nachindustrielle Gesellschaft, Frankfurt/M. 1975.

3 R. Dahrendorf, Wenn der Arbeitsgesellschaft die Arbeit ausgeht, in: J. Matthes (Hrsg.), Krise der Arbeitsgesellschaft? Verhandlungen des 21. Deutschen Soziologentages in Bamberg, Frankfurt/M. 1983.

4 W. Bühl, Strukturkrise und Strukturwandel. Zur Situation der Bundesrepublik, in: J. Berger (Hrsg.), Die Moderne – Kontinuitäten und Zäsuren, Soziale Welt, Sonderband 4, Göttingen 1986, S. 141–167.

5 Vgl. insgesamt K. M. Bolte, Gesellschaft im Umbruch!?, in: W. Bleek/H. Maull (Hrsg.), Ein ganz normaler Staat. Perspektiven nach 40 Jahren Bundesrepublik, München 1989.

6 U. Beck, Jenseits von Klasse und Stand? Soziale Ungleichheit, gesellschaftliche Individualisierungsprozesse und die Entstehung neuer sozialer Formationen und Identitäten, in: R. Kreckel (Hrsg.), Soziale Ungleichheiten, Soziale Welt, Sonderband 2, Göttingen 1983; ders., Risikogesellschaft. Auf dem Weg in eine andere Moderne, Frankfurt/M. 1986.

Dazu werden zunächst (in Abschnitt 2) die kategorialen Voraussetzungen einer Antwort geschaffen und entsprechende »Meßlatten« definiert. Dann (in Abschnitt 3) folgen die empirischen Grundlagen einer Antwort, das heißt die vergleichsweise ausführliche Darstellung der wichtigsten sozialstrukturellen Veränderungen der letzten Zeit. Darauf aufbauend soll (in Abschnitt 4) eine Antwort auf die Frage nach Art und Ausmaß des sozialstrukturellen Wandels gegeben und abschließend eine modernisierungstheoretische Begründung hierfür angeboten werden.

2. Die kategorialen Voraussetzungen einer Antwort: Die Konzepte »Sozialstruktur«, »Industriegesellschaft« und »Moderne«

Die vorliegende Untersuchung bezieht sich nicht auf alle neueren gesellschaftlichen Veränderungen in der Bundesrepublik[7]. Sie konzentriert sich auf den Wandel der Sozialstruktur. Welche Einschränkung bedeutet dies? Was ist unter dem oft gebrauchten und selten definierten Begriff der Sozialstruktur zu verstehen?[8]
a) Es wird – wie immer, wenn der Strukturbegriff Anwendung findet – eine relativ *beständige Anordnung von gesellschaftlichen Elementen* angesprochen. Diese sind auf den Ebenen der sozialen Merkmale von Personen (zum Beispiel Alter), der sozialen Positionen (zum Beispiel Berufe) oder der gesellschaftlichen Institutionen (zum Beispiel Bildungseinrichtungen) angesiedelt. Pluralistische Sozialstrukturkonzepte gliedern diese Strukturelemente in mehrere Subsysteme oder Strukturbereiche auf (Bildungssystem, politisches System, Struktur sozialer Ungleichheit und so weiter). Monistische, etwa marxistische Sozialstrukturanalysen beziehen sich vor allem auf eine »Kernstruktur« der Gesellschaft.
b) Der Sozialstrukturbegriff bezieht sich auf *gesamtgesellschaftliche Strukturen.* Er erfaßt alle Gesellschaftsmitglieder jeweils mit Blick auf bestimmte Strukturbereiche (zum Beispiel im Hinblick auf den Bildungssektor) und versucht, alle Strukturelemente dieses Bereichs (alle Bildungsgrade und -stätten des Bildungssystems) einzubeziehen. Dieser Totalitätsanspruch unterscheidet den Begriff »Sozialstruktur« von »sozialen Strukturen«.
c) Der Sozialstrukturbegriff ordnet die Mitglieder einer Gesellschaft in *Sozialkategorien,* die aus den oben angegebenen Strukturelementen gewonnen werden. So unterscheidet man beispielsweise unter den Gesellschaftsmitgliedern – den Strukturelementen des Bildungssystems entsprechend – Schüler und Lehrer, Qualifizierte und Unqualifizierte und so weiter. Die Unterscheidung von Sozialkategorien verweist auf jene Erkenntnisabsicht, die dem oftmals konturlosen Sozialstrukturbegriff Abgrenzungen verleiht und ihn am deutlichsten von anderen Konzeptionen der Gesellschaftsanalyse abhebt. Denn »der Begriff zielt auf die relativ dauerhaften sozialen Gebilde und Handlungszusammenhänge, in denen« Individuen stehen.«[9] Bei der

---

7 Das untersucht K. M. Bolte (Anm. 5).
8 Vgl. St. Hradil, Sozialstrukturanalyse in einer fortgeschrittenen Gesellschaft. Von Klassen und Schichten zu Lagen und Milieus, Opladen 1987, S. 14.
9 B. Schäfers, Sozialstruktur und Wandel der Bundesrepublik Deutschland, Stuttgart 1985[4], S. 5.

Sozialstrukturanalyse geht es immer zugleich um »äußere« Lebens- und Handlungsbedingungen (Ressourcen, Rollen, Stereotype, soziale Bewegungen und so weiter) und um »innere« Prägungen (Freiheitsgrade, Motive, Interessen, Mentalitäten und Handlungsmuster), um die gegenseitigen Verhältnisse und Verzahnungen beider Seiten und um die Unterscheidung von Bevölkerungsgruppen (zum Beispiel von Arbeitern, Heranwachsenden oder Großstadtbewohnern) unter Verweis auf beide Seiten. Sozialstrukturanalyse ist somit keine Institutionenkunde oder Systemlehre – hier fehlt die »innere« Seite –, sie ist aber auch keine Sozialpsychologie oder Zeitgeistanalyse – hier fehlen die »äußeren« gesellschaftlichen Vorgaben.

Im folgenden wird ein pluralistisches Verständnis von Sozialstruktur zugrundegelegt, das nicht von einer Theorie aus deduzierend, sondern induktiv, aus den individuell erfahrbaren sozialen Gebilden und Handlungszusammenhängen heraus, aufgebaut wird.

Um den Stellenwert sozialstruktureller Veränderungen einschätzen zu können, braucht man Meßlatten. Es werden zwei solche Bezugsrahmen entwickelt: das Konzept der »Industriegesellschaft« und das der »modernen Gesellschaft«. Mit ihrer Hilfe wird zu ermessen sein, ob – und wenn ja, wo – sozialstrukturelle Veränderungen »Umbrüche« darstellen, das heißt über die Grenzen dessen hinausführen, was man herkömmlicherweise als »typische Industriegesellschaft« oder »moderne Gesellschaft« versteht.

Als »modern« ist eine Gesellschaft dann zu bezeichnen, wenn ihr Aufbau in wesentlichen Teilen bestimmten geistigen Maximen entspricht, wie sie seit der Renaissance in systematischen Gedankengebäuden entwickelt und seit der Aufklärung gesellschaftlich konkretisiert und immer nachdrücklicher politisch und normativ eingefordert wurden. Diese geistigen Leitlinien[10] bestehen:

a) aus einem bestimmten Geschichtsverständnis, in dem Zeit nicht als Wiederkehr des immer Gleichen oder als Verharren, sondern als lineare Entwicklung verstanden wird, die menschlicher Gestaltung zugänglich ist;

b) aus einem bestimmten Verständnis der Welt als einem »objektiv« erfaßbaren, gesetzesmäßigen Wirkungszusammenhängen unterworfenen, somit wissenschaftlich analysier- und erklärbaren und praktisch nutzbaren Gegenstand menschlicher Erkenntnis und Tätigkeit;

c) aus bestimmten Grundwerten der Lebensgestaltung, insbesondere aus dem Streben nach individueller Autonomie, nach Freiheit von Restriktionen, nach Optionsmehrung, nach aktiver Gestaltung der natürlichen Um- und menschlichen Mitwelt, nach individuellem Wohlergehen hier auf Erden, nach zweckrationalem, insofern effektivem und effizientem Denken und Handeln, nach – im Sinne der genannten Werte – vernünftigem Verhalten.

Diese geistigen Leitlinien sind abstrakt und keinesfalls widerspruchsfrei. Sie ermöglichen und erfordern Konkretisierungen bei der Umsetzung in die Praxis.

---

10 Vgl. P. A. Berger, Entstrukturierte Klassengesellschaft?, Opladen 1986; K. M. Bolte (Anm. 5); St. Hradil, Postmoderne Sozialstruktur? Zur empirischen Relevanz einer »modernen« Theorie gesellschaftlichen Wandels, in: P. A. Berger/St. Hradil (Hrsg.), Lebenslagen, Lebensläufe, Lebensstile, Soziale Welt, Sonderband 7, Göttingen 1990; H. G. Vester, Modernismus und Postmodernismus – Intellektuelle Spielereien?, in: Soziale Welt, 36 (1985), S. 3–26.

Einen solchen Konkretisierungsschub stellte vor allem die Aufklärung dar – mit ihren Forderungen nach vernünftiger Gestaltung von Politik und Gesellschaft und prinzipiell gleichen Rechten und Pflichten für alle. Die jeweilige gesellschaftliche Realisierung dieser modernen Postulate ist sowohl der Art nach unterschiedlich als auch dem Grad nach ungleich weitgehend verlaufen. Gesellschaftliche Modernisierung stellt sich in verschiedenen Gesellschaften sehr verschiedenartig dar, weist immer Brüche auf und erfaßt bestimmte Gruppen, Nationen und Sektoren mehr – zum Beispiel Männer, Besitzende, Christen, Weiße –, andere weniger. Modernisierung ist unter anderem abhängig von den vorgefundenen Bedingungen, Interessen und Mächten oder auch den traditionalen Werthaltungen.

Im Gefolge zweier entscheidender Modernisierungsschübe, der politischen und industriellen »Doppelrevolution«[11], schälte sich allerdings seit Ende des 18. Jahrhunderts – in Deutschland erst seit Mitte des 19. Jahrhunderts – allmählich ein bestimmter Typus moderner Gesellschaften mit vielen Gemeinsamkeiten heraus: die moderne »Industriegesellschaft«. Sie setzte sich nur langsam, in Deutschland wohl erst nach dem Zweiten Weltkrieg durch, und blieb dennoch immer versetzt mit vorindustriellen und zum Teil auch mit vormodernen Elementen. Die wesentlichen Merkmale sind unter anderem[12]:

a) auf der Ebene der Systemgrundlagen: die Hegemonie des ökonomischen Systems über andere Bereiche, die Vorherrschaft technisierter Produktion und eine materialistische und utilitaristische Massenkultur;

b) auf der Ebene der Organisationen und Institutionen: funktionale Differenzierung und Institutionalisierung in allen gesellschaftlichen Sektoren und die Integration dieser Instanzen (Ämter, Berufe, Unternehmen, Schulen, Geschlechtsrollen und so weiter) durch Koordinationsleistungen des Marktes oder des Staates;

c) im Alltag: Spezialisierung (von Berufen, Behörden und so weiter), Standardisierung (von Gütern, Preisen, aber auch von Biographien, Familien und so weiter), Synchronisierung (von Produktionsabläufen, Verkehrsströmen und Familientätigkeiten), Maximierung (von Unternehmensgrößen und der Gesamtwirtschaftsleistung), Konzentration (etwa in Form von Verstädterung, Unternehmenskonzentration und zentralen Sozialversicherungen).

Diese typischen Merkmale von Industriegesellschaften schlagen sich in den einzelnen Sektoren der Sozialstruktur in jeweils typischen Strukturmustern nieder. So etwa in Gestalt der institutionalisierten, spezialisierten, standardisierten und synchronisierten »Kleinfamilie«. Ich werde zunächst diese Strukturmuster als »Meßlatten« heranziehen, um die Reichweite des sozialstrukturellen Wandels zu ermessen und um festzustellen, wo sich besonders weitreichende Veränderungen finden, die als Abwendung von der Industriegesellschaft und somit als »Umbruch« bezeichnet werden können. Da durchaus »moderne« Alternativen zum Typus der Industriegesellschaft denkbar sind, muß eine Abkehr von den industriegesellschaftlichen Strukturen – etwa in Form einer Deinstitutionalisierung im Bereich der Sozialpolitik oder einer Entstandardisierung von Haushaltsformen – nicht notwendigerweise eine

---

11 E. Hobsbawm, Europäische Revolutionen 1789–1848, Zürich 1962, S. 10.
12 Vgl. unter anderem A. Toffler, Die Dritte Welle. Zukunftschance. Perspektiven für die Gesellschaft des 21. Jahrhunderts, München 1980.

Abkehr von Leitlinien der Moderne bedeuten. Es wird anschließend festzustellen sein, ob sich auch derart weitreichende Umbrüche finden lassen, daß von einer Abkehr von der Moderne gesprochen werden kann.

3. Die empirischen Voraussetzungen: Neuere Veränderungen der Sozialstruktur der Bundesrepublik [13]

Um ermessen zu können, wie weit die neueren Veränderungen der Sozialstruktur gehen, werde ich im folgenden Abschnitt die wichtigsten Bereiche der Sozialstruktur aufgreifen, hier die jeweils von einer »typischen Industriegesellschaft« erwarteten Strukturmuster skizzieren, diese »Meßlatten« dann mit den wirklichen Entwicklungen der letzten zehn bis zwanzig Jahre konfrontieren und so zu einer Einschätzung des sozialstrukturellen Wandels kommen.

3.1 Bevölkerung

Von einer modernen Industriegesellschaft erwartet man eine einheitliche »sparsame« Bevölkerungsweise, das heißt relativ wenige Geburten und Sterbefälle, die zu einem stabilen und begrenzten Bevölkerungswachstum führen. Sieht man von den Verwerfungen durch Kriege und Wirtschaftskrisen ab, so entwickelten sich die empirischen Gegebenheiten seit dem »demographischen Übergang« von der vorindustriellen zur industriegesellschaftlichen Bevölkerungsweise – vom Ausgang des 19. Jahrhunderts bis in die sechziger Jahre dieses Jahrhunderts – durchaus in diese Richtung.

Seit Anfang der siebziger Jahre sorgen aber unter den drei Hauptfaktoren, die jeden Bevölkerungsprozeß prägen: Sterbefälle, Geburten und Wanderungen, vor allem die Geburtenentwicklung und in letzter Zeit auch Einwanderungen für sozialstrukturelle Veränderungen, die möglicherweise mit diesem Strukturmuster kollidieren:

a) Seit 1972 werden in der Bundesrepublik weniger Menschen geboren, als Sterbefälle zu registrieren sind. Binnen weniger Jahre war die Anzahl der *Geburten* von mehr als 1 Million (1965) auf 0,6 Millionen (1975) gesunken, während die Anzahl der Sterbefälle im großen und ganzen bei 0,7 Millionen konstant blieb. Die dadurch bewirkte Bevölkerungsabnahme betrug zeitweise (1974–1979) mehr als 100 000 Menschen pro Jahr. Sie hat sich heute (1988) zwar auf etwa 10 000 vermindert. Dies ist aber hauptsächlich auf den »Altersstruktureffekt«, das heißt auf das Hineinwachsen der geburtenstarken Jahrgänge der fünfziger und sechziger Jahre in die Elternphase zurückzuführen und nicht so sehr auf steigende Kinderzahlen pro Frau oder Ehe. In der Bundesrepublik werden langfristig nach wie vor etwa ein Drittel Kinder weniger

---

13 Wenn keine andere Quelle angegeben ist, sind die empirischen Daten des Abschnitts 3 entweder entnommen aus: Statistisches Bundesamt (Hrsg.), Datenreport 1989, Bonn 1989, oder aus: H.-J. Krupp/J. Schupp (Hrsg.), Lebenslagen im Wandel: Daten 1987, Frankfurt/M. 1988.

geboren (ca. 1,35 pro Frau) als zum Bestandserhalt notwendig wären (ca. 2,1 pro Frau).

b) Erhebliche Veränderungen der Bevölkerungsstruktur brachten in letzter Zeit *Einwanderungen* mit sich. Hier lassen sich vier Ströme unterscheiden:

Der Zustrom von *ausländischen Arbeitskräften* und deren Familienangehörigen aus den sechs Anwerbeländern Italien, Spanien, Griechenland, Jugoslawien, Portugal und Türkei (»Gastarbeiter«) sowie von *Asylbewerbern* betrug von 1961 bis 1987 insgesamt etwa 15 Millionen Menschen. In der gleichen Zeit wanderten nur ca. 11 Millionen Ausländer ab, so daß sich der Ausländeranteil in der Bundesrepublik von knapp 0,7 Millionen Ausländern (1961: 1,2 % der Bevölkerung) auf ca. 4,2 Millionen (1987: 6,8 %) erhöhte. Unter den zuwandernden Ausländern kommt in den letzten Jahren nicht länger den »Gastarbeitern« sondern den Asylbewerbern die größte Bedeutung zu. In den Jahren 1986/1987/1988 bewarben sich 100 000/57 000/ 103 000 Ausländer um Asyl. Die meisten blieben – großenteils geduldet – in der Bundesrepublik. Nur jeweils ca. 8 000 wurden 1987 und 1988 als Asylberechtigte anerkannt.

Zusätzlich kamen 1950 bis Ende 1988 etwa 1,6 Millionen deutschstämmige *Aussiedler* aus sozialistischen Staaten in die Bundesrepublik, und im Jahre 1989 nochmals 377 000. Fast zwei Drittel von ihnen kamen aus Polen. Besonders spektakulär wuchs schließlich die Zahl der *Übersiedler* aus der DDR. Sie vermehrte 1989 die Bevölkerung der Bundesrepublik um 344 000 Menschen (Daten für 1989 aus der Presse).

Während also die natürlichen Bevölkerungsprozesse durch Geburten und Sterbefälle Bevölkerungsrückgänge hervorrufen – wenn auch in den letzten Jahren eher geringe –, sind in letzter Zeit erhebliche Einwanderungsgewinne zu verzeichnen.

c) Die abrupte Zunahme der Einwanderung und die Unsicherheit über künftige Einwanderungswellen haben dazu geführt, daß Prognosen über die zu erwartende Bevölkerungsstruktur in der Bundesrepublik noch unsicherer als ohnehin geworden sind[14]. Diese Unsicherheit hat ganz erhebliche Auswirkungen unter anderem für die Planung unseres Systems sozialer Sicherung und die Bildungsplanung. Trotz aller Ungewißheit kann man aber von folgenden Entwicklungstendenzen ausgehen:

– Wenn sich die Ausmaße der Einwanderungen der letzten Jahre *nicht* fortsetzen, rechnet man mit einer Abnahme der Wohnbevölkerung in der Bundesrepublik von heute 61,1 Millionen (Volkszählung 1987) auf 60,6 Millionen im Jahre 2000 und auf 50,1 Millionen im Jahre 2030.

– Der Ausländeranteil wird deutlich zunehmen: Heute ist jeder 14. Einwohner (6,8 %), im Jahre 2000 wird vermutlich jeder zehnte (9,6) und im Jahre 2040 wird wohl jeder siebte Bewohner der Bundesrepublik Ausländer sein. Zudem weisen alle Daten darauf hin, daß keine schnelle kulturelle und staatsbürgerliche Assimilation stattfinden wird. Instrumentelle Anpassung bei lange anhaltender kultureller Identität mit dem Herkunftsland wird die Bundesrepublik ethnisch zu einer multikulturellen Gesellschaft machen.

---

14 G. Wagner, Relevanz von Bevölkerungsprognosen als Grundlage wohlfahrtsstaatlicher Politik, in: St. Hradil (Hrsg.), Der betreute Mensch? Beiträge zur soziologischen Diskussion aktueller Maßnahmen des Wohlfahrtsstaates, Soziologenkorrespondenz Neue Folge, 13 (1989), S. 1–23.

– Die Altersstruktur wird sich verschieben. Schon 1987 besaß die Bundesrepublik mit mehr als 20 % älterer Menschen (60 Jahre und älter) den höchsten Anteil in der Welt. Man rechnet damit, daß im Jahre 2000 ein Viertel und im Jahre 2040 mehr als ein Drittel der Bevölkerung so alt sein wird. Daran knüpfen sich weitreichende Überlegungen unter anderem im Hinblick auf die Notwendigkeit einer Pflegesicherung, auf die Erhöhung der sozialpolitisch bedeutsamen »Altenlastquote« und auf die eventuelle Entstehung systematischer politischer Konflikte zwischen Älteren und Jüngeren.

Insgesamt gehen wir auf eine schrumpfende, multikulturelle und alternde Gesellschaft zu. Es kann also keine Rede von einer »typisch industriegesellschaftlichen« – durch kleine Geburtenüberschüsse erzielten, stabilen und langsamen – Bevölkerungsvermehrung sein. Offen bleibt allerdings die Frage, ob dies in erster Linie historisch »zufällige« Turbulenzen oder doch eine systematische Entfernung von den Strukturen der Industriegesellschaft bedeutet.

3.2 Haushalte, Familien und Lebensphasen

Grundsätzlicher als die Wandlungen der Bevölkerungsstruktur beurteilen viele Soziologen die Veränderungen auf dem Gebiet der Haushalte und Familien:
a) In der Tat: Alle »untypischen« Haushalts- und Familienformen nehmen auf Kosten der »Normalfamilie« zu. Der Anteil der *Ein-Personen-Haushalte* stieg allein von 1972 bis 1987 von 26,2 auf 34,6 % aller Haushalte. In *nichtehelichen Lebensgemeinschaften* lebten Anfang der siebziger Jahre schätzungsweise – ihre empirische Erfassung ist überaus schwierig – 0,7 % der Bevölkerung, Ende der achtziger Jahre waren es etwa 4 %. Auch »unvollständige Familien«, also *Alleinerziehende*, nehmen deutlich zu. Im Jahre 1972 gab es 618 000 alleinerziehende Mütter und 88 000 alleinerziehende Väter, 1987 schon 821 000 alleinerziehende Mütter und 132 000 alleinerziehende Väter – was auch zeigt, daß alleinerziehende Väter keine Ausnahme mehr sind. Dennoch kann man zwar vom Zurückweichen, aber nicht vom »Ende der Normalfamilie« sprechen. Denn bei näherem Hinsehen relativieren sich einige der dargestellten Entwicklungen doch erheblich. Ein-Personen-Haushalte machen zwar mehr als ein Drittel aller Haushalte aus, in ihnen leben aber nur etwa 13 % der Bevölkerung, und zwei Drittel hiervon sind keineswegs »singles«, sondern ältere, meist verwitwete Menschen. Und die stark aufkommenden nichtehelichen Lebensgemeinschaften erweisen sich zu hohen Anteilen als »Probeehen«. Allein innerhalb eines Jahres (1984/85) heirateten 13 % aller unverheiratet zusammenlebenden Personen. Schließlich lebten auch 1985 noch volle 90 % aller Kinder in der Bundesrepublik in einem herkömmlichen Haushalt mit verheirateten Eltern[15].
b) Drastisch fällt auf den ersten Blick auch das *Sinken der Heiratsneigung* und die *Instabilität von Ehen* aus. Innerhalb nur eines Jahrzehnts, vom Beginn der siebziger bis Anfang der achtziger Jahre, sank die Heiratsquote um volle 10 %. Heirateten vorher 89 % der Männer und 94 % der Frauen, so waren es 1982 nur noch 79 % der Männer und 84 % der Frauen. Auch die Resultate von Meinungsbefragungen sprechen dafür, daß die Heiratsneigung weiter abnimmt. Auch hier sollte man sich

---

15 J. Witte, Haushalt und Familie, in: H.-J. Krupp/J. Schupp (Hrsg.) (Anm. 13), S. 21–41.

durch derzeit steigende absolute Heiratszahlen infolge der geburtenstarken Jahrgänge der fünfziger und sechziger Jahre nicht täuschen lassen. Wir nähern uns wieder Verhältnissen in der vor- und frühindustriellen Gesellschaft, wo ja durchaus nicht jeder verheiratet war. Die Scheidungsrate hat sich seit der Nachkriegszeit mehr als verdoppelt. Derzeit wird etwa ein Drittel aller Ehen geschieden. 1987 erfolgten 31 % aller Ehelösungen durch Scheidung und nicht durch Tod oder Aufhebung, 1960 erst 14 %. Auch wenn man berücksichtigt, daß die steigende Lebenserwartung – sie betrug 1988 für neugeborene Mädchen 78,4 Jahre, für Knaben 71,8 Jahre – dazu führt, daß die durchschnittliche Ehedauer längst nicht so sehr sinkt, wie die Scheidungsquote zunimmt, so sind heute – statistisch gesehen – Ehen doch wieder so zerbrechlich geworden wie in den Wirren nach dem Zweiten Weltkrieg.

c) Die Entwicklungen der letzten Jahre geben nicht nur Anlaß, allmählich an der »Normalität« der Familie und Ehe zu zweifeln, auch die Normalbiographie, die ehedem unverrückbar erscheinende Abfolge von Kindheit, Jugend (Ausbildung), Erwachsensein (Berufs- oder Hausfrauentätigkeit) und Alter (Rentnerdasein) beginnt offenbar zu zerfasern. Wir finden – unter anderem als Folge von Scheidungen und Veränderungen im Berufsleben – immer häufiger individuelle Biographiebrüche. Es mehren sich aber auch systematische neue Lebensphasen, die viele, aber nicht alle Gesellschaftsmitglieder durchlaufen. Dies sind unter anderem die »*Postadoleszenz*« – Erwachsene, die sich aber noch in Ausbildung befinden und wirtschaftlich, zum Teil auch sozial noch keine »Existenz« aufgebaut haben –, die Phase der »*nachelterlichen Gefährtenschaft*« beziehungsweise des »leeren Nestes« – relativ junge Eltern, deren Kinder aus dem Haus sind – und das Phänomen der »*jungen Alten*« – Menschen, die aus dem Erwerbsleben ausgeschieden, aber in biologischer oder sozialer Hinsicht durchaus noch nicht »alt« sind.

Insgesamt werden die hier, in der Sphäre des unmittelbaren Zusammenlebens, registrierten Veränderungen zu den bedeutendsten in der Sozialstruktur der Bundesrepublik gezählt. Zwar erscheinen Thesen vom »Ende« der bislang tragenden industriegesellschaftlichen Familien-, Haushalts- und Biographiestrukturen überzogen, aber deren Rückzug ist offenkundig.

3.3 Bildung

Ein ähnlich krasser Wandel ergab sich im Bildungsbereich:
a) Die Bundesrepublik hat als eine der letzten Industriegesellschaften ihr Bildungssystem stark ausgeweitet. Dann erfolgte die *Bildungsexpansion* aber sehr rasch. Heute besitzt die Bundesrepublik eine der höchsten Bildungsbeteiligungen der Welt. Entsprechend drastisch fällt der Generationenunterschied aus: 1987 besaß jeder vierte (24,7 %) jüngere Bundesbürger (20–29 Jahre alt) die (Fach-)Hochschulreife, aber nur jeder 16. (6,2 %) der älteren Generation (der mindestens 60jährigen). Von den Älteren verfügen vier Fünftel ausschließlich über einen Volksschulabschluß. Von den Jüngeren (20–29 Jahre) hat dagegen weniger als die Hälfte (45,1 %) nur Volks- oder Hauptschulbildung. Die Schulabgänger des Jahres 1987 verteilten sich schon etwa zu gleichen Teilen auf die drei wesentlichen Schultypen. Nur noch ein Drittel (33,1 %) verließ die Schule schon nach der Hauptschule; ein gutes Drittel (37,1 %)

absolvierte die Realschule und ein schwaches Drittel (29,8 %) verfügte über die (Fach-)Hochschulreife.

Die Bildungsexpansion selbst ist sicher insofern kein Umbruch, als sie im Einklang mit den Institutionalisierungs- und Spezialisierungspostulaten einer Industriegesellschaft steht. Sie hat aber – gerade weil sie in der Bundesrepublik so spät und heftig stattfand, aber auch, weil sie zum Teil mit Phasen ökonomischer Rezession zusammenfiel – umbruchsähnliche Auswirkungen gefördert. So lassen sich die »Bildungsinflation«, aber auch der Wertewandelschub und das Aufkommen neuer sozialer Bewegungen ohne die Vermehrung weiterführender Bildung kaum vorstellen.

b) Im Modell einer Industriegesellschaft soll das Bildungswesen bekanntlich die Funktion der zentralen Weichenstellung für *leistungsgerechten Berufszugang und Statuszuweisung* erfüllen. Weder persönliche Beziehungen noch zugeschriebene Merkmale sollen diese Selektion beeinflussen. So gesehen, bedeutet es mit Sicherheit einen Schritt in Richtung Industriegesellschaft, wenn sich die Chancen von Mädchen und Jungen im allgemeinbildenden Schulwesen von den sechziger Jahren bis in die achtziger Jahre völlig angeglichen haben und die der deutschen Facharbeiterkinder und der Landkinder immerhin gebessert haben. Im Widerspruch zu den Grundlinien einer Industriegesellschaft steht aber die Entstehung der neuen »Bildungsunterschicht« der Ausländerkinder. Ihre miserablen Bildungschancen bessern sich nur zögernd. 1987 besuchten nur 9 % aller Ausländerkinder (30 % aller Kinder) ein Gymnasium, 70 % (34 %) gingen in die Hauptschule. Auch die Stagnation der Bildungschancen der Kinder deutscher un- und angelernter Arbeiter, die zu den Verlierern der Bildungsexpansion zählen und heute kaum bessere Chancen als ihre Eltern haben, weist darauf hin, daß in diesem Punkt die Standards der Industriegesellschaft erst noch zu erreichen sind.

c) Bildungsgrade gerieten angesichts der Bildungsexpansion und schlechter Arbeitsmarktchancen seit Mitte der siebziger Jahre von der zureichenden, aber oft nicht notwendigen, zur notwendigen, aber oft nicht zureichenden *Bedingung für den Eintritt in höher entlohnte und angesehenere Berufsfelder*. Bildungsgrade inflationierten. Neben der formalen Bildung spielen heute nachweislich zum Beispiel »Beziehungen« eine wachsende Rolle beim Berufseintritt. Auch das Geschlecht und die Herkunft als Facharbeiterkind – die als Bildungsdeterminante viel an Kraft verloren haben –, haben ihre Kraft weitgehend bewahrt, im Berufsleben die jeweilige Qualifikation auf- beziehungsweise abzuwerten. Insbesondere Frauen geraten häufiger als Männer in eine berufliche Position unter ihrem Qualifikationsniveau und arbeiten seltener über ihrer Ausbildungsstufe. Damit wurden aber die Türen, die die Bildungsexpansion Frauen und Facharbeiterkindern geöffnet hatte, zum Teil auf dem Arbeitsmarkt wieder geschlossen. Damit verliefen Karrieren wiederum zum Teil nach personalen und askriptiven – das heißt individuell unbeeinflußbaren – Kriterien, die man doch in einer zweckrational organisierten Industriegesellschaft vermeiden wollte. Man kann gespannt sein, ob die hoffentlich günstigere Arbeitsmarktsituation der neunziger Jahre daran etwas ändern wird.

d) Allerdings geht die Bedeutung von Bildung über die Zuweisung von Berufs- und Statuschancen weit hinaus. Auch Selbstverwirklichungsmöglichkeiten, Chancen politischer Partizipation, individuelle Interessendurchsetzung, Lebensstil, private Verkehrs- und Heiratskreise sind zu einem erheblichen Grade eine Frage der Bildung. In dieser Hinsicht war die Bildungsexpansion keine »Fehlinvestition«; sie trug vielmehr zu Veränderungen bei, die – anders als Berufschancen – kaum von den ökonomischen Rezessionen der siebziger Jahre gebremst wurden.

3.4 Erwerbsarbeit

Die Gestaltungsprinzipien von Industriegesellschaften schlugen sich auf dem Gebiet der Erwerbsarbeit in einem Strukturmuster nieder, das typischerweise auf die stetige, ganztägige, beruflich spezialisierte Erwerbsarbeit vor allem der Männer in funktional differenzierten, formell und hierarchisch organisierten Großbetrieben hinauslief. Industriegesellschaftliche Erwerbsarbeit ist in der Organisation des Alltags streng geschieden von der Privatsphäre und dem öffentlichen Leben. Die Erwerbsarbeit prägt andererseits aber Lebensbedingungen, Einstellungen, Selbstbilder und Lebenswege der Mitglieder von Industriegesellschaften in hohem Maße und wirkt so weit in ihr privates und öffentliches Leben hinein. Industriegesellschaften – das wurde erst völlig klar, als einige ihrer Grundstrukturen zu zerbrechen schienen – sind »Arbeitsgesellschaften«.

a) Die *Verbreitung der Erwerbsarbeit* hat in den letzten Jahrzehnten zugenommen. Dies steht durchaus im Einklang mit den Erwartungen an eine Industriegesellschaft. Ein immer größerer Anteil von Gesellschaftsmitgliedern ist berufstätig: Die »Erwerbsquote« stieg von 1950 46,2 % auf 48,4 % im Jahre 1988. Deutlich verändert hat sich aber die »typisch industriegesellschaftliche« Rollenteilung zwischen Männern und Frauen, wenigstens was die Erwerbsarbeit betrifft: Nach dem Kriege (1955) waren nur 31,3 %, heute (1988) sind 37 % aller Frauen erwerbstätig. Hierbei fiel der Zustrom von verheirateten Frauen und von Müttern ins Erwerbsleben besonders ins Gewicht: 1950 war erst jede vierte (25 %), heute ist bald jede zweite (43 %) Ehefrau berufstätig. Und genau so hoch (43,1 %) ist der Anteil der Mütter mit Kindern unter 18 Jahren, die im Berufsleben stehen. Die Frauenerwerbstätigkeit wuchs insbesondere in den letzten Jahren: Die Zunahme der Beschäftigungsverhältnisse um ungefähr eine Million seit 1983 kam zu etwa zwei Dritteln Frauen zugute[16].

b) Es sind zwar immer mehr Menschen berufstätig, aber immer weniger lange. Längere (Aus-)Bildungszeiten und früherer Renteneintritt – männliche Erwerbstätige scheiden heute im Durchschnitt mit 58 Jahren aus dem Erwerbsleben aus – haben zur Verkürzung der biographischen Phase der Erwerbsarbeit geführt. Dies und die geringeren Tages-, Wochen- und Jahresarbeitszeiten (1960: 2020 Stunden; 1987: 1618 Stunden) brachten es mit sich, daß Erwerbstätige derzeit nur noch circa ein Zehntel ihrer Gesamtlebenszeit mit Erwerbsarbeit verbringen; unsere Großväter arbeiteten zu Beginn dieses Jahrhunderts fast ein Viertel ihrer Lebenszeit. An diese *Verkürzung der Arbeitszeit* knüpfen sich weitreichende Interpretationen. Die Abnahme arbeitsbedingter Lebensformen – zum Beispiel des »Proletariats« –, die »Pluralisierung der Lebensstile« und selbst umfassende Thesen vom »Ende der Arbeitsgesellschaft« werden damit in Verbindung gebracht.

c) Innerhalb der Erwerbstätigen zeigen sich gerade in letzter Zeit deutliche Verschiebungen der *Berufsstruktur*. Nach jahrzehntelangem Schrumpfen der Arbeiterschaft

---

16 Presse- und Informationsamt der Bundesregierung (Hrsg.), Sozialpolitische Umschau, Nr. 320 (1989).

und der Selbständigen einerseits und einer rapiden Zunahme der Angestellten und Beamten andererseits haben wir im Jahre 1987 den historisch markanten Zeitpunkt erlebt, in dem die Zahl der Angestellten die der Arbeiter überstieg. 1988 waren schon 42,1 % der Erwerbspersonen Angestellte und nur noch 38,1 % Arbeiter. Dies signalisiert die Stagnation des Produktionssektors und das stürmische Wachstum des Dienstleistungssektors, insbesondere die Vermehrung der Dienstleistungen an Menschen. In diesem Zusammenhang ist es auch bemerkenswert, daß erstmals seit Beginn der Industrialisierung der Anteil der Selbständigen in den achtziger Jahren nicht weiter gesunken ist, sondern leicht zugenommen hat. Darin drückt sich der Bedarf nach neuen Dienstleistungen und das Vordringen neuer Technologien, aber auch die ungünstige Arbeitsmarktlage der siebziger und achtziger Jahre aus, die viele Jüngere ihr Auskommen in der Selbständigkeit suchen ließ.

d) An der Welle der »neuen Selbständigen« war zu einem Teil auch das Streben nach *alternativen« Formen der Erwerbstätigkeit* beteiligt. Die Zahl der alternativen ökonomischen Projekte, der selbstverwalteten Betriebe und der selbständig wirtschaftenden Selbsthilfegruppen ist aber schwer bestimmbar – schon deswegen, weil die Grenzen zu »normalen« Unternehmen fließend sind. Schätzungen[17] bewegen sich von 100 000 bis 300 000 aktiven Personen in alternativen Betrieben, kommen also höchstens auf 1 % der Erwerbspersonen. Als ihr gemeinsames Merkmal gilt der Versuch, »postmaterielle« Selbstverwirklichungs- und Kommunikationswerte verstärkt in das Wirtschaftsleben einzubringen.

e) Während also die materialistische Grundhaltung und zweckrationale Organisation des industriegesellschaftlichen Erwerbslebens allenfalls an den »Rändern« etwas aufweicht, verschwimmt ein weiterer Grundzug industriegesellschaftlicher Erwerbstätigkeit, die Trennung von Erwerbstätigkeit und Privatleben, schon sehr viel weitgehender. Dies zeigt sich zum einen an der *Flexibilisierung und Diversifizierung von Arbeitszeiten*. Seit 1960 hat sich die Teilzeitbeschäftigung vervierfacht. 14,3 % aller Erwerbspersonen arbeiteten 1988 weniger als 35 Stunden pro Woche[18]. Dies waren in neun von zehn Fällen Frauen. Im übrigen ist Teilzeitarbeit bei Frauen beliebt. Kaum eine Frau arbeitet unfreiwillig mit reduzierter Stundenzahl. Aber mehr als ein Viertel aller vollbeschäftigten Frauen würde ihre Arbeitszeit gerne reduzieren – obwohl Teilzeitarbeit in der Regel zur Sicherung einer eigenständigen Existenz wie auch zur sozialen Absicherung nicht ausreicht. Offenkundig erscheint vielen Frauen Teilzeitarbeit unter den derzeitigen Bedingungen als vorteilhafter Kompromiß zwischen Beruf und Familie; vielleicht kommt hier aber auch eine gewisse Reserve gegenüber dem »männlichen« Lebensziel der Vollzeit-Erwerbstätigkeit zum Ausdruck.

Zusammen mit den immer häufigeren Unterbrechungen der Arbeitsphase – durch familiäre Ereignisse, Weiterbildung und Umschulung, sowie durch Arbeitslosigkeit – hat die Arbeitszeitflexibilisierung dazu geführt, daß heute höchstens noch 70 % der

---

17 W. Beywl u. a., Alternative Betriebe in NRW; in: Ministerium für Arbeit und Soziales des Landes NRW (Hrsg.), Bonn 1984; Themenschwerpunkt des Forschungsjournal Neue Soziale Bewegungen, Alternativökonomie: Zwischen Traum und Trauma, 2 (1989) 2; H. Kreutz u. a., Eine Alternative zur Industriegesellschaft? Alternative Projekte in der Bewährungsprobe des Alltags, in: Beiträge zur Arbeitsmarkt- und Berufsforschung 86, Nürnberg 1985.

18 Statistisches Bundesamt (Hrsg.), Statistisches Jahrbuch 1989, Stuttgart 1989, S. 90.

Arbeitenden in einem »Normalarbeitsverhältnis« tätig sind[19]. Dies hat nicht zuletzt weitreichende Folgen für die Strategie gewerkschaftlicher Interessenvertretung, die sich auf immer differenziertere Interessenlagen und Wünsche einstellen muß.

f) Die Grenze zwischen Erwerbstätigkeit und Nicht-Erwerbstätigkeit zerfließt auch im Hinblick auf *»Zwischenformen«:* Schwarzarbeit, geringfügige Beschäftigungen (unterhalb der Sozialversicherungspflichtgrenze), Eigenproduktion (also Haushaltsproduktion und »Do-it-yourself«), Nebenerwerbstätigkeiten – alle diese Beschäftigungsformen nehmen zu. So arbeitete im Jahre 1984 fast jeder zehnte Einwohner der Bundesrepublik nebenher, durchschnittlich 5,9 Stunden pro Woche. Und mittlerweile üben 2,5 Millionen Menschen in der Bundesrepublik eine geringfügige Erwerbstätigkeit aus.

g) Schließlich haben neue Technologien – neben vielen anderen Wirkungen, die hier nicht zur Debatte stehen – auch die Kraft, der Spezialisierung von Erwerbstätigkeiten entgegenzuwirken. Mögen Buchtitel wie »Das Ende der Arbeitsteilung«[20] und »Das Ende der Massenproduktion«[21] voreilig sein: Im Verlagswesen, in Teilen des Dienstleistungsbereichs und an zahlreichen anderen Stellen wird das Fähigkeits- und Tätigkeitsprofil der Arbeitenden nach Jahrzehnten der Spezialisierung wieder breiter. Auch dieser Beitrag ist nicht vom Autor niedergeschrieben und dann von einer Schreibkraft »getippt« worden, um dann von einem Setzer gesetzt zu werden, sondern wurde vom Verfasser auf eine Diskette geschrieben, die unmittelbar eine Setzmaschine speisen kann.

3.5 Soziale Ungleichheit

Auch im Bereich der sozialen Ungleichheit, das heißt der gesellschaftlich bedingten, (un)vorteilhaften Lebensbedingungen von Menschen, schien ganz klar, welches Muster im Begriff war, sich in entwickelten Industriegesellschaften herauszubilden: Eine kausale Verknüpfung und strukturelle Deckungsgleichheit zwischen
– der jeweiligen Position in der Berufshierarchie,
– dem jeweiligen sozialen Status in der Klassen- oder Schichtungsstruktur, also im vertikalen Gefüge beruflich vermittelter Ressourcen und Lebensbedingungen (Einkommen, Berufsprestige, berufliche Machtstellung),
– der jeweiligen klassen- beziehungsweise schichtspezifischen Lebensform (Mentalitäten, Sprachstile, Sozialisationsstile . . .),
– der Struktur politischer Interessen (an der Aufrechterhaltung beziehungsweise Verbesserung des eigenen Einkommens-, Bildungs-, Machtstatus . . .)
Diese Struktur existiert nach wie vor. Die Berufshierarchie stellt zweifellos immer noch eine tragende Säule im Gefüge sozialer Ungleichheit dar. Dies ist unter anderem daran zu erkennen, daß die Einkommensungleichheit keine dramatischen Veränderungen aufweist und nach wie vor in engem Zusammenhang mit der beruflichen Stellung steht.

---

19 M. Osterland, »Normalbiographie« und »Normalarbeitsverhältnis«, in: P. A. Berger/ St. Hradil (Hrsg.) (Anm. 10).
20 M. Kern/H. Schumann, Das Ende der Arbeitsteilung, Frankfurt/M. 1984.
21 M. Piore/Ch. Sabel, Das Ende der Massenproduktion, Berlin 1985.

Ein sehr anschauliches Maß der Einkommensverteilung sind »Quintilenanteile«. Ordnet man alle privaten Haushalte in der Bundesrepublik nach der Höhe ihres Haushaltseinkommens und teilt sie in fünf gleich große Gruppen, das heißt von der Gruppe des einkommensschwächsten Fünftels bis zur Gruppe des einkommensstärksten Fünftels aller Privathaushalte, so wird sichtbar, wie wenig sich die Anteile am gesamten »Einkommenskuchen« verändert haben, die die einzelnen »Fünftel-Gruppen« jeweils für sich herausschneiden konnten:

Quintilendarstellung zur Schichtung der Haushaltsnettoeinkommen 1950 bis 1984
Einkommensanteile in Prozent des Gesamteinkommens

	1950	1960	1970	1980	1984
1. (einkommensschwächstes) Fünftel aller Haushalte	5,4	6,0	5,9	6,9	7
2. Fünftel	10,7	10,8	10,4	11,2	13
3. Fünftel	15,9	16,2	15,6	16,2	17
4. Fünftel	22,8	23,1	22,5	22,5	24
5. (einkommensstärkstes) Fünftel aller Haushalte	45,2	43,9	45,6	43,3	39

Quelle: R. Hauser/W. Glatzer, Einkommensverteilung und Einkommenszufriedenheit, in: Statistisches Bundesamt (Hrsg.), Datenreport 1989, Bonn 1989, S. 394.

Das folgende Schaubild verdeutlicht ohne große Worte den nach wie vor bestehenden Zusammenhang zwischen Einkommen und Berufsstellung (hier als Klassenlage bezeichnet).

Auch die anderen, in der herkömmlichen Sozialstrukturanalyse betonten Dimensionen sozialer Ungleichheit, die Struktur der Bildungschancen und die Prestigeungleichheit, weisen nur geringe Veränderungen auf und sind nach wie vor stark beeinflußt von der beruflichen Stellung. So hat sich zwar (wie in Abschnitt 3.3 gezeigt) im Zuge der »Bildungsexpansion« der Besuch weiterführender Bildungseinrichtungen stark vermehrt. Aber die Ungleichheit der relativen Bildungschancen der Kinder von Facharbeitern, Angestellten, Beamten und Selbständigen veränderte sich kaum. Kinder aus allen diesen Berufsgruppierungen nahmen an der Bildungsexpansion etwa im Maße ihrer vorherigen Chancen teil. Nicht jedoch die Kinder deutscher un- und angelernter Arbeiter und der »Gastarbeiter«. Sie sind die »Verlierer« der Bildungsexpansion.

Trotz dieser andauernden Kraft der Berufshierarchie, Individuen und Familien gesellschaftliche Vor- und Nachteile zu verschaffen, weisen viele Anzeichen darauf hin, daß die Stellung der Menschen im Gefüge sozialer Ungleichheit immer weniger von der Berufsposition abhängt und daß die Struktur sozialer Ungleichheit komplizierter geworden ist:
a) Die ökonomisch bedingte, berufsnahe, vertikale, im psychologischen Sinne deterministische Struktur sozialer Ungleichheit hat sich in mehrfacher Hinsicht erweitert.

Haushaltseinkommen pro Kopf und Klassenlagen
Abweichungen vom Durchschnitt (in DM) – bei Kontrolle von Alter,
Geschlecht und Nationalität

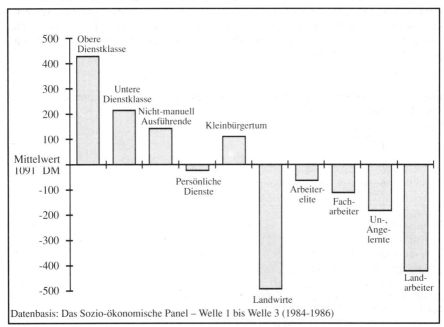

Datenbasis: Das Sozio-ökonomische Panel – Welle 1 bis Welle 3 (1984-1986)

Quelle: H.-H. Noll/R. Habich, Individuelle Wohlfahrt – Vertikale Ungleichheit oder horizontale Disparität?, in: P. A. Berger/St. Hradil (Hrsg.), Lebenslagen, Lebensläufe, Lebensstile, Soziale Welt, Sonderband 7, Göttingen 1990.

Erstens sind neben die ökonomischen Ursachen sozialer Ungleichheit mehr und mehr auch wohlfahrtsstaatliche und sozio-kulturelle *Entstehungsgründe* getreten: Beispielsweise fließt heute etwa jede vierte Markt aus wohlfahrtsstaatlichen Quellen in die Geldbeutel der Bewohner der Bundesrepublik. Alle »Versorgungsklassen«[22], deren Existenz – mehr oder minder berufsunabhängig – primär von staatlichen Zuwendungen abhängt (viele Studenten, Rentenempfänger, Arbeitslose, Sozialhilfeempfänger, Beamte), sind gewachsen. Auch die nicht-finanziellen wohlfahrtsstaatlichen Leistungen zum Beispiel in Form von regional verfügbarer Infrastruktur und sozialen Diensten schaffen Vor- und Nachteile neuen Typs.

Zweitens rücken immer mehr berufsfremde oder dem Beruf vorgeschaltete *Statuszuweisungsmechanismen* in den Vordergrund der Aufmerksamkeit. Es gerät immer deutlicher ins Bewußtsein, welches Ausmaß etwa Ungleichheiten zwischen Männern und Frauen, zwischen Kohorten (etwa zwischen der Kriegs-, Konsum- und Krisen-

---

22 M. R. Lepsius, Soziale Ungleichheit und Klassenstrukturen in der Bundesrepublik Deutschland, in: H.-J. Wehler (Hrsg.), Klassen in der europäischen Sozialgeschichte, Göttingen 1979, S. 166–209.

generation), zwischen Kinderreichen und Kinderlosen, zwischen Alten und Jungen, zwischen In- und Ausländern besitzen. So hat man beispielsweise errechnet, daß das Pro-Kopf-Haushaltseinkommen stärker von der Familiengröße als von der oben im Bild gezeigten beruflichen Stellung abhängig ist[23]. Und die folgende Abbildung zeigt, daß Geschlecht, Alter und Nationalität einen ähnlich großen Einfluß auf die Wohnbedingungen in der Bevölkerung haben wir die berufliche Stellung (»Klassenlage«).

Determinanten der Wohnbedingungen

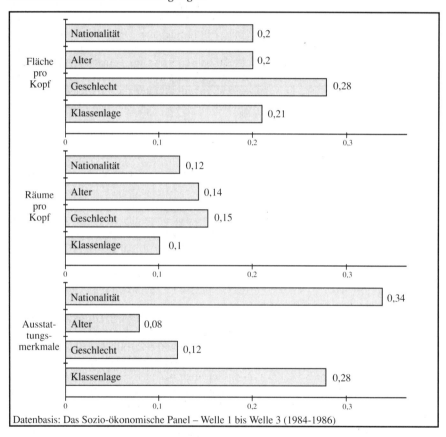

Datenbasis: Das Sozio-ökonomische Panel – Welle 1 bis Welle 3 (1984-1986)

Ausgewiesen werden drei Dimensionen der Wohnungsgüte, vier soziale Merkmale des Haushaltsvorstands und deren (statistische) Kraft der Beeinflussung der Wohnungsgüte bei Kontrolle der anderen Faktoren (beta; multivariate Korrelationskoeffizienten; multiple Klassifikationsanalyse). Quelle: H.-H. Noll/R. Habich, Individuelle Wohlfahrt – Vertikale Ungleichheit oder horizontale Disparität?, in: P. A. Berger/St. Hradil (Hrsg.), Lebenslagen, Lebensläufe, Lebensstile, Soziale Welt, Sonderband 7, Göttingen 1990.

---

23 H. Bertram, Sozialstruktur und Sozialisation. Zur mikroanalytischen Analyse von Chancenungleichheit, Darmstadt-Neuwied 1981.

Die nichtberuflichen oder nur indirekt über den Beruf vermittelten sogenannten »horizontalen Ungleichheiten« brennen den Menschen in den letzten Jahren mindestens ebenso auf den Nägeln wie Ungleichheiten zwischen beruflich Höher- und Niedrigergestellten. Mit der sozialen Ungleichheit zwischen Selbständigen, Angestellten und Arbeitern sind derzeit keine Wahlkämpfe zu gewinnen, wohl aber mit der Ungleichheit zwischen Männern und Frauen oder der zwischen Deutschen und Ausländern. Die »neue« Sensibilisierung für »horizontale« Ungleichheiten fand statt, obgleich manche unter ihnen, zum Beispiel geschlechtsspezifische, durchaus nicht »neu« oder verschärft sind. So hat sich die Ungleichheit zwischen Männern und Frauen in den letzten Jahrzehnten »objektiv« eher angeglichen, »subjektiv« ist sie spürbarer denn je. Offenbar wächst die Alltagsrelevanz vieler Benachteiligungen beim Bemühen ihrer Abschaffung. Auch diese Erkenntnis ist nicht neu. Schon 1831/32 fiel dies Alexis de Tocqueville auf seiner Reise im damals vergleichsweise demokratischen Amerika auf: Er bemerkte, »daß der Haß der Menschen gegen das Privileg« um so größer ist, »je seltener und unbedeutender die Privilegien werden«, daß »die Gleichheitsliebe zusammen mit der Gleichheit wächst; man nährt sie, indem man sie befriedigt«[24].

Drittens haben zusätzliche, meist berufsferne *Dimensionen* sozialer Ungleichheit erheblich an Bedeutung gewonnen: Zusammen mit Geld, Macht und Prestige gelten heute Ausmaß und Lage der Freizeit, soziale Sicherheit, Zugangschancen zu öffentlich bereitgestellter Infrastruktur, Wohn- und Wohnumfeldbedingungen, Arbeitsinhalte und Arbeitsbedingungen sowie Gesundheitsbedingungen und »Ungleichbehandlungen« als wichtige Aspekte sozialer Ungleichheit. Die meisten dieser »neuen« Dimensionen sozialer Ungleichheit existieren zwar ebenfalls seit langem. Aber sie werden heute immer weniger als selbstverständlich empfunden, und so ist das Spektrum von alltagsweltlich wahrgenommener Ungleichheit durch sie breiter geworden.

b) Industriegesellschaftliche Strukturen sozialer Ungleichheit schienen in einer schulisch und beruflich institutionalisierten Leistungsgesellschaft durch *Statuskonsistenz* geprägt. Das heißt, es deutete vieles darauf hin, daß Qualifikations- und Leistungsgrade mit entsprechenden Einkommens-, Ansehens- und Machtgraden einhergingen. Daher bot sich die Vorstellung eines rein *vertikalen Gesamtgefüges* des gesellschaftlichen Höher und Tiefer an. Wer hiernach in bezug auf sein Einkommen »oben« war, war zum Beispiel auch bezüglich seines Berufsprestiges »hochstehend«.

Eine Fülle von empirischen Befunden der letzten Zeit weist aber darauf hin, daß diese Vorstellung zu einfach ist. Statusinkonsistenzen – etwa viel Einkommen und wenig Bildung – finden sich heute[25] so häufig, daß nicht ein durchgängiges Oben und Unten, sondern unterschiedliche Konstellationen von Einkommenshöhe, Bildungsgrad und Prestigestufe typisch sind. Insbesondere die »Mittelschichten« zerfallen deutlich in eine bildungsdominierte und eine einkommensdominierte soziale Lage.

---

24 A. de Toqueville, Über die Demokratie in Amerika, Stuttgart 1962 (zuerst 1835), S. 64.
25 Manche Daten [H. Bertram/C. Dannenbeck, Zur Theorie und Empirie regionaler Disparitäten – Pluralisierung von Lebenslagen und Individualisierung der Lebensführung in der BRD, in: P. A. Berger/St. Hradil (Hrsg.) (Anm. 10)], sprechen dafür, daß dies auch in den sechziger und siebziger Jahren nicht viel anders war. Da Ungleichheitsstudien damals aber ganz überwiegend auf der Grundlage vertikaler Modelle durchgeführt wurden, sind entsprechende Nachweise im nachhinein selten zu führen.

Rein vertikale, auf der Annahme der Statuskonsistenz beruhende Vorstellungen vom Gefüge sozialer Ungleichheit sind erst recht unangebracht, wenn auch die »neuen«, das heißt die oben genannten, in letzter Zeit immer spürbarer gewordenen Ungleichheitsdimensionen – wie etwa Freizeitchancen und soziale Sicherheit – einbezogen werden. Unter Berücksichtigung dieser Aspekte leben die meisten Gesellschaftsmitglieder, insbesondere im Bereich der mittleren Schichten, unter Bedingungen der Statusinkonsistenz.

Das folgende Schaubild beruht auf einer eigenen Auswertung[26] von Daten des »Wohlfahrtssurveys 1988« und zeigt die Gleichzeitigkeit von Vorteilen und Nachteilen am Beispiel zweier »sozialer Lagen« in der Bundesrepublik. Als »soziale Lagen« wurden hierbei typische, relativ häufig auftretende (durch Clusteranalysen ermittelte) Kombinationen von ungleichen Lebensbedingungen innerhalb der Bevölkerung bezeichnet. Die beiden Lagen und die ihnen entsprechenden Gruppen sind aus insgesamt elf herausgegriffen, in die die Bevölkerung der Bundesrepublik eingeteilt wurde. Die beiden dargestellten Lagen sind besonders aufschlußreich. Denn sie sind im Hinblick auf die (in der Abbildung links notierten) berufsnahen Schichtungsdimensionen Einkommen, Bildung und Berufsprestige statuskonsistent und praktisch identisch. Man könnte sie in dieser Hinsicht als Teil der »Unterschicht« in eine Gruppe zusammenfassen. Der Blick auf (weiter rechts im Schaubild notierte) weitere Dimensionen sozialer Ungleichheit macht aber deutlich, daß die beiden Gruppen sich keinesfalls in gleicher Lage befinden. So unterscheidet sich die miserable Arbeitsplatzsicherheit der Sozialen Lage Nr. 03, die wir aufgrund ihrer Lebensbedingungen und ihrer hauptsächlichen sozialen Zusammensetzung »junge, beruflich ungesicherte, kleinstädtische Facharbeiter« genannt haben, drastisch von der befriedigenden Arbeitsplatzsicherheit der Sozialen Lage Nr. 10, den »isolierten Unterschichtfamilien in fester beruflicher Stellung«. Diese wiederum leben weitgehend isoliert, was für Lage Nr. 03 nicht zutrifft.

Die Gegenüberstellung dieser beiden typischen Soziallagen zeigt, daß Kombinationen von Vor- und Nachteilen »normal« sind – wobei sich diese keineswegs ausgleichen müssen: Vermutlich wiegt die bessere Integration von Lage Nr. 03 ihre Arbeitsplatzrisiken nicht auf. Die Gegenüberstellung zeigt auch, wie sehr Schichtmodelle täuschen können. Sie suggerieren Homogenität innerhalb sozialer Schichten, die – wie unser Beispiel zeigt – durchaus nicht immer besteht.

In den letzten beiden Jahrzehnten schälte sich in der Bundesrepublik – aber auch in anderen »fortgeschrittenen« Gesellschaften – immer mehr eine *neue Gesamtstruktur sozialer Ungleichheit* heraus. Kennzeichnend ist nicht mehr der Gegensatz zwischen einer großen verelendeten »Arbeiterklasse« und einer mächtigen, aber kleinen Bourgeoisie. Strukturtypisch ist auch nicht mehr der Abstand zwischen einer großen benachteiligten Arbeiter-Unterschicht und einer großen »Mittelschicht« von Angestellten, Beamten und »kleinen« Selbständigen. Strukturtypisch ist vielmehr das Gegenüber einer Mittelzone, die die große Bevölkerungsmehrheit umfaßt, relativ gutgestellt, aber in sich sehr differenziert ist, und von Problemgruppen, deren Lebensbedingungen jeweils unterschiedliche Anhäufungen von Nachteilen aufweisen. So zum Beispiel:

---

26 Durchgeführt zusammen mit Th. Riede und R. Berger-Schmitt, Sonderforschungsbereich 3 an der Universität Mannheim.

Soziale Lagen

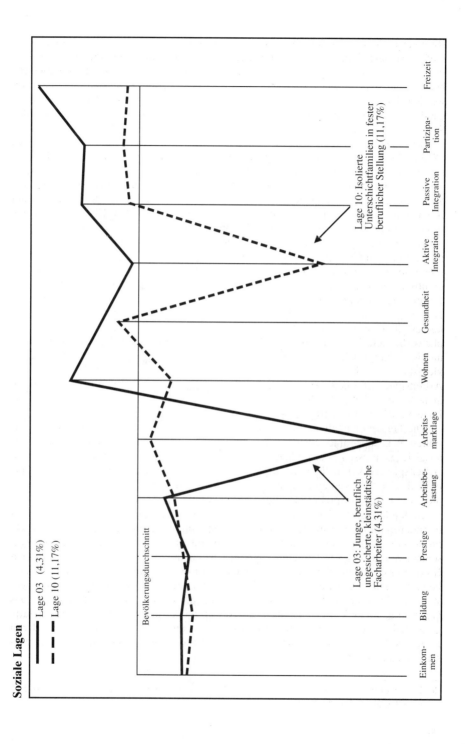

Lage 03 (4,31%)
Lage 10 (11,17%)

Bevölkerungsdurchschnitt

Einkom-men · Bildung · Prestige · Arbeitsbe-lastung · Arbeits-marktlage · Wohnen · Gesundheit · Aktive Integration · Passive Integration · Partizipa-tion · Freizeit

Lage 03: Junge, beruflich ungesicherte, kleinstädtische Facharbeiter (4,31%)

Lage 10: Isolierte Unterschichtfamilien in fester beruflicher Stellung (11,17%)

- Asylanten ohne Arbeitserlaubnis (allein im Jahre 1988 wurden 103 000 Asylbewerber und 7 621 Asylberechtigte registriert);
- »Gastarbeiter« und ihre Familien (die derzeit ungefähr 3 Millionen ausländischer Arbeitnehmer haben die deutsche Arbeiterschaft in nahezu jeder Hinsicht »unterschichtet«);
- Langzeitarbeitslose (1988 waren 665 000 Arbeitslose länger als ein Jahr ohne Stelle);
- Obdachlose (das heißt die Bewohner von städtischen Notunterkünften; derzeit fast 1 Million);
- Stadtstreicher (mehr als 100 000);
- Rentner mit Einkünften unterhalb des Sozialhilfeniveaus.

Nicht die »nivellierte Mittelstandsgesellschaft« hat sich ergeben, wie das Helmut Schelsky in der Nachkriegszeit prognostizierte, sondern die »pluraldifferenzierte und sozialstaatlich fundierte Wohlstandsgesellschaft«[27] – freilich mit benachteiligten Problemgruppen. Wenn man die Größenverhältnisse dieser Struktur sozialer Ungleichheit umreißen will, sollte man eher von einer »Vier-Fünftel-Gesellschaft« als von einer »Zwei-Drittel-Gesellschaft« sprechen. In mancher Hinsicht ist die Situation der Problemgruppen, trotz sozialstaatlicher Grundsicherung, sogar schlechter als die des Industrieproletriats in der zweiten Hälfte des 19. Jahrhunderts. Das Proletariat bestand aus vielen Menschen, die im großen und ganzen einen einheitlichen politischen Block darstellten, die im Produktionsprozeß wichtige Aufgaben erfüllten und so mit Leistungsverweigerung drohen konnten. »Alle Räder stehen still, wenn Dein starker Arm es will.« Die Problemgruppen sind insgesamt wesentlich kleiner und heterogener; sie stehen überwiegend außerhalb des Produktionsprozesses, sie haben keinen »starken Arm« und kaum Leistungsmacht.

---

27 K. M. Bolte, Strukturtypen sozialer Ungleichheit, in: P. A. Berger/St. Hradil (Hrsg.) (Anm. 10).

c) Die »typisch industriegesellschaftliche« Zentralität des ökonomischen Systems und der Berufsposition als Statuszuweisungsinstanz, eines darauf aufbauenden vertikalen Klassen- und Schichtungsgefüges sowie einer weitgehend materialistischen und utilitaristischen Alltagskultur schienen bis in die siebziger Jahre hinein eindeutig darauf hinzuwirken, daß Lebensformen und Denkweisen stark abhängig von der jeweiligen Position im Gefüge sozialer Klassen beziehungsweise Schichten waren. In zahlreichen empirischen Studien wurde diesem Zusammenhang nachgegangen – mit am bekanntesten wurden die Untersuchungen zu schichtspezifischen Sprachcodes und Erziehungsstilen –, und eine Fülle empirischer Befunde bestätigte die Erwartungen schichtspezifischer Lebensweisen. Demgegenüber weisen in den letzten Jahren immer mehr Befunde auf eine *Pluralisierung von Milieus, Subkulturen und Lebensstilen* hin. Hierbei wird mit dem Begriff »*Milieu*« hauptsächlich die unterschiedliche *Umwelt* (regionale, lokale, berufliche und so weiter) sowie deren jeweilige *Wahrnehmung und Nutzung* durch gesellschaftliche Gruppen bezeichnet; mit dem Begriff »*Subkultur*« wird vor allem auf unterschiedliche *Werthaltungen und Zielsetzungen* von Gruppen Bezug genommen; der Begriff »*Lebensstil*« schließlich konzentriert sich auf die unterschiedlichen Muster nicht völlig von äußeren Umständen erzwungener *Lebensführung und Lebensplanung*.

Seit einigen Jahren hat die empirische Milieu-, Subkultur- und Lebensstilforschung in der Bundesrepublik einen enormen Aufschwung genommen[28]. Dadurch ist immer besser nachweisbar, daß Lebensformen weithin nicht klassen- und schichtspezifischen Mustern entsprechen, sondern im Vergleich zu diesen mindestens in dreifacher Hinsicht Pluralisierungen aufweisen[29]. Das Gesamtspektrum von Lebensformen ist erstens wesentlich breiter, zweitens erheblich vielgestaltiger und drittens viel unabhängiger von äußeren Lebensbedingungen – darunter vor allem von schichtspezifischen, das heißt von Bildungsgraden, Einkommensverhältnissen und Berufsprestigeabstufungen –, als dies zuvor oft angenommen wurde.

Die *Verbreiterung* des sozio-kulturellen Spektrums zeigt sich unter anderem in Gestalt der »neuen sozialen Bewegungen«, vor allem der Friedens-, Frauen-, Ökologie- und Alternativbewegung[30], im Aufkommen »postmaterialistischer«, auf Selbstverwirklichung und Kommunikation zielender Werthaltungen[31] und in neuen, vor allem großstädtischen Lebensstilen[32].

---

28 Vgl. als Übersicht über Methoden und Befunde St. Hradil, Milieus, Subkulturen, Lebensstile – Alte Begriffe und neue Strukturen, in: L. Vaskovics, Subkulturen und Subkulturkonzepte, Opladen 1990.

29 Hierbei ist mangels früherer Milieu- und Lebensstilstudien schwierig zu klären, wie weit sozio-kulturelle Pluralisierung eine reale gesellschaftliche Veränderung darstellt und inwieweit sie sich der veränderten Aufmerksamkeit von Soziologen verdankt, die mehr Aufmerksamkeit auf plurale Strukturen des Denkens und Handelns verwenden – und weniger auf schichtspezifische – und somit »pluralistischere« Resultate erhalten als noch vor zwei Jahrzehnten.

30 R. Roth/D. Rucht (Hrsg.), Neue soziale Bewegungen in der Bundesrepublik Deutschland, Bonn 1987.

31 H. Klages, Sozialpsychologie der Wohlfahrtsgesellschaft, Frankfurt/M. 1987.

32 H. Berking/S. Neckel, Die Politik der Lebensstile. Zu einigen Formen nachtraditionaler Vergemeinschaftung in einem Berliner Bezirk, in: P. A. Berger/St. Hradil (Hrsg.) (Anm. 10).

Die *innere Differenzierung* des sozio-kulturellen Spektrums wird beispielsweise deutlich an der Vielzahl von gesellschaftlich typischen Werthaltungen und Wertekombinationen zwischen den Polen des Materialismus und des Postmaterialismus[33]. Oder sie zeigt sich in den – je nach Erkenntniszweck und -perspektive anders verlaufenden – soziologischen Unterscheidungen von gesamtgesellschaftlichen »Milieus«[34] und Lebensstilen in der allgemeinen Sozialstrukturanalyse[35] sowie in der politischen[36], Konsum-[37] und Freizeitsoziologie[38]. Die Ausdifferenzierung von Lebensformen ist schließlich in der bunten Fülle großstädtischer Lebensstile und ihrer Mischungen unübersehbar, die auch entsprechend bunte und kollagenhafte Bezeichnungen zur Folge haben, so etwa »Grumpies« (grown-up matured people), »Negos« (nette Egozentriker), »Iltis« (Ikea-liberale-tolerante Individualisten), »Punks«[39]. Die Ergebnisse einer Untersuchung in Berlin-Schöneberg machen das besonders anschaulich:

»Homosexuelle Subkultur«, »das gutbürgerliche Schöneberg«, »die Drogenszene«, »die Punks«, »die erste New-Wave-Generation«, »die links-alternative Szene«, »die Alternativszene«, »die sogenannten neuen Mittelschichten«, »Altlinke«, »die intellektuelle Szene, die Aufstandskultur, der ästhetische Flügel der no-future-

---

33 Vgl. W. Herbert, Wertwandel in den 80er Jahren: Entwicklung eines neuen Wertmusters?, in: H. O. Luthe/H. Meulemann (Hrsg.), Wertwandel. Faktum oder Fiktion?, Frankfurt/M. 1988, S. 140–160. Herbert unterscheidet acht Bevölkerungsgruppen mit typischerweise unterschiedlichen Werthaltungen: die Konservativen (13 %), die konservativen Hedonisten (11 %), die integrierten Staatsbürger (10 %), die Pluralisten (20 %), die Resignierten (10,5 %), die hedonistischen Materialisten (6,5 %), die progressiven Idealisten (13 %) und die Anhänger des New Age (11 %).

34 So ermittelte das SINUS-Institut: konservativ gehobenes Milieu (9 %), kleinbürgerliches Milieu (26 %), traditionales Arbeitermilieu (9 %), traditionsloses Arbeitermilieu (10 %), aufstiegsorientiertes Milieu (24 %), technokratisch-liberales Milieu (10 %), hedonistisches Milieu (10 %) und alternatives Milieu (3 %) (vgl. St. Hradil, Anm. 8 und Anm. 28). In der oben angegebenen Sekundäranalyse der Daten des Wohlfahrtssurveys 1988 haben wir ebenfalls acht Milieus unterschieden.

35 Vgl. St. Hradil (Anm. 8) und W. Zapf (Anm. 1).

36 Vgl. P. Gluchowski, Lebensstile und Wandel der Wählerschaft in der Bundesrepublik Deutschland, in: Aus Politik und Zeitgeschichte, B 12/1987, S. 18–32. Gluchowski unterscheidet dort den aufstiegsorientierten jüngeren Menschen (10 %), den postmateriell-linksalternativ eingestellten jüngeren Menschen (5 %), den linksliberal integrierten Postmaterialisten (10 %), den unauffälligen, eher passiven Arbeitnehmer (13 %), den pflichtorientierten, konventionsbestimmten Arbeitnehmer (11 %), den aufgeschlossenen und anpassungsfähigen Normalbürger (25 %), den gehobenen Konservativen (11 %), den integrierten älteren Menschen (11 %) und den isolierten älteren Menschen (4 %).

37 Zusammenfassend St. Hradil (Anm. 28).

38 Vgl. H. Lüdtke, Lebensstile als Dimension handlungsproduzierter Ungleichheit, in: P. A. Berger/St. Hradil (Hrsg.) (Anm. 10). Lüdtke unterscheidet mit Blick auf die Freizeit fünfzehn Lebensstile. P. Gluchowski differenziert in einer neueren Arbeit (Freizeit und Lebensstile, Erkrath 1988) sieben Freizeit-Lebensstile: Den etablierten beruflich Erfolgreichen (12 %), den zurückgezogenen älteren Menschen (10 %), den normorientierten Durchschnittsbürger (15 %), den passiven anpassungsfähigen Arbeitnehmer (16 %), den intrinsisch motivierten engagierten Jüngeren (15 %), den häuslichen familienzentrierten Menschen (16 %) und den jungen freizeitorientierten Konsumenten (17 %).

39 T. S. Pfeiffer, Lebensstile, Mobilität und die Gestaltung von Stadträumen, in: V. Hauff (Hrsg.), Stadt und Lebensstil, Weinheim-Basel 1988, S. 105–133, hier: S. 105.

Generation«, »Söhne und Töchter des exekutiven Kleinbürgertums, die hier Gelegenheit hatten, den Bruch mit ihrem Herkunftsmilieu zu leben und zu zelebrieren«, »existentiell radikalisierte Spätjugendliche«, »die Nischen der Kulturszene«, »der Lebensstil des neu-existentialistischen Post-Punk«, »das Bewegungsmilieu«, »die Widerstandskultur«, »der aufgestylte Schicki-Micki aus dem City-Bereich«, »das proletarische Milieu«, die jüngeren, an Lebensstilen orientierten Gruppen« und so weiter[40]. Von einer relativen Einheitlichkeit der Denk- und Verhaltensweisen ganzer Klassen und Schichten kann also keine Rede sein.

Wohl die wichtigsten Befunde zur Pluralisierung von Lebensformen betreffen die *Entkoppelung* »innerer« Lebensformen und »äußerer« Lebensbedingungen. Zwar haben unter den äußeren Lebensbedingungen insbesondere der Bildungsgrad, das Alter und die Familienverhältnisse noch Einfluß auf Denkweisen und Lebensform[41]. Aber diese Determinanten sind schwach ausgeprägt. Selbst Menschen mit gleichem Bildungsgrad, Familienstand und Alter haben eine große Breite von Lebensstilen und Milieuzugehörigkeiten zur Wahl. Besonders deutlich hebt dies Hartmut Lüdtke als Ergebnis seiner Lebensstil-Studien hervor[42]. Er stellt fest, daß die Wahl des Lebensstils keine Frage von Geschlecht, Alter, Haushaltsstruktur, Ressourcenausstattung und Statusinkonsistenz ist und kommt zum Schluß: »Für den Gesamtzusammenhang der Lebensstile läßt sich resümieren: Wir haben keinen Anlaß, die theoretische Vorstellung aufzugeben, daß die Performanzmuster vornehmlich Ergebnisse der Verfolgung individueller oder haushaltsspezifischer Präferenzen sind.«[43]

Befunde zur Pluralisierung von Milieus, Subkulturen und Lebensstilen, also von Lebensweisen ganz allgemein, haben enorme Bedeutung für die gesellschaftliche Praxis. Erziehungsstile, Konsumverhalten, Wahlentscheidungen, Formen und Richtungen politischer Partizipation, selbst Rechtsbewußtsein und Gesetzesakzeptanz[44] sind zu wesentlichen Teilen geprägt von der »subjektiven« Lebensform und nicht so sehr – wie bis in die siebziger Jahre hinein vermutet – von »objektiven« Einkommensverhältnissen, Bildungsgraden, Berufsprestigestufen oder anderen äußeren Lebensbedingungen. Dies ist auch ganz verständlich, wenn man bedenkt, daß die historisch außergewöhnliche Vermehrung von Ressourcen, Bildung und sozialer Sicherheit seit dem Zweiten Weltkrieg – zumal in einer »modernen« Gesellschaft, deren Normen dahin wirken, daß individuelle Autonomie möglichst wenig eingeschränkt werden soll – für viele Menschen immer mehr Freiheitsgrade der Lebensgestaltung mit sich gebracht hat.

Die Pluralisierung von Lebensformen und Gruppenzugehörigkeiten hat aber nicht zuletzt auch Auswirkungen auf das Gefüge sozialer Ungleichheit. Wenn Menschen in gleicher äußerer Lage oft sehr unterschiedliche Ziele (Subkultur), Umweltinterpretationen (Milieu) und Alltagsroutinen (Lebensstile) haben, werden sie ihre Lebensumstände sehr unterschiedlich einschätzen und gewichten. Für einen Angehörigen

40 H. Berking/S. Neckel (Anm. 32).
41 P. Gluchowski (Anm. 38), S. 89 ff.
42 H. Lüdtke, Expressive Ungleichheit, Opladen 1989; ders. (Anm. 38).
43 H. Lüdtke, Expressive Ungleichheit, a.a.O., S. 124.
44 Im Auftrag des Bundesministers der Justiz geht der Verfasser zusammen mit D. Lucke, Universität Bonn, der Ausdifferenzierung von Rechtsbewußtsein und Gesetzesakzeptanz in der Bevölkerung der Bundesrepublik im Rahmen eines empirischen Forschungsprojektes nach.

des »aufstiegsorientierten« und des »alternativen« Milieus bedeuten dreitausend Mark Monatseinkommen nicht das gleiche. Damit entfällt viel von der Alltagsrelevanz, die den Strukturen sozialer Klassen und Schichten einstmals zugedacht war.

4. Die Antwort: Von der instrumentellen zur reflexiven und dialektischen Modernisierung

Blickt man auf die eben zusammengetragenen Befunde zum sozialstrukturellen Wandel in der Bundesrepublik und stellt sich die Frage nach deren Reichweite insgesamt, so wird man unterscheiden müssen. Während bestimmte Aspekte – zum Beispiel die Einkommensverteilung sowie die Bildungschancen der Kinder der großen Berufsgruppen – nur geringe Veränderungen zeigen oder – wie die Bildungsexpansion und die enorme Wohlstandsmehrung – Entwicklungen darstellen, die durchaus im Einklang mit den Charakteristika von Industriegesellschaften stehen, so gehen andere Wandlungstendenzen – etwa auf dem Gebiet der Arbeitszeitflexibilisierungen und der neuen Haushaltsformen, besonders aber der Lebensstile – sehr weit und lassen sich mit den herkömmlichen Grundmustern von Industriegesellschaften kaum noch vereinbaren.

Diese weitreichenden, die Bezeichnung »Umbruch« verdienenden Veränderungen haben eines gemeinsam: Sie konzentrieren sich in »*Lebenswelten*« von Menschen, sie finden sich vor allem dort, wo Veränderungen *im unmittelbaren Handlungs- und Einwirkungsbereich von Gesellschaftsmitgliedern* liegen. Dies zeigt sich nicht nur im Wegschmelzen genuin industriegesellschaftlicher Lebensformen – Proletariat, Angestelltenmentalität –, im Aufkommen neuer Milieus und Lebensstile und im Erproben unkonventioneller Formen des Zusammenlebens. Die weitreichenden Veränderungen werden zum Beispiel auch im immer stärkeren Streben nach individueller, der jeweiligen biographischen Phase und den jeweiligen Bedürfnissen angepaßten Gestaltung von Arbeitszeiten, Arbeitsformen und -inhalten deutlich. Der soziostrukturelle Umbruch zeigt sich auch in der veränderten, milieu- und lebensstilspezifisch unterschiedlichen Bewertung von »objektiven« Lebensbedingungen.

Legt man nun neben dem Konzept der Industriegesellschaft auch die zweite »Meßlatte«, das Konzept der Modernität, an diese Umbrüche an (vgl. Abschnitt 2 des vorliegenden Beitrags), so wird man finden, daß weitaus die meisten der Einbrüche in die Grundmuster der Industriegesellschaft, die meisten Ent-Standardisierungen, De-Synchronisierungen, Ent-Spezialisierungen, De-Institutionalisierungen und postmaterialistischen Veränderungen *innerhalb der oben skizzierten Leitlinien der Modernität bleiben.* Auch die neuen Werte, Lebensstile und sozialen Milieus, die Flexibilisierung der Arbeitszeiten, die informellen Erwerbstätigkeiten, die neuen sozialen Bewegungen und die vielgestaltigen Familien- und Haushaltsformen entsprechen durchweg den Maßstäben der Individualität, des Fortschrittsdenkens, der Säkularisierung, der Rationalität. Sie sind modern.

Es lassen sich aber auch, allerdings für die groben Raster der Sozialstrukturanalyse nur schwer erkennbar, Wandlungstendenzen finden, die qualitativ über die Moderne hinausweisen, wenn sie auch quantitativ so geringe Bedeutung haben, daß der Begriff Umbruch kaum am Platze erscheint. Die »Postmoderne« – verstanden zum einen als ein Bündel von Tendenzen, die inhaltlich im Widerspruch zu den geistigen Grundsätzen der Moderne, zu Individualität, Rationalität, Aktivismus oder Fortschrittsoptimismus stehen, zum andern verstanden als eine Reihe von in sich heterogenen, eklektische Bruchstücke aus verschiedensten Epochen und Richtungen aufnehmenden Entwicklungen – findet sich nicht mehr nur in Sphären der Architektur und Hochkultur. Sie hat auch durchaus gesellschaftliche Verbreitung gefunden, wenn auch nur als schmaler Ausschnitt des sozio-kulturellen Spektrums: als intellektueller Diskurs, in Gestalt der »Patchworks« großstädtischer Lebensstile und als Fortschrittskritik von Teilen der Alternativbewegung.

Sowohl die Leitlinien der Moderne als auch die Charakteristika der Industriegesellschaft stellen keinesfalls nur Fakten, sondern immer auch ein *»Programm«* dar. Diese Normativität vor allem drängt zur weiteren Realisierung und Konkretisierung. So fand die geistige Normativität modernen Denkens ihren Niederschlag in der politischen Normativität der Aufklärung und in der institutionellen Normativität der Industriegesellschaft. Zu den Triebkräften, die jene Programmatiken zu realisieren suchen, zählen unter anderem Wissenschaft, Technik, organisierte politische Interessen sowie das massenhafte Handeln vieler einzelner: bei der Bildung von Partnerschaften, auf dem Arbeitsmarkt und so weiter. Die in Abschnitt 3 dargestellten Befunde zeigen, daß die bemerkenswertesten neueren Veränderungen der Sozialstruktur unmittelbar vom Handeln der einzelnen und nicht von institutionalisierter Politik oder von neuen Technologien ausgehen. Diese Feststellung leugnet keineswegs die enormen gesellschaftlichen Veränderungen, die Wissenschaft, neue Technologien und politische Maßnahmen auch in jüngster Zeit mit sich gebracht haben. Nur machten sich diese bislang auf dem Gebiet der Sozialstruktur eher mittelbar bemerkbar. Auf anderen Sektoren, etwa dem Gebiet internationaler Kommunikation, im Hinblick auf Umwelt und Risikoeinschätzungen durch die Bevölkerung, hatten sie dagegen sehr wohl unmittelbar spürbare Auswirkungen.

Will man den Ursachen für die neueren – partiellen – Umbrüche der Sozialstruktur nachgehen, wird man also an den Beweggründen ansetzen müssen, die viele Gesellschaftsmitglieder zur Veränderung ihrer Mitwelt veranlaßt haben. Der folgende Erklärungsvorschlag geht davon aus, daß Programmatik und Ausgestaltung von Industriegesellschaften in erster Linie darauf abzielten, erst einmal Ressourcen und die materiellen Voraussetzungen zu schaffen, die es möglich machen sollten, Grundwerten und Leitlinien der Moderne überhaupt gerecht werden zu können. Wohlstand, Bildung und soziale Sicherheit sollten die Voraussetzungen für Fortschritt, Vernunft, individuelle Autonomie und persönliches Wohlergehen schaffen. Man könnte diese Zielsetzung *instrumentelle Modernisierung* nennen. Ihr zuliebe wurde eine relativ restriktive Funktionalisierung von Menschen und gesellschaftlichen Einrichtungen betrieben: spezialisierte Arbeitstätigkeiten, standardisierte Familien-, Biographie- und Erwerbsverhältnisse, materialistische und utilitaristische Motivationen und so weiter.

Mit dem Erfolg dieser Modernisierungsstrategie, mit Wohlstand, Bildungsexpansion, sozialer Sicherheit und Optionsmehrung für die meisten Gesellschaftsmitglieder wurden die Versagungen industriegesellschaftlicher Existenz, die geschlechtsspezifische Rollenteilung, die »Normalfamilie«, die Arbeitszerlegung oder die Fixierung auf berufliche Gratifikationen immer weniger einsichtig. Zudem wurden die Schattenseiten der bloßen Vermehrung von Mitteln und Freiheitsgraden immer deutlicher:

Die Ressourcen und Optionen der vielen wurden in Verkehrsstaus und Umweltschäden nur zu offensichtlich entwertet oder mindestens in Frage gestellt[45].

So war es zwangsläufig, daß in bestimmten Gesellschaftssektoren von der instrumentellen zur *reflexiven Modernisierung* übergegangen wurde[46]. Man bedachte im Alltag, in der Wissenschaft und in der Politik (etwa der Sozialpolitik) die Folgewirkungen weiterer Vermehrungen von Mitteln und nahm Abwägungen zwischen Aufwand und Ertrag vor. Sozialstrukturell relevant wurde in erster Linie die Suche vieler einzelner nach neuen, weniger restriktiven und weniger instrumentellen Lebens- und Arbeitsformen und nach neuen Bewertungen von Lebensbedingungen und Gratifikationen. Dieser Charakter von Suchbewegungen macht es auch erklärlich, daß bislang nur wenig Neustrukturierung und keine »postindustrielle Sozialstruktur« erkennbar ist. Es sind mehr oder minder weitreichende Auffächerungen und Veränderungen, aber nur begrenzte Neuformierungen sichtbar.

Waren es die *Erfolge* in Verbindung mit dem sinkenden Grenznutzen des oft beschwerlichen industriegesellschaftlichen Wegs zu den Zielen der Moderne, die viele Menschen nach anderen gesellschaftlichen Wegen der Modernisierung – zum Beispiel außerhalb der Ehe – suchen ließen, so dürften es in erster Linie *Mißerfolge* industriegesellschaftlicher Modernisierung gewesen sein – etwa menschheitsgefährdende Bedrohungen durch Rüstung, Kernkraft und Gentechnologie oder die ersatzlose Vernichtung von vormodernen Kultur- und Wertbeständen –, welche an bestimmten Stellen zu viel weiterreichenden Reflexionen geführt haben: Sie laufen auf Zweifel an den Zielen der *Moderne* selbst hinaus[47]. Esoterik, neue Formen der Religiösität, neuer Nationalismus, Ganzheitlichkeit, Lebensstil-Eklektizismus, erkenntnistheoretischer und moralischer Relativismus haben bei allen Unterschieden gemeinsam, daß sie den Leitlinien der Modernität nicht entsprechen. Sie sind nicht zweckrational, fortschrittsoptimistisch, säkularistisch und so weiter. Sie stellen – zynisch relativierend oder hoffend auf die Vielfalt von Handlungsrationalitäten[48] – Gegenbewegungen und Suchbewegungen jenseits der Modernität dar. Solche Absetzbewegungen sind nicht neu. Sie traten, unter anderem in Gestalt von Zivilisations- und Kulturkritik, immer wieder auf. Sie haben jedoch den Prozeß gesellschaftlicher Modernisierung nie ernstlich gefährdet. Sie haben ihn – trotz mancher Fluchttendenzen und rückwärtsgewandter Perspektiven – letzten Endes eher gefördert. Was auch immer ihre Absichten waren, die Funktion dieser Bewegungen war es, vor Hypostasierungen zu warnen (zum Beispiel gegen überzogene Zweckrationalität »Werte« einzuklagen), gefährliche Entwicklungen zu korrigieren (etwa im Bereich der Pädagogik), Alternativen zu eingefahrenen Wegen gesellschaftlicher Modernisierung zu zeigen (so tauchen heute nicht wenige Vertreter der Alternativbewegung in Seminaren zur Wirtschaftsethik auf). Insgesamt kennzeichnen so die Kritik und die Zweifel

45 C. Offe, Die Utopie der Null-Option. Modernität und Modernisierung als politische Güterkriterien, in: J. Berger (Hrsg.) (Anm. 4), S. 97–118; F. Hirsch, Die sozialen Grenzen des Wachstums. Eine ökonomische Analyse der Wachstumskrise, Reinbek 1980.
46 Vgl. U. Beck, Risikogesellschaft (Anm. 6), S. 259 ff.
47 Vgl. ausführlicher dazu St. Hradil, Vom Mangel an Mitteln zum Zweifel an den Zielen, in: K. Mayer/B. Scheuringer (Hrsg.), Wertbindung und Zweckrationalität im Übergang zur Postmoderne, Festschrift für Friedrich Fürstenberg, Opladen 1990.
48 W. Welsch, Unsere postmoderne Moderne, Weinheim 1987.

an der Moderne, das Suchen und das Sammeln jenseit der Modernität Gegenbewegungen, die für den Modernisierungsprozeß oft nützlich, vielleicht sogar notwendig waren. Sie markieren eine *Dialektik der Modernisierung.*

Im Unterschied zu früheren Gegenbewegungen, etwa der Romantik und der Jugendbewegung, bleibt die heutige »Postmoderne« bislang weitgehend innerhalb enger Zirkel intellektuellen Räsonnements und elitärer Lebensformen. So ist heute noch weniger als anläßlich früherer Bewegungen damit zu rechnen, daß die »Postmoderne« das Ende der Modernisierung mit sich bringt. Der Begriff *»Post«*-Moderne führt insoweit in die Irre. Ob die »Postmoderne« aus diesen Grenzbereichen diffundieren und sozialstrukturell mehr als eine Randerscheinung sein wird, steht dahin. Mag man die »modernen« individuellen Auflockerungen industriegesellschaftlicher Normallösungen als »Umbruch« bezeichnen, die »Postmoderne« kaum.

MICHAEL OPIELKA

Der Wandel im Verhältnis der Geschlechter

*»Die Frau trägt ja ohnehin die schwerste Bürde durch die
Schwangerschaft und Stillung auf sich, und so dürfte doch
der Mann wenigstens alle übrigen Arbeiten auf sich nehmen,
in dem Maße, als sie sein sonstiges Werk nicht stören. So
wäre es auch zweifellos in der Welt, wenn nicht die barbari-
sche Sitte, die ganze Schwere der Arbeit dem Schwachen und
Unterdrückten aufzuerlegen, solche tiefe Wurzeln in unserer
Gesellschaft gefaßt hätte. Diese Sitte beherrscht so sehr
unsere Gewohnheiten, daß der freidenkendste und ritterlich-
ste Mann bereit ist, für das Recht der Frau, Professorin oder
Geistliche zu sein, zu kämpfen oder das von der Frau
hingefallene Taschentuch unter Lebensgefahr aufzuheben,
ohne daß ihnen jemals in den Sinn kommt, die Windel ihres
gemeinschaftlichen Kindes auszuwaschen oder dem Sohne
Hosen zu nähen, wenn die Frau schwanger ist, stillt, oder
überhaupt müde ist, oder etwas lesen und nachdenken will.«*

Graf Leo Tolstoi, 1901[1]

1. Vom Patriarchat zur Partnerschaft?

Der vorliegende Beitrag konzentriert sich auf den Wandel des Geschlechterverhältnisses im Übergang der gegenwärtigen Gesellschaft von einer Industriegesellschaft
hin zu einer »postindustriellen« Gesellschaft – oder wie immer die neu heraufkom-
mende Gesellschaftsformation angemessen zu bezeichnen sein wird. Betrachten wir
das Geschlechterverhältnis als die für die Reproduktion aller (bisherigen) Gesellschaften unverzichtbare Form der Gemeinschaftsbildung, so stellt sich gleichzeitig die
Frage nach der Möglichkeit von Gemeinschaft in der »postindustriellen« Gesell-

---

1 L. Tolstoi, Die sexuelle Frage, Berlin 1901, S. 99.

schaft, die – so die sozialwissenschaftliche Zeitdiagnose – durch »Individualisierung« gekennzeichnet ist[2].

Auf der Grundlage empirischer Trends wird untersucht, was sich im Verhältnis der Geschlechter verändert hat. Die These dieses Beitrages ist: Noch nie in der Geschichte waren die Chancen für eine partnerschaftliche Gemeinschaft der Geschlechter so gut, aber auch: »Partnerschaft« setzt entfaltete Individualität der Partner voraus. Wo diese fehlt und auch nicht als Prozeß initiiert ist, bleibt das Geschlechterverhältnis prekärer denn je, dominieren instabile Familien und Beziehungen[3].

Ist »Partnerschaft« zwischen den Geschlechtern möglich? Zumindest ist die Behauptung ihrer Möglichkeit eine These, die sich von zwei antagonistischen Konzepten abgrenzt: von (a) der Vision einer eingeschlechtlichen und insoweit geschlechtslosen Zukunft (weil das »Geschlecht« nur durch die Unterscheidung wird), die in die *Assimilation* bislang weiblicher und männlicher Kulturen und Politiken führt. Alle sind gleich, alles ist gleich. Eine Gleichheit, die Elisabeth Badinter fürchtet: »Die Leidenschaft ist dabei auszusterben, ebenso wie der sinnliche Rausch.«[4] Die Idee der »Partnerschaft« grenzt sich (b) zum anderen von der Vision einer explizit zweigeschlechtlichen Kultur ab, die – letztlich biologistisch begründet – die *Differenz* zwischen den Geschlechtern hegt und bestenfalls versucht, durch komplexe politische Maßnahmen Rechtsgleichheit herzustellen. Das Problem einer Perspektive der »Assimilation« liegt in der einseitigen Angleichung der Geschlechterrolle der Frau an das bislang dominierende männliche Normalitätsmodell. Der »Differenz«-Ansatz wiederum versucht, eine weibliche Identität zu bewahren und sie, insoweit sie kulturell und weltanschaulich nicht mehr oder noch nicht institutionalisiert ist, separiert von der »Männer-Kultur« zu konstruieren – ohne gewahr zu werden, daß die Menschheitsentwicklung auf das Allgemein-Menschliche hinzielt. Beide Konzepte bestimmen bislang konflikthaft wesentliche Stränge der Diskussion und Politik des Geschlechterverhältnisses innerhalb und außerhalb der feministischen Bewegung. Während der »Assimilations«-Ansatz vor allem wirtschaftliche und politische Gleichheit zwischen Männern und Frauen fordert[5], konzentriert sich die »Differenz«-Perspektive auf die kulturell-weltanschauliche Ebene[6]. Beide Ansätze müssen sich deshalb nicht ausschließen. Eine wirkliche Begegnung von Frauen und Männern erfordert freilich mehr als nur die Addition von Gleichheit und Differenz.

In den folgenden Überlegungen soll (c) für diese neue Perspektive der Begriff der »*Partnerschaft*« verwendet werden. Er beinhaltet die Verwirklichung der bürgerlichen Rechtsgleichheit – und er deutet ein umfassenderes, ganzheitliches Programm

2 Vgl. aktuell: U. Beck, Risikogesellschaft. Auf dem Weg in eine andere Moderne, Frankfurt/ M. 1986.

3 So die Befürchtung von I. Ostner, Nach der Familie, in: D. Geulen (Hrsg.), Kindheit. Neue Realitäten und Aspekte, Weinheim – Basel 1989, S. 43–67.

4 E. Badinter, Ich bin Du, München 1987.

5 Vgl. R. Lautmann, Die Gleichheit der Geschlechter und die Wirklichkeit des Rechts, Opladen 1989, Kap. 1–3.

6 Die theoretischen Grundlagen des »Differenz«-Ansatzes sind zum Teil soziobiologistische Argumente; seine erneute Aktualität verdankt er vor allem Theoretikerinnen wie Lucy Irigaray (Anm. 41), die vom französischen Post-Strukturalismus beeinflußt sind (J. Lacan, J.-F. Lyotard).

einer »gerechteren« sozialen und symbolischen Ordnung zwischen Mann und Frau an. »Partnerschaft« wäre ein pragmatisches und anspruchsvolles Konzept zugleich. Es berücksichtigt die kulturellen, sozialen, rechtlichen und politischen Aspekte des Geschlechterverhältnisses, in denen die Geschichtlichkeit des Biologischen zum Ausdruck kommt. Biologische Verschiedenheit wird dabei in einem Kontinuum körperlich-sexueller, seelischer und geistiger Gemeinsamkeiten der Geschlechter loslösbar von allen Vorstellungen »naturhafter« Geschlechtsrollenhierarchien. Das Konzept der »Partnerschaft« wendet sich daher vor allem gegen eine Rechtfertigung gesellschaftlicher Ungleichheiten aus der biologischen Geschlechterdifferenz (Patriarchat) und beschränkt sich nicht nur auf die politisch-rechtliche Dimension des sich wandelnden Geschlechterverhältnisses. So können in gleicher Weise die ökonomischen Grundlagen der Geschlechterbeziehungen, ihre politischen Formen, der sozio-kulturelle »Kampf der Geschlechter« sowie die weltanschaulichen Deutungen des Geschlechterverhältnisses – die Möglichkeiten der Integration männlicher und weiblicher Sinn-Bilder, nicht zuletzt auch innerhalb religiöser Systeme – als Dimensionen eines sich wandelnden Geschlechterverhältnisses in den Blick genommen werden[7].

Bevor die empirisch beobachtbaren Veränderungen in den Blick genommen werden[8], die ihren vielfältigen gesellschaftlichen Niederschlag gefunden haben – in Erwerbsbeteiligung und Bildungsverhalten, beruflicher Arbeitsteilung, Konfliktbereitschaft, gewandeltem Gebärverhalten und anderem mehr –, soll das Verhältnis von biologischer Verschiedenheit und sozialer Ungleichheit innerhalb eines problematischen »Natur-Kultur«-Dualismus im Nachdenken über das Geschlechterverhältnis angesprochen werden.

2. Individueller und sozialer Wandel im Geschlechterverhältnis

2.1 Partnerschaft ohne Körperdualität?

Ohne die Andersheit des anderen Geschlechtes sind Sexualität, Fortpflanzung, die Natur des Geschlechtlichen nicht denkbar. Dies spricht nicht gegen Homosexualität oder Selbstbefriedigung. Beides überschreitet die Naturbindung des Geschlechtlichen – und geht damit die Risiken alles Gewollten ein. Das »Natürliche« am Geschlechter-

---

7 Die hier angesprochenen Dimensionen des Geschlechterverhältnisses behandele ich aus einer sozialökologischen Perspektive. Sie geht zurück insbesondere auf die – im Anschluß an G. W. F. Hegel, T. Parsons und andere – vom Sozialphilosophen Johannes Heinrichs entwickelte »Reflexions-Systemtheorie«, vgl. vor allem ders., Reflexion als soziales System, Bonn 1976; vgl. auch M. Opielka, Die Idee der »Partnerschaft zwischen den Geschlechtern« in der Geschlechterforschung, ISÖ-WP 3/88 (Institut für Sozialökologie), Hennef (gekürzt in: Aus Politik und Zeitgeschichte, B 42/1988, S. 43–54), sowie zu den sozialtheoretischen Grundlagen ders., Einige Grundfragen sozialökologischer Theorie und Politik, in: Sociologia Internationalis (1990) 1, und in: Deutsche Zeitschrift für Philosophie, (1990) 8 und 9, Berlin/ DDR.

8 Vgl. dazu auch H. Stalb/M. Opielka, Alternativen zur Familie?, in: Sozial Extra, 6, 1986, S. 16–29.

verhältnis, die körperliche Sehnsucht nach Lustbefriedigung und schließlich nach Fortpflanzung, lebt von der Existenz des Anderen, des Gegenüber, dem Sich-Einfinden, dem Aufnehmen des Anderen. Die körperliche Partnerschaft ist die Grundlage, und als solche nur ein Problem, wo sie nicht ist, wo kein Partner, keine Partnerin gefunden wurde. Auf sie verzichten, sie überwinden wollen nur wenige, Eremiten, Misanthropen, Buddhas. Selbst wer mit dem eigenen Geschlecht genüge hat, sucht sich das Weibliche im anderen Mann, das Männliche in der geliebten Frau. Wer Mann und Frau für »natürlich« ungleich, gar unterschiedlich wertvoll hält, wird allerdings – ob persönlich, wissenschaftlich oder politisch – eine andere Perspektive einnehmen als derjenige, der selbst die biologischen Unterschiede für unwesentlich erachtet.

2.1.1 Zum Natur-Kultur-Dualismus in der Theorie der Geschlechter

Vorbehaltlich möglicher (gen-)technischer Manipulationen ist nur das Gebären alleinige Aufgabe der Frauen. Die biologische Schlüsselsituation der Geburt neuen Lebens zog nun menschheitsgeschichtlich eine Reihe sozialer und kultureller Fakten nach sich, die selbst wieder – nun allerdings sozial-kulturelle – Schlüsselsituationen bilden und keineswegs mit der biologisch-körperlichen Geburtssituation ineinsgesetzt werden dürfen[9].

Es scheint nur wenige Gesellschaften gegeben zu haben, in denen Väter einen relevanten Anteil der frühkindlichen Pflegetätigkeiten übernahmen. Doch konnte die »Unterordnung der Frau unter die Art« zumindest partiell ausgeglichen werden: sei es materiell durch eine matrilineare und matrilokale Organisation des Verwandtschaftssystems und Erbrechtes, sei es (zusätzlich) seelisch durch die Existenz einer entwickelten Frauenkultur, oder geistig/spirituell durch Religionen, in denen weibliche Gottheiten einen gleichen oder auch höheren Rang einnahmen[10]. Ivan Illich hat materialreich die vorindustrielle Geschlechterwelt als »Genus«-Welt analysiert, in der sich beide Geschlechter in allen kulturellen Systemen komplementär und nicht unbedingt hierarchisch ergänzten, je eigene Symbolik, eigene »Welten« bevölkerten[11].

Doch gerade diese getrennte Welterfahrung beginnt mit der Verantwortung der Frauen für die Kinder. Wenn sich Frauen untereinander organisierten, so auch Männer – ohne Kinder. Die Faszination der kinderlosen Männergruppe (mit ihrem Freund-Feind-Muster) reicht vermutlich in prähistorische Zeiten. Die Freisetzung der Männer aus der alltäglichen Sorgearbeit – für Kinder, für die Nahrungsbereitung – kann wohl als die Voraussetzung dafür angesehen werden, daß Systeme jenseits der familiär-verwandtschaftlichen Gemeinschaft entstehen konnten: politische Gefolg-

9 S. B. Ortner, Is Female to Male as Nature is to Culture?, in: M. Z. Rosaldo/L. Lamphere (Hrsg.), Women, Culture, and Society, Stanford/Ca. 1974, S. 67–87.

10 Vgl. hierzu U. Wesel, Der Mythos vom Patriarchat. Über Bachofens Mütterrecht und die Stellung von Frauen in frühen Gesellschaften, Frankfurt/M. 1980; H. Göttner-Abendroth, Das Matriarchat I. Geschichte seiner Erforschung, Stuttgart u. a. 1988.

11 I. Illich, Genus. Zu einer historischen Kritik der Gleichheit, Reinbek 1983.

schaften, Häuptlingstümer, schließlich Staaten überhaupt. Und damit die Erfahrung von Individualität[12]: nicht nur Teil von Gemeinschaft, sondern letztlich allein zu sein – eine vermutlich zuerst männliche Erfahrung.

Am Beginn der modernen Sozialwissenschaften stand die Kritik sozialer Ungleichheit, die Armen- und Arbeiterfrage. Doch daneben war die »Frauenfrage« das zweite große, die sozial- und gesellschaftspolitische Diskussion des 19. Jahrhunderts beherrschende Thema. Von John Stuart Mill, Charles Fourier bis hin zu Lorenz von Stein, Herbert Spencer und Georg Simmel reicht die Reihe derjenigen, die sich mit den Frühformen der »Frauenforschung« befaßten[13]. Im Unterschied zur Thematisierung der Arbeiterfrage wurde die Ungleichheit der Geschlechter fast durchweg biologistisch begründet, in der Evolutionstheorie Herbert Spencers beispielsweise mit einer angeblichen psychischen Minderwertigkeit der Frau (größere Emotionalität und Spontaneität, geringere Weitsichtigkeit, wenig ausgeprägter Gerechtigkeitssinn). Doch auch Autoren, die wie Georg Simmel den Forderungen der Frauenbewegung gegenüber aufgeschlossener waren – er betrachtete die Frau als das psychisch einheitlichere, in sich abgeschlossenere Geschlecht –, sahen die Frauen vorrangig in ihrer biologischen Funktion als Mutter. Frauen waren vor allem Gegenstand von Medizin und Biologie. Sofern im 19. Jahrhundert von einer Geschlechter*forschung* gesprochen werden kann, konstituierte sich für sie die Geschlechterfrage als Naturfrage[14].

Kulturalistische und biologistische Interpretationen scheinen auf den ersten Blick Welten zu trennen. Während die einen die Gestaltbarkeit des Geschlechterverhältnisses durch soziale Verhältnisse betonen, insistieren die anderen auf den unwandelbaren Anteilen. Diese problematische Diskussionslage bringt die Formulierung einer Feministin zum Ausdruck, die den Kulturalismus der Frauenbewegung kritisiert: »Was die Frauenbewegung nötig hat, ist nicht der durch edle Affekte legitimierte Verzicht auf Biologie, sondern ein Begriff vom Geschlechterunterschied, der die Legierung von Geschichte und Natur verstehen lernt.«[15]

Wie aber sind Biologie und Gesellschaft »legiert«? Im ersten systematischen deutschen Buch zur »Männerfrage« vermutet der Soziologe Walter Hollstein, an der Gebärfähigkeit der Frau zeigen zu können, daß »dadurch die Frau – nämlich während der Schwangerschaft und Kinderpflege – ins Haus gezwungen wird und der Mann für ›außerhäusliche‹ Aufgaben freigesetzt wird.«[16] Dies sei »unmittelbar aus der Biologie abzuleiten«, – alle sonstigen Herrschafts- und Machtstrukturen könne man allerdings nur sozio-kulturell erklären. Die Tatsache, daß allein Frauen (zumindest bisher) gebären können, daß ihr Organismus (zumindest in der Geschlechtsreife) auf die Möglichkeit des Gebärens orientiert ist, diese sexuell-reproduktive Differenz zwi-

12 Vgl. zu dieser ethnohistorischen Betrachtung das anregende Buch von E. Sagan, Tyrannei und Herrschaft. Die Wurzeln von Individualismus, Despotismus und modernem Staat, Reinbek 1986.
13 Vgl. dazu H.-J. Dahme, Frauen- und Geschlechterfrage bei Herbert Spencer und Georg Simmel, in: Kölner Zeitschrift für Soziologie und Sozialpsychologie, (1986) 3, S. 490–509.
14 Vgl. G. Bock, Historische Frauenforschung: Fragestellungen und Perspektiven, in: K. Hausen (Hrsg.), Frauen suchen ihre Geschichte, München 1983, S. 22–60.
15 B. Sichtermann, Wer ist wie? Über den Unterschied der Geschlechter, Berlin 1987, S. 10.
16 W. Hollstein, Nicht Herrscher, aber kräftig. Die Zukunft der Männer, Hamburg 1988, S. 80.

schen den Geschlechtern ist ein unbestreitbares Faktum. Daß Frauen während der Schwangerschaft »ins Haus gezwungen« seien, ist jedoch nicht allein vor dem Hintergrund, daß es etwa bis zur Jahrhundertwende noch keinen Mutterschutz für Arbeiterinnen gab, falsch. Auch die Behauptung, daß die »Kinderpflege« nur die Frauen ins Haus »zwinge«, kann wohl nur dann aufrechterhalten werden, wenn implizit von einer organischen/biologischen Disposition der Frauen zur Kinderpflege ausgegangen wird. Eine biologische Disposition zur Kinderpflege findet sich allenfalls in der mütterlichen Stillfähigkeit. Kinderpflege heißt freilich nur zum Teil »Stillen«. Das Zitat ist ein Beispiel für biologistische Vorurteile, die regelmäßig in die sozialwissenschaftliche Betrachtung des Geschlechterverhältnisses eingehen[17]. Frauen werden zuallererst als Mütter definiert.

Wenn konstitutionelle Unterschiede zwischen den Geschlechtern Universalität beanspruchen können, dann die anatomischen Differenzen hinsichtlich *Sexualität* und *Gebärvermögen*. Beides hängt offensichtlich zusammen. Gleichwohl wäre es nicht angemessen, Sexualität nur auf Reproduktion hin zu diskutieren – und doch wiederum prägt die Potentialität von Schwangerschaft und Geburt weibliches Erleben von Sexualität in einer ganz anderen Weise als dasjenige der Männer[18]. Dieser Zusammenhang bleibt in der Diskussion um Sexualität häufig unreflektiert. Die genitale und hormonelle Verschiedenheit setzt eine basale Polarität; sie konstituiert Sexualität als kommunikative Möglichkeit. Umstritten ist, welche sexuellen Ausdrucksformen »natürlich« und welche ausschließlich kulturelles Produkt bleiben. Dies gilt insbesondere für das Verhältnis von Hetero- zu Homosexuellen[19]. Verwirrender wird die Frage nach dem »naturgemäßen« noch, wenn Bi- und Transsexualität analytisch einbezogen werden[20], die – wie Homosexualität – die Idee der Partnerschaft neu, anders, jedenfalls nicht als intimes Projekt *zwischen* den Geschlechtern projizieren. Ist also doch alles kulturell »machbar«, oder wie ein Familiensoziologe die Perspektiven des Geschlechterverhältnisses sieht: »anything goes«[21].

2.1.2 Die Abschaffung der Geschlechterdifferenz durch Reproduktionstechnologien?

Körperliche Partnerschaft in der Fortpflanzung ist schwierig. Sie setzt den Beginn, doch dann trennen sich die Körper und die Aufgabe bleibt der Frau. Diejenigen, die die weibliche Reproduktionsbindung als Haupthindernis für die Geschlechterpartner-

---

17 Vgl. E. F. Keller, Liebe, Macht und Erkenntnis. Männliche oder weibliche Wissenschaft?, München 1986; C. Merchant, Der Tod der Natur. Ökologie, Frauen und neuzeitliche Naturwissenschaft, München 1987; S. Harding, The Science Question in Feminism, Ithaca – London 1986.
18 Vgl. S. B. Ortner/H. Whitehead (Hrsg.), Sexual Meanings. The Cultural Construction of Gender and Sexuality, Cambridge 1981.
19 Vgl. R. W. Connell, Gender and Power. Society, the Person and Sexual Politics, Stanford/ Ca. 1987, vor allem S. 167 ff.
20 Vgl. H. Brod/W. L. Williams (Hrsg.), New Gender Scholarship: Breaking Old Boundaries, in: American Behavioral Scientist, (1987) 1.
21 H.-J. Hoffmann-Nowotny, Ehe und Familie in der modernen Gesellschaft, in: Aus Politik und Zeitgeschichte, B 13/1988, S. 12.

schaft ansehen, mögen wohl daran denken, sie technologisch aufzuheben. Der Stand der Reproduktionstechnik scheint dies in absehbarer Zeit zuzulassen. Frauen gebären nicht mehr, stillen nicht mehr. Die Reproduktion wird nicht mehr biologisch zugeordnet. Hierfür gibt es Automaten. Nicht nur in Aldoux Huxley's »Schöner neuen Welt«, auch in der feministischen Diskussion wurde dies als Utopie gedacht (so bei Shulamith Firestone oder Ernest Bornemann[22]).

In-vitro-Fertilisation, Leihmutterschaft und Reagenzglas-Schwangerschaften sind Indizien für eine grundlegende Veränderung der »natürlichen« Reproduktion, die in den Labors der Gen- und Reproduktionstechnologen – und nicht nur in den USA – bereits vollzogen wird. Vor allem in den Ländern der »Dritten Welt« werden seit Jahren reproduktionstechnologische Massenexperimente an Frauen durchgeführt[23].

Wenn jedoch von der überwiegenden Mehrheit der Frauen eine Abschaffung ihrer Gebärfähigkeit nicht gewollt wird, sie vielleicht auch technologisch nicht so umstandslos zu verwirklichen sein wird, dann ist mit der grundlegendsten körperlichen Differenz zwischen den Geschlechtern auf Sicht *weiterzuleben*. Vor allem Männer werden sich fragen müssen, ob sie die körperliche Verschiedenheit, insoweit sie der Frau zur Belastung wird, ausgleichen, zumal sonstige physiologische Unterschiede zwischen den Geschlechtern evolutionsgeschichtlich aufgrund technologischer und sozialer Entwicklungen zurücktreten (Rückgang körperlicher Arbeit, Verringerung der Kinderzahl).

2.2 Individualisierung

Mit guten Gründen steht zu erwarten, daß sich die männliche und die weibliche Psyche verändern. Es braucht nicht unbedingt die technische Abschaffung des weiblichen Gebärvermögens, um den relativen Stellenwert der generativen Reproduktion im Lebenszyklus von Frau und Mann zu reduzieren. Zwischen 1960 und 1988 sank die »Gesamtfruchtbarkeit«, das heißt die durchschnittliche Zahl von Lebendgeburten pro Frau in der Bundesrepublik Deutschland von 2,4 auf 1,4 Kinder. Selbst bei konventioneller Rollenaufteilung verkürzte sich damit die »Familienphase« der Frauen wirksam und ließ sie trotz negativer Anreize seitens der Politik auf den Arbeitsmarkt drängen. Die Erwerbsquote verheirateter Frauen stieg in der Bundesrepublik zwischen 1963 und 1983 von 33,5 Prozent auf 43,6 Prozent. Die Steigerung derselben Quote in Schweden – von 44,0 Prozent auf 69,6 Prozent im selben Zeitraum – macht deutlich, welches Interesse die Frauen dabei über den in der Bundesrepublik erreichten Stand hinaus aktualisieren, wenn es seitens der Arbeitsmarktpolitik positiv aufgegriffen wird.

Während sich die weibliche Biographie damit der männlichen annähert – jedoch noch längst nicht angleicht –, gibt es derzeit wenig Anzeichen für eine gegenläufige Bewegung der Männer. Die ernüchternden Eigenangaben von Männern: 2 Prozent der Männer empfinden Hausarbeit auch als »ihre Sache«, und: »Die Vaterschaft hat offenbar keinen oder sogar einen negativen Einfluß auf die Mitwirkung des Mannes

22 S. Firestone, Frauenbefreiung und sexuelle Revolution, Frankfurt/M. 1975, S. 186 f.; E. Bornemann, Das Patriarchat, Frankfurt/M. 1975, S. 534.
23 Vgl. G. Corea, Muttermaschine, Berlin 1987.

im Haushalt«, so Sigrid Metz-Göckel und Ursula Müller in der BRIGITTE-Studie »Der Mann« aus dem Jahr 1986[24]. Im Gegenteil scheint zumindest in den letzten Jahrzehnten eher eine »Flucht aus der Verantwortung« bei Männern beobachtbar zu sein.

Was heute in Auflösung scheint, die Idee des »Familienvaters«, der aushäusig erwerbstätig ist und Frau und Kind zu Hause versorgt, ist eine relativ junge und durchaus nicht flächendeckende Wirklichkeit. So mußte die Unterhaltspflicht des eigentumslosen Lohnarbeiters für seine Familie, Spiegel des bürgerlichen Familienmodells, mit staatlichen Mitteln mühsam durchgesetzt werden – was nie ganz gelang. Nun beobachten wir eine Gegenbewegung. Die amerikanische Soziologin Barbara Ehrenreich spricht in ihrem Buch ›Die Herzen der Männer‹ vom »Zusammenbruch der Ernährerethik«: »Im Verlauf einiger Jahrzehnte hat unsere Zivilisation eine Umkehr vollzogen. Man wandte sich ab von den Erwartungen, die das Prinzip des Familieneinkommens in jeder Hinsicht als ein Mittel rechtfertigen, das Vermögen derer umzuverteilen, die als Verdiener relativ begünstigt waren, auf jene (Frauen und Kinder), die es nicht waren. Für Männer besteht immer noch ein Anreiz, zu arbeiten und selbst in eintönigen und erklärtermaßen nutzlosen Stellungen erfolgreich zu sein – aber nicht unbedingt für andere.«[25]

Barbara Ehrenreich verortet den Grund dieser massenhaften Verweigerung von sozialen Verpflichtungen von Männern in deren neuen Selbstkonzepten, in Lebensentwürfen, die – beginnend in den USA der Nachkriegszeit – durch Psychoanalytiker, Herzkrankheitsspezialisten und Zeitschriften wie den »Playboy« katalysiert wurden. Zum neuen Leitbild des Mannes wurde der dynamische, ungebundene, karriereorientierte »Yuppie«, der lieber mit seinem Betrieb als mit seiner Frau verheiratet ist, die ihn Ungebundenheit und Geld kostet. Diese Art »neuer Männer«, individualisiert und bar sozialer Pflichten, scheint den Erfordernissen einer mobilen Dienstleistungsgesellschaft optimal angepaßt.

Barbara Ehrenreich argumentiert, daß bislang hinter der öffentlichen Verunsicherung der Männer durch die Frauen eine der wichtigsten Veränderungen übersehen wird: der Verfall des Moral-Gesetzes, nach dem Männer zuallererst Ernährer einer Familie sind und damit die wirtschaftliche Verantwortung für die Gemeinschaft der (Klein-)Familie übernehmen.

Die drastische Zunahme von vor allem weiblichen Alleinerziehenden ist Reaktion auch auf diesen »Puerilismus« der Männer, zumal sie sich der Verantwortung gegenüber den von ihnen gezeugten Kindern mit einer Geldsumme oder vollständig entziehen können. Weniger Kinder garantieren folglich noch keine Geschlechterpartnerschaft. Aber möglicherweise erleichtern sie sie.

Die Verringerung der durchschnittlichen Kinderzahl in den hochindustrialisierten Ländern hat – neben den sozioökonomischen Veränderungen – eine weitere, für die individualpsychologische Betrachtung wesentliche Ursache: die (Wieder-)Aneignung der Schwangerschaftsverhütung durch die Pille wie durch die »sexuelle Revolution« der sechziger Jahre, die, in Verbindung mit der Frauenbewegung, das Recht auf sexuelle Selbstbestimmung der Frauen, damit auch auf Sexualität ohne Reproduk-

---

24 S. Metz-Göckel/U. Müller, Der Mann. Die BRIGITTE-Studie, Weinheim – Basel 1986, S. 48 und S. 51.

25 B. Ehrenreich, Die Herzen der Männer, Reinbek 1984, S. 19.

tionsleistung betonte. Sexualität konstituiert damit die »soziale Superstruktur« (Helmut Schelsky) des Geschlechterverhältnisses nicht (mehr) in der biologischen Zwangsläufigkeit. Folgt man den Überlegungen von Barbara Ehrenreich und anderen, so scheint (in den USA) die »sexuelle Revolution« eine der Frauen geblieben zu sein, nicht der Männer: »Das weibliche Verhaltensmuster veränderte sich von vorehelicher Jungfräulichkeit und anschließender Monogamie in die Richtung dessen, was für Männer immer schon galt: zwischen den Mitsechzigern und den Mitsiebzigern wuchs die Zahl von Frauen, die voreheliche sexuelle Erfahrungen hatten, von einer kleinen Minderheit zur respektablen Mehrheit; und manche schätzen den Anteil verheirateter Frauen mit ›Seitensprüngen‹ auf beinahe die Hälfte.«[26] Sexualität wurde auch für Frauen zu einem kulturellen Ereignis.

Beide Veränderungen – Verringerung der Kinderzahl und Lösung des Sexuellen aus der biologischen Zwecksetzung – tragen zu einer Neu-Konzeption individuell-psychologischer Partnerschaft bei, insoweit sie die Geschlechterdifferenz situativer, aushandelbar scheinen lassen, weibliche und männliche Lebensentwürfe ähnlicher werden können. Die Differenz wird zu einer Frage des (individuellen) »Charakters«, nicht mehr naturhaft zugeschrieben.

Eine weitere Entwicklung in dieser Richtung hätte weitreichende Folgen. Die amerikanische Sozialpsychologin Carol Gilligan spricht (in der Tradition der Kohlbergschen Entwicklungspsychologie) von einer »weiblichen Moral« – eher gegenstandsbezogen, expressiv, gerechtigkeitsorientiert – aufgrund empirisch unterschiedlicher Erfahrungen der Geschlechter in prägenden Phasen ihrer Sozialisation[27]. Verändert sich jedoch die empirische Grundlage »weiblicher« – und »männlicher« – Erfahrung in Richtung auf eine Relativierung von Mutterschaft, so ist anzunehmen, daß auch damit verbundene Wertvorstellungen und »soziale Charakterzüge« diffuser werden, geschlechtsungebundener – und damit weniger präformiertes Rollen-Handeln. In dieser Entwicklung kann eine zentrale Voraussetzung für Partnerschaft gesehen werden.

Auf der individuellen Ebene scheint es, zusammenfassend, ein Umlernen als Reflex auf gesellschaftliche Veränderungen zu geben. Man kann dies nutzentheoretisch deuten: im Sinne einer Anpassung der individuellen Akteure an geänderte Situationen, um die Kosten ihres Handelns möglichst gering zu halten. Man könnte dies auch psychoanalytisch interpretieren: Veränderte empirische Tatsachen – hier: Kinderzahl und flexiblere Sexualität – verändern den Objektbezug von Frauen und Männern. Inwieweit beide (und weitere) Interpretationen eine *nachhaltige individuelle Fähigkeit zu Partnerschaft* bei Frauen wie bei Männern erwarten lassen, ist sicher nicht leicht zu beantworten.

Um einer solchen Antwort näher zu kommen, sollen in den folgenden Abschnitten empirische Trends in der bundesdeutschen Gesellschaft skizziert werden, die in demographischer Hinsicht, aus der Perspektive von Frauen und von Männern sowie

---

26 B. Ehrenreich/E. Hess/G. Jacobs, Re-Making Love. The Feminization of Sex, Garden City–New York 1987, S. 2; nach einer Studie von S. Hite aus dem Jahr 1989 sollen sogar 70 Prozent der verheirateten Frauen nach fünf Jahren Ehe ein Verhältnis haben (nach: »Emma«, 3/1990, S. 18).

27 C. Gilligan, Die andere Stimme, München – Zürich 1984; sowie N. Chodorow, Das Erbe der Mütter. Psychoanalyse und Soziologie der Geschlechter, München 1985.

im Blick auf Familie und Kinder die individuellen Wünsche an und Kompetenzen für die Geschlechterbeziehungen verdeutlichen können.

2.2.1 Demographischer Wandel

Die Auswirkungen der demographischen Veränderungen auf das Geschlechterverhältnis sind unbestritten. Mit dem Jahr 1965 – also vor der ersten wirtschaftlichen Rezession, den Studentenunruhen und der Neuen Frauenbewegung – setzt der in der Öffentlichkeit stark beachtete *Geburtenrückgang* ein. Die altersspezifische Geburtenziffer pro Frau im Alter von 15 bis 49 Jahren betrug im Jahr 1960 noch 2,4. Sie stieg im Jahr 1965 noch leicht auf 2,5, um von da an über 2,0 (1970) auf ca. 1,4 Kinder pro Frau zwischen den Jahren 1975 und 1982 abzufallen. Die niedrigste Geburtenquote in der Bundesrepublik wies dann das Jahr 1985 mit 1,28 Kindern/Frau auf. Seit 1986 hat sich der Trend leicht umgekehrt: Im Jahr 1986 waren es wieder 1,34 Kinder, 1987 1,36 und 1988 war wieder der Stand von 1975 mit etwa 1,4 Kindern pro Frau im gebärfähigen Alter erreicht[28].

Die Gründe hierfür sind komplex. Die Erklärung, der Geburtrückgang sei »überwiegend auf die Abnahme der Mehr-Kinder-Familien zurückzuführen«[29],

Tabelle 1:
Ehen aus den Jahren 1900 bis 1977 nach der Zahl der lebendgeborenen Kinder

Eheschließungsjahr			von 100 Ehen haben			
	keine Kinder	1 Kind	2 Kinder	3	4 und mehr	Kinder insgesamt
1900–1909	10	14	18	16	43	364
1910–1918	13	19	23	17	29	273
1919–1930	17	23	24	15	20	226
1931–1940	15	24	29	17	16	212
1941–1950	13	26	31	17	14	206
1951–1962	13	24	34	18	12	203
1963–1972	15	28	38	14	6	173
1970–1974	20	29	40	10	2	148
1973–1977[1]	18	27	38	12	5	160

1 Kinder nach April 1982 geschätzt

Quelle: Statistisches Bundesamt (Hrsg.), Datenreport 1989, Bonn 1989, S. 45; Zahlen für 1973–1977 aufgrund einer Schätzung in Bundestag-Drucksache 10/1983, S. 132.

---

28 Bundestag-Drucksache 11/5106 vom 30. August 1989, S. 7.
29 R. Nave-Herz, Kontinuität und Wandel in der Bedeutung, in der Struktur und Stabilität von Ehe und Familie in der Bundesrepublik Deutschland, in: dies. (Hrsg.), Wandel und Kontinuität der Familie in der Bundesrepublik Deutschland, Stuttgart 1988, S. 73.

erklärt den Trend mit einem anderen erklärungsbedürftigen Phänomen. Die Abnahme der Mehr-Kinder-Familien ist zweifellos ein zweiter einflußreicher demographischer Trend.

Rosemarie Nave-Herz weist auf eine Reihe von Gründen für den Rückgang der Kinderzahl hin, unter anderem auf den »Erst-Kind-Schock«, auf die höheren »Opportunitätskosten« von Kindern, da ein relatives Ansteigen der Frauenlöhne – relativ im Verhältnis zu den Löhnen der Männer – die relativen Kosten einer durch die Geburt von Kindern erzwungenen Berufstätigkeit vergrößere[30], sowie darauf, daß Kinder heute ein ungewöhnlich hohes Maß an Zuwendung erhalten, was nur bei geringer Kinderzahl pro Familie leistbar sei.

Die demographischen Veränderungen sind Resultat eines komplexen Wandels individueller Einstellungen und eines umfassenden sozialen Wandels. Zugleich setzen sie aber Fakten, auf die sich die Individuen und die sozialen Institutionen einstellen müssen. Im Verbund mit einer erheblich gestiegenen durchschnittlichen Lebenserwartung – sie stieg von circa 35 Jahren gegen Ende des vergangenen Jahrhunderts auf etwa 50 Jahre vor dem Ersten Weltkrieg und 60 Jahre vor dem Zweiten Weltkrieg und beträgt gegenwärtig 71,8 Jahre für neugeborene Jungen und 78,4 Jahre für neugeborene Mädchen[31] – führte die verringerte Kinderzahl pro Ehe zu einer Schrumpfung der Familienphase. Sie füllt nur noch circa 1/4 des gesamten Lebens einer Frau aus: »Eine normative Festschreibung der Frauen auf ihre Mutter-Rolle würde bedeuten, daß sie 1/4 ihres Lebens in der Erwartung auf das ›eigentliche Leben‹ (= Familienphase) und ca. 2/4 ihres Lebens im Bewußtsein, daß das ›eigentliche Leben‹ vorbei wäre, verbringen würden.«[32]

Die »Kulturalisierung« der Frauenrolle, die es verbietet, Frauen nur auf Mütterlichkeit festzuschreiben, ist kein nationales, deutsches Phänomen. In einer voluminösen internationalen Vergleichsstudie zum »Wertwandel« in modernen Gesellschaften untersuchte der Politikwissenschaftler Ronald Inglehart die Rolle, die Kinder im Leben einer Frau spielen (sollten)[33]. So ist beispielsweise der Anteil derjenigen, die der Auffassung sind, eine Frau könne nur mit Kindern ihr Leben erfüllen, in Holland am geringsten (durchschnittlich 11 Prozent) – da in Holland die Frauenerwerbsquote besonders niedrig und der Anteil der ihre Kinder zu Hause betreuenden Frauen besonders hoch ist, läßt sich dies eigentlich nur als eine kulturelle und Bewußtseinsveränderung in Richtung Liberalität interpretieren. Ein scheinbar ähnlich widersprüchliches Resultat stellt die (in Tabelle 2 nicht erfaßte!) hohe Zustimmung zu alleinerziehenden Frauen in Frankreich und Dänemark dar (im Schnitt 65 Prozent beziehungsweise 74 Prozent). Gerade in diesen Ländern hat die Wertung, daß erst Kinder das Leben einer Frau wertvoll machen, ebenfalls die höchsten Rangstufen (71 Prozent und 70 Prozent). Der Widerspruch läßt sich nur dahingehend auflösen, daß der Kinderwunsch gegenüber einer funktionierenden »Eltern-Familie« deutlich stärker gewichtet wird.

---

30 So die »new home economics« und ihr prominentester Vertreter G. S. Becker, Der ökonomische Ansatz zur Erklärung menschlichen Verhaltens, Tübingen 1982, S. 187ff.
31 Nach: Datenreport 1989, hrsg. vom Statistischen Bundesamt, Bonn 1989, S. 32f. Einen erheblichen Anteil an dieser Steigerung hatte die Senkung der Säuglingssterblichkeit.
32 R. Nave-Herz (Anm. 29), S. 76.
33 R. Inglehart, Kultureller Umbruch. Wertwandel in der westlichen Welt, Frankfurt/M. – New York 1989, S. 251ff. und S. 513 (siehe auch Anm. 50).

Tabelle 2:
Prozentsatz von Befragten, die sagen, eine Frau brauche Kinder, um ein erfülltes Leben zu haben, nach Altersgruppen und Nation

Altersgruppe	Nieder-lande	USA	Groß-britannien	Irland	Kanada	Bundes-republik
15–24	5	15	20	18	21	25
25–34	5	13	18	21	22	30
35–44	6	17	20	27	28	31
45–54	11	22	22	30	26	44
55–64	27	19	21	31	38	42
65+	29	26	33	39	30	55
(Insgesamt)	(11)	(18)	(22)	(25)	(26)	(36)

Altersgruppe	Nord-Irland	Ungarn	Belgien	Spanien	Südafrika	Italien
15–24	27	37	38	36	50	45
25–34	32	40	39	59	50	48
35–44	45	47	50	53	52	51
45–54	42	49	50	50	58	55
55–64	62	53	56	54	45	67
65+	48	56	51	64	67	61
(Insgesamt)	(41)	(45)	(47)	(48)	(52)	(53)

Altersgruppe	Mexiko	Japan	Däne-mark	Frank-reich	Mittelwert
15–24	51	67	61	66	35
25–34	53	61	63	63	37
35–44	58	68	68	76	42
45–54	58	72	74	73	45
55–64	63	71	82	78	50
65 +	–	76	86	80	53
(Insgesamt)	(54)	(68)	(70)	(71)	(40)

Quelle: R. Inglehart, Kultureller Umbruch. Wertwandel in der westlichen Welt, Frankfurt/M. – New York 1989, S. 251.

Eine Ablehnung der Mutterschaft als zentrales Kennzeichen der Lebensgestaltung von Frauen ist somit nicht synonym mit einer Ablehnung von Kindern. Sie signalisiert jedoch eine Ausdifferenzierung der Lebensentwürfe von Frauen und die Akzeptanz dieser »Pluralisierung« weiblicher Lebensziele in der Bevölkerung. Inglehart sieht diese Pluralisierung als Zeichen einer »postmaterialistischen« Wertorientierung.

2.2.2 Neue Frauen?

Auch wenn wir den einfachen Kurzschluß von der Emanzipationsbewegung zum Geburtenrückgang nicht gezogen haben (und im Gegenteil weiter oben eher die Rückzugsbewegung von Männern aus der Familienverantwortung betonen), so dürfte die geringere Kinderzahl und damit das zumindest quantitative Zurücktreten der Familie im Leben der Frauen Auswirkungen auf das Bewußtsein von Frauen haben.

Die demographischen und sozialen Veränderungen stehen – historisch betrachtet – in einer unlösbaren Wechselbeziehung mit dem Erwachen der Individualität der Frauen[34]. Sie folgten darin in einem zweiten Schritt den Männern, die sich bereits mit dem Aufkommen der Industriegesellschaft und des Arbeitsmarktes aus der Haushaltsgemeinschaft (»Ganzes Haus«) herauslösten. Ein eindrucksvolles Dokument dieser ›individuellen Frauenbewegung‹ ist Henrik Ibsens »Nora«:

Helmer: »So entziehst du dich deinen heiligsten Pflichten . . . gegen deinen Mann und deine Kinder?
Nora: Ich habe andere Pflichten, die ebenso heilig sind.
Helmer: Die hast du nicht. Was für Pflichten könnten das wohl sein?
Nora: Die Pflichten gegen mich selbst.
Helmer: Vor allem bist du Gattin und Mutter.
Nora: Das glaub ich nicht mehr. Ich glaube, daß ich vor allen Dingen ein Mensch bin, so gut wie du . . . oder vielmehr, ich will versuchen, es zu werden.«[35]

Dieses erwachende Ich-Bewußtsein der Frauen führte seit der Mitte des 19. Jahrhunderts zur Frauenbewegung, die unterdessen nicht mehr übergangen werden kann[36]. Sie wurde seit den sechziger Jahren wissenschaftlich komplettiert durch die expandierende »Frauenforschung« innerhalb und außerhalb der akademischen Institutionen. Die Frauenforschung kann mittlerweile in den USA als etabliert gelten[37], während sie in der Bundesrepublik immer noch um ihre Anerkennung kämpfen muß[38].

Weder Frauenbewegung noch Frauenforschung sind jedoch monolithische Blöcke. In der geschlechterpolitischen Strategiekontroverse können bis dato zwei Hauptrichtungen unterschieden werden: »Die eine begreift soziale Geschlechtsunterschiede (gender differences) als etwas, was überwunden werden müsse, da es letztlich die Benachteiligung und Abhängigkeit von Frauen begründe; die andere Auffassung behauptet, ›gender difference‹ sei etwas, womit man (das heißt insbesondere die Frau) sich identifizieren, was man bejahen solle, weil es weibliche Stärken und

---

34 Vgl. S. Schaefer u. a., Das Erwachen Ariadnes. Frauen antworten auf die Herausforderung des Bewußtseins, Stuttgart 1987.
35 H. Ibsen, Dramen. 1. Band, Winkler Dünndruck Ausgabe, München 1973, S. 826.
36 Zum Überblick vgl. M. Twellmann, Die deutsche Frauenbewegung. Ihre Anfänge und erste Entwicklung 1843–1889, Meisenheim 1972; R. Nave-Herz, Die Geschichte der Frauenbewegung in Deutschland, Bonn 1988[3].
37 Die Literatur der US-»women's studies« ist mittlerweile unübersehbar, gleichfalls die Anzahl ihrer wissenschaftlichen Fachzeitschriften (»Signs«, »Women's Studies International Forum«, »Gender and Society« und andere); zur profunden Wechselwirkung beispielsweise zwischen Feminismus und Soziologie vgl. R. A. Wallace (Hrsg.), Feminism and Sociological Theory, Newbury Park u. a. 1989.
38 Zum Überblick vgl. I. Ostner (Hrsg.), Frauen. Soziologie der Geschlechterverhältnisse, Soziologische Revue, (Sonderheft 2) 1987.

Tugenden enthülle. Beide Auffassungen bezeichnen zugleich unterschiedliche politische Zielsetzungen: Assimilation im Unterschied zu Separation, eine Politik abstrakter Gleichheit und Angleichung im Unterschied zu einer Politik des Unterschieds und der Trennung.«[39]

Schaubild 1: Gleichheit – Differenz – Partnerschaft

Geltung Wege	Ausgangspunkte	Maßnahmen	Begründung
Assimilation (Gleichheit)	Ungleichbehandlung	Abbau frauenspezifischer Sonderregelungen	Gleichheit um der Angleichung willen
Separation (Differenz)	Diskriminierung weiblicher Leistungen, Qualitäten, Tugenden	Beibehaltung und Ausbau frauenspezifischer Regelungen zum Schutz der Verschiedenheit	Gleich- und Ungleichbehandlung um der Unterschiedlichkeit willen
Partizipation (Partnerschaft)	no-win-Situation für Frauen; Gesellschaft als widersprüchliche Einheit; Kritik an individualisierenden Auflösungsformen	Ausbau wie auch Abbau von Sonderregelungen	Gleich- oder Ungleichbehandlung um der Teilhabe willen

Quelle: M. Opielka/I. Ostner (Hrsg.), Umbau des Sozialstaats, Essen 1987, S. 19.

Die kontroversen Strategien – »Assimilation« wie »Separation« – können zwar mit den in der Natur-Kultur-Debatte erörterten sozialtheoretischen Paradigmata (Kulturalismus/Biologismus, Anlage/Umwelt) parallelisiert werden. Sie gehen jedoch nicht völlig darin auf, was häufig zu Mißverständnissen führt: So wird den Vertreter/inne/n der Separation – in der Bundesrepublik zählen hierzu vor allem Gisela Erler und Barbara Sichtermann – von vielen Feministinnen »Biologismus« vorgehalten[40]. Zu Unrecht wird dieser Vorwurf auch auf die wohl bedeutendste Theoretikerin des Differenzansatzes angewandt: auf die französische Philosophin und Psychoanalytikerin Luce Irigaray[41]. Ihr den französischen (Post-)Strukturalismus weiterentwickelnder Ansatz ist allerdings nicht leicht zugänglich: Mit der Einsetzung einer geschlechtsspezifischen »symbolischen Ordnung«, die sprachliche und andere Repräsentationssysteme umfaßt, hätte sich eines der beiden menschlichen Geschlechter selbst zum

---

39 M. Opielka/I. Ostner, Umbau des Sozialstaats. Herausforderungen und Probleme alternativer sozialpolitischer Konzeptionen, in: dies. (Hrsg.), Umbau des Sozialstaats, Essen 1987, S. 18.
40 Z. B. C. Hagemann-White, Wir werden nicht zweigeschlechtlich geboren, in: dies./M. S. Rerrich (Hrsg.), FrauenMännerBilder. Männer und Männlichkeit in der feministischen Diskussion, Bielefeld 1988, S. 224–235.
41 L. Irigaray, Zur Geschlechterdifferenz, Wien 1987; dies., Ethique de la différence sexuelle, Paris 1984.

114

universalen Maßstab erhoben, indem sie dem anderen Geschlecht die Konstitution eigener symbolischer Ordnungen und einer daraus entwickelbaren Gattungsidentität abspricht. In einer »Dekonstruktion« von Psychoanalyse und abendländischer Philosophiegeschichte versucht Irigaray, die Ansätze eines (historisch abgeblockten) »Alteritätsdenkens« nachzuzeichnen: einer morphologisch-leiblich gegründeten anderen Welterfahrung zwischen Männern und Frauen.

Als dialektische Aufhebung von »Gleichheits«- und »Differenz«-Denken schlugen wir im Zusammenhang sozialpolitischer Diskussion das Programm der »Partizipation« beziehungsweise der »Teilhabe« vor: »Das Teilhabekonzept hält durch alle Differenzierungen hindurch an der Idee von Gesellschaft als Einheit – wenn auch widersprüchliche – fest, löst diese nicht einseitig auf. Es geht hier um die schwierige Politik, das eine zu tun – zum Beispiel Besonderheit zu berücksichtigen – und zugleich das andere nicht zu lassen – auf Gleichheit hinzuwirken.«[42] Als globales, über die Sozialpolitik hinausweisendes Konzept ist »Partizipation« mit »Partnerschaft« identisch.

Zwar erfahren Frauen trotz Frauenforschung und Frauenbewegung noch immer Diskriminierungen aufgrund ihres Geschlechtes, werden trotz des Medienereignisses der »Neuen Männer« Frauen vergewaltigt, mißhandelt, pornographisch gedemütigt und all das, so scheint es, in zunehmendem Maße. Für viele Frauen fügt sich in globaler Sicht gleichwohl die Bilanz beider Tendenzen – Abbröckeln und (Wieder-) Erstarken von Männerdominanz – positiv, scheint ihnen die alte Idee der Gleichheit zwischen den Geschlechtern so nahe wie nie vor der Realisierung. Es gehe, so fassen beispielsweise Uta Gerhardt und Yvonne Schütze die neue Herausforderung für Frauen zusammen, nicht mehr »um die *Möglichkeit* für Selbst- und Mitbestimmung, sondern um die *Realisierung* dieser Möglichkeiten und die Folgeprobleme, die hieraus entstehen...«[43]

2.2.3 Neue Männer?

Weder die realisierende Umsetzung der Gleichberechtigung noch die Bekämpfung der vorhandenen Demütigungen kann als eine Sache der Frauen allein Erfolg haben. In jüngerer Zeit beginnen sich deshalb auch Männer systematisch mit der Frage zu beschäftigen, ob Partnerschaft zwischen den Geschlechtern – als solchen und nicht nur als Individuen – möglich ist. Vor allem im englischsprachigen Raum beansprucht eine »Männerforschung« mit der »Frauenforschung« aufzuschließen[44]. Letztere ver-

---

42 M. Opielka/I. Ostner (Anm. 39), S. 19; ähnlich argumentiert J. Lewis, Women, Welfare and the State: Some Notes on Feminist Concepts, in: M. Haller u. a. (Hrsg.), Kultur und Gesellschaft. Verhandlungen des Soziologentags 1988 in Zürich, Frankfurt/M. – New York 1989, S. 67: »Zur wirklichen Herausforderung für eine feministische Sozialpolitik-Analyse wird damit die (Wieder-)Aneignung von Wahlfreiheit und Autonomie, damit die Überwindung der Opposition von Gleichheit und Differenz und das Bestehen auf Differenz als einem Ausdruck von Gleichheit.« (Übers. M. O.).

43 U. Gerhardt/Y. Schütze, Vorwort, in: dies. (Hrsg.), Frauensituation. Veränderungen in den letzten zwanzig Jahren, Frankfurt/M. 1988, S. 7.

44 Vgl. im Überblick: H. Brod (Hrsg.), The Making of Masculinities. The New Men's Studies, Boston u. a. 1987; M. S. Kimmel (Hrsg.), Changing Men. New Directions in Research on

dankte ihren Impuls wesentlich der Frauenbewegung, damit der sozialen Diskriminie-
rungserfahrung und dem Bedürfnis nach Gleichheit der Geschlechter. Das können
Männer nicht wiederholen: Eine »Männerbewegung« als Plagiat der Frauenbewegung ist unbegründet. Zutreffender dürfte es sein, »die Frauenfrage als Männerfrage«
umzudeuten, wie dies eine Anhörung der Fraktion der SPD im Deutschen Bundestag
provokativ tat[45]. Wenn Männer ein Interesse an einer Veränderung des Geschlechterverhältnisses haben, an einer Bewegung in Richtung Partnerschaft, so hat es viel mit
ihrer persönlichen, reflektierten Erfahrung zu tun: »Sie haben eine Beziehung zu
einer feministischen Frau, die von ihnen verlangt, sensibler zu werden, ein bestimmtes Männerverhalten zu ändern und so weiter. Andere Männer sind intrinsisch
motiviert: Sie sind es leid, weiterhin jenen Rollenerwartungen zu genügen, die sie an
ihrer Arbeitsstätte, in der Familie oder in ihrem Intimbereich erfüllen sollen.«[46]
Doch das »Andere«, Neue zu finden, fordert nicht nur individuell heraus. Der
erste Kreis, in dem es zur Bewährung kommt, ist die ›Beziehung‹, die Familie. In
einer neueren Untersuchung über ›Teilzeitarbeitende Männer und Hausmänner‹
wurde das Wertprofil dieser Hauptuntersuchungsgruppe (A) – der klassischen
»Neuen Männer« – mit zwei Vergleichsprofilen (Vollzeit arbeitende Männer mit und
ohne Teilzeitwunsch [B und C]) in Beziehung gesetzt:
Die Wertprofile sind nicht eindeutig, teilweise mögen sie auch widersprüchlich
erscheinen (beispielsweise niedrige Bewertung von »sich etwas leisten können« bei
Vollzeit Erwerbstätigen ohne Teilzeitwunsch). Sie stützen die These des Untersu-
chungsteams, daß die innovationsorientierten Männer eher »postmaterielle«, »alternative« Lebensorientierungen hätten, nicht unbedingt ab. Wahrscheinlicher scheint,
daß diese Männer eher bereit sind, sich auf die ›Gemeinschaft Familie‹ einzulassen –
und darin von ihren Partnerinnen gestützt und auch gedrängt werden. Vor dem
Hintergrund der geänderten Rollenerwartungen an Frauen und Männer erscheint es
deshalb fruchtbar, einen genaueren Blick auf die Familien-Gemeinschaft zu werfen.
Die Familie steht zwischen den Individuen und den gesellschaftlichen Institutionen,
sie kann auf Trends »von unten« schneller reagieren als Großinstitutionen. Andererseits ist auch die Familie eine »Institution« und insoweit nicht nur ein Resultat
individuellen freien Willens.

2.2.4 Von der Eltern-Familie zur Kinder-Familie?

Elisabeth Beck-Gernsheim vertritt die These, daß in den modernen »Zweier-
beziehungen« »statt der Liebe zum Mann oder zur Frau jetzt die Liebe zum Kind«

Men and Masculinity, Newbury Park u.a. 1987; M. Kaufman (Hrsg.), Beyond Patriarchy.
Essays by Men on Pleasure, Power and Change, Toronto 1987; H. Brod/W.L. Williams
(Anm. 20); in der Bundesrepublik: W. Hollstein (Anm. 16); daneben existiert eine Vielzahl
von Büchern, die die traditionelle »Männerrolle« in Frage stellen, doch eher Selbsterfah-
rungscharakter haben.
45 Fraktion der SPD im Deutschen Bundestag (Hrsg.), »Die Frauenfrage als Männerfrage«.
Dokumentation einer Anhörung vom 28./29. Juni 1989, Bonn.
46 W.E. Ewing, Interview, in: W. Hollstein (Anm. 16), S. 222; vgl. dazu auch: A. Astrachan,
How Men Feel. Their Response to Women's Demands for Equality and Power, Garden
City/N.Y. 1986.

Schaubild 2:
Wertprofil Teilzeiterwerbstätige Männer und Hausmänner und Vollzeit arbeitende Männer im Vergleich

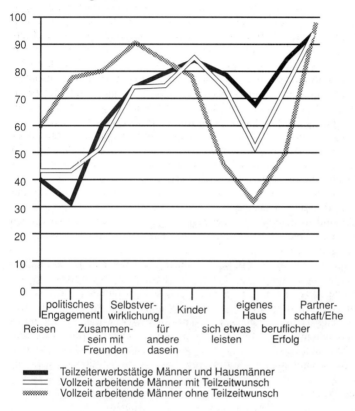

politisches Engagement	Selbstver- wirklichung	Kinder	eigenes Haus	Partner- schaft/Ehe
Reisen	Zusammen- sein mit Freunden	für andere dasein	sich etwas leisten	beruflicher Erfolg

▬▬▬ Teilzeiterwerbstätige Männer und Hausmänner
═══ Vollzeit arbeitende Männer mit Teilzeitwunsch
░░░░ Vollzeit arbeitende Männer ohne Teilzeitwunsch

Quelle: B. Strümpel u. a., Teilzeitarbeitende Männer und Hausmänner. Motive und Konsequenzen einer eingeschränkten Erwerbstätigkeit von Männern, Berlin 1988, S. 167.

konstitutiv für Familie ist[47]. Die romantische Gattenliebe, Leitmotiv der Ehe-Beziehung in der modernen Gesellschaft, wird von den Frauen wegen Schwierigkeiten suspendiert:»Im Enttäuschungsfall gaben früher die Frauen ihre Hoffnungen auf. Heute dagegen halten sie an den Hoffnungen fest – und geben die Ehe auf.«[48] Das Liebesideal selbst überlebt – und mangels geeignetem, vor allem: männlichem Partner wird das Kind zum neuen Objekt der Begierde:»Was bleibt, ist das Kind. Es verheißt eine Bindung, die so elementar, umfassend, unauflöslich ist wie sonst keine

---

47 E. Beck-Gernsheim, Von der Liebe zur Beziehung. Veränderungen im Verhältnis von Mann und Frau in der individualisierten Gesellschaft, in: J. Berger (Hrsg.). Die Moderne – Kontinuitäten und Zäsuren, Soziale Welt, Sonderband 4, Göttingen 1986. S. 227.
48 Ebenda, S. 224.

in dieser Gesellschaft. Je mehr andere Beziehungen austauschbar und aufkündbar werden, desto mehr kann es zum Bezugspunkt neuer Hoffnungen werden: das Kind als letzter Garant von Dauer, als Verankerung des eigenen Lebens.«[49]

Diese Entwicklung läßt sich als Trend von der »Eltern-Familie« – der Familie, die um ein Elternpaar herum gegründet wurde – hin zur »Kinder-Familie« verstehen, die auf der Beziehung eines Elternteiles, vor allem der Mutter, zu dem oder den Kindern basiert.

1962 und 1983 wurde gefragt, ob es für eine Frau wichtig sei, daß sie verheiratet ist, wenn sie ein Kind bekommt. 1962 hielten dies 89,4 Prozent der Mädchen für wichtig, 1983 nur noch 40 Prozent[50]. Dies bedeutet nicht, daß die (befragten) Mädchen als Frauen nicht heiraten werden. Doch alternative Lebenswege, eine »Pluralisierung« der Familienformen wird zunehmend kulturell akzeptiert.

In die öffentliche Diskussion gerieten vor allem die anscheinend sprunghaft angestiegenen Scheidungsziffern. Während im Jahr 1960 14 Prozent aller Ehelösungen durch Scheidungen erfolgten, waren es 1987 bereits 31 Prozent. Bei Anhalten dieses Trends wird in Bälde jede dritte Ehe geschieden[51].

Die Veränderungen in den Selbstkonzepten der Frauen und Männer korrespondieren mit der Art und Weise, wie sie in Familie und Haushalten zusammenkommen. Prototyp der »Kinder-Familie« sind die Alleinerziehenden. Der Anteil von Kindern, die bei alleinerziehenden Elternteilen aufwachsen, hat sich in den vergangenen Jahren erhöht, wie das Schaubild 3 verdeutlicht.

Im Jahr 1987 gab es in der Bundesrepublik insgesamt 953 000 alleinstehende Mütter oder Väter mit einem oder mehreren Kindern unter 18 Jahren. Diese Situation war in 161 000 Fällen auf den Tod des Partners und in 589 000 Fällen auf Scheidung oder Trennung zurückzuführen. 203 000 Alleinerziehende waren nie verheiratet. In der überwiegenden Zahl der Ein-Eltern-Familien ist nur ein Kind vorhanden (bei 596 000 Müttern und 100 000 Vätern). Allerdings hatten immerhin 184 000 Mütter zwei und 42 000 drei Kinder und mehr alleine zu erziehen[52]. Die zunehmende Anzahl alleinerziehender Väter (1972: 88 000, 1987: 132 000), also von »Vater-Familien« (Rosemarie Nave-Herz) deutet auf einen sich anbahnenden Geschlechtsrollenwandel[53]. Es sind nicht mehr nur verwitwete Männer, sondern zunehmend Männer, die sich bewußt auf die Sorgerolle einstellen.

---

49 Ebenda, S. 228.
50 K. Allerbeck/W. Hoag, Jugend ohne Zukunft?, München 1985, S. 97f. Die Ergebnisse des von R. Inglehart u. a. durchgeführten »World Value Surveys 1981–1982« zur Frage: »Was halten Sie davon, wenn sich eine Frau ein Kind wünscht, aber keine feste Beziehung zu einem Mann eingehen möchte?« gehen in eine ähnliche Richtung: 35 Prozent der 15–24jährigen Bundesdeutschen bejahen diese Frage, jedoch nur 13 Prozent der über 65jährigen, vgl. R. Inglehart (Anm. 33), S. 513. Diese Quoten liegen auf einer Ebene mit Irland, Nordirland und Südafrika. In Dänemark akzeptieren 80 Prozent der 15–24jährigen und immerhin noch 54 Prozent derjenigen über 65 Jahre eine solche Position!
51 Datenreport 1989 (Anm. 31), S. 46. Allerdings stieg auch die Wiederverheiratungsquote in vergleichbarem Maß. Sozialwissenschaftler sprechen deshalb auch von sexueller Monogamie.
52 Quelle für diese und die weiteren Daten zu Familie und Haushalt, so weit nicht anders angegeben: Datenreport 1989 (Anm. 31), S. 42ff.
53 Vgl. A. Napp-Peters, Ein-Elternteil-Familien, Weinheim – München 1985.

Schaubild 3:
Kinder unter 18 Jahren in Familien im März 1980 und März 1987

	März 1980		März 1987	
		Anteil in % an allen Kindern unter 18 J.		Anteil in % an allen Kindern unter 18 J.
Kinder unter 18 Jahren in Familien	14 375 000		11 121 000	
davon lebten zusammen mit				
den Eltern	13 077 000	90,9	9 848 000	88,6
alleinstehendem Elternteil	1 298 000	9,1	1 274 000	11,4
davon mit				
alleinstehender Mutter	1 097 000	7,7	1 100 000	9,9
alleinstehendem Vater	201 000	1,4	174 000	1,5

Quelle: Bundestag-Drucksache 11/5106 vom 30. August 1989, S. 9; eigene Berechnungen.

Schaubild 4: Haushaltsgrößen 1900 bis 1987

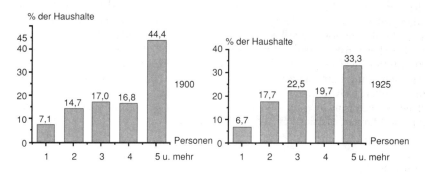

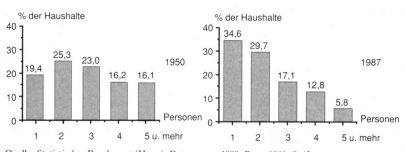

Quelle: Statistisches Bundesamt (Hrsg.), Datenreport 1989, Bonn 1989, S. 43.

Die wachsende Zahl der Alleinerziehenden ist nur die Spitze des Eisbergs der gegenwärtigen Veränderungen der Familienstruktur. Ein zweiter Aspekt ist die generelle Verringerung der Haushaltsgrößen. Noch im Jahr 1900 lebten in rund 44 Prozent aller Privathaushalte fünf und mehr Personen. 1987 lag der entsprechende Wert nur noch bei 6 Prozent. Der Anteil der Zweipersonenhaushalte nahm von 15 Prozent im Jahr 1900 auf 30 Prozent 1987 zu; der Anteil der Einpersonenhaushalte stieg im gleichen Zeitraum von 7 Prozent auf etwa 35 Prozent. 1987 lebten in der Bundesrepublik somit etwa 9,4 Millionen Personen, also rund 15 Prozent der Bevölkerung allein.

Ein beträchtlicher Teil der 1-Personen-Haushalte sind Haushalte älterer Menschen und insoweit das Ergebnis des Auseinanderbrechens von Mehr-Generationen-Haushalten[54] wie der bereits belegten gewachsenen Lebenserwartung.

2.3 Soziale Partnerschaft

In Anlehnung an die Untersuchung des individuellen Wandels von Frauen und Männern im vorangegangenen Kapitel sollen nun die sozialen Aspekte des Geschlechterverhältnisses untersucht werden. Wir unterscheiden dabei nicht prinzipiell, sondern allein quantitativ zwischen mikrosozialen Prozessen – vor allem in der Familie – und der Makroebene der Gesellschaft. Einen systematischen Unterschied machen wir zwischen (2.3.1) dem Bereich des wirtschaftlichen Handelns: Hier betrachten wir die Arbeitsteilung auf dem Arbeitsmarkt und vor allem die Arbeitsteilung in Haushalt und Familie. Auf der zweiten Ebene (2.3.2) geht es um die Machtverteilung in der Ehe und in gesellschaftlichen Großinstitutionen (Arbeitsplätze, Politik). Auf der dritten Ebene (2.3.3) geht es um die kulturellen Niederschläge der Sozialbeziehungen (Bildung, Moral). Auf der vierten Ebene (2.3.4) geht es am Schluß um die Weltanschauungen, um die geistig-sinnhaften Aspekte des Wandels des Geschlechterverhältnisses.

2.3.1 Die geschlechtliche Arbeitsteilung

2.3.1.1 Die geschlechtliche Arbeitsteilung auf dem Arbeitsmarkt

Die geschlechtliche Arbeitsteilung in der Erwerbsarbeit und in Familie und Haushalt verhält sich komplementär. Allerdings handelt es sich in der Regel nicht um eine

---

54 Da im Mikrozensus beziehungsweise in der veröffentlichten amtlichen Statistik auf Bundesebene keine Mehrgenerationen-Haushalte erhoben werden, sollen als Vergleichsgröße aktuelle Zahlen aus Nordrhein-Westfalen dienen. Hier gab es im April 1988 (nur) noch 201 600 Mehrgenerationen-Haushalte – gegenüber 2,357 Mio. Haushalten mit Ehepaaren mit Kindern, 477 100 Haushalten von Alleinerziehenden und 1,788 Mio. Haushalten von Ehepaaren ohne Kinder (nach: Landtags-Drucksache NRW, 10/5229 vom 13. Februar 1990, S. 4 f.). In 1-Personen-Haushalten lebten im Jahr 1987 in NRW 1,195 Mio. Frauen und 281 100 Männer über 50 Jahren; vgl. G. Bäcker u. a., Ältere Menschen in Nordrhein-Westfalen (Ministerium für Arbeit, Gesundheit und Soziales NRW), Düsseldorf 1989, S. 268.

schlichte Addition des nötigen Arbeitspotentials und seine Halbierung durch zwei Arbeitskräfte. Dies hängt mit der Machtverteilung zwischen den Geschlechtern genauso zusammen wie mit der kulturellen Bewertung der verschiedenen Arbeitsformen. Als Beleg für weitreichende Veränderungen der geschlechtlichen Arbeitsteilung wird häufig der Anstieg der Erwerbsquote verheirateter Frauen von 25 Prozent im Jahr 1950 auf rund 43 Prozent im Jahr 1988 zitiert. Die Erwerbsquote der Frauen insgesamt, das heißt der Anteil der erwerbstätigen Frauen an allen Frauen von 15 Jahren bis Lebensende, betrug 1988 nur 37 Prozent (gegenüber 60,7 Prozent bei Männern). Bezogen auf die – für die Beurteilung der Arbeitsmarktintegration aufschlußreichere – Vergleichsgruppe der 15- bis unter 65jährigen Frauen lag die Erwerbsquote 1988 bei 55 Prozent, für die gleichaltrigen Männer allerdings bei 82,5 Prozent[55]. Beeindruckend ist deshalb allein die Zunahme der Erwerbstätigkeit von Müttern.

Tabelle 3:
Erwerbsquote von Frauen im Vergleich (1950–1988)

Jahr	Männer	Frauen insgesamt	mit Kindern unter			verheiratete Frauen insgesamt	Zahl der Kinder		
			6 J.	15 J.	18 J.		1	2	3 u. mehr
1950	63,2	31,3	–	22,8	24,3	25,0	22,5	21,8	25,7
1961	63,2[2]	33,6[2]	29,7	32,7	34,7	32,5	37,3	31,7	31,7
1970	58,3	30,2	29,8	34,2	35,7	35,6	39,0	30,5	29,3
1980	58,4	32,6	35,8	40,8	42,3	40,6	46,2	36,7	31,7
1982	–	–	35,8	41,4	42,6	–	46,2	36,7	29,9
1988	60,7	37,0	–	–	–	43,3	–	–	–

[1] keine Daten veröffentlicht   [2] Daten für 1980

Quelle: R. Nave-Herz (Hrsg.), Wandel und Kontinuität der Familie in der Bundesrepublik Deutschland, Stuttgart 1988, S. 299; Statistisches Bundesamt (Hrsg.), Datenreport 1989, Bonn 1989, S. 82.

Diese auf eine sich erhöhende Erwerbsbeteiligung von Frauen hindeutenden Zahlen täuschen jedoch über die tatsächliche Arbeitsteilung zwischen den Geschlechtern hinweg. Ein Blick auf die Verteilung der Arbeitszeit im Erwerbssystem zeigt nämlich eine hohe Konstanz der geschlechtlichen Arbeitsteilung: Seit etwa 100 Jahren (!) blieb der Anteil der Frauen an der insgesamt geleisteten, bezahlten Arbeit*zeit* bei etwa 36 bis 38 Prozent[56]. Die gestiegenen Erwerbsquoten der Frauen resultieren aus der Veränderung der individuellen Arbeitszeit der Frauen in Richtung Teilzeitarbeit: 93 Prozent der Teilzeitarbeitsplätze wurden 1989 von Frauen besetzt. Aus den mithelfenden Ehefrauen wurden mithelfende Teilzeitarbeiterinnen. Im Sinne dieses Trends blieb zwischen 1980 und 1986 die absolute Zahl erwerbstätiger Frauen mit

---

55 Datenreport 1989 (Anm. 31), S. 82.
56 I. Ostner/A. Willms, Strukturelle Veränderungen der Frauenarbeit in Haushalt und Beruf, in: J. Matthes (Hrsg.), Krise der Arbeitsgesellschaft?, Frankfurt/M. – New York 1983, S. 212ff.

Kindern unter 6 Jahren in etwa konstant (965 000/985 000). Die Zahl derjenigen, die 40 und mehr Stunden in der Woche arbeiteten, sank jedoch von 540 000 auf 401 000[57]. Diese Daten belegen die Unterrepräsentanz von Frauen auf dem Arbeitsmarkt. Inwieweit dies ein Macht- und Wertschätzungsproblem darstellt, werden wir weiter unten aufgreifen. Die vorliegenden Daten geben allerdings noch keinen Aufschluß darüber, ob das geringere Arbeitszeitvolumen der Frauen mit einem »Mehr« oder mit einem deutlichen »Weniger« an objektiver wie subjektiver Belastung verknüpft ist. Zur Einschätzung der Gesamt-Arbeitsverteilung zwischen den Geschlechtern muß die Verteilung der häuslichen, privaten Arbeit auf Männer und Frauen vergleichsweise herangezogen werden.

2.3.1.2 Die geschlechtliche Arbeitsteilung in Haushalt und Familie

Zwar zeigen alle Untersuchungen über die Entwicklung von Vaterschaft »eine gestiegene Partizipation von Vätern im Sozialisationsbereich. Dieser steht« – jedoch – »keine entsprechende Beteiligung an der Pflege der Kinder und an sonstigen hauswirtschaftlichen Tätigkeiten, auch keine gleichermaßen getragene Mitverantwortung für den häuslichen Bereich gegenüber . . . Der Mann wird höchstens als Mithelfender, nicht als Mitverantwortlicher in der Familie tätig.«[58] Mehr Männer spielen mit ihren Kindern und nehmen an ihrer Geburt und ihrer Erziehung teil (wenngleich sehr viele nicht einmal das tun), doch wo die »Sorgearbeit« in der Familie ruft, hören sie weg.

Dies ist auch das Resümee einer Untersuchung von Sigrid Metz-Göckel und Ursula Müller im Auftrag der Zeitschrift »Brigitte«. Sie untersuchten die deutschen Männer mit einem ähnlichen Forschungsdesign wie 10 Jahre zuvor die Soziologin Helge Proß[59]. Zusehends bestimmt die Norm der »Partnerschaftlichkeit« das Bild; alte Stereotypen werden – gegenüber 10 Jahren zuvor – aufgegeben. Doch jene »Internationale der Ehemänner«, die Helge Proß zufolge Hausarbeit als Frauensache betrachtet, existiert fort. Männer meinen es, so Sigrid Metz-Göckel und Ursula Müller, nicht »wirklich ernst mit der Partnerschaftlichkeit«, würden sie doch sonst »unangenehme Dinge wie die Hausarbeit schnell gemeinsam mit der Partnerin hinter

57 Bundestag-Drucksache (Anm. 28), S. 30.
58 R. Nave-Herz, Die Bedeutung des Vaters für den Sozialisationsprozeß seiner Kinder. Eine Literaturexpertise, in: J. Postler/R. Schreiber (Hrsg.), Traditionalismus, Verunsicherung, Veränderung. Männerrolle im Wandel?, Bielefeld 1985, S. 59, S. 67; so heißt es in einer Pressemeldung vom August 1989: »Obwohl Väter immer mehr Freizeit haben, widmen sie diese Stunden nicht dem Nachwuchs. Über die Hälfte der Väter (56 %) behauptet, keine Zeit für ihre Kinder zu haben, und nur jeder vierte Vater spielt mit seinen Kindern. Diesem Manko sollte zumindest am Abend – so empfehlen es Experten der Universität Erlangen – abgeholfen werden, indem die Väter ihre Kinder ins Bett bringen. Schon 15 Minuten Zeitaufwand, bei dem der Vater eine Geschichte erzähle oder vorlese, stärke erheblich die Beziehung zwischen den beiden Familienmitgliedern« (nach BHW-Magazin [1989], 8). Zumindest die Möglichkeiten geteilter Elternschaft schätzen positiver ein: G. Busch/D. Hess-Diebäcker/M. Stein-Hilbers, Den Männern die Hälfte der Familie, den Frauen mehr Chancen im Beruf, Weinheim 1988.
59 H. Proß, Die Männer, Reinbek 1978.

sich bringen«[60]. Die andauernde Geringschätzung der häuslichen Arbeit oder zumindest eine Ablehnung der Übernahme von Hausarbeit durch die Männer wird durch zahlreiche Untersuchungen bestätigt.

Tabelle 4:
Einstellungen zur Arbeitsteilung im Haushalt bei verheirateten Männern und Frauen 1988

	Insge-samt	Erwerbsbeteiligung der Ehepartner		
		beide	nur der Mann	keiner
		in %		
Für die Hausarbeit sollte grundsätzlich die Frau zuständig sein				
Männer	17	14	20	16
Frauen	19	9	17	37
Der Mann sollte sich an der Hausarbeit beteiligen, wenn die Frau erwerbstätig ist				
Männer	40	64	36	24
Frauen	40	54	34	32
Der Mann sollte sich auch dann an der Hausarbeit beteiligen, wenn die Frau nicht erwerbstätig ist				
Männer	28	11	33	39
Frauen	26	15	37	20
Mann und Frau sollten sich grundsätzlich die Hausarbeit teilen, egal ob die Frau erwerbstätig ist oder nicht				
Männer	15	11	11	21
Frauen	15	22	12	12

Quelle: Statistisches Bundesamt (Hrsg.), Datenreport 1989, Bonn 1989, S. 445 (nach Technikfolgensurvey 1988).

Immerhin sehen Sigrid Metz-Göckel und Ursula Müller einen Hoffnungsstreifen der Partnerschaft: Die Männer scheinen neuerdings mit der Arbeitsteilung nicht mehr ganz zufrieden zu sein. Als Kinderbetreuer, als »Partner« überhaupt spüren sie Mängel, immerhin eine Minderheit »Leidensdruck« – jedenfalls, »wenn es um die drohende Aufkündigung der Beziehung von seiten der Frau ging«[61].

---

60 S. Metz-Göckel/U. Müller (Anm. 24), S. 25; in dieselbe Richtung: W. Hartenstein u. a., Geschlechtsrollen im Wandel. Parnerschaft und Aufgabenteilung in der Familie, BMJFFG-Schriften 35, Stuttgart u.a. 1988; und U. Thiessen/H. Rohlinger, Die Verteilung von Aufgaben und Pflichten im ehelichen Haushalt, in: Kölner Zeitschrift für Soziologie und Sozialpsychologie, (1988) 4, S. 640–658.
61 Ebenda, S. 35.

Daß eine Bewußtseinsänderung der Übernahme von Hausarbeits-Aufgaben durch Männer vorausgeht beziehungsweise damit einhergeht, macht ein Vergleich der in der repräsentativen Bevölkerungsstichprobe der »Brigitte«-Untersuchung gewonnenen Daten mit einer ausgewählten Gruppe von teilzeitbeschäftigten Männern und Hausmännern deutlich. Obwohl bei der Bevölkerungsstichprobe die Gruppen von Männern herangezogen wurden, bei denen entweder ein mehr an Intellektualität (Hochschulabschluß) oder an erfahrungsbezogener Anschauung (Kinder und berufstätige Partnerin) vermutet werden könnte, scheinen die Teilzeitbeschäftigten und Hausmänner von einem anderen Stern zu stammen.

Tabelle 5:
Haushaltstätigkeiten von Männern im Vergleich

	Teilzeitbe-schäft. und Hausmänner mit Partnerin n = 325	Repräsentative Bevölkerungsauswahl	
		Männer mit Hoch-schulab-schluß n = 81	Väter mit be-rufstätiger Partnerin n = 163
Kochen			
mache ich nie	4	24	32
mache ich nur gelegentlich	18	51	61
Wäsche waschen			
mache ich nie	23	53	80
mache ich nur gelegentlich	17	40	19
Aufräumen			
mache ich nie	3	4	9
mache ich nur gelegentlich	11	74	81
Geschirrspülen			
mache ich nie	4	18	32
mache ich nur gelegentlich	6	58	60
Bügeln			
mache ich nie	48	75	92
mache ich nur gelegentlich	11	21	7
Einkaufen			
mache ich nie	2	5	7
mache ich nur gelegentlich	8	55	69

Frage: Nun kommen wir zum Thema Hausarbeit. Welche der folgenden Hausarbeiten sind Ihre Sache, welche machen überwiegend Sie, welche machen Sie nur gelegentlich und welche machen Sie nie?« – Auszug aus den Angaben

Quelle: B. Strümpel u. a., Teilzeitarbeitende Männer und Hausmänner. Motive und Konzequenzen einer eingeschränkten Erwerbstätigkeit von Männern, Berlin 1988, S. 126; Daten der repräsentativen Bevölkerungsauswahl nach S. Metz-Göckel/U. Müller, Der Mann. Die Brigitte-Studie, Weinheim – Basel 1986, S. 49 ff.

Daß die geschlechtliche Arbeitsteilung im Haushalt ein Bewußtseinsproblem ist, belegen nachdrücklich auch die Vergleichsdaten von unverheiratet und verheiratet Zusammenlebenden. Denn »obgleich die Forderung nach Partnerschaftlichkeit für die unverheiratet Zusammenlebenden von besonderer Bedeutung ist, überwiegt auch bei ihnen die traditionelle Rollenverteilung, wenn es um die Übernahme von Haushaltspflichten geht«[62] – wobei dieses wenig ›partnerschaftliche‹ Ergebnis einer Vergleichserhebung des Bundesministeriums für Jugend, Familie und Gesundheit noch dadurch zugespitzt wird, daß bei den unverheirateten Paaren in der Regel keine Kinder vorhanden waren.

So ist es erst ein kleiner Veränderungsschritt, wenn mittlerweile die Mehrheit der Männer den Frauen eine universelle Eignung für das Berufsleben zuschreibt. Freilich nur, solange die Frauen kinderlos bleiben. »Die Forderung nach verbesserten Möglichkeiten der öffentlich geregelten Kinderbetreuung würde nach unseren Ergebnissen mehrheitlich von Männern nicht unterstützt. Die vollständige Delegation der Kinderbetreuung an die Mutter stellt das letzte Faustpfand dar, mit dem Frauen von ihrer materiellen Gleichstellung im Erwerbsleben ferngehalten werden können und die geschlechtliche Arbeitsteilung beibehalten werden kann.«[63]

Diese Männerkritik von Sigrid Metz-Göckel und Ursula Müller wird durch die zu Beginn dieses Abschnittes zitierte Einschätzung von Rosemarie Nave-Herz präzisiert, wonach die Männer sich zwar in zunehmendem Maße auf die Beschäftigung mit Kindern, nicht aber auf Hausarbeit einlassen. Kinder bedeuten nicht nur »Spielen« und Zuwendung – wiewohl auch diese Aufmerksamkeiten trotz der Empfehlungen einer umfangreichen Vaterforschung[64] seitens der Väter längst nicht selbstverständlich sind. Kinder machen auch arbeitsintensive »Sorgearbeit«, und diese verbleibt bislang weitgehend in weiblicher Hand. Die Waagschale der Gesamt-Arbeitsverteilung zwischen den Geschlechtern neigt sich zu Ungunsten der Frauen, wenn deren Tätigkeiten in Haushalt und Familie mitberücksichtigt werden. Welche Tendenzen und Möglichkeiten der Veränderung dieser einseitigen Zuweisung der »Sorgearbeit« an die Mutter zeichnen sich ab?

a) Mit der Idee der »Gleichheit« der Geschlechter korrespondiert vor allem bei einer eher sozialdemokratisch-sozialistischen Politik die Forderung nach *Vergesellschaftung der Sorgearbeit*, organisiert durch den Sozialstaat, durch Kommunen oder freie Träger. Auch auf »Gleichheit« orientierte Feministinnen fordern nachdrücklich die »Vergesellschaftung der Kindererziehung«. Allerdings führt dies in der Regel zu einem dem Ziel der Gleichheit entgegenlaufenden Ergebnis: Wie das Beispiel des israelischen Kibbuz nachdrücklich zeigt, bedeutet sogar eine nahezu 100prozentige Vergesellschaftung der Haus- und Sorgearbeit, daß sie nun zwar nicht mehr im privaten, familiären Rahmen von einer Frau für »ihren« Mann und »ihre« Kinder getan wird, doch es sind weiterhin beinahe ausschließlich Frauen, die die vergesellschaftete Sorgearbeit leisten[65]. Möglicherweise mag dies hinsichtlich der Wahrnehmung des Geschlechterverhältnisses weniger (negative) Rückwirkungen zeitigen,

---

62 Bundesministerium für Jugend, Familie und Gesundheit (Hrsg.), Nichteheliche Lebensgemeinschaften in der Bundesrepublik Deutschland, Schriftenreihe Bd. 170, Stuttgart u. a. 1985, S. 69.
63 S. Metz-Göckel/U. Müller (Anm. 24), S. 41.
64 Zum Überblick vgl. W. E. Fthenakis, Väter, 2 Bde., München u. a. 1985.
65 Vgl. M. Palgi (Hrsg.), Women in the Kibbutz, Norwood 1986.

insoweit die Verweigerung der Männer zur Sorgearbeit dem einzelnen Mann nicht angeschrieben wird. Die Erfahrung nicht nur im Kibbuz, sondern auch in den Ostblock-Staaten, in den Benelux-Ländern, Schweden und den Ländern mit einer hohen Quote öffentlicher Tageseinrichtungen für Kleinkinder lassen allerdings nicht hoffen, daß dadurch ein höheres Engagement der Männer im Haushalt eintritt[66].

b) Eher im Sinne der oben erwähnten »Differenz«-Perspektive wäre die Forderung nach einer Verlagerung der Sorgearbeit auf das *Kollektiv der Frauen* zu verorten. Beispiele hierfür finden sich historisch und im Kulturvergleich traditionaler »Genus«-Gesellschaften. Gegenwärtig knüpft die sogenannte »Mütterbewegung« hieran an: Sie zielt auf die Einrichtung weiblicher Lebensräume (zum Beispiel »Mütterzentren«), auf die positive Bewertung und kollektive Organisation der »weiblichen Ökonomie« in der Haus- und Erziehungsarbeit, um so den »biosozialen« Nachteil bequemer Väter/Männer zu kompensieren[67]. Der bewußte – zumindest zeitweilige – Rückzug der Frauen in die Familie beziehungsweise in die Sorgearbeit könnte freilich durchaus mit funktionalen Interessen des Staates an einer Brachlegung weiblicher niedrigqualifizierter Arbeitskraft auf Sozialhilfeniveau (»welfare mothers«) korrespondieren und so die Teilhabechancen von Frauen an Gesellschaft insgesamt beschränken. Dahin steht auch, ob eine einseitige Trennung von Lebensaufgaben zwischen den Geschlechtern – die Versorgung und Erziehung der Kinder nur durch Frauen – auf der seelischen und geistigen Ebene wirkliche Begegnung und Partnerschaft zwischen den Geschlechtern ermöglicht (sofern diese gewünscht wird!). Eine solche Differenzperspektive gibt das Projekt universaler Partnerschaft auf, und erhofft – in weiblicher Bescheidenheit? – partikulare Partnerschaft.

c) Die dritte Variante wäre die Kompensation der weiblichen Gebärleistung durch die Männer, anders formuliert: *soziale Partnerschaft durch aktive Vaterschaft*. Einer gleichberechtigten Übernahme väterlicher Aufgaben durch Männer stehen allerdings zahlreiche sozialpolitische Hemmnisse (Arbeitszeit, Einkommenssicherung, Arbeitsplatzsicherheit), aber auch psychologisch zu untersuchende Vorbehalte gegenüber (Abgrenzungen der Frau, Konfliktrisiken aufgrund ständiger Aushandlungsprozesse und so weiter). Es ist gesellschaftlich noch erschwert, die Vaterschaft ernst zu nehmen. Nichtsdestotrotz scheinen vor allem jüngere Frauen und Männer ein höheres Maß an Handlungsalternativen auszuprobieren, insbesondere dort, wo auf seiten der Frauen ausgeprägte familienexterne und auf seiten der Männer familieninterne Interessen bestehen, auf die in Entscheidungssituationen regelmäßig zurückgegriffen werden kann.

2.3.2 Eheliche, institutionelle und politische Machtverhältnisse

Eine optimistische Bewertung der aktiven Vaterschaft als (vorrangiges) Vehikel der Partnerschaft zwischen den Geschlechtern soll jedoch nicht unwidersprochen bleiben.

---

66 Vgl. Gruppe Politik-Information, Maßnahmen zur besseren Vereinbarkeit von Familie und Beruf, IIM-LMP 83-7, Wissenschaftszentrum Berlin 1983; A. Hoff (Hrsg.), Vereinbarkeit von Familie und Beruf – Neue Forschungsergebnisse im Dialog zwischen Wissenschaft und Praxis, BMJFFG-Schriften Bd. 230, Stuttgart u. a. 1987.

67 Vgl. G. Erler/M. Jaeckel (Hrsg.), Weibliche Ökonomie, München 1989; grundsätzlich auch G. Erler, Frauenzimmer. Für eine Politik des Unterschieds, Berlin 1985.

So stellt Miriam M. Johnson die Gleichsetzung von geteilter Elternschaft und Partnerschaft in Frage[68]. Sie sieht weniger in der Tatsache der Mutterschaft als in der weiblichen Rollenzuschreibung das Problem. Diese werde vor allem durch die männerdominierte Ehebeziehung reproduziert, weniger durch die Mutterschaft als solche. Geteilte Elternschaft führe keineswegs zwangsläufig zu mehr Partnerschaft, da männliche Peer-Gruppen und männliche Eltern-/Vaterschaft direkter mit der Reproduktion männlicher Privilegien verknüpft sind als das »Muttern« der Frauen. Solange die Ehe selbst nicht strukturell verändert würde – Miriam Johnson betont vor allem das Problem ehelicher Machtverhältnisse –, sei Partnerschaft unmöglich.

Wir wollen deshalb einen Blick auf die Ebene der Machtverteilung zwischen den Geschlechtern werfen. Trotz einer ungeheuren Menge an Literatur, die sich kritisch mit dem »Patriarchat« auseinandersetzt, finden sich doch erstaunlich wenige empirische Ergebnisse zur Machtverteilung. Besonders die »ehelichen Machtverhältnisse« – deren Wichtigkeit von Miriam Johnson so betont wurde – wurden kaum systematisch untersucht.

In der (bundesdeutschen) Literatur hält sich das Bild »stark partnerschaftlicher Ehebeziehungen«[69]. Man nimmt die Selbsterklärung der Mehrheit der untersuchten Paare, wonach »Entscheidungen partnerschaftlich getroffen werden«[70], für allge-

Tabelle 6:
Geschlechtsspezifische Entscheidungsstrukturen der Familie

	1 Mann	2 gemeinsam	3 Frau	(n)
1 Wechsel der Arbeits- stelle des Mannes	48,6	49,7	1,7	1341
2 Auswahl des Fernseh- programms	21,3	68,2	10,6	1527
3 Freizeit-Gestaltung an Wochenenden	11,1	80,4	8,5	1566
4 Schul- und Berufswahl der Kinder	7,4	84,8	7,7	1236
5 Bestimmung des Urlaubs	6,1	87,8	6,1	1635
6 Taschengeld der Kinder	8,7	71,0	20,3	1329
7 Verwendung des Ein- kommens	9,0	70,0	21,0	1955
8 Aufnahme oder Wechsel der Berufstätigkeit der Frau	8,9	59,9	31,2	1171

Quelle: R. Nave-Herz/B. Nauck, Familie und Freizeit, München 1978, S. 40.

68 M. M. Johnson, Strong Mothers, Weak Wives. The Search for Gender Equality, Berkeley/ Ca. 1988.
69 So R. Nave-Herz (Anm. 29), S. 78ff.
70 BMJFG (Anm. 62), S. 67.

meine Wirklichkeit. In Bezug auf finanzielle Entscheidungen scheint dies auch seit längerer Zeit der Fall zu sein, wie die Untersuchung von Helge Pross zur »Wirklichkeit der Hausfrau« bereits 1974 resümierte:»Eindeutig ist jedenfalls, daß fast jede Hausfrau Zugang zu dem vom Mann verdienten Geld besitzt. Er erwirbt das Geld, kann oder will aber nicht allein darüber verfügen. Gegenüber der früheren Praxis des Bürgertums und des Kleinbürgertums ist das fast eine Revolution (...): Die Kasse hat sich von einem Herrschaftsinstrument zum Partnerschaftsgebilde gewandelt.«[71]

In anderen Angelegenheiten freilich scheint die »von den meisten Männern als Tatsache dargestellte Überlegenheit« noch ungebrochen; »wenn auch keinen absoluten Herrschaftsanspruch, so begründe sie aber doch ein gemäßigtes Herrschaftsrecht und vor allem eine Herrschaftspflicht«, nämlich »die Familie zu ernähren und zu beschützen«[72]. Diese eher konservativen Selbstdarstellungen werden jedoch erstaunlicherweise in der Ehe- und Familienforschung der Bundesrepublik bislang nicht näher empirisch untersucht[73].

Heidrun Stalb betont in einer umfassenden Analyse der entwickelteren US-Forschung zu ehelichen Machtverhältnissen den Einfluß der Geschlechtsrollenorientierungen und ihren Zusammenhang mit dem Zugang zu Ressourcen aller Art (Einkommen, Recht, Bildung).

» – Je moderner beide Partner eingestellt sind, desto eher ist eine symmetrische Machtbeziehung möglich, auch deshalb, weil das Verhältnis ihrer Ressourcen tendenziell ausgeglichen ist;
   – je traditionaler beide Partner, desto größer die Machtasymmetrie aufgrund der großen Disparität der Ressourcen; die Klarheit ihres Machtverhältnisses minimiert jedoch ihre Konflikte (dafür ist Ausbeutung wahrscheinlicher).
   – je größer die Disparität zwischen den Ehepartnern bezüglich der Geschlechtsrollenpräferenzen (insbesondere beim er-traditional-sie-egalitär-Mix), desto konflikthafter der Einigungsprozeß im decision-making; das Maß an Machtasymmetrie hängt auch hier von der Disparität der Ressourcen ab.«[74]

Die Schlüsselfrage auch für die ehelichen Machtverhältnisse ist die Frage nach der Verfügung über Ressourcen[75]. Die Ungleichverteilung von Machtmitteln geht dabei einher mit traditionalen Geschlechtsrollenpräferenzen zumindest von einem der beiden Partner.

Aus dem Grad an Modernität beziehungsweise Traditionalität ist auf das zu schließen, was John Scanzoni und Maximiliane Szinovacz die »guiding philosophy«[76] nennen: die grundsätzliche Einstellung zur eigenen Rolle in der Ehe/Familie. Die traditional eingestellte Frau stellt ihre eigenen Interessen hinter die der Familie/des Mannes zurück, ihr Glück ist das Glück der Familie. Der traditional eingestellte Mann hält genau das für selbstverständlich, verfolgt seine Karriere und erwartet

---

71 H. Pross, Die Wirklichkeit der Hausfrau, Reinbek 1975, S. 119.
72 H. Pross (Anm. 59), S. 155.
73 Vgl. T. Held, Soziologie ehelicher Machtverhältnisse, Neuwied 1978.
74 H. Stalb, Modelle zur Erklärung ehelicher Machtverhältnisse, Dipl.-Arbeit, Universität Bonn 1990; die folgenden Ausführungen zu ehelichen Machtverhältnissen beruhen auf dieser Arbeit.
75 Vgl. J. Scanzoni/M. Szinovacz, Family Decision-Making. A Developmental Sex Role Model, Beverly Hills – London 1980, S. 283.
76 Ebenda, S. 26.

dabei Unterstützung von ihr. Die modern eingestellte Frau verfolgt ihre eigenen Interessen und bemüht sich, diese mit denen der Familie unter einen Hut zu bekommen. Der modern eingestellte Mann nimmt die Interessen seiner Frau so ernst wie seine eigenen. Unterschiedliche »guiding philosophies« eines Paares sprechen für einen aufreibenden decision-making-process.

Die traditionale Orientierung der Frau geht meist einher mit einem beachtlichen Vertrauen – verstanden als bewußte Regulation von Abhängigkeit[77] – gegenüber ihrem Mann. Die Frau begibt sich in finanzielle Abhängigkeit und kooperiert selbstverständlich, indem sie dem Mann den Rücken freihält für seine beruflichen Ambitionen. Ihr vorbehaltloses Vertrauen und ihre Tendenz, auch sein Verhalten als kooperativ zu interpretieren, vereinfacht den Prozeß der Entscheidungsfindung. Die Philosophie egalitärer Geschlechtsrollen erwartet dagegen von beiden Partnern eine gleichermaßen kooperative Orientierung. Das bedeutet, daß auch der Mann die über die Familie hinausgehenden Interessen seiner Frau im Sinne des »maximum joint profit« interpretiert und sie darin kooperativ unterstützt. Vertrauen und Kooperativität werden hier von beiden Seiten immer wieder herausgefordert.

Ist er traditional, sie egalitär orientiert, wird das »decision-making« zu einem aufreibenden Prozeß. »Nein« als Antwort ist tendenziell wahrscheinlicher und häufig von heftigen Drohungen – bis hin zu physischer Gewalt – begleitet. In der Unfähigkeit zu effektivem »decision-making« sehen John Scanzoni und Maximiliane Szinovacz eine nicht zu vernachlässigende Ursache für Gewalt in der Familie[78]. Wichtig sind jedoch in jedem Falle die sozio-ökonomischen Ressourcen: Eine egalitär eingestellte Frau hat wenig Chancen gegen das »Nein« ihres traditionalen Mannes, wenn er über Status und Einkommen verfügt, sie dagegen (zum Beispiel auf Grund der ausschließlichen Übernahme der Kindererziehung) nicht. Von ihrer ökonomischen Unabhängigkeit hängt es auch ab, ob und wie lange sie physische Gewalt erträgt.

Wenn eheliche Machtverhältnisse nur in einer ganzheitlichen Perspektive zu begreifen sind, ihre lineare Reduktion auf »Ja/Nein«-Entscheidungen der Komplexität der Ehebeziehung nicht gerecht wird, dann muß der »Ressourcen«-Begriff theoretisch anspruchsvoll modelliert werden. Ökonomische Ressourcen (Einkommen, Eigentum) stellen nur eine, wenngleich kaum verzichtbare Macht-Grundlage dar. Die komplexeren Ressourcen – wie Selbstbewußtsein, Rechtstitel, kulturelle Normen, Bildung und so weiter – sind zwar empirisch (noch) kaum zu greifen, doch gehen sie in den Prozeß der sozialen Entscheidungsfindung folgenreich ein.

Elementarste Machtressource ist freilich physische Gewalt. So werden nach Schätzungen des bayerischen Sozialministeriums pro Jahr 4 Millionen Frauen von ihren Ehemännern mißhandelt, in jeder dritten Ehe kommen Gewalttätigkeiten vor, jährlich suchen 24 000 Frauen Zuflucht in Frauenhäusern[79]. In der Literatur herrscht keine Einigkeit darüber, ob diese eheliche Gewalt (auch gegen Kinder!) zugenommen hat. Die Ergebnisse der bereits zitierten »Brigitte«-Studie aus dem Jahr 1986

---

77 Ebenda, S. 36.
78 Ebenda, S. 81.
79 Nach E. Neubauer u. a., Gewalt gegen Frauen: Ursachen und Interventionsmöglichkeiten, BMJFFG-Schriften Bd. 212, Stuttgart u. a. 1987; siehe auch R. Simm, Gewalt in der Ehe, IBS-Materialien 7, Universität Bielefeld 1983; M.-S. Honig, Verhäuslichte Gewalt, Frankfurt/M. 1986.

stimmen jedenfalls nachdenklich: »Nur knapp die Hälfte der Männer akzeptiert im Grunde das Recht auf körperliche Unversehrtheit der Frau. Jeder zweite Mann meint, selbst bei brutalen Körperverletzungen solle die Frau ihren Mann nicht anzeigen.«[80] Es scheint noch ein weiter Weg zur Partnerschaft in der Ehe zu sein.

Auch hinsichtlich der Machtverhältnisse zwischen den Geschlechtern auf der Makroebene – in Betrieben, Verbänden sowie in der Politik – liegen erstaunlich wenige empirische Studien vor, die sich mit den konkreten Machtverhältnissen in Institutionen beschäftigen. Die Grenzen zwischen den verschiedenen Machtdimensionen sind auch hier nicht immer trennscharf zu ziehen. Erst in den letzten Jahren wurde – aufgrund der Initiative von Frauen – bewußt, wie häufig sexuelle Belästigungen durch Männer in Betrieben und anderen öffentlichen Einrichtungen stattfinden: Formen physischer und psychischer Gewaltanwendung, die eine partnerschaftliche Kommunikation von Grund auf verunmöglichen[81]. Der faktische Ausschluß von Frauen aus vielen Bereichen des Erwerbssystems und, auf der nächsten Stufe, der Ausschluß von Frauen aus Machtpositionen in Institutionen wurden in den letzten Jahren gleichfalls und vielleicht sogar erfolgreicher problematisiert. Frauen stehen zunehmend in Führungspositionen und reflektieren über den angemessenen Umgang mit der ihnen neu zuwachsenden Macht in Politik und Wirtschaft[82].

In der politischen Sphäre ergaben sich mit den achtziger Jahren besonders rasante Veränderungen: Entwürfe für ein »Anti-Diskriminierungsgesetz« wurden von Parteien und Wissenschaftlerinnen protegiert. Frauen-Gleichstellungsstellen und -Beauftragte wurden in mehreren hundert bundesdeutschen Kommunen, bei Landkreisen und in Ministerien, aber auch in zahlreichen Großbetrieben eingerichtet. Zum Tragen kamen Frauenförderprogramme, Programme zur Vereinbarung von Familie und Beruf. Schließlich – als radikalste Maßnahme – wurden Quotierungen in Parteien, zuerst bei den »Grünen« und der SPD, beschlossen und für andere gesellschaftliche Bereiche diskutiert.

Wie verändert sich mit diesen Entwicklungen die Machtbalance zwischen den Geschlechtern? Prognosen sind schwierig. Wahrscheinlich sind widersprüchliche Entwicklungen, eine »Pluralisierung« nicht nur der positiven Entfaltungsmöglichkeiten, wie wir dies weiter oben begründeten, sondern auch der Demütigungen und Not. Die Gefahr besteht, daß der tatsächliche Erfolg der Frauenbewegung, die Präsenz der Frauen in der Öffentlichkeit, den Blick von den Frauen ablenkt, die weiterhin oder gar erneut unter unreifen und gewalttätigen Männern zu leiden haben – und dieses Leiden als »Privatsache« ertragen müssen.

80 S. Metz-Göckel/U. Müller (Anm. 24), S. 128.
81 Vgl. J. Hearn/W. Parkin, »Sex« at »Work«. The Power and Paradox of Organisation Sexuality, Brighton 1987.
82 X. Kayden, Surviving Power. The Experience of Power – Exercising It and Giving It Up, New York – London 1990; M. Weg/O. Stein (Hrsg.), Macht macht Frauen stark. Frauenpolitik für die 90er Jahre, Hamburg 1988; M. Bock u. a., »Uns fehlt der Mut zur Männerfeindlichkeit«. Eine Zwischenbilanz nach zwanzig Jahren Frauenbewegung in der Bundesrepublik Deutschland, in: Forschungsgruppe Neue Soziale Bewegungen (Hrsg.), 40 Jahre Soziale Bewegungen: Von der verordneten zur erstrittenen Demokratie, Sonderheft des Forschungsjournal Neue Soziale Bewegungen 1989.

2.3.3 Gleiche Bildung und Kultur der Gleichheit

Als eine Quelle des Selbstbewußtseins von Frauen und ihres Anspruches auf Teilhabe an der Gesellschaft gilt das Bildungsniveau. Hier haben sich zumindest bis 1980 dramatische Veränderungen vollzogen. Der Anteil von Mädchen an Gymnasien stieg von 36,5 Prozent im Jahr 1960 über 41,4 Prozent im Jahr 1970 auf 50,5 Prozent im Jahr 1980. Auch im Jahr 1987 wurden etwa gleichviele Mädchen wie Jungen an den Gymnasien unterrichtet, an den Realschulen waren sie sogar etwas stärker vertreten (52,8 Prozent). In der betrieblichen Ausbildung sind Mädchen nach wie vor unterrepräsentiert (42 Prozent der Auszubildenden). Der Frauenanteil an den Hochschulen stieg zwar von 23,9 Prozent im Jahr 1960, 25,5 Prozent im Jahr 1970 auf 37,7 Prozent im Jahr 1980, stagniert seitdem aber auf diesem Niveau (Wintersemester 1987/88: 38 Prozent)[83]. Der Gewinn der Ressource »Bildung« auf seiten der Frauen hat gewiß weitreichende und langfristige Einflüsse auf das wirtschaftliche und politische Verhältnis der Geschlechter. Hat sich damit auch das kulturelle Bild von Frauen und Männern gewandelt?

Wir haben weiter oben unter Rückgriff auf die international vergleichenden Studien von Ronald Inglehart einige Veränderungen der Frauenrolle anhand der Fragen diskutiert, wie wichtig Kinder für den Lebensentwurf einer Frau sind und inwieweit es akzeptiert wird, daß Frauen bewußt auch ohne Männer Kinder aufziehen. Wir kamen in beiden Fällen zum Schluß, daß eine »Pluralisierung« von Lebensentwürfen für Frauen stattgefunden hat – und daß diese Pluralisierung auch zunehmend akzeptiert wird. Der empirische Trend hin zur »Kinder-Familie« hat weitreichende kulturelle Implikationen. Er verändert die Familie als elementare Gemeinschaftsform. Während die traditionell-patriarchale Familie auf Blutsverwandtschaft und Tradition gegründet war, trat in der modernen Kleinfamilie – durch die Betonung der romantischen Liebe und der Vertragsbeziehung der Ehe – die Tradition weitgehend und das blutsverwandtschaftliche Moment zumindest bewußtseinsmäßig zurück. Es entstand die »Ehe«- beziehungsweise »Eltern«-Familie. Nun erleben wir mit der emphatischen Akzentuierung der Eltern-Kind-Beziehung ein Revival der biologisch begründeten Familie – und damit ein Revival der »Natur«?

Der neue Familientyp hat zwei Gesichter: Die eine Seite ist die alleinerziehende Mutter (selten der alleinerziehende Vater), die isoliert oder in nachbarschaftlichen und freundschaftlichen Netzen lebt. Der zweite Typ der »Kinder-Familie« ist die matrilineare oder patrilineare Verwandtschafts-Familie, die hinzugeheiratete Männer wie Frauen geringer schätzt als den Familienzusammenhalt – und deshalb Trennungen und das Vergessen der Abgetrennten hinnimmt. In diesem Sinne preist die Feministin Germaine Greer die »FAMILIE« in einem neueren, umstrittenen Buch[84]. Germaine Greer will die Entfaltung der individuellen Bedürfnisse – in einer Familien-Gemeinschaft, für die auch ein Preis zu zahlen ist. Sie steht mit diesem Lob der Familie nicht allein im feministischen Lager. Viele Autorinnen, die wir oben unter dem Etikett »Separatismus/Differenz« summiert haben, befürworten die »FAMILIE«; als Feministinnen wollen sie starke Frauen in diesen »FAMILIEN«; sie wollen ganz bewußt die Mutter-Kind-Beziehung in den Mittelpunkt stellen – nicht zuletzt

---

83 Nach E. Beck-Gernsheim (Anm. 47), S. 221; Datenreport 1989 (Anm. 31), S. 72.
84 G. Greer, Die heimliche Kastration, Frankfurt/M. u. a. 1984.

auch eine Vorsichtsmaßnahme gegenüber den aufkommenden Interessen (und manchmal gewiß Bedürfnissen) der geschiedenen oder nicht-ehelich getrennten Väter an ihren Kindern, die zunehmend das Sorgerecht gegen die Mütter zu erstreiten versuchen[85].

Die Suche nach »Gemeinschaft« in einer individualisierten Gesellschaft, in der Märkte und Staats-Bürokratien dominieren, wird in den nächsten Jahren mit Sicherheit erheblich zunehmen. Das Geschlechterverhältnis und die Familie werden ein Zentrum dieser Gemeinschafts-Suche bilden. In den USA hat in den letzten Jahren bereits eine breite Diskussion um die »Gemeinschaftshaltigkeit« (Martin Buber) der US-Gesellschaft eingesetzt. Ein Markstein war das Buch »Habbits of the Heart« einer Gruppe von Soziologen und Philosophen um Robert N. Bellah[86]. Sie betonen über die Familie hinaus die große Bedeutung freiwilliger Assoziationen, von Bürgerinitiativen und Selbsthilfegruppen, aber auch die Notwendigkeit einer Moralkultur, einer »moralischen Ökologie« der amerikanischen Gesellschaft insgesamt.

Der neue Gemeinschafts-Diskurs der amerikanischen Autoren schillert: von der Bluts-Gemeinschaft der »Kinder-Familie« (mit ihren Protagonisten bis in das rechtskonservative Lager) über die Traditionsgemeinschaft bis hin zur emanzipatorischen Betonung freiwilliger Gemeinschaft. Diese Ansätze können durchaus auch Verbin-

---

85 M. Stein-Hilbers, »Sie wollen (alte) neue Rechte, aber keine neuen Pflichten. Über die Versuche von Vätern, in Kindererziehung und Sorgerecht verlorenes Terrain zurückzuerobern«, in: Frankfurter Rundschau vom 1. Juni 1989.

86 R. N. Bellah u. a., Gewohnheiten des Herzens. Individualismus und Gemeinsinn in der amerikanischen Gesellschaft, Köln 1987.

dungen eingehen. So plädiert Elizabeth Albert in einer feministischen Auseinandersetzung mit »Habbits of the Heart« für ein Revival der Ehe als Prototyp freiwilliger Gemeinschaftsbindung: »Weil wir in eine Gemeinschaft auf dieselbe Weise hineingeboren werden wie in die Familie, benötigen wir eine Metapher für den Vollzug der Bindung. Die Ehe – natürlich ohne ihre sexuellen und romantischen Elemente – gibt uns diese Metapher.«[87]

Die Ehe als Idealform sozialer Gemeinschaftsbildung? Trotz Scheidungen (und wegen der Wiederverheiratungsraten!) spricht nicht viel für einen Niedergang der Geschlechtergemeinschaft. Im Gegenteil: Die Partnerschaft der Geschlechter bleibt eine soziale Utopie im Möglichkeitsraum. Es ist die Vision der klassischen Texte der Frauenbewegung, der großen Humanistinnen und Humanisten von jenem »Wunderbarsten«, das am Ende von Ibsens »Nora« als Hoffnung aufleuchtet:

Helmer: »Nora – werd ich niemals dir wieder mehr als ein Fremder sein können?
Nora: Ach, Torvald, dann müßte das Wunderbarste geschehen ... Dann müßte mit uns beiden, mit dir wie mit mir, eine solche Wandlung vorgehen, – daß – ach, Torvald, ich glaub an keine Wunder mehr.
Helmer: Aber ich will daran glauben. Sprich zu Ende. Eine solche Wandlung, daß –?
Nora: – daß unser Zusammenleben eine Ehe werden könnte.«[88]

---

87 M. E. Albert, In the Interest of the Public Good? New Questions for Feminism, in: Ch. H. Reynolds/R. V. Norman (Hrsg.), Community in America. The Challenge of ›Habbits of the Heart‹. Berkeley u. a. 1988, S. 94 (Übers. M. o.).
88 H. Ibsen (Anm. 35), S. 830.

Das Gelingen sozialer Gemeinschaft von zwei Menschen ist ein Glück, doch es setzt entwickelte Individualitäten voraus, Menschen, die seelisch mit sich im Gleichgewicht und so erst gemeinschaftsfähig sind. Eine Gesellschaft, die allein darauf gründen müßte, wäre freilich instabil: Kinder, deren Entwicklung allein davon abhinge, wären hoch gefährdet. Die soziale Gemeinschaftsbildung bedarf der Unterstützung von außen. Hier haben sich in diesem Jahrhundert dramatische Umbrüche vollzogen, auf die wir eingegangen sind: die Auflösung der Mehrgenerationen-Haushalte (nicht unbedingt der Verwandtschaftslinien!), die Verallgemeinerung des Arbeitsmarktes, aber auch die Expansion sozialstaatlicher Leistungen wirkten auf die Familie ambivalent. Sie haben die Familien psychisch überlastet und zur Nachfrage nach verschiedensten Formen psycho-sozialer Hilfe geführt – und sie haben Frauen und Männer zum Erwachen ihrer Individualität gebracht. Sie haben die Lebensgestaltung komplizierter gemacht – aber materieller Wohlstand und sozialpolitische Einrichtungen (Rente, Sozialhilfe, Kindergärten, Pflegehilfen) federn die Kleinfamilie vielfach in Notlagen ab. Zudem bestehen, wie die Forschungen zu sozialen Netzwerken deutlich gemacht haben, zahlreiche intermediäre Hilfe- und Unterstützungssysteme in Verwandtschaften, zwischen Nachbarn, Freunden und Bekannten, in Selbsthilfegruppen und Vereinen[89]. Vielleicht ist deshalb die Zeitdiagnose von Franz-Xaver Kaufmann, daß die am Individuum orientierte christliche Religion und damit »die abendländische Kultur keinerlei Gegengewicht gegen die vereinzelnde und anonymisierende Wirkung der ökonomischen Verkehrsbeziehungen«[90] biete, etwas zu absolut.

2.3.4 Geistige Partnerschaft

Im Übergang von der Industriegesellschaft zur »postindustriellen« Gesellschaft zeichnen sich Entwicklungslinien ab, die eine neue Beziehung zwischen religiöser und sozialer Gemeinschaftlichkeit wahrscheinlich machen. »Vielleicht würde eine Religion, die in der zeitgenössischen Gesellschaft Sinn vermittelt, ein Bedürfnis befriedigen, das immer mehr Menschen empfinden«[91], meint der Politikwissenschaftler Ronald Inglehart. Er analysiert in seiner Wertwandelstudie unter anderem den Zusammenhang von Geschlechterrollen und Religion. Auch Rita Süßmuth sieht – im Rahmen einer kritischen Auseinandersetzung mit der katholischen Kirche – in der »Besinnung auf die Sozialnatur des Menschen, die in der Gemeinschaft von Mann und Frau, in der Beziehung von Eltern und Kindern (. . .) zum Ausdruck kommt, (. . .) einen der wesentlichen Beiträge, den die Kirche heute in der Gesellschaft leisten könnte«[92]. Beide Äußerungen sprechen einen häufig verkannten Zusammenhang an: Religiosität ist auch Vollzug von Gemeinschaft, die Erfahrung des Geistigen ist für Menschen an dialogische Erfahrung geknüpft.

89 Vgl. G. Lüschen, Familial-verwandtschaftliche Netzwerke, in: R. Nave-Herz (Anm. 29), S. 145–172; F.-X. Kaufmann (Hrsg.), Staat, intermediäre Instanzen und Selbsthilfe, München 1987.
90 F.-X. Kaufmann, Religion und Modernität, Tübingen 1989, S. 263.
91 R. Inglehart (Anm. 33), S. 268.
92 R. Süßmuth, Frau, Christentum und Kirche – eine besondere Spannung, in: dies., Kämpfen und Bewegen. Frauenreden, Freiburg u. a. 1989, S. 156.

Im Geschlechterverhältnis als elementarer Gemeinschaftsform eröffnet sich für den einzelnen ein Zugang zur geistigen Welt. In allen Religionen und Weltanschauungen nimmt daher die Beziehung von Mann und Frau eine zentrale Rolle ein: Adam und Eva, Maria und Josef, Shiva und Shakti – die Zweiheit der Geschlechter steht für die menschliche Grunderfahrung der Dualität bei allen leiblichen und seelischen Vorgängen.

Die geistig-religiöse Ausgestaltung des Geschlechterverhältnisses unterlag einem erheblichen historischen Wandel. Sie veränderte sich von einer vorneuzeitlichen »matriarchalen« (beziehungsweise »matristischen«) Dominanz des weiblichen Prinzips[93] in die die Neuzeit bestimmende Vorherrschaft männlicher Sinndefinitionen innerhalb der monotheistischen Großreligionen. So schrieben in der jüdisch-christlichen Vergangenheit religiöse Deutungsmuster auf der Grundlage einer Abwertung des Körperlichen die Subordination der Frauen unter die Männer fest. Doch es gab auch im Christentum immer schon Gegentendenzen, die eine hierarchische Polarisierung im Geschlechterverhältnis überwanden. Die Aufhebung dieser Polarisierung ist ein wiederkehrendes Motiv der christlichen Gnosis, wie dies im Thomas-Evangelium in den Worten des Jesus von Nazareth zum Ausdruck kommt:»Wenn ihr aus den beiden eins macht, und aus dem Inneren das Äußere und aus dem Äußeren das Innere, aus oben unten, und wenn ihr das Männliche und das Weibliche vereint, so daß das Männliche nicht männlich und das Weibliche nicht weiblich ist . . . dann sollt ihr das Himmelreich betreten.«[94] Die gegenwärtige Konvergenz der Weltreligionen sowie das (Wieder-)Aufkommen esoterischer Strömungen in- und außerhalb der Großkirchen könnte eine Integration männlicher und weiblicher Sinn-Bilder in ein »allgemein-menschliches« Leitbild ermöglichen, das weder Weibliches noch Männliches benötigt und keines der Geschlechter abwertet.

Die auf Ganzheit abzielende Entwicklung des Menschen taucht auch in sozialen Visionen regelmäßig auf:»Eine Utopie der feministischen Bewegung ist die Androgynie: die vollkommene Aufhebung der Bindung des Menschen an sein biologisches Geschlecht. (. . .) Die emblematische Figur des Androgynen reflektiert auf Ganzheit, auf *neue Qualität* des menschlichen Seins und nicht nur auf eine Verdoppelung des einzelnen durch die übernommenen Möglichkeiten des anderen Geschlechts. Die Suche nach der neuen Qualität, nach dem ›ganz anderen‹ ist die ewige Suche nach dem authentischen Selbst.«[95]

Es sind Ideen geistiger Androgynität, die in die Diskussion des Geschlechterverhältnisses zusehends einfließen und aus einer ganzheitlichen Perspektive gleichermaßen eine substantielle Kritik der mit der Reproduktionstechnik verbundenen Phantasien wie eine Überwindung des fruchtlosen Dualismus von »Gleichheit« und »Differenz« verheißen. Es ist eine dialektische Bewegung, deren Hegelsche »Aufhebung« in der »Partnerschaft« Menschen voraussetzt und zur Folge hat, die in Gemeinschaft Individuen geworden sind.

---

93 Vgl. U. Wesel (Anm. 10); C. Meier-Seethaler, Ursprünge und Befreiungen. Eine dissidente Kulturtheorie. Zürich 1988.

94 Zitiert nach S. Schaefer u. a. (Anm. 34), S. 191.

95 U. Bock, Androgynie und Feminismus, Weinheim–Basel 1988, S. 10; vgl. auch mit empirischem Material D. Bierhoff-Alfermann, Androgynie. Möglichkeiten und Grenzen der Geschlechterrollen, Opladen 1989.

3. Zusammenfassung: Partnerschaft und Individualismus

Die hier gewählte sozialökologische Perspektive unterscheidet vier Ebenen, auf denen das Verhältnis der Geschlechter im Wandel begriffen und Partnerschaft zwischen den Geschlechtern möglich ist. Sie stehen in logischer Beziehung und sind nicht hierarchisch zu denken: So genügt geistige Partnerschaft allein nicht; sie ist letztlich nur möglich, wenn die körperliche, die seelisch-individuelle und die soziale Partnerschaft realisiert werden. Partnerschaft zwischen den Geschlechtern ist ein ganzheitliches Lebens-, ja Menschheitsprojekt, das alle Ebenen des Menschseins einschließt. Partnerschaft erfordert die dialogische Begegnung zweier Menschen. Sie können sich durchaus unterscheiden, sollten es vielleicht sogar, aber diese Unterscheidung wird sich nicht allein entlang der biologisch-körperlichen Differenz ausfächern.

Ob diese Hoffnungen Visionen bleiben, ob die Anhaltspunkte dafür, die in diesem Beitrag zusammengetragen wurden, Chancen der Weiterentwicklung in sich bergen oder ob das Geschlechterverhältnis stagniert, in Hierarchien und kollektive Abgrenzungen zurückfällt, dies wird auch von Faktoren abhängen, die wir noch nicht kennen. Gleichwohl bleiben Optionen auf Veränderungen, die individuell – in kleinen und größeren sozialen Zusammenhängen – bewußt gestaltet werden können. Dem Erwachen der Frauen aus der patriarchalen Zwangsunmündigkeit entspricht noch längst kein Erwachen der Männer aus ihrer bewußtseinslosen Dominanzgeste. Für beide Geschlechter gilt noch, daß in diesem Prozeß des Erwachens Vereinseitigungen stattfinden. Eine notwendige ganzheitliche Bewegung in Richtung »Partnerschaft« wird gleichermaßen Änderungen der Individuen wie gesellschaftlichen Wandel beinhalten müssen: materielle Sicherheit vor allem der Frauen, wirkliche Rechtsgleichheit und neue androyne Bewußtseinsformen. Daraus ergeben sich sozialpolitische Forderungen auf »Teilhabe«, die in diesem Beitrag verschiedentlich angesprochen wurden, allerdings nicht vertieft werden konnten: beispielsweise die Idee eines »garantierten Grundeinkommens« für alle Bürgerinnen als vorleistungsunabhängige Teilhabegarantie am Konsumprozeß oder die sozialpolitische Unterstützung einer Zuwendung der Väter (aber auch der Mütter!) zu ihren Kindern durch bezahlten Elternurlaub mit Rückkehrgarantie, Teilzeitarbeitsregelungen und so weiter[96]. Sozialpolitische Reformen, die die Partnerschaft der Geschlechter unterstützen, sind zweifellos eine angemessene Antwort auf die Herausforderung der Zeit. Sie setzen Realitäten, tragen zur Veränderung sozialer Strukturen bei, in die junge Menschen dann wie selbstverständlich hineinwachsen. Sozialpolitische Reformen bleiben jedoch äußerlich, wenn sie nicht von einer andauernden Bewegung von Männern und Frauen aufeinander zu begleitet sind. Das Idealbild dieser Bewegung liegt für den Dichter Rainer Maria Rilke in der menschlichen Liebe, »der Liebe, die darin besteht, daß zwei Einsamkeiten einander schätzen, grenzen und grüßen«[97].

---

96 Vgl. dazu M. Stalb/M. Opielka (Anm. 8) sowie Beiträge in: M. Opielka/I. Ostner (Anm. 39).

97 R. M. Rilke, Brief an einen jungen Dichter, Leipzig o. J. (um 1930), S. 42.

ROLAND ECKERT

Die Entstehung besonderer Lebenswelten – Konsequenzen für die Demokratie

1. Die Expansion des Bildungsbürgertums

Die Großgruppen, auf die sich in der Vergangenheit Politik stützen konnte, rekrutierten sich aus relativ klaren ökonomischen und konfessionellen, in anderen Ländern auch regionalen und ethnischen Zusammenhängen. Seit im 17. und 18. Jahrhundert die konfessionellen Bewegungen festgefroren wurden, seit sich im 19. Jahrhundert das liberale und nationale Bürgertum emanzipierte, seit gegen Ende des 19. Jahrhunderts die Arbeiterklasse sich konstituiert hatte, konnten sich politische Traditionen über Generationen und Kriege, ja selbst den Nationalsozialismus hinweg fortsetzen. Dies gilt nicht nur für die Tradition der Arbeiterbewegung in der SPD, sondern auch für die Traditionen des Zentrums und der Deutschnationalen, die heute noch in CDU und CSU wirksam sind.

Diese Ausgangslage wird heute durch zwei Entwicklungen abgeschwächt: Zum einen sind die Unterschiede der Klassenlagen durch die allgemeine Anhebung des Konsumniveaus und die relative Sicherheit des Arbeitsplatzes und der sozialen Lage abgemildert und durch Aufstiegshoffnungen individualisiert[1]. Die Industrialisierung der Landwirtschaft und die Abwanderung der Bauern in die Fabriken haben den Gegensatz von Stadt und Land unscharf gemacht. Neu entstehende Differenzierungen der Klassenlage, wie die Ausgrenzung von ungelernten Arbeitnehmern und nicht ständig beschäftigten Randbelegschaften, haben bis heute noch nicht zu einer neuen Klasse (an und für sich) geführt[2].

Gleichzeitig hat sich die Zahl der Menschen, die ihre Lebenslage nicht über einfache Arbeit oder Besitz definiert sehen, sondern über Qualifikation zu verbessern suchen, fortschreitend und seit dreißig Jahren sprunghaft vermehrt. Dieses »Bildungsbürgertum« ist aber in seiner politischen Orientierung relativ wenig festgelegt, wenn man einmal von einer liberalistischen Grundstimmung absieht, die aber – wie die Geschichte zeigt – rechte und linke und nun auch grüne Ideen relativ leicht adaptieren kann. In seine Klassenlage ist eine hohe Reflexivität gleichsam »eingebaut«: Ihre Mitglieder haben von klein auf gesagt bekommen, daß sie etwas »aus sich machen« sollen und können, und erfahren, daß sie selbst über zwanzig oder dreißig Jahre hinweg Gegenstand ihrer eigenen Arbeit sind. Die Vorgaben durch Elternhaus,

1 U. Beck, Jenseits von Stand und Klasse?, in: R. Kreckel (Hrsg.), Soziale Ungleichheiten, Sonderband 2 der Sozialen Welt, Göttingen 1983; W. Zapf u. a., Individualisierung und Sicherheit. Untersuchungen zur Lebensqualität in der Bundesrepublik Deutschland, München 1987.
2 R. Eckert, Ausgrenzung einer neuen Unterschicht? Technischer Fortschritt und Arbeitslosigkeit, in: Die Neue Gesellschaft/Frankfurter Hefte, 33 (1986) 12, S. 1153–1156.

Konfession und Beruf der Elterngeneration sind unscharf und häufig unbrauchbar, die Definition der eigenen Identität wird im Lebenslauf selbst und aktiv vorgenommen[3].

In diesem Zusammenhang entfalten jenseits der Parteien und Interessenverbände nicht nur soziale Bewegungen (von der Lebensreform- und Jugendbewegung des Jahrhundertbeginns bis zur Ökologie- und Friedensbewegung von heute), sondern auch kulturelle Modelle und gruppenspezifische ›Lebensstile‹ ihre prägende und identitätsstiftende Kraft. Indem Menschen sich von Ideen ergreifen lassen, erfahren sie ihren Ort in der Gesellschaft – und in einer als Prozeß erfahrenen Geschichte. Sie sind Anbieter überindividuellen Sinns, der nicht durch Tradition, sondern durch Wahlakte verpflichtend wird: Das Bewußtsein bestimmt in ihnen das Sein. Wenn es richtig ist, daß immer mehr Menschen immer mehr Lebenszeit in Qualifizierung investieren, dann wird sich das reflexive Potential, das sich seit Ende des 18. Jahrhunderts in immer neuen Schüben entfaltet hat, weiter und weltweit steigern.

2. Weltkultur als Markt

Gleichzeitig sorgt ein weltumspannendes Kommunikationsnetz dafür, daß Ideen sich weltweit verbreiten und auf einem Markt über Angebot und Nachfrage auch diversifizieren können. Soziale Differenzierung findet darum nicht nur über die Spezialisierung von Berufen, sondern auch über Themen im Rahmen der Weltkultur statt. Unter dem Ansturm der Massenmedien ist ferner das traditionelle Erziehungskartell von Nachbarschaft, Familie, Schule und Kirche zusammengebrochen. Mit dem Transistorradio und – heute perfekter – dem walk-man haben schon Jugendliche einen direkten »Draht« zum Markt der Meinungen und Interessen, der von den Erziehungsberechtigten kaum mehr kontrolliert werden kann. Das Prinzip der Zuteilung von Information und Meinung wird weitgehend durch Angebot und Nachfrage ersetzt. Nicht nur wirtschaftliche Interessenten, sondern auch Weltanschauungen, Ideologien, religiöse und therapeutische Kulte bieten sich an. Damit ist ein fundamentaler Wandel in Gang gekommen, der die sich entwickelnde Weltgesellschaft von einfachen Stammesgesellschaften und ebenso von Hochkulturen, ja sogar der industriellen Klassengesellschaft des 19. und 20. Jahrhunderts trennt: Primär verwandtschaftlich organisierte Gesellschaften knüpften ihre Deutungsmuster zumeist unmittelbar an die Grundpositionen einer Gesellschaft, so daß Männer und Frauen, Kinder und Alte ihren spezifischen Bestand an Mythen verfügbar hatten. Hochkulturen zeichnen sich durch tendenziell hoheitliche Verwaltung von Deutungsmustern über Priester, Richter und Ärzte aus. Sie konnten sich durch Dogmatisierung abschotten. Das entfaltete Kommunikationssystem der Moderne hat dazu geführt, daß das spezifisch moderne Allokationsprinzip der *Markt* von Deutungsmustern ist[4].

---

3 R. Eckert, Zur Konstitution von Wirklichkeit in Bildung und Beruf, in: H. Braun/A. Hahn (Hrsg.), Kultur im Zeitalter der Sozialwissenschaften. J. H. Tenbruck zum 65. Geburtstag, Berlin 1984, S. 127–141.

4 R. Eckert/R. Winter, Kommunikationstechnologien und ihre Auswirkungen auf die persönlichen Beziehungen, in: Technik und sozialer Wandel. Verhandlungen des 23. Deutschen Soziologentags in Hamburg 1986, hrsg. im Auftrag der Deutschen Gesellschaft für Soziologie von B. Lutz, Frankfurt/M.–New York 1987.

Die Kultur wird als »Markt« von Sinnwelten reorganisiert. Während die traditionellen Orientierungsmächte – Nachbarschaft, Verwandtschaft und Kirche – dem Menschen wenig Wahlmöglichkeiten gelassen haben, mit wem er wohnen, wen er lieben, was er glauben sollte, werden heute Werthaltungen und Mitgliedschaften wählbar. Zwar gibt es noch die Sinnoligopole der Kirchen, die ihren angestammten Markt gegen Kleinanbieter von Sinn wie therapeutische und mystische Gemeinschaften zu behaupten versuchen[5]; zwar behaupten sich die Partizipationstrusts der Parteien, die die Konkurrenten, die ihnen nun in Bürgerinitiativen und bunten Parteien erwachsen, vielleicht manchmal am liebsten »therapieren« oder durch ein neues Parteiengesetz ausgrenzen würden. Sowohl Kirchen wie Parteien stützen sich direkt oder indirekt auf fiskalische Alimentationen über das staatliche Steuermonopol. Neben ihnen gibt es aber andere »Identitätsagenturen«, die sich massenmedial annoncieren (beispielsweise die Fernsehkirchen der USA), gibt es politische Kondottieri, die spezifische Ressentimentgruppen zusammenschließen können und bei Erfolg ebenfalls staatlicher Finanzierung teilhaftig werden.

Der Marktförmigkeit der modernen Weltkultur entspricht es, daß in einer Fülle von beruflichen und außerberuflichen Aktivitäten Sinngebungen gesucht und gefunden werden. Dabei verschwimmen die Trennlinien zwischen Religion, Therapie und Hobby um so mehr, je weniger die Deutungsmuster hoheitlich verwaltet werden und je mehr das professionelle Monopol der Sinnvermittler durch Do-it-yourself-Bewegungen und Baumärkte für Sinnbausteine unterlaufen werden[6]. Die ehemals hierarchisch verwaltete Hochkultur ist also nicht einfach durch eine nivellierte Allerweltsoder Massenkultur abgelöst worden, wie die konservativen Philosophen zu Beginn des Jahrhunderts fürchteten. Vielmehr ist eine Fülle von miteinander konkurrierenden Spezialkulturen entstanden, die – gleichsam als Enklaven – von einer Allerweltskultur umgeben sind. Die Spezialkulturen haben Schaufenster in der Ladenstraße der Allerweltskultur, und wir entscheiden, ob wir – zunächst ganz unverbindlich – eintreten. Die Relativität und Unsicherheit der Wahlakte erzeugt freilich andauernden Begründungsbedarf, der – zumindest temporär – mit den in den Spezialkulturen geltenden Legitimationsmustern befriedigt wird.

3. Differenzierung und Selektion von Interessen

Welche Konsequenzen hat diese Entwicklung für die Gesellungsformen der Menschen? So wie sich auf den Gütermärkten die Produkte spezialisieren und vervielfältigen können, so wie sich mit der Expansion des Arbeitsmarkts Berufe ausdifferenzierten, erweitert sich nun die Zahl und erhöht sich der Spezialisierungsgrad der außerberuflichen, »persönlichen« und »privaten« Identitäten. Ihr Ort sind die persön-

---

5 R. Eckert, Sind anomische Prozesse institutionalisierbar? Gedanken zu einigen Voraussetzungen, Funktionen und Folgen von Selbsterfahrungsgruppen, in: Kölner Zeitschrift für Soziologie und Sozialpsychologie, Sonderheft 25 (1983) (»Gruppensoziologie«), S. 144–155.
6 Das spirituelle Adreßbuch 1986/1987 für den deutschsprachigen Raum enthält über tausend Adressen, das Kursbuch Psychotherapie 1985 enthält knapp 600 verschiedene Therapieformen. Auch viele Sportarten und sogenannte Hobbys haben durch meditative oder ekstatische Elemente existentielle Bedeutung.

lichen Beziehungen, ihre Zeit ist die Freizeit. Die Loslösung des einzelnen aus der Kontrolle durch Kirche, Verwandtschaft und Nachbarschaft führt dazu, daß seine persönliche Identität, das Steuerungsprinzip seines Verhaltens, von diesen nicht mehr mitgetragen und – solchermaßen gestützt – von ihm einfach gelebt werden kann, sondern für ihn zum Problem und zur Aufgabe wird[7]. Kommunikationsmedien liefern die notwendigen Identitätsmuster.

Die Differenzierung von Sinnwelten auf den medial getragenen Märkten stößt freilich auch auf Grenzen. Berufliche und (außerberufliche) persönliche Identität gleichen sich darin, daß man in sie Lebenszeit investieren muß, die dann für alternative Spezialisierungen nicht mehr zur Verfügung steht. Berufswechsel und Konversionen sind also nur in beschränktem Umfang möglich. In dem Maße, wie die private Existenz durch Wahlakte gekennzeichnet ist, wird Zeit knapp. Viele Lebensformen werden angeboten, nur wenige aber sind gleichzeitig wählbar. Die Knappheit der Lebenszeit steigert zusätzlich die Verantwortung für das eigene Leben[8]. Für gewählte Lebensformen besteht darum ein hoher Begründungsbedarf: vor uns selbst und vor anderen. In vielen Fällen sind Begründungen nicht rational zu erstellen. Für Hobbys und persönliche Beziehungen gibt es – gottlob – keinen Warentest, der die Vorzüge und Nachteile aufschlüsseln und über Bewertungen vergleichbar machen könnte.

Als Legitimationsbasis von Objektbesetzung und Interessenformation dient der Rekurs auf »eigene und echte Gefühle«, die man in den jeweiligen Zusammenhängen, in den Beziehungen und Aktivitäten hat oder zu haben hofft. Hinter der – von Arnold Gehlen bis Richard Sennet beklagten[9] – Subjektivierung steckt also gerade nicht »Beliebigkeit«, sondern der Versuch der Selbstrechtfertigung vor dem eigenen Lebenslauf. Denn die dem einzelnen in der modernen Gesellschaft abverlangten Entscheidungen tragen nicht nur zu seiner Individuierung bei, sondern setzen ihn auch unter Problemdruck. Wie in einem Berufsbild nicht beliebige Fähigkeiten kombiniert werden können, sind auch außerberufliche Spezialisierungen durch ihre Anschlußfähigkeit begrenzt. Wenn ich im Beruf an irgendeiner Stelle Fachmann bin, so bedeutet dies gleichzeitig, daß ich an anderer Stelle Laie bin, also mit einem Allerweltswissen auskommen muß. So auch in der außerberuflichen Identitätsfindung: In dem Maße, wie wir uns auf ein Kernthema spezialisieren, werden wir uns in peripheren Gebieten der Konfektion bedienen müssen. Spezialkulturen, denen ich angehöre oder angehören will, haben zentrale Bedeutung für die Ausbildung der persönlichen Identität, die sie umgebende Allerweltskultur nur periphere.

Jede Spezialkultur hat »Experten«, Menschen, die »weiter« sind als andere, also auch ihr eigenes System sozialer Ungleichheit. Diese spezialisierten Ungleichheiten generalisieren sich jedoch nur beschränkt in Schichten und Klassen, wie sie uns aus der Vergangenheit geläufig sind. So lassen sich zwar schichtspezifische Aktivitätsmuster auch in den Spezialkulturen nachweisen, die sich aber – zumindest bislang – nicht zu Klassengrenzen verfestigt haben.

7 T. Luckmann, Persönliche Identität, soziale Rolle und Rollendistanz, in: O. Marquard/ K. Stierle (Hrsg.), Identität, München 1979.

8 A. Hahn, Soziologische Aspekte der Knappheit, in: K. Heinemann (Hrsg.), Soziologie wirtschaftlichen Handelns, Opladen 1987.

9 A. Gehlen, Die Seele im technischen Zeitalter, Reinbek 1972; R. Sennet, Die Tyrannei der Intimität. Verfall und Ende des öffentlichen Lebens, Frankfurt/M. 1983.

4. Mode als Steuerungsmedium

Grenzen der Ausdifferenzierung von Spezialkulturen zieht auch das gesamtgesellschaftliche System der »öffentlichen Meinung«, in dem die Spezialkulturen sich annoncieren. Es verarbeitet die Überfülle der Informationen durch sequentielle Anordnung. Ein Thema, ein Problem hat seine Konjunktur und wird schließlich von einem anderen abgelöst. Neue Subsinnwelten und Spezialkulturen in Sport und Technik, Politik und Religion verallgemeinern sich also in der Form einer massenmedial getragenen Mode, um sich alsdann in mehr oder minder gut organisierten Teilmärkten einzukapseln und zu perpetuieren. Gerade das Interesse der Medien an Einzigartigkeit der Themen, Symbole und Gruppenkulturen begrenzt deren Lebensdauer und ist, so gesehen, nicht nur für den Absatz, sondern auch für den Verschleiß derselben verantwortlich. In dem Maße, wie Symbole, Ideologien, Kulte von vielen aufgegriffen und so verallgemeinert werden, inflationieren sie und werden schließlich für ihren Zweck untauglich: Abgeschmackt, trivial und fade wandern sie in den second-hand-shop. Menschen, die auf ihre Besonderheit halten, erfahren so, daß ihre Bemühungen immer wieder durch die anderen – die eben darum die ›Hölle‹ sind, weil sie so wenig anders sind – zunichte gemacht werden.

Auch ›alternative‹, gemeinschaftliche Lebensentwürfe scheitern also nicht einfach an der Unrealisierbarkeit ihrer Konzepte, sondern blühen und welken mit den Konjunkturen ihrer Symbole und den Karrieren ihrer Protagonisten. Der Zyklus von Aufstieg und Niedergang beschleunigt sich in dem Maße der technischen Reproduzierbarkeit der Symbole, die es Menschen möglich macht, Ideen, Melodien, Kunstwerke, Kleidungsstücke in wohlfeilen Replikaten zu erwerben. Ihre Reproduktion bleibt den Symbolen nicht äußerlich. Während sie zunächst von den Urhebern noch als Bestätigung erfahren wird, dann nämlich, wenn sich eine Gemeinde bildet und die Platten oder Bücher Absatz finden, führt irgendwann die Vulgarisierung zur Entwertung und zur Unbrauchbarkeit für den Ausweis von persönlicher, einzigartiger Identität. Symbole erhöhen also zunächst den Individualitätswert – man kann sich als Trendsetter fühlen –, senken ihn dann aber rapide, weil die Abgrenzungsfunktion verloren geht. Die originären Spezialkulturen bedauern diesen Prozeß häufig als Kommerzialisierung und Inflationierung ihrer Symbole. Sie reagieren darauf mit der erneuten Produktion von Exklusivität.

In dem Zyklus von Exklusivität und Trivialisierung ergeben sich auch charakteristische Mißverständnisse, die man mit Popper als historizistischen Fehlschluß interpretieren kann[10]: Der Massenerfolg politischer Parolen – beispielsweise der Studentenbewegung –, musikalischer Themen – etwa des hard rock –, neuer Lebensformen – zum Beispiel des New Age – suggeriert den Protagonisten häufig, daß jetzt der neue Mensch oder das neue Zeitalter entstehe. Zeigen sich die Grenzen – insbesondere die Stabilität der angegriffenen Institutionen und Werthaltungen –, so verwandeln sich Allmachtsphantasien in Ohnmachtserfahrungen. Menschen erfahren also, daß das Interieur, das sie hergestellt haben, für andere und sich selbst an Aufmerksamkeit verliert: Selbstverwirklichung in den Spezialkulturen ist also immer wieder von Einsamkeit und Selbstverlust bedroht.

---

10 K. R. Popper, Das Elend des Historizismus, Tübingen 1965.

5. Kulturelle Differenzierung und politisches System

Die Kultur der sich bildenden Weltgesellschaft organisiert sich mehr und mehr über Angebot und Nachfrage. Dementsprechend befinden wir uns in einem Prozeß fortschreitender sozialer und kultureller Differenzierung. Auf der Grundlage moderner Kommunikationssysteme können sich immer mehr Menschen um spezifische Themen und Interessen zusammenschließen und deren Berücksichtigung verlangen. So treten neben die großen, bisher die Politik treibenden Säulen der sozialen Schichten und Konfessionen zunehmend kleinere »Szenen«, die sich um selbstgewählte Themen gruppieren. In all diesen neuen Konfliktfeldern verlaufen die Konfliktlinien anders als in überkommenen. Eben darum können die neuen Interessenten auch nicht von vornherein überkommenen Organisationsstrukturen die Artikulation ihrer Interessen anvertrauen. Sie haben oft Grund, sich nicht vertreten zu fühlen und dementsprechend dem »System« Legitimation zu entziehen.

Diese Entwicklungen, die aus technischem und sozialem Wandel resultieren, kristallieren sich an neuen Problemen, die der wissenschaftlich-technische Fortschritt ständig erzeugt. Diese Probleme sind selbst nicht Gegenstand meiner Überlegung, sollen aber zumindest in Beispielen angeführt werden, um die politische Brisanz der Entwicklung zu verdeutlichen:

Erstens: Die Steigerung der Naturbeherrschung – wie sich etwa an der Sequenz von Fischfangtechnik, Fischerei-»Kriegen«, -Konferenzen, -Fangquoten und -Kontrollbehörden zeigen läßt – führt zu neuen Knappheiten und einem eben darum erhöhten gesellschaftlichen Regelungsbedarf. Naturbeherrschung muß also durch gesellschaftliche »Selbstbeherrschung«, also Politik und Gesetze, kompensiert werden[11]. Diese aber sind in der Regel nicht interessenneutral. Ein weiteres Beispiel: Die Abschreckungsstrategie hat durch wissenschaftlich-technischen Fortschritt zu einer Situation geführt, in der viele Menschen die Gefahr des Systems der Abschreckung höher einschätzen als die Bedrohung der einen Seite durch die andere. Die Eigendynamik von Konkurrenzverhältnissen kann also zu Lagen führen, in denen eine Neubewertung der Alternativen für viele Menschen unausweichlich wird. Und ein drittes Beispiel: Mit der Internationalisierung von Wirtschaft, Verkehr und Versorgung ist die Dramatisierung eines Konfliktes vorgezeichnet, der sich mit den traditionellen Schemata von Klassen- oder Kulturkämpfen nicht mehr fassen und bearbeiten läßt: Der Konflikt zwischen lokalen Interessen an unversehrtem Leben und überlokalen Interessen an Verkehr und Versorgung. Viertens: Die Dynamik des technischen, ökonomischen und kulturellen Wandels produziert nicht nur Gewinner, sondern auch Verlierer. Die Entstehung von Ressentiments bei denjenigen, deren Selbstwertgefühl sozial nicht mehr bestätigt wird, ist darum unausweichlich.

Aus alldem ist zu folgern: Soziale und kulturelle Differenzierung der medial vernetzten Weltgesellschaft und die Folgeprobleme des wissenschaftlich-technischen Fortschreitens fordern die Leistungsfähigkeit unseres politischen Systems auf immer neue Weise heraus.

---

11 R. Eckert, Ist der Gegensatz von Kapital und Ökologie lösbar? Schriftenreihe der Wirtschafts- und Sozialwissenschaftlichen Gesellschaft Trier e. V., 13 (1987).

6. Nichtinstitutionalisierte Konflikte als Gefährdung und Chance der Demokratie

Jede politische Ordnung erweist ihre Güte an ihrer Fähigkeit, mit Konflikten umzugehen und ihren gewaltfreien Austrag zu ermöglichen. In dieser normativen Prämisse sind zwei Annahmen enthalten: Konflikte sind häufig unvermeidlich; Konflikte können aber bei Bestehen einer rechtlichen Ordnung friedlich ausgetragen werden. Politische Ordnungen unterscheiden sich ferner dadurch voneinander, was sie an divergierenden Interessen und entsprechenden Konflikten zulassen können – das ist der Aspekt der Freiheit –, und wieweit sie dennoch bindende Entscheidungen für die Gesamtheit herstellen können – das ist der Aspekt der Herrschaft. Demokratie weist sich gegenüber anderen Herrschaftssystemen dadurch aus, daß sie einen überaus weiten Selektionsbereich von Interessen und Ideen zuläßt[12], die sich aufgrund der politischen Grundrechte artikulieren und organisieren können. Dementsprechend stabil und effizient müssen die Verarbeitungsprozeduren sein, die am Ende verbindliche Entscheidungen ermöglichen. In ihnen muß Partizipation in unterschiedlichen Phasen eines Entscheidungsprozesses sowohl ermöglicht als auch abgewehrt werden. Dies geschieht durch entsprechende Verfahren, in denen Beteiligungsrechte geregelt werden. Luhmann beschreibt Verfahren als einen Lernprozeß, in dem die Legitimation der schlußendlichen Entscheidungen überhaupt erst hergestellt wird[13]. Insofern das Verfahren eine faire Chance für Konfliktbeteiligte geboten hat, ihre Interessen und Ideen einzubringen, werden sie auch eher eine Entscheidung als legitim respektieren, die ihren Interessen widerspricht.

Von entscheidender Bedeutung ist unter diesen Bedingungen die Mechanik der politischen Willensbildung in einer Parteiendemokratie. Parteien – und zwar nicht nur »Volks«parteien – stehen immer unter dem Zwang, eine Vielzahl von Interessen lokaler und funktionaler Gruppen vertreten zu müssen, sich aber gleichzeitig auch noch als Anwalt eines Gesamtinteresses möglichst glaubhaft machen zu müssen. Dies gilt nicht nur im Ein- und Zweiparteiensystem, sondern auch im Mehrparteiensystem, sofern die Parteien an ihrer Koalitionsfähigkeit interessiert sind. Parteien müssen darum immer unterschiedliche Einzelinteressen in sich vermitteln und darüber hinaus Kompromisse zwischen den in ihnen vertretenen Einzelinteressen und dem – wie immer jeweils politisch definierten – »Gesamtinteresse« eingehen. Parteien haben daher nur eine beschränkte Transportfähigkeit für Einzelinteressen. Sie sind jeweils zu Kosten-Nutzenrechnungen gezwungen und prüfen, was die Vertretung eines Interesses an Organisationszeit kostet, welche Einbußen in Kauf zu nehmen sind, welche Unterstützung zusätzlich zu erwarten ist. Parteien bieten so zwar die Chance, ein Problem oder gar bestimmte Lösungsvorstellungen durch den ganzen Willensbildungsprozeß hindurchzutragen, können dies aber nur, indem sie Kompromisse eingehen, Koalitionen bilden, Unterstützung aushandeln und damit eine gewisse Intransigenz gegen neue und noch »wenig einträgliche« Interessen ausbilden. Das Instrument der parteilichen Willensbildung hat also seine Grenzen, die nicht – oder

---

12 N. Luhmann, Komplexität und Demokratie, in: Politische Vierteljahresschrift, 10 (1969), S. 319 ff.
13 N. Luhmann, Legitimität durch Verfahren, Darmstadt-Neuwied 1975.

nicht notwendigerweise – in der Korruption der Funktionsträger, sondern in den Randbedingungen liegen, unter denen sie arbeiten müssen. Die Funktionen der Interessenartikulation und der Interessenaggregation, wie G. Almond/G. Powell sie formuliert haben, stehen teilweise im Widerspruch zueinander[14]. (Eben dies ist der Konflikt nun auch bei den Grünen, der in der Auseinandersetzung zwischen fundamentalistischen und realpolitischen Positionen zutage tritt.)

Wer etwas erreichen will, muß vorsichtig sein, darf sich nicht zuviel aufladen, sollte keine »schlafenden Hunde« wecken, wird durch zusätzliche Themen nicht zusätzliche Gegner mobilisieren wollen; nur so kann er hoffen, eine Mehrheit für sein Anliegen zu gewinnen. Eine an Mehrheitsgewinnung und Mehrheitsbehauptung orientierte Politik muß also Unverträglichkeiten beachten und Filter einbauen. In dem Modell, das Anthony Downs in Anlehnung an Joseph Schumpeter als »ökonomische Theorie der Demokratie« entwickelt hat[15], bedeutet dies, daß Parteien als Großanbieter von Politik häufig Spezialitäten nicht wirklich in ihr Sortiment aufnehmen können, ganz ähnlich dem Sachverhalt, daß große Wirtschaftskonzerne bestimmte Produkte nicht rentabel anbieten können, weil die Allgemeinkosten zu hoch werden.

In eben diese Nische stoßen nun politische Kleinunternehmer[16], Waschküchenbetriebe gleichsam: die Bürgerinitiativen. Solange sie keine Mehrheiten bilden, sondern lediglich *auf* Mehrheiten einwirken wollen, haben sie eine andere Kostenstruktur. Sie brauchen keine Rücksichten zu nehmen, können sich »Feinde« und eben darum viel »Ehre« machen. So sind sie beweglicher und können auf die öffentliche Meinung mit spektakulären und aggressiven Methoden einwirken. Bürgerinitiativen und die sich aus ihnen konstituierenden neuen sozialen Bewegungen sind – so gesehen – Komplementärerscheinungen der Parteiendemokratie[17].

Soziale Bewegungen adressieren sich an die »Öffentlichkeit« und unterliegen damit deren Gesetzmäßigkeiten. Aufmerksamkeit ist unter der Bedingung von konkurrierenden Informationsträgern und einer strukturell erzeugten Fülle von Informationen ein knappes Gut. Informationen müssen Reaktionsschwellen überwinden, müssen sich gegenüber anderen Informationen »durchsetzen«. Das Mittel, Aufmerksamkeit herzustellen, ist, Überraschungen zu produzieren und – unter TV-Bedingungen – in Szene zu setzen[18]. Hier haben auch zunächst machtlose Gruppen Möglichkeiten, an der Themenstellung der öffentlichen Meinung mitzuwirken – wohlgemerkt: an der Themenstellung, darum aber nicht schon an den ›Meinungen‹ selbst. Als Organisationen mit begrenzter Zielsetzung brauchen sie keine Rücksichten zu nehmen und keine langfristigen Stimmenmaximierungskalküle anzustellen.

14 G. A. Almond/G. B. Powell (Jr.), Comparative Politics. A Developmental Approach, Boston–Toronto 1966.
15 A. Downs, An Economic Theory of Democracy, New York 1957; J. A. Schumpeter, Kapitalismus, Sozialismus, Demokratie, München 1950.
16 M. N. Zald/J. O. McCarthy, The Dynamics of Social Movements, Cambridge/Mass. 1979.
17 R. Eckert, Politische Partizipation und Bürgerinitiativen, in: Offene Welt, 101 (1970); ders., Emanzipation durch Bürgerinitiativen?, in: G. Hartfiel (Hrsg.), Emanzipation – Ideologischer Fetisch oder reale Chance?, Köln–Opladen 1975; ders., Jugendprotest, Bürgerinitiativen und Parteiendemokratie – Konflikt und kein Ende?, in: Deutsche Jugend, (1982) 2.
18 I. Meyrowitz, Die Fernsehgesellschaft. Wirklichkeit und Identität im Medienzeitalter, Weinheim 1987.

Dadurch können sie zweckspezifische Bündnisse unabhängig von Differenzen in anderen Fragen eingehen, können sie zu den Mitteln der Provokation und der Regelverletzung greifen, ohne in jedem Falle mit langfristigen negativen Sanktionen im Hinblick auf andere von ihnen vertretene Anliegen rechnen zu müssen. Sowohl die freiere Wahl der Bündnispartner als auch die unkonventionellen Aktionsmöglichkeiten erleichtern den Zugang zu dem diffusen Medium der Einflußnahme, das wir »Öffentlichkeit« nennen. Haben sie dies einmal geschafft, können sie schließlich auch größere gesellschaftliche Organisationen unter Handlungszwang setzen: Betriebe, Parteien, Parlamente, Verwaltungen. Durch die Mobilisierung von Öffentlichkeit können also die Ausgangsdaten des Kalküls von Interessenverbänden verändert werden. Berufspolitiker hören weniger auf Bürger als auf Demoskopen. Wenn die öffentliche Meinung driftet, dann geraten sie unter Handlungszwang. Nun besteht die Chance, weiterreichende Veränderungen zu erzielen.

Die *Grenzen* der Einflußnahme durch soziale Bewegungen sind durch eben diesen Zusammenhang bestimmt: Sie sind letzten Endes nicht nur auf Öffentlichkeit, sondern auch auf Parteien, Verbände und staatliche Instanzen angewiesen, wenn sie konkrete Änderungen bewirken wollen. Die Komplexität gesamtgesellschaftlicher Entscheidungen ist in sozialen Bewegungen nicht zu verarbeiten. Gerade die – beispielsweise im Umweltkonflikt – notwendigen überregionalen Entscheidungen erzwingen auch eine überregionale Interessenaggregation, die verläßlich nur mit Hilfe entsprechender bürokratischer Apparate vorangebracht werden kann.

Dennoch wird die repräsentative Demokratie, ebenso wie sie die – zunächst nicht vorgesehene – Dominanz der Parteien im Willensbildungsprozeß zu akzeptieren hatte, auch deren Komplementärerscheinung, also Bürgerinitiativen und die sich aus diesen aufbauenden sozialen Bewegungen, in ihr System der Willensbildung einbauen müssen, wenn es nicht immer wieder zu Delegitimationsprozessen kommen soll.

Aus diesen Gründen ist anzunehmen, daß das Projekt »Demokratie als Herrschaftsform« nicht abgeschlossen ist und auch in Zukunft nicht abschließbar sein wird; daß mit anderen Worten nichtinstitutionalisierte Konflikte dieser oder jener Art immer wieder auf uns zukommen werden. Wer aber mit Karl R. Popper in Konflikten einen Steuerungsmechanismus komplexer Gesellschaften sieht, wird dies auch nicht von vornherein bedauern[19]. Denn damit werden neue Gesichtspunkte, Ideen, Interessen eingebracht; es entsteht folglich eine höhere, systemspezifische Sensibilität gegenüber Zukunftsproblemen.

Nichtsdestoweniger muß es immer wieder um eine Institutionalisierung eben dieser Konflikte gehen, damit das Friedensziel nicht aus den Augen gerät und die Einbrüche der Legitimität wieder aufgefüllt werden können. Nichtinstitutionalisierte Konflikte können daher immer nur als Durchgangsphase akzeptiert werden, bis Verfahren institutionalisiert werden, in denen nicht nur Interessen und Ideen wahrgenommen, sondern auch verbindliche und legitime Entscheidungen hergestellt werden können. Die politikwissenschaftliche Fragestellung muß sich also auf die Verfahren richten, in denen nicht nur – wie im Toleranzedikt – Religions- und Kulturkämpfe neutralisiert, nicht nur – wie in der Tarifautonomie – Klassenkämpfe befriedet, sondern nun auch beispielsweise Umweltkonflikte institutionalisiert werden können. Hier stehen wir erst am Anfang. Ich vermute, daß wir dieser neuen Lage nur gerecht werden können, wenn, dem Grundgesetz entsprechend, demokratische Willensbildung nicht nur über Wahlen, sondern auch über Abstimmungen zugelassen wird. Volksbegehren haben — sogar ohne daß ein Volksentscheid durchgeführt werden mußte – in der Vergangenheit etwa in Bayern und Nordrhein-Westfalen bereits die institutionelle Regulierung spezieller politischer Konflikte ermöglicht.

7. Einige Überlegungen zur politischen Bildung

Politische Bildung steht vor dem Problem, daß Menschen vor allem in solchen Situationen lernen, die von ihnen selbst als ›kritisch‹ erlebt werden, in denen also die Alltagsroutine nicht mehr trägt und zusätzliche kognitive, normative und emotionale Ressourcen von ihnen benötigt werden. Dies gilt um so mehr für das Erlernen von Werten und Normen, in denen bestimmte Klassen von Situationen mit entsprechenden geforderten Handlungen oder Unterlassungen verbunden werden. Pointiert formuliert: Menschen haben nicht einfach Werte, sondern brauchen sie vielmehr, um Lebenssituationen zu meistern: Tapferkeit wird ›vor dem Feind‹ benötigt, Treue in persönlichen Abhängigkeiten, Pünktlichkeit in Koordinationsprozessen, Solidarität, wenn Gruppeninteressen mit Individualinteressen konkurrieren, Leistungsstreben, wenn die Lebenschancen nicht von dem abhängen, was man bereits hat, sondern von dem, was man erwerben will. Jeder Religionslehrer, jeder Pfadfinderhäuptling, jeder Managementtrainer, jeder Gangsterboß weiß das und vermittelt Werte, indem er Ernstfälle imaginiert oder simuliert. Alle diese Leute wissen auch, daß sie keine

---

19 K. R. Popper, in: F. Stark (Hrsg.), Revolution oder Reform? Herbert Marcuse und Karl Popper. Eine Konfrontation, München 1971.

Werte vermitteln können, deren Krisenrelevanz nicht einmal im Spiel, in der Imagination herstellbar ist.

Werte sind primär eine Ressource, mit der kritische Lagen gemeistert werden. Sie wirken freilich darüber hinaus. Wenn man sich ein Kontinuum von Alltagsroutinen über Alltagskonflikte bis hin zu Existenzkrisen und Grenzsituationen denkt, werden sie in diesen expliziert und dramatisiert, stehen aber auch in jenen immer im Hintergrund und können aktualisiert werden, wenn die Frage aufkommt, »worum es denn eigentlich geht«. Da Werte nicht nur den einzelnen angehen, sondern gerade in sozialen Konflikten zur Geltung kommen, sind sie auch immer schon in sozialen Institutionen verkörpert, in denen sie eine sekundäre Routine, nämlich »Selbstverständlichkeit«, gewinnen können. Dennoch bleibt diese »Selbstverständlichkeit« brüchig, Talcott Parsons' »institutionalization« ist ein Grenzfall[20]. Alle Gesellschaften halten Mythen, Tragödien, Sonntags- und Feldpredigten, Denkmäler, Festreden, Demonstrationen und Wahlkämpfe, Gerichtsprozesse und so weiter bereit, um die Werte dem Vergessen zu entreißen; sie bringen damit zum Ausdruck, daß die – wie ich sie nennen möchte – Kriseninterventionsressource ›Wert‹ im Alltag nicht hinreichend geübt und gelehrt wird.

Wenn Werte vor allem in kritischen Lebenslagen benötigt und aktualisiert werden, dürften gewandelte Problemlagen auch gewandelte Wertthemen mit sich bringen. Werte können dabei durchaus kontrovers sein – wie etwa »Selbstverwirklichung« und »Solidarität« –, auch wenn sie sich auf ein und dieselbe Lebenslage beziehen. Die Problemlagen, vor die Menschen gestellt sind, geben nicht notwendig bestimmte Werte vor, sondern lediglich Wertthemen, innerhalb derer häufig unterschiedliche Wertstandpunkte bezogen werden können. Gleiche Probleme können mit unterschiedlichen ethischen Imperativen bewältigt werden. Werte konkurrieren miteinander. Und schließlich werden in überindividuellen Problemlagen unterschiedliche Menschen mit unterschiedlichen Interessen auch differente Werte in Anschlag bringen. Wenn sie miteinander im Konflikt liegen und unter Einigungsdruck stehen, müssen sie versuchen, die Werte in eine gemeinsame Rangordnung zu bringen. Diese Rangordnung ist den Werten nicht inhärent. Es gibt kein Wert-»system« im Sinne einer überzeitlich geltenden transitiven Rangordnung. Selbst Juristen müssen sich immer wieder auf Güterabwägungen ad hoc einlassen.

Gerade darum ist der Prozeß der Wertexplikation im Konflikt sozial bedeutsam. Wer Werte postuliert, versucht, andere auf sie zu verpflichten. Gleichzeitig geht er aber eine Selbstverpflichtung ein, die nun wieder von den anderen reklamiert werden kann. Werte haben darum immer zugleich legitimatorische und kritische Funktionen. Wer zum Beispiel das Leistungsprinzip verkündet, will möglicherweise nur seine Privilegien legitimieren. Er wird dann aber unter dem von ihm verkündeten Prinzip kritisierbar, wenn er nichts mehr »bringt«. Allenfalls kann er noch versuchen, seine doppelte Moral zu verbergen. Die soziale Bedeutsamkeit des Wertverweises liegt darin, daß damit Interessenstandpunkte relativiert und Unterstützung seitens Dritter, nicht unmittelbar Interessierter für die eine oder andere Seite eingeworben werden können.

Was für Wertorientierungen allgemein gilt, gilt erst recht für die demokratischen und rechtsstaatlichen Tugenden: Sie können nur schwer »im allgemeinen«, am

---

20 T. Parsons, The Social System, London 1951.

»Modell« und abstrahiert von eben den Lebenslagen gelernt werden, in denen sie benötigt werden. Es käme also vor allem darauf an, sie in den Konfliktlagen zu aktualisieren, in denen sie gebraucht werden. Wenn sich, wie oben ausgeführt, Akteure und Formen politischer Konflikte verändern oder besser: diversifiziert haben, dürfte politische Bildung um so erfolgreicher sein, je stärker sie an der Handlungssituation betroffener Personen und Gruppen anknüpft. Dabei gerät sie freilich in ein Dilemma, weil sie einerseits auf die zunächst unreflektierte Interessenlage und Wertperspektive der Betroffenen trifft, Demokratie und Recht aber andererseits eine zusätzliche und übergeordnete Perspektive verlangen, die durch das allgemeine Interesse des demokratischen Rechtsstaats daran gekennzeichnet ist, daß Konflikte gewaltfrei ausgetragen werden und Entscheidungen zustande kommen, die die in ihnen Unterlegenen nicht vernichten und die prinzipiell revidierbar sind.

Zwischen dem unmittelbaren Bestreben der Konfliktbeteiligten, ihre Interessen und Ideen durchzusetzen, und dem mittelbaren und allgemeinen Interesse aller an Demokratie und Recht gibt es freilich eine Schnittmenge. Wer Unterstützung einwerben muß und andere überzeugen will, muß sich in seiner Argumentation und seiner Präsentation auf allgemeine Interessen beziehen können. Darum können aus dem Eigeninteresse der Konfliktbeteiligten durchaus Lernmotivationen entstehen, die sich im kognitiven Bereich auf die Position des Gegners beziehen, im normativen Bereich an demokratischen und rechtlichen Verfahrensregeln orientieren können und emotional an der Fähigkeit der Spannungsbewältigung ansetzen. Diese Lernmotivationen können genutzt werden.

Bürgerinitiativen und Stadtteilgruppen, Ökologie- und Friedensgruppen, ebenso aber auch Unternehmen, Behörden und Polizeieinheiten, die in Konflikte verwickelt sind, können so zu einem erfolgversprechenden Objekt oder besser: Subjekt politischer Bildung werden. Insbesondere Techniken der Perspektivenübernahme, zum Beispiel in Rollenspielen, können zur Sensibilisierung für Interessen und Argumente der Gegner beitragen. Grundqualifikationen demokratischen Verhaltens können damit als Teil der Konfliktvorbereitung gelernt werden[21].

---

21 Dazu etwa: H. Willems, Polizei, Protest und Eskalation: Die Bedeutung der Konflikterfahrungen junger Polizeibeamter, in: Forschungsjournal Neue Soziale Bewegungen, 1 (1988) 2, S. 11–20. – In einem vom Verfasser geleiteten Modellversuch wird derzeit ein entsprechendes Seminarkonzept (Konfliktvorbereitung durch Perspektiven-Übernahme) in Bildungsveranstaltungen mit Adressaten aus Kommunalverwaltungen, Unternehmen und der Polizei erprobt.

Ulrich Sarcinelli

Krise des politischen Vermittlungssystems? – Parteien, neue soziale Bewegungen und Massenmedien in der Kritik

»Krise in der Sicherheitspolitik«, »Beschäftigungskrise«, »Krise des Gesundheitswesens«, »Akzeptanzkrise in der Technologiepolitik«, die »finanzpolitische Krise« als Dauerthema, nicht zu vergessen die »ökologische Krise« und natürlich immer wieder auch die »Krise des Bildungssystems« – die Bundesrepublik Deutschland scheint wahrlich ein krisengeschütteltes Gemeinwesen, wenn man sich an die Themen- und Problemkonjunkturen hält, die in der veröffentlichten Meinung oder aber auch in der sozialwissenschaftlichen Diskussion die Gemüter beschäftigen. Nun also auch eine »Krise des Vermittlungssystems«? Bei so vielen vermeintlichen Krisen ist es schon fast gewagt, ein Fragezeichen hinter die Überschrift zu setzen. Kann man etwas in Frage stellen, was scheinbar für jedermann evident ist? Bei aller Attraktivität, die ganz offensichtlich das Krisenthema an Stammtischen ebenso wie in der sozialwissenschaftlichen Literatur genießt, verlangt die gebotene analytische Distanz zum Untersuchungsgegenstand doch ein Mindestmaß an terminologischer Klarheit.

1. Einleitende Überlegungen zur Angemessenheit der Krisenperspektive

Etymologisch ist Krise vom griechischen Verb KRINEIN abgeleitet, was »entscheiden« bedeutet. »Unsicherheit, bedenkliche Lage, Zuspitzung, Entscheidung, Wendepunkt«[1] – so erläutert die Brockhaus-Enzyklopädie den Krisenbegriff, um dann für den medizinischen Bereich erläuternd hinzuzufügen: Krise sei als »Wendepunkt im Krankheitsgeschehen« oder als »anfallsweises Auftreten von Krankheitszeichen mit besonderer Heftigkeit« zu verstehen. Ähnlich steht auch im Lexikon zur Soziologie, Krise sei die »allgemeine Bezeichnung für die plötzliche Zuspitzung oder das plötzliche Auftreten einer Problemsituation, die mit herkömmlichen Problemlösungstechniken nicht bewältigt werden« könne[2]. Etwas weniger aufgeregt, wie das nun mal die Art von Eidgenossen ist, definiert das »Schweizer Lexikon«[3] (soziale) Krise als

---

1 Brockhaus Enzyklopädie, 10. Bd., Wiesbaden 1970, S. 670.
2 Lexikon zur Soziologie, hrsg. von W. Fuchs u. a., Opladen 1978, S. 435.
3 Schweizer Lexikon in sieben Bänden, Zürich 1947, S. 1247f.

»Grundbegriff der Lehre vom sozialen Wandel; (als) die übermäßige und sprunghafte Häufung von Erscheinungen der sozialen Desorganisation«. Zumindest mit der ersten Hälfte der Definition könnte man sich identifizieren.

Nun kann es hier nicht darum gehen, in aller Breite über die Angemessenheit eines Beitragsthemas zu reflektieren, gleichwohl gehört dies schon zu der zu behandelnden Problematik selbst. Offenbar übt der Krisenbegriff eine besondere Faszination aus, auf politische Bildner ebenso wie auf Sozialwissenschaftler, verspricht doch die Krisenperspektive einen motivationalen Schub. Etwas, was bedroht scheint, was in Gefahr ist, was Unsicherheit erzeugt und einer grundlegenden Wende bedarf, hat gewiß Vorteile im Kampf um das knappe Gut Aufmerksamkeit, auf Kongressen ebenso wie in Seminaren oder Schulen und natürlich auch in der allgemeinen Öffentlichkeit. In den siebziger Jahren war es die Legitimationskrise des Parteienstaats[4] – böse Zungen sprachen damals nicht ganz zu unrecht davon, daß es wohl eher eine Krise der Politikwissenschaft gebe –, auf Habermas zurückgehend war es dann die Legitimationskrise des Spätkapitalismus[5], die die wissenschaftlichen Gemüter bewegte. Nun also die Krise des Vermittlungssystems.

So faszinierend es sein mag, Politik in unserem Gemeinwesen im Modus der Krise zu thematisieren, so scheint es doch ein Kennzeichen unserer politischen Kultur zu sein, angesichts tatsächlicher oder vermeintlicher Mißstände, Anpassungs- oder Innovationsprobleme allzu eilfertig von »Krisen« zu reden[6]. Die angeblich in Krise befindlichen Institutionen und Subsysteme zeigen jedenfalls eine erstaunliche Lebensfähigkeit. Nicht nur, daß der Krisenbegriff bei steter Verwendung im politischen Alltagssprachgebrauch an Wert verliert, wenn alles zur Krise hochstilisiert wird. Zu vermuten sind hier auch Reste eines politischen Denkens, das Dahrendorf vor vielen Jahren einmal kritisch als die »heimliche Sehnsucht (der Deutschen) nach Synthese«[7] bezeichnet hat. Doch gerade wer politische Bildung betreibt, sollte sich vor einer allzu »idealistischen Sensibilisierung«, die Konfliktscheu und falsches Harmoniedenken fördern könnte, hüten. Denn Vermittlung hat etwas mit Konfliktaustrag, mit organisierter und nicht organisierter Interessenvermittlung, mit politischer Öffentlichkeit zu tun.

Provokativ könnte man sagen: Wenn Krise das Offenhalten des politischen Prozesses, das stetige unabschließbare Bemühen um eine Herstellung von Öffentlichkeit, die Verweigerung eindimensionaler Sachzwanglogik oder den steten Konflikt eines um Gemeinwohl ringenden Interessenaustrags bedeutet, dann ist Krise der Normal- und nicht der Ausnahmezustand in der Demokratie. Nur unter dieser Perspektive beziehungsweise Prämisse soll im folgenden der Frage nach Krisensymptomen des Vermittlungssystems nachgegangen werden. Dabei wird sowohl die »subjektive« wie die »objektive« Dimension des Themas beleuchtet; die subjektive Dimension deshalb, weil Krisen nicht nur als Folge von objektiven Problemlagen, eines Versagens politischer Institutionen entstehen können, sondern mehr noch

---

4 Vgl. J. Dittberner/R. Ebbighausen (Hrsg.), Parteiensystem in der Legitimationskrise, Opladen 1973.

5 Vgl. J. Habermas, Legitimationsprobleme im Spätkapitalismus, Frankfurt/M. 1975³.

6 Vgl. P. Haungs/E. Jesse, Einleitung: Parteien in der Krise, in: dies. (Hrsg.), Parteien in der Krise. In- und ausländische Perspektiven, Köln 1987, S. 13.

7 R. Dahrendorf, Gesellschaft und Demokratie in Deutschland, München 1971, S. 151.

aufgrund der subjektiven Einschätzungen durch die, von denen ein politisches System und seine Institutionen abhängen. Es wird deshalb ein geraffter Überblick über Einstellungen und Einstellungswandlungen gegeben, um dann zu fragen, inwieweit das Vermittlungssystem den Veränderungen in der politischen Kultur Rechnung trägt.

Im zweiten Teil – das wäre dann die »objektive« Dimension – werden wir in einem notwendigerweise kursorischen Durchgang pointiert auf einige zentrale Strukturprobleme des Vermittlungssystems unter Berücksichtigung der Parteien, der (eigentlich gar nicht mehr so) neuen sozialen Bewegungen und vor allem der Massenmedien aufmerksam machen. (Zum Vermittlungssystem gehört natürlich auch die Schule, gehört der Politikunterricht selbst. Doch dies ist Gegenstand einer Reihe von Beiträgen in Teil III dieses Bandes.) Insgesamt wird dabei deutlich werden, daß wir es mit Bedingungen zu tun haben, die sich wohl kaum wie ein anfallartiges Leiden einer »politischen Gesundheitskrise« behandeln lassen.

2. Die »subjektive« Dimension von Krisentendenzen im Vermittlungssystem

2.1 Der demokratische Verfassungsstaat vor neuen Herausforderungen

Zunächst also zu den subjektiven Hintergründen möglicher Krisentendenzen im Vermittlungssystem. In seinem 1988 veröffentlichten Buch »Das Experiment« der Freiheit« vertritt Peter Graf Kielmansegg die Auffassung, die Demokratie oder genauer der demokratische Verfassungsstaat sei in eine neue Etappe seiner Entwicklung eingetreten. Neue Ansprüche, neue Konflikte, neue Aufgaben forderten die Demokratie mit dramatischer Intensität heraus, und was daraus werde, wisse man nicht. Mit neuen Ansprüchen meint er »Ansprüche auf Teilnahme, auf Mitentscheidung, auf mehr Demokratie; Ansprüche, die (nach seiner Auffassung, U. S.) die überlieferten Usancen politischer Arbeitsteilung in der repräsentativen Demokratie heftig infrage stellen; Ansprüche, in denen gelegentlich aber auch die Einsicht in den Sinn von politischen Institutionen verloren zu gehen drohe.«[8] Nun gründet der moderne demokratische Verfassungsstaat nicht nur auf dem vordemokratischen Gedanken des Konstitutionalismus und der Gewaltenteilung, also der institutionell abgesicherten Herrschaftsbegrenzung durch ein System in Balance zu haltender Kräfte. Der demokratische Verfassungsstaat gründet ebenso auf dem Volkssouveränitätsgedanken, also dem Legitimitätseinverständnis seiner Bürger mit der Herrschaftsordnung und seinen sozialen Grundlagen. Bei der Beschaffung beziehungsweise Verhinderung eben dieses Legitimitätseinverständnisses spielt das Vermittlungssystem die zentrale Rolle. Die politische Kulturforschung[9] widmet sich

---

8 P. Graf Kielmansegg, Das Experiment der Freiheit. Zur gegenwärtigen Lage des demokratischen Verfassungsstaats, Stuttgart 1988, S. 10.
9 Vgl. als Überblick zum Beispiel F. U. Pappi, Das Wahlverhalten sozialer Gruppen bei Bundestagswahlen im Zeitvergleich, in: H.-D. Klingemann/M. Kaase (Hrsg.), Wahlen und politischer Prozeß. Analysen aus Anlaß der Bundestagswahl 1983, Opladen 1986, S. 283;

traditionellerweise vor allem dieser subjektiven Dimension der Grundlagen des politischen Systems. Und sie hat in der Tat eine Reihe von Ergebnissen zu Tage gefördert, die im Sinne unserer »Krisen«-Frage eher als ambivalent zu bezeichnen sind.

2.2 Mobilität als politisches Verhaltensmerkmal

Das entscheidende Stichwort, das den Strategen in den politischen Vermittlungsinstitutionen Sorgen macht, über das politische Bildner aber vielleicht gar nicht so besorgt sein müssen – darauf wird noch einzugehen sein –, ist: Mobilitätsgewinn oder Individualisierungsschub. Was ist damit gemeint? Soziologische Analysen verweisen nun schon seit geraumer Zeit darauf, daß die Sozialstruktur hochindustrialisierter Gesellschaften, so also auch die der Bundesrepublik Deutschland, flüssiger wird, daß traditionelle politische Milieus aufweichen, soziale Gruppenbezüge für politische Orientierung und Meinungsbildung an Bedeutung verlieren. Man spricht in diesem Zusammenhang von der Entkoppelung von Sozialstruktur und politischen Verhaltensdispositionen. Dies gilt für das politische wie für das nichtpolitische Verhalten. Die Entkoppelung von Sozialstruktur und Verhalten manifestiert sich in einer Pluralisierung von Lebensstilen, einer Differenzierung von Lebensformen, einer reduzierten sozialen Kontrolle bei abnehmender Verbindlichkeit von Traditionen und in einer erhöhten Bereitschaft zur Nutzung sich bietender Wahlfreiheiten[10].

Mit diesen Wandlungsprozessen in der Gesellschaft ging ein in der Mitte der sechziger Jahre einsetzendes, in der Literatur vielfach zur »partizipatorischen Revolution«[11] hochstilisiertes, jedenfalls gestiegenes Beteiligungsinteresse einher – bei zunehmender Attraktivität sogenannter unkonventioneller Beteiligungsformen. Gepaart ist diese Entwicklung mit einer erhöhten Präferenz für nicht-materialistische Wertvorstellungen. Es handelt sich dabei allerdings keineswegs um die Ablösung von einer Sorte von Wertpräferenzen, nämlich ökonomischen oder Sicherheitswerten, die pauschal nach der Inglehart'schen Klaviatur als materialistisch bezeichnet werden, durch Werte, die vornehmlich auf Selbstverwirklichung und Selbstbestimmung ausgerichtet sind – in der Literatur mißverständlich als postmaterialistisch deklariert[12].

In den Vordergrund treten Entfaltungswerte, das Streben nach Selbstverwirklichung, Unabhängigkeit, Mitbestimmung, Toleranz und Offenheit für neue Ideen,

P. Reichel, Politische Kultur, in: M. Greiffenhagen/S. Greiffenhagen/R. Prätorius (Hrsg.), Handwörterbuch zur politischen Kultur der Bundesrepublik Deutschland. Ein Lehr- und Nachschlagewerk, Opladen 1981, S. 319ff.; H. Klages, Wertorientierungen im Wandel. Rückblick, Gegenwartsanalyse, Prognosen, Frankfurt/M.–New York 1984; M. Kaase, Zur Legitimität des politischen Systems in den westlichen Demokratien, in: A. Randelzhofer/W. Süß (Hrsg.), Konsens und Konflikt. 35 Jahre Grundgesetz, Berlin–New York 1986, S. 463ff.

10 Vgl. W. Zapf, Individualisierung und Sicherheit. Untersuchungen zur Lebensqualität in der Bundesrepublik Deutschland, München 1987, S. 10f.

11 So zum Beispiel in allerdings fragender Weise M. Kaase, Partizipatorische Revolution – Ende der Parteien?, in: J. Raschke (Hrsg.), Bürger und Parteien. Ansichten und Analysen einer schwierigen Beziehung, Bonn 1982, S. 173ff.

12 Vgl. R. Inglehart, The Silent Revolution. Changing Values and Political Styles Among Western Publics, Princeton 1977; kritisch dazu O. W. Gabriel, Politische Kultur, Postmaterialismus und Materialismus in der Bundesrepublik Deutschland, Opladen 1987.

das Bedürfnis nach Pflege sozialer Kontakte, insgesamt also ein verstärkt empfundenes, subjektives Kommunikationsbedürfnis; dies alles gleichwohl deutlich unterschiedlich ausgeprägt in den verschiedenen Bildungsschichten und bei einem erheblichen »Generationendissens«[13], der auch gegenläufige Entwicklungen in Bevölkerungsteilen nicht ausschließt.

Während eine Reihe von Wissenschaftlern diesen Prozeß der Einstellungsänderung und die veränderten politischen Verhaltensweisen einschließlich einer Veränderung der Parteienlandschaft auch als Folge einer allgemeinen Modernisierung – vor allem im Zuge des generell gestiegenen Bildungsniveaus – betrachtet und gerade angelsächsische Sozialwissenschaftler gelassen vom Übergang von einer Untertanenkultur zu einer wirklichen Staatsbürgerkultur sprechen[14], erkennen einige deutsche Vertreter der Zunft darin Anzeichen einer »Akzeptanz- und Legitimitätskrise der traditionellen Vermittlungsinstanzen mit den Volksparteien an der Spitze«.[15] Ob Krise oder nicht Krise, die Parteien trifft es jedenfalls hart, insbesondere die sogenannten etablierten Parteien; zunächst durch die zunehmende Instabilität des Wählerverhaltens. Ähnlich wie in anderen westlichen Demokratien[16] entkoppeln sich »Sozialstruktur und Parteipräferenzen ... fortschreitend im Schrumpfungsprozeß alter sozialer Milieus«, – obwohl interessanterweise den Prozessen sozialer Nivellierung »Tendenzen der Polarisierung der Parteieinschätzung im Parteiengefüge« gegenüberstehen.

Hans-Joachim Veen und Peter Gluchowski charakterisieren dementsprechend auch das Wahlverhalten in einer Längsschnittuntersuchung als »generell befristeter und beweglicher, teils politisch kalkulierter und instrumentaler, teils auch gefühlsbestimmter«[17]. Und die gefürchtete Figur des Wechselwählers hat »viele Brüder und Schwestern« auch in anderen Bereichen. Denn festzustellen ist eine nachlassende Bindungskraft formaler Organisationen und eine politisch eher instrumentelle Sicht

13 K.-H. Dittrich, Neuere Entwicklungstendenzen in der politischen Beteiligung jüngerer Menschen. Umfragedaten und Wahlverhalten (Forschungsinstitut der Konrad-Adenauer-Stiftung), St. Augustin 1988, S. 14 f.

14 Zur Modernisierungsthese vgl. H. Naßmacher, Auf- und Abstieg von Parteien, in: Zeitschrift für Politik, 36 (1989) 2, S. 169–190. Zur Staatsbürgerkulturthese vgl. K. L. Baker/R. J. Dalton/K. Hildebrandt, Germany Transformed. Political Culture and the New Politics, Cambridge 1981, S. 287; in ähnlicher Weise siehe auch M. Kaase (Anm. 9).

15 So zum Beispiel E. Wiesendahl, Etablierte Parteien im Abseits? Die Volksparteien der Bundesrepublik vor den Herausforderungen der neuen sozialen Bewegungen, in: U. C. Wasmuth (Hrsg.), Alternativen zur ›alten‹ Politik. Neue soziale Bewegungen in der Diskussion, Darmstadt 1989, S. 91.

16 Vgl. für die Schweiz C. Longchamp, Analyse der Nationalratswahlen 1987. Forschungszentrum für Schweizerische Politik, Publikation Nr. 33, Bern 1988; für Österreich siehe A. Pelinka/F. Plasser, Compared to What? Das österreichische Parteiensystem im internationalen Vergleich, in: dies. (Hrsg.), Das österreichische Parteiensystem, Wien–Köln–Graz 1988, S. 80; Chr. Harpfer, Gesellschaft, Wählerverhalten und Parteiensystem. Wahlverhalten in Österreich, der BRD, Belgien und Großbritannien, 1974 – 1987, in: Journal für Sozialforschung, 23 (1987), S. 173–187.

17 H.-J. Veen/P. Gluchowski, Sozialstrukturelle Nivellierung bei politischer Polarisierung – Wandlungen und Konstanten in den Wählerstrukturen der Parteien 1953–1987, in: Zeitschrift für Parlamentsfragen, 19 (1988) 2, S. 247; vgl. dazu F. U. Pappi (Anm. 9); ders., Konstanz und Wandel der Hauptspannungslinien in der Bundesrepublik, in: J. Matthes (Hrsg.), Sozialer Wandel in Westeuropa, Frankfurt/M. 1979, S. 465 ff.

von Institutionen[18]. Dies betrifft weniger die staatlichen Organe, wo sich nach wie vor ein relativ stark ausgeprägtes Systemvertrauen[19] nachweisen läßt, als vielmehr das Vermittlungssystem. Gelockert haben sich die Parteibindungen und Verbandsloyalitäten. Nicht daß das Interesse an Politik zurückgegangen wäre oder die Beteiligungsbereitschaft nachgelassen hätte. Das Gegenteil ist der Fall. An Attraktivität verloren hat vielmehr die Form des institutionalisierten, organisationsförmigen Engagements im Vermittlungssystem[20]. Engagement ja, aber dann nicht so gerne im Wege einer formellen Partei- oder Organisationszugehörigkeit mit all den daraus resultierenden Folgen einer arbeitsteiligen, durch Organisationsdisziplin und Kompromißzwang gekennzeichneten Interessenabklärung; wenn schon Engagement, dann situationsgebunden, unter Nutzung unkonventioneller Mittel und vorwiegend auch in solchen Fragen, die existentiell betroffen machen, in denen man sich – wie man heute so schön sagt – »einbringen« kann. Dies trifft vor allem auf Teile der Jugend zu.

2.3 Zwischenfazit: Die Demokratie wird kommunikationsabhängiger

Bevor man voreilige Schlußfolgerungen aus der keineswegs eindeutig interpretierbaren Datenlage zieht, sollte man jedoch bedenken: Nach wie vor gibt es eine ziemliche Diskrepanz zwischen dem relativ negativen Bild von Parteien und Politikern auf der einen und dem tatsächlichen Verhalten der Bürger auf der anderen Seite[21]. Es wäre eine Übertreibung, bereits von einem Niedergang oder gar Verfall der Mobilisierungsfähigkeit der Parteien zu sprechen. Die Parteien, so ein Buchtitel von Fritz Plasser, stehen »unter Streß«[22]. Vor allem die Großparteien verlieren an Stimmenanteilen. Ihre Integrationskraft läßt offenbar nach. Die Wahlbeteiligung sinkt, während zugleich das Parteiensystem nach einer langen Phase der Konzentration eine zunehmende Pluralisierung erfährt[23]. Und mit dem steigenden Anteil

---

18 Generell dazu: W. Streeck, Vielfalt und Interdependenz. Überlegungen zur Rolle von intermediären Organisationen in sich verändernden Umwelten, in: Kölner Zeitschrift für Soziologie und Sozialpsychologie, 39 (1987), S. 471 ff.
19 Vgl. O. W. Gabriel, Wahrnehmung von Politik durch den Bürger als Herausforderung für die Politikvermittlung, in: U. Sarcinelli (Hrsg.), Politikvermittlung. Beiträge zur politischen Kommunikationskultur, Bonn 1987, S. 46–70. Siehe dazu umfassend: D. Fuchs, Die Unterstützung des politischen Systems der Bundesrepublik Deutschland, Opladen 1989.
20 Vgl. die Studie des Sozialwissenschaftlichen Forschungsinstituts der Konrad-Adenauer-Stiftung (Anm. 13); Sinus, Die verunsicherte Generation. Jugend und Wertewandel, Opladen 1983, S. 57.
21 Entsprechende Datenhinweise gibt: E. Wiesendahl (Anm. 15), S. 94 f.
22 F. Plasser, Parteien unter Streß. Zur Dynamik der Parteiensysteme in Österreich, der Bundesrepublik Deutschland und den Vereinigten Staaten, Wien–Köln–Graz 1987; vgl. zur unterschiedlichen Einschätzung O. W. Gabriel, Parteien auf dem Prüfstand: Leistungsfähig, aber unbeliebt, in: P. Haungs/E. Jesse (Hrsg.), Parteien in der Krise, Köln 1987, S. 53 f.; Chr. Harpfer (Anm. 16); R. O. Schultze, Die Bundestagswahl 1987 – Eine Bestätigung des Wandels, in: Aus Politik und Zeitgeschichte, B 12/1987, S. 12.
23 Vgl. dazu unter anderem J. Huber, Repräsentative Parteiendemokratie im Umbruch, in: Journal für Sozialforschung, 28 (1988) 4, S. 441 ff.; H.-J. Hoffmann/J. Krautwig, Die Landtagswahlen 1987/88 in der Bundesrepublik Deutschland: Kontinuität der Trends, in: ebenda, (1988) 2, S. 193 ff.

schwach gebundener und der schrumpfenden Zahl strikt loyaler Parteianhänger werden die Parteien kommunikationsabhängiger.

Müssen wir dies aus der Sicht der politischen Bildung eigentlich beklagen? Ist die auch auf Bereiche des politischen Geschehens übertragbare Figur des »Wechselwählers«, des politisch flexiblen, von Fall zu Fall entscheidenden, viel bemühten mündigen Bürgers nicht möglicherweise ein Leitbild für politische Bildungsarbeit? Gewiß – man muß vielleicht Abschied nehmen von der Jahrzehnte gewohnten Koalitionsarithmetik und von lange vertrauten Stabilitätsvorstellungen. Aber »kommunikationsabhängiger« heißt ja doch salopp formuliert: Wenn im Vermittlungssystem nicht mehr mit den festen Kontingenten einer loyalen »Stammkundschaft« gerechnet werden kann und wenn schließlich ein zunehmend unübersichtliches Geflecht von Situationsgruppen und Bewegungen ohne generalisierte Folgebereitschaft einschließlich neuer Parteien im Willensbildungsprozeß mitmischt, dann steigt der Begründungs- und Rechtfertigungsbedarf für politisches Handeln; dann muß Zustimmung in verstärktem Maße organisiert werden – eben durch Erhöhung des Kommunikationsaufwandes. Ist dies nicht die Chance für eine Wende gleichsam vom »Gewohnheitsdemokraten« zum »Überzeugungsdemokraten«? Wie immer bei schwierigen Fragen, antwortet man hier am besten mit einem entschiedenen »es-kommt-darauf-an«. Denn in der Tat kommt es darauf an, was diese tatsächlich auch zu beobachtende Erhöhung des Kommunikationsaufwandes bedeutet. Diese Kommunifizierung der Politik soll uns im folgenden beschäftigen.

3. Die »objektive« Dimension von Krisentendenzen

Als objektive Dimension sollen vor allem die zentralen Strukturmerkmale und Funktionsprobleme des Vermittlungssystems in den Blick kommen. Dabei wird einzugehen sein auf die Vermittlung von Politik durch die Parteien, die neuen sozialen Bewegungen und vor allem durch die Massenmedien. Bei einem so breiten Problemfeld kann dies notwendigerweise nur holzschnittartig geschehen. Deshalb eingangs zwei Thesen:

These 1: Unsere etablierten politischen Vermittlungsinstitutionen, vor allem die Volksparteien, sind nun schon seit geraumer Zeit konfrontiert mit einer Erschütterung traditioneller Wertvorstellungen. Dabei geht es nicht mehr nur um einen Streit über unterschiedliche Problemlösungsansätze, sondern um die Infragestellung der – wenn man so will – ethischen Fundamente unseres politischen Problemhaushalts. Wachstum, Ökologie, technologischer Fortschritt, materieller Lebensstandard, Frieden, militärische oder soziale Sicherheit, all dies sind mittlerweile höchst umstrittene Kategorien, die zu einem richtungspolitischen Streit zwischen sogenannter alter und neuer Politik geführt haben und führen. Unsicherheit, Ratlosigkeit und Unübersichtlichkeit, die jeglicher Neuorientierung vorausgehen, sind allerorten zu spüren. Robert Leicht sprach 1988 treffend von der »Politik als Suchprozeß«[24]. Richtungspolitische Scheidelinien lassen sich nicht mehr so leicht festmachen. Die Fronten verlau-

---

24 R. Leicht, Die alten Gewißheiten und Gehäuse wanken, in: Die Zeit vom 30. Dezember 1988.

Wort-Wahl-Kampf

fen eher quer zum Vermittlungssystem. Zu diesen fundamentalen Zielkonflikten – manche sprechen von Legitimitäts- oder Wertkrisen[25] – kommt noch ein weiteres hinzu. Und das ist unsere zweite These.

These 2: Im Streit um die Ziele politischen Handelns sind auch die Spielregeln, sind die Prinzipien repräsentativ-demokratischer Entscheidungsfindung ins Gerede gekommen. Es ist zweifelhaft, ob wir noch von einem »Regelkonsens«[26] ausgehen können. Verdichtet hat sich dieser Konflikt in der inzwischen wieder etwas abgeebbten Auseinandersetzung um die »Grenzen des Mehrheitsprinzips«[27]. Der ursprünglich aus der Entstehungsgeschichte heraus verständliche Grundansatz des Grundgesetzes, – nämlich die Einhegung alles Spontanen, Außerinstitutionellen, Nicht-Formalisierten im politischen Willensbildungsprozeß – ist ins Wanken gekommen.

Insofern erscheint also das Vermittlungssystem aus zwei völlig unterschiedlichen Perspektiven unter Legitimationsdruck; unter der Perspektive, *was* mit welchem Ziel letztlich vermittelt werden soll, und unter der Perspektive, *wie* über welche Vermittlungskanäle vermittelt werden soll. Die wichtigsten Beobachtungen dazu sollen in vier Punkten zusammengefaßt werden.

3.1 Das Vermittlungssystem steht unter verstärktem Konsensdruck

War oben davon die Rede, daß unser politisches System »kommunikationsabhängiger« geworden ist, dann sei nunmehr präzisiert: Betrachtet man die Beziehungen zwischen dem Staat, der politischen Administration, dem politischen Entscheidungssystem auf der einen und dem System der Interessenvermittlung beziehungsweise dem Bürger auf der anderen Seite, dann ist festzustellen: Ohne daß administrative Zuständigkeiten und politische Verantwortlichkeiten prinzipiell infrage gestellt werden – die Diskussion um das Mehrheitsprinzip war hier ein gewisser Sonderfall –, erhalten Prozesse des Aushandelns, des Dialogs und der Konsensfindung zunehmende Bedeutung[28]. Das gilt für den Umgang mit bestimmten gesellschaftlichen Randgruppen, das gilt für die im Fachjargon als Neokorporatismus bezeichnete starke Einbindung gesellschaftlicher Gruppen und vornehmlich organisierter Interessen in die informelle Entscheidungsvorbereitung, und es gilt beispielsweise für die Durchsetzung umweltpolitischer Standards im Wege oft sehr aufwendiger und Übergangsfristen zugestehender Aushandlungsprozesse zwischen staatlichen Organen und Unternehmen. Auch gilt es wohl zunehmend für »das Verhältnis des Bürgers zum

25 Vgl. E. Wiesendahl (Anm. 15), S. 92.
26 P. Graf Kielmansegg (Anm. 8), S. 100.
27 Vgl. dazu B. Guggenberger/C. Offe (Hrsg.), An den Grenzen der Mehrheitsdemokratie. Politik und Soziologie der Mehrheitsregel, Opladen 1984; H. Oberreuter (Hrsg.), Wahrheit statt Mehrheit? An den Grenzen der parlamentarischen Demokratie, München 1986; W. Steffani, Mehrheitsentscheidungen und Minderheiten in der pluralistischen Verfassungsdemokratie, in: Zeitschrift für Parlamentsfragen, 17 (1986) 4, S. 569ff.
28 Vgl. den zusammenfassenden Bericht zur Konstanzer Jubiläumstagung für G. Lehmbruch: Politische Institutionen und Interessenvermittlung, in: Politische Vierteljahresschrift, 29 (1988) 4, S. 656ff.; J. Weber, Politikvermittlung als Interessenvermittlung durch Verbände, in: U. Sarcinelli (Hrsg.) (Anm. 19), S. 203ff.; U. von Alemann, Organisierte Interessen in der Bundesrepublik, Opladen 1987, S. 174ff. mit zahlreichen Verweisen.

Gesetz«. »Es wird immer mehr deutlich«, so schreibt der Speyerer Rechts- und Verwaltungswissenschaftler Hermann Hill, »daß Befehl und Zwang allein keine zuverlässigen Garanten von Gesetzestreue und Befolgung sind.« Er plädiert für die verstärkte Pflege »informellen und kommunikativen Handelns« und »vorrechtlicher Formen der Interaktionsvermittlung«[29]. Im Computer-Jargon könnte man auch sagen: Zur (politisch-institutionellen) »hardware« kommt zunehmend die (kommuni-kative) »software«.

Gegenüber den institutionalisierten Steuerungsformen gewinnen also Motivation, Akzeptanz und Dialogfähigkeit, gewinnen »partizipativ-kooperative Politik-modelle«[30] an Bedeutung. Vielleicht hat Ralf Dahrendorf recht, wenn er langfristig eine geradezu epochale Veränderung sieht: Wir bewegen uns, so meint der Soziologe, »aus der Welt des *status* in die Welt des *contract*, also aus ständisch-traditionalen Sozialformen in rationale (mit allen Vieldeutigkeiten des Wortes)«.[31] Vielleicht bahnt sich hier eine grundsätzliche »Formerneuerung der Politik« an – nicht unbedingt durch Plebiszitarisierung. Jedenfalls ist diese Entwicklung Ausdruck der Tatsache, daß in einer modernen Gesellschaft wie der Bundesrepublik Deutschland »eine Erkenntnis dessen, was sie jeweils braucht, ohne öffentliche Debatte kaum vorstell-bar ist; die Debatte«, so Carl Friedrich von Weizsäcker in seinem Buch »Bewußt-seinswandel«, »ist die gemeinsame Wahrheitssuche«.[32]

Und hier muß man allerdings feststellen: »Es ist den etablierten Parteien bislang nicht gelungen, über ihr tradiertes Rollenverständnis als Sprosse auf der Stufenleiter politischer Willensbildung hinaus wirkliche Aktionsräume für bürgerschaftliches, als Dienst am Ganzen verstandenes Engagement zu bilden ... Staatstragende Parteien sind Vorformen des Staates selbst, ihre Funktionsträger befinden sich im Lager politischer Professionalität; (und) bürgerschaftliche Motivierung erfolgt in erster Linie als periodische Mobilisierung von Sympathisanten zum Urnengang.«[33] Dieses Zitat stammt nicht etwa, wie vermutet werden könnte, aus dem grün-alternativen Umfeld. Es ist aus Lothar Späths Buch »Wende in die Zukunft«.

Nun soll hier nicht auf die unter anderem von Alf Mintzel[34] sehr differenziert herausgearbeiteten Strukturmerkmale von Volksparteien und auf die bekannten Mängelerscheinungen des Volksparteiensystems eingegangen werden. Nur so viel

---

29 H. Hill, Das Verhältnis des Bürgers zum Gesetz, in: Die Öffentliche Verwaltung, 8 (1988) 16, S. 667f.; ders., Das hoheitliche Moment im Verwaltungsrecht der Gegenwart, in: Deutsches Verwaltungsblatt, 104 (1989), S. 326; ders., Gesetzesgestaltung und Gesetzesan-wendung im Leistungsrecht, in: R. Zippelius u. a., Der Gleichheitssatz. Gesetzesgestaltung und Gesetzesanwendung im Leistungsrecht, Berlin–New York 1989, S. 193.

30 J.–J. Hesse, Erneuerung der Politik »von unten«?, Stadtpolitik und kommunale Selbstver-waltung im Umbruch, in: ders. (Hrsg.), Zur Situation der kommunalen Selbstverwaltung heute. Stadtpolitik und kommunale Selbstverwaltung im Umbruch, Baden-Baden 1987, S. 297; siehe ebenso den Beitrag von Böhret/Hugger, in: W. Schreckenberger/K. König/W. Zeh (Hrsg.), Gesetzgebungslehre: Grundlagen – Zugänge – Anwendung, Stuttgart 1986.

31 R. Dahrendorf, Dahrendorf über Dahrendorf, in: Frankfurter Allgemeine Zeitung vom 11. Januar 1989.

32 C. F. von Weizsäcker, Bewußtseinswandel, München–Wien 1988, S. 445.

33 L. Späth, Wende in die Zukunft. Die Bundesrepublik auf dem Weg in die Informations-gesellschaft, Hamburg 1985, S. 29f.

34 Vgl. A. Mintzel, Die Volkspartei. Typus und Wirklichkeit. Ein Lehrbuch, Opladen 1984; siehe dazu ebenso: U. Sarcinelli, Dilemma der Volksparteien, in: CIVIS (1988) 3, S. 39ff.

scheint sicher: Unter dem Gesichtspunkt erhöhter Kommunikationsabhängigkeit und verstärkter Dialogisierung wird die »scheinintime«[35] und zunehmende Präsenz der Parteien und ihrer Akteure bei Skat-Turnieren, Feuerwehrfesten, Altenfeiern oder Talk-Shows nicht genügen. Nicht die Partei als freizeitorganisierender Robinson-Club, sondern die Partei als ein offenes Diskussionsforum, das die verbreitete Hinterzimmerexklusivität und Seilschaftenmentalität überwindet, ist gefragt. Und hier ist die »strukturelle Rivalität«[36] und übrigens auch personelle Verflechtung zwischen neuen sozialen Bewegungen und Parteien durchaus demokratieförderlich. Sie korrigiert und kompensiert sowohl in thematischer Hinsicht wie auch im Hinblick auf den Politikstil die immanenten Schwächen der parteienstaatlichen Demokratie gegen die Parteien – durch die Ausbreitung des ›Bewegungsbazillus‹ in den Parteien –, allerdings ohne die Parteien als Instrument der Integration und der konfliktkanalisierenden Entscheidungsvorbereitung überflüssig zu machen. Unsere zweite Beobachtung konzentriert sich auf das Verhältnis von »materieller« und »symbolischer« Politik.

3.2 Zunehmende Diskrepanz zwischen »symbolischer« und »substantieller« Politik

Die Politik steht nicht nur aufgrund der beschriebenen sozialstrukturellen Wandlungsprozesse und aufgrund des Schwunds einer folgsamen politischen »Stammkundschaft« unter wachsendem Rechtfertigungsdruck. Die Zunahme des Kommunikationsaufwandes, der erhöhte Aufwand an »rhetorischer Politik« ist auch eine Folge enger gewordener beziehungsweise nicht wahrgenommener Spielräume für »materielle« oder besser »substantielle« Politik. Es wächst die Neigung zu einem in hohem Maße über PR-Arbeit vermittelten Verhältnis zum Bürger. Salopp könnte man sagen: Je geringer die Auswahl, desto aufwendiger die Verpackung. Es geht dabei nicht darum, daß der Kommunikationsaufwand generell erhöht wird: Man sehe sich nur einmal in den Rechenschaftsberichten der Parteien die Etats für den Bereich Öffentlichkeitsarbeit an. Vielmehr geht es auch darum, daß in einer zunehmend professionell gemachten »Politikvermittlung« dem Bürger »kommunikative Kunst-

35 E. Wiesendahl, Parteien als politische Sozialisationsinstanzen, (unveröff. Manuskript) 1989, S. 18 [in: B. Claußen/R. Geißler (Hrsg.), Politisierung der Menschen. Instanzen der politischen Sozialisation, Weinheim 1990 (im Erscheinen)]; vgl. ebenso H. Oberreuter, Parteien zwischen Nestwärme und Funktionskälte, Zürich–Osnabrück 1984², S. 63ff.; ders., Gesellschaftliche Verankerung: Zurück zu den ›Integrationsparteien‹?, in: P. Haungs/E. Jesse (Hrsg.), Parteien in der Krise? Köln 1987, S. 197ff.; R. Roth, Parteimanagement und politische Führungseliten in der Politikvermittlung, in: U. Sarcinelli (Hrsg.) (Anm. 19), S. 184ff.
36 E. Wiesendahl (Anm. 15), S. 98ff.; von »funktionalen Äquivalenten« spricht R. Stöss, Parteien und soziale Bewegungen, in: R. Roth/D. Rucht (Hrsg.), Neue soziale Bewegungen in der Bundesrepublik Deutschland, Bonn 1987, S. 285; W. Bürklin, Grüne Politik. Ideologische Zyklen, Wähler und Parteiensystem, Opladen 1984; H. Schmitt, Neue Politik in alten Parteien. Zum Verhältnis von Parteien und Gesellschaft in der Bundesrepublik, Opladen 1987.

produkte«[37] präsentiert werden, die weniger politische Entscheidungsprozesse transparent machen, als vielmehr die »Oberflächenstruktur«, den »demonstrativen Schein des Politischen«[38] vermitteln. Und je komplexer Politik wird, desto anfälliger werden wohl auch politische Akteure und wird das Vermittlungssystem insgesamt für bestimmte Rituale und symbolische Verdichtungen. Wir haben in dem Buch »Symbolische Politik« diese Entwicklung, in der vor allem Personalisierungsstrategien, Gefühlsmobilisierungen, ideologische Scheinpolarisierungen nicht nur für den Wahlkampfkontext eine große Rolle spielen, aufgearbeitet. Die zentrale These darin ist, daß die politische Wirklichkeit durch den kommunikativen Schleier symbolischer Politik oft mehr verhüllt als erhellt wird[39]. Hier ergibt sich in der Tat ein, wenn man so will, didaktisches Schlüsselproblem, vor dem unser gesamtes Vermittlungssystem steht: Wie kann das komplexe Geschehen in der Politik so reduziert, verdichtet und auch symbolisch umgesetzt werden, daß nicht Images, vordergründige Rituale, Sprechblasen, Leerformeln oder nichtssagende Signale gleichsam eine »bewußtlose« Akklamation erzeugen?[40]

Daß man mit symbolischen Mitteln nicht nur öffentliche Resonanz auslösen, sondern auch politisch integrieren, Problembewußtsein schaffen und für neue Themen Interesse wecken kann, das exerzieren uns die neuen sozialen Bewegungen nun schon seit einigen Jahren vor[41]. Durch symbolische Politik können durchaus politische Problemlagen zugespitzt, treffend abgebildet, kann politisch motiviert und mobilisiert und zu einer letztlich reflektierten Auseinandersetzung beigetragen, also

37 U. Sarcinelli, Politikvermittlung in der Demokratie. Zwischen kommunikativer Sozialtechnik und Bildungsauftrag, in: Aus Politik und Zeitgeschichte, B 50/1984, S. 5; generell dazu: U. Sarcinelli (Hrsg.) (Anm. 19); U. Sarcinelli u.a., Politikvermittlung und politische Bildung, Bad Heilbrunn 1990; H. Oberreuter, Stimmungsdemokratie. Strömungen im politischen Bewußtsein, Osnabrück–Zürich 1987, S. 7ff.

38 U. Sarcinelli, Symbolische Politik. Zur Bedeutung symbolischen Handelns in der Wahlkampfkommunikation der Bundesrepublik Deutschland, Opladen 1987, S. 6; K.-W. Brand/H. Honolka sprechen von der »Abkoppelung des inhaltlichen Politikprozesses von einer massenmedial konsumierbaren und dramatisch inszenierbaren symbolischen Selbstdarstellung«. Vgl. K.-W. Brand/H. Honolka, Ökologische Betroffenheit, Lebenswelt und Wahlentscheidung, Opladen 1987, S. 204.

39 Vgl. M. Edelman, Politik als Ritual. Die symbolische Funktion staatlicher Institutionen und politischen Handelns, Frankfurt/M.–New York 1976; siehe ebenso: U. Sarcinelli, Mediatisierte Politik und Wertewandel: Politik zwischen Entscheidungsprozeß und politischer Regiekunst, in: F. E. Böckelmann (Hrsg.), Medienmacht und Politik. Mediatisierte Politik und Wertewandel, Berlin 1989, S. 165ff.; ders., Symbolische Politik und politische Kultur. Das Kommunikationsritual als politische Wirklichkeit, in: Politische Vierteljahresschrift, 30 (1989) 2, S. 292–309.

40 Vgl. dazu U. Sarcinelli, Symbolische Politik und politische Bildung, oder: Auf der Suche nach der Wirklichkeit. (Vortrag auf dem Bundeskongreß der Deutschen Vereinigung für Politische Wissenschaft, Sektion Politische Wissenschaft und politische Bildung, vom 12.–16. September 1988 in Darmstadt); ders., »Symbol und Ritual statt politischer Bildung?« – eine falsche Alternative, in: Gegenwartskunde, 38 (1989) 2, S. 227–303.

41 Vgl. J. Raschke, Zum Begriff der sozialen Bewegungen, in: R. Roth/ D. Rucht (Hrsg.), Neue soziale Bewegungen in der Bundesrepublik Deutschland, Bonn 1987, S. 21; D. Rucht/ W. Kretschmer, Symbole im Konflikt um die Wiederaufbereitungsanlage in Wackersdorf, in: Forschungsjournal Neue Soziale Bewegungen, 1 (1988) 1, S. 9ff.

Legitimität durch Kommunikation befördert werden[42]. Der Verfall politischer Öffentlichkeit ist kein Naturgesetz der modernen industriegesellschaftlichen und massenmedialen Demokratie. Im übrigen hat die Alternativbewegung inzwischen ein bemerkenswertes Netz von sehr unterschiedlichen Medien aufgebaut, durch das auf der lokalen Ebene und teilweise darüber hinaus auch so etwas wie Gegen- und neue Teilöffentlichkeiten entstanden sind[43].

Angesichts zunehmender Komplexität in allen möglichen Problemfeldern scheint in der Tat die Kunst zur notwendigen, gleichwohl den Bürger nicht entmündigenden Komplexitätsreduktion zu der zentralen Herausforderung für das gesamte Vermittlungssystem zu werden. Ohne die Nutzung politischer Symbole und ohne die Anwendung symbolischer Politik wird dies nicht gehen. Wir haben an anderer Stelle dafür Beurteilungskriterien entwickelt[44], insofern symbolische Politik sowohl regressiv wie reflexiv, unterhaltend oder informativ, hermetisch oder diskursiv, emotionalisierend oder problemorientiert, privatistisch oder öffentlichkeitsorientiert, akteurszentriert oder betroffenenorientiert sein kann. Hier ergibt sich ein noch weites Feld für die Untersuchung beziehungsweise Entwicklung einer Didaktik der »Politikvermittlung« im weiteren Sinne[45].

3.3 Das unaufhebbare Spannungsverhältnis zwischen der »Medienlogik« und der »Organisationslogik« im Vermittlungssystem

Der österreichische Politikwissenschaftler Fritz Plasser spricht vom »tendenziellen Bedeutungsverlust der klassischen Partei- und Organisationslogik zugunsten einer hochprofessionalisierten Medienlogik«[46]. Die Gesetzmäßigkeiten, die politische Problemlösungs- und Entscheidungsprozesse bestimmen, sind andere als die Gesetzmäßigkeiten, die für eine möglichst öffentlichkeitswirksame Darstellung und Vermitt-

---

42 Vgl. H. Oberreuter, Legitimität und Kommunikation, in: E. Schreiber u. a. (Hrsg.), Kommunikation im Wandel der Gesellschaft. O. B. Roegele zum 60. Geburtstag, Düsseldorf 1980, S. 61 ff.; F. Ronneberger, Legitimation durch Information, Nürnberg 1977.
43 Vgl. K.-H. Stamm, Alternative Öffentlichkeit. Die Erfahrungsproduktion neuer sozialer Bewegungen, Frankfurt/M.–New York 1988; ders., Die neuen sozialen Bewegungen und der Konstitutionsprozeß einer neuen Öffentlichkeit, in: Forschungsjournal Neue Soziale Bewegungen, 2 (1989) 1, S. 5 ff.; W. Beywl, Lokale Gegenöffentlichkeit – Thesen zu einem exemplarischen Gegenstand einer Wissenschaft der neuen sozialen Bewegungen, in: ebenda, S. 12 ff.; R. Roth, Kommunikationsstrukturen und Vernetzungen in neuen sozialen Bewegungen, in: ders./D. Rucht (Hrsg.) (Anm. 41), S. 68 ff.
44 Vgl. U. Sarcinelli (Anm. 40), hier insbesondere S. 230 ff.
45 Zum Konzept »Politikvermittlung« vgl. U. Sarcinelli, Politikvermittlung und demokratische Kommunikationskultur, in: ders. (Hrsg.) (Anm. 37), S. 19–45.
46 F. Plasser, Medienlogik und Parteienwettbewerb, in: F. E. Böckelmann (Hrsg.), Medienmacht und Politik, Berlin 1989, S. 213; generell dazu: U. Sarcinelli (Hrsg.), Politikvermittlung (Anm. 37); R. Roth, Parteimanagement und politische Führungseliten in der Politikvermittlung, in: ebenda (Anm. 37); W. C. Müller, Parteien zwischen Öffentlichkeitsarbeit und Medienzwängen, in: W. R. Langenbucher (Hrsg.), Politische Kommunikation. Grundlagen, Strukturen, Prozesse, Wien 1986, S. 106 ff.; zum Verhältnis von Medien und Politik vgl. den guten Überblick bei O. Jarren, Medien und Macht, in: Politische Bildung, (1988) 3, S. 3 ff.

lung von Politik gelten. Die Realitätsspaltung findet dabei nicht nur auf der Ebene der Wahrnehmung von Politik – also bei den Bürgern – statt, sondern bereits auf der Herstellerseite – also bei den Politikern selbst.

Daß man in der liberalen, zustimmungsabhängigen Demokratie Kommunikation aktiv betreiben muß, um erfolgreich zu sein, und daß dies auch die vornehmliche Aufgabe des Vermittlungssystems ist, wird nicht bestritten. Doch Aufmerksamkeit ist ein knappes Gut, und wer auf dem Markt der Informationserzeugung und -verbreitung zu tun hat, steht in der Konkurrenz zu anderen Anbietern. Infolgedessen wird die »Machtprämie« Medienpräsenz durch professionell gemachte Öffentlichkeits-arbeit[47], durch permanente Inszenierung sowohl von Ereignissen wie von Pseudo-ereignissen oder durch geschickte Themenplazierungen einzulösen versucht. Was in dieser »Kommunikationsdramaturgie« entsteht[48], ist dann ein vordergründiges, auf mehr oder weniger eindrucksvolle Rituale beschränktes, auf einige Spitzenakteure personalisiertes und auf nur wenige Themen und Sprachregelungen reduziertes Bild; Bild im wahrsten Sinne des Wortes vor allem dann, wenn man an den »Zeigezwang« des – in seiner Reichweite, Aktualität und Glaubwürdigkeit am höchsten eingeschätz-ten – Mediums Fernsehen denkt, das ja weithin und insbesondere für Jugendliche zum Leitmedium für die Wahrnehmung und Darstellung von Politik geworden ist[49].

Im Sinne unserer Suche nach Krisensymptomen ist hier auf zumindest drei problematische Entwicklungstendenzen zu verweisen:

– Erstens auf einen zunehmenden populistischen Druck durch die wachsende Kon-kurrenz mit Unterhaltungsangeboten. Zu befürchten ist, daß die Zeit für die großen Vereinfacher arbeitet, für die politischen Dramaturgen und für die Regis-seure »symbolischer Politik«[50]. Anfällig sind dafür übrigens nicht nur die auf kurzfristige Loyalitätssicherung angewiesenen Volksparteien, sondern offensicht-lich auch die neuen sozialen Bewegungen, die sich ja gerade durch oftmals spektakuläre Aktionen ins Rampenlicht setzen. Unter Verweis auf einige telegene Akteure sieht Joachim Raschke die Gefahr, daß die Anpassung an die medialen

---

47 Vgl. B. Baerns, Öffentlichkeitsarbeit oder Journalismus? Zum Einfluß im Mediensystem, Köln 1985; dies., Macht der Öffentlichkeitsarbeit und Macht der Medien, in: U. Sarcinelli (Hrsg.), Politikvermittlung (Anm. 37), S. 147 ff.

48 R. Wassermann, Die Zuschauerdemokratie, Düsseldorf–Wien 1986, S. 146; vgl. ebenso U. Sarcinelli, Symbolische Politik und politische Kultur (Anm. 39); W. Bergsdorf, Über die Macht der Kultur. Kommunikation als Gebot der Politik, Stuttgart 1988; P. Radunski, Wahlkämfe, München–Wien 1980.

49 Vgl. K. Berg/M.-L. Kiefer (Hrsg.), Massenkommunikation III. Eine Langzeitstudie zur Mediennutzung und Medienbewertung 1964–1985, Frankfurt/M. 1987; H. Bonfadelli u.a., Jugend und Medien. Eine Studie der ARD/ZDF-Medienkommission und der Bertelsmann-Stiftung, Frankfurt/M. 1986; ders., Die Sozialisationsperspektive in der Massenkommuni-kationsforschung, Berlin 1981; H. Pöttger, Legitimationsdefizite und Fernsehen in der Bundes-republik Deutschland. Das Medium als Instanz politischer Sozialisation, in: Publizistik 33 (1988) 2/3, S. 505 ff.; W. Bergsdorf, Politik und Fernsehen. Die Herausforderung der liberalen Demokratie durch den Bildschirm-Journalismus, in: M. Funke u.a. (Hrsg.), Demokratie und Diktatur. Geist und Gestalt politischer Herrschaft in Deutschland und Europa, Bonn 1987, S. 567 f.; F. Plasser, Elektronische Politik und politische Techno-struktur reifer Industriegesellschaften, in: ders./P. A. Ulram/M. Welan (Hrsg.), Demokratierituale, Wien–Köln–Graz 1985, S. 9 ff.

50 U. Sarcinelli (Anm. 38); ders., Politikvermittlung in der Informationsgesellschaft, in: ders. (Hrsg.), Politikvermittlung (Anm. 37), S. 314 f.

Aufmerksamkeitskriterien bei basisorientierten Bewegungen zu Identitätsbelastungen, zu Legitimitätsminderung und zu einer Ablenkung von den Zielen führe[51].

– Zweitens wird sich die Kluft innerhalb eines ohnedies schon geteilten Informationsmarktes, forciert auch durch die rasanten technologischen Veränderungen, noch vertiefen. Die Möglichkeiten, sich immer besser mit speziellen Informationen zu versorgen, wird nach aller Erfahrung nur von kleinen Minderheiten genutzt werden. Denen gegenüber steht das weithin mit politischer Unterhaltungsware abgespeiste Massenpublikum. Die Folge wird eine weitere Spaltung der »politischen« Öffentlichkeit in Teilöffentlichkeiten sein.

– Wenn aber die Politikvermittlung zunehmend den Imperativen der Unterhaltungsmedien beziehungsweise -bedürfnisse folgt, dann wird – drittens – das ohnedies nicht sehr ausgeprägte Verständnis für die »Organisationslogik« politischer Problemlösung nicht gefördert. Denn diese Logik wird bestimmt durch eine professionelle Arbeitsteilung, durch Spezialistentum, durch Ausschußarbeit, Experten, Gutachten und so weiter. Es könnte sich – und dies hätte weitreichende und aus politisch bildnerischer Sicht bedenkliche Folgen – ein »Bild« von Politik in den Köpfen festsetzen, in dem das Verständnis für die Komplexität und Vernetzung von Problemen schwindet. Doch die Vorstellung, Politik sei eine leichte Sache, für die man nur die richtigen, allpräsenten, eloquenten und mediengewandten Akteure brauche, führt zwangsläufig zu Enttäuschungen. Es werden politische Erwartungen geweckt, die nicht zu erfüllen sind.

Bei all dem befinden sich die Massenmedien hier in einer Zwickmühle. Sie haben eine Chronistenpflicht. Doch Journalisten wissen oft allzu gut, daß es sich bei vielem, was sie aus dem politischen Bereich vermitteln sollen, nicht selten um Politikinszenierungen handelt. Medien sollten sich nach verbreiteter Lehrbuchmeinung als vermittelndes, möglichst auch kontrollierendes Gegenüber zur Politik verstehen und pflegen gleichwohl mit politischen Akteuren oftmals symbiotische Beziehungen[52]. Natürlich gibt es auch die berühmte Macht von Medien – nicht der Medien schlechthin –, vor allem im Bereich des kritischen Magazinjournalismus. Das zwischen Politikern und Journalisten geltende Tauschinteresse »Publizität gegen Information« macht aber beide Seiten anfällig: den Politiker für eine Instrumentalisierung der Medien und den Journalisten für die Rolle als »Mitpolitiker« ohne Mandat[53].

Natürlich können hier keine Patentrezepte gegeben werden. Doch aus der Sicht der politischen Bildung scheinen uns zwei Forderungen bedenkenswert. Zum einen die Forderung nach einem Perspektivenwechsel in der Vermittlung von Politik: Die Medien sollten weniger auf die Selbstdarstellungen von Akteuren achten, als vielmehr über die Folgen ihrer Politik informieren. Die zweite Forderung: Die Medien

51 Vgl. J. Raschke, Soziale Bewegungen. Ein historisch-systematischer Grundriß, Frankfurt/M.–New York 1987, S. 345.
52 Vgl. dazu U. Sarcinelli (Anm. 38), S. 213 ff.; M. Kaase, Massenkommunikation und politischer Prozeß, in: ders. (Hrsg.), Politische Wissenschaft und politische Ordnung. Analysen zu Theorie und Empirie demokratischer Regierungsweise. Festschrift zum 65. Geburtstag von R. Wildenmann, Opladen 1986, S. 366 und 370; F. Plasser, Elektronische Politik und politische Technostruktur reifer Industriegesellschaften, in: ders./P. A. Ulram/M. Welan (Hrsg.) (Anm. 49), S. 9 ff.
53 U. Sarcinelli (Anm. 38), S. 220.

sollten sich weniger oder nicht nur als Spiegel und Bühne für Auftritte der politischen Interessenoligarchie verstehen, sondern als Anwalt des Publikums. Und sie sollten sich auch mehr als kompensatorisches Instrument für *die* Interessen, die keinen Zugang zum Medienmarkt haben, betrachten. Im übrigen sind dies zwei Gesichtspunkte, die auch für die didaktische Reduktion im Rahmen schulischer, aktualitätsbezogener politischer Bildungsarbeit erkenntnisleitend sein könnten.

Im Mittelpunkt des vierten und letzten Gliederungspunktes steht das Glaubwürdigkeitsproblem.

3.4 Glaubwürdigkeitsverlust durch rhetorische Allverantwortlichkeit

Politische Glaubwürdigkeit hat etwas mit dem Zusammenhang von Reden und Handeln, mit dem Verhältnis von beanspruchten Kompetenzen und Realisierungsfähigkeiten zu tun. Wenn die These richtig ist, daß die Kommunifizierung, daß die Darstellung von Politik, daß »demonstrative Publizität«[54] und »symbolische Politik« zunehmendes Gewicht bekommen, dann stellt sich die Frage: Wird dadurch nicht eine Programm- und Handlungsfähigkeit vorgetäuscht, die eigentlich nicht mehr vorhanden ist? Werden nicht gerade durch eine symbolische Zurschaustellung unbegrenzter Steuerungsfähigkeit die Ansprüche und Erwartungen an Politik erhöht, obwohl eher von einem politischen »Souveränitätsverlust« gesprochen werden müßte?[55] Denn der Entscheidungsspielraum politischer Organe ist enger geworden.

Das Thema ist nicht neu, doch hat vor allem Ulrich Beck durch seine Veröffentlichungen zur Risikogesellschaft die Diskussion wieder angestoßen und die Frage nach dem politischen Entscheidungssubjekt gestellt. Seine Argumentation: »Bei institutioneller Stabilität und gleichbleibenden Zuständigkeiten wandert die Gestaltungsmacht aus dem Bereich der Politik in den der Subpolitik ab.«[56] Politik gerate in die Rolle der legitimatorischen Schirmherrschaft für Fremdentscheidungen. Sie sei zentrumlos und mittellos geworden. Das Primat des politischen Systems sei infrage gestellt. Parteien entwickelten zwar Programme, diskutieren und steuern bis zu einem gewissen Maße die Aufmerksamkeit für bestimmte Themen. Und das Parlament verabschiedet verbindliche Gesetze. Doch verliere das Leben in den vorgesehenen Zentren der politischen Willensbildung an Substanz, drohe in Ritualen zu erstarren. An den Parlamenten und am politischen System vorbei finde eine »Strukturdemokratisierung«, »eine Verflüssigung von Politik«[57] statt.

Nun soll hier nicht der Frage nachgegangen werden, ob der Soziologe Beck in seinem Buch »Die Risikogesellschaft« ein angemessenes Bild von pluralistischer Demokratie hat. Richtig ist jedenfalls seine Beobachtung, daß trotz politischen Souveränitätsverlustes aus den Inszenierungen der Politik immer aufs Neue die

54 J. Habermas, Strukturwandel der Öffentlichkeit, Neuwied 1971[5], S. 223ff.
55 W. Streeck (Anm. 18), S. 486.
56 U. Beck, Risikogesellschaft. Auf dem Weg in eine andere Moderne, Frankfurt/M. 1986, S. 357–369.
57 Ebenda, S. 316 und 323; J. Gross beklagt ganz ähnlich, allerdings aus eher konservativer Sicht, die »Zentrumslosigkeit« der Politik. Vgl. J. Gross, Phönix in Asche. Kapitel zum westdeutschen Stil, Stuttgart 1989, S. 60f.

Fiktion eines Steuerungszentrums der modernen Gesellschaft entsteht[58]. Diese Gefahr sieht im übrigen auch Oskar Lafontaine, wenn er in seinem Band »Die Gesellschaft der Zukunft« die ständigen Rechtfertigungsrituale beklagt. »Der Politiker wird zum Opfer der von ihm selber geweckten Erwartungen.« »Die faktische Allverantwortlichkeit« mache den Politiker handlungsunfähig, dränge ihn aus der gestaltenden in eine bloß legitimatorische Rolle[59]. In Anlehnung an Martin Jänicke fordert er deshalb eine Demokratisierung der Verantwortung, eine Überwindung der Trennung von Entscheidungs- und Verantwortungsebene und eine unmittelbare

---

58 Ebenda, S. 314.
59 O. Lafontaine, Die Gesellschaft der Zukunft. Reformpolitik in einer veränderten Welt, Hamburg 1988, S. 20.

Bindung »gesellschaftlicher Verantwortungsmacht« an die »gesellschaftliche Entscheidungsmacht«[60].

Wenn gesagt wurde, daß der Handlungsspielraum auch für Parteien enger geworden ist, dann sei jedoch gleich die Bemerkung hinzugefügt: Es sind die neuen sozialen Bewegungen, die die Parteien gezwungen haben und immer wieder zwingen, das Gehäuse der bekannten Sachzwangphilosophien zu verlassen und Spielräume für Alternativen auszuloten – nicht immer freiwillig, oft durch öffentlichen Druck und vielfach auch erst nach juristischen Interventionen. Insofern tragen neue soziale Bewegungen durchaus auch zu einem höheren Maß an politischer Professionalität und »Innovationsfähigkeit« bei[61]. So ist zum Beispiel der vielgerühmte, hohe Sicherheitsstandard der deutschen Kerntechnik gewiß nicht zuletzt das Ergebnis des kompensatorischen Wirkens von Bürgerinitiativen und neuen sozialen Bewegungen. Und kompensatorisches Wirken ist hier zu verstehen als die in- und extensive Ausnutzung von Informations-, Einspruchs- und Widerspruchsrechten, das heißt also die Ausnutzung der Vermittlungsmöglichkeiten zwischen Bürger- und politischen Entscheidungsinteressen.

Das Politikvermittlungssystem – also Parteien, Verbände, neue soziale Bewegungen und Massenmedien – sollte durch Intensivierung der politischen und gesellschaftlichen Kommunikation dazu beitragen, daß die »Entstehungskosten« der Politik zwar erhöht, insgesamt aber damit deren »Folgekosten« gesenkt werden.

4. Einige Schlußbemerkungen

Gewiß wäre es reizvoll, aus den dargestellten Krisensymptomen auch pädagogische und didaktische Schlußfolgerungen zu ziehen. Doch das ist ein eigenes Thema. (Siehe dazu die Beiträge in Kapitel III des vorliegenden Bandes.) Deshalb nur drei Hinweise, die vielleicht eine Richtung angeben könnten:
1. Wenn es richtig ist, daß partizipativ-kooperative Politikmodelle wichtiger werden und daß das politische Geschehen kommunikationsabhängiger wird, dann muß es in der politischen Bildung doch wohl vor allem um die Vermittlung »kommunikativer Kompetenz« gehen[62]. Gemeint ist damit ebenso eine verbesserte »Empfänger«-Kompetenz wie eine bessere »Sender«-Kompetenz. »Kommunikative Kompetenz« als Rekonstruktion politischer Wirklichkeit, nicht als pädagogische Sanktionierung

---

60 Ebenda, S. 22; zu diesem Gedanken vgl. insbesondere M. Jänicke, Staatsversagen. Die Ohnmacht der Politik in der Industriegesellschaft, München 1986[2], S. 46; siehe ebenso U. Beck, Gegengifte. Die organisierte Unverantwortlichkeit, Frankfurt/M. 1988, S. 24.
61 Vgl. F. Nullmeier, Institutionelle Innovationen und neue soziale Bewegungen, in: Aus Politik und Zeitgeschichte, B 26/1989, S. 3–16; ders., Bewegung in der Institutionalisierungsdebatte?, in: Forschungsjournal Neue Soziale Bewegungen, 2 (1989) 3/4, S. 8–19.
62 Vgl. grundlgend dazu D. Baacke, Kommunikation und Kompetenz. Grundlegung einer Didaktik der Kommunikation und ihrer Medien, München 1980[3]; H. Bonfadelli, Die Sozialisationsperspektive in der Massenkommunikationsforschung, Berlin 1981, S. 11; U. Sarcinelli, Politikvermittlung als eine Herausforderung für Politikwissenschaft und politische Bildung, in: Materialien zur politischen Bildung, (1988) 3, insb. S. 16ff.; ders., Symbol und Ritual statt politischer Bildung (Anm. 40).

einer vorfindlichen Realität; als Prüfungskompetenz für Sprache, Darstellung, Stile und Symbole in der Politik; als Einblick in die medialen Konstruktionsbedingungen und interessengebundenen Einflußprozesse. Gerade die politische Bildung muß dazu beitragen, das Bewußtsein dafür zu vermitteln, daß Politik mehr ist als die massenmedial erworbenen »relativ oberflächlichen Kenntnisse von einigen Personen, aktuellen Themen und Ereignissen« oder »das diffuse Gefühl, auf dem laufenden zu sein«[63].

2. Der politische Mobilitätsgewinn ist per se noch kein Gewinn an politischer Orientierungsfähigkeit. Die wachsenden Informationsmengen und die größere Kommunikationsdichte erhöhen die Unsicherheit in der Meinungsbildung ebenso wie im politischen Verhalten. Sie erfordern mehr denn je Orientierungswissen, Selektionsfähigkeit, Methodenkenntnis, Bewertungskompetenz. Die medienvermittelte Kommunikation leistet das nicht. Notwendig ist deshalb mehr denn je ein kategorial verortetes politisches Bildungs- und Orientierungswissen als Instrument adäquater Wirklichkeitserschließung.

3. Kommunikative Kompetenz und Orientierungsfähigkeit brauchen jedoch den »Erfahrungs- und Handlungsbezug« (Wolfgang Klafki). Politisches Lernen darf nicht nur Lernen von »Papier«-Wissen aus zweiter oder dritter Hand sein, wenn es nicht bloße Zuschauersouveränität gegenüber einem entfernten politischen Schauspiel intendieren will[64]. Denn Demokratie ist mehr als eine Machttechnik für versierte Polit- und Medienprofis, und politische Öffentlichkeit ist mehr als ein massenmedial »anpolitisiertes« Publikum[65].

Wenn also, wie Niklas Luhmann sagt, die Verhaltens- und Erwartungssicherheit mit der Komplexität sozialer Systeme auch in politischer Hinsicht zunehmend problematischer wird[66] und »Unübersichtlichkeit« eine mehr oder weniger zwangsläufige Folge gesellschaftlicher und politischer Modernisierung geworden ist[67], dann ist das Erziehungs- und Bildungssystem in neuer und grundsätzlicher Weise herausgefordert; dann kommt der politischen Bildung im Rahmen der Allgemeinbildung eine Schlüsselrolle zu.

---

63 W. Schulz, Politikvermittlung durch Massenmedien, in: U. Sarcinelli (Hrsg.), Politikvermittlung (Anm. 19), S. 143.

64 Vgl. M. Dorn/H. Knepper, Wider das allmähliche Entgleiten der Schüler und der Wirklichkeit, in: Gegenwartskunde, 36 (1987) 2, S. 154. Eine Reihe neuerer Publikationen unterstreicht ganz offensichtlich den Bedarf handlungs- und erfahrungsorientierten Lernens in der politischen Bildung. Vgl. Erfahrungsorientierte Methoden der politischen Bildung , Bonn 1988; S. Schiele (Hrsg.), Politische Bildung als Begegnung, Stuttgart 1988; P. Ackermann (Hrsg.), Politisches Lernen vor Ort. Außerschulische Lernorte im Politikunterricht, Stuttgart 1988.

65 H. Oberreuter, Übermacht der Medien. Erstickt die demokratische Kommunikation?, Zürich 1982, S. 65.

66 Vgl. N. Luhmann, Soziale Systeme. Grundriß einer allgemeinen Theorie, Frankfurt/M. 1985², hier S. 422.

67 Vgl. J. Habermas, Die Neue Unübersichtlichkeit, Frankfurt/M. 1985.

Heinrich Oberreuter

Wandlungstendenzen im Parteiensystem – Ein Diskussionsbeitrag

Bei den Wahlen 1961 vereinigten die beiden großen Volksparteien 81,5 Prozent der Stimmen auf sich. Daraufhin hob eine Diskussion über ihre Überintegrationskapazität, die politische Alternativlosigkeit und die Chancenlosigkeit der Opposition im Wohlfahrtsstaat an[1]. 1987 erzielten die beiden großen Volksparteien 81,3 Prozent. Die Folge: eine ausufernde Diskussion über den Verlust ihrer »Bindekraft« und Integrationsfähigkeit[2]. Gänzlich gegensätzliche Diskussionsfronten also bei gleicher Ausgangslage. Daran ändert auch die Tatsache nichts, daß die beiden Großen zwischendurch, zu ihrer besten Zeit, in der Lage waren, knapp über 90 Prozent der Wähler an sich zu binden.

Eigentlich läßt sich schwerlich behaupten, das Parteiensystem von 1961 sei instabil und unübersichtlich gewesen. Aber die These von 1987, eine neue Unübersichtlichkeit ziehe herauf, impliziert genau dies. Daß aber kleinere Parteien in die Parlamente zurückkehren, ist eher ein Nachweis der Flexibilität der parlamentarischen Demokratie. Das Drei-Fraktionen-Parlament ist kein Wert von Verfassungsrang. Andere Demokratien wären froh, jene Übersichtlichkeit zu genießen, die ein Parlament mit vier oder fünf Fraktionen einräumt. Natürlich ist dieses Thema bei den Deutschen kraft historischer Erfahrung und der davon geprägten besonderen Mentalität von eigenem Gewicht. Insbesondere nach den Wahlen zum Berliner Abgeordnetenhaus wurde diese Empfindlichkeit sichtbar, da die extremen rechten und linken Ränder erheblich gestärkt worden sind und nun auf die Mitte drücken – mit den klassischen Konsequenzen für Regierungsbildung und Stabilität. Das aktuelle Problem dort ist nicht so sehr, daß kleine Parteien dazugekommen sind, sondern daß sie mit – für bundesdeutsche Verhältnisse ziemlich extremen – Positionen die sich gegenüberliegenden Ränder des Parteienspektrums besetzen. Ein Zusatzproblem liegt in der überraschend hohen Wahlabstinenz. Allerdings hat diese Wahl gezeigt, daß die Attraktivität der Großparteien weiter nachläßt: Ihre »Bindekraft« hat sich – in gleicher Weise übrigens bei der späteren Europawahl – weiter gelockert. Sie liegt jetzt bei 75,1 Prozent.

1 Vgl. nur: E. Krippendorff, Das Ende des Parteienstaates?, in: Der Monat (1962) 160, S. 64 ff.; M. Friedrich, Opposition ohne Alternative?, Köln 1962³; O. Kirchheimer, Germany: The Vanishing Opposition, in: R. A. Dahl (Hrsg.), Political Opposition in Western Democracies, New Haven–London 1966, S. 237–259.

2 R. Leicht, »Auf dem Weg in eine andere Republik? Die Bindekraft der beiden großen Volksparteien läßt nach«, in: Die Zeit vom 30. Januar 1987, S. 1.

Insgesamt böte sich Anlaß, jenen Argumentationsbogen abzuschreiten, den die Parteienliteratur aufgespannt hat: den Bogen von der Leistungs-, Anpassungs-, Problemlösungs- und Integrationskapazität der Volkspartei bis zu ihrem Versagen, ihren Leistungs-, Funktions- und Integrationsdefiziten[3]. Dieser Bogen umspannt die Zeit von 1961 bis heute und beruht gleichsam auf den gleichen Eckwerten der Wählerattraktivität.

Ich will aber nicht diese etwas pauschale Diskussion nachzeichnen, sondern mich auf drei enger umrissene Themenfelder konzentrieren: die sich wandelnden Partizipationsstrukturen (1); die potentielle Rekonstruktion von »Milieu« als wichtigem Faktor für Parteiidentifikation (2) und die potentielle Herausforderung der »Volkspartei«, des bei uns gängigen und erfolgreich gewordenen Typs (3).

1. Wandel der Partizipationsstrukturen

Jedermann hier kennt das politisch-kulturelle Erbe der Deutschen und seinen Wandel in den letzten Jahrzehnten. Auch die Deutschen haben teil am Wandel der Wertorientierungen seit Mitte der sechziger Jahre[4] – ein Wandel, der zu einer stärker politisch interessierten und politisch involvierten Wählerschaft geführt hat. Diese Wählerschaft orientiert sich nicht mehr so stark an gewachsenen Parteibindungen, sondern zunehmend an spezifischen Themen, auch an Lebensstilen jenseits traditioneller Weltanschauungen und sozialer Herkünfte[5]. Die Parteistrategen beziehen diese Entwicklung seit neuerer Zeit in ihre Planungen mit ein. Bekannt ist auch, daß seit längerem ein Trend von sogenannten Pflicht- und Akzeptanzwerten zu Selbstentfaltungs- und Selbstverwirklichungswerten festzustellen ist, ohne daß hier von einer eindimensionalen Entwicklung gesprochen werden darf[6].

In zwei Bereichen gab es seit Ende der sechziger Jahre Wandlungsprozesse, die für unsere Fragestellung bedeutsam sind: bei der Entfaltung politischer Partizipation und bei der Bereitschaft zu politischer Kommunikation[7]. Politik wurde enttabuisiert. Man spricht über sie und ist bereit, sich mit politischen Meinungen zu exponieren. Im Eurobarometer Mitte der achtziger Jahre äußerten die Deutschen die höchste Frequenz politischer Diskussionen: 84 Prozent. Während 44 Prozent der Italiener, 36 Prozent der Briten und 30 Prozent der Franzosen äußerten, »niemals« über Politik zu reden, gehörten nur 16 Prozent der Deutschen in diese Kategorie[8]. Man ist bereit, politisch Position zu beziehen und bekennerhaft Flagge zu zeigen. Das deutet auf eine

---

3 Eine umfassende Darstellung bietet A. Mintzel, Die Volkspartei. Typus und Wirklichkeit, Opladen 1984.

4 Vgl. dazu nur: H. Klages, Wertorientierungen im Wandel, Frankfurt/M.–New York 1984; zusammenfassend: ders., Wertedynamik, Zürich 1988.

5 Siehe z. B. P. Gluchowski, Lebensstile und Wandel der Wählerschaft in der Bundesrepublik Deutschland, in: Aus Politik und Zeitgeschichte, B 12/1987, S. 18–32; U. Feist/H. Krieger, Alte und neue Scheidelinien des politischen Verhaltens, ebenda, S. 33–47.

6 H. Klages/W. Herbert, Wertwandel und Staatsbezug, Frankfurt/M.–New York 1983.

7 A. Fischer u. a., Jugendliche und Erwachsene '85, hrsg. vom Jugendwerk der Deutschen Shell, Leverkusen–Hamburg 1985, Bd. 3, S. 360ff.

8 Nach D. Conradt, The German Policy, New York–London 1986[3], S. 59f.

Verringerung des Abstands zur Politik hin. Dieser größeren Nähe folgt eine gestiegene Bereitschaft zu politischer Aktivität, die sich mit dem Glauben paart, Einfluß ausüben zu können. Eine Annahme, die durchaus zutrifft. Die Republik ist zwar nicht unregierbar, aber schwerer politisch führbar geworden.

Damit muß eine Demokratie leben können. Parallel zur gesteigerten Aktivität haben sich neue Ausdrucksformen politischer Partizipation entwickelt: unkonventionellere Ausdrucksformen, die im allgemeinen durchaus legal sind – sieht man von bewußten Rechtsbrüchen und gewaltsamen Entgleisungen ab. Das politische Handlungsrepertoire in der Bundesrepublik hat sich vergrößert[9] und findet besonders bei Jugendlichen und jungen Erwachsenen Zustimmung. Auch damit muß eine Demokratie leben können; denn schließlich ist sie ein Angebot zur Mitwirkung. Aber diese Erweiterung des Handlungsrepertoires und des Engagements kommt fast ausschließlich unkonventionellen und nicht institutionalisierten Aktionsformen zugute: Einzelaktionen, Initiativen oder Bewegungen, eher spontan, möglichst organisations- und verantwortungsfrei.

Die partizipatorische Revolution[10], wie diese Entwicklung mit leichter Übertreibung genannt worden ist, vollzog sich an den Institutionen vorbei, zum Teil sogar mit

---

9 M. Kaase/A. Marsh, Political Action Repertory, Changes over Time and a New Typology, in: S. H. Barnes u. a., Political Action. Mass Participation in Five Western Democracies, Beverly Hills 1979, S. 137–166.

10 M. Kaase, Partizipatorische Revolution – Ende der Parteien?, in: J. Raschke (Hrsg.), Bürger und Parteien, Opladen 1982, S. 173–189.

anti-institutioneller Stoßrichtung. Zum einen sollten Parteien und Parlamente, denen man mißtraute, ja gerade nicht unterstützt und gestärkt werden. Zum anderen – denken wir an das Selbstverständnis der Bewegungen – bestehen erhebliche Vorbehalte gegen organisatorische Einbindungen und formale Mitgliedschaften. Von daher konnten die Parteien von der partizipatorischen Revolution seit Mitte der siebziger Jahre nicht mehr profitieren. Vielmehr hat sich eine an Mitgliederzahlen gleich starke, mit unterschiedlichen Akzentuierungen entfaltete Form neuer sozialer Bewegungen neben sie gestellt.

Bei den Anhängern dieser Bewegungen ist der Glaube an die Wirksamkeit ihrer fließenden Beteiligungsformen weit verbreitet und hoch: Politik als vornehmlich plebiszitäres Ereignis, als Ereignis an der Basis und auf symbolträchtigen Schauplätzen. Diese Sichtweise wird problematisch, insoweit sie sich ausdrücklich mit dem Willen zur Mitentscheidung paart[11]. Mitentscheidungswille bedingt nämlich Kooperation mit den Institutionen, die in der Demokratie aus guten Gründen der Verantwortlichkeit, der Transparenz und der Kontrollierbarkeit über das Entscheidungsmonopol verfügen. Sie verfügen freilich nicht über ein Monopol in der Willensbildung. Wer aber mitentscheiden will, muß in oder zumindest mit den Institutionen wirken, nicht neben ihnen und gegen sie. Allzu wörtlich verstandener Selbstbestimmung und Selbstentfaltung mag das widersprüchlich erscheinen. Aber die individuellen Freiheitsräume der Demokratie sind nicht grenzenlos. Jedoch ist die intellektuelle Unfähigkeit, Natur und Notwendigkeit freiheitlicher Ordnung zu begreifen, weit verbreitet. Der Rekurs ausschließlich auf die eigene Entscheidungsmacht ist jedoch alles andere als demokratisch. Der mühsame Weg parlamentarisch-demokratischer Mehrheitsbildung und Legitimitätsgewinnung durch Wahlentscheid ist so ziemlich das Gegenteil von spontaner Selbstverwirklichung. Diese Tendenz selbst wiederum ist eine erhebliche Herausforderung der parteiendemokratischen Willensbildungsstrukturen. Sie läßt sich mit dem Stichwort der Entinstitutionalisierung charakterisieren.

Ein zweites Stichwort lautet: Stimmungsabhängigkeit. Der Selbstverwirklichungsansatz bedeutet logischerweise einen Kontrapunkt zu klassischen Formen kollektiver Partizipation und zur überkommenen Parteibindung. Aber zu einem erheblichen Teil sind gestiegenes Interesse an der Politik und gewachsene Partizipationsbereitschaft auch medien-, vor allem fernsehvermittelt. Haben wir es wirklich mit einer neuen Politisierung zu tun? Ich denke, es handelt sich mehr um eine oberflächliche und emotionsbestimmte »Anpolitisierung«. Die überwiegend fernsehbestimmte Vermittlung der Politik hat zweifelsohne die Politikperzeption der Wähler verändert[12]. Vor allem aber ist in jüngster Zeit eine stärkere Lockerung der Parteibindungen festzustellen, die sich auf das Wahlverhalten auswirkt: Seit 1980 ist der Anteil der Wechselwähler deutlich gestiegen. 1987 erreichte er fast 40 Prozent[13]. Demgemäß verringerte sich der Anteil der Stammwähler. Diese Flexibilität bedeutet aber eine

11 Vgl. A. Fischer u. a. (Anm. 7).
12 Siehe H. Oberreuter, Stimmungsdemokratie, Zürich 1987, S. 77 ff.; ders., Wirklichkeitskonstruktion und Wertwandel. Zum Einfluß der Massenmedien auf die politische Kultur, in: Aus Politik und Zeitgeschichte, B 27/1987, S. 17 ff.; ders., Mediatisierte Politik und politischer Wertwandel, in: F. Böckelmann (Hrsg.), Medienmacht und Politik, Berlin 1989, S. 31–41.
13 H.-J. Veen, »Die Wähler sind wählerischer geworden«, in: Frankfurter Allgemeine Zeitung vom 20. Oktober 1988.

gewachsene Disposition für schnell wechselnde Stimmungen: Kurzzeiteinflüsse und politische Situationen gewinnen an Bedeutung. Man könnte auch freundlicher sagen: Die jeweils aktuelle Politik der Parteien muß ihre Attraktivität bewähren.

Als Ursache gesteigerter Wählerflexibilität werden sozialer Wandel, Wertwandel und stärkere Orientierungen am persönlichen Lebensstil genannt. In einer der Wahlanalysen heißt es in Bezug auf die Januarwahlen 1987: »Dramatischer als das Ergebnis ist am Ende der Anteil von Wählern, die sich mit keiner Partei längerfristig identifizieren, sondern immer offener, beweglich, kurzfristig, schwer kalkulierbar, aber leicht beeinflußbar ihre Wahl treffen.«[14] Die Parteien stehen also vor der Herausforderung, daß Partizipation und Wahlentscheidung stimmungsabhängiger werden, und geben sich in ihren internen Analysen selbst den Rat, diese Stimmungsabhängigkeit in ihre Strategien mit einzubeziehen. Sie werden nun die Geister, die sie selber riefen, nicht mehr los; denn die gleichen Parteien haben die Wahlkämpfe von Issue-Auseinandersetzungen in die wohlkalkulierte Pflege von Stimmungslandschaften verwandelt. Die Berliner Wahlen von 1989 scheinen mir nun Grenzen dieses substanz- und themenlosen Wahlkampfstils aufzuzeigen. Die Wähler mögen sich zwar nicht als reifer, doch aber wohl als politischer erwiesen haben, als es ihnen die Parteien zutrauten; denn wo ihnen die großen Parteien Themen und Aussagen vorenthielten, haben sie sich Parteien zugewandt, von denen sie sich eine Befriedigung ihrer Themen und Emotionen erwarteten.

Dennoch: Wir werden uns in dem den Berlin-Wahlen vorausliegenden generellen Trend der Politikvermittlung wahrscheinlich einzurichten haben und damit in einer oberflächlicheren und emotionaleren Politikzuwendung. Schließlich ist nicht in Sicht, daß der Einfluß der elektronischen Medien auf die Politik geringer werden sollte. Wir kopieren im Gegenteil den Stil amerikanischer Kampagnen, was zu einem weiteren Bedeutungsgewinn von Fernsehwahlkämpfen führt. Bei der hohen Selbsteinschätzung der Parteimanager erscheint es zunächst einmal fraglich, ob das mittlerweile nicht mehr nur von den Berliner Wahlen ausgehende Signal, welches politische Inhalte statt gefälliger Verpackungen zu fordern scheint, richtig verstanden wird.

2. Wiederentdeckung des Milieus?

Einst war die Milieubindung ein Charakteristikum der deutschen Parteien. Den Ausbruch aus dieser Enge geschafft, die Bereitschaft zur Regierungsverantwortung entwickelt, eine den Erfordernissen des parlamentarischen Regierungssystems angemessene Mentalität herausgeprägt zu haben – das war das politische Mirakel unserer Nachkriegsentwicklung. Das Ergebnis war ein Parteientyp, der gründlich mit seinen Vorläufern brach: Parteien, die sich eben nicht mehr als verlängerter parlamentarischer Arm einer engen Weltanschauung oder begrenzter sozialer Interessen verstanden, sondern auf die Gesamtverantwortung im Staat ausgerichtet waren.

Vielleicht drängt sich die Frage noch nicht gerade auf, ob wir dabei sind, diese Entwicklung zu revidieren. Wäre das so – es wäre ein fundamentaler Umbruch und

---

14 H.-J. Veen, »Auch Zufall hatte die Hand im Spiel«, in: Rheinischer Merkur vom 30. Januar 1987.

ein Rückfall in die Vergangenheit. Es wäre natürlich auch der Weg in eine stärkere Fragmentierung des Parteiensystems. Hier sind Tendenzen angedeutet, die an Popularität zu gewinnen scheinen, ohne daß sich sagen ließe, sie hätten den Durchbruch bereits generell geschafft. Jedenfalls sind seit neuerem Parteien erfolgreich, die zwar inzwischen durchaus in die Parlamente, keineswegs aber unzweifelhaft in die Regierungsverantwortung einziehen wollen, andererseits – oder zugleich – auch Parteien, die nur ziemlich beengte Themenfelder bedienen, statt ein abgestimmtes politisches Gesamtkonzept vorzulegen.

Die Volksparteien waren bislang keine homogenen und geschlossenen soziokulturellen Lebenseinheiten. Im Gegensatz zu ihrer historischen Vorläuferin, der »Integrationspartei« Weimarer Typs, die Sigmund Neumann klassisch beschrieben hat[15], fordern sie gerade nicht die Einbeziehung der ganzen Person in die politische Organisation. Sie integrieren ihre Mitglieder und Anhänger weniger intensiv und weniger tief. Den »ganzen Menschen« konnten sie auch deswegen nicht mehr erfassen, weil die sozialen Voraussetzungen dafür zunehmend schwanden. Im langfristigen sozialen Wandel hat die Prägekraft von Milieu und Sozialstruktur auf die Wahlentscheidung und die Parteibindung nachgelassen. Übriggeblieben sind noch Akzente. Aber die Anteile von Milieus und sozialstrukturell definierten Bevölkerungsgruppen haben sich im Zeitablauf, hauptsächlich auch durch Generationenwechsel deutlich verringert.

So ist etwa für die Union das katholische Wählermilieu stark abgeschmolzen. Waren Mitte der sechziger Jahre noch etwa die Hälfte aller Unionswähler bekenntnistreue Katholiken, so macht deren Anteil am Ende der achtziger Jahre nur noch gut ein Fünftel ihrer Anhängerschaft aus. Dies nicht deswegen, weil weniger bekenntnistreue Katholiken Union wählten, sondern weil das Milieu selbst im Generationswechsel kleiner wird. Nicht ganz so dramatisch, aber ähnlich verläuft für die SPD die kontinuierliche Schrumpfung des gewerkschaftsverbundenen Arbeitermilieus in den Zentren der alten Industrien. Gewachsen sind jene Wählergruppen, die keine historisch etablierten und tiefen Bindungen an Parteien aufweisen, wie beispielsweise die weder kirchlich noch gewerkschaftlich gebundene neue Mittelschicht. Flexibles Wahlverhalten ist gerade in diesen Gruppen heimisch.

Eine Gegenentwicklung dazu sind die Grünen, denen offenbar eine politisierbare Szene zur Verfügung steht. Das hat in der Parteienforschung zu der These geführt, die Grünen kristallisierten sich um ein neuartiges Gesellschaftsmilieu, das bestimmt wird durch das Ausmaß der in ihm vorhandenen politisch-ideologischen Übereinstimmungen – Übereinstimmungen in Werthaltungen, Lebensweisen, Lebensgefühlen und Alltagsnormen. Es ist zusätzlich charakterisiert durch seine eigene Alltagskultur und durch die Dichte seines organisatorischen Netzwerks, welches es institutionell stabilisiert[16]. Dieses Milieu prägt sich als Gesinnungsgemeinschaft heraus – politisch-ideologisch und, um Begriffe von Lepsius zu benutzen, sozialmoralisch und sozial-

15 Neumann wählte dazu das Beispiel der alten Sozialdemokratie: »Man hat scherzhafterweise gesagt, daß sie den Menschen von der Wiege bis zum Grabe begleite, von der proletarischen Säuglingsfürsorge (Arbeiterwohlfahrt) bis zum (freidenkerischen) Feuerbestattungsverein.«
16 H.-J. Veen, Die Grünen als Milieupartei, in: H. Maier u. a. (Hrsg.), Politik, Philosophie, Praxis. Festschrift für Wilhelm Hennis, Stuttgart 1988, S. 454–476.

kulturell[17]. Das Überleben der Grünen läßt sich partiell sicher aus dieser neuen Milieuprägung erklären, die den – an sich im Binnenbereich desintegrierenden und nach außen schädlichen – Streit zwischen Fundis und Realos überwölbt. Diese Prägung ist wohl aus dem Wertwandel heraus gewachsen. Sie ist durch die neuen Wert- und Politikoptionen charakterisiert. Damit ist sie im wesentlichen aber auch auf jenes gesellschaftliche Segment begrenzt, das akzentuiert von diesem Wandel erfaßt ist: die »Wertmodernisten« (Helmut Klages).

Ähnlich scheint es sich mit der neuen Rechten zu verhalten, die in Berlin sichtbar wurde. Nur kristallisiert sich dort eine Wählerschaft von Werttraditionalisten um überkommene Orientierungen und auch um materielle Themen. Ob es sich hier ebenfalls um ein politisierbares Milieu handelt, muß noch offen bleiben[18]. Die Verankerung in alten Themen läßt diese Richtung jedoch wenig zukunftsfähig erscheinen. Sie repräsentiert sozusagen das Gegenprofil zur neuen Linken und damit ebenfalls ein begrenztes gesellschaftliches Segment und einen vielleicht noch erheblich engeren thematischen Sektor. Tendenziell scheint sie aber ebenso in der konkreten Lebenswelt ihrer Anhänger anzusetzen.

Da den großen Parteien solche Abstützung eher abhanden gekommen ist und sie um ein sehr heterogenes Wählerpotential kämpfen, liegt in dieser neueren Entwicklung für sie natürlich eine erhebliche Herausforderung. In ihr liegt auch ein ernstzunehmendes Wandlungspotential für das Parteiensystem, da die Versuchung auch für andere groß werden könnte, an neuen oder alten Milieus zu bauen. Diese These deutet an, daß sich künftig das Thema Reideologisierung und Fragmentierung des Parteiensystems nachdrücklich stellen könnte.

3. Zu den konkreten Angriffen auf die »Großstrukturen«

Parallel zu dieser Entwicklung und schon vorher hatte heftige Kritik am überkommenen Typus der Catch-All-Party eingesetzt. Diese Vorwürfe richteten sich gegen die Großstrukturen und ihre integrativen und kommunikativen Defizite: Immobilität,

---

17 M. R. Lepsius, Parteisystem und Sozialstruktur, in: G. A. Ritter (Hrsg.), Die deutschen Parteien vor 1918, Köln 1973, S. 56–86.

18 Schon im Berliner Wahlkampf hatte der Landesvorsitzende der Republikaner »echte deutsche Werte« wie Sauberkeit, Pünktlichkeit und Ehrlichkeit beschworen. Inzwischen liegen demoskopische Erkenntnisse vor, die zeigen, daß diese neue Rechte in jeder Hinsicht eine Kontrastgruppe zu den Grünen bildet – sozial, bildungsmäßig und ideologisch. Beide Gruppen leben in unterschiedlichen Wertsystemen. »Besonders wichtig sind«: Recht und Ordnung für 72 Prozent der Republikaner, aber nur für 34 Prozent der Grünen; Pflichtbewußtsein und Verantwortungsgefühl für 64 Prozent der Republikaner, aber nur für 32 Prozent der Grünen; Leistungsbereitschaft für 46 Prozent der Republikaner, aber nur für 20 Prozent der Grünen. Andererseits: Toleranz für 65 Prozent der Grünen, aber nur 33 Prozent der Republikaner. Die Republikaner finden sich in den Trends der Zeit nicht wohl und bevorzugen die Tradition und überkommene Wert- und Gesellschaftsbilder. Das zeigt auch ihre Programmatik. Vgl. E. Noelle-Neumann, »Eine gekränkte und isolierte Minderheit«, in: Frankfurter Allgemeine Zeitung vom 11. September 1989. Der Titel dieses Beitrags illustriert das Phänomen. Ursächlich für die Republikaner sind offenbar nicht nur die Phänomene sozialer Herausforderung und politischer Verdrossenheit.

Repräsentationsdefizite (»Unfähigkeit, soziopolitische Anliegen und die dahinterstehenden Kräfte im politischen Entscheidungsprozeß zusammenzuführen«), Abkoppelung, Kommunikationsstörungen[19]. Das diese Kritik motivierende normative Postulat lautete dann auch: Weg von den Großstrukturen[20] und hin zu Strukturen des »Sinnvermittelns« und »komplexitätsreduzierender Weltvergewisserung«[21]. Für Guggenberger ist die Alternative die (Grüne) Integrationspartei, die wieder geistige und soziale Heimat sein will.

Integrationspartei bedeutete bei Neumann: Anspruch auf den ganzen Menschen. Das gilt heute erneut. Hier verknüpft sich die Herausbildung eines homogenen Milieus mit einer bestimmten Tradition der deutschen Parteienentwicklung, die nicht jedermann für fortschrittlich und wegweisend zu halten braucht. Beschrieben wird gegenüber den Großparteien als Gegenmodell eine neue »Integrationspartei«, die ihren integrierenden und auch verpflichtenden Anspruch »keineswegs auf das Feld der politischen Entscheidungsfindung« beschränkt, sondern zudem eine »Einstellung« verlangt, »welche auch für das private Verhalten und die außerpolitische Lebensorientierung weitreichende Konsequenzen« hat[22]: Geistige Heimat, kollektive Geborgenheit, Nestwärme – der ganze Mensch soll es sein, die Zerrissenheit von Bürger und Mensch soll aufgehoben werden.

In der neuen Integrationspartei ist kaum ein normatives Konzept zu sehen. Vielmehr handelt es sich um einen der Wirklichkeit abgeschauten Realtypus. Damit wiederholt sich ein Vorgang, der bereits zu Beginn der sechziger Jahre zu registrieren war: In der wissenschaftlichen Diskussion um mittelfristige Parteientwicklungen schwingt politischer Opportunismus mit. Das war so bei der Diskussion über die Chancenlosigkeit der Opposition im Wohlfahrtsstaat. Das scheint so bei der Diskussion um die Mehrheitsdemokratie und um die heute angemessene Parteienstruktur. Probleme der Erfolglosigkeit oder der Erfolgschancen politisch nahestehender Gruppierungen werden von den Theoretikern in Konzepte umformuliert, die weniger mit Theorie als mit politischer Option zu tun haben.

In Wirklichkeit gibt es offensichtlich keine eindimensionale Entwicklung, sondern unterschiedliche, ja sogar gegenläufige Tendenzen, die gleichermaßen herausfordernd erscheinen: Die Entstehung eines neuen homogenen Milieus mit tiefer sozialer und politischer Integration ist die eine Tendenz, die zeigt, daß ein bestimmtes Segment aus Parteienspektrum und Wählerschaft an der neuen Lockerung und Offenheit nicht partizipiert – eher im Gegenteil. Die beschriebene Wiederentdeckung der Milieu- und Integrationspartei hat den Wählermarkt offengemacht für geschlossene – ideologisierte – Politikangebote. Erzielt diese von den Grünen ausgehende

---

19 Siehe z. B. W. Hennis, Überdehnt und abgekoppelt, in: Chr. Graf von Krockow (Hrsg.), Brauchen wir ein neues Parteiensystem?, Frankfurt/M. 1983, S. 28–46; B. Guggenberger, Umweltschutz und neue Parteibewegung, ebenda, S. 75–104; W.-D. Narr, Parteienstaat in der BRD – ein Koloß auf tönernen Füßen, in: ders. (Hrsg.), Auf dem Weg zum Einparteienstaat, Opladen 1977, S. 7ff.; J. Raschke, in: ders. (Hrsg.) (Anm. 10), S. 31.

20 J. Raschke, in: ders. (Hrsg.) (Anm. 10), S. 30. Zur Leistungsfähigkeit der Großparteien aber jetzt: A. Mintzel, Großparteien im Parteienstaat der Bundesrepublik, in: Aus Politik und Zeitgeschichte, B 11/1989, S. 3–14.

21 B. Guggenberger (Anm. 10), S. 81.

22 B. Guggenberger, Bürgerinitiativen in der Parteiendemokratie, Stuttgart 1980, S. 115f., S. 118.

Tendenz wachsende Resonanz, kann das ein Signal sein für andere strukturell vergleichbare Angebote. Berlin ist ein deutlicher Hinweis darauf, wenn nicht bereits ein Beleg.

Nach links hatte der Volksparteientypus schon längst seine die Extreme absorbierende Bindekraft verloren, in Berlin besonders deutlich, lang und erfolgreich. Da Parteiensysteme offene Wettbewerbssysteme sind, in denen erfolgreiches Verhalten entsprechende Reaktionen nach sich ziehen muß, war es nur eine Frage der Zeit, bis auch der rechte Flügel seine Bindungen abstreifen und eine der Alternativen Liste vergleichbare eigenständige Position beziehen würde. Die Republikaner boten nun das Gefäß, in das sich Unmut und Unrat ergossen. Berlin ist ein Menetekel, das uns die Richtung zeigt, die unser Parteiensystem einschlagen kann, sobald sich an einem seiner Ränder Ideologie und Emotionen mit stabilem und wachsendem Erfolg verfestigen: Was an einem Rande recht ist, ist am anderen billig. Im Ergebnis schrumpft die Mitte. Bisher beruhte der Erfolg der Bonner Republik darauf, daß die Mitte auf die Ränder drückte. Nun zeichnen sich gegenläufige Tendenzen ab. Für die Volksparteien besteht die zusätzliche Herausforderung, daß sie sich jedwede Fundamentalismus nur um den Preis ihres offeneren und weitgespannten Integrationsbegriffs leisten können. Dort liegen zum Beispiel die immanenten Grenzen der gegenwärtigen unionsinternen Diskussion um eine Verschärfung des Kurses. Tatsächlich ist die Situation zu komplex, um mit den alten Begriffen rechts oder links charakterisiert werden zu können. Die Entwicklung der Gesellschaft war bislang nicht stromlinienförmig. Insofern müssen die Volksparteien zur Synthese und zum Spagat zwischen rechts und links, zwischen Traditon und Fortschritt, zwischen alten und neuen Themen fähig sein. Das ist schwierig, zumal die Kunst komplexen Denkens auf unserer politischen Szene nicht weit verbreitet ist.

Im Widerspruch zu dieser einen Entwicklung steht die andere innerhalb der den klassischen Parteien treugebliebenen Wählerschaft: der Trend zur weiteren Auflockerung von Bindungen. Diese Tendenz hat die Flexibilität des Wahlverhaltens vermehrt, die Rand- und Wechselwähler sowie die zunehmende Orientierung an politischen Strömungen (Lagern?) mit sich gebracht: eine Art Richtungsidentifikation statt der überkommenen Parteiidentifikation.

In diesem Sinne ist die Integrations- und Bindekraft der großen Parteien in der Tat von zwei Seiten herausgefordert: Jenen, die für Milieus wieder politische Aktionsausschüsse suchen, reicht sie nicht weit genug. Dagegen scheint den Richtungswählern schon jenes Minimum zuviel zu sein, welches Verläßlichkeit und Überschaubarkeit stiftet.

BARBARA METTLER-MEIBOM

Informationsgesellschaft als Risikogesellschaft

1. Vorbemerkung

Kaum eine öffentliche Veranstaltung mit wirtschaftlicher Bedeutung geht ins Land, bei der nicht die zukünftige Informationsgesellschaft als Ziel und Ansporn zum Handeln zitiert wird. Von dieser Gesellschaft wird vieles erwartet und insbesondere eines, daß nämlich weiteres wirtschaftliches Wachstum sich nicht gegen Mensch und Natur richten werden, sondern daß mit der sogenannten Informationsgesellschaft eine humanere und auch umweltverträglichere Gesellschaft Wirklichkeit werde.

Im folgenden will ich diesen Zukunftsoptimismus grundlegend in Frage stellen. Die sogenannte Informationsgesellschaft der Zukunft wird, sofern nicht tiefgreifende Weichenstellungen in eine andere Richtung vorgenommen werden, etwas ganz anderes bringen. Sie wird »more of the same« sein[1] und dies bedeutet *noch mehr Risiko und noch mehr Belastung für Mensch und Umwelt.*

Weil sich hierfür die Anzeichen unübersehbar mehren, ist es im Frühjahr 1989 aufgrund einer breiten Initiative von Personen aus Kirchen, Gewerkschaften, Wissenschaft, Verbänden und sozialen Bewegungen zur Gründung eines »*Instituts für Informations- und Kommunikationsökologie (IKÖ)*« mit Sitz in Dortmund gekommen. Die Mitglieder dieses Instituts haben es sich zum Ziel gesetzt, auf die Gefährdungen dieser neuen Welle der Technisierung öffentlich aufmerksam zu machen. Damit folgen sie den Spuren des Freiburger *Öko*-Instituts. Während jenes die Gefahren der Technisierung für die Biosphäre untersucht, geht es dem IKÖ vor allem um Gefahren der Technisierung für die Menschen selbst und die Sozialsphäre, in der wir leben. Meine nachfolgenden Gedanken stehen im Umfeld der Besorgtheiten und Anliegen dieses Instituts für Informations- und Kommunikationsökologie[2].

2. Erzeugt der Einsatz von Informations- und Kommunikationstechniken gesellschaftliche Unsicherheit?

Ob und, wenn ja, inwieweit neue Technologien gesellschaftliche Unsicherheit erzeugen, ist eine Frage, die alle angeht. Ihre Beantwortung könnte Teil eines Prozesses

---

1 H. Nowotny, The Information Society. It's Impact on the Home, Local Community and Marginal Groups, Wien 1981 (European Center for Social Welfare and Training, eurosocial occasional papers 9).

2 Der Sitz des Instituts ist in 4600 Dortmund, Wittener Str. 139. Die Arbeit ist in 13 Fachgruppen organisiert, in denen mitarbeiten kann, wer die Ziele des Instituts unterstützt. Die nachfolgenden Überlegungen werden insbesondere in der Fachgruppe »Kommunikationsökologische Grundlagenforschung« thematisiert. Erste Überlegungen hierzu wurden in der Sektion Wissenschaftsforschung auf dem Hamburger Soziologentag im Oktober 1986 vorgetragen.

sein, in dem eine Gesellschaft sich über ihre zukünftigen Entwicklungsperspektiven und -möglichkeiten verständigt, – nicht zuletzt, um kommenden Gefahren zu wehren. Doch die Nachfrage nach Wissen über die Wirkungen neuer Technologien scheint einer anderen Logik zu folgen: Sie erweist sich in höchstem Maße als Reflex technisch-ökonomischer Interessen und weniger als Suche nach gesellschaftlich sinnvollen und vernünftigen Lösungen. Wissen über die problematischen Folgen neuer Technologien ist erst dann wirklich gefragt, wenn der technisch herbeigeführte Reparatur- und Entsorgungsbedarf auch gesellschaftlich sichtbar geworden ist. Wer sich der Reparatur- und Entsorgungsfrage dagegen in der Phase des Take-offs, also des Aufschwungs und der Durchsetzung einer technischen Innovation stellt, unterliegt leicht dem Vorwurf des Technikpessimismus oder der Maschinenstürmerei.

Angesichts fortschreitender technisch induzierter individueller und kollektiver Gefährdungen ist zu fragen, ob wir uns damit zufriedengeben können und sollen. Sind wir nicht dazu aufgerufen, einer sich verselbständigenden technisch-ökonomischen Rationalität den Spiegel ihrer eigenen sozialen Unvernunft entgegenzuhalten? Muß es nicht unsere Funktion sein, Reparatur- und Entsorgungsbedarf zu antizipieren und zu verhindern? George Orwell hat geschrieben: »Die höchste Pflicht der Intellektuellen unserer Zeit ist, die einfachsten Wahrheiten in den einfachsten Worten auszusprechen.«[3]

Eine einfache Wahrheit ist, daß die Gegenwart durch ein bislang noch unbekanntes Ausmaß von Unsicherheit gekennzeichnet ist. Hinter der Fassade der befriedeten Ruhe – allerdings auch dies nur in den reichen Ländern des Nordens – verbergen sich nicht nur individuelle, soziale und gesellschaftliche Unsicherheiten, sondern auch die globale Unsicherheit einer drohenden Ökokatastrophe und eines nach wie vor drohenden atomaren Holocaust. Eine ebenso einfache Wahrheit ist, daß wir in dieser Situation *mehr Sicherheit* brauchen. Die Frage ist nur, *wie sie uns erwachsen kann.* Politik und Wirtschaft hoffen insbesondere auf weitere technische Instrumente. Gentechniken, Biotechniken und Informations- und Kommunikationstechniken sollen angeblich gleichermaßen geeignet sein, der Krise der Menschheit zu wehren.

Kann eine solche, vorrangig von wirtschaftlichen Wachstumshoffnungen getragene Sichtweise genügen? Sollten wir nicht vielmehr die kollektive Erfahrung wachsender Unsicherheiten nutzen und uns umgekehrt fragen, ob sie nicht die Folge bestimmter technischer Entwicklungen sind, und ob nicht bestimmte neue Techniken die Unsicherheiten noch weiter erhöhen, statt sie zu mindern? Ich möchte heute dieser Frage ansatzweise im Hinblick auf die Informations- und Kommunikationstechniken (IuK-Techniken) nachgehen, die gegenwärtig die Phase des innovationspolitischen Take-off auf dem Weg in die verheißungsvolle Zukunft der »Informationsgesellschaft« durchlaufen. Ich möchte hier die These wagen, daß die IuK-Techniken auf vielen grundlegenden Ebenen neue, zusätzliche Unsicherheit schaffen. Bevor ich erste Schritte unternehme, um diese These zu begründen, will ich mich mit den Begriffen »Sicherheit« und »Unsicherheit« auseinandersetzen[4].

---

3 Zitiert nach Joseph Weizenbaum, »Wir Informatiker dürfen den harmlosen Märchen nicht glauben«, in: Frankfurter Rundschau vom 28. August 1986.

4 Da ich mich überwiegend mit zukünftigen Entwicklungen befasse – um meinen Beitrag zur Antizipation und damit Verhinderung von Entsorgungsbedarf zu leisten –, sind meine Aussagen notwendigerweise spekulativ. Wir alle werden wohl nie dazu kommen, die Determinanten zukünftiger Entwicklungen so präzise hinsichtlich Art, Umfang und Rich-

2.1 Zu den Begriffen »Sicherheit« und »Unsicherheit«

Die Begriffe Sicherheit und Unsicherheit unterliegen als vieldeutige und komplexe Begriffe einem ständigen Bedeutungs- und Deutungswandel. Gegenwärtig scheinen vor allem zwei Deutungsweisen miteinander im Wettstreit zu liegen, die zugleich Ausdruck für weit über sie hinausweisende Änderungen sind, die sich in unserer Gesellschaft ergeben.

Zum einen gibt es einen Sicherheitsbegriff, der gesellschaftliche Sicherheit an der Respektierung der systemischen Vernunft lebendiger Systeme festmacht und Unsicherheit dann für gegeben hält, wenn in lebendigen vernetzten Systemen durch ständige »*positive Rückkoppelungen*« (das heißt Prozesse, bei denen Wirkung und Rückwirkung sich gegenseitig verstärken) systemische Grenzwerte mißachtet werden. Damit kommt dann eine Entwicklung in Gang, in der das lebendige System sich in einen neuen Gleichgewichtszustand bringt, indem es sich durch eine »*negative Rückkoppelung*«, das heißt durch eine Änderung der Entwicklungsrichtung des »positiven Rückkoppelungsmechanismus« entledigt[5]. Dieser kybernetische Sicherheits- und Unsicherheitsbegriff nutzt vor allem Erkenntnisse der Biologie, also des Wissens über die Evolution und darüber, wie die Natur mit den massiven menschlichen Eingriffen in ihr vernetztes System umgegangen ist[6]. An der Übertragung dieses ökologischen Sicherheitsbegriffes und -verständnisses auf geistige Prozesse und soziale Zusammenhänge wird bislang noch vergleichsweise wenig gearbeitet, doch sind hier Wissenschaftler zu nennen wie Gregory Bateson und seine »Ökologie des Geistes«, Fritjof Capra in der »Wendezeit« oder Frederic Vester[7].

Der zweite Sicherheitsbegriff macht sich an einem *Maschinenmodell von Mensch und Gesellschaft* fest und steht in der Tradition der technisch-ökonomischen Modernisierung. Dieser Sicherheitsbegriff ist am klarsten in den Technikwissenschaften ausgeprägt, in denen lebendige Prozesse dadurch ihre Bedrohung zu verlieren scheinen, daß sie technisch beherrscht, kontrolliert und gesteuert werden. Lebendigkeit ist hier in letzter Konsequenz Unsicherheit. Detlef Hartmann spricht sogar davon, daß das bloße Leben zur »Sabotage« gegen die »technologische Gewalt« wird[8]. Sicherheit wird dementsprechend erreicht durch *Ausschaltung des Lebendigen*, das heißt der »Risikofaktor Mensch muß überwunden werden«, sei es in Tschernobyl oder Mutlangen, in der vollautomatischen Fabrik oder in der Leitzentrale für die

---

tung benennen zu können, daß wir die Zukunft prognostizieren könnten; anderenfalls, was ich nicht hoffe, hätten die Vertreter eines Maschinenmodells von Gesellschaft doch recht behalten.

5 Ein Beispiel dafür ist Doping im Sport. Irgendwann wird der/die SportlerIn zusammenbrechen, das heißt das Doping hat, wenn dieser Punkt erreicht ist, genau den umgekehrten Effekt gehabt: statt Leistungssteigerung Leistungszusammenbruch (vgl. F. Vester, Unsere Welt – ein vernetztes System, München 1983, S. 74).

6 Vgl. E. Jantsch, Die Selbstorganisation des Universums, München 1982²; F. Vester (Anm. 5); ders., Neuland des Denkens. Vom technokratischen zum kybernetischen Zeitalter, München 1985³; J. Prigogine/I. Stengers, Dialog mit der Natur. Neue Wege naturwissenschaftlichen Denkens, München-Zürich 1981.

7 G. Bateson, Ökologie des Geistes, Frankfurt/M. 1981; F. Capra, Wendezeit: Bausteine für ein neues Weltbild, Bern 1983²; J. Vester (Anm. 5 und 6).

8 D. Hartmann, Zur Krise der technologischen Gewalt, Tübingen 1981.

Durchführung eines Krieges der Sterne. Die Denkweise, die dem Maschinenmodell von Gesellschaft zugrundeliegt, findet sich im Planungs- und Steuerungsvokabular von Politikern und Wissenschaftlern ebenso wieder wie in den Forderungen nach Rationalisierung, die im Gewand einer einseitig ökonomisch, politisch oder technisch motivierten Zweck-Mittel-Logik auftreten. Die Allmachtsvorstellungen dieser Denkweise von der Steuerbarkeit des Lebendigen stören sich oft wenig an den nachweislichen Ohnmachtserlebnissen; sie finden ihre Fortsetzung nicht zuletzt in noch monströseren technischen Allmachtsphantasien, wie zum Beispiel der des SDI[9].

Die Diagnose »gesellschaftliche Unsicherheit« wird also jeweils aufgrund völlig unterschiedlicher Prämissen gefällt; sie verlangt dementsprechend völlig unterschiedliche Therapien. Erfordert sie im ersten Fall Lernoffenheit, Raum und Chance für die Selbstregulierungsfähigkeit lebendiger Systeme und Beherrschbarkeit von Rückkoppelungen durch die Beachtung des systemisch notwendigen Zwanges zur »negativen Rückkoppelung« –, so erfordert sie im zweiten Fall »more of the same«: vermehrte technische Beherrschung lebendiger Prozesse. Gentechniken, Biotechniken, Klimatechniken und Informations- und Kommunikationstechniken sind die begehrten Werkzeuge bei der Verfolgung des zweiten Weges. Aus dessen Sicht gerät alles Lebendige zum Experimentierfeld für den menschlichen Glauben an die Beherrschbarkeit des Lebendigen. Nichts ist mehr vor dem technischen Zugriff sicher, vom Zellkern bis zum »All«.

In der gleichen mechanistischen Tradition setzt man nun auch an zur Beherrschung des lebendigen Denk- und Wahrnehmungsvermögens von Menschen. KI, die Künstliche Intelligenz, mit der es angeblich gelungen ist oder gelingen soll, menschliches Denkvermögen maschinell abzubilden, kann aus der Sicht eines Maschinenmodells von Mensch und Gesellschaft als »Krone der Schöpfung« angesehen werden. Sie erweist sich nicht zuletzt als Ausdruck der Hoffnung, menschliche Lernfähigkeit durch maschinelle Lernfähigkeit zu ersetzen und sich endlich vom Menschen in seiner Eigenschaft als »Denk-Zeug« durch eine entsprechende Maschine unabhängig zu machen.

Es lohnt sich also nachzufragen, welche Wirkungen von den IuK-Techniken zu erwarten sind, Techniken, die von Menschen entworfen und eingeführt werden und in denen eine bestimmte Entstehungs- und Verwendungslogik »eingeschrieben« ist. Erhöhen diese neuen technischen Instrumente gesamtgesellschaftlich und global die Sicherheit oder schaffen sie weitere Unsicherheiten? Wenn ich dieser Frage nachgehe, will ich nicht verhehlen, daß ich der ersten der oben genannten Sichtweisen zuneige. Ich denke, es ist die Zeit gekommen, negativ rückzukoppeln, das heißt die technisch-ökonomische Rationalität, die dem Modernisierungsprozeß zugrundeliegt, zu stoppen, umzulenken und Räume der Selbstregulierung zu schaffen, statt weitere Instrumente eines Eingreifens in natürliche Zusammenhänge zu konzipieren – eines Eingreifens, über dessen Folgen wir uns nicht klar sind. Je früher wir die IuK-Techniken wiederum als solche Instrumente erkennen und je sparsamer und bedachter wir sie verwenden, desto weniger werden sie die »positive Rückkoppelung« einer system- und lebenszerstörenden Kraft entfalten.

---

9 Strategic Defense Initiative.

2.2 Überwinden von Unsicherheit durch Lernfähigkeit und Selbstregulierung

Die globale Unsicherheit schaffenden Krisen der Gegenwart sind menschengemachte Krisen. Sie sind das Ergebnis der Art, wie Menschen sich und ihre Umwelt gesehen und gestaltet haben. Sofern es nicht bereits zu spät ist, lassen sich diese Krisen nur dadurch bewältigen, daß Menschen umlernen – insbesondere die gesellschaftlich bestimmenden Kräfte in den hochindustrialisierten Ländern des Westens –, daß wir also bereit und willens sind, unsere Sicht- und Verhaltensweise zu korrigieren und institutionelle und soziale Zeiten und Räume für Änderungen zu schaffen oder zuzulassen. Wie aber kommt es zu einer solchen Lernfähigkeit? Und werden die Chancen der Lernfähigkeit durch den Einsatz der IuK-Techniken eher erhöht oder noch mehr geschmälert? Wird mit ihrer Hilfe mehr oder weniger Sicherheit erzeugt?

Lernfähigkeit, Mut und die Kraft, etwas seelisch, körperlich, geistig und auf der Verhaltensebene in Frage zu stellen und zu »neuen Ufern« vorzustoßen, hängen von den Erfahrungen ab, die Menschen machen. Der Begriff der *kommunikativen Kompetenz*, von Jürgen Habermas aufgebracht und vielfältig diskutiert, ist mehrdeutig interpretierbar. Er kann phänomenologisch, hermeneutisch, normativ oder auch – und dies will ich hier einmal versuchen – kybernetisch verstanden werden. Kommunikative Kompetenz stände dann als Begriff für die *Selbstregulierungsfähigkeit von Menschen*, für die Fähigkeit, sich durch Erfahrungen an neue Umwelten anzupassen[10].

Das Erlernen kommunikativer Kompetenz in einem so verstandenen Sinne stellt sich nicht naturwüchsig ein und läßt sich schon gar nicht – wie manche Utopisten und Vertreter eines Maschinenmodells von Leben meinen könnten – per Genmanipulation erreichen. Es wird auf vielfältige Weise in einer Gesellschaft und in einem sozialen Mikrokosmos gehemmt, in dem Macht- und Herrschaftsbeziehungen verhindern, daß Menschen – wie es im Grundgesetz so bezeichnend heißt – ihre Persönlichkeit frei entfalten können. Soll kommunikative Kompetenz erlernt werden, sollen wir Menschen flexibel und lernoffen gegenüber unserer sozialen und natürlichen Umwelt sein, so brauchen wir in den Prozessen unserer Sozialisation und Enkulturation und darüber hinaus in unserem Leben schlechthin Erfahrungen, bei denen wir die Rückwirkungen unseres eigenen Tuns auf uns selbst und unsere soziale und natürliche Umwelt erfahren können.

Dabei steht der Begriff *Erfahrung* nicht notwendigerweise für einen kognitiven Vorgang. Geht man von der Einheit von Körper-Seele-Geist aus, so sind kognitive Erfahrungen nur *ein* möglicher Zugang zu Erfahrungen. Nutzt man die Sprache der Kybernetiker, so könnte man sagen: Lernende Anpassung an Umwelt setzt einen Feedback voraus, bei dem Erfahrungen gemacht und verarbeitet werden. Wie ist es mit diesem Feedback durch Erfahrungen in unseren Gesellschaften beschaffen und wie verändern sich die Feedback-Möglichkeiten durch den Einsatz der Informations- und Kommunikationstechniken? Dazu im Folgenden einige Beispiele aus verschiedenen Lebens- und Arbeitsbereichen.

---

10 Ich habe den Begriff an anderer Stelle unter anderen Aspekten diskutiert, vgl. B. Mettler-Meibom, Soziale Kosten in der Informationsgesellschaft, Überlegungen zu einer Kommunikationsökologie, Frankfurt/M. 1987, S. 39 ff.

3. Wie verändern sich Erfahrung, Lernfähigkeit und Chancen der Selbstregulierung?

3.1 Privater Alltag/Spielen

Menschliches Leben entfaltet sich zuerst im privaten Alltag, wobei »zuerst« eine zeitliche und – angesichts der Bedeutung der frühkindlichen Sozialisation – eine qualitative Bedeutung hat. Damit kommt der Art und Weise, wie Kinder aufwachsen, eine zentrale Bedeutung für den Erwerb kommunikativer Kompetenz zu, und zwar nicht nur individuell, sondern auch sozial.

Kinder spielen und erfahren im Spiel sich und ihre Umwelt. Dabei lernen Kinder nicht nur (hoffentlich), ihre Freiheiten zu erproben, auszuloten und zu genießen, sondern auch die äußeren Grenzen ihrer Freiheit zu spüren, wahrzunehmen und mit ihnen umzugehen: Sich »in die Luft schwingen« und »im Kreise drehen«, »die Finger verbrennen«, »eins auf die Nase kriegen«, »in die Grube fallen«, sich »blutig schlagen« oder »Blutsbrüderschaft eingehen«, dies alles sind Formulierungen, die erkennen lassen, daß es sich um einen körperlich-sinnlichen Vorgang handelt. Die Sprache verrät noch mehr, daß es sich nämlich um Erfahrungen handelt, die so prägend sind, daß sie im Wortschatz eine weit über das Kindesalter hinausgehende Doppelbedeutung haben. Man verbrennt sich eben im Arbeits- und Liebesleben die Finger, kriegt eins auf die Nase oder holt sich ein blaues Auge. Wir haben also einen Erfahrungsschatz in uns, der uns zum Verständnis unserer Wirklichkeit und unserer Umwelt auch im Erwachsenenalter verhilft – selbst dann, wenn der Schlag auf die Nase im Berufsleben weniger körperlich direkt ist. Wir haben dennoch gelernt, ihn zu spüren und einzuschätzen.

»Verflixt! Blackout auf Sender 108 – und das soll Programmvielfalt sein!?«

Spiele und Spielverhalten haben sich vor allem in den Städten dramatisch verändert. Auf einen kurzen Nenner gebracht: Die spielerischen Erfahrungsmöglichkeiten von Raum und Zeit und die spielerische Auseinandersetzung mit anderen Kindern und anderen Menschen des sozialen Umfelds nehmen stark ab – und damit die Auseinandersetzung mit der Wirklichkeit. *An die Stelle des aktiven Auseinandersetzens* mit der Umwelt *tritt immer mehr ein passives Wahrnehmen* an Informationen über die Umwelt. Zeiten vor dem Fernsehen (die im übrigen durch Videorecorder und Verkabelung weiter ansteigen), Videospiele, »Spielen« mit dem Computer oder Angeschlossensein an den Walk-Man sind Zeiten der Ausblendung konkret erfahrbarer, erlebbarer Wirklichkeit; es sind Zeiten der Rezeption von Wirklichkeiten, die von anderen stellvertretend wahrgenommen und medial verarbeitet wurden und von diesen nun als Wirklichkeit angeboten werden. *Statt Erfahren von Umwelt gibt es nun also Wirklichkeit aus zweiter Hand,* eine von anderen gefilterte, geschaffene, vorfabrizierte Wirklichkeit. Auch dies ist ein Feedback; es fragt sich nur, mit welcher Qualität und welcher Wirkung dieses spezifische Feedback wiederum auf menschliches Handeln zurückwirkt.

Was im Spiel bereits deutlich erkennbar ist, soll im Zeichen der IuK-Techniken auf den gesamten privaten Alltag übergreifen. Die informationstechnisch betriebene »Rationalisierung des privaten Alltags«[11] erlaubt es, Alltagsarbeit ohne Erfahren der Umwelt zu verrichten. Der netztechnisch erschlossene Haushalt, von dem aus per IuK-Technik jedes Alltagsbedürfnis befriedigt werden kann (Teleeinkauf, Telebanking, Tele-Unterhaltung, Tele-Rendezvous, Tele-Tourismus, Telediagnose) wird potentiell zur Monade in einer Umwelt, die zwar existiert, mit der man aber in Beziehung treten kann, ohne sie zu er-fahren. *Die Information über die Umwelt tritt an die Stelle der erfahrenen Umwelt.*

3.2 Militär/Kriegsspiele

Nicht nur Kinder spielen, auch Erwachsene »spielen«, und kindliches Spielverhalten kann, ja soll das spätere berufliche »Spiel«verhalten von Erwachsenen prägen[12]. So nimmt es nicht wunder, daß das allmähliche »Verschwinden der Wirklichkeit«[13], der allmähliche Erfahrungsentzug, den wir bei den kindlichen Spielen feststellen, sich auch bei Erwachsenen»spielen« wiederfindet, zum Beispiel bei Kriegsspielen, dem typischen Jungen- und späteren Männer»spiel«. Krieg war Kampf »Mann gegen Mann«, Töten des Gegners von eigener Hand, Auge in Auge, *unmittelbares Erfahren der Wirkungen des eigenen Tuns.* Von solch unappetitlich direkter Erfahrung hat die heutigen Kriegsspieler die Technik befreit – nicht auf einen Schlag und nicht überall (man denke nur an die Bilder im Fernsehen über die vielen Stellvertreterkriege), aber doch in unseren Breitengraden. Bereits der Bomberpilot konnte sich weit entfernt

---

11 Vgl. dazu als früheste Arbeit: D. Janshen, Rationalisierung im Alltag der Industriegesellschaft, Frankfurt/M.-New York 1980; ferner: B. Böttger/B. Mettler-Meibom/I. Hehr, Informatisierung des privaten Alltags und Strategien der Anbieter. Ein Beitrag aus der Sicht von Frauen, Opladen (im Erscheinen).

12 R. Nötzel, Spiel und geschlechtsspezifische Arbeitsteilung, Pfaffenweiler 1987.

13 H. v. Hentig, Das allmähliche Verschwinden der Wirklichkeit, München 1984.

vom Ort des »Geschehens« der Erfahrung wähnen, konnte sie allenfalls geistig und retrospektiv erleben, doch war er den Rückwirkungen seines Tuns immer noch näher als derjenige, der heute mittels Informations- und Kommunikationstechniken Raketen fernsteuern kann. Was gibt es wohl »saubereres« und erfahrungsärmeres als die strategischen Spielchen unserer heutigen Kriegsherren, die ihre monströsen Kriegsphantasien immer weitertreiben: bis zum Krieg der Sterne. Um nicht den Boden ganz unter den Füßen zu verlieren, verschaffen sie sich von Zeit zu Zeit die Erfahrung eines Raketenangriffs (etwa in Libyen) mit kalkulierbarem Risiko. Der Schrecken, daß dabei tatsächlich Zivilisten getötet und verletzt wurden, muß noch gar nicht einmal »gespielt« sein, so weit hat man sich offenbar mit der von keiner Erfahrung getrübten Phantasiererei von der blutigen Realität der potentiellen Wirkungen entfernt.

Ohne die IuK-Techniken wäre diese Entwicklung, wie der Informatiker vom Massachusetts Institute of Technology (MIT), Joseph Weizenbaum, in einem Appell an die Vertreter seiner eigenen Informatik-Disziplin betont hat, gar nicht möglich gewesen[14]: »Ich sage es ganz einfach: Es ist eine prosaische Wahrheit, daß die Waffen und Waffensysteme, die heute jeden Menschen auf der Erde mit Mord bedrohen . . ., daß diese Geräte ohne die ernste – sogar begeisterte Mitwirkung von Informatikern und Computerfachleuten überhaupt nicht hätten entwickelt werden können. Ohne uns kann das Wettrüsten – besonders das qualitative Wettrüsten – nicht weitermarschieren.«

Auch Kinder – bei genauerem Hinsehen handelt es sich um Jungen – werden heute durch Computer- und Videospiele bereits in frühem Alter auf das abstrakte Erlernen von Krieg»spielen« vorbereitet. Wo die Cowboy-Colt-Kultur des Fernsehens vielleicht noch ein Minimum von Wissen über Wirkungen vermitteln konnte, scheint die Abstraktheit der Videospiele den Rest von Erfahrungswissen abzubauen. Per Knopfdruck werden die feindlichen Angreifer, Pünktchen, Kreuze oder Bildchen auf einem Bildschirm vernichtet. *Die Abstraktion von Erfahrungen wird spielend erlernt.* Was hinter den Pünktchen sich verbirgt, wird nicht mehr sichtbar, erlebbar, erfahrbar, bleibt abstrakt, unverbindlich, irrelevant, unabhängig vom eigenen Tun. Das Feedback erfolgt über Pünktchen und Bildchen, nicht über Menschen und Erleben. Bei erfolgtem Generationswechsel werden wir in den elektronischen Zentralen heutiger Kriegsführung schon bald Kriegsherren haben, die auf kindliche Erfahrungen mit Computerspielen zurückgreifen können. Der Unterschied mangels Erfahrung und mangels wirklichem Feedback könnte sich als tödlich erweisen.

3.3 Gesundheitswesen

Wie sieht es mit dem Feedback durch Erfahrungen beispielsweise zwischen Arzt und Patient aus und wie verändern diese sich? Ich bin noch in der Zeit der *Hausärzte* aufgewachsen, wie vermutlich die meisten der älteren und meiner Generation. Hausärzte kannten die Familien und deren einzelne Mitglieder meist über einen längeren Zeitraum. Im Krankheitsfall verfügten sie damit über Erfahrungen, die weit über die Informationen hinausgingen, die sie zu einem konkreten Anlaß von den

---

14 J. Weizenbaum (Anm. 3).

PatientInnen punktuell und gezielt erhielten. Sie konnten aus Erfahrungen schöpfen. Was vermutlich ebenso wichtig ist: Sie konnten – schon allein aufgrund von Nachbarschaft und Nähe – die Rückwirkungen ihrer ärztlichen Bemühungen erfahren. Es gab einen *Erfahrungskreislauf zwischen ÄrztInnen und PatientInnen*, der sich nicht auf ein punktuelles Ereignis bezog.

Wie hat sich die Situation verändert? Heute haben wir nicht mehr die Zeit der Allgemeinmediziner und der Hausärzte, sondern die der hocharbeitsteiligen Organisation einer Medizin, die in viele medizinische Spezialbereiche zerfällt. Die Distanz zwischen ÄrztInnen und PatientInnen ist stark gewachsen. Nicht ein, sondern mehrere ÄrztInnen werden in schwierigen Fällen zu Rate gezogen; die Erfahrung hat sich auf einen punktuellen und spezifischen Informationsaustausch reduziert, und die Kommunikation zwischen den verschiedenen ÄrztInnen und ihren jeweiligen Bemühungen ist nur in den günstigsten Fällen und meist nur medial gegeben. Medikationen werden von unterschiedlichen ÄrztInnen verabreicht und führen zum Teil zu unerwarteten synergetischen Effekten schädlicher Art für die PatientInnen. Die Schulmedizin reagiert mit weiterer Spezialisierung und Verfeinerung des Informationsaustausches, mit Daten- und Diagnosebanken. An dem *gestörten Regelkreis zwischen ÄrztInnen und PatientInnen* ändert sich dadurch wenig. Und die PatientInnen? Sie weichen zunehmend auf AlternativmedizinerInnen und HeilerInnen aus. Mit anderen Worten: Wo das Feedback durch Erfahrung fehlt, gerät Schulmedizin nur allzu leicht zur Symptomverschiebung; der Spezialist x wähnt sich erfolgreich und übersieht, daß er das von ihm angeblich kurierte Symptom nun dem Spezialisten y zugeschoben hat; er/sie sieht nicht, daß es einfach im Körper »gewandert« ist.

Die Informations- und Kommunikationstechniken unterstützen derartige Entwicklungen. *Wo der direkte Erfahrungsaustausch fehlt, soll er informationstechnisch hergestellt werden.* Segmentierung, Spezialisierung, Standardisierung schreiten voran. Im Menschen, für den Krankheit ein körperlich-seelisch-geistiger Prozeß ist, hängt alles mit allem zusammen. Aber diese Tatsache verliert in der Zeit der Datenbanken und des Spezialistentums zunehmend an Bedeutung. Es ist vermutlich kein Zufall, daß die Schulmedizin heute vor allem seitens derjenigen unter Druck gerät, die durch die Mühlen von Spezialisten gewandert sind, ohne dabei Antworten zu finden, und die mühsam lernen mußten, daß Krankheit etwas anderes ist, als Organe, Symptome und Befunde, also Daten für informationstechnische Systeme.

3.4 Öffentlichkeit/Politik/BürgerInnen

Richard Sennett hat die Wirkung der elektronischen Medien das »elektronisch befestigte Schweigen« genannt[15]. Während die Medien die Erde zum »global village« (Marshall McLuhan) machen, wissen wir zugleich immer weniger durch Erfahrung. Mit Sennetts Worten: »Die Medien haben den Vorrat an Wissen, das die verschiedenen Gruppen voneinander haben, erheblich erweitert, zugleich jedoch haben sie den wirklichen Kontakt zwischen den Gruppen überflüssig gemacht ... Vielfalt der

---

15 R. Sennett, Verfall und Ende des öffentlichen Lebens. Die Tyrannei der Intimität, Frankfurt/M. 1986.

Erfahrung, Erfahrungen in gesellschaftlichen Bereichen, die dem intimen Kreis fernliegen – zu diesen beiden Grundvoraussetzungen von Öffentlichkeit stehen die Medien in Widerspruch«.[16]

Von diesem Verlust von Öffentlichkeit durch Erfahrung sind auch unsere PolitikerInnen betroffen, die bei immer mehr Informationen über die Bevölkerung dennoch immer weniger Wissen aus Erfahrung mit Menschen haben. Die *Demoskopie* soll aus diesem Dilemma helfen und »schafft« es, indem sie *methodische Artefakte produziert,* Informationen, die von der Realität der Betroffenen und ihrer Anliegen oft weit entfernt sind. So kommt es zu einem Auseinanderklaffen von veröffentlichter Öffentlichkeit, auf die die Politik reagiert, und einer nicht veröffentlichten Wirklichkeit. Sie bildet den Nährboden für Protestbewegungen aller Art und bricht krisenhaft auf, wie etwa nach Tschernobyl oder durch den Wahlsieg der Republikaner. Doch Politik und Ökonomie haben sich in ihrem Informationskreislauf so weit von den Erfahrungen abgekoppelt, daß für sie derartige Proteste/Entwicklungen überraschend kommen.

Könnte eine derartige Konstruktion gesellschaftlicher Unsicherheit etwas mit unzureichendem oder irreführendem Feedback zu tun haben? Fehlt in Politik und Wirtschaft die Lernoffenheit unter anderem infolge unzureichender Erfahrungsrückkoppelung? Ist die Auseinandersetzung mit Wirklichkeit schon so weit hinter die Auseinandersetzung mit Informationen über die Wirklichkeit zurückgetreten – Informationen von Demoskopen, Experten und in Zukunft Expertensystemen –, daß die Anpassung an gesellschaftliche Notwendigkeiten nicht mehr gelingt?

---

16 Ebenda, S. 357 f.

Ulrich Beck hat in einem Artikel in der Wochenzeitschrift Die Zeit zum Thema Risikogesellschaft sowie in seinem neuen Buch »Gegengifte«[17] hervorgehoben, daß es geradezu ein Charakteristikum der Risiken unserer Risikogesellschaft ist, daß sich ihre Risiken (prototypisch: radioaktive Strahlen) den menschlichen Erfahrungs- und Wahrnehmungsmöglichkeiten entziehen. Er hat auch zu Recht darauf hingewiesen, daß dies dem »Glauben« eine ganz neue Wertigkeit verschafft, dem »Glauben« zum Beispiel an die einen oder die anderen Experten. Doch wem man glaubt, das ist wiederum eine Frage der Erfahrungen, die ein Mensch macht. Der »Glaube« an technokratische Experten kann eben dann leichter erschüttert werden, wenn man sich in seinen Erfahrungen von der Wirklichkeit aus zweiter Hand so weit befreien konnte, daß man *der Expertenmeinung einen eigenen Erfahrungsmaßstab entgegenstellen kann.* Doch dieser Erfahrungsmaßstab aufgrund konkreter körperlich-sinnlicher Erfahrungen muß erst entstehen können und immer wieder neu durch Erfahrungen konkreter Art genährt werden, da das, was wir wahrnehmen, nicht statisch ist, sondern sich ständig im Prozeß der Veränderung befindet.

3.5 Künstliche Intelligenz

Wie Informationstechnik die Sicht von Dingen verändert und damit auf die Konstruktion von Wirklichkeit einwirkt, kann man auch an der Künstlichen Intelligenz (KI) zeigen, auf die hin sich nach Meinung von Informatikern die gesamte Informationstechnik zubewegen könnte. Zumindest werden die Grenzen zwischen Datenverarbeitung und KI immer mehr fließend.

KI ist der Versuch, menschliche Lernfähigkeit maschinell abzubilden; es ist die sich selbst rückkoppelnde informationstechnische Maschine. KI ist damit per se eine Maschine, die Menschen das Machen von Erfahrungen abnehmen soll. Die Maschine, nicht der Mensch, macht die »Erfahrung« – sofern man dann überhaupt noch von Erfahrung reden kann, wenn Wissen in einer formalisierten algorithmisierten Sprache wiedergegeben wird und die Maschine mit solchen abstrakten Symbolen nach systematisch ihr vorgegebenen Regeln »herumhantiert«.

KI versucht nach einer Formulierung des Informatikers Peter Schefe »symbolische Beschreibungen« . . . »in formale Abstraktionen wie Datenstrukturen und Algorithmen abzubilden, die ihrerseits in Basisstrukturen und -prozesse der Computer-Hardware abgebildet werden«.[18] Welche Veränderungen dabei die menschliche Sicht von Welt, das heißt ein von Erfahrungen gespeistes Wissen von Menschen durchläuft, geht aus den Stufen der nachfolgenden Abbildung von Peter Schefe hervor. Die Erfahrungsverarbeitung mit Hilfe von Computerprogrammen durchläuft einen zweifachen Prozeß der Verfremdung, der *Entkoppelung von Erfahrungswissen:* erstens herab auf den Ebenen der Informationsgewinnung und Informationsstandardisierung durch die Phasen der Abstraktion, Beschreibung, Formalisierung, Kodierung und

---

17 U. Beck, »Die Gefahr verändert alle. Über das Leben in einer Risikogesellschaft«, in: Die Zeit vom 26. September 1986; ders., Risikogesellschaft. Auf dem Weg in eine andere Moderne, Frankfurt/M. 1986; ders., Gegengifte, Frankfurt/M. 1988.
18 P. Schefe, Künstliche Intelligenz – Überblick und Grundlagen, Mannheim-Wien-Zürich 1986, S. 27.

Repräsentation, und zweitens herauf auf der maschinellen Ebene im Prozeß der Verwendung des neu generierten Wissens, wobei jetzt die Stufen sind: erneute Abstraktion, Dekodierung, Kontextualisierung, Interpretation und Repräsentation.

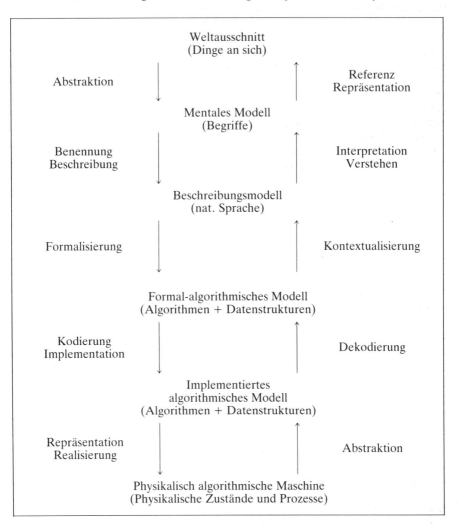

Quelle: Peter Schefe, Künstliche Intelligenz – Überblicke und Grundlagen, Mannheim-Wien-Zürich 1986, S. 28.

Allerdings – und das wird aus dem Schaubild nicht sichtbar – verändert sich der Weltausschnitt: die Dinge an sich. Es ist nämlich über die Maschine eine andere Sicht entstanden, die sich über weite Strecken vom menschlichen Erleben und Erfahren abgelöst hat und nun als Vorgabe, als maschinelles Ergebnis, Wirklichkeit erlangt (generiert/schafft).

Dies läßt sich an einem Beispiel demonstrieren: Mustererkennung wird bei der Polizei zum Beispiel bei dem Versuch verwendet, Menschen zu identifizieren. Dabei werden zwei Wege gegangen oder geplant: Entweder man gibt Personenmerkmale in eine Bilddatenbank ein und die Datenbank sucht aus ihrem Bildvorrat die betreffende Person aus, oder man gibt der Datenbank Bildmaterial, etwa das Foto einer Menschenmenge bei einer Demonstration, und diese rastet die dort sichtbaren Personen mit dem Bildbestand in ihrem Speicher ab. Identifiziert die Maschine eine entsprechende Person im Speicher, so wird die Information produziert, daß es sich um die Person x handelt. Ob die identifizierte Person x wirklich die Person x oder nicht vielleicht eine ganz andere Person y ist, kann das Expertensystem nicht in Erfahrung bringen. *Es geht ja nur mit Daten, nicht mit kontextuellem Erfahrungswissen um.* Die Information ist jedoch da und gewinnt ihr Eigenleben, unter Umständen eines, das die bürgerliche Identität einer Person zerstören kann.

Entsprechende Beispiele, wie KI Unsicherheiten erzeugen kann, lassen sich auch im militärischen Bereich finden: Ist das identifizierte Feindobjekt, der Angreifer, wirklich ein Angreifer oder vielleicht etwas ganz anderes? Joachim-Ernst Behrend berichtet in seinem Buch Nada-Brahma von dem Einschlag eines Fremdkörpers auf der Erde (wahrscheinlich von einem Pulsar), der bei heutiger Informationstechnik vermutlich einen Weltkrieg auslösen würde[19]. Die Reaktion der Politik auf solche technisch erzeugte Unsicherheit ist nicht weniger, sondern mehr Informationstechnik (siehe SDI), wohingegen die vertrauensbildenden Maßnahmen (Manöverteilnahme, Beobachter, Vorabnachricht) als eine für Menschen unmittelbar nachvollziehbare Form der Erfahrung bislang nicht über Anfangsstadien hinausgelangt sind.

4. Wie lassen sich Sicherheit und systemische Vernunft unterstützen?

4.1 Erfahrungen und Anpassungsfähigkeit

Wo der Erfahrungszusammenhang zu stark zerstört wird, wo Informationen immer beliebiger und über immer mehr Stufen transportiert und verarbeitet werden, ohne sie systematisch an situative und kontextuelle Erfahrungen rückzubinden, da wächst die Irrtumsgefahr. Da wächst die Gefahr, daß ein Feedback der Informationen nicht zur angemessenen Anpassung an die Umwelt führt.

Dahinter steht nicht zuletzt eine falsche *Maschinengläubigkeit und Technikgläubigkeit.* Sie hindert uns wahrzunehmen, wie sich durch maschinelle Eingriffe unsere Sicht von Wirklichkeit ändert durch:

- Entkoppelung von Information und situativer Erfahrung,
- maschinengerechte Standardisierung von Information,
- Rückwirkungen derartiger Informationen auf unsere Sicht von Wirklichkeit und unser Handeln.

---

19 J.-E. Behrendt, Nada Brahma. Die Welt ist Klang, Reinbek 1985, S. 75/76.

So nimmt Unsicherheit zu, das heißt gesellschaftliche Unsicherheit, die nicht zuletzt eine *Erfahrungs-Unsicherheit* ist. Wir liefern uns in einem Kreislauf »positiver Rückkoppelung« offenbar immer mehr einer Wirklichkeit aus zweiter Hand aus und verstärken diese. Die systemisch notwendige »negative Rückkoppelung«, die Erfahrung der lebendigen Natur, auch der des Menschen und seines sozialen Umfeldes, scheint ihre Korrektivfunktion nicht oder nur noch unzureichend auszuüben. In unserem Bewußtsein und Handeln scheint sich eine *Spiralbewegung weg von der Wirklichkeit lebendiger Systeme* zu entfalten.

Diese Erkenntnis führt bei Helmut Mikelskis zu konkreten Forderungen an das Bildungssystem. Angesichts der ökologischen Krise und des technologischen Wandels müsse wieder eine »*Einheit von Erkennen, Erleben und Handeln*« hergestellt werden[20]. Das Bildungswesen müsse heute vor allem der *Entsinnlichung und Entwirklichung unseres Verhältnisses zur Natur* entgegenwirken[21]. Ergänzend zu Mikelskis ist zweierlei festzustellen:

- Es handelt sich bei dieser Zielsetzung nicht nur um eine Aufgabe an unser Bildungswesen, sondern sie betrifft die gesamte Organisation gesellschaftlicher Verhältnisse;
- was Mikelskis über das Verhältnis zur biologischen Umwelt des Menschen sagt, bedarf einer Ergänzung für das Verhältnis zur sozialen Umwelt des Menschen.

Auch in der Soziosphäre sind Erkennen, Erleben und Handeln auseinandergetreten und werden im Zuge einer verstärkten Mediatisierung und Informatisierung noch weiter auseinandertreten. Wenn sterbende Wälder und Luftverschmutzung bei Jochen Bockemühl[22] und Helmut Mikelskis als Symptome dafür gewertet werden, »daß wir den Zusammenhang mit der Natur im Erleben, Erkennen und Handeln verloren haben«[23], so ist zu bedenken, ob Drogen- und Suchtphänomene, Einsamkeit und Kommunikationsstörungen, die Unwirtlichkeit unserer Städte und die weltweiten politischen Gefährdungen nicht auch etwas mit der *gestörten Einheit von Erleben, Erkennen und Handeln in sozialen Angelegenheiten* zu tun haben. In einer mediatisierten Autogesellschaft, bei der Fortbewegung und Umweltwahrnehmung hinter der Autoscheibe oder vor dem Fernseher stattfinden, bei der der Hang zur Größe und dessen notwendiger Gegenpol, die Individualisierung, zu einem »Zerbröseln« der sozialen Bindungen und Beziehungen zwischen den Menschen und den sozialen Gruppen beitragen[24], schwinden Möglichkeiten zum konkreten Erfahren und Wahrnehmen der biologischen und sozialen Umwelt.

Über Medien und Informationstechniken lassen sich diese Möglichkeiten schwerlich herstellen, im Gegenteil: Mit fortschreitender Mediatisierung und Informatisierung nehmen sie tendenziell weiter ab. Auch läßt sich mit ihrer Hilfe nicht die Qualität von Erfahrungen herbeiführen, die – weil körperlich-sinnlich-geistig »verankert« – zu sozial verantwortlichem Handeln befähigen. Wenn die konkreten Erfahrungen fehlen, die eine lernende Anpassung an soziale und ökologische Notwendig-

---

20 H. Mikelskis: Ökologische Krise und technologischer Wandel – neue Herausforderungen für das Bildungswesen, in: Landesinstitut für Schule und Weiterbildung (Hrsg.), Neue Allgemeinbildung, Soest 1989, S. 353–365, hier: S. 357 f.
21 Ebenda, S. 358.
22 J. Bockemühl, Sterbende Wälder – eine Bewußtseinsfrage, Dornach 1984.
23 H. Mikelskis (Anm. 20), S. 357.
24 U. Beck, Risikogesellschaft (Anm. 17).

keit erleichtern, so erwächst aus der mangelnden Anpassungs- und Selbstregulierungsfähigkeit mehr und nicht etwa weniger gesellschaftliche Unsicherheit.

5. Systemische Vernunft

Leben ist Evolution und Evolution ist Ausdruck dafür, wie lebendige Systeme Erfahrungen verarbeitet haben. Der Mensch als Erfahrungs-Wesen ist ausgestattet mit den Erfahrungen der Generationen vor ihm; seine eigenen Erfahrungen gehen – wenn man Forschungen von Rupert Sheldrake Glauben schenken kann[25] – in die Evolution ein. Insofern ist es entscheidend, welche Erfahrungen Menschen machen, ob es Erfahrungen sind, die eine Anpassung an den sozialen und natürlichen Mikro- und Makrokosmos erlauben, ob sie also Anpassung durch »Lernen«, ob sie Selbstregulierung ermöglichen.

Menschen waren immer schon mit Wahrnehmungsobjekten konfrontiert, die sie nicht einordnen oder verstehen konnten. Neu ist, daß es sich dabei heute um Wahrnehmungsobjekte handelt, die nicht Ergebnis lebendiger Evolution sind, an die die Natur und die Menschen sich bereits angepaßt haben, sondern Ergebnisse menschlicher Aktivität – die Beispiele reichen von der Spaltung der Atomkerne bis hin zum Loch in der Ozonschicht oder den klimatischen Veränderungen. Wohl lassen sich Veränderungen mittels Technik registrieren, aber die sinnlichen Wahrnehmungsmöglichkeiten von Menschen reichen weder aus, um die daraus erwachsenden Gefahren wahr-zu-nehmen, noch lassen sich die Gefahren technisch antizipieren, da man die Evolution des Lebendigen nicht technisch simulieren kann.

Wenn heute gesagt wird, wir brauchen Informationstechniken, um globale Risiken steuernd in den Griff zu bekommen, dann fragt sich umgekehrt, ob diese Risiken nicht überhaupt erst durch den Einsatz der Techniken entstanden sind. Was technisch machbar ist, was politisch durchsetzbar ist, hat sich so weit von dem Erleben der Betroffenen entfernt und überfordert die Wahrnehmungsmöglichkeiten von Menschen derart, daß die »Antiquiertheit des Menschen«[26] zum evolutionsbedrohenden Risiko wird. Da man die Anpassung des Menschen an die von ihm geschaffene Wirklichkeit jedoch nicht betreiben kann, gibt es nur eine Möglichkeit: die Wirklichkeit wieder stärker den menschlichen Vorstellungs-, Wahrnehmungs- und Anpassungsmöglichkeiten anzugleichen. Dieses *Rückführen auf das »menschliche Maß«*[27] wäre das, was man derzeit eine notwendige »negative Rückkoppelung« nennen könnte. Wir müssen Techniken »fehlerfreundlich« machen, haben Christine und Ernst-Ulrich von Weizsäcker gefordert[28]. *Wir müssen vom Irrtum und der Nicht-Vorhersehbarkeit des Lebendigen ausgehen.* Und wir dürfen uns nicht eine technisch fabrizierte Sicht der Wirklichkeit schaffen, die notwendige systemische Anpassungsprozesse erschwert oder verhindert.

Die IuK-Techniken stehen genau dem im Wege. Sie bilden das maschinell ab, was Menschen bewußt erkennen und wollen. Das Bewußtsein wirkt jedoch wie ein Filter,

25 R. Sheldrake, Das schöpferische Universum, München 1987.
26 G. Anders, Die Antiquiertheit des Menschen, München 1956.
27 E. F. Schumacher, Small is beautiful. Die Rückkehr zum menschlichen Maß, Reinbek 1986.
28 Chr. und E.-U. v. Weizsäcker, Fehlerfreundlichkeit als evolutionäres Prinzip, in: Wechselwirkung, 29 (1986), S. 12 ff.

hinter dem das viel umfassendere, unbewußte und kollektive Wissen der Evolution steht, das in intuitiven Wahrnehmungsprozessen aktiviert, das in Normen und Werten von Gesellschaften aufgehoben ist und das sich in Traditionen des Umgangs mit Mensch und Natur niederschlägt. Dieses kollektive Wissen, dieses Wissen der Evolution, läßt sich maschinell nicht simulieren; wohl jedoch Strukturen und Inhalte unseres bewußten und abrufbaren Wissens. *Bewußtes Wissen*, so hat schon der große Anthropologe, Psychologe und Kommunikationswissenschaftler Gregory Bateson nachdrücklich betont, *läßt jedoch alle Möglichkeiten des Irrtums offen.* Am Beispiel der medizinischen Forschung:»Was sich durchgesetzt hat, ist, daß *Zwecksetzung* festgelegt hat, was in den Forschungsbereich oder ins Bewußtsein als medizinische Wissenschaft gelangt. Wenn man zuläßt, daß Zwecksetzung das organisiert, was Gegenstand bewußter Forschung wird, dann langt man bei einem Haufen von Tricks an . . .«*:* Und:»Das Bewußtsein verfährt bei seiner Auswahl der Ereignisse und Prozesse sowie bei der Auswahl dessen, was im gesamten Geist vor sich geht, genau so wie die Medizin. Es ist im Sinne der Zwecksetzung organisiert.«[29]

Mit dem vergleichsweise dummen Bewußtsein kontrastiert Bateson – darin mit Carl Gustav Jung übereinstimmend – ein umfassenderes unbewußtes Wissen um wechselseitige Abhängigkeiten.»Unter Weisheit verstehe ich das Wissen um das größere Interaktionssystem«.[30]

Systemische Weisheit ohne Erfahrungen, ohne Auseinandersetzungen mit dem Lebendigen, kann es nicht geben. Indem IuK-Techniken sich noch mehr, als dies bisher schon der Fall ist, zwischen Menschen und ihre Wahrnehmungen schieben, indem sie uns hindern, Erfahrungen zu machen, und uns statt dessen Information über Erfahrungen liefern, wirken sie als ein weiterer Filter zusätzlich zum Filter des Bewußtseins. Damit wird *der zweckrationale Filter des Bewußtseins technisch ver-stärkt*, schafft eine Sicht der Wirklichkeit, die sich immer weiter vom Lebendigen entfernt. Die Rückkoppelung durch Erfahrung mißlingt immer mehr. Selbstregulie-rung, kommunikative Kompetenz, Anpassung durch Lernen werden erschwert.

Anpassen an systemische Erfordernisse heißt, daß man – um mit Gregory Bateson zu reden – es nicht dem»zweckgerichteten Bewußtsein« erlauben darf,»aus dem gesamten Geist Sequenzen (zu ziehen), die nicht die Schleifen-Struktur haben, welche für die ganze systemische Struktur charakteristisch ist«. Informations- und Kommunikationstechniken tun genau dies. Sie sind Techniken, in die nur die Sicht der Dinge eingegangen ist, die vom Bewußtsein selektiert wurde. Sie verstärken den Mangel an systemischer Weisheit, von dem Bateson sagt, daß er sich immer rächt[31].

5.1 »Menschliches Maß« der Wahrnehmung?

E. F. Schumacher, der große Philosoph des »menschlichen Maßes«, hat uns beige-bracht:»small is beautiful«. Ihn ergänzend möchte ich sagen:»a little is a lot«. Wenn es uns gelingt, ein neues Verständnis über die zukünftige Richtung unserer Bemü-

29 G. Bateson (Anm. 7), S. 558.
30 Ebenda.
31 Ebenda, S. 559 f.

hung zu entwickeln, so ist dies wenig, weil sich damit noch nichts geändert hat, aber es ist viel, weil daraus umfassende Änderungen erwachsen können.

Der theoretische Physiker Fritjof Capra hat in einem Interview formuliert: »Meine zentrale These ist: Die heutige Krise besteht nicht aus getrennten Krisen. Die Wirtschaftskrise, die Energiekrise, die Umweltkrise und die vielen anderen sind alle lediglich Facetten ein und derselben Krise. *Diese ist letztlich eine Krise der Wahrnehmung.*«[32]

Wie Gregory Bateson und andere Ökologen sieht er die Wahrnehmungskrise dadurch verursacht, daß wir weiterhin einem mechanischen Weltbild anhängen, das der vernetzten Struktur lebendiger Systeme nicht gerecht wird. *Doch wie kommen wir zu einer anderen Wahrnehmung?* Wenn wir aus einer Wahr-Nehmungskrise herauskommen wollen, und dies ist meine These, so müssen wir lernen, anders wahr-zu-nehmen, das heißt unsere Umwelt anders zu be-greifen. Wir müssen lernen, unsere Wahrnehmung am körperlich-sinnlichen Begreifen zu korrigieren, statt diesem durch die Informations- und Kommunikationstechniken einen weiteren Filter aufzuzwingen. Wir müssen etwas wiederentdecken, was sich das »*menschliche Maß der Wahrnehmung*« nennen ließe. Mit anderen Worten, wir haben die Wahl zwischen:

- »more of the same«, mehr Risiko durch ein weiteres Entkoppeln von Erleben, Erfahren, Wahrnehmen, Erkennen und Handeln; und
- Wiederentdecken und Wiederaufwerten des »menschlichen Maßes« der Wahrnehmung als Voraussetzung für lernende Selbstregulierung sowohl gegenüber der Ökosphäre wie gegenüber der Sozialsphäre.

Was kann das heißen angesichts der tiefgreifenden Wirkungen neuer Informations- und Kommunikationstechniken für menschliche Wahrnehmungsmöglichkeiten? Wie kann Schutz und Förderung der körperlich – seelisch – geistigen Wahrnehmungsmöglichkeiten geschehen, die dem Menschen jenseits aller Technik eigen sind?

Die Informationsgesellschaft bezieht ihren Namen nicht aus der Qualität und Fülle der in ihr vorhandenen und verarbeiteten Informationen, sondern aus dem vermuteten, erhofften massenhaften Einsatz von Informations- und Kommunikationstechniken/Medien. In allen Wirtschaftssektoren – in Landwirtschaft, Produktion und im Dienstleistungsbereich – sollen diese Techniken Eingang finden. Mit ihrer Hilfe sollen Prozesse konzipiert, organisiert, strukturiert, beobachtet, überwacht, berechnet, gesteuert, geregelt werden; und mit dem Übergang zu Expertensystemen sollen den Maschinen Beurteilungs- und Entscheidungskompetenzen übereignet werden, seien es solche im medizinischen, militärischen, polizeilichen oder in sonstigen Bereichen.

Dabei treten mediale Wirklichkeiten auf, die auf dem Einsatz technischer Geräte basieren. Solange diese Wahrnehmung von Wirklichkeit systematisch rückgebunden wird an die reale Welt, das heißt überprüfbar gemacht und überprüft wird durch menschliche Wahrnehmungsmöglichkeiten, so lange ist dagegen wenig zu sagen. Dann bleiben die Medien ein willkommenes Werkzeug. Doch davon entfernen wir uns immer weiter. Es verschwindet die Wirklichkeit, die dem menschlichen Maß entspricht, und an ihre Stelle tritt die Wirklichkeit, die dem technischen Maß entspricht. Wirklich wird das, was technisch als wirklich erkennbar ist, nicht das, was unseren Sinnen als wirklich erkennbar ist.

---

32 F. Capra, »Es gibt nur eine Krise«, in: Bilder der Wissenschaft, (1983) 8, S. 112 ff.

Diese technisch erzeugte und technisch wahrgenommene Wirklichkeit hat für uns eine andere Verbindlichkeit und einen anderen Wahrheitsgehalt als die »wirkliche Wirklichkeit«. In seinem Buch »Gegengifte« stellt Ulrich Beck die provozierende Frage: Was wäre, wenn Radioaktivität jucken würde?[33] Fazit: Wir müßten sie wohl irgendwann als Wirklichkeit akzeptieren. Doch Radioaktivität juckt nicht, genauso wenig, wie in unseren Breitengraden – vorläufig – die Abholzung der tropischen Regenwälder oder das Ozonloch jucken. Solange dies nicht der Fall ist, wollen wir es nicht wahrnehmen, also für wahr halten. Wenn wir es wahrnehmen können, hat es aber die Grenze des zurückholbaren Risikos längst überschritten. Wir haben uns zusätzliche Unsicherheit eingehandelt, sind tiefer in die Risikogesellschaft hineingeraten.

Mit anderen Worten: Die Verschiebung unserer Wahrnehmungsmöglichkeiten auf das technisch Wahrnehmbare bewirkt eine Entfernung nicht nur vom menschlichen Maß der Wahrnehmung, sondern bewirkt auch eine Desorientierung über Wirklichkeit. Wo Wirklichkeit nicht mit den menschlichen Sinnen erfaßt oder an sinnliche Wahrnehmungen rückgekoppelt werden kann, scheint sie sich dem Menschen als weniger wahr darzustellen und verliert damit ihren orientierenden Charakter.

Eine Gesellschaft, die systematisch zu einem Wirklichkeitsentzug in diesem Sinne beiträgt – und dies ist die sogenannte Informationsgesellschaft dank der Technisierung und Industrialisierung von Wahrnehmung im großen Stil –, ist daher in noch stärkerem Maß, als dies bisher der Fall ist, eine Risikogesellschaft. Sie ist nicht zuletzt darum risikoreich und risikofördernd, weil die orientierende Kraft der sinnlichkörperlichen Wirklichkeitserfahrung auf den vielfältigsten Ebenen eingeschränkt wird.

Trendumkehr zu mehr Sicherheit heißt, systematisch wieder die Grenzen der menschlichen Wahrnehmung erkennen und annehmen, und zwar nicht als ein Defizit, sondern als die wichtigste Hilfe zur Korrektur unseres eigenen Begreifens, Wahrnehmens und damit Handelns. Eine Rückkoppelung an ein menschliches Wahrnehmungsmaß kann vielerlei Gesichter haben, setzt aber in der Regel voraus:

- Maßnahmen der Technikbegrenzung und/oder
- Rückbindung technischer Wahrnehmungen an technikfreie Wahrnehmungen,
- gezielte Förderung sozialer und personeller Erfahrungssituationen.

Dies kann viele Gesichter haben, zum Beispiel im militärischen Bereich durch vertrauensbildende Maßnahmen erfolgen. In der Medizin könnte die Einschränkung der Apparatemedizin und des Spezialistentums zugunsten von HausärztInnen und erweiterter personaler Betreuung und Beratung, in der Pflege statt der segmentierenden Sachpflege die Personenpflege dem menschlichen Wahrnehmungsmaß wieder zu seinem Recht verhelfen. Im Verhältnis BürgerIn – Staat könnte eine bürgerInnennahe Verwaltung, die statt der Datenverwaltung die Personenbetreuung kennt, ähnliche Korrekturen zur Folge haben wie bei Kommunikationsbeziehungen zum Beispiel die medienfreie Kommunikationsräume und Kommunikationszeiten.

Haben wir einmal den Wert des menschlichen Wahrnehmungsmaßes erkannt – was wohl auch die Soziologin Hannelore Bublitz meint, wenn sie von »sinnlicher

---

33 U. Beck, Gegengifte (Anm. 7).

Vernunft« schreibt[34], haben wir erst akzeptiert und damit begonnen, in immer weiteren Bereichen statt medialer Wahrnehmungen konkret-sinnliche Wahrnehmungen einzufordern und zu stützen, so findet möglicherweise jene Trendumkehr statt, die mehr Sicherheit und weniger Risiko schafft, indem dem lebenzerstörenden Mechanismus technikorientierter Wahrnehmungen ein Korrektiv entgegengehalten und eine neue Richtung gegeben wird. Steht die Richtung der Trendumkehr in großen Zügen fest, so sollten der sozialen Phantasie und dem Handlungsreichtum wahrlich keine Grenzen gesetzt werden.

Weiterführende Literatur

ANDERS, G., Die Antiquiertheit des Menschen, München 1956.
BOCKEMÜHL, J., Sterbende Wälder – eine Bewußtseinsfrage, Dornach 1984.
BAACKE, D., Kommunikation und Kompetenz, Grundlagen einer Didaktik der Kommunikation und ihrer Medien, München 1973.
BATESON, G., Ökologie des Geistes (amerik. 1972), Frankfurt/M. 1981.
BEHRENDT, J. E., Nada Brahma. Die Welt ist Klang. (überarb. Neuausgabe), Reinbek 1985.
BECK, U., »Die Gefahr verändert alle. Über das Leben in einer Risikogesellschaft«, in: DIE ZEIT vom 26. September 1986.
DERS., Risikogesellschaft. Auf dem Weg in eine andere Moderne. Frankfurt/M. 1986.
DERS., Gegengifte, Frankfurt/M. 1988.
BISMARCK K. v./Kluge, A./Sieger, F., Industrialisierung des Bewußtseins, München 1985.
BÖTTGER, B./Mettler-Meibom, B./Hehr, I., Informatisierung des privaten Alltags und Strategien der Anbieter. Ein Beitrag aus der Sicht von Frauen, Opladen (im Erscheinen).
BUBLITZ, H., Theorie Discipline in the Modernity. The Disenchantment of Science in the Light of a Sensual Reason, in: Theory, Culture and Society, London 1989.
CAPRA, F., Wendezeit: Bausteine für ein neues Weltbild, Bern 1983.
DERS., »Es gibt nur eine Krise«. Interview in: Bild der Wissenschaft, (1983)8, S. 112–183.
DREYFUS, H. L./Dreyfus, S. E., Mind over Machine. The Power of Human Intuition and Expertise in the Era of the Computer, Oxford 1986.
EURICH, C., Computerkinder, Reinbek 1985.
EVERS, A./Nowotny, H., Über den Umgang mit Unsicherheit, Frankfurt/M. 1987.
GRANSOW, V., Der autistische Walkman, Berlin 1985.
HABERMAS, J., Theorie des kommunikativen Handelns, 2 Bde., Frankfurt/M. 1981.
HARTMANN, D., Zur Krise der technologischen Gewalt, Tübingen 1981.
HENTIG, H. v., Das allmähliche Verschwinden der Wirklichkeit, München 1984.
HERRMANN, T., Zur Gestaltung der Mensch-Computer-Interaktion, Tübingen 1986.
JANSHEN, D., Rationalisierung im Alltag der Industriegesellschaft, Frankfurt/M.-New York 1980.
JANTSCH, B., Die Selbstorganisation des Universums, München 1982[2].
KÜKELHAUS, H., Organismus und Technik. Gegen die Zerstörung der menschlichen Wahrnehmung, Frankfurt/M. 1979.
LÜSCHER, K./Wehrspaun, M., Medienökologie: Der Anteil der Medien an unserer Gestaltung der Lebenswelten, in: Zeitschrift für Sozialisationsforschung und Erziehungssoziologie (ZSE), 5 (1985) 2, S. 187–204.

---

34 H. Bublitz, Theorie Discipline in the Modernity. The Disenchantment of Science in the Light of a Sensual Reason, in: dies., Theory, Culture and Society, London 1989.

METTLER-MEIBOM, B., Soziale Kosten in der Informationsgesellschaft. Überlegungen zu einer Kommunikationsökologie. Ein Exkurs, Frankfurt/M. 1987.

DIES., Breitbandtechnologie. Über die Chancen sozialer Vernunft in technologie-politischen Entscheidungsprozessen, Opladen 1986.

MIKELSKIS, M., Ökologische Krise und technologischer Wandel – neue Herausforderungen für das Bildungswesen, in: Landesinstitut für Schule und Weiterbildung (Hrsg.):»Neue« Allgemeinbildung, Soest 1989, S. 353–365.

NÖTZEL, R., Spiel und geschlechtsspezifische Arbeitsteilung, Pfaffenweiler 1987.

NOWOTNY, H., The Information Society. It's Impact on the Home, Local Community and Marginal Groups, European Center for Social Welfare and Training, eurosocial. occasional papers 9, Wien 1981.

ORTMANN, G., Der zwingende Blick. Personalinformationssysteme – Architektur der Disziplin, Frankfurt/M.-New York 1982.

PRIGOGINE, I./Stengers, I., Dialog mit der Natur. Neue Wege naturwissenschaftlichen Denkens (engl. 1980), München-Zürich 1981.

PROTT, J., Rationalisierung von Arbeit und Freizeit. Verlust kommunikativer Kompetenz?, in: R. Crusius/J. Stebani (Hrsg.), Neue Technologien und menschliche Arbeit, Berlin 1984, S. 233–245.

RASCHKE, J., Politischer Paradigmawechsel in den westlichen Demokratien, in: T. Ellwein (Hrsg.), Politikfeld-Analysen 1979, Opladen 1980.

SCHEFE, P., Künstliche Intelligenz – Überblick und Grundlagen, Mannheim-Wien-Zürich 1986.

SCHUMACHER, E. F., Small is Beautiful. Die Rückkehr zum menschlichen Maß (engl. 1973), Reinbek 1986.

SENNETT, R., Verfall und Ende des öffentlichen Lebens. Die Tyrannei der Intimität (amerik. 1974), Frankfurt/M. 1986.

SHELDRAKE, R., Das schöpferische Universum (amerik. 1981), München 1987.

TURKLE, S., Die Wunschmaschine. Vom Entstehen der Computerkultur (amerik. 1984), Reinbek 1984.

VESTER, F., Neuland des Denkens. Vom technokratischen zum kybernetischen Zeitalter, München 1985[3].

DERS., Unsere Welt – ein vernetztes System, München 1983.

VOLPERT, W., Kontrastive Analyse von Mensch und Rechner als Grundlage des System-Designs, in: Zeitschrift für Arbeitswissenschaft, 41 (1987)3, S. 147–152.

DERS., Zauberlehrlinge. Die gefährliche Liebe zum Computer, Weinheim-Basel 1985.

WEIZENBAUM, J., »Wir Informatiker dürfen den harmlosen Märchen nicht glauben«, in: Frankfurter Rundschau vom 28. August 1986.

DERS., Die Macht der Computer und die Ohnmacht der Vernunft (amerik. 1976), Frankfurt/M. 1978.

WEIZSÄCKER, Chr. u. E.-U. v., Fehlerfreundlichkeit als evolutionäres Prinzip, in: Wechselwirkung, 29 (1986), S. 12ff.

BERND GUGGENBERGER

Freizeitgesellschaft –
Ohne Freiheit und Zeit

Kritische Anmerkungen zur Neubestimmung des Verhältnisses von Arbeit und Freizeit

1. Das Schicksal der Natur

Nichts hat das Antlitz der Erde während der letzten hundertfünfzig Jahre so tiefgreifend verändert wie die menschliche Arbeit. Unter dem Werk unserer Hände ist dieser Planet geschrumpft, nahbar geworden, ein zerbrechliches Heim. Hatte die Arbeit als Körperfron einst die Naturprozesse nur ganz am Rande gestreift, so dringen die modernen Arbeitsprozesse – in der Chemieproduktion etwa oder in der Gentechnologie – immer tiefer in sie ein.

Gewiß, wir arbeiten kürzer und vor allem körperlich weniger erschöpfend als einige vergangene Generationen. Aber die arbeitsbedingten Eingriffe in Natur und Umwelt sind deshalb nicht weniger und nicht milder. Die Hand, welche die Natur schlägt, ist zwar kleiner geworden, zugleich jedoch um ein Vielfaches härter und gefühlloser. Je weniger die Arbeit unsere Körper erschöpft, umso mehr erschöpft sie die Natur. Zum »Humanismus der halben Wahrheiten« gehört daher auch eine Vielzahl der »entlastenden« Produktionstechniken: Eine »Humanisierung« der Arbeit, welche die Körper schont, aber die Natur schändet, bedeutet keinen wirklichen »Humanfortschritt«. Die Befreiung der Körper, die ganz oder überwiegend mit der Unterdrückung und Vernichtung von Natur erkauft ist, beschert uns auch in der somatischen Dimension unserer Existenz keine wirkliche Emanzipation.

Die arbeitsförmige »Humanisierung der Natur« führte nicht zu einer humanen Welt, sondern lediglich zum schnelleren Verschwinden der Natur. Dies wird vor allem deutlich, wenn wir uns vergegenwärtigen, daß ja keineswegs nur der technische Arbeitsprozeß selbst die Natur verzehrt: Zu den mehr als 25 Tonnen »Naturstoff«, welche derzeit ein amerikanischer Bürger jährlich »vernutzt«, trägt er nicht allein als Arbeitnehmer, sondern längst auch in erheblichem Maße als Freizeitwesen bei. Wir »konsumieren« nicht nur in der Arbeit, sondern auch in der Freizeit vermehrt Natur und Umwelt. Nicht nur die Arbeitsprozesse reißen »Löcher« in den Boden, auch der »Verzehr« der »Früchte der Arbeit« selbst, über die wir uns in der arbeitsfreien Zeit hermachen, verzehrt Natur: vom Auto bis zum Abfahrtski, von der Plastiktüte bis zum Kaugummi, von der Spraydose bis zur Glühbirne. Um welche Hervorbringung der Arbeit es immer geht – soll sie funktionsgerecht genutzt werden, so »kostet« dies Natur, das heißt, ihr Einsatz ist mit kurzfristig nicht ersetzbaren »Entnahmen« aus dem »Stammkapital« der natürlichen Umwelt verbunden.

Lassen wir uns in unserem Handeln und Verhalten von ökologischen Einsichten leiten, dann bedeutet dies nicht nur, daß wir uns in der Arbeit auf rohstoffsparende, weniger energieverzehrende Produktionstechniken verlegen; es heißt auch, daß wir Formen »ergiebiger«, ressourcenschonender Freizeitnutzung zu entwickeln haben. Die »sanfte Technik« bedarf der Ergänzung durch eine »sanfte Freizeit«.

2. Das Schicksal der Freiheit

Das Schicksal der Natur ist eine Sache, eine andere ist unsere eigene innere und äußere »Verfassung«, kurz: das Schicksal der Freiheit.

Für immer, meinte einst in schwer überbietbarem Pessimismus Friedrich Engels – ein Dante-Wort aus dem »Inferno« variierend –, werde man wohl über die großen Fabriktore die Lettern setzen müssen: »Laßt alle Hoffnung fahren, die ihr hier eintretet!«[1] Ganz unbegründet war solcher Pessimismus aufgrund seiner Beobachtungen gewiß nicht. Heute wirkt er jedoch auf bemerkenswerte Weise falsch plaziert. Das Schicksal der Freiheit wird sich nicht in der Welt der Arbeit entscheiden, sondern in jener der Freizeit.

Wer arbeitete, wußte stets, worauf er sich einließ. Arbeit ist das Medium der Notwendigkeit; die volle Freiheit von ihren Zwängen schien nur im raum-zeitlichen »Jenseits« der Arbeit möglich. Begriff wie Sache der »Freizeit« dagegen suggerieren, daß hier die Freiheit sozusagen ihr Heimspiel habe; daß Freizeit und Freiheit unzertrennliche Geschwister seien – so, als könne, wo die eine sich aufhalte, die andere nicht weit sein.

Freiheit als prekäres Gut auf Zeit ist stets am meisten gefährdet, wo alle sie als sicheren Besitz erachten; wo, was sie hält und sichert, als nicht mehr begründungs- und rechenschaftspflichtig angesehen wird. Fernsehen und Ferntourismus, beide auf ihre je eigene Weise ganz unzweifelhaft sowohl moderne Mobilitäts- und Freiheitsattribute als auch tragende Säulen der Freizeitbetriebsamkeit, fungieren nicht gerade als bestandfeste Garanten der Freiheit unter den Bedingungen expansiver Freizeit: Längst schrillen hier, fachwissenschaftlich sekundiert, die moralisch-publizistischen Alarmglocken. Mit exzessivem Video- und Fernsehkonsum gefährden wir unsere Mobilitäts- und Aktivitätschancen; und mit massenhaftem Ferntourismus gefährden wir Freiheit und Lebensraum fremder Völker samt ihrer ethnischen und kulturellen Identität.

Ist die Sache der Freiheit in den Gefilden der Freizeit also wirklich so gut aufgehoben? Für einige Zweifel, die sich an diese Erwartung heften, sollen im vorliegenden Aufsatz Gründe und Beobachtungen vorgetragen werden.

---

1 F. Engels, Von der Autorität, Marx-Engels-Werke Bd. 18, S. 306; vgl. hierzu vom Verfasser: Vom Sinn menschlichen Handelns jenseits der Ökonomie. Eine Auseinandersetzung mit dem Marxschen Arbeitsbegriff, in: M. Hereth (Hrsg.), Grundprobleme der Politischen Ökonomie, München 1977, S. 159 ff.

3. Arbeitsfreie Zeit – Der empirische Befund

Ein Menschenleben, auf der Basis einer statistischen Lebenserwartung von 75 Lebensjahren, umfaßt knapp 650 000 Stunden, von denen gegenwärtig, mit abnehmender Tendenz, noch ungefähr 58 000–63 000 Stunden gearbeitet werden: Das sind noch gerade 7–9 Prozent der gesamten Lebenszeit. Und auch dieser Anteil wird sich zum Ende des letzten Jahrzehnts dieses zweiten Jahrtausends hin nochmals drastisch verringern. Zum einen wird die vom Menschen zu verrichtende Arbeit weiter abnehmen – wobei Ausmaß und Geschwindigkeit dieses säkularen Prozesses in unterschiedlichen Szenarien mit unterschiedlichen Größen ausgewiesen sind –, zum anderen wird die verbliebene Arbeit sich aufgrund der steigenden Arbeitsnachfrage auf mehr Schultern verteilen. Die durchschnittliche Erwerbsstundenzahl wird voraussichtlich auf weniger als 35 000 Stunden pro Arbeitsleben sinken, also gerade noch etwas mehr als 5 Prozent der gesamten Lebenszeit betragen. Auch der Eintritt ins durchschnittliche Rentenalter wird immer früher erfolgen. Er liegt derzeit schon bei fast 55 Jahren, wobei allerdings der Anteil derer, die aus Gründen vorzeitiger Arbeitsunfähigkeit aus dem Erwerbsleben ausscheiden, mit annäherungsweise 50 Prozent konstant hoch ist.

Vielleicht noch deutlicher als in diesen Zahlen wird die nachlassende Prägekraft der Arbeit, wenn wir uns die durchschnittliche Stundenverteilung zwischen Arbeit und Freizeit während eines Jahres für einen im Erwerbsleben stehenden Arbeitnehmer ansehen: Von den insgesamt 8 760 Stunden des Jahres verwendet er circa 1 700 für Arbeit und Arbeitsweg, ungefähr 3 660 für die psychische »Wiederherstellung« seiner Arbeitskraft durch Essen (550), Schlafen (2 950) und das Auskurieren von Krankheiten (160); an – wenngleich nicht völlig »frei« – verfügbarer Zeit verbleiben ihm rund 3 400 Stunden, die er in der Regel mit Urlaub, Sport, Hobby, Besorgungen, Arbeiten im Haus, ehrenamtlichen Tätigkeiten, aber auch mit Nichts-Tun, geselligem Beisammensein, Fernsehen, Spazierengehen oder ähnlichem »füllt«[2].

Nicht nur im Maßstab des gesamten Lebens, auch im Zeitrahmen des Erwerbsdaseins selbst verliert die Arbeit, allein vom Zeitanteil her, ihren zentralen Ort. Sie ist längst nicht mehr das konkurrenzlos und unumstritten prägende Großereignis der durchschnittlichen Biographie – auch wenn sie nach wie vor bedeutsam ist. Ob diese Bedeutung künftig eher ab- oder wieder zunehmen wird, ist nicht eindeutig vorherzusagen.

Manches spricht dafür, daß wir, mit Blick auf die emotionalen und affektiven Gratifikationen der Arbeit, bereits eine gespaltene Gesellschaft sind, und daß diese motivationale »Klassenspaltung« sich künftig noch vertiefen und verhärten könnte: Für die Menschen in den neuen, anspruchsvolleren Arbeitsplätzen, die selbständiger und disponibler eingesetzt werden, könnte diese »reichere« Arbeit auch neue Ansatzpunkte für ihre private Identität wie für ihre soziale Wahrnehmung und Beachtung

---

2 Vgl. H. W. Opaschowski (Hrsg.), Freizeit-Daten, Düsseldorf – Hamburg 1983 (zusammen mit B.A.T.-Institut und Deutsche Gesellschaft für Freizeit); U. V. Karst, Freizeit – Daten, Fakten, Hintergründe, in: B. Engholm (Hrsg.), Die Zukunft der Freizeit, Weinheim – Basel 1987, S. 52ff.; M. Osterland, Arbeit und Freizeit – Zum Wandel eines strukturellen Beziehungsgefüges, in: Verbraucherpolitische Hefte (»Freizeit und Konsum«) Nr. 8, Juli 1989, S. 7ff.

bereithalten; für jene aber – und es steht zu fürchten, daß dies die große Mehrheit sein wird –, die infolge der neuen Technologien samt der ihnen zugehörigen »neuen Produktionskonzepte« (Horst Kern/Michael Schumann)[3] einem noch weniger persönlichkeitsfördernden, noch anspruchsärmeren Erwerbsarbeitsdasein entgegensehen, gilt wohl, daß sich ihre Hoffnungen und Erwartungen noch stärker auf die Freizeitsphäre konzentrieren werden.

Diese Entwicklung, die in einer historisch unvergleichlichen Passivisierungskatastrophe münden könnte, bedeutet vor allem eine pädagogische Herausforderung ganz neuer Dimension. Die Bildungs- und Ausbildungsprinzipien, die unsere Schulen und Hochschulen bestimmen, sind fast uneingeschränkt an den Anforderungen und Leitbildern der arbeitszentrierten Industriezivilisation ausgerichtet. Für eine Gesellschaft, in welcher »Lasten« und »Pflichten« der Muße wichtiger werden als jene der Arbeit, sind wir denkbar schlecht gerüstet. Wir erziehen und bilden gegenwärtig heranwachsende junge Menschen erkennbar nicht auf eine Gesellschaft hin aus, deren Mitglieder nur noch zwischen 5 und 10 Prozent ihrer gesamten Lebenszeit unmittelbar in der Erwerbsarbeit zubringen; die also zu mehr als 9 Zehnteln ihrer Existenz ausschließlich als Menschen und Bürger aufgerufen sind: als Ehefrauen und Ehemänner, als Mütter und Väter, als Nachbarn und Museumsbesucher, als Umweltgestalter und Naturverbraucher, als Wähler und Zeitungsleser, als Käufer und Konsumenten und vieles andere mehr.

4. Freizeitkompetenz als Urteilskompetenz – Die pädagogische Herausforderung

Unsere Gesellschaft leistet sich einerseits im kognitiven Bereich das aufwendigste Schul- und Bildungssystem in der Geschichte der Menschheit, geht aber andererseits mit einer nur schwer begreiflichen Selbstverständlichkeit davon aus, daß wir in den Gefilden der Sozial- und Moralbildung, der Geschmacks- und Urteilsfindung ganz von alleine gut und böse, nützlich und schädlich, häßlich und schön, wichtig und überflüssig zu unterscheiden vermöchten. Das heißt, wir haben längst die pädagogischen Konsequenzen aus der Einsicht gezogen, daß vieles im Gelingen des gesellschaftlichen Zusammenlebens vom Funktionieren der großen Industrien und der weitgespannten Versorgungssysteme abhängt, daß wir also gut ausgebildete Ärzte und Architekten, Ingenieure und Rechtsanwälte, EDV-Experten und Chemiker brauchen. Andererseits aber scheinen wir fast vollständig zu verdrängen, daß die Vermittlung reproduzierbaren Wissens und Könnens längst nicht alles ist, ja daß der Erwerb der elementaren »Kulturtechniken« allein immer weniger darüber besagt, ob wir auch für das Bestehen der sich erweiternden Freizeitgesellschaft gut gewappnet sind. Wir wissen zwar, daß man sich, um an der modernen Welt teilzuhaben, die Lese- und Schreibkompetenz erwerben muß; warum aber übersehen wir nur so beharrlich, daß wir – beispielsweise – nicht bereits als perfekte Konsumentensouveräne, politisch mündige Bürger, urteilsfähige Zeitgenossen, sozialkompetente Nachbarn und ästhetisch sensible Kulturteilhaber auf die Welt kommen? Wir wissen

---

3 H. Kern/M. Schumann, Ende der Arbeitsteilung, München 1984.

sehr genau, daß nur ein hoher Grad an Informiertheit, ja an ausgefeilten Spezialkenntnissen uns die erwünschten Funktionen und die angemessenen Verhaltensweisen sicherstellt; im expansiven Bereich der Freizeit glauben wir jedoch, auf eine qualifizierte Freizeitvorbereitung weitgehend verzichten zu können, ja sie wird, wo sich einzelne Personen oder Institutionen an dieses Problem wagen, nicht selten als Indoktrination und elitäre Bevormundung geächtet. Gerade so, als sei die Freiheit der Wahl nicht von den Nutznießern und Drahtziehern der Massenunterhaltung und der großen Freizeitindustrien, sondern von der aufklärerischen Ermunterung und der pädagogisch beflissenen »Hilfe zur Selbsthilfe« bedroht, mit welcher einige unverbesserliche Freizeitpädagogen ohne allzuviel Resonanz ihr Publikum suchen.

Wer als Käufer oder Konsument dem überbordenden Waren- und Leistungsangebot der Freizeitwelt standhalten will, welches ihn mit seinem unablässigen »Kauf mich!« und »Nimm mich!« traktiert, der muß die Fähigkeit hierzu erst erlernen – gar nicht so viel anders, wie er auch Multiplizieren und Subtrahieren lernt oder Schwimmen und Tanzen. Kann man die für eine geglückte Lebensführung des einzelnen mehr denn je erforderliche Urteils-, Geschmacks- und Bedürfnisbildung wirklich einfach nur dem »heimlichen Lehrplan« von Mode und Werbung, von Massen- und Konsummedien überlassen?

Mehr als für die um Arbeit zentrierte Gesellschaft hängt für das humane Bestehen der Freizeitgesellschaft ab von der Ausbildung der Erlebnis- und Kommunikationsfähigkeit des einzelnen, von seinem Bedürfniswissen als Teilnehmer am Wirtschaftsprozeß, von musischer Aufgeschlossenheit und künstlerischer Sensibilität, von der Entwicklung einer ethischen und ästhetischen Urteilskraft des Alltags.

Formten und orientierten sich im Gravitationsfeld der Arbeitsgesellschaft die wesentlichen Lebensentscheidungen am Maßstab vorausliegender Notwendigkeiten, so vervielfachen sich unter den Bedingungen der Freizeitgesellschaft die Gegenstände und Situationen, in die der einzelne, so er überhaupt von seiner Freiheit Gebrauch macht, sein Urteil legen und zu denen er sich eine entschiedene Meinung bilden kann. Wer die gesellschaftlichen Anstrengungen, die sich auf die Erziehung und Formung des souveränen Konsumenten und des aktiven Freizeitbürgers konzentrieren, als Eingriff in das »freie Spiel der Kräfte« denunziert, setzt sich selbst dem Verdacht aus, daß er mehr Mündigkeit und Selbstbestimmung in der Freizeit gar nicht will. Der Grund für die Abwehr unwillkommener Pädagogisierung des Freizeitverhaltens liegt nur allzu deutlich zutage: Ein Großteil des aktuellen Waren- und Dienstleistungsangebots – vom Teebecher bis zur Tischlampe, von der seriengefertigten Haustür bis zu den Schleiflackschränken der modernen Einbauküche, von der Urlaubsanimation bis zum Schnulzenschlager – wäre an den urteilsfähigen, geschmacks- und bedürfniskompetenten Konsumenten gar nicht zu verkaufen. Alle Ansätze, die auf die Verbesserung der Bildungsvoraussetzungen für aktive Freizeitnutzung setzen, stärken im Effekt die Chancen einer kommunikativen Privat-Freizeit gegenüber einer güter- und dienstintensiven Kommerz-Freizeit.

5. Die Freizeit ist nicht frei

»Kein Funke der Besinnung«, meinte einst Theodor W. Adorno, dürfe »in die Freizeit fallen, weil er sonst auf die Arbeitswelt überspringen und sie in Brand setzen könnte.«[4] Besteht also auch deshalb kein Interesse am souveränen, selbstaktiven Freizeitwesen? Gewiß gilt auch das, was Adorno hier geltend macht: Freizeit ist nie völlig unabhängig als das ganz Andere der Arbeit zu sehen. Mit tausend unsichtbaren Banden bleibt die Zeit außerhalb der Arbeit, die »Freizeit«, »an ihren Gegensatz gekettet«[5]. Dauer und Plazierung der Arbeitszeit im Tages-, Wochen- beziehungsweise Jahresrhythmus bestimmen über Umfang und Möglichkeiten der Freizeit. Die Abweichungen vom »Normalarbeitstag« sind dabei enorm, und sie werden fast immer unterschätzt. Die Flexibilität ist viel größer, als es die öffentliche Diskussion wahrhaben will: Jeder fünfte Erwerbstätige hat keine 5-Tage-Woche; er arbeitet auch an Feiertagen und Wochenenden und nicht selten auch in der Nacht. Jeder vierte Erwerbstätige verrichtet Schichtarbeit, zumeist in den verbreiteten Drei-Schicht-Systemen. Teilzeitarbeit ist für viele erwerbstätige Frauen (rund 3 Millionen) der strategische Normalfall; befristete Arbeitsverhältnisse gehören ebenso zum Gesamtbild wie die (scheinbar widersprüchliche) Gleichzeitigkeit von Überstunden und Kurzarbeit. Die Zunahme der Freizeit ist eine Sache; eine andere, zu oft übersehene, die starke, immer noch wachsende Differenzierung des Freizeitanteils nach der qualitativen wie nach der quantitativen Seite. Allein also schon die Plazierung des individuellen Freizeitanteils sorgt für höchst unterschiedliche Nutzungschancen.

Vielleicht noch wichtiger aber ist etwas anderes: Die Freizeit ist nicht »frei«. Neben einer ganzen Reihe von Gründen, auf die noch einzugehen sein wird, ist es vor allem die nach wie vor wirksame psychosoziale Determinationskraft der Arbeit selbst, die für viele den »Spielraum« der Freizeit einschränkt. Was einem die Arbeit vorenthält, kann man nur sehr begrenzt und eher in Ausnahmefällen in der Freizeit kompensatorisch einholen. Gerade jene, die objektiv vielleicht am meisten Grund hätten, den Bornierungen und Einschränkungen der Arbeitssituation zu entkommen, sind hierzu am wenigsten fähig. Schon Adam Smith hat – vor über 200 Jahren – die Grenzen kompensatorischer Freizeitnutzung, die in der Art der jeweils geleisteten Arbeit selbst beschlossen liegen, ganz zutreffend bezeichnet: »Mit fortschreitender Arbeitsteilung wird die Tätigkeit der überwiegenden Mehrheit derjenigen, die von ihrer Arbeit leben, also der Masse des Volkes, nach und nach auf einige wenige Arbeitsgänge eingeengt, oftmals nur auf einen oder zwei. Nun formt aber die Arbeitsbeschäftigung ganz zwangsläufig das Verständnis der meisten Menschen. Jemand, der tagtäglich nur wenige einfache Handgriffe ausführt, die zudem immer das gleiche oder ein ähnliches Ergebnis haben, hat keine Gelegenheit, seinen Verstand zu üben. So ist es ganz natürlich, daß er verlernt, seinen Verstand zu gebrauchen und so stumpfsinnig und einfältig wird, wie ein menschliches Wesen nur eben werden kann. Solch geistige Tätigkeit beraubt ihn nicht nur der Fähigkeit, Gefallen an einer vernünftigen Unterhaltung zu finden oder sich daran zu beteiligen, sie stumpft ihn auch gegenüber differenzierten Empfindungen wie Selbstlosigkeit, Großmut oder Güte ab, so daß er auch vielen Dingen gegenüber, selbst denen des täglichen Lebens, seine gesunde Urteilsfähigkeit verliert.«[6]

4 Th. W. Adorno, Freizeit, in: ders., Stichworte. Kritische Modelle 2, Frankfurt/M. 1969, S. 57 ff.
5 Ebenda; zum Folgenden vgl. besonders E. Schudlich, Die Abkehr vom Normalarbeitstag, Frankfurt/M. – New York 1987, und E. Seifert, Arbeitszeit in Deutschland, Diss. Wuppertal 1985.
6 Zitiert nach M. Osterland (Anm. 2), S. 13.

Man braucht sich die Dimension moralischen Vorwurfs nicht zuzeigen zu machen, um zu sehen: Es ist vielfach die einschränkende Arbeitssituation selbst, die verhindert, daß sich in der Freizeit die Bedürfnisse nach sozial reicheren, kommunikativeren, geistig und emotional anspruchsvolleren Tätigkeiten durchsetzen, die der Selbstentfaltung und Selbstverwirklichung zugute kämen. Wer schon in der Arbeit freier ist, wer schon in seiner beruflichen Tätigkeit eigenständig handeln und souverän disponieren kann, der wird auch mit einer anspruchsvolleren Freizeitnutzung im Sinne einer ungeschmälerten »Eigenzeit«[7] weniger Probleme haben.

6. Nachlassende Prägung durch die Arbeit – Das Ehrenamt als Beispiel

Bei all diesen Erwägungen, so richtig sie sind und so eindeutig sie ihre Stütze in den einschlägigen Sozial- und Freizeitstatistiken finden[8], sollte man nicht übersehen, daß es gleichwohl die – auch immer wieder von Minderheiten genutzten – Chancen gibt, den Zwängen des strukturellen Beziehungsgeflechts zwischen Arbeit und Freizeit zu entkommen und sich souverän und selbstaktiv über beengende Arbeits- und Lebensbedingungen hinwegzusetzen.

Nicht selten ist die Wahrnehmung solcher Chancen mit dem Stichwort des Ehrenamts zu umschreiben, aber auch mit dem Hinweis auf die in den letzten zwanzig Jahren stark gewachsene Bereitschaft zum sozialen und politischen Bürgerengagement in freien, informellen Gruppierungen (»Bürgerinitiativen«). Ein nicht unerheblicher Teil der neu gewonnenen Freizeit wird von Minderheiten auf vielfältige Weise bereits kontinuierlich in »Sozialzeit« transferiert[9].

Für jemanden, der in seiner Freizeit als Präsident eines erfolgreichen Tischtennisvereins tätig ist, oder für jemanden, der einen erheblichen Teil seiner freien Energie in den Aufbau eines Heimat- oder Landmaschinenmuseums einbringt, kann mit der Zeit vergleichsweise unwichtig werden, was er eigentlich beruflich macht, weil sein Lebensschwerpunkt und das, was ihn gedanklich bewegt und existentiell umtreibt, nicht mehr von der Gravitation des arbeitsberuflichen Zentrums bestimmt werden. In solchen Fällen hat die Freizeit durch die spezifische Art ihrer »Erfüllung« eine »eigene Schwere« gewonnen. Für das individuelle Selbstwertgefühl wie für die soziale

---

7 H. Nowotny, Eigenzeit. Entstehung und Strukturierung eines Zeitgefühls, Frankfurt/M. 1989; zu diesem Aspekt vgl. auch H. Glaser, Das Verschwinden der Arbeit. Die Chancen der neuen Tätigkeitsgesellschaft, Düsseldorf – Wien – New York 1988, und B. Guggenberger, Wenn uns die Arbeit ausgeht. Die aktuelle Diskussion um Arbeitszeitverkürzung, Einkommen und die Grenzen des Sozialstaats, München 1988, besonders S. 94ff; grundsätzlich H. Arendt, Vita activa oder Vom tätigen Leben, Stuttgart 1960.

8 Hierzu schon die »klassische« Studie von M. Jahoda/P. F. Lazarsfeld/H. Zeisel, Marienthal: The Sociography of an Unemployed Community, (1933) London 1972; ebenso M. Jahoda, Wieviel Arbeit braucht der Mensch?, Weinheim 1983. Zu den neueren statistischen Befunden vgl. H.-G. Vester, Zeitalter der Freizeit. Eine soziologische Bestandsaufnahme, Darmstadt 1988.

9 Diesem Aspekt ist das gerade erscheinende neue Buch von Ulf Fink zur »Neuen Kultur des Helfens« gewidmet.

Reputation ist die ehrenamtliche Tätigkeit maßgeblicher geworden als der Beruf. Man kann dies oft daran erkennen, daß im Gespräch über Personen, die allseits nur als gleichermaßen umtriebige wie unersetzliche Organisatoren des partnerstädtischen Jugendaustauschs oder des traditionellen regionalen Mundartfestivals geläufig sind, plötzlich die Frage auftaucht:»Was macht er/sie denn eigentlich beruflich?« – und keiner weiß Genaueres.

In allen diesen Fällen hat das Ehrenamt die psychologische Arbeitszentralität überwunden. Für viele der exponierten, kontinuierliches Engagement und solide Kompetenz erfordernden ehrenamtlichen Freizeitaktivitäten kann gelten, daß sie sich zu eigenen Lebenswelten verdichtet haben, die ihren Protagonisten psychologische und affektive Gratifikationen gewähren, ihnen die Chance sozialer Kontakte und repräsentativer Reputierlichkeit erschließen, die ihnen aus der Sphäre der Arbeit kaum in vergleichbarem Maße hätten erwachsen können. Freizeitaktivitäten, welche eine autonome Prägekraft dieser Art entfalten können, sind so attraktiv, weil sie für ihre Exponenten als Möglichkeit erschließen, was ansonsten nur wenigen unter selten günstigen Arbeitsbedingungen offen steht: die Chance, etwas sichtbar Unverwechselbares zu leisten.

7. Charakterwechsel nach Feierabend

Gäbe es ein Katasteramt für Kulturelles, so stünde unsere Übergangsepoche mit diametral entgegengesetzten Tugend- und Lasterkatalogen zu Buche: Bis vier Uhr, in der Arbeit, bedarf es hoher Selbstdisziplin, wacher Konzentration, zielbewußter Sparsamkeit, verantwortungsbewußten Umgangs mit Maschinen, Menschen und Material, großer Zuverlässigkeit und Beständigkeit; nach vier Uhr und an den Wochenenden aber wird zum Laster, was zuvor Tugend war: Jetzt ist der schnellentschlossene Käufer gefragt, der Wegwerfer, der Verschwender, der experimentierfreudige, wendige Austauscher, der ex-und-hopp ißt und trinkt, fährt, lebt und stirbt, für den die guten alten Verbrauchertugenden des sorgfältigen Überlegens und Prüfens, der Produkttreue und der emotionalen Anhänglichkeit an langlebige, qualitätvolle Gegenstände nicht mehr zählen. Die expansive Arbeitsgesellschaft braucht diese Chamäleonmoral, sie braucht den »Charakterwechsel nach Feierabend«[10]. Dieser ist das Scharnier, über welches sich die Arbeit in die Freizeitsphäre hinein verlängert: einmal, weil eine wachsende Anzahl von Menschen in diesem Bereich arbeitet und Dienstleistungen erbringt, und zum anderen, weil wir alle als Konsumenten solcher Dienstleistungen für diesen Bereich »Mehrarbeit« leisten.

Nur wenn es gelingt, die Freizeit zu entkommerzialisieren, verdient sie ihren Namen wirklich. Nur in einer Gesellschaft souveräner, selbstaktiver Konsumenten kann allgemeine Arbeitsverknappung Wohltat werden. Nur eine Gesellschaft, der es gelingt, ihr Konsumverhalten zu »domestizieren«, kann guten Gewissens von expansionistischen Strategien der künstlichen Arbeitsvermehrung abrücken.

---

10 C. Amery, Charakterwechsel nach Feierabend, in: Natur, 2 (1982), S. 63.

8. Anachronistische Arbeitszentralität

Im Begriff der »Arbeitsgesellschaft« ist weniger eine strukturelle als vielmehr eine Wahrnehmungstatsache ausgedrückt: die Tatsache, daß die Mitglieder dieser Gesellschaft sich vor allem anderen als Mitglieder einer Arbeitsgesellschaft sehen. Daß wir geistig, kulturell und psychologisch ums Zentrum der Arbeit kreisen, das macht uns zur Arbeitsgesellschaft. Und das Problem ist, die Arbeitsgesellschaft, die sich gegen Ende des zweiten Jahrtausends strukturell weitgehend »überlebt« hat, endlich auch geistig, kulturell und psychologisch zu überwinden. Die psychologische Arbeitszentralität ist ein Anachronismus. Wir haben die einst plausible Vorstellung, materielle Arbeit sei für das Wesen des Menschen konstitutiv, weit über ihre Zeit hinaus als unwandelbar gültiges Definiens des Menschen festgehalten. Die alte Kennzeichnung des auf Arbeit gegründeten Lebensvollzugs in der Formel vom »Schweiße Deines Angesichtes« hat ihre Gültigkeit längst verloren. Allenfalls jeder siebte Bundesbürger könnte sie noch auf sich beziehen.

Wenn die Arbeitserfahrung von 85 Prozent der erwerbstätigen Bevölkerung von anderen als den überkommenen körperlich-materiellen Merkmalen der Arbeit geprägt ist, macht es natürlich wenig Sinn, aus ihnen auch weiterhin die Bestimmung »des menschlichen Wesens« abzuleiten. Dem Menschen als Definiendum ist die materielle Arbeit, die aus seinem Gesichtskreis und seiner Erfahrung mehr und mehr verschwindet, als zentrales Definiens nicht mehr angemessen.

Der Arbeitsgesellschaft geht, so die berühmte Formulierung von Hannah Arendt, die Arbeit aus. Damit ist das Drama umschrieben. Es ist nicht irgendeine Gesell-

schaft, die sich aus den Fesseln der Arbeit löst, es ist die Arbeitsgesellschaft – die um die Arbeit herum gebaute, sich über sie vermittelnde und selbst bedeutende Gesellschaft –, der die Arbeit schrumpft, schwindet und verfällt; also eben jenes Medium, welchem das einzelne Mitglied dieser Gesellschaft noch immer Einkommen und gesellschaftliche Identität verdankt.

Wenn ein Meeresbewohner, der noch nicht gelernt hat, sich als Spezies auch auf festem Boden wohlzufühlen, plötzlich ohne sein gewohntes Medium auskommen muß, wird er dies wohl nicht gerade als Sprung mitten ins »Reich der Freiheit« empfinden. Im Gegenteil, er wird nur Notwendigkeit, Zwang und Leid erfahren, wo sich für die landvertrauten Arten Lebenschancen und Freiheiten in Fülle eröffnen. Wir sind, im Sinne dieses Bildes, anpassungsdefiziente »Arbeitstiere«, mit dem neuen Medium der Freizeitfreiheit noch völlig unvertraut. Ja, dieses Medium ist uns noch so fremd, daß wir nicht einmal über einen eigenständigen Begriff dafür verfügen, der nicht, wie der »Freizeit«-Begriff, im negativen Bezug auf die Arbeit nur deren unüberwundene psychologische Zentralität widerspiegelt. Wir bewegen uns in ihm noch so tapsig und hilflos, daß wir uns fast blind jedem Freizeit-Gehilfen anvertrauen, der uns – gegen Geld, versteht sich – seine mehr als zweifelhaften Freizeit-Geh-Hilfen feilbietet.

9. Wohlstandsfragwürdige Freizeitgesellschaft

Gerade die »Freizeitgesellschaft« lehrt, welch problematische Größe der Wohlstand ist. Nicht nur, daß viele seiner Hervorbringungen – manche Ökonomen schätzen bis zu 50 Prozent! – in höchstem Maße wohlstandsfragwürdig sind, weil es zusätzlicher Aufwendungen und Anstrengungen bedarf, ihre von niemandem gewollten und oft auch nicht vorhergesehenen Nebenfolgen wieder aus der Welt zu schaffen; nein, vor allem auch, daß es uns viel zu oft an Raum und Zeit mangelt, die in der Arbeit hergestellten Freizeitgüter umfassend zu nutzen. Um den wirklichen »Wert« eines Produktes, zumal im Freizeitbereich, zu ermitteln, genügt es nicht mehr, einfach nur das Quantum der in dieses Produkt eingegangenen gesellschaftlichen Arbeit zu berechnen. Man müßte diesen Faktor zusätzlich mit den neuen Faktoren des durchschnittlichen Nutzungsraumes und der durchschnittlichen Nutzungszeit multiplizieren, um eine »realistische« Aussage über Wert und Unwert unserer hochgerüsteten Freizeit-Zeughäuser zu formulieren. Was ist das eleganteste Surf-Brett wert, wenn der einzig erreichbare See von Freizeitmitmenschen hoffnungslos übervölkert ist? Und was das teuer erworbene Alu-Rennrad, wenn sein Besitzer nur alle halbe Jahre Zeit findet, sich in den Sattel zu schwingen, vielleicht, weil er ja in seiner »Freizeit« auch noch surft, Musik hört, Ski läuft, tanzt und Tennis spielt?

Nicht nur Arbeiten, auch Konsumieren kostet Zeit. Wo viele Güter um immer knapper werdende Nutzungszeitressourcen konkurrieren, kommt der »Freizeit« nicht nur die Freiheit, sondern auch die Zeit abhanden. Warum hat in der »Freizeitgesellschaft« niemand mehr Zeit? Der Grund für den Freiheits- wie den Zeitschwund in der »Freizeitgesellschaft« ist die »Zuvielisation«, ist das Zuviel an Gütern und Leistungsofferten. Staffan B. Linder machte uns auf ein Wohlstandsparadox aufmerksam, welches – theoretisch weniger ambitioniert und eher en passant formuliert – auch vielen zivilisationskritischen Äußerungen von Rousseau über Thoreau bis hin zu der berühmten Rede des Südsee-Häuptlings Tuiavii[11] zugrundeliegt: die Einsicht, daß der Wohlstand kein eindeutiges Phänomen ist, daß er nur gibt, indem er nimmt, daß er nur erhält, indem er vorenthält[12].

10. Güterüberfluß und Zeitknappheit

Das janusköpfige Zwiegesicht des Wohlstands enthüllt uns entweder das Panorama einer Zivilisation, die reich an Zeit (und meist auch an Raum) ist, dafür aber arm an Gütern; oder aber das Bild einer Gesellschaft, die – wie unsere eigene – reich ist an Gütern, dafür aber arm an Zeit. Gütermangel in Kombination mit Zeitüberfluß oder umgekehrt: Hektik, Streß und Zeitmangel in Verbindung mit einem nicht abtragbaren und schon lange nicht mehr voll nutzbaren Güterberg die Wohlstandschaussee ist keine Einbahnstraße. »Eindeutig« und »total« ist der Wohlstand nie: Entweder reifen die Früchte der individuell verfügbaren Zeit oder jene des individuell verfügbaren Güter- und Einkommensreichtums. Wie reich die armen Leute sein können und wie arm und gehetzt die Reichen – das hat uns Michael Ende in seinem Erwachsenen-Märchen »Momo« vor Augen geführt.

Groß jedenfalls ist die »Armut«, wenn der Mensch so viele Dinge braucht. Nur Freizeit, die nichts oder wenig kostet, löst sich und befreit uns wirklich aus den Fesseln der Arbeit. Freizeit, die teuer ist, ist stets mit Arbeit erkauft. Und damit dementiert sie eben jene Elemente, die einen wirklichen Einspruch wider das beschränkte und beschränkende Arbeitsdasein begründen könnten: Freiheit und Muße. Die Trivialisierung der Muße zum Arbeitsanhängsel »Freizeit« ist eine der Reibflächen, an welchen sich gegenwärtig der Widerstand gegen die Arbeitsgesellschaft entzündet. Auch wo nicht im direkten Wortsinn die »Pflicht zur Muße« proklamiert wird, sind die Streitstandpunkte in der Konfrontation von »sinnloser«, das heißt konsumgüterintensiver und kommunikationsarmer, professionalisierter, technisch und kommerziell aufwendiger Freizeitnutzung auf der einen und »ergiebiger«, soll heißen: kommunikativer und selbstaktiver, umwelt- und ressourcenschonender, nichtprofessioneller und unentgeltlicher Freizeitnutzung auf der anderen Seite deutlich fixierbar.

11. »Pflicht zur Muße« statt »Recht auf Arbeit«

Vor dem Hintergrund dessen, was die Mikroprozessoren-Revolution uns an Rationalisierungsschüben bescheren könnte, ist die »Pflicht zur Muße« möglicherweise um vieles aktueller und plausibler als das immer anachronistischere »Recht auf Arbeit«, welches schon Friedrich Engels als »Ausgeburt eines bürokratischen Juristensozialis-

---

11 Vgl. G. Stein (Hrsg.), Exoten durchschauen Europa, Frankfurt/M. 1984.
12 S. B. Linder, Das Linder-Axiom oder Warum wir keine Zeit mehr haben, Gütersloh – Wien 1971.

mus« deutete[13]. Jedenfalls könnte unter diesem Aspekt der allzu lange verkannte Paul Lafargue posthum noch seinem Schwiegervater Karl Marx im Pantheon profaner Prophetie den Rang streitig machen: Sein »Recht auf Faulheit« gewinnt in einer Gesellschaft der langfristig schrumpfenden Arbeit zunehmend an Plausibilität. Nicht Arbeit und Disziplin, sondern Faulheit und Muße waren für ihn die Mütter »der Künste und der edlen Tugenden«[14].

Eine wachsende Zahl von Theoretikern geht heute davon aus, daß eine solche »Option« ohnehin alternativlos ist: In wenigen Jahren bereits, so bilanzierte der Arbeitszeitforscher Pierre Adret, werden wir vielleicht noch zwei Stunden pro Tag arbeiten müssen, den Rest besorgen Automaten und Roboter[15]. Und auch der greise katholische Sozialethiker Oswald von Nell-Breuning entwirft schon für die nicht zu ferne Zukunft die utopische Vision, »daß zur Deckung des gesamten Bedarfs an produzierten Konsumgütern ein Tag in der Woche mehr als ausreicht«[16]. Noch klingen Prognosen abenteuerlich, die besagen, es könnte schon bald üblich werden, statt Entgelt für Arbeit Prämien für den freiwilligen Verzicht auf Arbeit zu zahlen. Und doch ist das System der »leistungsfreien Bereitschaftsprämie« längst gesellschaftliche Realität: in der Übungsfirma, in der Landwirtschaft, in der Bundeswehr…

12. Blick zurück nach vorn

Wenn wir von der »Freizeitgesellschaft« sprechen, so steht uns, unausgesprochen, fast immer das Bild einer Gesellschaft vor Augen, die über ein historisch singuläres und – angesichts der inneren und äußeren Verfassung dieser Gesellschaft – zumeist auch als problematisch empfundenes Maß an freier Zeit verfügt. Die Vorstellung eines historisch beispiellosen »Freizeitfortschritts« ist jedoch falsch. Vermutlich sind wir soeben dabei, uns allmählich wieder auf jenes Maß an »freier Zeit« zuzubewegen, welches für die archaische Gesellschaft, aber auch zumeist wohl noch für Antike und Mittelalter ganz selbstverständlich war. Wir leben nicht einmal quantitativ in der imposantesten aller Freizeitwelten.

Daß wir gleichwohl diesem Irrglauben anhängen, hat seinen Grund: In der Tat ist der Freizeitgewinn, gemessen an der Arbeitsbelastung zu den Hochzeiten der Industrialisierung im vergangenen Jahrhundert, gigantisch. Vergleicht man das durchschnittliche Arbeitspensum gegen Ende des zweiten Jahrtausends mit dem Sechzehn-Stunden-Werktag, der Sechs-Tage-Woche und dem durchgängigen Arbeitsjahr aus der strapaziösen Anfangsphase der Industrieepoche, so wird verständlich, warum der heute erreichte Zustand vielen als historisch unvergleichlicher »Sieg« über die Arbeit erscheint.

13 Vgl. F. Engels (Anm. 1), und ders., Herrn Eugen Dührings Umwälzung der Wissenschaft (»Anti-Dühring«), Berlin-Ost 1956.
14 P. Lafargue, Das Recht auf Faulheit (Berlin 1891), Ed. Sonne und Faulheit, o. O. 1980, S. 59.
15 P. Adret, Travailler deux heures par jour, Paris 1977.
16 O. von Nell-Breuning, Ein Tag in der Woche reicht aus, in: Vorwärts vom 28. 5. 1981; vgl. auch ders., Arbeitet der Mensch zuviel?, Freiburg – Basel – Wien 1985.

Gerade an der Schwelle einer arbeitsgeschichtlich bedeutsamen Neubestimmung des Verhältnisses von Arbeit und Freizeit aber ist es von entscheidender Bedeutung, sich ins Gedächtnis zurückzurufen, daß unser aktuelles Quantum an »freier«, das heißt von Arbeit nicht besetzter Zeit über den bei weitem größeren Teil der Geschichte hinweg in etwa die »Norm« ausmachte, und daß die frühindustriellen Arbeitsquanten das Exzeptionelle waren; daß wir uns also mit den gegenwärtigen Arbeitszeitverkürzungen dem für vorindustrielle Epochen weitgehend typischen »Freizeit«-Volumen gerade erst wieder annähern[17].

So wichtig es indes ist, sich zu vergegenwärtigen, daß vergangene Generationen gänzlich ohne organisierte und kommerziell hochgerüstete Freizeitindustrie mit einem ähnlichen Maß an »freier Zeit« zurechtkommen mußten, wie es uns heute wieder verfügbar ist, so wichtig ist auch, sich klarzumachen, was an diesem Vergleich notwendigerweise nicht stimmt, ja irreführt: Der Freizeitbegriff, den wir heute verwenden, gewinnt seinen Sinn erst aus den uns geläufigen industriegesellschaftlichen Organisationsformen von Arbeit und Freizeit, vor allem aus der strikten Trennung von Arbeitsplatz und Lebensraum.

Einer der geistvollsten und frühesten Interpreten der heraufziehenden »nachindustriellen« Freizeitwelt, Clemens Andreae, hat sich einmal darüber mokiert, daß es für die Freizeit »ebensoviele Definitionen wie Autoren« gebe[18]. Einmal davon abgesehen, daß die spezifische Wahrheit dieser Aussage – wie die aller markanten Aussagen – selbstverständlich in der Übertreibung liegt – könnte dies denn ernsthaft ein Grund sein, »die Freizeit« als sozialwissenschaftliches Forschungsterrain aufzugeben?

Wohl eher gilt das Gegenteil: Es ist gewiß kein Zufall, daß sich seit einiger Zeit schon spekulative Energien in diesem Forschungsfeld konzentrieren. Nahezu alle beteiligten Autoren scheinen zu spüren, daß die allermeisten der zentralen Fragen des Lebens und Zusammenlebens unmittelbar von der Beantwortung der Frage abhängen, wie die Menschen am Ende des zweiten Jahrtausends ihr Verhältnis zur Arbeit und Freizeit gestalten werden. Solchem »Gespür« liegt darüber hinaus wohl die auf ganz unterschiedliche Weise belegbare Erfahrung zugrunde, daß dieses Verhältnis seit langer Zeit, vielleicht sogar historisch erstmalig für die große Mehrheit der Bevölkerung, wirklich gestaltbar ist.

Clemens Andreaes mokanter Hinweis auf das definitorische Babylon in der sozialwissenschaftlichen Freizeit-Diskussion ist – in der Sache, die sie bezeichnet – ein vielleicht ungewollter Hinweis auf eben diese Gestaltbarkeit. Die – relative – Entpflichtung von Not und Nöten des historischen Arbeitszwangs – sie jedenfalls gehört, wie etwa auch die Menschenrechte, die Demokratie, das globale »Menschheitsbewußtsein« (vor allem als Gefährdungsbewußtsein) zu den säkularen Kollektiverfahrungen dieses Jahrhunderts.

Doch jenseits aller definitorischen Unschärfen: »Freizeit« als Begriff, als Wahrnehmung wie als soziale Struktur ist eine unmittelbare Folge der räumlichen Trennung von Wohn- und Arbeitsstätte und der zeitlichen Differenz von Arbeit und »Leben« seit der frühen Industrialisierung. Keine der geläufigen Beschreibungen und

---

17 Vgl. M. Sahlins, Ökonomie der Fülle – die Subsistenzwirtschaft der Jäger und Sammler, in: Technologie und Politik, 12 (1978), S. 154 ff.; C. A. Andreae, Ökonomik der Freizeit, Reinbek 1970, bes. S. 14 ff.
18 Ebenda.

Deutungen läßt hieran einen Zweifel. Die Eindeutigkeit einer möglichen Grenzziehung zwischen der Erwerbsarbeit und den übrigen Lebensäußerungen, also der Verlust eines einheitlichen Lebenszusammenhangs, ist ein »neuzeitliches« Phänomen, welches vor der Reformation praktisch gänzlich unbekannt war.

13. Erwerbsarbeit, Existenzarbeit, Eigenzeit

Die Unterscheidung in »Arbeit« und »Freizeit« allein genügt nicht; jedenfalls besagt sie für eine qualitative Würdigung der Freizeit zu wenig. Ob der quantitative Fortschritt im Zuwachs an arbeitsfreier Zeit eine Mehrheit der Gesellschaft über mehr Raum für ein erfüllteres, glücklicheres Leben verfügen läßt, hängt von einer Reihe weiterer Faktoren ab, die, zusammengesehen, den »soziologischen Kontext« der Freizeitgesellschaft beschreiben.

Man muß heute innerhalb einer durchschnittlichen Erwerbsbiographie wohl drei hinsichtlich der unterschiedlichen Grade an Freiheit und Gestaltbarkeit deutlich unterscheidbare Zeitsektoren auseinanderhalten: Der erste ist der der Erwerbsarbeit, in welchem der einzelne – je nach Tätigkeit – nur im engeren Rahmen vorgegebener Grenzen über sein Tun und Lassen selbst befinden kann; der zweite, der gemeinhin immer noch undifferenziert der Freizeit zugeschlagen wird, ist der Sektor der arbeits- und existenznahen »Reproduktion«, also jener stark angewachsene Bereich der physischen »Wiederherstellung« und der allgemeinen Lebensorganisation, zu dem die Gesundheitspflege ebenso rechnet wie die Kindererziehung, Essen und Schlafen ebenso wie die Abfassung der Steuererklärung, Einkaufen und Autowaschen ebenso wie die Kinderschutzimpfung, der Elternabend und die Überprüfung des Kontoauszuges. Diese – stark expansive – »Existenzarbeit« unterscheidet sich von der Erwerbsarbeit nicht einfach dadurch, daß der einzelne frei wäre, sie teilweise oder auch ganz zu unterlassen – das ist er natürlich keineswegs –, wohl aber durch eine deutlich höhere Disponibilität, damit aber auch durch ein deutlich höheres Maß an erforderlicher eigener Entschluß- und Tatkraft.

Der dritte Sektor schließlich erst ist als Freizeitsektor in der engeren Bedeutung eines eigenverantwortlich zu füllenden Zeitraums im Sinne der »Eigenzeit« anzusprechen. Erst hier ist der einzelne aufgefordert, sich Meinung und Urteil zu bilden, seine Wünsche und Sehnsüchte zu formulieren, sich zu informieren, auszuwählen, tätig zu werden.

14. Sind wir auf die Freizeitgesellschaft vorbereitet?

Sind wir auf die Freizeitgesellschaft vorbereitet? Für die pessimistische Version einer Antwort auf diese Frage mag Cyril Northcote Parkinsons neues »Gesetz« der ständig zunehmenden Langeweile stehen: »Würde man ein Gesetz der Automation aufstellen, dann müßte es lauten: ›In einer mechanisierten Welt ist ein weitverbreitetes und sich verstärkendes Gefühl der Langeweile das Hauptprodukt.‹ Hinzufügen müßte man, daß weniger Arbeitszeit und mehr Freizeit schließlich unsere Langeweile vergrößern. In Wirklichkeit haben wir nämlich keine Verwendung für die Freizeit, die wir haben.«[19]

Mit der Arbeit verlieren wir die gewohnte zeitliche Lebensstrukturierung. Die durch Arbeit bestimmte Ordnung des Lebens hat immerhin einen ganz unbezweifelbaren Vorzug: Sie läßt sich psychologisch im lebenslangen Stellungskrieg wider die Langeweile als Schutzwall einsetzen. Eine solche Deutung mag verwundern: Hat sich die moderne Arbeit seit den Tagen Henry Fords in der Massenproduktion am Fließband oder in der Monotonie der Überwachungszentralen nicht längst selbst zu einer einzigen, alles überschwemmenden Epidemie der organisierten Langeweile entwickelt? Gewiß. Und dennoch erscheint uns die Langeweile in der Arbeit um so vieles erträglicher als die Langeweile allein mit uns selbst, daß viele nach eigener Aussage schon »einfach aus Gewohnheit« weiterarbeiten würden, auch wenn sie, etwa nach einem Lottogewinn, finanziell gesichert wären. Für diese merkwürdige Ungleichbehandlung der Langeweile in der Arbeit und der Langeweile in der Freizeit gibt es einen einleuchtenden Grund: Für die Langeweile in der Arbeit sind andere verantwortlich, an der Langeweile in der Freizeit bin ich selber schuld.

15. Die unbewältigte Langeweile

Unsere Gesellschaft hat viele Achillesfersen: Eine der schmerzhaftesten ist die unbewältigte Langeweile. Die Langeweile wird in unserem Dasein an zwei ganz entgegengesetzten Punkten zum Dauergast: dort, wo alles vorentschieden ist, und dort, wo alles offen ist. Beide Extremsituationen können als Kristallisationskerne der Langeweile wirken, und zwar einmal als *Unterforderungs-* und zum anderen als *Überforderungslangeweile*. In beiden Varianten tritt uns die Langeweile auch in der »späten« Arbeitsgesellschaft entgegen.

An den allermeisten Arbeitsplätzen ist die Effizienz nur ein anderes Wort für den Triumph der Monotonie. Alle möglichen Kriterien haben bei der Ausgestaltung und Entwicklung des industriellen Arbeitsplatzes eine Rolle gespielt – das psychische Wohlergehen des Produzenten indes gewiß nicht die prominenteste. Die Logik seines Wohlbefindens ist nicht identisch mit der Logik der Produktion. Es gibt so gut wie keine Arbeiten, die bewußt daraufhin entworfen worden wären, den Menschen zu »erschöpfen«, das heißt den ganzen Regenbogen seiner Fähigkeiten in der Arbeit selbst aufscheinen zu lassen: körperliche Vorzüge, Charaktereigenschaften, manuelles Geschick und emotionale, kognitive und spirituelle Kapazitäten zu verbinden und voll zu beanspruchen. Deshalb liegt notwendigerweise der vom Produktionskonzept nicht erfaßte und beanspruchte Teil seiner persönlichen Fähigkeiten während der Zeit der Arbeit brach.

Die volle Identität jedenfalls kann man in der Arbeit nicht finden. Es bleibt stets ein Überschuß an Möglichkeiten und Vermögen, die hintanstellen, vielleicht gar betäuben und auf Dauer abtöten muß, wer sich dem monotonen Rhythmus der Produktion ausliefert. Hier, bei der von der Logik der Effizienz erzwungenen

---

19 C. N. Parkinson, zitiert nach Frankfurter Allgemeine Zeitung vom 30. März 1988.

Routine und Erstarrung eines Großteils unserer Verrichtungen, findet die Langeweile aus Unterforderung ihre dauerhafte Einlaßpforte.

Anders und gleichwohl ähnlich ist es mit der Langeweile aus Überforderung. Der Mensch hat nicht nur Aufregungs-, sondern auch Routinebedarf; er hat ein Bedürfnis nach Regelmäßigkeit und Ordnung, nach dem, was bleibt und stetig wiederkehrt. Wenn alles zur Disposition steht, wenn nichts festliegt, wenn keine Routine uns vom Zwang entlastet, immer aufs neue entscheiden zu müssen, dann finden wir auch keinen Ansatzpunkt für die aktive Gestaltung und die affektive Besiedelung unserer sozialen Nahwelt.

Gerade in Situationen, in denen wir die Freiheit zu allem möglichen haben, fühlen wir uns hilflos und überfordert. Dies sind meist die Situationen, in denen wir aus dem Bannkreis der Arbeit treten: als Freizeitmenschen, als Pensionäre, als Arbeitslose. Und hier trifft uns dann der Schock des beständigen Zwangs zur eigenen Entscheidung. Nichts liegt mehr fest, nichts ist eindeutig geregelt; wir müssen uns die Zeit selbst einteilen und uns unsere Orte selbst aussuchen. Dies ist der Grund, warum eine Arbeit, die vom Arbeitnehmer wenig dispositive Kompetenz und wenig eigene Tatkraft erfordert, so häufig ihre Fortsetzung in seichtesten Freizeitvergnügen findet. Dem Gelangweilten, meint Erich Fromm, fehle der Appetit auf das Leben, es fehle ihm das tiefergehende Interesse an einer Sache oder an einem Menschen, er fühle sich machtlos und resigniert[20].

Zwischen der Unterforderung in der Arbeit und der Überforderung in der Freizeit besteht eine psychologische Kontinuität. Aus dem Arbeitnehmer wird der *Freizeitnehmer*. Er sucht unbewußt auch in der Freizeit – noch unter dem Deckmantel der Unterhaltung und des Nervenkitzels – nach der arbeitsbegleitenden Routine und der entscheidungsentlastenden Sicherheit im Rhythmus der Arbeitsmonotonie. Die Langeweile stellt sich ein, wo aus aktiv Beteiligten Zuschauer werden oder aus Handelnden Ausführende. Daß wir auf solche Situationen mit Unlust reagieren, sie vielleicht sogar leidend erfahren, ist eigentlich ein gesunder Lebensimpuls, ein Indiz für den ungebrochenen Selbstbehauptungswillen. Jedenfalls gibt es für unsere Unlustgefühle einen guten Grund: Wir erfahren nämlich unsere eigene Hilflosigkeit. Wir sind in unserem Befinden abhängig von dem, was andere tun oder lassen. Wir können dem Geschehen – und damit unseren Stimmungen – selbst aktiv nichts hinzufügen. Wir sitzen in der »Konventionsfalle« des lückenlos normierten Arbeitsablaufs oder des standardisierten Nervenkitzels der Freizeitangebote.

Selbstbestimmte Tätigkeit ist nicht mit der adrenalintreibenden Jagd nach sich unaufhörlich überbietenden und ebenso schnell wieder verbrauchenden Sensationen zu verwechseln. »Ein Leben übervoll von Aufregung ist ein erschöpfendes Leben, in dem ständig stärkere Reize nötig sind, um die angenehme Erregung zu verschaffen, die als wesentlicher Bestandteil von Genuß betrachtet wird. Eine gewisse Kraft zum Aushalten von Langeweile ist deshalb wesentlich für ein glückliches Leben. (...) Eine Generation, die Langeweile nicht mehr aushalten kann, wird eine Generation kleiner Menschen sein.«[21]

---

20 E. Fromm, Haben oder Sein, Stuttgart 1979.
21 Zitiert nach S. Keen, Sich Zeit nehmen für die Langeweile, in: Lebens-Wandel. Die Veränderung des Alltags, hrsg. von der Psychologie heute-Redaktion, Weinheim – Basel 1981, S. 92.

In der festgehaltenen, bewußten Langeweile steckt auch das Potential des unbeirrbar Selbstgewissen, in sich Ruhenden, ja des Kontemplativen, welches der Destruktivität der Emsigkeit sich entgegenstellt. Wir müssen wohl erst wieder ganz von vorn lernen, stillzusitzen, den Händen und Augen Einhalt zu gebieten, auch mal für Minuten und mehr ohne Radio oder Fernsehen auszukommen, uns ganz auf uns selbst zu konzentrieren und uns mit uns selbst genug zu sein.

Nicht die Langeweile ist das Problem, sondern unsere Ungeduld, ihr zu entkommen, nicht der Stillstand der Zeit, sondern unsere Unfähigkeit, stillzustehen und ihm standzuhalten. Der Geistes- und Gemützustand von Rummelplatzbesuchern droht uns zur dauerhaften Stimmungsnorm zu werden.

Elisabeth Noelle-Neumann hat wiederholt und an prominenter Stelle die vermehrte Freizeit und den »nachlassenden äußeren Zwang«(!) für Passivität und geminderte Lebensfreude verantwortlich gemacht[22]. So zu argumentieren ist analytisch ungefähr so plausibel, wie wenn man das Leben für das verpfuschte Leben und das Pferd für den schlechten Reiter verantwortlich macht. Nein, es war vor allem die Arbeitsgesellschaft, die uns mitten in die Lebensträgheit und Versorgungslethargie geführt hat. Das Ende der Arbeitsgesellschaft wird uns hieraus keineswegs wieder befreien. Um das Krankenbett des Freizeitpatienten zu verlassen, bedarf es nicht geringer Anstrengungen. Jede Politik, die sich mit dem Epitheton der »Zukunft« oder der »Verantwortung« schmückt, müßte hier ansetzen: Hier bedürfte es der Hilfe zur künftigen Selbsthilfe. Statt jedoch die »Arbeitsentlassenen« allmählich in die Selbständigkeit hineinwachsen zu lassen, wird ihre Unmündigkeit »freizeitpolitisch« perpetuiert; statt mit Tätigkeitsprämien locken die heimlichen Verführer (denen die öffentlichen und die öffentlich-rechtlichen längst nicht mehr nachstehen!) mit dem Betreuungsbonus. 1200(!) Spielotheken allein in West-Berlin und vier Stunden Video- und Fernsehapathie (und mehr) täglich vom Vorschulalter an müßten die pädagogischen Alarmglocken längst schrillen lassen!

16. Der mediale Matthäus-Effekt

Grund zur Beunruhigung wäre in der Tat. Es gibt längst so etwas wie einen »medialen Matthäus-Effekt«: »Denen, die haben, wird gegeben; denen, die nicht haben, aber genommen werden«[23]; diejenigen, die schon informiert und interessiert, schon unterrichtet und urteilskompetent der Medien sich bedienen, können einen ganz anderen Gebrauch davon machen als jene, denen diese Eigenschaften und Vermögen fehlen. Was für das Geld gilt: daß es stets nach dem Gelde sich drängt, gilt – mutatis mutandis – auch für den »Geist«: Die Reichen werden immer reicher, und die »Geistreichen« werden immer »geist-reicher«.

Die Kommunikations- und Medienwirkungsforschung hat schlüssig gezeigt, daß es schichtenspezifische Muster der Mediennutzung und damit der Medienwirkung gibt: Der Gebildete liest mehr, der weniger Gebildete sieht mehr fern. Insbesondere die

---

22 E. Noelle-Neumann, Werden wir alle Proletarier?, Zürich 1978; dies./B. Strümpel, Macht Arbeit krank? Macht Arbeit glücklich?, München 1984.
23 Matthäus 4, 16.

Nutzung der anspruchsvolleren Printerzeugnisse ist nahezu exklusiv dem Bildungsbevorrechteten vorbehalten. Und selbst wenn der lesekompetente Zeitgenosse fernsieht, sieht er in bemerkenswert anderer Weise fern als der gewohnheitsmäßige Vielseher. Da er schon strukturiertes Vorwissen mitbringt, sich also bereits kritik- und urteilskompetent ans Gerät begibt, ist er aufmerksamer, interessierter und kann Informationen besser auswählen, ordnen und zuordnen. Wissen vermehrt so Wissen und vergrößert zugleich die Kluft zwischen den Aktiven, die lernfähig sind, weil sie schon Wissen haben, und den Passiven, die nichts oder nur wenig dazuerwerben, weil ihnen die Voraussetzungen für zusätzlichen Wissenserwerb fehlen[24].

In den siebziger Jahren wurde das zunächst verblüffende Phänomen des sich – gerade auch unter der Bedingung kompensatorischer Anstrengungen – verbreiternden Informationsabstandes unter dem Stichwort »increasing knowledge gap« lebhaft erörtert. Verblüffung löste damals vor allem die Erkenntnis aus, daß die Nutzung der Massenmedien in der Freizeit gerade nicht jenen erhofften egalisierenden Effekt zeitigte, der Bildungsunterschiede und schichtenspezifische Nachteile gleichsam »ex-post« wieder hätte ausbügeln können.

Wir müssen die »Kulturfunktion«, welche der eigenständigen »Unterhaltsvorsorge« innewohnt[25], unter modernen Bedingungen auch auf die selbstaktive Unterhaltungsvorsorge ausdehnen. Ralf Dahrendorf hat das einmal recht drastisch formuliert: »Der Wandel der Werte und Haltungen, der hier nötig ist, kann nur aus dem Ekel über die Langeweile der dreißig Kabelfernsehkanäle und des Biertrinkens hervorgehen.«[26] Bislang sind weit und breit keine Verantwortlichen zu sehen, die ihr Wirken dem verdienstvollen Auftrag verschrieben hätten, diesen wandlungsträchtigen existentiellen Ekel zu fördern.

17. Die neue Gleichgültigkeit

Neben den historisch ganz unvergleichlichen Gefahren- und Risikopotentialen, welche unser Jahrhundert als Folge des wissenschaftlichen und technischen Fortschritts freisetzte, werden die Menschen der kommenden Jahrzehnte vor allem mit einem Problem an der »inneren Front« befaßt sein, welches bislang noch kaum richtig identifiziert ist: mit der universalen Gleichgültigkeit oder, anders gewendet, dem Verlust der Verbindlichkeit. Noch ahnen wir nicht, was es heißt, stets aufs neue, ohne den entlastenden Zwang des Verbindlichen, uns für das eine und gegen vieles andere entscheiden zu müssen. Noch wissen wir auch nicht annäherungsweise, was es heißen wird, »ohne Gründe« morgens aufzustehen und dem neuen Tag ins Auge zu schauen. Wenn alles, was ist, die gleiche Gültigkeit hat – nämlich keine, da keine unbedingte und ausschließliche –, dann ist auch nichts mehr zu erkennen, was die prinzipielle Vielzahl möglicher Entscheidungen verringern und auf handlich-faßbare Optionen zurückführen könnte. Nichts ist erkennbar, das an die Stelle der unbezweifelten Verpflichtungsgeber von gestern und vorgestern, Religion und Nation, Klassenbe-

24 Vgl. die Hinweise bei N. Postman, Wir amüsieren uns zu Tode, Frankfurt/M. 1985.
25 Vgl. W. Sombart, Der moderne Kapitalismus, München 1928.
26 R. Dahrendorf, Die Chancen der Krise. Über die Zukunft des Liberalismus, Stuttgart 1983.

wußtsein und Geschichte, treten könnte. Alle unsere Optionen entraten mangels zwingender Verbindlichkeiten und entlastender Vorentschiedenheit zur mehr oder weniger milden Willkür. Wenn nichts mehr »zwingt«, wird ein Zwang allerdings geradezu unabweisbar: der Zwang, das Willkürliche in unserem Tun und Lassen vor uns und anderen zu verbergen.

Eine solche Situation schafft »zwangsläufig« Marktchancen für Botschaften und Dienstleistungen neuer Art: für Verdrängungshelfer und Verbindlichkeitssimulanten, die uns kompensatorisch mit Bewußtsein und Beweglichkeit, mit Motiven und Moral, mit Gänsehaut und guten Gründen ausstaffieren: die Image- und Persönlichkeitsberater, die Automobilhersteller und Animateure, die Betriebspsychologen und Corporate-Identity-Berater, die Unterhaltungsexperten und Zerstreuungsspezialisten.

Doch auch mit ihrer vereinten Hilfe ist, so steht zu befürchten, der lebenslange Stellungskrieg wider Gleichgültigkeit und Langeweile, wider Willkür und Motivationsverfall, wider Plausibilitätslücken und Persönlichkeitsdefizite nicht zu gewinnen.

18. Konsumentensouveränität?

Wider Langeweile und Gleichgültigkeit gibt es nur ein dauerhaft wirksames Gegenmittel: die urteilskompetente Persönlichkeit. Doch sind an ihr Politik und Gesellschaft wirklich in ausreichendem Maße interessiert? Ebensowenig, wie wir als sprachmächtige, schreibtüchtige und mathematisch versierte Wesen auf die Welt kommen, ebensowenig wissen wir von vornherein und ganz von selbst, was uns steht und was nicht, weshalb das eine Bild künstlerisch wertvoll ist und das andere bloß billiger Kitsch. Und wir können auch nicht einfach voraussetzen, wir wüßten, was das uns bekömmliche Maß an Unterhaltung und Nervenkitzel ist, wir besäßen bereits von jeher ein kritisch-waches Urteil für Menschen und Situationen.

Warum wehren wir in den Gefilden von Urteil und Geschmack, im Bereich der ästhetischen und der Bewußtseinskultur jeden Versuch einer Urteils- und Bedürfnisbildung so nachdrücklich als unerlaubten Eingriff in die Sphäre der Persönlichkeit und ins freie Spiel der sich autonom formierenden Marktkräfte ab? Warum pflegen wir so sorgfältig die Fiktion, wir kämen bereits als rundum urteilskompetente Bedürfnisexperten, mit uneingeschränkter Konsumentensouveränität ausgestattet, zur Welt?

Wer die Republik verkabelt, kann nicht Bürgerfreiheit meinen, jedenfalls keine, die auch Verweigerungsfreiheit der vielen gegenüber den »neuen Medien« einschließt. Daß die manipulationsresistente, entscheidungsstarke Persönlichkeit gar nicht gewollt ist, daß offen oder versteckt der passive Vielseher, der abhängige, unterhaltungsbedürftige Zerstreuungspatient hofiert und ermuntert wird, zeigt schon ein einziger Blick auf die gesellschaftliche Rahmengestaltung über den Preis der Freizeitwaren »Begegnung« und »Unterhaltung«. Überspitzt gesagt: »Glotzen« ist fast gratis, »Kommunizieren« dagegen unverhältnismäßig teuer. Will man sich mit jemandem unterhalten und muß dafür das Telefon oder die Bahn benutzen, weil der Gesprächspartner entfernt wohnt, sieht sich jeder Fünfte in der reichen Bundesrepublik vor schwer übersteigbaren Kostenhürden; will man sich dagegen nur passiv unterhalten lassen, gibt es für niemanden Kostenschranken. Die »Freiheit des mündigen Bürgers« beim Knöpfchendrücken ist nicht grenzenlos, schlimmer: Sie ist eine der großen Lebenslügen dieser Gesellschaft.

19. Eine Welt ohne Fernsehen?

Meinen wir es aber ernst damit, daß aus Betreuten Selbständige werden sollen, dann gibt es keine einfachere, billigere und wirksamere Daseinsvorsorge für die keimende Nacherwerbsgesellschaft als die, nicht zuallererst den passiven Unterhaltungskonsumenten zu fördern. Wir leisten uns den fragwürdigen Luxus einer technisch ultramodernen, pädagogisch aber vorgestrigen Freizeitkultur. Die passiv gehaltene, fernversorgte Mediengemeinde bietet auch nicht andeutungsweise das Modell eines Freizeitverhaltens, mit dem wir uns auf der Höhe der arbeitsgeschichtlichen Zeit bewegten. Zur »Tätigkeitsgesellschaft« gehören vor allem tätige Menschen; wenn wir diese wollen, dürfen wir nicht im großen Stil von Flensburg bis Friedrichshafen allabendlich die Phantasielosigkeit organisieren. Welch ungeheuren Tätigkeitsvorsprung könnte eine nicht oder doch weniger fernsehende Gesellschaft für sich erringen! Welchen Aderlaß an Aktivität unsere Gesellschaft sich tagein, tagaus leistet, sehen wir am deutlichsten am qualitativen und quantitativen »Lebensvorsprung« jener einzelnen, die sich aus den Fesseln einer passivisierenden Freizeitkultur dauerhaft gelöst haben.

Einer, der es wissen könnte, der ehemalige Fernsehmacher und Public-Relations-Manager Jerry Mander, gemahnt Pädagogen und Politiker, daß wir zwar nie das Recht haben, nach der besten, wohl aber die Pflicht, nach einer immer besseren Welt zu suchen; und hieran läßt er keinen Zweifel: »Eine Welt ohne Fernsehen ... kann nur besser sein als eine mit.«[27]

20. Statt *panem et circenses* – Baguette und Telespiele?

Was also kommt, wenn die Arbeit geht? Die Wahrheit ist, daß es keine eindeutige Antwort auf den »Verfall der Arbeitsgesellschaft« gibt. Jedenfalls keine Antwort, die sich im Kontinuum herkömmlich-geläufiger Antworten bewegte, oder, wie Ralf Dahrendorf es ausdrückt: »Keine Antwort, die uns zur schlechten alten Zeit zurückführt.«[28]

Es ist sicher nicht falsch, die Arbeit als gesellschaftlichen Ordnungsfaktor allerersten Ranges zu sehen. Möglicherweise ist die allmorgendliche »Ordnungsleistung« der Stechuhr durch die Ordnungskompetenz von vieltausendfachen »Ordnungskräften« nicht wettzumachen. Hier zeigt sich ein Dilemma der an ihre Grenzen gestoßenen Arbeitsgesellschaft, welches jeden, der unvoreingenommen nachdenkt, nur mit Skepsis erfüllen kann. Zu befürchten ist wohl weniger eine »Zukunft der Arbeitsgesellschaft«, in welcher die Stechuhr durch Polizei ersetzt wird, obgleich sich ähnliche

---

27 J. Mander, Schafft das Fernsehen ab!, in: Lebens-Wandel (Anm. 21), S. 113 ff.
28 R. Dahrendorf (Anm. 26).

Vorstellungen eines autoritären Lebensdirigismus gar nicht so selten bei jenen finden, die lautstark die »fehlende Disziplinierung« in einer »Welt ohne Arbeit« beklagen[29]; wahrscheinlicher und wahrhaft »fürchterlicher« ist die Vision einer schönen neuen Freizeitwelt, welche das altbewährte Ordnungsinstrument von *panem et circenses* in zeitgemäßer Version zum funktionalen Ordnungsäquivalent der Stechuhr adelt: Baguette und Telespiele als ordnungsfunktionale Freizeitversion der alten Arbeitsgesellschaft.

Die Mitglieder jener Gesellschaft, die nach der Arbeitsgesellschaft kommt, brauchen vor allem eins: den Mut, an sich selber interessiert zu sein. Wo dieser Mut fehlt, wo es an Selbstachtung und dem Willen wie dem Vermögen zur Selbstverwirklichung mangelt, könnte die Versuchung einer verzweifelten Desertion in Arbeit und in ihr alter ego, den fremdbestimmten Freizeitkonsum, übermächtig werden.

---

29 Vgl. besonders E. Noelle-Neumann (Anm. 22).

II. Herausforderungen: *Problemstellungen der politischen Bildung*

Klaus Michael Meyer-Abich

Umwelt- und Sozialverträglichkeit:
Neue Bedingungen einer politischen Ethik

Was müßte sich ändern, wenn wir in Zukunft umwelt- und sozialverträglich handeln, insbesondere wirtschaften sollten? Daß der gesellschaftliche – politische, ökonomische und kulturelle – Prozeß in das Ganze der Natur eingebettet sein muß, ist keine neue Einsicht; neu war und ist allenfalls die Naturvergessenheit der Industriegesellschaft. Und daß die Handlungsformen unseres Umgangs mit der natürlichen Mitwelt nicht nur diese betreffen, sondern auch eine gesellschaftliche Wirklichkeit haben, ist ebenfalls nicht neu. Nach meiner Definition ist Sozialverträglichkeit die Verträglichkeit mit der gesellschaftlichen Ordnung und Entwicklung[1], und in diesem Sinn war bereits die Soziale Frage des 19. Jahrhunderts ein Problem der Sozialverträglichkeit der kapitalistischen Wirtschaft. Ethische Fragen stellen sich aber auch, wo das, was wir eigentlich wissen könnten, in unserem Handeln nicht berücksichtigt wird. Hier gibt es nicht nur in der Politik Diskrepanzen, relativ zu denen alte Forderungen und Einsichten immer wieder *neu* zur Geltung gebracht werden müssen. In diesem Verständnis sind Umwelt- und Sozialverträglichkeit tatsächlich neue Bedingungen der politischen Ethik.

Beide Kriterien sind in charakteristischer Weise miteinander verschränkt:
– Umweltzerstörungen sind ein Ausdruck gesellschaftlicher Prozesse in der Natur, bei denen nicht hinreichend an die Natur und an die natürliche Mitwelt gedacht wird;
– Sozialverträglichkeit, oder genauer: soziale Unverträglichkeiten betreffen umgekehrt die gesellschaftliche Wirklichkeit unseres Umgangs mit der natürlichen Mitwelt, und zwar insoweit, als nicht genügend an die gesellschaftlichen Voraussetzungen und Folgen dieses Umgangs gedacht wird.

Die atomenergiegerechte Gesellschaft beispielsweise wäre diejenige, die ganz auf den rechten Umgang mit Atomenergie sozialisiert wäre, also weder bei der Herstellung atomtechnischer Anlagen Fehler machte – so daß die ›technische Sicherheit‹ gewährleistet wäre – noch im Umgang mit diesen Anlagen vom bestimmungsgemäßen Gebrauch abweichen würde, – so daß es auch keine ›sozialen Unsicherheiten‹ gäbe. Die atomenergiegerechte Gesellschaft wäre also eine Gesellschaft, der im Umgang mit Atomenergie nichts passieren könnte. Da zur Verhütung von Mißbräuchen dieser

---

1 K. M. Meyer-Abich, Soziale Verträglichkeit – ein Kriterium zur Beurteilung alternativer Energieversorgungssysteme, in: Evangelische Theologie 39 (1979), S. 38–51; ders./B. Schefold, Die Grenzen der Atomwirtschaft – Die Zukunft von Energie, Wirtschaft und Gesellschaft, München 1986.

Technik keine sozialen Sicherungen gebraucht würden, könnten diese somit auch ihrerseits nicht mißbraucht werden, was sonst ein besonderes Problem der Sozialverträglichkeit ist – zum Beispiel der Mißbrauch von Überwachungsmöglichkeiten. Solange aber die atomenergiegerechte Gesellschaft nicht das Ziel unserer gesellschaftlichen Ordnung und Entwicklung ist, haben wir Probleme mit der Sozialverträglichkeit dieser Art von Energietechnik.

Daß Umwelt- und Sozialverträglichkeit, wenn nicht ethisch, so doch politisch neu und insbesondere ein Thema neuer politischer Bewegungen sind, liegt an einer charakteristischen Dichotomie von Natur und Gesellschaft in der Industriegesellschaft und im Wissenschaftssystem. Es geht um unser gesellschaftliches Verhältnis zur Natur *und* um die gesellschaftliche Tragweite dieses gesellschaftlichen Verhältnisses zur Natur. Naturwissenschaft und Technik sehen in der Regel nicht, daß sie gesellschaftliche Akte sind. Als geschichtliche Prozesse zeigen sie nicht nur Wahrheit, sondern setzen immer auch einen Konsens darüber voraus, was gefragt werden soll, was also als wissenswert gilt. Sozialwissenschaften und Geisteswissenschaften andererseits beschäftigen sich schon seit längerer Zeit relativ ausgiebig mit den gesellschaftlichen Konflikten, aber nicht mit den Gegenständen dieser Konflikte, also mit den konkreten technischen Systemen, um die es dabei geht. Sie beschränken sich immer noch zu weitgehend auf's Gesellschaftliche – deswegen die allgemeine Freude darüber, wenn einige, wie Ulrich Beck[2], sich nun etwas weiter vorwagen –, nachdem Sozial- und Geisteswissenschaftler vor einhundert Jahren die Natur ausschließlich den Naturwissenschaftlern und den Technikern überlassen haben.

Was dabei herauskommt, wenn die Natur aus der geistes- und sozial- oder generell: kulturwissenschaftlichen Perspektive entlassen wird, sehen wir jetzt. Es wird höchste Zeit, unseren Umgang mit der natürlichen Mitwelt und seine gesellschaftliche Tragweite auch wieder unter Gesichtspunkten der Kulturwissenschaften zu beurteilen. Die These der Kompensationstheoretiker[3], die sogenannten Modernisierungsschäden seien durch die Geistes- und Sozialwissenschaften allenfalls abzufedern und dadurch erträglicher auszulegen, halte ich für falsch. Ich meine, es kommt darauf an, die Zerstörungen nicht zu kompensieren – was bedeutet, sie hinzunehmen –, sondern sie zu verhindern, soweit wir noch dazu in der Lage sind. Dazu bedarf es gerade auch der kritischen Aufmerksamkeit auf dem Niveau der Kulturwissenschaften.

Wir sollten uns nicht weiter dabei aufhalten, manchen Naturwissenschaftlern und Ökologen, die ja noch immer weitgehend von den Geistes- und Sozialwissenschaften allein gelassen werden, naturalistische Fehlschlüsse (vom Sein auf's Sollen) vorzuwerfen. Natur ist, soweit es um unser Handeln geht, fast niemals die unberührte Natur, sondern immer auch eine gesellschaftliche Kategorie, ein normativer Begriff, und somit eine Frage der Kultur. Gleichermaßen sollten wir uns nicht weiter damit aufhalten, vielen Sozialwissenschaftlern vorzuwerfen, daß sie blind für den Naturzusammenhang des menschlichen Lebens sind, zumal es ja, wie gesagt, auch hier Zeichen des Wandels gibt. Vielmehr kommt es darauf an, daß wir uns jenseits aller Zuschreibungen derzeitiger Versäumnisse grundsätzlich dem Verhältnis der Gesellschaft zur Natur zuwenden, Gesellschaft verstehen als die Lebensform des Natur-

---

2   U. Beck, Risikogesellschaft – Auf dem Weg in eine andere Moderne, Frankfurt/M. 1986.

3   O. Marquard, Über die Unvermeidlichkeit der Geisteswissenschaften, in: ders., Apologie des Zufälligen, Stuttgart 1986, S. 99–116.

wesens Mensch. Was also gilt es zu tun, um die Zerstörungen nicht nur zu kompensieren, sondern auch etwas dagegen zu tun?

Ich beschreibe drei Bereiche, in denen die politische Ethik der politischen Bildung bedarf:

1. Übersetzung naturwissenschaftlicher in gesellschaftliche Verhältnisse;
2. Bedürfnisbildung;
3. Demokratisierung der Wissenschaft.

Abschließend ziehe ich daraus Konsequenzen für die verschiedenen Räume der politischen Bildung.

1. Übersetzung naturwissenschaftlicher Entwicklungen in Lebensverhältnisse

Zur Bewertung naturwissenschaftlich-technischer Entwicklungen geht es immer wieder darum, sie in Lebensverhältnissen wiederzuerkennen und umgekehrt technische Verhältnisse sozusagen in Lebensverhältnisse zu übersetzen. Ob wir mit einer technischen Innovation lieber leben würden als ohne sie, ist ihrer ingenieurwissenschaftlichen Beschreibung nicht ohne weiteres anzusehen. Eben dieses Weitere aber ist eine Aufgabe der Sozial- und Geisteswissenschaften. Um sich ein politisches Urteil zu bilden, muß der Bürger von einer Neuerung wissen,
- welche – bereits bestehenden oder vielleicht entstehenden – Bedürfnisse damit zu decken wären und worauf sie beruhen, wieweit also ein entsprechend erweiterter materieller Konsum sie überhaupt befriedigen oder sich nur als eine letztlich neuerlich unbefriedigende Ersatzhandlung erweisen könnte;
- welches die technischen Alternativen sind und wie sie unter Gesichtspunkten der Deckung von Bedürfnissen zu beurteilen wären;
- welche Geldkosten damit verbunden wären und welche Tragweite die Produktion des betreffenden Guts sowie seiner Alternativen wirtschaftlich – Arbeitsverhältnisse, Vor- und Nachteile für verschiedene Branchen, Sozialkosten –, international – zum Beispiel für die Dritte Welt – und für die natürliche Mitwelt hätte;
- wie sich die unmittelbaren Lebensverhältnisse des Konsumenten und seiner sozialen Mitwelt ändern würden – etwa durch die Anschaffung eines Fernsehers – und wie es wäre, wenn alle so lebten – beispielsweise die autogerechte Stadt;
- welche Mißbrauchsmöglichkeiten und -motive es geben könnte, was zur Verhinderung von Mißbräuchen technisch und sozial, zum Beispiel durch Gesetze, Verordnungen und Kontrolleure, getan werden könnte und welche Mißbrauchsmöglichkeiten wiederum durch die Vorkehrungen gegen den Mißbrauch des betreffenden Guts oder seiner Herstellung geschaffen werden.

Die Übersetzung technischer Gegebenheiten in Lebensverhältnisse kann als »soziale Konstruktion« beschrieben werden[4]. Erst diese soziale Konstruktion erlaubt es, eine Innovation auf ihre Verträglichkeit mit der gesellschaftlichen Ordnung und Entwicklung, also auf ihre Sozialverträglichkeit hin zu beurteilen.

---

4 K. M. Meyer-Abich, Wissenschaft für die Zukunft – Holistisches Denken in ökologischer und gesellschaftlicher Verantwortung, München 1988.

Ich nehme als ein Beispiel die Einführung von Totalherbiziden und der diese Herbizide vertragenden Nutzpflanzen. Hier handelt es sich nicht nur um einen in der Sprache der Biochemie zu beschreibenden Prozeß, sondern dieselbe Tatsache läßt sich ausdrücken in der Sprache der

- Ökonomie: als ein Konzentrationsschub, denn es wäre nun im Interesse der Großchemie, den Landwirten auch das zu dem firmeneigenen Totalherbizid passende Saatgut mit anbieten zu können, so daß die bisher eher mittelständischen Saatgutproduzenten in einen Konzentrationssog hineingerieten;
- Ökologie: als eine um Größenordnungen erhöhte Gefahr der Ausrottung von Wildpflanzen und der auf sie angewiesenen Tiere;
- Rechtswissenschaft: als ein Regelungsbedarf für den Umgang mit den neuen Mitteln und zur Verhinderung von Mißbräuchen;
- Politikwissenschaft: als eine Verstärkung der wirtschaftlichen Konzentration in der Bundesrepublik, überdies des Nord-Süd-Gefälles, als ein Impuls zur Erweiterung von Naturschutzgebieten, als Erfolg einer bestimmten Forschungs- und Entwicklungspolitik und so weiter;
- Philosophie: als ein extremes Beispiel des anthropozentrischen Denkens, die übrige Welt nur insoweit als lebenswert anzusehen, wie sie – hier in Gestalt von »Nutzpflanzen« im Gegensatz zu Wildpflanzen – Menschen nützt;
- Literaturwissenschaft: zumindest als ein Impuls zur kompensatorischen Erinnerung an Wildpflanzensäume von Feldern und Feldwegen in der älteren Literatur.

Diese Aufzählung ist gewiß nicht vollständig, weder in den jeweiligen Gesichtspunkten, noch hinsichtlich der einzelnen Wissenschaften. Das Schöne daran ist, daß hier in sprachlich vielen Farben wie in einem Regenbogen doch immer wieder genau dieselbe Tatsache ausgedrückt wird, so daß es kaum zulässig wäre, eine Sprache als die eigentliche hervorzuheben. Spinoza hätte vielleicht von parallelen Attributen gesprochen. Zwar spielen die biochemischen Akteure eine besondere Rolle, weil sie das erforderliche Wissen geboren haben. Eltern sind aber auch in diesem Fall nicht nur die Gebärenden. Und sollte wirklich der Biochemiker mehr von dem Totalherbizid verstehen als der Ökologe, als die betroffenen Saatgutzüchter oder als der, der seine Geschäfte damit macht?

Naturwissenschaftliche Entwicklungen in Lebensverhältnisse zu übersetzen, ist die entscheidende Voraussetzung dafür, daß sich die Öffentlichkeit ein politisches Urteil über die *Akzeptabilität* der dabei herauskommenden Innovationen machen kann. Einer chemischen Formel läßt sich nicht ansehen, ob der damit verbundene technische Fortschritt auch als ein gesellschaftlicher Fortschritt zu beurteilen wäre, wenn die betreffende Verbindung dem gesellschaftlichen, insbesondere dem wirtschaftlichen Feld der Konflikte und Interessen überlassen würde. Demgegenüber hat man es in der bloßen *Akzeptanz*forschung immer nur mit Meinungsbildern zu tun. Anstelle der Übersetzung in Lebensverhältnisse (gesellschaftliche Konstruktion) ist üblicherweise von »Technikfolgenabschätzung« die Rede. Dieser Begriff ist eine Teilwiedergabe von »technology assessment« und übergeht die zum englischen »assessment« gehörige Dimension der Bewertung. Auf diese Bewertung aber kommt es an, und zwar nicht nur in dem Sinn, daß Wissenschaftler der Öffentlichkeit die Bewertung abnehmen sollten, sondern so, daß sie in Wenn-dann-Beziehungen (Implikationskatalogen) beschreiben, welche Techniken konsistenterweise unter welchen Voraussetzungen akzeptabel wären.

2. Bedürfnisbildung

Sowohl die Umweltzerstörungen als auch die gesellschaftlichen Zerstörungen durch unser herkömmliches gesellschaftliches Verhältnis zur Natur sind Folge des Gangs der industriellen Wirtschaft. Daran ist jeder Bürger mehr oder weniger beteiligt. Solange beispielsweise zwei Drittel der Bürger dieses Landes regelmäßig Auto fahren, ist es nicht nur die Autoindustrie, die an den Zerstörungen der natürlichen Mitwelt durch das Autofahren schuld ist. Die Interessen der Wirtschaft, Waren auch zu Lasten der natürlichen Lebensgrundlagen und der gesellschaftlichen Integrität zu produzieren wie zu verkaufen, sind klar; aber man muß nicht nur fragen: Wer hat welche Interessen, sondern auch: Warum setzen sie sich durch?

Auch sonst spielt das Konsumverhalten eine entscheidende Rolle. 55 Prozent des Bruttosozialprodukts der Bundesrepublik werden für den privaten Verbrauch ausgegeben (20 Prozent für Investitionen, 20 Prozent ist Staatsverbrauch), also für alles, was unsereiner so kauft: Nahrungsmittel, Getränke, Kleidung, Wohnung, Heizung, Möbel, Haushaltsgeräte, für den Verkehr, Bildung, Unterhaltung, Freizeit – alles Ausgaben aufgrund mehr oder weniger alltäglicher Konsumentenentscheidungen. Gleichzeitig bejahen 75 Prozent der Bürger unseres Landes die Aussage »Ich bevorzuge konsequent umweltfreundliche Produkte, z. B. Pfandflaschen, Umweltschutzpapier, Spraydosen mit Druckzerstäuber, Waschmittel ohne Phosphat, milde Reinigungsmittel wie Schmierseife, auch wenn ich mehr bezahlen muß oder es mir Mühe macht, selbst wenn andere Verbraucher nicht mitmachen.«[5] Wenn also 55 Prozent des Sozialprodukts von uns allen ausgegeben werden und wiederum drei Viertel von uns so »umweltbewußt« denken, dann fragt man sich: Woher kommt dann noch die – zunehmende – Umweltzerstörung? Scherhorns Antwort ist, daß der Verzicht auf gewohnte Güter eben doch schmerzlich ist, besonders wenn es sich um positionale Güter handelt, so daß die 75 Prozent de facto anders handeln. Er hat dazu eine sehr konkrete Untersuchung gemacht und gezeigt, daß nicht einmal Recycling-Toilettenpapier de facto gekauft wird oder nur zu einem relativ zu dem Ergebnis der Umfrage viel zu geringen Prozentsatz.

Ich denke, es kommt etwas hinzu: Unwissenheit oder, etwas anders gesagt, ein Mangel an Bedürfnisbildung. Die von Scherhorn aufgezählten Produkte sind nur ein winziger Ausschnitt aus dem, wofür die 55 Prozent des Bruttosozialprodukts ausgegeben werden. Im allgemeinen weiß selbst der Gutwilligste nicht, welche Produkte bei ihrer Herstellung, ihrem Konsum und schließlich ihrem Verbleib als Abfall welchen Schaden anrichten. Demgegenüber hat zum Beispiel die jüdische Vorschrift, daß nur geschächtetes Fleisch gegessen werden darf, den Sinn, daß die Güte eines Produkts auch eine Frage seiner Herkunft ist. Den Juden galt das Blut der Tiere als der Inbegriff ihres Lebens, und mit dem Blut sollte das Leben des Tiers der Erde zurückgegeben werden, bevor das Fleisch gegessen wird. Wenn wir schon nicht umhin können, auf Kosten anderen Lebens zu leben, ist es ein weiser Gedanke, dabei die Herkunft wie den Verbleib unserer Lebensmittel im Auge zu haben. Daß wir beim Kauf von Eiern aus Legebatterien um einer Ersparnis von 5 oder 10 Pfennigen pro Ei willen an der Tierquälerei mitschuldig werden und die Eier nach dieser

---

5 G. Scherhorn/S. Grunert/K. Kaz/G. Raab, Kausalitätsorientierungen und konsumrelevante Einstellungen, Forschungsbericht an der Universität Hohenheim, Dezember 1988.

Herkunft bewerten sollten, hat sich inzwischen herumgesprochen. Aber so aufmerksam sollten wir überall sein, nicht nur bei den Hühnereiern und Waschmitteln. Wer fragt sich etwa beim Autofahren, ob ein Produkt gut sein kann, durch das der Mitwelt 4 000mal pro Minute (bei 4 000 Umdrehungen pro Minute des Motors) ein Giftstoß versetzt wird? Und wer prüft beim Kauf eines Produkts außer dem eigenen Vorteil auch, unter welchen Arbeitsbedingungen es hergestellt worden ist? Dazu gehört, wenn die Natur nun auch ein Thema der Politik ist, eine auf die natürliche und soziale Mitwelt bezogene politische Bildung.

Das wichtigste Beispiel für die umweltpolitische Tragweite der Bedürfnisbildung ist meines Ermessens die Energieeinsparung. Es gibt einen *Bedarf* an Energiedienstleistungen, also daran, daß es hell ist, daß man nicht friert und dergleichen mehr. Der eigentliche Bedarf sind derartige Dienstleistungen, also der Zweck, dessentwegen Energie eingesetzt wird. Dieser Bedarf wird gedeckt durch eine *Nachfrage* unter anderem nach Energie, aber niemand will eigentlich die Energie, Kohle, Öl oder Atomenergie, sondern man will die Dienstleistungen. Das Energieeinsparpotential ist die Differenz zwischen der bisherigen Nachfrage nach Energie und dem für die gewünschten Dienstleistungen eigentlich sinnvollen, umwelt- und sozialverträglichen Energiebedarf. Inzwischen hat man bemerkt, wie groß die Differenz zwischen der ökonomisch am Markt wirksamen Nachfrage und dem eigentlichen Bedarf im Fall der energiebezogenen Dienstleistungen ist. Man muß also Nachfragekritik von Bedürfniskritik unterscheiden, wenn von der Souveränität der Konsumenten die Rede ist. Nicht immer ist die Nachfrage auch bedarfsgerecht, und nicht alle Konsumumstellungen gehen uns so zu Herzen wie Einschränkungen im Autofahren. Sogar der Verzicht auf das Auto ist übrigens gar nicht so schwer. Ich habe seit einiger Zeit kein Auto mehr und erlebe dies im wesentlichen als eine Entlastung von der streßintensiven Routinetätigkeit des Autofahrens.

3. Demokratisierung der Wissenschaft

Wissenschaftlich-technische Entwicklungen prägen unsere Lebensverhältnisse stärker als alles, was herkömmlicherweise unter Politik verstanden wird. Nach der in der sogenannten Grundlagenforschung gemachten Entdeckung der Uranspaltung von Otto Hahn, Fritz Straßmann und Lise Meitner war die Entwicklung der Atombombe ein relativ einfacher, nur noch technisch komplizierter Schritt. Sie prägt aber seit Jahrzehnten die internationalen Verhältnisse mehr als alles, was herkömmlich unter internationaler Politik verstanden wird. Waren die Wissenschaftler Hahn, Straßmann und Meitner sozusagen die – wenn nicht erfolgreichsten, so doch – wirksamsten Außen- und Verteidigungspolitiker seit einem halben Jahrhundert? Ein anderes Beispiel ist, daß die Mikroelektronik nun schon jeden zweiten Arbeitsplatz prägt. Waren die Physiker, die diese Kristallphysik entwickelt und dann den ökonomischen Kräften und Kräftefeldern überlassen haben, sozusagen die erfolgreichsten Wirtschafts- und Arbeitspolitiker seit dem Zweiten Weltkrieg? Jedenfalls hat kein Wirtschafts- oder Arbeitsminister je eine so nachhaltige Wirkung bezüglich der Prägung von Arbeitsplätzen gehabt. Was die Biotechnologie in Zukunft bringen wird, das sollte, wie ich meine, aber nicht nur den in Wirtschaft und Politik wirkenden Kräftefeldern überlassen sein.

Politik wird sehr unpolitisch, wenn sie sich auf das bisher politisch Genannte beschränkt, das Ephemere, von dem die Zeitungen voll sind, das aber nicht eigentlich entscheidend für die politische Entwicklung ist. Demokratie und Wissenschaft sind nur so weit vereinbar, wie auch die Wissenschaft in die politische Verantwortung eingebunden ist. Dazu gehört nicht nur eine Verantwortung der Wissenschaftler gegenüber der Öffentlichkeit, sondern auch eine Verantwortung der Öffentlichkeit für die Wissenschaft. Das Grundrecht der Meinungsfreiheit impliziert mittlerweile eine Pflicht zur Meinungsbildung, auch über Wissenschaft und Technik, wenn wir denn in einer demokratischen Industriegesellschaft leben wollen. Hier aber stoßen wir auf die Abschreckung der Öffentlichkeit durch die Experten und zugleich auf die Bequemlichkeit der Öffentlichkeit, wissenschaftlich-technische Fragen nur zu gerne den Experten zu überlassen. Natürlich müßte die Öffentlichkeit einen stärkeren Sachbezug gewinnen, ehe man ihr die Wissenschaft aussetzen darf. Gewänne sie aber diesen Sachbezug im Umgang mit der Wissenschaft, so läge darin auch eine Chance zur Besserung der Politik.

Welchen Sachbezug hat die Offentlichkeit aus eigener Erfahrung mit der Wissenschaft? Die Frage ähnelt der, wer etwas von Häusern versteht. Manche meinen, es seien die Architekten; aber sind es nicht eigentlich die Bewohner, die hier – jedenfalls für die Häuser, in denen sie wohnen – am ehesten kompetent sein könnten? *Sie* sind es, in deren Leben sich zeigt, wie man in den von Architekten ausgedachten Häusern wohnt, ob sie also den Wohnbedürfnissen gerecht werden und somit gute Häuser sind. Der Konjunktiv, daß sie kompetent sein *könnten*, hat freilich seine Berechtigung. Wer wollte der Wissenschaft die Glasbausteine und Vorbauten wünschen, an denen sich zeigt, daß Architekten oft genug wirklich mehr von Häusern verstehen als ihre Bewohner? Und dennoch: In Fragen der Betroffenheit gebührt den Betroffenen immer das letzte Wort, nicht den wissenschaftlichen Experten und auch sonst niemand. Dies gilt gleichermaßen für die Betroffenheit der Öffentlichkeit durch die Wissenschaft.

Die Öffentlichkeit müßte also die Kompetenz haben, die ihr zusteht, aber sie hat sie nicht von alleine. Das kennen wir ja auch sonst, und nicht von ungefähr haben wir das monumentalste Bildungssystem aller Zeiten. Die für den rechten Umgang mit Wissenschaft erforderliche Qualifikation ist aber nicht nur eine Aufgabe für die Schule, sondern eine Frage der politischen Bildung und der bürgerlichen Mitwirkung im lebendigen Lernen durch den demokratischen Prozeß. Eine Schule der Nation war hier – jedenfalls nach meiner Erfahrung – vor allem die Energiebewegung, wiederum unabhängig von den konkreten Inhalten, um deren Bewertung es ging und weiterhin geht. Die Friedensbewegung und die Frauenbewegung sind es natürlich auch, weniger konzentriert auf wissenschafts- und technologiepolitische Vorentscheidungen über künftige Lebensbedingungen. Die Energiedebatte hat beispielhaft gezeigt, daß der in der Öffentlichkeit zu bildende Betroffenheits-Sachverstand sinnvollerweise nicht den Sachverstand der Ingenieure und Naturwissenschaftler wiederholt, sondern sich auf die gesellschaftliche Wirklichkeit der von den jeweiligen Experten entwickelten Systeme richtet, sie also im Hinblick auf Unfallfolgen, Mißbrauchsmöglichkeiten, den rechten Gebrauch regelnde Gesetze, Vorschriften und so weiter bewertet. Entsprechendes wäre nun für die Biotechnologie zu leisten.

Wer also versteht etwas von Biochemie? Der Biochemiker, gewiß, aber verstehen davon auf ihre Weise nicht auch der Unternehmer etwas, der ein Forschungsergebnis in Marktchancen übersetzt, die Beschäftigten, deren Arbeit das Produkt hervorbringt und durch dieses geprägt wird, die Verbraucher, insoweit ihre Bedürfnisse befriedigt oder nicht befriedigt werden, der Arzt, der sich ein medizinisches Urteil über die betreffende biochemische Innovation bildet, der Spaziergänger, der Rückstände der Produktion oder des Produkts in einem Fluß oder in einer Landschaft wahrnimmt, der Politiker, der durch diese Innovation anderweitige Arbeitsplätze gefährdet sieht, der Stratege, der sich davon neue waffentechnische Möglichkeiten verspricht, oder der Jurist, der bestimmte Mißbräuche verurteilen muß? Sie alle verstehen etwas von Biochemie, nicht nur der Naturwissenschaftler, jeder auf seine Weise. Je nachdem, worauf es ankommt, kann sogar ein Geisteswissenschaftler hier ein besserer Experte sein als der Biochemiker.

Welchen Fragen die Wissenschaft nachgehen sollte, weiß ein Wissenschaftler nicht so wissenschaftlich abgesichert wie die Ergebnisse, mit denen die gestellten Fragen beantwortet werden. Die Wissenschaft ist in diesem Sinne nicht so wissenschaftlich wie ihre Ergebnisse. Die Öffentlichkeit sollte über die industriegesellschaftlichen Erwartungen an die Wissenschaft politisch unter der Perspektive nachdenken, was wir für die Zukunft der Industriegesellschaft wissen wollen sollten. Sie bedarf der politischen Kompetenz, sich über die gesellschaftliche Wirklichkeit naturwissenschaftlicher Erkenntnis ein Urteil zu bilden und von der Wissenschaft diejenigen Ergebnisse erwarten zu können, mit denen wir in Zukunft leben möchten, die wir ›wissenswert‹ finden, um einen Ausdruck von Max Weber aufzunehmen. Das ist nicht leicht, wenn auch möglicherweise leichter, als Biochemie zu lernen; aber so schwer ist nun einmal die Demokratie in der wissenschaftlich-technischen Welt.

4. Konsequenzen für die politische Bildung

Umwelt- und Sozialverträglichkeit sind bisher keine selbstverständlichen Grundsätze des politischen Handelns. Damit sie selbstverständlich werden, bedarf es der politisch-ethischen Reflexion nicht nur in der Philosophie, sondern auch im allgemeinen Bewußtsein. Hier gilt die Regel, daß Bewußtseinsentwicklungen lange dauern und erst dann nachhaltig wirken, wenn sie *bereits in der Schule* beginnen. Tatsächlich wird die Beschäftigung mit der natürlichen Mitwelt bereits in der Schule im wesentlichen den Naturwissenschaften überlassen. Hier bedarf es einer grundsätzlichen Neuorientierung. Der Umweltschutz beginnt im Deutsch- und Philosophieunterricht, nicht erst in der Chemie und Biologie. Solange nicht mit derselben Sorgfalt wie über die zwischenmenschlichen Beziehungen auch darüber nachgedacht wird, welches die ethischen Grundsätze des menschlichen Umgangs mit der natürlichen Mitwelt sind, wird kein rücksichtsvolleres Bewußtsein der bisherigen Fahrlässigkeit entgegentreten. Ein großer und wichtiger Schritt beginnt zum Beispiel damit, daß die übrige Welt nicht einfach unsere ›Umwelt‹ ist – griffbereit um uns herum und ihrer Bestimmung nach nichts als für uns da –, sondern unsere natürliche *Mitwelt*, die einen Eigenwert im Ganzen der Natur hat, auf den unsererseits Rücksicht zu nehmen ist[6].

Gleichermaßen vernachlässigt wird im Schulunterricht, daß technische Innovationen als gesellschaftliche Wirklichkeit von Natur keine geringere Aufmerksamkeit verdienen als hinsichtlich der naturwissenschaftlichen Grundlagen ihres Funktionierens. Die Übersetzung naturwissenschaftlicher Sachverhalte in gesellschaftliche Verhältnisse sollte beispielsweise im Sozialkunde- oder Politikunterricht gezielt geübt werden, immer unter der Frage: Wie würden wir damit leben, wenn die Erfindung xy dem jetzigen politisch-ökonomischen Kräftefeld überlassen würde? Aus der Vergangenheit gibt es ja genügend Beispiele für diesen Umsetzungsprozeß. Gleichermaßen wünschenswert wäre es, die Bildung der Konsumentensouveränität, ohne die es kein marktwirtschaftliches Optimum der Befriedigung von Bedürfnissen gibt, nicht einfach dem heimlichen Lehrplan durch Massenmedien und Werbung zu überlassen, sondern etwa die Unterscheidung von Nachfrage und Bedarf an konkreten Beispielen zu üben.

An der Bedürfnis-Bildung sollten sich die Kunsterzieher, an der Umwelterziehung insbesondere die Deutschlehrer beteiligen. Die Initiative zur fachübergreifenden Zusammenarbeit mit den Kollegen von der naturwissenschaftlich-technischen Seite könnte von den Sozial- und Politikwissenschaftlern sowie von den Philosophen ausgehen.

Die Grenzen der schulischen Möglichkeiten werden vielleicht mit dem dritten der von mir angesprochenen Themenfelder erreicht: mit der nicht wiederum wissenschaftlich zu beantwortenden Frage nach dem wissenschaftlich Wissenswerten. Hier haben zunächst einmal die Lehrer untereinander mehr aufzuarbeiten als im Unterricht umgesetzt werden kann. Die politisch-ethische Bewußtseinsbildung muß aber ohnehin über die Schule hinausgehen. Unter der Frage: Woher sollen's die Lehrer haben?, führt der nächste Schritt in die Hochschulen. Diese wiederum sind derzeit in

---

6 K. M. Meyer-Abich, Wege zum Frieden mit der Natur – Praktische Naturphilosophie für die Umweltpolitik, München 1984 u. ö.

keiner guten Verfassung, sondern durch hohe Studentenzahlen, Einsparungen, bürokratisierte Entscheidungsprozesse und ungerechtfertigte Vorteile der Stelleninhaber gegenüber dem wissenschaftlichen Nachwuchs demoralisiert. Die einzige Chance dafür, daß die Hochschulen wieder dem öffentlichen Interesse gerecht werden, dem sie ihre Etats verdanken, sehe ich in einer gesellschaftlichen Öffnung, in der die Allgemeinheit mit den Wissenschaftlern in einen kritisch-ermutigenden Dialog darüber eintritt, was die Industriegesellschaft für die Zukunft wissen wollen sollte.

Letztlich also kommt es auf die Bewußtseinsentwicklung in der Allgemeinheit selbst an. Hier hat sich durch die seit der Entdeckung der ›Grenzen des Wachstums‹[7] eingetretene Veränderung bereits gezeigt, daß neue Gedanken sich nicht nur durch neue Generationen durchsetzen, sondern dies auch erheblich schneller gehen kann. Angesichts des Zeitdrucks, unter dem in der Industriegesellschaft neue Formen der politischen Ethik selbstverständlich werden müssen, ist dies eine ermutigende Erfahrung.

Vorbildlich für die Chancen der politischen Bildung ist nach meiner Einschätzung vor allem die Energiebewegung. Ich halte es aber für notwendig, diskursive Prozesse darüber, wie wir in Zukunft leben möchten, nun auch in einer institutionalisierten Form zu üben. Ein von mir hierzu vorgeschlagenes Modell[8] ist, daß Fragen zur gesellschaftlichen Bewertung wissenschaftlich-technischer Innovationen bereits in einem noch relativ hypothetischen Stadium einer politisch neutralen Instanz zugeleitet und von dieser zum landesweiten Diskurs ausgerufen werden können. In der Regel wird es genügen, wenn dieser Diskurs von einigen tausend Bürgerinnen und Bürgern geführt wird, die wie Schöffen durch eine Zufallsauswahl bestimmt werden, eine Zeitlang – einige Monate oder höchstens ein Jahr – regelmäßig zusammenkommen und dafür gegebenenfalls Bildungsurlaub in Anspruch nehmen können, etwa für Tagungen in Akademien. Der Rat der Schöffen sollte zu einer Handlungsempfehlung kommen, die dann wiederum in den Medien, Parteien und so weiter zu diskutieren wäre. Wenn es um Fragen von nationaler Bedeutung geht, könnte dieses Modell in das schwedische des beratenden Referendums übergehen. In diesem Fall würde ein Art Wahlkampf vorangehen, jedoch sachbezogener und weniger unappetitlich als die Wahlkämpfe der Parteien.

Ich denke, daß wir nach 40 Jahren demokratischer Bewährung zu einer partizipativeren Demokratie als bisher finden sollten, sehe aber keinen Grund dafür, die bisherigen *Entscheidungs*prozesse zu modifizieren, zum Beispiel durch die Einführung von Volksentscheiden. Mehrheitsentscheidungen gibt es schon mehr als genug. Was fehlt, sind qualifiziertere Beratungen im Vorfeld der Entscheidung. Käme es dazu, wie beispielsweise im Fall der Energiebewegung, würden auch die Parteien zu einer sachbezogeneren und weniger personalisierten Meinungsbildung herausgefordert.

Soweit die Parteien derzeit kein sonderlich hohes Ansehen genießen und verdienen, liegt dies wohl auch daran, daß die Öffentlichkeit es sich im außerparteilichen Umfeld zu bequem gemacht hat – so als stünde im Grundgesetz nicht nur, die

---

7   J. W. Forrester, World Dynamics, Cambridge/Mass. 1971; D. H. Meadows/D. L. Meadows/
    J. Randers/W. W. Behrens III, The Limits to Growth. A Report for the Club of Rome's
    Project on The Predicament of Mankind, New York 1972.

8   K. M. Meyer-Abich (Anm. 4).

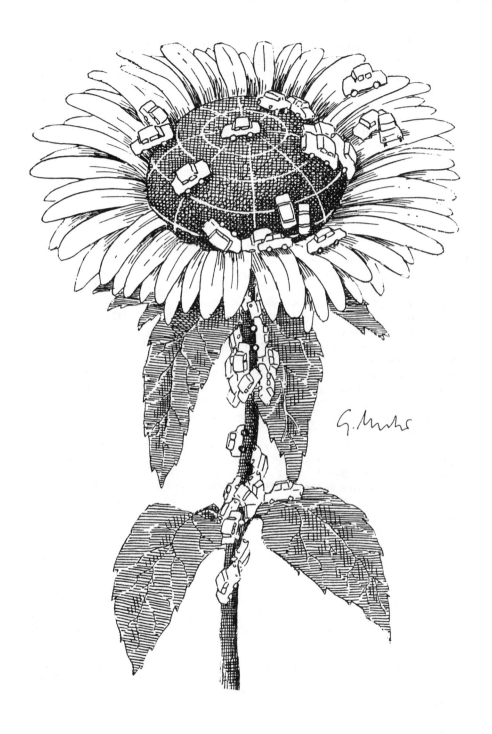

Parteien wirkten an der politischen Willensbildung mit, sondern sie seien dafür allein zuständig. Die diskursiven Prozesse in der Öffentlichkeit, die ich vorschlage, dürften auch den Parteien zugutekommen und auch dazu beitragen, daß bessere Kandidaten zur Wahl gestellt werden als in der Regel bisher.

Es liegt auf der Hand, daß das Postulat der Meinungsbildungspflicht in Fragen der wissenschaftlich-technischen Entwicklung, so naheliegend es für die künftige Demokratie in der Industriegesellschaft ist, alle an der politischen Bildung Beteiligten vor neue Aufgaben stellt. Sogar die Medien bestehen – wie die Wissenschaft – gern auf ihrer verfassungsmäßig garantierten Freiheit, werden der damit verbundenen Pflicht zur sachgerechten Information aber keineswegs gleichermaßen gerecht. Ein den drei Bildungsfeldern, die ich angesprochen habe, gemeinsamer Gesichtspunkt ist insbesondere: Alternativen müssen bedacht und dadurch Freiräume des Handelns deutlich gemacht werden:

– Die Übersetzung wissenschaftlich-technischer Innovationen in Lebensverhältnisse weist Spielräume auf, wie wir in Zukunft leben könnten, öffnet also Entscheidungen, über die politisch nachgedacht werden muß – nicht nur durch Experten.

– Die Bedürfnisbildung erzeugt Alternativen in der Nachfrage zur Deckung ein- und desselben Bedarfs. Unterschiedlich sinnvolle Nachfragen zu bestimmen, wäre Aufgabe einer sensibilisierten Bedürfnisbildung.

– Die Demokratisierung von Wissenschaft und Technik führt zur politischen Bewertung verschiedener Entwicklungen.

Wo keine Alternativen erörtert werden, ergeben sich vermeintliche Sachzwänge, die aber in der Regel nur ein Zeugnis von Phantasielosigkeit sind und Partikularinteressen zum Schaden des Ganzen begünstigen. Die entscheidende Frage der politischen Ethik ist heute – so meine ich – nicht nur anders als bisher zu entscheiden, sondern es ist vor allem verschiedenen Entscheidungen in einem öffentlichen Diskurs Raum zu geben, also nicht positionell, sondern diskursiv zu denken[9].

Umwelt- und Sozialverträglichkeit sind neue Grundsätze des politischen Handelns. Es ist eine Schwäche und Stärke der Demokratie zugleich, daß Regierungen sich diese Grundsätze in ihrem politischen Handeln generell nur soweit zu eigen machen werden, wie dies dem Stand des allgemeinen Bewußtseins entspricht. Politische Bildung erweist sich dadurch als eine Überlebensbedingung der Industriegesellschaft, soweit sie als Demokratie eine Zukunft hat. Eine demokratische Industriegesellschaft ist politisch ein ungeheurer Anspruch. Leichter aber, denke ich, dürfen wir es uns nicht machen.

---

9 R. Ueberhorst; Positionelle und diskursive Politik – Die Bewährung einer demokratischen Technologiepolitik an den Chancen kritischer Argumente zur Brütertechnik, in: K. M. Meyer-Abich/R. Ueberhorst (Hrsg.), AUSgebrütet – Argumente zur Brutreaktorpolitik, Basel 1985, S. 356–395.

BERNHARD CLAUSSEN

Politisches Lernen angesichts der Veränderungen von System und Lebenswelt

»Der Vergesellschaftungsprozeß vollzieht sich nicht jenseits der Konflikte und Antagonismen oder trotz ihrer. Sein Medium sind die Antagonismen selbst, welche gleichzeitig die Gesellschaft zerreißen. Im gesellschaftlichen Tauschverhältnis als solchem wird der Antagonismus gesetzt und reproduziert, der organisierte Gesellschaft jeden Tag mit der totalen Katastrophe auslöschen könnte. Einzig durch das Profitinteresse hindurch und den immanent-gesamtgesellschaftlichen Bruch erhält sich, knirschend, stöhnend, mit unsäglichen Opfern, bis heute das Getriebe. Alle Gesellschaft ist doch Klassengesellschaft wie in den Zeiten, da deren Begriff aufkam; der unmäßige Druck in den Oststaaten indiziert, daß es dort nicht anders ist.«[1]

1. Problemstellung

Wandel und Konkurrenz der Konzeptideen für organisiertes politisches Lernen haben ihre hauptsächliche Ursache in der Historizität, Dynamik und Vielgestaltigkeit moderner Massengesellschaften[2]. Sehr unterschiedlichen oder gar unvereinbaren pädagogischen Maßgaben und Maßnahmen wird die Mitwirkung an der Hervorbringung staatsbürgerlicher Qualitäten zugemutet[3]. Dabei kann Politische Bildung nur dann theoretisch und praktisch begriffsgemäß entfaltet werden, wenn sie der Entwicklung menschlicher Selbstverfügungsfähigkeit verpflichtet ist. Sie steht dadurch im

1 T. W. Adorno, Gesellschaft, in: ders., Soziologische Schriften I, Frankfurt/M. 1979, S. 10–19, hier: S. 14f.
2 Dazu: D. Hoffmann, Politische Bildungsziele im Wandel der gesellschaftlichen Bedingungen. Bemerkungen zur Geschichte politischer Bildung und ihrer Tendenzen, in: Materialien zur Politischen Bildung, 7 (1979) 1, S. 74–80.
3 Siehe H.-W. Kuhn/P. Massing (Hrsg.), Politische Bildung in Deutschland. Entwicklung – Stand – Perspektiven, Opladen 1989.

Zusammenhang mit der Überwindung überflüssiger Herrschaft sowie mit der Kontrolle und Kritik noch notwendiger Herrschaft.

Allerdings ist das Programm der Befähigung zur menschlichen Selbstverfügung[4] beständig einer doppelten Prüfung auszusetzen, damit es nicht zu einem Katalog von Leerformeln erstarrt: Einerseits bedarf es immer wieder der historischen Spezifikation dessen, was in der konkreten Situation jeweils gegenwärtiger Gesellschaft als problematisierenswerte Herrschaft zu bezeichnen ist. Andererseits muß stets erneut danach gefragt werden, ob und inwiefern Selbstverfügungsfähigkeit überhaupt noch aussichtsreich ist und beansprucht werden kann. Das, was die aktuelle Herausforderung ausmacht, läßt sich nur aus einer Reflexion von Entstehungszusammenhängen heraus ermessen.

Im Sinne der damit bezeichneten Aufgabenstellung soll im folgenden einer gravierenden Problemkonstellation in modernen Industriegesellschaften gedanklich nachgegangen werden. Die Begriffe System und Lebenswelt dienen dabei als heuristische Instrumente für die Erschließung bedeutsam-allgemeiner Entwicklungstendenzen. Nahegelegt ist zugleich ein reflexiver Umgang mit ihrer weder eindeutigen noch unumstrittenen Verwendung in sozialwissenschaftlichen Theoriezusammenhängen. Denn wohl nur so wird zweierlei Vergegenwärtigung möglich: die der semantischen Übereinstimmung in der Bezeichnung von realen Erfahrungen und ihrer analytisch-systematischen Erläuterung einerseits; die der stets verbleibenden Differenz zwischen Begriff und Wirklichkeit andererseits[5].

2. Lebenswelt und System: Eine Gehalts- und Verhältnisbestimmung

Gattungstypisch für den Menschen ist die Fähigkeit zum Gebrauch von Verstandeskraft und Verständigung in einer Weise, die seiner natürlichen und sozialen Existenz Gestalt gibt. Die Einrichtung des menschlichen Lebens ist weit mehr als biologischer Reflex auf materielle Gegebenheiten. Vor allem ist sie Prozeß und Produkt des Ineinandergreifens von geistiger und körperlicher Arbeit im Rahmen von Interaktionen. Während des Geschichtsverlaufs gewinnt sie so Konturen und Strukturen, die zwar organisch, nicht aber natürlich sind. Deren Veränderungen erwachsen aus dem Umgang mit neu interpretierten oder substantiell neuartigen Anforderungen der natürlichen und künstlich geschaffenen Umstände. In ihnen werden ideelle und materielle Produktivkräfte vor dem Hintergrund erschließungsfähiger Ressourcen und einsehbarer Unzulänglichkeiten der Existenzumstände mehr oder minder zielgerichtet wirksam.

Stätte des menschlichen Daseins ist von Anbeginn eine gewiß raum-zeitlich begrenzte, jedoch ausdehnbare Lebenswelt. Es ist diese ein Gemenge aus territoria-

---

4 Zu den Einzelheiten und als Bezug für die weiteren Ausführungen vgl. B. Claußen, Politische Bildung und Kritische Theorie. Fachdidaktisch-methodische Dimensionen emanzipatorischer Sozialwissenschaft, Opladen 1984.

5 Zur Spannbreite der Terminologie vgl. die einschlägigen Artikel in: G. Endruweit/ G. Trommsdorf (Hrsg.), Wörterbuch der Soziologie, Stuttgart 1989. Die Auseinandersetzung erfolgt hier freilich nicht entlang einer referathaften Rekapitulation ausgearbeiteter Theorien, sondern anläßlich der Thematisierung zentraler Problemaspekte.

len Bedingungen und sozialen Beziehungen. In ihr ereignet sich das Alltagsleben als etablierter, grundsätzlich aber wandelbarer Modus der gewöhnlichen Verrichtungen aller Art. Die Lebenswelt ist für das einzelne Subjekt der Ort, an dem die Verschränkung von personaler und sozialer Struktur stattfindet: Impulse des Strebens nach lustbetont-triebverwirklichender Entfaltung sowie reglementierende und stimulierende Anforderungen vorfindlicher Realität treffen hier identitätsformend aufeinander. Und hier finden Tradierung, Erschließung und Konstitution der sozialen Sinn- und Handlungszusammenhänge für die Menschen als Individuen, Gruppenmitglieder und Gattungsangehörige statt.

Zum einen hat die Lebenswelt für das einzelne Subjekt prägende Bedeutung, indem sie den Rahmen absteckt für seine Verwirklichung. Zum anderen wird die Lebenswelt durch das allemal auch konflikthafte Zusammenwirken der Subjekte und die in ihnen liegenden vieldimensionalen Kapazitäten zur Adaptation, Integration und Distanz ausgeformt. Traditionelle Bewußtseinsphilosophie mit ihrem idealistischen Subjekt- und subjektivistischen Lebenswelt-Verständnis sowie neuere Konzepte der Psycho- und Soziobiologie mit ihrer Suggestion einer Determination von Lebenswelt durch biochemische und -physikalische Phänomene oder von individuellen Verhaltensweisen durch genetische Codes werden dem nicht gerecht: Sie können die lebensweltlichen Interaktions-Zusammenhänge nicht perspektivenreich erhellen[6]. Anders die Sozialwissenschaft im Gefolge der Kritischen Theorie: Sie würdigt »die Lebenswelt als eine Art Reservoir von erst einmal unerschütterbaren Überzeugungen ..., aus denen die Handelnden die Grundannahmen für ihre Deutungsprozesse schöpfen« und »als einen Verweisungszusammenhang ..., der als konstitutiv sprachlich ... und damit als intersubjektiv generiert angesehen wird«[7].

In der Lebenswelt werden Wissensvorräte für die Orientierung des (Zusammen-) Lebens gespeichert und produziert. Von daher ist die Lebenswelt ambivalent. Sie ist ebenso unausweichlich wie unabdingbar für menschliche Existenz. Ihrer Beschaffenheit nach ist sie tendenziell reglementierend und potentiell offen: »Alles soziale Handeln ... findet in der Lebenswelt statt; einer Lebenswelt, die den Handelnden ... gleichsam ›im Rücken bleibt‹ ... Die Handelnden ›benutzen‹ aber nicht nur das ›Wissen‹, das die Lebenswelt ihnen zur Verfügung stellt, sondern, indem sie dieses Wissen benutzen, verändern und erneuern sie es gleichzeitig. Die Handelnden selbst also knüpfen das Netz, das die Lebenswelt für sie bedeutet, und das ihnen Sicherheit und Gewißheit für die alltagsweltlichen Zusammenhänge bietet. Sie knüpfen dieses Netz über kommunikatives, das heißt sprachlich vermitteltes Handeln.«[8]

---

6 Zur Kritik vgl. einerseits U. Jaeggi/M. Faßler, Kopf und Hand. Das Verhältnis von Gesellschaft und Bewußtsein, Frankfurt/M. – New York 1982, andererseits J. Hartkemeyer, Wie die Ameisen. ... das Menschenbild der Psychobiologie, in: Psychologie heute, 15 (1988) 10, S. 40–45. Dort finden sich auch Hinweise auf typische Primärquellen.

7 H. Gripp, Jürgen Habermas. Und es gibt sie doch – Zur kommunikationstheoretischen Begründung von Vernunft bei Jürgen Habermas, Paderborn 1984, S. 93. Den zugehörigen Argumentationszusammenhang liefert J. Habermas, Theorie des kommunikativen Handelns, 2 Bde., Frankfurt/M. 1981. Eine für den hier interessierenden Zusammenhang angemessene Zusammenfassung bietet J. Weiß, Verständigungsorientierung und Kritik. Zur ›Theorie des kommunikativen Handelns‹ von Jürgen Habermas, in: Kölner Zeitschrift für Soziologie und Sozialpsychologie, 35 (1983), S. 108–120.

8 H. Gripp (Anm. 7), S. 94.

Erst auf dieser Grundlage kann die dem Menschen eigene Vernunftfähigkeit zur Geltung kommen und tragfähig werden. Die Beschaffenheit der Lebenswelt belegt zugleich, wie unangemessen es ist, den Verstandesgebrauch, der Vernünftigkeit konstituiert, absolut und abstrakt zu denken: Die Einbindung des Menschen in seine Lebenswelt läßt nämlich eine völlig beziehungslose Rationalität überhaupt nicht zu. In der Lebenswelt besteht die prinzipielle Aussicht auf eine humane Ausformung von Vernunftfähigkeit. Denn sie stellt immerhin »die Bedingung der Möglichkeit von Verständigung überhaupt dar, ... ist ›gleichsam der transzendentale Ort, an dem sich Sprecher und Hörer begegnen‹.«[9] Eben diese Verständigung birgt in sich die Chance einer nicht bloß pragmatischen Einigung auf der Grundlage von Nützlichkeitserwägungen oder Machtanwendung. Sie kann auch bisherige Selbstverständlichkeiten der Lebenspraxis mitsamt ihren Hintergründen in Frage stellen und erforderlichenfalls auf verschiedenartig dimensionierbare Verbesserungen hinauslaufen.

Ob die Verständigung tatsächlich der Kontrolle und Kritik lebensweltlicher Selbstverständlichkeiten dient und emanzipatorische Qualität erlangt, ist von zahlreichen Faktoren der Lebenswelt-Wirklichkeit – insbesondere vom Konfliktgehalt ihrer Widersprüche und von realen Kräfteverhältnissen – abhängig. Es kann daher, zumindest zeitweilig, durchaus dazu kommen, daß Verständigung auf die bloße Tradierung und Erschließung bereits etablierter Sinn- und Handlungszusammenhänge beschränkt bleibt. Schlimmstenfalls besteht die Gefahr, daß schlechthin die Bedingungen für die Möglichkeit umfassender Verständigung eingeschränkt, wenn nicht beseitigt werden. Distanz und Innovation sind dann kaum noch wahrscheinlich.

Menschliche Lebenswelt ist vom Beginn der Geschichte an hochgradig dynamisch. Nicht zuletzt infolge von Verständigungsprozessen läßt sich alsbald eine doppelte Differenzierung ausmachen: zum einen die Binnenstrukturierung einer Vielzahl von Lebenswelt-Elementen, zum anderen die Entwicklung einer Pluralität von Lebenswelten. Die Existenz menschlichen Lebens in unterschiedlichen Regionen der Welt, die fortschreitende Naturbeherrschung und ein rasches Wachstum der Bevölkerung sind hauptsächlich maßgeblich dafür. So kommt es schon früh zu einem Wandel der lebensweltlichen Beschaffenheit:

– Zunächst sind die verstreuten und unabhängig voneinander bestehenden Lebenswelten je für sich noch ein singuläres integrales Ganzes, innerhalb dessen sich die Gesamtexistenz ereignet. Alle Modalitäten des Lebens sind noch für die einzelnen überschaubar und in einem relativ engen Rahmen weitgehend direkt aufeinander bezogen. Verständigung bezieht sich gleichermaßen auf soziale Normen und auf Probleme technischer Regelungen, auf ethische Prinzipien und auf instrumentelles Erfolgsstreben.

– Alsbald jedoch erfolgt, vor allem auch im Zuge von Arbeitsteilung, eine Durchgliederung der Lebenswelt mit einer Zuordnung von Funktionsbereichen und funktionalen sozialen Rollen. Verbunden sind damit eine Delegation von normativer und technischer Verständigung an unterschiedliche Instanzen, Einbußen an Überschaubarkeit und eine Zunahme von Hierarchien. Der Zuweisung von Rang- und Aufenthaltsplätzen innerhalb der Lebenswelt folgt eine Aufspaltung in verschiedene Lebensweltsphären. Die Etablierung eines Nebeneinanders von funktionsspezifischen Lebenswelten mit gemeinsamen Kernbestandteilen, Berüh-

---

9 Ebenda; das Zitat im Zitat stammt von J. Habermas (Anm. 7), Bd. 2, S. 192.

rungspunkten und Orten des Austausches – trotz deutlicher Abgrenzungen – schließt sich an.

In einem sehr allgemeinen Sinne hat jede Lebenswelt, zumal bei zunehmender Komplexität, etwas Systemisches an sich. Denn zu ihren formalen Merkmalen gehören relative Geschlossenheit, gegliederter Aufbau und Geordnetheit ihrer Elemente nach immanenter Logik. Entsprechend läßt auch die Pluralität von Lebenswelten eine Beziehungsstruktur erkennen. Aus ihr erwachsen bereits früh Erfordernisse zu einer Systembildung im spezifischen Sinne, die aus den einzelnen Lebenswelten ausgelagert und doch als abhängige ebenso wie als bedingende Variable auf diese bezogen ist.

Denn mit der Ausdifferenzierung in eine Vielzahl von Lebenswelten wird eine übergreifende Instanz der Verklammerung, Koordination, Ordnung und Regelung offensichtlich unabdingbar. Zu erkennen ist alsbald ein mehr oder minder konflikthaftes Nebeneinander von Lebenswelt-Gefügen. Die außerlebensweltliche Systembildung ist ihrerseits durch allmähliche Spezialisierungen mit Binnendifferenzierung gekennzeichnet. Parallel zu ihr erfolgt die Entwicklung von – wiederum systemischen – Einrichtungen für die Gewährleistung und Organisation von Beziehungen zwischen lebensweltübergreifenden Systemkomplexen.

Bei alledem sind menschliche Individuen nicht idealistisch und als abstrakte Wesen zu verstehen. Denn die Lebenswelt ist materialiter »ein symbolischer Verweisungszusammenhang mit eindeutigen räumlichen und zeitlichen Dimensionierungen, die jedem psychisch intakten Einzelsubjekt garantiert, kein monadisch abgeschlossenes, solipsistisches Subjekt, sondern Mitglied einer sozialen Welt zu sein.«[10] Die einzelnen Gesellschaften sind ebenso wie die Welt-Gesellschaft erheblich mehr als die Summe von Lebenswelten, nämlich »systemisch stabilisierte Handlungszusammenhänge sozialintegrierter Gruppen«[11]. Genau deshalb sind sie allerdings auch nicht allein systemtheoretisch, über nicht-intendierte, quasi-natürliche Sachzwänge und als zu transindividualen Strukturen verdichtete Handlungszusammenhänge zu begreifen[12].

3. Von der Einheit der Lebenswelt zur Entkopplung zwischen System und Lebenswelt: Eine Trendverlaufs-Skizze

Eingelagert in die systemischen Merkmale der Lebenswelt sowie in die Beschaffenheit lebensweltübergreifender Systeme und ihr Verhältnis zu Lebenswelten sind seit ehedem auch Momente des Politischen. Dessen Qualität und Quantität verändert sich jedoch merklich im Laufe der Zeit im Gefolge und als Teil der Gestaltwandlungen von Gesellschaft:

---

10 H. Dubiel, Kritische Theorie der Gesellschaft. Eine einführende Rekonstruktion von den Anfängen im Horkheimer-Kreis bis Habermas, Weinheim – München 1988, S. 107.
11 J. Habermas, zitiert nach H. Dubiel (Anm. 10), S. 107.
12 Vgl. dazu M. T. Greven, Systemtheorie und Gesellschaftsanalyse. Kritik der Werte und Erkenntnismöglichkeiten in Gesellschaftsmodellen der kybernetischen Systemtheorie, Darmstadt – Neuwied 1974, und A. Waschkuhn, Politische Systemtheorie. Entwicklung, Modelle, Kritik, Opladen 1987.

- »In traditionalen Gesellschaften ist deren Reproduktion, das heißt die Gesamtheit ihrer bestandssichernden Leistungen, noch restlos eingebunden in den Rahmen der ... Lebenswelt.«[13] Entsprechend ereignen sich Vermittlung von und Auseinandersetzung mit Herrschaft für und durch die Betroffenen sozusagen vor Ort oder in nächster Nähe. Dabei ist die Herrschaft einseh- oder nachvollziehbar aufgrund von Konventionen und Abhängigkeitsbeziehungen, die sich aus der Ungleichverteilung von Mitteln zur Bedürfnisbefriedigung ergeben. Auf das Alltagsleben und dessen materielles Substrat ist Herrschaft vorwiegend unmittelbar bezogen. In hauptsächlich ökonomisch gerechtfertigten und durchgesetzten Treueverhältnissen setzt sich unmittelbare Herrschaft auch noch unter den Bedingungen allmählicher Ausdifferenzierung fort. Politisches Lernen ist hier auf die beständige emotionale, geistige und handlungsbedeutsame Einübung in die Ausgestaltung der Treueverhältnisse konzentriert. Die selbstverständlichen Wissensbestände der Lebenswelt liefern das nötige Rüstzeug.

- Spätestens seit dem »Umbruch zu modernen Gesellschaften, deren Entstehungsprozeß historisch von der Reformation bis hin zur Industrialisierung reicht, entwickeln sich ... systemische Strukturen aus der Lebenswelt heraus.«[14] Die Herrschaftsorganisation erfolgt nunmehr zunehmend vermittels spezialisierter Einrichtungen abseits unmittelbarer ökonomischer Abhängigkeiten und sonstiger Machtbeziehungen, die es gleichwohl weiterhin gibt. So wird die bis dahin dominierende »Herrschaft kraft Interessenkonstellation (insbesondere kraft monopolitischer Lage)« allmählich durch »Herrschaft kraft Autorität (Befehlsgewalt und Gehorsamspflicht)« ergänzt und allmählich überlagert oder ersetzt[15]. Die – hauptsächlich durch das feudale Wirtschaften hergestellte – Vergesellschaftung in der Lebenswelt wird im Anschluß an die Etablierung kapitalistischen Wirtschaftens durch eine – als politische Gemeinschaft sich formierende – selbständige Ordnung abgelöst. Ihre Handhabung und die Orientierung in ihr bedürfen spezifischer Wissensbestände, die in der herkömmlichen Lebenswelt allein nicht erwerbbar sind.

Letztendlich bedeutet »die Entwicklung einer (lebensweltlich funktionierenden) ›Wirtschaftsgemeinschaft‹ zu einer (lebensweltübergreifenden) ›politischen Gemeinschaft‹ ... das Auseinandertreten von gesellschaftlicher Arbeit einerseits, Schutz des Wirtschaftsverbandes nach innen und außen andererseits, sowie die Verfestigung dieser sich auf den Gesamtverband erstreckenden Schutzfunktionen in eigenen Institutionen. (...) Die ... charakteristische Form ... ist der ›moderne Staat‹.«[16] Typische Merkmale des Geschichtsverlaufs, nämlich Eigendynamik und Ineinanderwirken von Lebenswelt und System im Prozeß ihrer Ausdifferenzierung, erfahren im Verlauf der Moderne eine Art Zuspitzung: »Lokal begrenzte Netzwerke von Tauschhandlungen werden zu einem umfassenden ... Marktsystem vereinheitlicht. Dies ...

---

13 H. Dubiel (Anm. 10), S. 112.
14 Ebenda.
15 M. Weber, Wirtschaft und Gesellschaft. Grundriß der verstehenden Soziologie, Köln – Berlin 1964, S. 692.
16 U. K. Preuß, Bildung und Herrschaft. Beiträge zu einer politischen Theorie des Bildungswesens, Frankfurt/M. 1975, S. 28; Klammerzusatz von B. C.

nur durch die zuarbeitende Institutionalisierung einer staatlich garantierten Freiheit des Eigentums, des Gewerbes und des Vertrags.«[17]

Auch Wissenschaft und Technik erlangen eigene System-Qualitäten. Sie werden überwiegend zu Instrumenten der herrschenden Wirtschaftsweise und des Systems der Politik. Wie der Staat und zusammen mit ihm bilden sie eine soziale Sphäre außer- beziehungsweise oberhalb der konkreten primären Lebenswelten. Funktion dieser Sphäre ist die Steuerung ihrer selbst und der Lebenswelten als Zusammenhang. Insofern sie dabei für die Akteure wiederum ein alltägliches Betätigungsfeld sind, haben sie durchaus den Charakter sekundärer Lebenswelten. Wegen ihrer Differenz gegenüber den primären Lebenswelten, die sie lediglich unter Regelungsgesichtspunkten thematisieren, sind diese sekundären Lebenswelten zwangsläufig weitgehend abstrakt.

Im Rahmen dessen wird »die individuelle Person ... immer stärker in die gesellschaftlichen Funktionssysteme einbezogen. In der vorbürgerlichen Ära (ist) sie noch ein stationäres Bündel von traditional eingeschliffenen Rechten und Pflichten. Im ... Kapitalismus wird die Person ›abstraktifiziert‹ zum Warenbesitzer, zum Rechtssubjekt und zum Staatsbürger.«[18] Darauf bezogenes mittelbar wie unmittelbar politisches Lernen bedarf mehr und mehr eigener Einrichtungen, die ihrerseits sowohl zu weiteren sekundären Lebenswelten als auch zu einem sozialisatorischen System geraten. Ihre Leistung ist teils Ergänzung, teils Ersatz für das übliche alltägliche Lernen. Dadurch tragen sie einer sich beschleunigenden Entkopplung zwischen Lebenswelt und System ebenso Rechnung wie einem wachsenden Bedarf an einer Abbildung der essentiellen Gehorsamforderungen der außerlebensweltlich verflochtenen Systeme[19].

Ausbildung und Erziehung sind nicht länger integraler Bestandteil primärer Lebenswelt. Ihre staatliche Veranstaltung resultiert aus der Verselbständigung der Sphäre der Politik, deren eigene Spezialisierung aber die Delegation pädagogischer Aufgaben nahelegt. Das System Politik und die institutionalisierte Sozialisation als aufeinander verwiesene Momente der für den modernen Staat typischen Herrschaft sind »eine spezifische Form der Vergesellschaftung ..., in der der gesellschaftliche Zusammenhang der Individuen einer territorial umgrenzten Gesellschaft dem unmittelbaren gesellschaftlichen Lebensprozeß entzogen und als abstrakte Sphäre der Allgemeinheit den Individuen gegenübergestellt wird (...) Sie beruht auf einer gesellschaftlichen Form des Wirtschaftens, die den arbeitenden Individuen den gesellschaftlichen Charakter ihrer Arbeit vorenthält, gegenüber verbindlichen gesellschaftlichen Inhalten gleichgültig ist und daher eine inhaltsgleichgültige, von dem konkreten Lebensprozeß der Individuen abgelöste Sphäre gesellschaftlicher Allgemeinheit hervorbringt.«[20]

Politisches Lernen im System der Sozialisation bedeutet nunmehr die staatsbürgerliche Qualifikation der Menschen. Sie erfolgt nicht neben der Qualifikation zu

---

17 H. Dubiel (Anm. 10), S. 110.
18 Ebenda.
19 Siehe H. Titze, Die Politisierung der Erziehung. Untersuchungen über die soziale und politische Funktion der Erziehung von der Aufklärung bis zum Hochkapitalismus, Frankfurt/M. 1973.
20 U. K. Preuß (Anm. 16), S. 31.

Warenbesitzern und Rechtssubjekten, sondern damit vermittelt. Insofern ist die Erziehung zum abstrakt definierten Gesetzesgehorsam, welche die ehemalige Einübung in konkret bestimmte personale Treuebeziehungen mehr und mehr ablöst, dreidimensional: Sie umfaßt neben der Produktion von Loyalität gegenüber den rechtsverbindlichen Steuerungsleistungen des Staates die Befähigung zur Funktionstüchtigkeit nach den Gesetzmäßigkeiten sowohl des politischen Systems als auch der Ökonomie. Umfang und Güte des politischen Lernens werden maßgeblich geprägt durch die Angebotspalette im Sozialisationssystem.

Innerhalb des politischen Lernens wirken sich außer den offiziellen beziehungsweise beabsichtigten Stimuli auch (Vor-)Erlebnisse in primären und sekundären Lebenswelten aus. Diese Stimuli aber kommen ihrerseits zumeist nicht ohne vorherige oder begleitende Einflüsse aus den Systemsphären zustande, deren Beschaffenheit normative Kraft ausübt. Es ist daher keinesfalls unerheblich, wie der moderne Staat verfaßt, mit außerpolitischen Systemen verknüpft und auf die Lebenswelt rückbezogen ist. Auf der Grundlage des bürgerlichen Konstitutionalismus organisiert indes selbst der demokratische Sozial- und Rechtsstaat in seiner entwickelten Variante als aktuelle institutionelle Form der »Herrschaft . . . lediglich die bürgerliche Klassenherrschaft, ohne daß sich die bürgerliche Klasse selbst organisieren müßte. Die Steuer, Militär, Polizei und Bürokratie sind die reale Basis dieser Klassenherrschaft: Abstrakter Reichtum, abgeschöpft von abstrakter Arbeit, abstrakter Frieden, abstrakte Ordnung, abstraktes Recht sind Prinzipien einer Form politischer Herrschaft, deren Indifferenz gegenüber verbindlichen (aus den Lebenswelten heraus artikulierten und bestimmten) gesellschaftlichen Bedürfnissen und Inhalten die Dominanz des kapitalistischen Verwertungsprinzips über den Gebrauchswert der Arbeitskraft . . . garantiert.«[21]

4. Klassencharakter der politischen Herrschaft und Kolonialisierung der Lebenswelt: Eine Ermittlung von Wesenszügen

Der komplizierte Verwicklungszusammenhang zwischen System und Lebenswelt macht zweierlei deutlich: Einerseits ist »die Vorstellung von einer historisch entstandenen Dualität gesellschaftlicher Sphären«[22] nicht realitätsangemessen[23]. Andererseits ist es hochgradig problematisch, beiden Sphären chancengleiche Existenzberechtigung und kräftegleiche wechselseitige Beeinflussung zu unterstellen[24]. Die Entkopp-

---

21 Ebenda, S. 35; Klammerzusatz von B. C.
22 H. Dubiel (Anm. 10), S. 117.
23 Siehe dazu auch die Kritik von R. Johannes, Über die Welt, die Habermas von der Einsicht ins System trennt, in: G. Bolte (Hrsg.), Unkritische Theorie. Gegen Habermas, Lüneburg 1989, S. 39–66.
24 Zur expliziten und impliziten Kritik an der Fehl- bzw. Überdimensionierung des Lebenswelt- und System-Begriffs bei J. Habermas (Anm. 7), siehe D. Richter, Bedingungen emanzipatorischer politischer Lernprozesse. Über den Zusammenhang von lebensweltlicher Erfahrung mit kognitiver Entwicklung, Frankfurt/M. 1989, S. 39 ff., und H. Sünker, Bildung, Alltag und Subjektivität. Elemente zu einer Theorie der Sozialpädagogik, Weinheim

lung zwischen Lebenswelt und System ist nämlich nicht als Überwindung gesellschaftlicher Totalität, sondern als spezifische Form des Verhältnisses ihrer Momente anzusehen: »Das einheitsstiftende Band bleibt die ... organisierte Auseinandersetzung der Menschen mit der Natur.«[25]

Die zweckrationalistische Variante dieser Auseinandersetzung ist gegenwärtig nahezu global anzutreffen. Das läßt sich aus dem identischen Zivilisationsmodell in Kapitalismus und real existierendem Sozialismus ebenso erklären wie die momentan beobachtbare Transformation real-sozialistischer und anderer Gesellschaften in politisch-soziale und sozio-ökonomische Gebilde nach kapitalistischem Vorbild[26]. Das sich herausbildende Gemeinsame ist die Gewaltenteilung im weiteren und engeren Sinne: Ausbalancierung von öffentlicher Gewalt und individueller Freiheit zum einen; Ausbalancierung von Legislative, Judikative und Exekutive zum anderen. Ursprünglich liegt ihr ein dem Interesse des freien Unternehmertums entspringender Bedarf an einer »Zähmung der ... territorial-fürstlichen Gewalt durch Regeln, die diese Gewalt berechenbar machen«, zugrunde[27].

Die Bindung der Gewalt an den Volkswillen, wie sie sich in späteren bürgerlichen und in derzeit beginnenden nachrealsozialistischen Phasen des Geschichtsverlaufs – offenbar gleichermaßen – durchsetzt, ist eine Modifikation des politischen Systems im Sinne einer Befriedigung bedrohlicher Ansprüche aus der Lebenswelt auf Teilhabe am Fortschritt des Kapitalismus. Ihre Durchsetzung wird dadurch begünstigt, daß auch der Volkswille abstrakt ist: »Er kann sich der beliebigsten Inhalte annehmen und sie zum Gegenstand seines ›Interesses‹ machen.«[28] Genau das verweist darauf, daß Herrschaft auf der Basis eines eigenständigen und ausdifferenzierten Systems der Politik »nicht an bestimmte und konkrete Bedürfnisse und eine ihnen entsprechende konkrete Lebensordnung, sondern an den inhaltsgleichgültigen Verkoppelungsmechanismus zwischen kapitalistischer Produktionsweise und gesellschaftlicher Bedürfnisstruktur gebunden« wird[29].

Unter solchen Umständen sind die Klärung und Verwirklichung des Daseinssinns gewiß ausschließlich eine individuelle Privatangelegenheit. Grundsätzlich hält die Lebenswelt dafür zwar Wissensvorräte unterschiedlichster Art bereit; im Zuge ihrer Ausdifferenzierung gehen jedoch Allgemeinverbindlichkeit und Selbstverständlichkeit des normativen Traditionsbestands verloren. Auch nach der Bindung der Staats-

---

1989, S. 57 ff.. Beide Abhandlungen enthalten überdies zahlreiche Ergänzungen und Erläuterungen zur Bestimmung des Verhältnisses von System und Lebenswelt unter pädagogischen Gesichtspunkten.

25 R. Johannes (Anm. 23), S. 42.

26 Siehe R. Damus, Die Legende von der Systemkonkurrenz. Kapitalistische und realsozialistische Industriegesellschaft, Frankfurt/M. – New York 1986. Zu den Auswirkungen auf das politische Lernen vgl. B. Claußen, Überlegungen zur Entwicklung des autoritären Sozialcharakters in industriellen Massengesellschaften: Perspektiven für eine international vergleichende Theorie und Praxis der politischen Sozialisation, in: ders. (Hrsg.), Politische Sozialisation Jugendlicher in Ost und West, Bonn 1989, S. 287–319; dort finden sich auch genauere Erläuterungen zur Vergleichbarkeit von Prozessen im Kapitalismus und real existierenden Sozialismus, auf die hier und weiter unten nicht näher eingegangen werden kann.

27 U. K. Preuß (Anm. 16), S. 34.

28 Ebenda.

29 Ebenda, S. 34 f.

gewalt an den Volkswillen ist die Herrschaft im System der Politik indes keineswegs sozial inhaltslos. Denn »ihre Form . . . bedeutet ihre Funktionalisierung auf universalistische Verkehrsformen, deren Funktionieren den ökonomischen Mechanismus der Klassenbildung exekutiert.«[30]

Die Entkopplung zwischen Lebenswelt und System besteht zu wesentlichen Teilen darin, daß die aus der Lebenswelt heraus artikulierten Interessen und die durch das System Politik repräsentierte Herrschaft weder einander völlig entgegengesetzt noch deckungsgleich sind. Vielmehr sind »sie . . . miteinander dialektisch vermittelt (. . .): Damit gesellschaftliche Inhalte verbindlich werden können, müssen sie als private Interessen gesellschaftlich beliebig und unverbindlich sein, und wenn sie in der Sphäre der öffentlichen Gewalt verbindlich geworden sind, sind sie vom gesellschaftlichen Lebenszusammenhang abstrahiert und treten ihm als ihm äußerliche Herrschaft gegenüber.«[31] Durch die Ausdifferenzierung der Lebenswelt wird der Interessenpluralismus erheblich begünstigt. Er »vermittelt . . . die Sphäre der privaten Produktion mit der der abstrakten Allgemeinheit; er ist gewissermaßen eine Funktionsbestimmung des Universalismus politischer Institutionen, da sich durch ihn der private Charakter der Produktion durchsetzt«[32].

Darum sind einzelne der vielfältigen partikularen Interessen – im allgemeinen ökonomische, im besonderen kapitalistische, aber auch andere, mit diesen nicht im Widerspruch stehende Interessen – im Vorteil. Das gilt selbst dann, wenn Volkswille und Staatsgewalt auf ein Allgemeininteresse verpflichtet sind, solange dieses abstrakt als die Gesamtheit aller privaten Einzelinteressen – unter Absehung von den Voraussetzungen und Bedingungen der Interessenqualität, -artikulation und -durchsetzung – definiert wird.

Die bis weit in die ersten Jahrzehnte dieses Jahrhunderts vorhandene direkte, »im Alltag greifbare Präsenz von Klassenstrukturen«[33] ist der vermutlich wichtigste Grund für die Doppelseitigkeit politischen Lernens. Den vom System organisierten, klassen- und schichtspezifisch variierenden Anpassungsleistungen steht zu dieser Zeit – auch personen- und gruppenintern – ein klassenbewußter Widerstand gegenüber[34]. Wenn auch als Sozialisationstyp der autoritäre Sozialcharakter überwiegt, so führt das doch in Klassenauseinandersetzungen wiederkehrend dazu, daß auch ein »Interesse . . . an unmittelbarer und verbindlicher Planung des gesellschaftlichen Lebenszusammenhanges, insbesondere des Zusammenhanges von Produktion und Bedürfnisbefriedigung, angemeldet wird«[35].

Seinen Ausdruck findet ein klassenbewußter Widerstand vornehmlich in Forderungen nach gerechter Entlohnung, Steigerung des Lebensstandards, Sicherheitsgarantien und Möglichkeiten der Partizipation. Ähnliches ereignet sich gegenwärtig im Rahmen der Umgestaltung des real existierenden Sozialismus: Das Streben nach Wohlstand ist dort mit einer Überwindung irrationaler, quasi-klassenmäßiger Kaderherrschaft und der Abschaffung hemmender Bürokratien verknüpft; offensichtliche

---

30 Ebenda, S. 35.
31 Ebenda, S. 36f.
32 Ebenda, S. 38.
33 H. Dubiel (Anm. 10), S. 115.
34 Vgl. dazu P. Reichel, Politische Kultur der Bundesrepublik, Opladen 1981, insbesondere S. 59ff.
35 U. K. Preuß (Anm. 16), S. 38.

Modernisierungsdefizite begünstigen dabei die Einführung attraktiv scheinender Wirtschaftsmechanismen des entwickelten Kapitalismus. Die früher und dort häufig, heute allenthalben nur noch ausnahmsweise übliche Unterbindung der Auseinandersetzung durch direkte Anwendung illegaler oder legaler, staatlich monopolisierter Gewalt ist das äußerste Mittel der Aufrechterhaltung klassenförmiger Herrschaft.

Andere, mittlerweile zumeist probatere Mittel sind eine Steuerung des Massenbewußtseins durch mehr oder weniger sanfte Kollektivierung der Menschen und propagandistische Kulturindustrie. Auf sublimste Weise jedoch wird, in Kopplung damit, dem Aufbegehren – vorbeugend oder reaktiv – mit dem Ausbau von bürgerlichen Freiheiten, wohlfahrtlichen Leistungen und formalen Möglichkeiten der Teilnahme am politischen Prozeß begegnet. Im – zumindest vordergründig – sozialen Kapitalismus, auf den nunmehr auch der real existierende Sozialismus sich hinbewegt, wird so der Klassenantagonismus verschleiert und neutralisiert. Zweifellos liegt in der rechts- und sozialstaatlichen Demokratie bürgerlichen Zuschnitts ein relativer Fortschritt.

Denn entscheidend ist sicher nicht nur, »wer herrscht, sondern (auch) wie die Herrschaft ausgeübt wird . . . Die Antagonismen innerhalb einer Gesellschaft können auf verschiedene Weise praktisch werden. Die grundlegende . . . Möglichkeit gesellschaftlicher Minderheiten und sozialer Bewegungen, um Mehrheiten im politischen System unter Bedingungen gleicher Freiheiten kämpfen zu können, ist gerade vor dem Hintergrund des osteuropäischen Aufbruchs . . . als Errungenschaft zu begreifen.«[36] Und wenn sie auf einer Existenzbasis jenseits des bittersten Massenelends genutzt werden kann, so ist das gewiß zu begrüßen. Indes: Der relative Fortschritt durchbricht weder grundlegend noch automatisch den Herrschaftszusammenhang – und hat seinen Preis.

Als bloßes formales Prinzip nämlich ist Demokratie – zumal bei Wirksamkeit bewußtseinsintegrativer, akzeptanzerheischender und die Menschen vereinzelnder Kulturindustrie – zunächst einmal nur Verfestigung oder Ausdehnung der Paritikularinteressen-Konkurrenz und Mechanismus der Bestellung von elitären Herrschaftsrepräsentanten. Mehr noch: »Als massendemokratischer Wohlfahrtsstaat hat sich der Spätkapitalismus darauf verpflichtet, seine materielle Reproduktion an den in der öffentlichen Willensbildung artikulierten lebensweltlichen Imperativen auszurichten. Als Kapitalismus, der er nach wie vor ist, kann er aber nicht davon ablassen, die funktionalen Notwendigkeiten zu einer systemischen Reproduktion eben auch auf Kosten dieser Lebenswelt durchzusetzen.«[37] Die Umsetzung der Erfordernisse verbindlich gewordener, vor allem ökonomischer Partikularinteressen und die Abfederung der aus der Verwirklichung dieser Interessen resultierenden Folgen implizieren gleichermaßen Eingriffe in die Zusammenhänge der alltäglichen Existenz der Menschen.

Die Manifestation dessen wird mit dem Bild einer ›Kolonialisierung der Lebenswelt‹ durch das Systemganze auf den Begriff gebracht[38]. Direkt und indirekt erzwun-

---

36 A. Klein/H.-J. Legrand, Editorial zum Themenschwerpunkt ›40 Jahre Soziale Bewegungen: von der verordneten zur erstrittenen Demokratie‹, in: Forschungsjournal Neue Soziale Bewegungen, 2 (1989), Sonderheft, S. 4–8, hier: S. 5f.

37 H. Dubiel (Anm. 10), S. 114; Kursivdruck wurde hier und wird bei allen weiteren Zitaten nicht übernommen.

38 Die entsprechenden sozialwissenschaftlichen Theoriestränge diskutiert H. Sünker (Anm. 24), S. 83 ff.

gen wird danach eine Anpassung derjenigen Bereiche an die instrumentell-funktionalistische Zweckrationalität, in denen primär kommunikative Rationalität ihren Platz hat. Gleich zweifach wird nämlich das Besondere der Lebenswelt durch das systemische Allgemeine überformt, umgestaltet oder gar aufgelöst[39]:

- Die Begünstigung der kapitalistischen Ökonomie bedeutet eine erhebliche Steigerung der Verbreitung von und Nachfrage nach Modalitäten einer technokratischen Nützlichkeitserwägung bei der Bestimmung von Absichten, Verkehrsformen und Verwendungen des Umgangs der Menschen mit ihrer natürlichen und sozialen Umwelt. Zurichtung und Ausbeutung münden schließlich darin, daß die Subjekte sogar sich selbst nur als Objekte, Mittel und Dinge behandeln. Der Rahmen für verständigungsorientierte Kommunikation wird dadurch zusehends eindimensional; wichtige Aspekte von Rationalität gehen verloren.

- Die vorherrschenden Vollzugsweisen von Politik, aber auch von Technik und Wissenschaft degradieren ihrerseits die Menschen und deren Lebenswelt zu Objekten. Mit dem Vordringen der Verwissenschaftlichung, Technologisierung und staatlichen Einflußnahme in alle Lebensbereiche erfolgt eine allmähliche Verengung der Entscheidungs- und Gestaltungsspielräume im Alltag. Die Fülle von Konsumgütern und Möglichkeiten der ornamentalen Verbesserung der Umwelt stellt nur scheinhaft Vielfalt dar; in Wahrheit ist auch sie ein Instrument der Uniformierung und Disziplinierung. Das System richtet sich kaum noch nach den Bedürfnissen in der Lebenswelt, sondern steuert diese nach Maßgabe seiner eigenen Gesetzmäßigkeiten.

Derartige Unterwerfungsvorgänge bedeuten eine tendenzielle Entmündigung im Sinne der Beschränkung von Selbstverfügung. Die etablierte formale Demokratie steht dazu nicht im Gegensatz, sondern ist ein Regelungsrahmen dafür. Das heißt nicht, daß es keine Widerstände, Not oder Aufbegehren mehr gibt. Allerdings ist die Konsequenz der Unterwerfungsvorgänge »ein Auseinandertreten des werteschaffenden Arbeitsprozesses und des konfliktträchtigen Verelendungs- und Politisierungsprozesses . . . Die durch Sozialpolitik zunehmend politisch organisierte Reproduktion der gesellschaftlichen Arbeitskraft verlagert . . . konfliktträchtige . . . Folgeprobleme des Verwertungsprozesses aus dem Produktionsprozeß heraus.«[40] Politisches Lernen gerät so zur Ausbildung von privaten Interessenstandpunkten und von Fertigkeiten für ihre Wahrnehmung im Konkurrenzkampf.

5. Entfremdung in und zwischen System und Lebenswelt unter Bedingungen der Risikogesellschaft: Eine Momentaufnahme

Über seine äußerlichen Veränderungen im Laufe der Zeit hinweg bewahrt der Kapitalismus offensichtlich seine wesentlichen Merkmale[41]. In immer neuen Varian-

---

39 Vgl. H. Marcuse, Der eindimensionale Mensch. Studien zur Ideologie der fortgeschrittenen Industriegesellschaft, Darmstadt – Neuwied 1980[15].
40 H. Dubiel (Anm. 10), S. 115.
41 Im einzelnen siehe dazu J. Hirsch/R. Roth, Das neue Gesicht des Kapitalismus. Vom Fordismus zum Post-Fordismus, Hamburg 1986.

ten charakterisieren ihn nicht nur Profitstreben, Privateigentum und Ausbeutung, sondern – ineinander verwickelt – auch sozialer Widerspruch und soziale Entäußerung:

– Der Gegensatz von Kapital und Arbeit besteht fort. Jedoch »verliert die nach wie vor existierende Klassenstruktur für die Betroffenen ihre existenziell greifbare, lebensweltlich konkrete Erfahrungsqualität«[42]. Einesteils ist sie nicht primär durch materielles Elend geprägt, das die Trennungslinie innerhalb der Lebenswelt markiert, sondern durch ein horizontales Schema der Ungleichheit vermittels einer Disparität von Lebensbereichen[43]. Andernteils sind davon die im klassischen wie zeittypischen Sinne Unterprivilegierten und Randständigen am härtesten betroffen; das materielle Elend bedrängt vorwiegend Angehörige abgegrenzter Lebenswelten im Nah- und Fernbereich. In beiden Fällen bedeuten Einbußen an Unmittelbarkeit der Klassengegensätze Entfremdung. Die ökonomischen und damit verknüpften sozialen Kämpfe werden im Rahmen rechtlich abgesicherter gewerkschaftlicher Interessenvertretung (Organisationsfreiheit und Tarifautonomie) und wohlfahrtsstaatlicher Maßnahmen institutionalisiert und entschärft. Mehr und mehr entzünden sich zentrale Auseinandersetzungen vorwiegend an den »gesellschaftlichen Problembereichen und Problemlagen, die in der Folge der . . . Entschärfung . . . auftreten«[44].

– Auch die Abspaltung der Menschen von den Zwecken, Prozessen und Produkten ihrer Arbeit hält ebenso an wie ihre Aufspaltung in verschiedene Rollen. Allerdings fügt »die Etablierung des Sozialstaates und des Massenkonsums diesen . . . Entfremdungsphänomenen . . . noch die Charaktermaske des Sozialstaatsklienten und Konsumenten der Massenproduktion hinzu . . . Der beherrschende Typus sozialer Not besteht . . . im Spätkapitalismus eher in solchen Entfremdungsphänomenen, die sich nicht mehr auf eine bestimmte Klassenstruktur beziehen lassen.«[45] Indem aber infolge der Disparität von Lebensbereichen die Chancen höchst ungleich verteilt sind, durch politisches Lernen Interessenstandpunkte und Fertigkeiten zu ihrer Wahrnehmung im Konkurrenzkampf auszubilden, entwickelt sich eine neuartige und zusätzliche klassenartige Teilung. Es ist dies die Teilung in die relativ kleinen Gruppen der mehr oder minder elitär politisch partizipativ Aktiven und diejenigen der politisch weitgehend Apathischen[46]. Das Alltagsleben ihrer Angehörigen vollzieht sich in qualitativ und quantitativ unterschiedlichen Lebenswelten und Stilformen mit entsprechenden Wertvorstellungen[47].

Bei alledem wird eine neuartige Polarisierung von Interessengruppen sichtbar: Nicht nur verlagern sich soziale Konflikte aus der Lebenswelt in den Systembereich der Politik. Auch verschiebt sich allmählich die klassen- und schichtorientierte politische

---

42 H. Dubiel (Anm. 10), S. 115.
43 Siehe C. Offe, Strukturprobleme des kapitalistischen Staates. Aufsätze zur Politischen Soziologie, Frankfurt/M. 1980[5].
44 H. Dubiel (Anm. 10), S. 115.
45 Ebenda.
46 Vgl. B. Claußen, Politische Persönlichkeit und politische Repräsentation. Zur demokratietheoretischen Bedeutung subjektiver Faktoren und ihrer Sozialisationsgeschichte, Frankfurt/M. 1988.
47 Siehe dazu R. Inglehart, Kultureller Umbruch. Wertwandel in der westlichen Welt, Frankfurt/M. – New York 1989.

Konfrontation zu einer politischen Auseinandersetzung entlang der Scheidelinie von materialistischen und postmaterialistischen Wertoptionen[48]. Damit stehen sich nicht bloß konkurrierende Interessengruppen gegenüber, sondern diese selbst beginnen sich zu spalten. Ins Zentrum rückt dabei eine neue Mittelklasse aus Angestellten, Beamten und Selbständigen in Technik, Wissenschaft und aus dem Dienstleistungsbereich. Ihre Soziallage ist ambivalent, geprägt sowohl durch Zugehörigkeit zur Gruppe der Lohnabhängigen als auch zu den Herrschaft ausübenden Funktionseliten.

Die Soziallage dieser neuen Mittelklasse »bietet eine . . . Erklärung dafür, warum . . . der Anteil der Wechselwähler vergleichsweise hoch ist, gleichzeitig aber auch ein deutlich sichtbarer Zusammenhang zwischen der Stellung in der Hierarchie und der Parteipräferenz besteht.«[49] Das wechselnde Wahlverhalten entspringt unter anderem aus bildungsniveau-abhängiger Informationsverarbeitung und karrierestufen-bedingten Problemdeutungen. Den Zusammenhang markiert beispielsweise eine mit zunehmender unreflektierter Saturiertheit ebenso wie im Falle von traumatischen Abstiegssorgen stärker werdende Affinität zu neo-konservativen bis rechtsextremistischen Orientierungen sowie die Suche nach alternativen Lebensformen und ein Engagement für die Bewältigung globaler Bedrohungsgefahren insbesondere im jugendlichen Übergangsstadium und seitens vieler materiell relativ gesicherter Angehöriger sogenannter sozialer Berufe. Entsprechendes gilt für jene politische Partizipation, die über die Beteiligung an Wahlakten hinausgeht.

Am politischen Verhalten der neuen Mittelklasse läßt sich zweierlei ablesen: zum einen eine doppelte Wirksamkeit der Systemimperative (Stimulanz zur Wahrnehmung der staatsbürgerlichen Rolle sowie absichtliche und unbeabsichtigte Prädetermination der Themen und Aufgabenstellungen); zum anderen eine Prägekraft der Lebenswelt im Hinblick auf die Zugriffsweisen im Umgang mit Themen und Aufgaben. Darin läßt sich bei näherem Hinsehen eine Verdichtung der Entfremdung ausmachen:

Ganz offensichtlich gehen zunehmend die Impulse für politische Gestaltung nicht länger von Problemkonstellationen in der Lebenswelt aus, sondern von Ergebnissen und eigendynamischen Funktionserfordernissen der Politik und anderer Systembereiche selbst. Dabei werden Themen der Politik als Lebenswelt-Probleme ausgegeben und reale Lebenswelt-Probleme vordergründig gespiegelt oder instrumentalisiert[50]. Der Umgang mit der Politik erfolgt auf der Grundlage des in der Lebenswelt erworbenen Alltagsbewußtseins. Dabei werden bestenfalls bereichsspezifisch bewährte und taugliche Wissensvorräte und Deutungsmuster unangemessenerweise zu Maximen des Handelns auf Systemebene[51]. Während also einerseits von konkreten Nöten abstrahiert wird, verfehlen andererseits konkretistische Verengungen eine Durchbrechung des abstrakten Charakters.

Daher kann es nicht verwundern, daß immer wieder bloß partikulare Interessen öffentlich durchgesetzt werden oder gar öffentliche Macht privatistisch benutzt wird.

---

48 Vgl. ebenda, S. 324 ff.
49 T. v. Winter, Das politische Verhalten der neuen Mittelklasse, in: Zeitschrift für Parlamentsfragen, 20 (1989), S. 494–504, hier: S. 501.
50 Siehe dazu M. Edelman, Politik als Ritual. Die symbolische Funktion staatlicher Institutionen und politischen Handelns, Frankfurt/M. – New York 1976.
51 Siehe dazu T. Leithäuser, Politisches Bewußtsein, in: E. Lippert/R. Wakenhut (Hrsg.), Handwörterbuch der Politischen Psychologie, Opladen 1983, S. 239–255.

Offenkundig bestätigt sich einmal mehr, »daß sich die Privatinteressen empirisch keineswegs zu einem allgemeinen Interesse harmonisch summieren«[52]. Die Ursache dafür ist, »daß das Privatinteresse selbst schon ein gesellschaftlich bestimmtes Interesse ist und nur innerhalb der von der Gesellschaft gesetzten Bedingungen und mit den von ihr gegebenen Mitteln erreicht werden kann«[53].

Im Rahmen des sich derzeit zunehmend universalisierenden Kapitalismus werden auch weiterhin, und zwar in globalen Dimensionen, »ökonomisch verursachte Krisen ... politisch absorbiert und administrativ bearbeitet. Sie bilden sich ... ab ... zum Beispiel als beständiger Widerspruch zwischen einer arbeitnehmerorientierten Sozialpolitik und einer angebotsorientierten Konjunkturpolitik, als ständige Erweiterung der staatlichen Kreditaufnahme« und ähnliches mehr[54]. Das heißt allerdings nicht, daß das erreichte Niveau von Demokratie sowie von Sozial- und Rechtsstaatlichkeit bereits garantiert ist oder automatisch erweitert wird. Denn in der Interessenkonkurrenz können sehr wohl jene neo-konservativen Konzepte sich durchsetzen und zu Regressionen führen, die auf »eine ... Rückverlagerung vom politischen Problem auf's ökonomische System, in Gestalt von Reprivatisierungen öffentlicher Unternehmungen und der sogenannten ›Deregulierung‹ von staatlichen Produktionsauflagen«, hinauslaufen[55].

Selbst die neuen sozialen Bewegungen, das Protestverhalten größeren Umfangs und anwachsende Partizipationswünsche in Teilen der Bevölkerung stehen in der Gefahr, lediglich systemstabilisierende Funktion zu entfalten. Denn abseits ihrer Programmatik, die durchaus verallgemeinerungsfähige Interessen zu formulieren scheint, ist für sie zweierlei konstitutiv: sowohl eine Überrepräsentanz der neuen Mittelklasse als auch ihre Abhängigkeit von der Mentalität derjenigen, die sich dafür engagieren[56]. In der augenblicklichen Fraktionierung nach unterschiedlichen Schlüsselproblemen und Handlungsstrategien, die sich zum Beispiel in der mangelnden Vernetzung der Ökologie-, Friedens- und Frauenbewegung oder im Konflikt zwischen ›Realos‹ und ›Fundis‹ ausdrückt, wird über alle erforderliche Vielfalt hinaus auch einmal mehr innergesellschaftlicher Interessenpartikularismus reproduziert. Eben daraus erwachsen Probleme:

– Einerseits gibt »es ... Situationen, in denen Individuen in Machtbeziehungen Kritik üben möchten und nach eigenen Maßstäben auch sollten und dies trotzdem einfach nicht können. Die Unterordnung hat in diesem Falle etwas mit inneren Zwängen zu tun, die ihre Wirksamkeit behalten können, auch wenn auf ideologischer und normativer Ebene längst andere Entscheidungen gefallen sind.«[57]
– Andererseits können zumindest »für manche derer, die ... Autonomieziele unterstützen, ... Selbstbehauptungs- und Durchsetzungsgesichtspunkte im Vor-

52 U. K. Preuß (Anm. 16), S. 42.
53 K. Marx, Grundrisse der Kritik der politischen Ökonomie, Frankfurt/M. – Wien o. J., S. 74.
54 H. Dubiel (Anm. 10), S. 113 f.
55 Ebenda, S. 114.
56 Zur Bedeutung des personellen Bestands politischer (Quasi-)Institutionen und der Qualifikation ihrer Mitglieder beachte man die einschlägigen Abhandlungen bei W. Luthardt/A. Waschkuhn (Hrsg.), Politik und Repräsentation. Beiträge zur Theorie und zum Wandel politischer und sozialer Institutionen, Marburg 1988, S. 29 ff. und S. 79 ff.
57 C. Hopf, Zur Aktualität der Untersuchungen zur ›autoritären Persönlichkeit‹, in: Zeitschrift für Sozialisationsforschung und Erziehungssoziologie, 7 (1987), S. 162–177, hier: S. 172.

dergrund stehen. Autonomie würde in diesem Falle ... Orientierung an den eigenen Interessen und ... an einer möglichst geschickten Durchsetzung dieser Interessen, auch auf Kosten anderer«, bedeuten[58].

Gewiß mangelt es an direkten empirischen Belegen für die Berechtigung solcher Vermutungen. Es gibt jedoch über die theoretische Plausibilität hinaus wenigstens indirekte empirische Indikatoren für ihre Angemessenheit in den Merkmalen der mittlerweile vorfindlichen Risikogesellschaft:

Die Risikogesellschaft ist bekanntlich die aktuelle Erscheinungsform des Spätkapitalismus[59]. Es ist dies ein Entwicklungsstand, bei dem die Gefahrenpotentiale des wissenschaftlich-technischen Fortschritts globale Dimensionen angenommen haben, die kaum noch zu kalkulieren sind, unhandhabbar zu werden drohen und eine Fülle von gesellschaftlichen Folgerisiken produzieren. Zu ihnen gehört, als Resultat der Verästelung und Zerstückelung der Lebenswelt, eine rasche Individualisierung der Menschen im Sinne von Vereinzelung und Vereinsamung[60]. Zusammen mit der Verängstigung durch mittel- und unmittelbare Existenzgefährdungen sowie mit Ohnmachtserlebnissen mannigfacher Art begünstigt und belegt sie das Paradoxon, daß zwar eigentlich »das Individuum innerhalb der hochkomplexen Industriegesellschaft über eine eigenständige Identität verfügen muß, um autonom handlungsfähig zu sein; daß andererseits aber die (spät)kapitalistische Produktionsweise immer stärker die Basis für identitätsstiftende Lebensumwelten zerstört.«[61]

Beschädigungen und Behinderungen der Identitätsentwicklung sind in allen Bevölkerungsgruppen zu verzeichnen. Es ist nicht zuletzt deshalb fraglich, ob die politisch Aktiven der neuen Mittelklasse – oder auch nur die Autonomieorientierten unter ihnen – wirkliches Autonomievermögen besitzen. Sogar wenn ihnen strategischer Umgang mit anderen und opportunistischer Bezug auf Normen nicht unterstellt werden können, sind sie gleichwohl für die Mehrheit der übrigen Bevölkerung Repräsentanten des Systems Politik. In dem Maße, wie dieses gegenüber der Lebenswelt entfremdet ist, sind sie trotz anderslautender Absichten expertenhaft in den Entfremdungszusammenhang verstrickt.

In Erscheinung tritt die Entfremdung als ein Problem der politischen Kommunikation beziehungsweise Politikvermittlung[62]. Einerseits ist die Sphäre der Politik in ihrer ganzen Abstraktion nicht wirklich konkret abbildbar und von der Lebenswelt, die sie gleichwohl fortwährend kolonialisiert, abgekoppelt. Andererseits finden sich die Menschen in ihr nicht wieder und zu ihr weder geistig noch praktisch einen Zugang, der ihnen Durchschaubarkeit oder Einflußnahme ermöglichen könnte. Rückkopplungen gelingen nur selten und zumeist mißverständlich. Es mangelt sozu-

---

58 Ebenda.
59 Dazu sowie zu den weiteren Ausführungen siehe U. Beck, Risikogesellschaft. Auf dem Weg in eine andere Moderne, Frankfurt/M. 1988[5].
60 Zu den zahlreichen Details siehe exemplarisch W. Heitmeyer/T. Olk (Hrsg.), Individualisierung von Jugend. Gesellschaftliche Prozesse, subjektive Verarbeitungsformen, jugendpolitische Konsequenzen, Weinheim – München 1989.
61 W. Heitmeyer, Jugend, Staat und Gewalt in der politischen Risikogesellschaft, in: ders. u. a. (Hrsg.), Jugend – Staat – Gewalt. Politische Sozialisation von Jugendlichen, Jugendpolitik und politische Bildung, Weinheim – München 1989, S. 11–46, hier: S. 17.
62 Vgl. U. Sarcinelli (Hrsg.), Politikvermittlung. Beiträge zur politischen Kommunikationskultur, Bonn 1987.

sagen an einer wechselseitigen Rückübersetzung zwischen den Repräsentanten, Modalitäten, Gehalten und Ergebnissen der Rationalitätsformen in System und Lebenswelt[63].

6. Zukunft der Politik und der Demokratie: Ein Extrapolationsversuch

Unter den Bedingungen der Risikogesellschaft wird sich die politische Entfremdung, im Zusammenhang mit der ökonomischen und sozialen Entfremdung, noch zuspitzen. Denn zunehmende Komplexion sowie moderne Informations- und Kommunikationstechniken vergrößern eine ohnehin schon bestehende Diskrepanz: »Auf der einen Seite die ›unsichtbare Politik‹, also die Realität politischer Willensbildungs- und Entscheidungsprozesse, die außerordentlich schwer zu vermitteln ist und nur von einem relativ kleinen Kreis unmittelbar oder mittelbar Beteiligter als Realität begriffen wird; auf der anderen Seite eine medienvermittelte bzw. ›konstruierte‹ Publikumsrealität als eine Art kommunikatives Kunstprodukt, die Politik reduziert auf ein relativ überschaubares Set von Themen, Personen und . . . Ritualen, Symbolen und Ereignissen, die . . . medialen Aufmerksamkeitskriterien entsprechen.«[64]

Der Politik kann es dadurch besser denn je gelingen, einerseits permanent in der Lebenswelt kolonialistisch präsent zu sein und sich pseudokonkret darzustellen, andererseits sich gleich in mehrfacher Hinsicht nach außen abzuschotten: Alles in allem ist »die ›Sender‹-Kompetenz für die Politikvermittlung von oben nach unten verbessert. Höchst defizitär ist demgegenüber die ›Empfänger‹-Kompetenz auf den Führungsebenen der Politik sowie die ›Sender‹-Kompetenz auf den unteren Ebenen, wenn es um Kommunikation von unten nach oben geht.«[65] Daß Politik noch verstärkt zu einer bloßen Angelegenheit von Experten wird, ist dann nicht unwahrscheinlich. Die Durchsetzung von Partizipationsinteressen kommt dabei vermutlich vorwiegend nur einer Verbreiterung der Expertenelite oder des Expertenaustausches gleich.

Folglich kann es passieren, daß die systemische Sphäre der Politik noch weiter expandiert und die Lebenswelt kolonialisiert, obwohl sie an Bewältigungskompetenz – zumindest im Hinblick auf die gravierendsten Probleme der Risikogesellschaft – einbüßt. Wenn das geschieht, werden mehr als jetzt schon Steuerungsaufgaben in systemischen Zusammenhängen außerhalb der Politik, nämlich in den Machtzentren der Ökonomie, Wissenschaft und Technik – nicht etwa in der Lebenswelt wahrgenommen. Die unzureichende oder völlig fehlende öffentliche Kontrolle bedeutet eine erhebliche Demokratieermäßigung. Schließlich läuft sie auf den Verlust der Existenzberechtigung und relativen Autonomie der Politik hinaus. Die Konsequenz davon ist mitnichten eine humane Anarchie, sondern die Regression auf ein Stadium der

63 Vgl. auch K. v. Beyme, Politik und Lebenswelt, in: ders. u. a. (Hrsg.), Funk-Kolleg Politik, Bd. 1, Frankfurt/M. 1987, S. 37–56.

64 U. Sarcinelli, Mediatisierung und Wertewandel: Politik zwischen Entscheidungsprozeß und politischer Regiekunst, in: F.R. Böckelmann (Hrsg.), Medienmacht und Politik. Mediatisierte Politik und politischer Wertewandel, Berlin 1989, S. 165–174, hier: S. 171.

65 Ebenda.

Regelung des menschlichen Zusammenlebens durch ein sozialdarwinistisches Faustrecht mit den Instrumenten der Spätmoderne. Kaum einer der Bedrohungen der Risikogesellschaft könnte dann noch Einhalt geboten werden.

Es wäre jedoch ein Beitrag zur Verwirklichung dieses Szenarios, wollte man – wegen seiner Aufrechterhaltung des Kapitalismus und seiner Klassenstruktur – die Abschaffung des modernen Staates schlechthin propagieren. Auch die Preisgabe von Demokratie sowie Rechts- und Sozialstaatsprinzipien im besonderen wäre kein Ausweg aus den Dilemmata. Perspektivenreich ist vielmehr eine andersartige Inbeziehungsetzung von System und Lebenswelt. Zur Grundlage hat sie eine doppelte kritische Distanz: zum einen gegenüber dem systemtheoretischen Zynismus, der positivistisch jede Eigenbedeutung von Lebenswelt verleugnet; zum anderen gegenüber dem lebensweltphilosophischen Romantizismus, der idealistisch an der realen Kraft des Systems vorbeisieht.

Wenn die herrschende Optimierungslogik durchbrochen werden soll, die immer nur auf der gesellschaftlichen Grundlage der kapitalistischen Produktionsweise verfährt, ist etwas anderes angezeigt. Es muß dann darum gehen, »eine Instanz zu finden, die die Entfremdungsdynamik des sozial gebändigten Kapitalismus wiederum ihrerseits bändigt«[66]. Daß es sich dabei nicht bloß um eine weitere Institution im herkömmlichen politischen System handeln kann, leuchtet unmittelbar ein und ist auch unumstritten. Allerdings verblüfft es, wenn sie als ein »Teil der Lebenswelt« projektiert werden soll[67]. Denn sie setzt mit der als real behaupteten »›lebensweltlichen‹ Willensbildung mündiger Privatleute«[68] etwas voraus, was es selbst näherungsweise kaum noch gibt[69].

Mit guten Gründen wird eine solche Instanz als »autonome Öffentlichkeit« jenseits einer Vereinnahmung für Zwecke der Legitimationsbeschaffung für das politische System gedacht[70]. Aber freizuhalten ist sie genauso von der Machtergreifung durch das Alltagsbewußtsein, das ja teils auf »Traditionen verwiesen (ist), die in ihrem Geltungsanspruch ausgehöhlt sind«, und teils von der Zweckrationalität des Systems überformt ist[71]. Zu begründen ist sie daher als ein Geflecht intermediärer Einrichtungen. Sie muß Vermittlungen ermöglichen, welche nicht einfach nur Austauschprozesse sind, sondern eine Transformation beider Sphären nach Maßgabe einer gemeinschaftlichen Zielperspektive erleichtern.

Die Lebenswelt selbst ist schon längst nicht mehr intakt. Das heißt zwar nicht, daß aus ihr heraus keine vitalen Impulse zu erwarten sind. Aber diese Einsicht gebietet Distanz zum »Projekt einer Unterordnung der entfesselten Zweckrationalität unter . . . Imperative der Lebenswelt«[72]. Allerdings sollte das nicht mißverstanden werden als Verleugnung des Anspruchs auf eine Koordination von verständigungsorientierter Kommunikation und instrumenteller Rationalität. Zugleich ist mit der Skepsis gegenüber dem kolonialistischen Systemganzen – nicht zuletzt im Sinne der Garantie von

---

66 H. Dubiel (Anm. 10), S. 119.
67 Ebenda.
68 Ebenda, S. 120.
69 Vgl. dazu auch G. Gamm, Eindimensionale Kommunikation. Vernunft und Rhetorik bei Jürgen Habermas' Deutung der Moderne, Würzburg 1987.
70 H. Dubiel (Anm. 10), S. 120.
71 K. v. Beyme (Anm. 63), S. 39.
72 H. Dubiel (Anm. 10), S. 117.

Voraussetzungen für die Teilhabe an autonomer Öffentlichkeit – nicht automatisch das Erfordernis effizienter Regelungen des Zusammenlebens zu verwerfen. Sich entfalten und wirksam werden kann die autonome Öffentlichkeit nur als interaktive Kommunikation. Sie legt einen Diskurs nahe, in dem jegliche Praxis und sämtliche Geltungsansprüche zur Disposition stehen. Ziel dabei ist die Verständigung und verbindliche Übereinkunft über jene »Institutionen, ... Umgangsformen und ... Grundorientierungen, in deren Rahmen sich der Prozeß demokratischer Willensbildung« vollziehen soll[73]. Dabei geht es um die Erarbeitung eines gehaltvollen Gesamtinteresses oberhalb der privaten Einzelinteressen, mit welchem dem Staat der verbindliche Zweck der Sicherung eines (Über-)Lebens in Würde zugemutet wird. Demokratie ist dann freilich mehr als nur »eine Art Sicherheitszaun zwischen System und Lebenswelt«[74] – und auch keine bloße Technik der Bestellung von Herrschaftseliten. Sie ist vielmehr so etwas wie eine Brücke zwischen dem Reich der Freiheit und dem Reich der Notwendigkeit oder ein Sensorium im Spannungsfeld von Lust- und Realitätsprinzip.

Erst dadurch wird sie weitgehend das, was infolge der Beschränkungen, denen die Ausdehnung von Partizipation und die Impulse neuer sozialer Bewegungen heute noch notgedrungen unterliegen, derzeit nur schemenhaft möglich ist: fundamental und material. Denn zum einen gerät sie zu einer selbstverantworteten Angelegenheit der Betroffenen, ohne sich nur auf dem Niveau unaufgeklärter Lebenswelt zu bewegen; und zum anderen impliziert sie Substanzvergewisserung, ohne blind Systemgeboten zu folgen. Alles in allem bedeutet fundamentale und materiale Demokratie eine Vergesellschaftung des Staates.

Deswegen und damit die Kommunikation nicht zum Ritual verkommt und lediglich Impulse aus der einen Sphäre in die andere transportiert, um sie dort zu inkorporieren, ist der Diskurs zu erweitern. Er bedarf, nicht zuletzt im Interesse der Substanzvergewisserung, der Rückbesinnung darauf, daß »die wesentlichen Zwecke der menschlichen Vernunft ... die Abschaffung des durch die Entfaltung der Produktivkräfte überflüssig gewordenen, selbstproduzierten menschlichen Leidens« beinhalten[75]. Damit muß aber mittel- bis langfristig die Möglichkeit der Beseitigung der antagonistischen Struktur der Gesellschaft und also der kapitalistischen Produktionsweise ins Auge gefaßt werden können. Demokratie sowie Rechts- und Sozialstaatlichkeit sind folglich anderen als den bisherigen Absichten zu unterwerfen und entsprechend neu zu dimensionieren.

Durchsetzungsfähig ist das nur auf der Grundlage massenhaft andersartiger Bedürfnisdispositionen. Voraussetzung dafür ist intersubjektiv vermittelte (Selbst-)Reflexion, in der die hinter den Erscheinungen verborgenen Wesensgesetze durchschaubar, die unter der Oberfläche der Realität verborgenen besseren Möglichkeiten einsehbar sowie aus den latenten und manifesten Widersprüchen heraus zu entwickelnde Handlungsperspektiven greifbar werden. »Der destruktive Gegensatz von Kapital und Arbeit, von Produktionsverhältnissen und Produktivkräften, von Macht der Cliquen und Ohnmacht der Massen, auch ... von Arbeit und Freizeit (läßt) sich

---

73 H. Dubiel, Politik und Aufklärung, in: J. Rüsen u. a. (Hrsg.), Die Zukunft der Aufklärung, Frankfurt/M. 1988, S. 21–28, hier: S. 27. Ergänzend siehe U. Rödel u. a., Die demokratische Frage, Frankfurt/M. 1989.
74 H. Dubiel (Anm. 10), S. 117.
75 R. Johannes (Anm. 23), S. 62.

nur abschaffen, wenn mit den Strukturen der Gesellschaft zugleich das notwendig beschränkte ... Lernpotential, über das sie kulturell ... verfügt, in seiner Beschränkung gebrochen wird.«[76]

7. Konfrontation der Politik und des politischen Lernens mit Politischer Bildung: Ein Ausblick

Demokratie und Aufklärung gehen unter solchen Umständen ineinander über. Beide sind sie »nicht mehr bezogen auf eine exklusiv ausgezeichnete Lebens- und Denkweise, sondern auf die ... Form, in der sich die Vielzahl gesellschaftlicher Gruppen und Orientierungen zueinander in Beziehung setzt.«[77] Von dort aus ist Politische Bildung zu entwerfen – nämlich als eine institutionell und prozessual eigentümlich beschaffene Teilöffentlichkeit im Netzwerk einander durchdringender Teilöffentlichkeiten und als Lieferantin basaler Infrastrukturen für die Konstitution autonomer Öffentlichkeit und die Vernetzung ihrer Teile. Vom alltäglichen und systemisch organisierten politischen Lernen ist sie zweifach verschieden: durch den Widerstand gegenüber der Ausübung von affirmativen Funktionen und als metakommunikatives Organ der Thematisierung des politischen Lernens.

Gleichermaßen aufklärungsorientiert und demokratiezentriert verfährt Politische Bildung als umfassender Reflexionsprozeß mit Blicklenkung auf das Bedeutsam-Allgemeine und als Vorschuß auf Mündigkeit. Insofern ist sie unabdingbar für die Wiederherstellung, Sanierung und Umgestaltung der Lebenswelt ebenso wie für die Prüfung der Zulässigkeit, Angemessenheit, Verantwortbarkeit und Modifikationsfähigkeit der Leistungen des Systems. Nur in eben diesem Sinne kann sie gegenwärtig – frei von Indoktrination, aber auch bar jeder Beliebigkeit und Unverbindlichkeit – Widerspruch zur Herrschaft sein: Als intransitiver Prozeß liefert Bildung die eine Voraussetzung für wenigstens ansatzweise gelingende Identitätsfindung. Mit der diskursiven Thematisierung der Politik erschließt sie dasjenige Feld, auf dem die andere Voraussetzung, Besitz, erstritten werden muß.

Besitz ergibt sich weniger aus Privateigentum als aus Verfügungsgewalt über die nötigen Mittel für einen würdevollen Lebensstandard sowie für die Mitbestimmung über die öffentlichen Angelegenheiten und für die Selbstbestimmung eines verantwortungsbewußten Lebens. Damit gewinnen Prinzipien der Sozial- und Rechtsstaatlichkeit spezifische Kontur. Bildung ist dabei nicht vorrangig Kenntniserwerb, sondern Informationsverarbeitung und Befähigung dazu, ist Verknüpfung von Erkenntnissen und gedankliche Strukturierung komplexer Sachverhalts-Zusammenhänge mit emotionalen Komponenten und praktischer Bedeutung. Dadurch erhält das Lernen besondere Qualität. Unter beiden Aspekten bleibt Politik unverzichtbar, jedoch nicht als Instrument der Umsetzung von Klasseninteressen, sondern als Instanz der Bündelung und Verwirklichung diskursiv erarbeiteter Maßnahmen autonomer Öffentlichkeit.

---

76 Ebenda, S. 64.
77 H. Dubiel, Politik und Aufklärung (Anm. 73), S. 27.

Politische Bildung kann zwar nicht dazu dienen, alle Menschen zur Beteiligung an autonomer Öffentlichkeit und Politik anzustiften. Sie muß aber allen verfügbar sein und ihnen Chancen dafür bieten. Dabei steht die Politische Bildung in Konkurrenz mit einer Vielzahl von Zerstreuungen sowie auch anderen Formen der Politikvermittlung. Sie wäre schlecht beraten, würde sie sich auf einen Wettbewerb einlassen, in dem sie sich derselben Mittel bedient – und damit an Intention, Inhalt und Verfahren der anderen Angebote anpaßt. Hingegen muß sie ein ausgeprägtes eigenes Profil gewinnen, indem sie gerade das kultiviert, was andernorts vorenthalten wird: systematische Bearbeitung von Themenkomplexen, forschendes Lernen, methodenbewußtes Nachdenken, Konfrontation mit ungewöhnlichen Erklärungsmustern, Provokation eigener Erkenntnistätigkeit, Ermutigung zu Irrtum und Stellungnahme, Infragestellung der Selbstverständlichkeiten und ähnliches mehr.

In gewisser Hinsicht ist es darum richtig und nötig, für überholt zu erachten, was traditionellerweise als Politische Bildung bezeichnet wird[78]. Tatsächlich lassen sich Institutionenkunde und Systemapologetik, fachwissenschaftlich ausgerichtete Abbilddidaktik, instruktionspädagogische Wissensvermittlung, bloße Informationsveranstaltungen und Referentenseminare sowie zeitlich zerstückelte Unterrichtssequenzen heute weniger denn je legitimieren und verantworten. Keineswegs überholt sind aber jene Traditionen aufklärungsorientierter und demokratischer Bildungsarbeit, die auf eine intensive Versenkung in Sachverhalts-Zusammenhänge und intersubjektive Streitkultur hinauslaufen. Denn erst in ihrem Rahmen wird es überhaupt möglich, vermittels einer Wiederbelebung verständigungsorientierter Kommunikation brachliegende Potentiale der Lebenswelt zu aktualisieren und auf dem Wege einer Problematisierung bewahrenswerte Momente des Systems von überflüssiger Herrschaft zu unterscheiden.

Es darf demnach nicht darum gehen, Politische Bildung auf die Fokussierung entweder des Alltags und darin insbesondere der Subjektivität oder der sozialwissenschaftlichen Theorien beziehungsweise der politischen Aktion zu verlagern. Im Gegenteil: lebensweltliches und systemisches Wissen sind gleichermaßen auszuschöpfen und aneinander zu relativieren, nicht aber gegeneinander auszuspielen[79]:

– Die Fetischisierung der Alltags- und Subjektzentrierung[80] verschleiert im Grunde die reale Komplexität politischer Wirklichkeit, stilisiert soziales Handeln zur politischen Aktivität, suggeriert Omnipotenzempfindungen und führt aus der Zerfasertheit des Bewußtseins nicht heraus[81]. Die Verarbeitung kontroverser

---

78 Siehe W. Cremer/M. Piepenschneider, Die traditionelle politische Bildung in der Defensive, in: Materialien zur Politischen Bildung, 17 (1989) 1, S. 71–80.
79 Siehe auch D. Richter, Lebensweltliches und systemisches Wissen: Bedingungen emanzipatorischen politischen Lernens in differenzierten Gesellschaften, in: B. Claußen (Hrsg.), Vernachlässigte Themen der Politischen Wissenschaft und der Politischen Bildung, Hamburg 1990, im Erscheinen.
80 Dazu: W. Manke, Kritische Alltagsorientierung als Perspektive politisch-emanzipatorischer Bildung, in: B. Claußen (Hrsg.), Texte zur politischen Bildung, Bd. 2: Normenprobleme, Subjektivitätsaspekte und Rahmenbedingungen in der sozialwissenschaftlich-fachdidaktischen Diskussion, Frankfurt/M. 1986, S. 263–282. Außerdem siehe Michael Schratz (Hrsg.), Gehen Bildung, Ausbildung und Wissenschaft an der Lebenswelt vorbei?, München 1988.
81 Siehe dazu W. Gagel, Betroffenheitspädagogik oder politischer Unterricht? Kritik am Subjektivismus in der politischen Didaktik, in: Gegenwartskunde, 34 (1985), S. 403–414,

sozialwissenschaftlicher Erkenntnisse sowie die Analyse und versuchsweise Mitgestaltung politischer Handlungs- und Hintergrundzusammenhänge kann hier zu Kriteriengewinnung, Integration und realitätsgerechtem Einschätzungsverhalten beitragen. Sie wird dabei gleichermaßen zu immunisieren haben gegen ein verengtes, nur auf das Staatshandeln oder Berufspolitiker fixiertes Politikverständnis und gegen den Irrglauben, vernünftiges politisches Handeln in der Demokratie sei ohne entsprechende Qualifikation möglich.

– Die einseitige Bevorzugung der Präsentation und Aneignung sozialwissenschaftlicher Aussagezusammenhänge oder der ununterbrochenen strategischen Involvierung in den politischen Prozeß[82] bedeutet nur zu leicht ein Abgleiten in sekundäre Lebenszusammenhänge, entrückt von mancherlei Formen konkreten Leids und Widerstands, potenziert die Übermacht des Systems mit seiner Expertokratie und Geschäftsmäßigkeit. Die Befassung mit dem Sinnlich-Konkreten und die Rückbindung der Kommunikation an alltagsnahe Bezugsgruppen sowie die Einbeziehung biographischer Momente erleichtern hier die Prüfung von Relevanzen, die Exemplifizierung und die Ermöglichung ganzheitlicher Erfahrungen[83]. Sie müssen aber zugleich etwaigen Allmachtsphantasien ebenso vorbeugen wie einer völligen Preisgabe der Intimität an die Öffentlichkeit.

Entscheidend ist, daß es für die Politische Bildung, im Vorgriff auf demokratische Aufklärung und aufgeklärte Demokratie, »keinen außerhalb der Gesellschaft selbst liegenden archimedischen Punkt mehr (gibt), von dem aus die Art und Weise, wie Menschen leben wollen, über die Köpfe der Beteiligten hinweg konstruiert werden könnte.«[84] Ihre große Chance liegt dabei in ihrem Gebrauchswert für die (Wieder-)Erlangung, Stabilisierung und Erweiterung von Selbstverfügungsfähigkeit. Dabei kommt ihr zugute, daß sie zu Lebenswelt und System gleichermaßen auf Distanz geht. Weder muß sie sich zwingend von allen möglichen Alltagsproblemen vereinnahmen lassen noch steht sie unter dem Leistungsdruck der Politik oder anderer Systemelemente.

Diese Umstände sind maßgeblich dafür, daß die Politische Bildung der in manchen neueren didaktisch-methodischen Konzepten anempfohlenen vordergründigen Erfahrungs- und Handlungsorientierung nicht nachzugeben braucht: Mit einer betriebsblinden Reduktion auf den begrenzten Erlebnisschatz der Menschen muß sie sich ebensowenig begnügen wie mit einer handwerkelnden Betriebsamkeit. Als Vermittlung zwischen Lernenden, mit Lehrenden, vielfältigen geronnenen Erkenntnissen und der politischen Realität selbst trägt Politische Bildung zur Differenzierung

---

und K.-P. Hufer, Vom Subjekt zur Subjektivität – Zur Situation der politischen Erwachsenenbildung, in: Gegenwartskunde, 38 (1989), S. 219–226.

82 Es ist dies das Dilemma der Schulungskonzepte in etlichen Ausbildungseinrichtungen sowie der Gleichsetzung von Aktion und Lernen in sozialen Bewegungen. Vgl. dazu T. Hamer, Bürgerinitiativen als Schulen politischer Bildung, in: Lernmarkt, 14 (1989) 26, S. 41–45, der anstelle einer Gleichsetzung eher eine Komplementarität begründet.

83 Vgl. D. Richter, Lebensweltliche Erfahrungen und Intersubjektivität als wichtige Komponenten emanzipatorischer politischer Lernprozesse, in: B. Claußen (Hrsg.) (Anm. 79), S. 319–333; außerdem: K.-H. Rebel (Hrsg.), Wissenschaftstransfer in der Weiterbildung. Der Beitrag der Wissenssoziologie, Weinheim – Basel 1989.

84 H. Dubiel, Politik und Aufklärung (Anm. 73), S. 27.

der kognitiven Struktur und damit zur Erweiterung des Erfahrungshorizontes bei, leistet aber auch Orientierung für ein Handeln, das über bloßen Pragmatismus hinausgeht. Indem sie, entlastet von Handlungszwängen und mit Offenheit für neuartige Erfahrungen, Menschen aus verschiedenen Lebenswelten sowie die Lebenswelt mit dem System ins Gespräch bringt, kann sie Sinnkonstituierung und -verwirklichung leisten. Genau das ist bereits ein Stück Wirksamkeit autonomer Öffentlichkeit.

Gleichwohl kann Politische Bildung nur sehr marginal an der Überwindung der Entfremdung von Lebenswelt und System mitwirken. Als eine Teilöffentlichkeit unter mehreren ist sie allein nicht in der Lage, die nötigen Brückenschläge zu leisten, mit denen zwar die Trennung der verschiedenen Sphären nicht überwunden wird, jedoch in einen wesentlich verbesserten Vermittlungszusammenhang gerät. Wegen ihrer besonderen Aufgabenstellung könnte Politischer Bildung indes gelingen, Perspektiven für die Vermittlungsarbeit aufzuzeigen und die subjektiven Voraussetzungen für die Beteiligung daran zu verbessern.

Andere Aufgaben, die derzeit durch alltägliches politisches Lernen wahrgenommen werden, sind gleichwohl so lange nicht überflüssig, wie die Menschen noch mit den augenblicklichen Erscheinungen und Folgen der Entkopplung von System und Lebenswelt leben müssen. Immerhin wird ihnen und vor allem den Leidgeprüften unter ihnen niemand ernsthaft verübeln können oder dürfen, daß sie im Verteilungskampf um ihren Anteil ringen und das dafür nötige Verhalten einüben. Politische Bildung muß aber darüber hinausweisen:

Als eine Instanz der Entfaltung der – in der Lebenswelt inzwischen erheblich eingeschränkten – kommunikativen Rationalität muß Politische Bildung vermittels verständigungsorientierten Handelns dazu befähigen, die alltäglichen politischen Lernprozesse und die dafür verantwortlichen Lebensverhältnisse nicht länger als unabänderlich hinzunehmen. In weiten Teilen der Welt wären die Menschen sicher glücklich und zufrieden, wenn die in westlichen Industriegesellschaften üblichen Standards der Demokratie sowie der Sozial- und Rechtsstaatlichkeit für sie Geltung hätten. Die Kritik der kapitalistischen Ökonomie wird deswegen freilich ebensowenig überflüssig wie wegen des Niedergangs des real existierenden Sozialismus. Im Gegenteil: Die schlechten Lebensverhältnisse andernorts sind zu wesentlichen Teilen Folge des Kapitalismus und der Entschärfung seiner Konflikte in den reichen Industrienationen. Das ist ein ausreichender Grund, ihn nicht länger unbefragt hinzunehmen.

Die Ansicht, man könne die Trennung von System und Lebenswelt rückgängig machen oder solle beide Sphären abschaffen, ist in ihrer Realitätsblindheit und Bilderstürmerei illusorisch und gefährlich. Worauf es ankommt, ist die allmähliche Überwindung der aus der Trennung bisher resultierenden Entfremdung zwischen Lebenswelt und System. Sie kann nicht allein durch eine Reform des politischen Systems oder durch Gratifikationen für die Lebenswelt herbeigeführt werden.

Zur Überwindung gehört das erfolgreiche Aufspüren und Anwenden von tragfähigen Alternativen zum Zivilisationsmodus auf der Grundlage kapitalistischer Ökonomie. Der ökologische Totalkollaps wird sonst nicht abzuwenden sein. Für seinen Eintritt ist es gleichgültig, ob die entsprechenden Voraussetzungen formal-demokratisch geschaffen wurden oder nicht. Für das Zusammenleben nach Abwendung der ökologischen Krise wird es aber erheblich sein, ob diese mit den Mitteln von Rechts- und Sozialstaatlichkeit in demokratischer Weise, womöglich auf der Grundlage eines gesamtgesellschaftlichen Konsens, zustandegekommen sein wird. Wenn Politische Bildung darauf hinzuwirken vermag, gewinnt sie dem politischen Lernen das verlorengegangene emanzipatorische Moment zurück[85].

---

85 Ergänzungen und Konkretisierungen finden sich bei B. Claußen, Kritische Theorie und Bildung in der Risikogesellschaft. Zur pädagogischen Aktualität emanzipatorischer Sozialwissenschaft in der Spätmoderne, in: O. Hansmann/W. Marotzki (Hrsg.), Diskurs Bildungstheorie II: Problemgeschichtliche Orientierungen. Rekonstruktion der Bildungstheorie unter Bedingungen der gegenwärtigen Gesellschaft, Weinheim 1989, S. 374–404, sowie in den dort verzeichneten weiteren Arbeiten des Verfassers.

AXEL BUST-BARTELS

Massenarbeitslosigkeit als Herausforderung der politischen Bildung

Monatlich gibt die Bundesanstalt für Arbeit (BA) die neuesten Zahlen der registrierten Arbeitslosigkeit bekannt. Steigerungen werden meist mit der Inflexibilität der Gewerkschaften und der Arbeitslosen oder neuerdings mit dem Zustrom von Aus- und Umsiedlern oder mit saisonalen Einflüssen erklärt, Senkungen als Erfolg der Wirtschaftspolitik verkauft – so zumindest in weiten Teilen der veröffentlichten Meinung. Tatsache ist zunächst, daß die Zahl der registrierten Arbeitslosigkeit 1982 die Zwei-Millionen-Grenze überschritt und trotz des 1983 einsetzenden kontinuierlichen Konjunkturaufschwungs seitdem – trotz aller statistischer Manipulationen (dazu weiter unten) – im Jahresdurchschnitt nie weniger als zwei Millionen betragen hat. Auch als im Mai 1989 zeitlich gut abgestimmt vor der Europawahl die registrierte Arbeitslosigkeit knapp unter diese Grenze rutschte und gigantische Schlagzeilen hervorrief, lag sie saisonbereinigt immer noch darüber.

Die Zahl der registrierten Arbeitslosen reicht jedoch keineswegs aus, um eine halbwegs der Realität entsprechende Vorstellung des quantitativen Ausmaßes der Arbeitslosigkeit zu bekommen. Dazu gerechnet werden muß auf jeden Fall die »Stille Reserve«[1]. Ihre Höhe wird vom Institut für Arbeitsmarkt- und Berufsforschung (IAB) an der Bundesanstalt für Arbeit für 1988 auf 1,33 Millionen Personen geschätzt, die Arbeit suchen, aber aus verschiedenen Gründen nicht beim Arbeitsamt registriert sind[2]. Die Deutsche Bundesbank bestreitet zwar die Existenz der Stillen Reserve. Ihre Argumentation ist jedoch politisch fadenscheinig: Es kann nicht bestritten werden, daß etwa bei einem konjunkturell bedingten Anstieg der Erwerbstätigenzahl sich die Zahl der registrierten Arbeitslosen keineswegs in gleichem Ausmaß verringert; – und irgendwo müssen die zusätzlich Beschäftigten ja herkommen.

Aber auch diese beiden Größen zusammengenommen – immerhin weit über drei Millionen – ergeben nur ein unzureichendes Bild der gegenwärtigen quantitativen Dimension der Arbeitslosigkeitsproblematik. Beachtet werden müssen auf jeden Fall zusätzlich die verschiedenen arbeitsmarktpolitischen Maßnahmen (Arbeitsbeschaffungsmaßnahmen, Maßnahmen zur Fortbildung und Umschulung, Kurzarbeitergeld, Beteiligung am Vorruhestand und so weiter), ohne die der Umfang der Arbeitslosigkeit noch weit höher ausfallen würde.

---

1 D. Mertens/W. Klauder (Hrsg.), Probleme der Messung und Vorausschätzung des Erwerbspersonenpotentials, in: Beiträge zur Arbeitsmarkt- und Berufsforschung, 44 (1980).
2 Autorengemeinschaft, Zur Arbeitsmarktentwicklung 1988/89, in: Mitteilungen aus der Arbeitsmarkt- und Berufsforschung, (1988) 4.

Andererseits sind diese arbeitsmarktpolitischen Maßnahmen aber gleichzeitig – egal, wie man sie im einzelnen einschätzen mag – ein Indikator für die These, daß Arbeitslosigkeit im Kapitalismus mittlerweile weitgehend politisch regulierbar ist. Sie könnte bei intensiverem Gebrauch verschiedener Instrumente auch ganz beseitigt werden – stünden dem nicht massive und sehr durchsetzungsfähige Interessen an der Fortexistenz der gegenwärtigen Situation entgegen. Ohne die arbeitsmarktpolitischen Maßnahmen der BA hätten die Zahlen der Arbeitslosigkeit 1988 um 424 000 Personen höher gelegen[3].

Weiterhin wird die Zahl der registrierten Arbeitslosen statistisch vermindert

– durch die Regelung des neu geschaffenen § 105c Arbeitsförderungsgesetz. 58jährige und ältere Arbeitslose können Leistungen des Arbeitsamtes empfangen, ohne daß sie als Arbeitslose gezählt werden (Effekt 1988: 58 000 Personen);

– durch die Tatsache, daß arbeitsunfähig erkrankte Arbeitslose nicht als Arbeitslose gezählt werden (Effekt 1988: 60 000 Personen);

– seit dem 01. 01. 1988 müssen sich die Nicht-Leistungsempfänger unter den registrierten Arbeitslosen alle drei Monate ohne Vorladung beim Arbeitsamt melden, sonst werden sie aus der Statistik gestrichen (Effekt 1988: 70 000 Personen)[4];

– ein geschickter Coup ist dem konservativ-liberalen Lager gerade bei der statistischen Senkung der Arbeitslosenquote gelungen: Bezugspunkt sind neuerdings nicht mehr die abhängigen Erwerbspersonen, sondern alle Erwerbspersonen. Die Arbeitslosenquote verminderte sich dadurch im Januar 1990 von 8,5 (nach der alten Berechnungsmethode) auf 7,7 Prozent[5].

Entlastet wurde der Arbeitsmarkt weiterhin durch die 100 000 Ausländer, die durch das Rückkehrhilfegesetz bewogen wurden, die Bundesrepublik endgültig zu verlassen.

Einen ganz erheblichen Arbeitsmarkteffekt bewirkte die Ausweitung der schulischen, betrieblichen und universitären Berufsausbildung. Ohne längere durchschnittliche Ausbildungszeiten, polemisch »Warteschleifen« genannt, hätten – gleiches Bildungs- und Erwerbsverhalten wie 1976 vorausgesetzt – im Jahr 1984 800 000 (!) Jugendliche mehr einen Arbeitsplatz gesucht[6]. Und nicht zuletzt entlasteten die von den Gewerkschaften bisher erkämpften *Arbeitszeitverkürzungen* den Arbeitsmarkt um insgesamt 220 000 bis 280 000 zusätzliche Beschäftigte. Legt man die bereits vereinbarten weiteren Arbeitszeitverkürzungen zugrunde, so erhöht sich der Beschäftigungseffekt auf etwa 250 000 bis 330 000[7].

Bei Unterlassung der hier kurz aufgezählten politischen Maßnahmen – auch der Kampf um kürzere Arbeitszeit ist meines Ermessens eine politische Auseinandersetzung – würde nach einer groben Überschlagsrechnung gegenwärtig die Zahl der Arbeitslosen bei 4,5 bis 5 Millionen liegen. Da es sich bei den meisten hier aufgezähl-

---

3 Autorengemeinschaft (Anm. 2).

4 R. Dreßler, Arbeitslosenzahl unter zwei Millionen – eine Folge der Manipulationskünste der Bundesregierung, in: Mitteilungen der SPD-Bundestagsfraktion vom 26. Mai 1989; J. Steffen, Der allmonatliche Umgang mit der Massenarbeitslosigkeit, Arbeiterkammer Bremen, Bremen 1989.

5 Amtliche Nachrichten der Bundesanstalt für Arbeit, 2/1990.

6 J. Kühl, Beschäftigungspolitik in der Bundesrepublik Deutschland von 1973 bis 1987, Arbeitspapiere aus dem Arbeitskreis SAMF 1987-5, Paderborn 1987.

7 M. Seifert, Beschäftigungswirkungen und Perspektiven der Arbeitszeitpolitik, in: WSI-Mitteilungen, (1989) 3.

ten Maßnahmen nur um Übergangsregelungen, wenn nicht überhaupt nur um statistische Manipulationen handelt, und nur von der Arbeitszeitverkürzung ein *dauerhafter* Arbeitsmarkteffekt zu erwarten ist, dürfte man der zukünftigen quantitativen Dimension der Problemlage Arbeitslosigkeit am nächsten kommen, wenn man gegenwärtig von einem entsprechenden Arbeitsplatzbedarf in Höhe von über 4,5 Millionen ausgeht.

Beachtet man weiterhin den in allen westlichen Industrieländern zu beobachtenden Trend einer steigenden Erwerbstätigkeit der Frauen, und vergegenwärtigt man sich, daß vom Süssmuth-Flügel der CDU über FDP, SPD, Gewerkschaften bis zu den Grünen dieser Trend auch politisch unterstützt und als erwünscht angesehen wird, so erhöht sich der zukünftige Arbeitsplatzbedarf noch einmal gewaltig. Denn die Erwerbsquote in der BRD beträgt 65 Prozent, während sie, bedingt durch die höhere Erwerbstätigkeit der Frauen, in den USA bei 74 Prozent und in Schweden bei 82 Prozent liegt. Hier wird deutlich, in welchem Ausmaß noch politische Gestaltungsaufgaben des Arbeitsmarkts vor uns liegen[8].

Hätte die BRD – nur um einmal eine Größenordnung zu benennen – eine Erwerbsquote wie in Schweden – und dort herrscht gegenwärtig Vollbeschäftigung –, so wären weitere 7 Millionen (!) Personen arbeitslos. Insgesamt müßten also größenordnungsmäßig für weit über 10 Millionen Menschen dauerhafte, sinnvolle, tariflich bezahlte Arbeitsplätze geschaffen werden.

1. Die individuellen und gesellschaftlichen Folgeprobleme

Doch wenden wir uns nach diesem kurzen Überblick über die quantitative Dimension der zukünftigen politischen Gestaltungsaufgabe auf dem Arbeitsmarkt den qualitativen gesellschaftspolitischen Auswirkungen zu, die die aktuelle Situation der Massenarbeitslosigkeit bewirkt.

Wichtig ist zunächst, daß die Arbeitslosigkeitserfahrung kein Randgruppenschicksal mehr ist. Nach Berechnungen des IAB waren im Zeitraum 1974 bis 1985 15 Millionen Personen mindestens einmal arbeitslos gemeldet. Dies waren 32 Prozent aller in diesem Zeitraum erwerbstätigen Personen. Das bedeutet umgekehrt, daß gleichzeitig zwei Drittel aller Erwerbstätigen selbst nie von Arbeitslosigkeit betroffen waren. Das Risiko, arbeitslos zu werden, konzentriert sich demnach auf einen bestimmten, wenn auch quantitativ sehr großen Personenkreis, ist also sozial ungleich verteilt.

»Betroffen« von der Arbeitslosigkeit sind jedoch auch die »Nichtbetroffenen«, wie neuere Untersuchungen zeigen: »Das Problem der Arbeitsplatzbedrohung bleibt nicht auf die Randgruppen des Arbeitsmarktes beschränkt. Auch im Kern der Arbeitnehmerschaft ist eine weitverbreitete latente Verunsicherung anzutreffen, die ebenso wie die unmittelbare Angst vor dem Verlust des Arbeitsplatzes einhergeht mit

---

8 Daß die gleichberechtigte Teilhabe von Mann und Frau am Arbeitsleben, ohne daß die Kinder darunter leiden, neben verschiedenen anderen Maßnahmen mindestens den allgemeinen, grundsätzlich auf Montag bis Freitag verteilten 6-Stunden-Arbeitstag voraussetzt, ist ein weitergehendes Problem, das hier nicht thematisiert werden kann.

unkooperativen Orientierungen und Einzelkämpfertum.«[9] Die in der veränderten Lohnqoute (1982: 70,5 Prozent; 1988: 64,5 Prozent) zum Ausdruck kommende Reallohnzurückhaltung beziehungsweise -senkung zeigt, in welchem Ausmaß im gesellschaftlichen Durchschnitt auch die »Nichtbetroffenen« materiell betroffen sind. Und der Anteil der Beschäftigten, die regelmäßig samstags arbeiten, ist von 18 Prozent im Jahre 1980 auf 32 Prozent im Jahre 1987 gestiegen. In der gleichen Zeit erhöhte sich die Quote der Sonntagsarbeiter von 7 auf 10 Prozent. Ohne den Druck der Massenarbeitslosigkeit hätten sich derartige betriebliche Verhältnisse überhaupt nicht herausbilden können.

Wie »betroffen« die »Nichtbetroffenen« von der Arbeitslosigkeit sind, zeigt sich auch an der gesundheitlichen Entwicklung der Bevölkerung, die durch das – im gesellschaftlichen Durchschnitt gestiegene – Streßniveau verursacht wird.

Die Weltgesundheitsorganisation bezeichnet die gesundheitlichen Auswirkungen der Massenarbeitslosigkeit als »epidemologische Katastrophe«[10]. Allein durch den Anstieg der Arbeitslosigkeit 1970 in den USA um nur 1,4 Prozent – so der Harvard-Professor Harvey Brenner in einer groß angelegten, umfassenden Studie für den amerikanischen Kongreß – starben, ausgelöst durch erhöhten Streß, nach einem Intervall von fünf Jahren, also 1975, mehr als 50 000 Menschen zusätzlich, die sonst am Leben geblieben wären[11]. Und das war 1970 ein minimaler Anstieg der Arbeitslosenzahlen gegenüber der heutigen Situation.

Das renommierte Wissenschaftszentrum in Berlin charakterisiert die Untersuchungen Brenners als die »gründlichsten Studien, die es auf dem Gebiet gibt«, und sieht ihre Ergebnisse durch eigene Untersuchungen für die Bundesrepublik in der Tendenz bestätigt[12]. Herzinfarktpatienten zum Beispiel weisen signifikant eine objektiv geringere Arbeitsplatzsicherheit auf[13].

Im Zusammenhang mit den Ergebnissen der US-amerikanischen Untersuchungen über die Korrelation von Arbeitslosigkeit, gestiegenem Streßniveau in der Gesellschaft und Krankheit beziehungsweise Tod wird häufig argumentiert, dies ließe sich wegen der besseren sozialen Absicherung der Arbeitslosen in der Bundesrepublik nicht so ohne weiteres übertragen. Abgesehen davon, daß auch deutsche Studien

---

9 B. Strümpel, Arbeitslosigkeit: Der Sockel des Eisbergs – wie betroffen sind die Nichtbetroffenen?, in: L. Reyher/J. Kühl (Hrsg.), Resonanzen. Arbeitsmarkt und Berufs-Beschäftigung und Politik. Festschrift für D. Mertens, Beiträge zur Arbeitsmarkt- und Berufsforschung, 111 (1988).

10 Weltgesundheitsorganisation (WHO) (Hrsg.), Report über die Tagung der WHO, Vulnerability among long-term Unemployed: Longitudinal approaches, Ljubiljana 1985.

11 H. Brenner, Estimating the Social Costs of National Economie Policy: Implications for Mental and Physical Health and Criminal Aggression, Studie für den amerikanischen Kongreß, Washington 1975, zitiert nach: K. D. Thomann, Gedanken an einen möglichen Selbstmord kehren immer wieder. Ergebnisse zweier Symposien der Weltgesundheitsorganisation über die gesundheitlichen Folgen von Arbeitslosigkeit, in: Frankfurter Rundschau vom 8. Februar 1982, Dokumentationsseite.

12 F. Naschold, Soziale und psychische Auswirkungen der Arbeitslosigkeit, in: Ruhr-Universität Bochum/Industriegewerkschaft Metall, Vereinbarung über Zusammenarbeit – Ringvorlesung 1982/83, Arbeitslosigkeit – Auswirkungen und Bewältigungsstrategien, Frankfurt/M. 1983.

13 J. Siegrist/K. Dittmann/K. Rittner/I. Weher, Soziale Belastungen und Herzinfarkt. Eine medizinsoziologische Fall-Kontroll-Studie, Stuttgart 1980.

grundsätzlich diese Korrelation für die Bundesrepublik belegen, sind die Arbeitslosen in der Bundesrepublik zwar besser als in den USA, aber keineswegs so gut abgesichert, wie es in der veröffentlichten Meinung häufig dargestellt wird. Beispielhaft dazu etwa Prof. Habermehl: Erwerbslosigkeit ist »keineswegs immer ein leidvolles, nicht einmal unerwünschtes Schicksal«, da »das dichtgeknüpfte soziale Netz der Bundesrepublik ... jedem die Möglichkeit eines sorgenfreien Lebens ohne Arbeit« bietet[14].

Demgegenüber sei hier festgehalten: Der Anteil der Arbeitslosen, die im Oktober 1988 von der Arbeitsverwaltung weniger als 1 000 DM monatlich oder gar nichts erhielten, betrug, bezogen auf die Gesamtzahl der registrierten Arbeitslosen, fast 80 Prozent (!). Unter Einbeziehung der Stillen Reserve läge dieser Prozentsatz noch weitaus höher.

Natürlich ist damit wenig über das Familien- oder Haushaltseinkommen der Arbeitslosen ausgesagt. Ein Arbeitslosengeld-Empfänger von unter 1 000 DM muß sich keineswegs in einer Familiensituation der Armut befinden. Und umgekehrt kann ein Arbeitslosengeld- oder Arbeitslosenhilfe-Empfänger von über 1 000 DM sehr wohl in einer Situation bedrückender Armut leben, wie etwa folgendes Beispiel zeigt: »Jürgen ist 25 Jahre alt, verheiratet und Vater zweier Kinder im Alter von 6 und 2 Jahren. Seit eineinhalb Jahren ist der gelernte Koch arbeitslos. Seine Frau, 23 Jahre alt, ist nicht berufstätig. Eine Lehre brach sie ab, als das erste Kind unterwegs war. Die vierköpfige Familie muß von 1 048 Mark im Monat leben. Davon gehen Miete für die 45 Quadratmeter große Zwei-Zimmer-Wohnung ab (400 Mark) sowie die Kosten für Strom und Gas (150 Mark) ... Für das Elementare, die Grundnahrungsmittel reicht das Geld nicht mehr ... In der zweiten Hälfte eines jeden Monats verzichten er und seine Frau daher ganz aufs Essen. (Sie besuchen eine Aktion ›Armenspeisung‹.) ... Hauptsache, die Kinder ham was ...«[15]

Hier fehlen noch genauere Untersuchungen. Die Existenz der »neuen Armut« – der durch Arbeitslosigkeit und Verschlechterungen der sozialen Absicherung hervorgerufenen Armut – wird von interessierter Seite schlichtweg geleugnet[16]. Wenn überhaupt zu diesem Problemkomplex argumentiert wird, so werden üblicherweise Studien angeführt, die das Armutspotential unter den Arbeitslosen mit 7 Prozent 1983[17] oder mit 12 bis 13 Prozent 1985[18] quantifizieren. Als Kriterium für Armut gilt dabei der tatsächliche Sozialhilfebezug. Die Verweise auf diese Studien sind aber

---

14 W. Habermehl, Die Arbeitsmoral der Arbeitslosen, in: Kölner Zeitschrift für Soziologie und Sozialpsychologie, 49 (1988).

15 »Wo die Not verheimlicht wird«, in: Die Zeit, 13/1985.

16 N. Blüm, Blüm bezichtigt den DGB der Unwahrheit; Arbeitsminister sieht keine neue Armut im Land, in: Frankfurter Rundschau vom 5. Oktober 1985. Ebenso Bundeskanzler Helmut Kohl: „Neue Armut ist eine Erfindung des sozialistischen Jet-Set", zitiert nach: Das halbe Leben. Geschichte und Gegenwart des arbeitenden Berlin, hrsg. vom Deutschen Gewerkschaftsbund, Landesbezirk Berlin, Berlin 1987.

17 F. C. Büchtemann, Soziale Sicherung bei Arbeitslosigkeit und Sozialhilfebedürftigkeit. Datenlage und neue Befunde, in: Mitteilungen aus der Arbeitsmarkt- und Berufsforschung, (1985) 4.

18 Sonderuntersuchung der Bundesvereinigung der kommunalen Spitzenverbände in Zusammenarbeit mit der Bundesanstalt für Arbeit zum Zusammenhang von Arbeitslosigkeit und Sozialhilfebezug im September 1985. Erste Ergebnisse, unveröffentlichtes Manuskript, o. O., Mai 1986.

insofern nicht korrekt, als die hohe Dunkelziffer der Armut sowie die Problematik der Festsetzung des Sozialhilfesatzes – der üblicherweise als Armutsgrenze herangezogen wird – bei diesen Zahlen nicht berücksichtigt werden.

Nach den Ergebnissen einer repräsentativen Untersuchung wird die Dunkelziffer der Armut heute üblicherweise bei etwa 100 Prozent angesetzt[19]. Die Studie ermittelte 1979: »von 100 sozialhilfebedürftigen Haushalten beziehen 52 laufende Unterstützung, während 48 diese nicht in Anspruch nehmen«.

Benutzt man die Sozialhilfeschwelle als Kriterium für Armut, so ist klar, daß der Anteil der Armutspopulation in hohem Maß von der (politischen) Festlegung der Höhe des Sozialhilfesatzes abhängig ist. Und das umso mehr, wenn – wie in der Bundesrepublik – kurz über der Sozialhilfeschwelle eine hohe Konzentration von einkommensschwachen Haushalten feststellbar ist. Bereits eine Anhebung der »vereinfachten Sozialhilfeschwelle« um 10 Prozent hätte 1979 zu einem Zuwachs der sozialhilfeberechtigten Haushalte um 40 Prozent (= 342 000) geführt[20].

Nachdem verschiedene Untersuchungen gezeigt hatten[21], daß der 1970 festgelegte Warenkorb, der den Regelsätzen zugrunde lag, wegen erheblicher Defizite an Vitaminen und Mineralstoffen zu mangelhafter Ernährung führte, präsentierte der Deutsche Verein für öffentliche und private Fürsorge 1981 einen entsprechend überarbeiteten Warenkorb. Auf Grundlage dieses Warenkorbes hätte die Sozialhilfe 1981 um 31,3 Prozent erhöht werden müssen[22]. Das scheiterte insbesondere am Widerstand der kommunalen Spitzenverbände, die die höheren Sozialhilfezahlungen der Kommunen fürchteten. Stattdessen nahm der Gesetzgeber verschiedene Eingriffe vor, »die im Effekt zu einer Senkung des Sozialhilfeniveaus . . . führten«[23]. Wegen der 100prozentigen Dunkelziffer der Armut und wegen der eben angedeuteten Entwicklung des Sozialhilfesatzes seit 1981 ist das Kriterium »tatsächlicher Sozialhilfebezug« völlig ungeeignet, um das Ausmaß der Armut unter den Arbeitslosen zu quantifizieren.

Wichtig ist weiterhin, sich zu vergegenwärtigen, daß die gesetzlich festgelegten Prozentsätze – 68 Prozent, wenn Arbeitslose mindestens ein Kind zu versorgen haben, sonst 63 Prozent des vorherigen Nettomonatsverdienstes bei Arbeitslosengeldempfängern; 58 beziehungsweise 56 Prozent bei Arbeitslosenhilfeempfängern – ein »zu gutes« Bild der finanziellen Absicherung der Arbeitslosen zeichnen. Weil bestimmte Einkommensbestandteile nicht als Bemessungsgrundlage anerkannt werden – etwa das 13. Monatsgehalt, Urlaubsgeld und so weiter –, erhält nach Berechnungen des IAB ein Arbeitslosengeldbezieher tatsächlich etwa 54 Prozent des von

---

19 H. Hartmann, Sozialhilfebedürftigkeit und »Dunkelziffer der Armut«, Bericht über das Forschungsprojekt zur Lage potentiell Sozialhilfeberechtigter, Schriftenreihe des Bundesministers für Jugend, Familie und Gesundheit, Bd. 98, Stuttgart u. a. 1981.
20 H. Hartmann, a.a.O.
21 Ein Leben aus dem Warenkorb, in: Materialien zur Sozialarbeit und Sozialpolitik der Fachhochschule Frankfurt/M., Fachbereich Sozialarbeit – Fachbereich Sozialpädagogik, Bd. 5, Frankfurt/M. 1982.
22 W. Balsen u. a., Die neue Armut. Ausgrenzung der Arbeitslosen aus der Arbeitslosenunterstützung, Köln 1984.
23 W. Krüger/H. Lösch/C. Trepplin, Armutsrisiko von Familien. Einkommensverhältnisse, Wohnungsmarkt und öffentliche Hilfe, Materialien zum Siebten Jugendbericht, Bd. 2, Deutsches Jugendinstitut, München 1987.

ihm vorher erzielten Nettoeinkommens, ein Arbeitslosenhilfe-Empfänger sogar nur etwa 45 Prozent. Zusätzlich dazu kommt es bei vielen Arbeitslosenhilfe-Empfängern wegen der Bedürftigkeitsprüfung – Partner, Eltern, Kinder sind unterhaltsverpflichtet – zu weiteren Einkommensverlusten[24]. Wichtig ist schließlich, daß nach Berechnungen des Deutschen Instituts für Wirtschaftsforschung (DIW) das verfügbare Einkommen von Arbeitslosenhaushalten, in denen der Haushaltsvorstand Arbeitslosengeld- oder Arbeitslosenhilfe-Empfänger ist, von 1982 bis 1986 real um 8 Prozent sank.

Neben mehr handgreiflichen Auswirkungen der Massenarbeitslosigkeit wie Armut und gesundheitlichen Schäden machen sich die sozialen Folgen der Arbeitslosigkeit erst nach einer gewissen Zeitverzögerung bemerkbar, beeinflussen dafür aber umso tiefgreifender die gesellschaftliche Entwicklung. Jeder, der offenen Auges durch unsere Innenstädte geht, wird die erhebliche Zunahme von im Volksmund als »Penner« bezeichneten Personen feststellen, eine Erscheinung, die es vor 15 Jahren kaum gab. Und das zu sehende Elend ist immer nur die Spitze des Eisberges. Erschreckend ist nicht nur die Steigerung der Obdachlosen- und Nichtseßhaftenzahlen, sondern auch die immer größere Anzahl der jungen Leute unter ihnen. Unter anderem daran wird die *nachlassende soziale Integrationskraft der bundesrepublikanischen Gesellschaft* deutlich[25].

Die hohe Jugendarbeitslosigkeit beispielsweise beeinträchtigt unter sozialisationstheoretischen und entwicklungspsychologischen Gesichtspunkten die Persönlichkeitsentwicklung der Jugendlichen ausgesprochen negativ. Das Jugendalter gilt als kritische Phase der Persönlichkeitsentwicklung. Berufliche Qualifizierung und Integration in das Beschäftigungssystem haben bei der Bewältigung dieser Phase einen zentralen Stellenwert. Ist dieser Prozeß grundlegend gestört – wie gegenwärtig für einen Großteil der Jugendlichen –, so wird sich das mittel- bis langfristig als ganz erhebliches Problem für die Gesellschaft erweisen.

Neben Auswirkungen, die die Arbeitslosen selber zu einem sozialen Problem machen, hat der Arbeitslosigkeitsprozeß erhebliche Folgen für das direkte soziale Umfeld der Arbeitslosen, also vorrangig für die Familie. Wachsende familiäre Spannungen verschiedener Art werden von der Mehrzahl der längerfristigen Arbeitslosen berichtet. Eigentlich *halbwegs intakte soziale Beziehungen werden* durch den Arbeitslosigkeitsprozeß stark beansprucht und teilweise *überfordert*, so daß sie zerbrechen. Häufig verhindern nur die hohen Kosten die Scheidung[26].

Unter den wachsenden familiären Spannungen leiden vor allem die Kinder. Insgesamt lebten im Herbst 1984 etwa 1,3 Millionen Kinder in Arbeitslosenhaushalten. An ihnen wurden – ähnlich wie bei den erwachsenen Arbeitslosen selber – folgende Symptome beobachtet: »Entmutigung und Resignation, Angst vor der Zukunft, soziale Isolation, psychosomatische Allgemeinstörungen wie z. B. geringe Belastbarkeit, Nervosität, Schlafstörungen und Ängste, Verschlechterung der Schul-

---

24 C. Brinkmann/E. Spitznagel, Gesamtfiskalische und individuelle Belastungen durch Arbeitslosigkeit, in: Arbeit und Sozialpolitik, (1988) 6/7.

25 H. Heinelt/A. Wacker/H. Welzer, Arbeitslosigkeit in den 70er und 80er Jahren – Beschäftigungskrise und ihre sozialen Folgen, in: Archiv für Sozialgeschichte, Bd. 27, Bonn 1987.

26 H. Welzer/A. Wacker/H. Heinelt, Leben mit der Arbeitslosigkeit. Zur Situation einiger benachteiligter Gruppen auf dem Arbeitsmarkt, in: Aus Politik und Zeitgeschichte, B 38/1988.

leistungen und Verhaltensstörungen.«[27] Der Grund dafür dürfte unter anderem darin liegen, daß die Eltern – und das ist eigentlich ein überraschendes Ergebnis – aufgrund der Belastungen durch den Arbeitslosigkeitsprozeß »weniger Zeit und Sensibilität für die Belange ihrer Kinder (haben). Oder sie unterwerfen ihre Kinder einer permanenten Kontrolle und Bevormundung.«[28] Erfahrungen in andern Ländern zeigen, daß bei Dauerarbeitslosigkeit sich die Gefahr von Kindesmißhandlungen erhöht[29]. Insgesamt zeigen also diese kurzen Andeutungen, daß die für die Reproduktion der Gesellschaft elementaren Aufgaben bei der frühkindlichen und kindlichen Sozialisation und der Sicherung psychosozialer Lebensgrundlagen in ihrer Qualität durch den Arbeitslosigkeitsprozeß in erheblichem Ausmaß beeinträchtigt werden. Welche Bedeutung dies für die mittel- bis langfristige Entwicklung unserer Gesellschaft haben wird, ist noch gar nicht zu überschauen.

Neben der nachlassenden sozialen Integrationskraft der Gesellschaft, der Überforderung und dem damit oft verbundenen Zerbrechen eigentlich intakter sozialer Beziehungen, der größeren Schwierigkeiten bei der Persönlichkeitsentwicklung der Jugendlichen und nicht zuletzt den problematischen Folgen für die frühkindliche und kindliche Sozialisation bewirkt die Massenarbeitslosigkeit in der gesamten Gesellschaft ein massives Anwachsen des Konkurrenzdrucks und entsprechend des Konkurrenzverhaltens. Das schlägt sich auf dem Arbeitsmarkt in einem rigorosen Verdrängungswettbewerb nieder. Auf dem Arbeitsmarkt für Ungelernte kommt das so an, daß die Betriebe bei der Besetzung unqualifizierter Arbeitspositionen Arbeitskräfte

---

27 K. Jenke/G. Ludwig, Kinder arbeitsloser Eltern, in: Mitteilungen der Arbeitsmarkt- und Berufsforschung, (1985) 2.
28 K. Jenke, Kinder arbeitsloser Eltern, in: Kinderschutz aktuell, (1985) 2.
29 H. Heinelt u. a. (Anm. 25).

mit einer Berufsausbildung bevorzugen[30]. Das ist einer der Gründe, warum etwa 50 Prozent der Arbeitslosen von den formal Unqualifizierten gestellt werden. Und diese werden trotz des insgesamt – wegen des Altersaufbaus der Beschäftigten – immer noch feststellbaren Rückgangs des Anteils der nicht formal Qualifizierten und trotz der sogenannten Qualifizierungsoffensive der Arbeitsmarktpolitik jetzt wieder in zunehmendem Maße »produziert«. Konnten noch Ende der sechziger Jahre fast 80 Prozent der Sonderschüler in eine betriebliche Berufsausbildung einmünden, davon fast die Hälfte im Wunschberuf, so gelang dies bereits 1977 nur noch 19 Prozent der sogenannten lernbeeinträchtigten – neuer Sprachgebrauch: lernbehinderten – Schulabgänger. Und bis heute hat sich die Situation weiter verschärft[31].

Die »Lösung«, die »das System« parat hat, ist systemkonform. Der allgemeine Verdrängungswettbewerb erreicht auch die Behindertenwerkstätten. Sonderschulabgänger und Hauptschüler ohne Abschluß werden in zunehmendem Ausmaß dazu gedrängt, sich formal für »behindert« erklären zu lassen, um – sehr viel effektiver als die tatsächlich Behinderten – in den Behindertenwerkstätten arbeiten zu können[32].

2. Der politische Einstellungswandel

Der mit der Massenarbeitslosigkeit immens gestiegene Konkurrenzdruck verändert im gesellschaftlichen Durchschnitt auch die Einstellung der Bevölkerung. Solidarität – sozialistisch ausgedrückt – und Nächstenliebe – christlich ausgedrückt – werden immer weniger bestimmend für den gesellschaftlichen Umgang miteinander. Der allgemeine, rücksichtslose Egoismus ist auf dem Vormarsch – wird als gesellschaftliche Norm sogar immer positiver anerkannt. Die »leitenden Orientierungsmuster« von Jugendlichen haben sich gewaltig verändert. »Die noch vor wenigen Jahren häufige politische Motivation zur Beteiligung am Wohle der Allgemeinheit ist mehrheitlich einem individualistischen Bedürfnis nach Eigennutz gewichen.«[33]

Für die gesamte Bevölkerung wird das in Untersuchungen gegenüber dem Grundprinzip des Sozialstaates deutlich. So antworteten auf die Interviewfrage: »Der Staat garantiert jedem eine ausreichende Sicherung. Die Kosten dafür werden in Form von Steuern und Beiträgen durch alle Bürger entsprechend der Höhe ihres Einkommens aufgebracht« 1984 70 Prozent der wahlfähigen Bevölkerung zustimmend[34]. 1978 lag die Quote allerdings noch bei 74 Prozent und 1975 bei 77 Prozent[35]. Und 1963, zu

30 H. Schröder, Die Berufseinmündung von Lernbehinderten, in: Zeitschrift für Heilpädagogik, (1987) 2.
31 Ebenda.
32 Nach mündlichen Berichten auf dem Sonderpädagogischen Kongreß des Verbandes deutscher Sonderschulen am 26. Mai 1988 in Düsseldorf.
33 B. Claußen, Politische Bildung in der Risikogesellschaft, in: Aus Politik und Zeitgeschichte, B 36/1989; W. Heitmeyer, Jugend, Staat und Gewalt in der politischen Risikogesellschaft, in: ders. u. a. (Hrsg.), Jugend – Staat – Gewalt. Politische Sozialisation von Jugendlichen, Jugendpolitik und politische Bildung, Weinheim–München 1989.
34 Allgemeine Bevölkerungsumfrage der Sozialwissenschaften, hrsg. vom Zentralarchiv für empirische Sozialforschung der Universität zu Köln und dem Zentrum für Umfragen, Methoden und Analysen (ZUMA), Mannheim 1984.
35 H. Becker/W. Ruhland, Bürger und Sozialstaat, Infratest Sozialforschung, Forschungsbericht Nr. 22, hrsg. vom Bundesminister für Arbeit und Sozialordnung, Bonn 1980.

einem Zeitpunkt gesicherter ökonomischer Gesamtsituation und -perspektive, betrug die Zustimmung zu einer ähnlichen Frage sogar noch 91 Prozent[36]. Hier gerät ein seit Bestehen der Bundesrepublik existierender Grundkonsens der Gesellschaft – wie er unter anderem auch im Sozialstaatsgebot im Grundgesetz festgeschrieben ist – ins Wanken: Es ist immer weniger selbstverständlich, daß die Gesunden, die Starken, die arbeiten können, einen Teil ihres Einkommens abgeben, damit die Alten, Kranken und so weiter auch leben können.

Der durch den Arbeitslosigkeitsprozeß mitverursachte Vormarsch des rücksichtslosen Egoismus ist eingebettet in einen Trend des *Orientierungswandels*, der unter anderem auch durch sozialstrukturelle Veränderungen im Gefolge der »Modernisierung« erklärbar ist – Stichwort: Individualisierung. »Gegenüber Normen wird in zunehmendem Maße eine *utilitaristisch-kalkulative Perspektive* gezeigt.«[37] Eine Ökonomisierung des Denkens, eine krasse Orientierung am kurzfristigen individuellen Nutzen-Kosten-Kalkül, wie es die gängige ökonomische Wissenschaft für ihren Homunkulus postuliert, wird tatsächlich immer mehr bestimmend für die gesellschaftliche Entwicklung.

In der Kriminalitätsforschung, die gleichfalls die eindeutige Verstärkung dieses Trends bei geringeren Wachstumsraten und entsprechend höherer Arbeitslosigkeit belegt[38], wird die damit verbundene steigende Wahrscheinlichkeit illegitimen Verhaltens als kaum zu lösendes Problem thematisiert, da eine Intensivierung von Sanktionen das Problem nicht beseitigen kann, ja sogar noch verschärfen würde.

Aber abgesehen von dem Kriminalitätsproblem: Keine Gesellschaft kann langfristig überleben, wenn sich ihre Mitglieder nicht an grundsätzlichen Normen, sondern ausschließlich am kurzfristigen individuellen Nutzen-Kosten-Kalkül orientieren[39]. Und die Aufrechterhaltung von Normen setzt voraus, daß die Mitglieder der Gesellschaft nicht nur über ein individuell-zweckrationales Kalkül an Normen gebunden sind. Es ist nicht zu bestreiten, daß durch den Arbeitslosigkeitsprozeß die utilitaristisch-kalkulativen Orientierungen beziehungsweise der krude, rücksichtslose Egoismus in der gesamten Gesellschaft zunehmen und sie damit letztlich in ihrem Bestand bedrohen. Untersuchungen zur Veränderung der politischen Orientierungen durch die Massenarbeitslosigkeit berücksichtigen nicht diese Dimension der Bewußtseinsveränderungen, die sich unter anderem in der Zunahme der Haltung des »Jeder ist sich selbst der Nächste«, »Wer will, der kann«, »Den letzten beißen die Hunde«, »Der Mensch ist des Menschen Wolf« niederschlagen. Diese Untersuchungen machen fast ausschließlich nur die Arbeitslosen selber zum Untersuchungsgegenstand[40] und beschränken sich darüber hinaus auf die Untersuchung des Wahlverhaltens der Arbeislosen. Sie kommen zu dem Ergebnis, daß eine politische Radikalisierung von Arbeitslosen nur ein Randphänomen ist, obwohl durchaus Extrempotentiale in beträchtlichem Ausmaß – das Linkspotential mit 20 Prozent, das Rechts-

36 F.-X. Kaufmann, Reaktionen und Motivationen der Bevölkerung gegenüber sozialpolitischen Umverteilungsmaßnahmen, Sozialforschungsstelle an der Universität Münster, Materialien aus der empirischen Sozialforschung, Heft 8, Dortmund 1969.

37 B. Blinkert, Kriminalität als Modernisierungsrisiko? Das »Hermes-Syndrom« der entwickelten Industriegesellschaften, in: Soziale Welt, (1988) 4.

38 Ebenda.

39 Das beste und aktuellste Beispiel dafür ist das Ökologieproblem.

40 Eine Ausnahme bildet die Studie von B. Strümpel (Anm. 9).

potential mit 10 Prozent – zu verzeichnen sind[41]. Eine Systemgefährdung, so die Schlußfolgerungen dieser Untersuchungen, läge nicht vor. Massenarbeitslosigkeit bleibe entgegen aller früherer Befürchtungen – oder je nach politischem Standpunkt auch Hoffnung[42] – politisch merkwürdig folgenlos[43]. Dies ist meines Ermessens nicht richtig. Das politische Verhalten hat sich bereits verändert – wenn etwa die existenzielle Angst immer mehr zum sozial-psychologischen Kitt wird, der die Gesellschaft zusammenhält, wenn etwa der Numerus Clausus bis in den Kindergarten durchschlägt, wenn den Kindern durch den allgemeinen Leistungsdruck das Recht auf eine unbeschwerte Kindheit genommen wird[44].

Erst in jüngster Zeit sind Untersuchungen veröffentlicht worden, die unabhängig vom Wahlverhalten den politischen Einstellungsbereich zum zentralen Thema machen – allerdings auch wiederum nur den der Arbeitslosen selber. Die Ergebnisse sind alarmierend. »Arbeitslose, die nur eine geringe Affinität zur Politik besitzen, (verlangen) nach radikalen politischen Lösungen ... und (sind) dafür auch bereit ..., die Außerkraftsetzung demokratischer Entscheidungsstrukturen in Kauf zu nehmen.«[45] Dogmatische/autoritäre Einstellungen finden sich bei arbeitslosen Jugendlichen stärker ausgeprägt als bei den beschäftigten. Fast 80 Prozent der befragten arbeitslosen Jugendlichen einer Untersuchung[46] bekundeten, stolz darauf zu sein, daß sie Deutsche seien, wobei ein eindeutiger Zusammenhang zwischen zunehmendem Nationalstolz und sinkendem Bildungsniveau bestand. Je ausgeprägter der Nationalstolz war, desto mehr nahmen die Tendenzen zu dogmatischer Intoleranz, Scheu vor Konflikten und die *Bereitschaft zur Lösung politischer Probleme mit Gewalt* zu[47].

In jüngster Zeit beginnt darüber hinaus das durch die Massenarbeitslosigkeit veränderte alltägliche politische Verhalten in der gesamten Gesellschaft sich auch in einem *veränderten Wahlverhalten* niederzuschlagen – und *zwar nicht vorrangig dem der Arbeitslosen selber*. Die Republikaner in Berlin erzielten ihre größten Wahlerfolge in Wohngebieten mit unterdurchschnittlicher Arbeitslosigkeit und sehr geringem Ausländeranteil. Ihre Wahl wird interpretiert als Reaktionsform »auf tatsächliche oder vermutete materielle Bedrohung«, als Reaktion des kleinbürgerlichen Milieus, das fürchtet, »im sozialen Konkurrenzkampf um Arbeitsplätze und Woh-

---

41 U. Feist/D. Fröhlich/H. Krieger, Die politischen Einstellungen von Arbeitslosen, in: Aus Politik und Zeitgeschichte, B 45/1984.

42 So etwa bei J. Bergmann, Neues Lohnbewußtsein und Septemberstreiks, in: O. Jacobi/ W. Müller-Jentsch/E. Schmidt (Hrsg.), Gewerkschaften und Klassenkampf, Kritisches Jahrbuch, Frankfurt/M. 1972; ebenso bei J. Habermas, Legitimationsprobleme im Spätkapitalismus, Frankfurt/M. 1973.

43 H. Heinelt u. a. (Anm. 25).

44 Fast die Hälfte der 12- bis 17jährigen Jugendlichen haben heute wegen der Arbeitsmarktsituation durch hohe Ansprüche und Erwartungen bedingte gesundheitliche Probleme. Besonders Mädchen klagen über psychosomatische Streßsymptome wie Nervosität, Magenbeschwerden, Händezittern oder häufige Kopfschmerzen. So etwa nach U. Engel/K. Hurrelmann, Psychosoziale Belastungen im Jugendalter, Berlin–New York 1989.

45 M. Beckmann, Radikalisierung oder Apathie? Zu den politischen Verarbeitungsformen der Arbeitslosigkeit, in: Politische Vierteljahresschrift, (1988) 4.

46 R. A. Roth, Dispositionen politischen Verhaltens bei arbeitslosen Jugendlichen, in: Aus Politik und Zeitgeschichte, B 29/1989.

47 Ebenda.

nungen zu kurz zu kommen«[48]. Alarmierend ist die Parallele zum Wahlverhalten vor 1933[49]. Es wird deutlich, in welchem Ausmaß die gesamte Gesellschaft von den Folgeproblemen der Massenarbeitslosigkeit betroffen ist – und nicht nur einige wenige bedauernswerte, mit bestimmten Defiziten behaftete Langzeitarbeitslose.

3. Möglichkeiten der politischen Bildung zur Einflußnahme?

Es dürfte mit diesen kurzen Bemerkungen zu den Auswirkungen der Massenarbeitslosigkeit deutlich geworden sein, daß durch die damit veränderte Situation insgesamt in der Gesellschaft und nicht nur bei den Arbeitslosen selber massiv »politisch gelernt« wird – aber in einer ausgesprochen problematischen Art und Weise, die den jahrzehntelangen gesellschaftlichen Konsens und letztlich die Demokratie gefährdet. Wie kann nun die politische Bildung auf diese Herausforderung reagieren oder zunächst: Wie reagiert sie auf Grundlage der bisherigen verschiedenen politischen und wissenschaftlichen Konzeptionen?

Eine gegenwärtig sich immer mehr in den Vordergrund drängende »Symbol-Pädagogik«, das heißt die Schwerpunktsetzung bei der politischen Bildung auf nationale Symbole wie die Fahne, die Nationalhymne und so weiter, die die Identifikation mit der Gesellschaft in ihrer jetzigen Verfassung und mit *dem* Staat fördern soll, dürfte das durch den Arbeitslosigkeitsprozeß in der gesamten Gesellschaft bewirkte »politische Lernen« kaum aufhalten. Im Gegenteil: Diese Art von poliischer Bildung fördert es vermutlich eher und trägt damit unter anderem seinen Teil zum Aufschwung des neuen Rechtsradikalismus bei. Wenn schon die Identifikation mit »dem Staat« gefördert werden soll, dann wäre es demokratiekonformer, dies über eine positive Unterstützung beziehungsweise gesellschaftliche Anerkennung bestimmter alltäglicher Verhaltensweisen des »aufrechten Ganges« in allen gesellschaftlichen Bereichen anzustreben, die uns »unser Staat« ermöglicht. Dazu wäre es allerdings wiederum notwendig, daß »der Staat« selber etwas mehr Phantasie entwickelt, damit Personen, die ihre gesetzlich verbrieften Rechte in Anspruch nehmen wollen – zum Beispiel einen Betriebsrat zu bilden –, nicht bereits im Vorfeld in die Arbeitslosigkeit entlassen werden können – etwas, was in der Praxis häufig geschieht.

Auf der anderen Seite des politischen Spektrums in der politischen Bildung steht die »Expansion des Subjektiven« mit der sogenannten »Betroffenheitspädagogik«. Im Vordergrund stehen hier Ichbezug, Beziehungsorientierung, Idealisierung des Nahbereichs, Negierung abstrakter Strukturen und Entwertung des Kognitiven[50]. Damit kann vielleicht noch Mitleid mit den Arbeitslosen erzeugt werden – etwas, was angesichts der sich immer weiter ausbreitenden Gleichgültigkeit keineswegs herabgewürdigt werden soll. Aber Einsicht und Wissen über gesamtgesellschaftliche Zusam-

---

48 H. Bilstein, Berlin: 29. Januar 1989 – Keine Wahl wie jede andere oder der Erfolg der »Republikaner«, in: Gegenwartskunde, (1989) 2.

49 J. W. Falter u. a., Arbeitslosigkeit und Nationalsozialismus, in: Kölner Zeitschrift für Soziologie und Sozialpsychologie, (1983) 3.

50 W. Gagel, Betroffenheitspädagogik oder politischer Unterricht? Kritik am Subjektivismus in der politischen Didaktik, in: Gegenwartskunde, (1985) 4

menhänge des Arbeitslosigkeitsprozesses, das den Einsatz eines erheblichen Abstraktionsvermögens beim Übergang von subjektiv Wahrnehmbarem zu gesamtgesellschaftlichem ökonomischem, sozialwissenschaftlichem und politischem Denken erfordert, gerade derartiges wird durch den grundsätzlichen Ansatz der »Betroffenheitspädagogik« eher verhindert.

Damit fällt die »Betroffenheitspädagogik« übrigens weit hinter den vor einigen Jahren einmal erreichten Konsens repräsentativer Didaktiker der politischen Bildung wie Gagel, Fischer, Giesecke, Sutor und Roloff zurück – nämlich, daß man von persönlich erfahrenen Sachverhalten zu verallgemeinerungsfähigen Erkenntnissen, von der »subjektiven zur objektiven Betroffenheit« kommen muß[51]. Und ganz unter den Tisch fällt die Tatsache, daß die »Nichtbetroffenen« des Arbeitslosigkeitsprozesses sich ihrer »Betroffenheit« – sei es, wie aufgezeigt, im gesundheitlichen Bereich, auf der Einstellungs- und Verhaltensebene und so weiter – erst einmal bewußt werden müssen.

Mehr als fraglich ist es schließlich, ob der »main-stream« der politischen Bildung seine hehren Ziele – wie Mündigkeit, Emanzipation, Gewissensbildung, Kritik-, Urteils-, Konflikt- und Entscheidungsfähigkeit, das Erwerben von Identität, Vernunft und Kompetenz – mit den jeweils unterschiedlichen methodischen Wegen[52] angesichts der politischen Lernanreize, die von einer durch ökonomischen Boom und Massenarbeitslosigkeit gleichzeitig gekennzeichneten gesellschaftlichen Entwicklung ausgehen, wirklich einlösen kann. Zu stark dürfte der strukturelle Zwang der materiellen Verhältnisse sein, als daß man wirklich auf den bisher beschrittenen Wegen dagegen ankäme.

Muß also die politische Bildung vor der Herausforderung der Massenarbeitslosigkeit und den bisher dadurch in der Bevölkerung bewirkten politischen Lernprozessen kapitulieren? Etwas überspitzt und provokatorisch formuliert: in ihrer jetzigen Verfassung ehrlicherweise ja!

4. Veränderter Wissenschaftsbezug und direkter reformpraktischer Anspruch

Das einzige, was wirklich helfen würde, wäre die Beseitigung der Massenarbeitslosigkeit. Dazu kann nun die politische Bildung weitaus mehr beitragen, als gemeinhin angenommen. Voraussetzung dafür wäre zunächst, den zu »unreflektiert gläubigen« Wissenschaftsbezug der politischen Bildung zu relativieren.

In den sogenannten »kritischen Sozialwissenschaften« der Bundesrepublik hat sich mittlerweile ein Trend der »neuen Unbekümmertheit« breit gemacht, der die vorhandene – auch innerhalb des Kapitalismus ja keineswegs alternativlose – gesellschaftliche Entwicklung einfach hinnimmt und erst auf Grundlage dieser sich angeblich unabänderlich vollziehenden Entwicklung nach einem merkwürdigen Chance-Risiko-Interpretationsmuster Handlungsspielräume aus der Interessenlage bestimmter gesellschaftlicher Gruppen aufzeigt. Ein Beispiel dafür sind die Empfehlungen von

---

51 Ebenda.
52 Vgl. zur Information im einzelnen: W. Mickel/D. Zitzlaff (Hrsg.), Handbuch zur politischen Bildung, Opladen 1988.

Horst Kern und Michael Schumann an SPD und Gewerkschaften, sich zur Festigung ihres politischen Einflusses auf die hochqualifizierten Teile der Kernbelegschaften zu konzentrieren, und dem nachgereichten Appell, daß diese Kernbelegschaften mit ihren sicheren Arbeitsplätzen sich solidarisch gegenüber den Arbeitslosen verhalten sollen – was immer das heißen mag[53].

Die dualwirtschaftlichen Ansätze[54] mit der von ihnen betriebenen Aufwertung des informellen Sektors und der »Kultivierung« der Freiheit von Erwerbstätigkeit wären ein anderes Beispiel, an dem deutlich wird, in welchem Ausmaß das sich angeblich objektiv vollziehende »Ende der Arbeitsgesellschaft« zur emanzipatorischen Chance verklärt wird. Keine Rede vom Elend der Arbeitslosigkeit.

Oder der gegenwärtig vieldiskutierte Ulrich Beck[55]: Massenarbeitslosigkeit wird in neuen »Formen pluraler Unterbeschäftigung (zu deutsch: über ungesicherte, gelegentliche, meist von den noch geltenden arbeitsrechtlichen Errungenschaften nicht mehr erfaßte Arbeitsverhältnisse, d.V.) in das Beschäftigungssystem integriert – mit allen damit verbundenen Risiken und Chancen«.

Faktisch betreiben die sogenannten kritischen Sozialwissenschaften – und gleichzeitig eine politische Bildung, die sich darauf bezieht – damit die hegemoniale Absicherung der vorhandenen, die Massenarbeitslosigkeit einschließenden Entwicklungslogik. Im Grunde wird die bewußte politische Gestaltbarkeit gesellschaftlicher Zukunft verneint – oder in einem Bereich angesiedelt, in dem nicht »gestaltet«, sondern nach Akzeptanzregelungen gesucht wird.

Damit geht auch strukturell die Chance von Kritik bestimmter gesellschaftlicher Entwicklungen verloren, da sie – angeblich – alternativlos sind. Bei den »progressiven« Theoretikern der politischen Bildung schlägt sich das dann in der Hoffnung nieder, daß die politische Bildung – entgegen ihrer momentanen gesellschaftlichen Marginalisierung – einen enormen Bedeutungszuwachs erfahren könnte, da sie »quasi-kompensatorisch für die in der geläufigen (unter anderem durch die Massenarbeitslosigkeit bedingten, d.V.) politischen Sozialisation erlittenen Defizite« Abhilfe schaffen soll[56]. Folgen- statt Ursachenbekämpfung soll also angesagt sein.

Bevor nun etwas näher erläutert wird, auf welche Weise die politische Bildung den Abbau der Arbeitslosigkeit unterstützen kann, noch einige Bemerkungen zu den Wirtschaftswissenschaften.

In den *Wirtschaftswissenschaften* gibt es zwar eine umfangreiche Diskussion mit weit differenzierten Positionen über die Ursachen der Massenarbeitslosigkeit[57]. Teil-

---

53 H. Kern/M. Schumann, Das Ende der Arbeitsteilung?, München 1984. Daß gerade in der Automobil- und chemischen Industrie – zwei von den drei großen Bereichen, auf die sie sich in ihrer empirischen Untersuchung stützen – einfach von den ökologischen Problemlagen her eine gigantische Konversion – die im übrigen auch mehr Arbeitsplätze schaffen würde – anliegt, wird als utopische Spinnerei abgetan.

54 Vgl. etwa J. Huber, Die zwei Gesichter der Arbeit. Ungenutzte Möglichkeiten der Dualwirtschaft, Frankfurt/M. 1984; J. Berger, Alternativen zum Arbeitsmarkt, in: Mitteilungen aus der Arbeitsmarkt- und Berufsforschung, (1984) 1.

55 U. Beck, Risikogesellschaft. Auf dem Weg in eine andere Moderne, Frankfurt/M. 1986.

56 B. Claußen (Anm. 33).

57 J. Priewe, Zur Kritik konkurrierender Arbeitsmarkt- und Beschäftigungstheorien und ihrer politischen Implikationen, Frankfurt/M. u. a. 1984; H. Gerfin, Theoretische Erklärungsversuche länger anhaltender Beschäftigungsprobleme, in: H. J. Krupp/B. Rohwer/K. W. Rothschild (Hrsg.), Wege zur Vollbeschäftigung, Freiburg 1986.

weise verschaffen die gebotenen Lösungen durch ihre logische Eleganz und den souveränen Umgang mit dem entsprechenden mathematischen Instrumentarium dem Leser durchaus einen ästhetischen Genuß – aber mehr auch nicht. »Es gibt noch immer keine genuin-ökonomische Erklärung langfristiger unfreiwilliger Arbeitslosigkeit.«[58] Sämtliche makroökonomische Lehrbücher kapitulieren schlichtweg vor diesem Problem oder negieren es[59].

Da innerhalb der ökonomischen wissenschaftlichen Zunft keine Einigkeit über die Ursachen der Massenarbeitslosigkeit besteht, dominieren – je nach politischem Standpunkt beziehungsweise Interesse – Erklärungsmuster, die mit den damit implizit oder explizit gegebenen wirtschaftspolitischen Handlungsanweisungen nur den jeweiligen (Partial-)Interessen entgegenkommen, das Problem der Arbeitslosigkeit aber nicht lösen.

Bestes Beispiel dafür ist das dauernde Gerede von der Notwendigkeit einer allgemeinen Lohnsenkung. Aber die in der immens gesunkenen Lohnquote (1982: 70,5 Prozent, 1988: 64,5 Prozent) zum Ausdruck kommende Reallohnzurückhaltung und sogar -senkung hat entgegen weit verbreiteter Meinung nicht zum Anstieg der Anzahl der Arbeitsplätze geführt. Der gesamte statistisch ausgewiesene Beschäftigungsanstieg 1984 bis 1987 von 675 000 Arbeitsplätzen entspricht zum Beispiel – gemessen in Arbeitsstunden – nur einem Anstieg von 35 000 Vollzeitarbeitsplätzen[60]. Der statistisch ausgewiesene Erfolg ist also im wesentlichen durch Arbeitszeitverkürzung, Teilzeitarbeit, befristete Beschäftigungsverhältnisse und nicht zuletzt durch statistische Manipulationen bedingt.

Einzig durch die Strategie der Wochenarbeitszeitverkürzung wurden zusätzliche Vollzeitarbeitsplätze dauerhaft und in relevanten Größenordnungen geschaffen, und zwar bisher in einer Größenordnung von 220 000 bis 280 000 zusätzlichen Beschäftigten. Legt man die bereits vereinbarten weiteren Arbeitszeitverkürzungen zugrunde, so erhöht sich der Beschäftigungseffekt auf etwa 250 000 bis 330 000[61].

Auch der traditionelle Gegenpart der angebotsorientierten Wirtschaftspolitik, die keynesianische Strategie, hat in den Jahren 1974 bis 1982, während der sozialliberalen Koalition, den Anstieg der Arbeitslosenzahlen nicht verhindern können. Gegenwärtig vorherrschende Lehrmeinung in diesem Teil der ökonomischen Wissenschaften ist – unter dem Stichwort »Krise des Keynesianismus« –, daß sich die Krisenmechanismen derart internationalisiert haben, daß eine wirksame keynesianische Steuerung zur Bekämpfung der Massenarbeitslosigkeit nur weltweit oder

58 E. Streissler, Die Unzulänglichkeit des informationstheoretischen Ansatzes zur Erklärung von unfreiwilliger Arbeitslosigkeit nach Adam Smith. Resümee von E. Streisslers Beitrag durch E. Matzner, in: E. Matzner u. a. (Hrsg.), Über ökonomische und institutionelle Bedingungen erfolgreicher Beschäftigungs- und Arbeitsmarktpolitik, Wissenschaftszentrum Berlin, Berlin 1987.
59 P. de Gijsel/J. Schneider/W. Vogt, Kurzfristig arbeitslos, langfristig tot? Erklärungen von Arbeitslosigkeit in makroökonomischen Lehrbüchern, in: Ökonomie und Gesellschaft, Jahrbuch 5: Keynessche Fragen im Lichte der Neoklassik, Frankfurt/M.–New York 1987.
60 J. Kühl (Anm. 6).
61 M. Seifert, Beschäftigungswirkungen und Perspektiven der Arbeitszeitpolitik, in: WSI-Mitteilungen, (1989) 3.

zumindest europäisch koordiniert ansetzen könnte[62]. Dies ist aber – wie zum Beispiel Fritz Scharpf und Helmut Schmidt selber einräumen – auch unter optimistischen Annahmen bestenfalls langfristig eine realistische Perspektive.

Dazu kommt – und das wird bisher noch gar nicht diskutiert –, daß die Bundesschuld (Dezember 1982: 309 Milliarden DM; März 1989: 484 Milliarden DM) in einem derartigen Ausmaß (nämlich um 175 Milliarden DM) weiter in die Höhe getrieben worden ist, daß ein zukünftiges Defizit-Spending, wie es die verschiedenen Beschäftigungsprogramme fordern, unter der Restriktion eines immer schneller steigenden absoluten und relativen Anteils der Zinsausgaben im Bundeshaushalt steht. Der Anteil, den der Bonner Bundeshaushalt für Zinsen aufwendet, ist von 2,8 Prozent 1970 auf 6,5 Prozent 1980 gestiegen und wird nach der bisherigen Finanzplanung auf über 12 Prozent 1990 weiter steigen. Da große Teile der öffentlichen Haushalte sowieso – teilweise aus juristischen Gründen – langfristig festliegen, wird durch eine derartige Entwicklung der politische Entscheidungsspielraum bei der Festlegung von Prioritäten der Haushaltspolitik immer enger und tendiert bei Fortsetzung dieser Entwicklung gegen Null. Außerdem steigt die Abhängigkeit des Staates von den Banken – als seinen Hauptkreditgebern – immer mehr.

Die politische Bildung wird also mit einem Wissenschaftsbezug auf die gängigen ökonomischen Lehrmeinungen – seien sie angebots- oder keynesianisch nachfrageorientiert –, ja selbst bei einem Bezug auf die sogenannten kritischen Sozialwissenschaften nichts zum Abbau der Massenarbeitslosigkeit beitragen können. Darin liegt jedoch die einzig wirksame Strategie, das tatsächlich mit dieser Situation verbundene, höchst problematische »politische Lernen« in der Bevölkerung zu beeinflussen. Übrig bleibt beim Weiterverfolgen dieses Weges einzig die quasi-kompensatorische Abschwächung der schlimmsten demokratiegefährdenden Entwicklungen einer durch die Massenarbeitslosigkeit bewirkten politischen Sozialisation.

---

62 F. W. Scharpf, Weltweite, europäische oder nationale Optionen der Vollbeschäftigungspolitik?, in: Gewerkschaftliche Monatshefte, (1988) 1; H. Schmidt, Eine Strategie für den Westen, Berlin 1987.

Wie könnte nun die politische Bildung den Abbau der Massenarbeitslosigkeit unterstützen? Voraussetzung dafür wäre eine Änderung des Selbstverständnisses. Politische Bildung müßte direkt mit dem reformpraktischen Anspruch der Beseitigung der Arbeitslosigkeit antreten und bewußt unter den »Angeboten« der Wissenschaften diejenigen in den Vordergrund stellen, die diesen reformpraktischen Anspruch am ehesten unterstützen. Das beinhaltet natürlich eine politische Wertung und Bewertung gewünschter oder unerwünschter Entwicklungen eines bestimmten Politikbereiches. Aber selbst der ehemalige CDU-Direktor der Bundeszentrale für politische Bildung, Gerd Langguth, betont, daß politische Bildung nicht wertneutral sein kann. Sie ist der Gesetzlichkeit beziehungsweise dem Grundgesetz verpflichtet[63]. Der reformpraktische Anspruch der Beseitigung der Massenarbeitslosigkeit ist aber – abgesehen von dem, wenn auch nur verbalen, breiten gesellschaftlichen Konsens in dieser Beziehung – im Stabilitätsgesetz und im Arbeitsförderungsgesetz gesetzlich fixiert und ist zusätzlich allgemein aus dem Sozialstaatsgebot des Grundgesetzes ableitbar (sowie explizit etwa in der Verfassung des Landes Nordrhein-Westfalen formuliert). Worauf könnte nun eine politische Bildung, die explizit unter dem reformpraktischen Anspruch der Beseitigung der Arbeitslosigkeit antritt, sich wissenschaftlich stützen?

5. Zu den politischen Ursachen der Massenarbeitslosigkeit: Der Bezug auf die neuere international vergleichende Forschung

Das zentrale Ergebnis der jüngeren international vergleichenden Forschung zur ökonomischen Entwicklung und zum stark differierenden Ausmaß der Arbeitslosigkeit in den kapitalistischen Industrienationen besteht darin, daß der Anstieg und die Existenz der Arbeitslosigkeit kein unabwendbares Schicksal ist und auch nicht mit den gängigen ökonomischen Hypothesen und Theorien erklärt werden kann. Vielmehr sind in hohem Ausmaß politische Ursachen für die jeweiligen nationalen Entwicklungen verantwortlich[64].

Diese politischen Ursachen bestehen zum einen aus dem jeweiligen nationalen »politischen Klima«, aus dem politisch-historisch gewachsenen gesellschaftlichen

---

63 W. Bendix-Engler/G. Langguth (Hrsg.), Politische Bildung heute, hrsg. im Auftrag der Arbeitsgruppe Politische Bildung/Weiterbildung unter Leitung von G. Langguth, Konrad-Adenauer-Stiftung, Forschungsbericht Nr. 31, Melle 1984.
64 M. G. Schmidt, Wohlfahrtsstaatliche Politik unter bürgerlichen und sozialdemokratischen Regierungen. Ein internationaler Vergleich, Frankfurt/M.–New York 1982; ders., Massenarbeitslosigkeit und Vollbeschäftigung. Ein internationaler Vergleich, in: Leviathan, (1983) 4; G. Therborn, Arbeitslosigkeit. Strategien und Politikansätze in den OECD-Ländern, Hamburg 1985; ders., Nationale Politik der internationalen Arbeitslosigkeit. Der Fall Bundesrepublik im Lichte der OECD-Daten von 1973–1985, in: H. Abromeit/B. Blanke (Hrsg.), Arbeitsmarkt, Arbeitsbeziehungen und Politik in den 80er Jahren, Leviathan-Sonderheft, (1987) 8; F. W. Scharpf, Sozialdemokratische Krisenpolitik in Europa, Frankfurt/M.-New York 1987; K. Hinrichs, Vollbeschäftigung in Schweden. Zu den kulturellen Grundlagen und den Grenzen erfolgreicher Arbeitsmarkt- und Beschäftigungspolitik, in: Politische Vierteljahresschrift, (1988) 4.

Normensystem, das von denjenigen, die gesellschaftlich relevante Entscheidungen fällen und der Bevölkerung – oder, anders ausgedrückt, von Herrschenden wie Beherrschten – unhinterfragt wie selbstverständlich geteilt wird. In Ländern mit keiner oder sehr niedriger Arbeitslosigkeit ist die Existenz von Arbeitslosigkeit extrem negativ besetzt und tabuisiert (etwa in Schweden).

Diese politischen Ursachen bestehen zum zweiten aus den jeweiligen nationalen politisch-institutionellen Rahmenbedingungen, die bestimmte wirtschafts- und arbeitsmarktpolitische Strategieoptionen eröffnen, die – wenn sie klug und geschickt wahrgenommen werden *und* wenn die institutionellen Bedingungen nicht eine Vollbeschäftigungsstrategie unmöglich machen[65] – es ermöglichen, die Existenz von Arbeitslosigkeit zu verhindern.

In der Bundesrepublik ist nun in den letzten Jahren trotz aller Schaufensterreden und verbalen Bekundungen ein Prozeß der Gewöhnung an die Existenz der Massenarbeitslosigkeit festzustellen. Das Zustandebringen dieses Gewöhnungsprozesses und die entsprechende Verschiebung des gesellschaftlichen Normensystems ist *der* zentrale Erfolg der konservativ-liberalen Bundesregierung beziehungsweise insgesamt der neokonservativen Hegemonie in der Gesellschaft. Die Versuche, diesen Prozeß aufzuhalten oder gar umzukehren – in Richtung einer stärkeren negativen Besetzung der Arbeitslosigkeit –, waren und sind relativ erfolglos.

Obwohl sich das wirtschafts- und arbeitsmarktpolitische Instrumentarium der Bundesrepublik nicht grundlegend von dem Schwedens unterscheidet[66], somit in der Bundesrepublik auch auf Grundlage der vorhandenen institutionellen Gegebenheiten die Arbeitslosigkeit sehr viel geringer sein könnte, hängt der eben genannte Prozeß der Gewöhnung an die Massenarbeitslosigkeit und der entsprechenden Verschiebung des gesellschaftlichen Normensystems mit der konzeptionellen Phantasielosigkeit zusammen, mit dem Zurückschrecken vor institutionellen Veränderungen, mit den bisher nicht-existenten Versuchen, institutionelle Barrieren einer Vollbeschäftigungsstrategie zu beseitigen. Der Austausch der ewig gleichen Argumente der beiden großen wirtschaftspolitischen Lager stimmt resignativ.

Diese Resignation wird noch gefördert, indem beispielsweise der neue »Chef-Ökonom« der SPD Fritz W. Scharpf – wegen der seines Erachtens prinzipiell nicht vorhersagbaren Aus- und Nebenwirkungen institutioneller Veränderungen – nur Vorschläge zur Beseitigung der Massenarbeitslosigkeit gelten lassen will, die ökonomisch richtig *und* im vorhandenen institutionellen Rahmen machbar sind[67]. Eigentlich

---

65 In der Bundesrepublik wird zu Beispiel eine Vollbeschäftigungsstrategie durch die institutionell bedingte starke Autonomie der Bundesbank behindert.

66 Darüber läßt sich sicher streiten, aber entgegen gängiger Meinung etwa in bezug auf die aktive Arbeitsmarktpolitik hätte diese in der Bundesrepublik in einem anderen »politischen Klima« sehr wohl sehr viel intensiver und nicht in neokonservativem Interesse ausgestaltet praktiziert werden können. Zu dieser Argumentation siehe A. Bust-Bartels, Beseitigung der Massenarbeitslosigkeit durch soziale Innovation? Alternativen zur aktiven Arbeitsmarktpolitik, in: Aus Politik und Zeitgeschichte, B 43/1987.

67 Allgemein erwägt Scharpf durchaus hier und da einmal den Ersatz von nicht zu reformierenden Organisationen durch »einen institutionellen Neubau«, aber nur dort, »wo das möglich ist« (F. W. Scharpf, Grenzen der institutionellen Reform, in: T. Ellwein u. a. [Hrsg.], Jahrbuch zur Staats- und Verwaltungswissenschaft, Bd. 1, Baden-Baden 1987). Obwohl Scharpf in der politikwissenschaftlichen Zunft ja der profilierteste Vertreter eines »Steuerungsoptimismus« gegenüber solch blinden »Selbstregelungsfanatikern« wie Luhmann ist

müßte ihn aber doch nachdenklich stimmen, daß sein eigener Vorschlag zur – für Unternehmen und Staat weitgehend kostenneutralen – Einführung der 35-Stunden-Woche[68] so wenig aufgegriffen wurde, obwohl er institutionell ohne weiteres machbar wäre. Ebensowenig politisch aufgegriffen werden Vorschläge der Gründung einer Institution zur Herstellung gesamtfiskalischer Rationalität[69], mit der bei entsprechender Ausgestaltung und Aufgabensetzung die Möglichkeit bestünde, die bisherigen gesamtfiskalischen Kosten der Arbeitslosigkeit direkt in die Kosten tariflicher Bezahlung der jetzt Arbeitslosen für viele gesellschaftlich sinnvolle Tätigkeiten zu verwandeln[70]. Es geht eben auch um Interessen, speziell in diesem Fall um die *Interessen an der Fortexistenz der Massenarbeitslosigkeit.*

Derartige Gesichtspunkte werden bisher in der aktuellen Diskussion über die politischen Ursachen der Arbeitslosigkeit in den kapitalistischen Industrienationen so gut wie nicht thematisiert, obwohl sie vom reformpraktischen Interesse an der Beseitigung der Massenarbeitslosigkeit her gesehen ganz zentral sind[71].

6. Konsequenzen aus der Herausforderung der Massenarbeitslosigkeit für die politische Bildung

Wenn die politische Bildung den Herausforderungen der Massenarbeitslosigkeit beziehungsweise den Herausforderungen des faktisch in der Bevölkerung durch die Massenarbeitslosigkeit bewirkten autoritären/undemokratischen »politischen Lernens« gewachsen sein will, so müßte sie verschiedene Konsequenzen ziehen:
1. Als erstes müßte die politische Bildung mehr als bisher dem Prozeß der »großen Gewöhnung« an die Situation der Massenarbeitslosigkeit entgegensteuern. Dazu bedarf es noch gar keines reformpraktischen Anspruches, zur Beseitigung der

(F. W. Scharpf, Politische Steuerung und Politische Institutionen, in: Politische Vierteljahresschrift, [1989] 1; N. Luhmann, Politische Steuerung. Ein Diskussionsbeitrag, ebenda), hat seine stark an ökonomischen und institutionellen Sachzwängen orientierte Analyse politischer Handlungsmöglichkeiten bei der Behebung der Massenarbeitslosigkeit eine starke Affinität zur Resignation gegenüber der Aufgabe, die gesellschaftliche Zukunft bewußt und anders als bisher zu gestalten. Nicht umsonst landet er mit seinen Überlegungen zur Massenarbeitslosigkeit bei der Konzeption des »Sozialismus in einer Klasse«, einer »wissenschaftlich/sozialistischen Begründung« der Lohnsenkungsvorschläge Lafontaines (F. W. Scharpf, Anm. 62).

68 B. Reissert/F.W. Scharpf/R. Schettkat, Eine Strategie zur Beseitigung der Massenarbeitslosigkeit, in: Aus Politik und Zeitgeschichte, B 23/1986.

69 D. Mertens, Topoi der Arbeitsmarktdebatte – Argumente und Positionen, in: G. Bombach/B.Gahlen/A. E. Ott (Hrsg.), Neuere Entwicklungen in der Beschäftigungstheorie und -politik, Tübingen 1979.

70 A. Bust-Bartels (Anm. 66).

71 J. Kühl, Die Rekonstitution der Vollbeschäftigung – von der Utopie zur Vision humaner Arbeitsmarktpolitik, in: Mitteilungen aus dem Arbeitsmarkt- und Berufsforschung, (1984) 1; A. Bust-Bartels, Wer verhindert die Beseitigung der Massenarbeitslosigkeit?, in: Kultur und Technik, Offenbach 1987; ders., Massenarbeitslosigkeit, ökologischer Umbau und die Rolle der neuen sozialen Bewegungen, in: Forschungsjournal Neue Soziale Bewegungen, 2(1989)2, S. 44-56; ders., Skandal Massenarbeitslosigkeit. Zwischen passivem Staat und alternativer Arbeitsmarktpolitik, Opladen 1990.

Arbeitslosigkeit beitragen zu wollen, oder des Anspruches, »moralische Betroffenheit« zu erzeugen und so weiter. Einer der pädagogisch-didaktischen »Päpste«, Hermann Giesecke, hat vor einiger Zeit die Meinung geäußert, er halte nicht viel davon, in der politischen Bildung »sogenannte Werte zu vertreten«. Pädagogik müsse wertneutral sein. Aufgabe wäre es allein, den Menschen »eine realitätsgerechte Vorstellung über die Wirklichkeit« zu ermöglichen[72]. Egal, wie man jetzt von linker, progressiver, emanzipatorischer oder wie immer zu bezeichnender Seite zu dieser Position stehen mag, dieser Anspruch von Giesecke an die Qualität politischer Bildung reicht bereits aus, um den gegenwärtigen Prozeß des Herunterspielens der Arbeitslosigkeitsproblematik und vor allem die aktuell bereits getätigten und die geplanten Manipulationen der Arbeitslosenstatistik zur weiteren Verdrängung des Problems aus der öffentlichen und veröffentlichten Meinung heftig zu bekämpfen.

Neben den bereits schon vorgenommenen Manipulationen der Arbeitslosenstatistik ist für die Zukunft unter anderem folgendes geplant[73]:

– Die Nicht-Leistungsempfänger, gegenwärtig gut 700 000 Arbeitslose, sollen möglichst aus der Statistik verschwinden.
– Insgesamt sollen nur noch solche Arbeitslose in der Statistik erfaßt werden, die »eine Arbeitsstelle nachfragen, die für sie die einzige oder eine wesentliche Einkommensquelle darstellt«. Insbesondere verheiratete Frauen, deren Männer erwerbstätig sind, sollen damit aus der Statistik verdrängt werden.
– Die gegenwärtig 240 000 Teilzeitarbeitslosen sollen aus der Statistik der registrierten Arbeitslosigkeit herausgenommen werden.
– Die nicht mehr zu vermittelnden Personen sollen ebenfalls aus der Statistik herausfallen. Nimmt man als Kriterium für die Nicht-Vermittelbarkeit ein Jahr und länger andauernde ununterbrochene Arbeitslosigkeit, so wären 1988 etwa 685 000 registrierte Arbeitslose aus der Statistik herausgefallen.
– Immer wieder im Gespräch bei CDU/CSU und Bundesregierung ist eine grundsätzliche Umstellung bei der Ermittlung der Arbeitslosenzahlen. Nicht mehr die Arbeitsämter sollen ihre jeweiligen registrierten Arbeitslosen melden, sondern die Arbeitslosenquote soll durch eine repräsentative Haustürbefragung ermittelt werden[74]. Nach den bisherigen Erfahrungen mit dem Mikrozensus würde – da Arbeitslosigkeit ein Manko ist, das man einem Interviewer gegenüber ungern zugibt – sich damit die Arbeitslosenquote um mehr als ein Viertel verringern. 1982 beispielsweise betrug die offizielle Arbeitslosenquote 7,5 Prozent, nach dem Mikrozensus jedoch nur 5,5 Prozent[75].

Je nachdem, in welchem Ausmaß es gelingen wird, derartige Manipulationsvorschläge in die Tat umzusetzen, würden damit die Arbeitslosenzahlen unter eine Million, ja eventuell sogar unter 500 000 sinken. Ein derartiges Vorgehen kann auch

72 H. Giesecke, in: B. Eichmann, Denker, Mittler und Macher. Zeitzeugengespräche: »Stunde Null der politischen Bildung«, in: Das Parlament vom 13. Juli 1985.
73 J. Kühl, Chronik zur Arbeitsmarktpolitik, in: Mitteilungen aus der Arbeitsmarkt- und Berufsforschung, (1988) 2; CDU/CSU-Fraktion im Deutschen Bundestag, Grundzüge der Wirtschafts- und Arbeitsmarktpolitik, Pressedienst vom 18. Mai 1988, sowie die Presseberichterstattung darüber.
74 R. Dreßler (Anm. 4).
75 H. Hitz, Erwerbsstatistische Praxis und die Ermittlung von Arbeitslosenquoten im internationalen Vergleich, in: Beiträge zur Arbeitsmarkt- und Berufsforschung, 97 (1986).

nicht mit dem Anspruch legitimiert werden, eine »realitätsgerechtere Vorstellung« darüber zu vermitteln, was sich hinter dem globalen Indikator Arbeitslosenquote im einzelnen auf dem Arbeitsmarkt verbirgt, wenn damit gleichzeitig die Arbeitslosenquote selber unter den Tisch fällt oder zumindest gewaltig nach unten manipuliert wird. Seit dem Bestehen der Bundesrepublik ist sie der zentrale Indikator für die öffentliche Diskussion, um die Möglichkeiten und Chancen einer Erwerbstätigkeit für alle erwerbsfähigen Personen in der Gesellschaft zu charakterisieren.

Vor allen weiteren Konsequenzen eines reformpraktischen Anspruchs der Beseitigung der Arbeitslosigkeit muß die politische Bildung – will sie wirklich dem durch die Massenarbeitslosigkeit verursachten fragwürdigen »politischen Lernen« in der Bevölkerung entgegensteuern – gegen den absehbaren Trend in der veröffentlichten Meinung »eine realitätsgerechte Vorstellung über die Wirklichkeit« des Ausmaßes der Arbeitslosigkeit aufrechterhalten.

2. Die politische Bildung müßte weiterhin – jetzt von einem reformpraktischen Anspruch ausgehend – ganz allgemein die bewußte politisch-demokratische Gestaltbarkeit der gesellschaftlichen Zukunft mehr in den Vordergrund stellen und angeführte »Sachzwänge« für bestimmte Entwicklungen weniger akzeptieren. Das gilt auch und gerade für den wirtschaftlichen Bereich. Nach Keynes sind in entwickelten Volkswirtschaften hohe Freiheitsgrade über das gegeben, was weiter wachsen soll. Darüber ist jedoch nicht nur erkenntnismäßig, sondern vor allem interessenbedingt schwer Übereinstimmung zu erzielen[76]. Die sogenannte Systemfrage wäre mit einer demokratisch legitimierten anderen Prioritätensetzung des volkswirtschaftlichen Produktionsprozesses – mit einer »sozial geleiteten Investitionsrate« (Keynes) – nicht verbunden. (Abgesehen davon, daß das kapitalistische Wirtschaftssystem keineswegs im Grundgesetz festgeschrieben ist.)

3. Die politische Bildung dürfte insbesondere in bezug auf die Existenz der Massenarbeitslosigkeit die bisherige Sachzwangargumentation nicht mehr akzeptieren. Sie müßte viel mehr als bisher die bewußten Gestaltungsmöglichkeiten auf dem Arbeitsmarkt – bis hin zu institutionellen Veränderungen beziehungsweise der Beseitigung institutioneller Barrieren, die in der Bundesrepublik den Abbau der Arbeitslosigkeit behindern – in den Vordergrund stellen. Sie kann sich dabei auf die – eben kurz skizzierten – neueren international vergleichenden Forschungen über die Ursachen der stark differierenden Arbeitslosenquoten in den westlichen Industrienationen stützen.

4. Und die politische Bildung müßte sich mehr rückbesinnen auf den Anspruch, der vor einigen Jahren mehr im Vordergrund stand, nämlich auf die Fähigkeit zur Interessenanalyse der verschiedenen gesellschaftlichen Gruppen und auf die Fähigkeit, gegenüber allen ideologischen Vernebelungen die eigenen Interessen besser zu erkennen, »Gegner« zu identifizieren und sich demokratisch kultiviert auseinanderzusetzen. Dies ist in bezug auf die Problemlage der Massenarbeitslosigkeit ganz besonders wichtig, da es handfeste und sehr durchsetzungsfähige Interessen am Fortbestand der gegenwärtigen Situation gibt[77]. Selten wird das in der Bundesrepu-

---

76 A. Bhaduri, Macro-Economics, London 1986.
77 A. Bust-Bartels, Arbeitslosigkeit und Interesse (Anm. 71).

blik so offen formuliert, wie etwa bei Lothar Späth: Bei Vollbeschäftigung wird die »innere Einstellung der Leute verdorben«[78].

5. Und die politische Bildung sollte sich viel mehr als bisher Gedanken machen, wie die vorherrschenden Normen in der Bundesrepublik so beeinflußt werden können, daß die Existenz der Arbeitslosigkeit stärker negativ besetzt wird als bisher. Gegenwärtig genügen symbolische Problemlösungen und verbale Bekundungen der Politiker gegen die Arbeitslosigkeit, um dem mit dem vorhandenen Normensystem verbundenen Handlungsanspruch genüge zu tun. Und solange ein Großteil der Bevölkerung die sogenannte »Hilfe zur Arbeit« bei Sozialhilfeempfängern zu Stundenlöhnen zwischen 0,50 DM und 2 DM – ohne daß sie damit in das Sozialversicherungssystem eingebunden sind – für richtig hält, anstatt daß diesen Menschen vernünftige tariflich bezahlte Arbeitsplätze angeboten werden (1983 war fast jeder zweite arbeitsfähige Sozialhilfeempfänger mit dieser »Hilfe zur Arbeit« konfrontiert[79]), sind wir weit entfernt von einem gesellschaftlichen Normensystem, das wirklich handlungsrelevant die Existenz von Arbeitslosigkeit negativ besetzt.

6. Um die eben genannten Aufgaben optimal erfüllen zu können, müßte die politische Bildung noch einen weiteren zentralen Schritt tun. Die politische und wissenschaftliche Diskussion sowie die Öffentlichkeitsarbeit der verschiedensten Institutionen bleibt gegenwärtig in bezug auf das Arbeitslosenproblem vorrangig auf der Ebene der moralischen Appelle an das Mitleid von Bevölkerung, Politikern und Verwaltung, für die in der Gesellschaft zu kurz gekommenen etwas zu tun. Damit entwickelt sich jedoch keine Aufbruchstimmung zur grundsätzlichen Lösung des Problems.

Es gibt mittlerweile zur Lösung der verschiedensten gesellschaftlichen Problemlagen konzeptionell ausgereifte, politikfähige andere Lösungen als die gegenwärtig praktizierten, die – wenn nicht unmittelbare Interessen tangiert sind – weit über alle politischen Lager als die (unter anderem unter ökologischen Kriterien) »vernünftigeren« angesehen werden[80]. Sie werden aber nicht angegangen, weil sie meistens *arbeitsintensiver* sind und die zusätzlich benötigte tariflich bezahlte Arbeitskraft angeblich nicht – beziehungsweise auf Grundlage der vorhandenen institutionellen Strukturen und des finanzpolitischen Partikularismus tatsächlich nur schwer – finanzierbar ist.

Da die Finanzierung von Arbeitslosigkeit – um es auf eine einfache Formel zu bringen – die Gesellschaft fast genausoviel kostet wie die tarifliche Bezahlung der Arbeitslosen, und da es mittlerweile ausgereifte Konzeptionen zur Umwandlung der Kosten der Arbeitslosigkeit in die Kosten tariflicher Beschäftigung gibt, käme es für die politische Bildung darauf an, nicht defensiv mit moralischen Apellen auf die Arbeitslosigkeit zu reagieren, sondern offensiv die – mit den »neuen arbeitsintensiveren Lösungen« vieler gesellschaftlicher Problemlagen sich bietenden – gigantischen Möglichkeiten zur Hebung des gesellschaftlichen Wohlstandes in den Vordergrund zu stellen.

---

78 L. Späth, Spiegel-Streitgespräch: »Wir haben gemeinsame Ansätze gefunden«. Die Ministerpräsidenten Späth (CDU) und Lafontaine (SPD) über Arbeitslosigkeit und Sozialpolitik, in: Der Spiegel, 19/1988.

79 H. Hartmann, Die Praxis der Hilfe zur Arbeit nach dem BSHG, Köln 1984 (Teil 1); W. Hanisch, »Hilfe zur Arbeit« statt Beschäftigungspolitik« – Beschäftigungsangebote in der kommunalen Armutspolitik, in: WSI-Mitteilungen, (1985) 7.

80 Vgl. zusammenfassend A. Bust-Bartels (Anm. 66).

HENDRIK OTTEN

Multikulturelle Gesellschaft – oder: »Wer hat Angst vorm Schwarzen Mann?«

Anregungen für die politische Bildung

Multikulturelle Gesellschaft ist ein Modebegriff geworden: Den einen dient er zur Kennzeichnung eines gesellschaftlichen Zustandes, der durch eine bestimmte Form friedfertigen Zusammenlebens gekennzeichnet ist, für andere beinhaltet er eher etwas abzulehnendes oder gar bedrohliches; schließlich sind da noch jene, die salopp mit diesem Begriff quer durch verschiedene Wissenschaftsdisziplinen springen, ohne sich in jedem Fall über mögliche Interpretationen durch politisch Andersdenkende ausreichend Gedanken zu machen. Befassen wir uns deshalb zunächst mit dem möglichen Bedeutungsgehalt.

Vor dem Hintergrund der übrigen Beiträge in diesem Band bietet sich an, die Diskussion über Aspekte der Entstehung multikultureller Gesellschaftsstrukturen im Kontext politischer Bildung auf zwei Ebenen zu führen: Eine Ebene ist die weitere integrationspolitische Entwicklung der Europäischen Gemeinschaft, die andere tangiert gesellschaftspolitische Veränderungen in der Bundesrepublik Deutschland. Letztere soll uns im folgenden vorrangig interessieren, weil Absicht ist, einige Denkanstöße für politische Bildung zu geben, die den Anspruch erhebt, wirksam zu sein im Hinblick auf demokratisches Alltagshandeln der Menschen.

Eine systematische Differenzierung oder gar Trennung dieser beiden Ebenen ist de facto nicht möglich: Die durch die Römischen Verträge gesicherte Freizügigkeit der Arbeitnehmer hat zum Beispiel auch Auswirkungen auf die jeweiligen gesellschaftlichen Bedingungen der Mitgliedstaaten gehabt. Das Ringen um einen Minimalkonsens in Bezug auf eine Europäische Sozialcharta, um Nachteile der grundsätzlich erwünschten höheren Mobilität der Menschen im zukünftigen Europäischen Binnenmarkt zu vermeiden, zeigt den zunehmenden Grad von Interdependenzen.

Eine Analyse der Entwicklung in den einzelnen EG-Mitgliedstaaten – aber auch in zahlreichen osteuropäischen Ländern, einschließlich der Sowjetunion – zeigt eindeutig ein Bild gesellschaftlicher Strukturen, die nicht mehr ausschließlich »national-kulturell« zu interpretieren sind; hinzu kommt die Forderung nach prinzipieller Respektierung multikultureller Lebensformen, die vor keinem politischen System mehr haltmacht. Auch hieraus können Berührungspunkte zwischen den beiden Ebenen abgeleitet werden.

Absicht dieses Beitrages ist es, einige Anregungen für die politische Bildung zu entwickeln, damit die Auseinandersetzungen um die Entstehung multikultureller Strukturen in der Bundesrepublik nicht nur emotional geführt werden. Dabei ist zunächst festzuhalten, daß die Entwicklungen innerhalb der Europäischen Gemeinschaft, aber auch darüber hinaus, weit weniger Menschen zu beunruhigen scheinen als jene Entwicklungen, die bei uns zu beobachten sind. Diesen Eindruck gewinnt man bei näherer Befassung mit den Ausdrucksformen dieser Beunruhigungen, etwa bei Wahlen und konkret in Zuwachsraten von Wählerstimmen für die Republikaner. Hier ist nicht der Ort, um sich mit der Emotionalisierung letztlich nur rational zu lösender Probleme zu befassen, wohl aber mit der offensichtlich vorhandenen Disposition vieler Menschen, diffuse Ängste und Unwissenheit in extremen politischen Positionen zu kanalisieren.

Für die politische Bildung sind diese Symptome keine neue Erscheinung. Zu Zeiten der Hochkonjunktur der NPD beispielsweise wurde mit hohem materiellen und personellen Aufwand versucht, gegenzusteuern. Wenn etwas neu ist, ist es das Ausmaß in bezug auf einen konkreten Aspekt; um es eher neutral auszudrücken: Verunsicherungen gegenüber Anders-Sein nehmen zu, die Bandbreite reicht bis hin zu gewalttätigen ausländerfeindlichen Aktionen, wenn diese auch immer noch eher die Ausnahme sind.

Nachdenken darüber, was politische Bildung hier verändern kann, muß meines Erachtens ansetzen mit der Frage: Was bringt eine größere Zahl von Menschen – quer durch alle Altersstufen – wann und warum dazu, sich gegen die Anwesenheit von Menschen anderskultureller Herkunft zu wenden?

Menschen aus anderen Ländern in größerer Anzahl leben in der Bundesrepublik fast so lange, wie diese besteht. Heute sind es über 4 Millionen, die meisten als ausländische Arbeitnehmer mit ihren Familien. Erinnern wir uns an die fünfziger und sechziger Jahre: »Gastarbeiter« hießen sie damals, und in einer bestimmten Wachstumsphase wurden sie mit großem Bahnhof empfangen. Wir brauchten sie als Arbeitskräfte – in vielen Wirtschaftszweigen brauchen wir sie auch in der Zukunft –, aber schon damals gab es Diskrepanzen zwischen politischem Postulat und gesell-

schaftlicher Praxis: »Italiener-Sein« galt als Synonym für »Anders-Sein« – die Umgangssprache jener Zeit gibt davon ein eindrucksvolles Zeugnis. Heute spricht kaum mehr einer von ihnen als etwas Auffälligem; wären sie nicht da, fiele es auf, spätestens bei der Auswahl eines Restaurants. Ähnliches gilt für Griechen und Spanier; auch sie sind Teil unserer Alltagskultur, und dies längst nicht nur in Großstädten.

Die bekannte Reiselust der Deutschen – Italien, Spanien und Griechenland gehören zu den bevorzugten Urlaubsgebieten – hat sicher mit dazu beigetragen, daß der »Reiz des Exotischen« über die Jahre verflogen ist. Das bedeutet jedoch nicht, daß sich Einstellungen grundlegend geändert hätten – am Beispiel der Türken läßt sich dies sehr genau nachvollziehen. Eine Reihe von Untersuchungen aus den letzten Jahren hat ergeben, daß viele Menschen »Türken« meinen, wenn sie »Ausländer« sagen. Daran hat sich bis heute nicht viel geändert, auch wenn die öffentliche Auseinandersetzung im Augenblick eher darüber geführt wird, ob die Bundesrepublik ein Einwanderungsland sei und in welcher Weise man das Asylrecht verschärfen müsse.

Dies alles müßte uns nicht beunruhigen, gäbe es ein durchgängiges Verhalten jener, die sich ausländerabwehrend oder -feindlich äußern. Dem ist aber bei weitem nicht so, wie die jüngsten Analysen zum Beispiel der Wählergruppen der Republikaner gezeigt haben. Diese und ähnliche Gruppen beziehen unterschiedliche Positionen gegenüber Ausländern; im Bevölkerungsdurchschnitt spiegeln sich diese Einstellungen wider.

Als 1979 und in den folgenden Jahren in größerem Ausmaße Flüchtlinge aus Südost-Asien in die Bundesrepublik kamen – vietnamesische boat-people kannte jeder –, gab es keine größere Diskussion darüber, ob wir sie aufnehmen sollten oder nicht. Die öffentliche Meinung war breite Zustimmung. Bezogen auf die gleiche Personengruppe hat sich das Bild heute gewandelt: Es wird darüber gestritten, ob es diese Flüchtlinge wirklich noch gibt und – wenn deren Schicksal nicht mehr zu übersehen ist – wieviele denn noch in die Bundesrepublik kommen sollten. Selbst unser Grundgesetz ist vor Attacken nicht mehr sicher: Artikel 16 Abs. 2 räumt politisch Verfolgten ein uneingeschränktes Asylrecht bei uns ein. Wir streiten darüber, wieviel Verfolgung denn zumutbar ist, ehe dieses Recht in Anspruch genommen werden darf und ob wir es nicht besser ersetzen sollten durch einen von Fall zu Fall vorzunehmenden Verwaltungsakt.

Und ein jüngstes Beispiel: Die Übersiedler aus der DDR scheinen uns (noch) sehr willkommen – wäre dies auch so, wenn sie nicht Merkmale wie »jung« und »handwerklich gut ausgebildet« hätten? Die Einstellungen gegenüber Aussiedlern aus Polen oder Rumänien rechtfertigen Zweifel, denn diese genießen keineswegs die gleiche soziale Anerkennung. Ich ziehe zwei Folgerungen aus diesen einleitenden Bemerkungen:
– Es gibt unterschiedliche Akzeptanzbereitschaft im Hinblick auf unterschiedliche Gruppen von Ausländern;
– die Bundesrepublik Deutschland war zu keinem Zeitpunkt eine kulturell homogene Gesellschaft, – der gesamte mitteleuropäische Raum kennt solche Gesellschaftsformen schon seit Jahrhunderten nicht mehr.
Versuchen wir deshalb, einen anderen Zugang zur möglichen Erklärung der vorhandenen Schwierigkeiten zu entwickeln. Folgende These dient als Ausgangspunkt: Eine

objektiv gegebene höhere Zahl von Kontaktmöglichkeiten zwischen Angehörigen verschiedener Kulturen führt nicht automatisch zu einem besseren gegenseitigen Verständnis. Zur Erhärtung dieser These bedarf es keiner mehrdimensionalen empirischen Studien; die Empirie der alltäglichen Beobachtung reicht aus, um festzustellen, daß distanziertes Nebeneinander bereits eher positiv zu verbuchen ist. Ausdrücklich hervorgehoben werden sollen jene, die sich sehr aktiv um Verständigung zwischen den Kulturen, um pragmatische Lösungen für mehr Miteinander, etwa in Ausländerinitiativen, kümmern. Sie könnten als Multiplikatoren Initiativen der politischen Bildung unterstützen und umgekehrt: Politische Bildung, vor allem außerschulische, könnte ihre Infrastruktur stärker für die Arbeit solcher Gruppen und Initiativen anbieten.

Als positives Beispiel erwähnt sei auch die Arbeitsstelle der Beauftragten der Bundesregierung für die Integration der ausländischen Arbeitnehmer und ihrer Familienangehörigen. Dort wird mit sehr begrenzten Mitteln wichtige Detailarbeit geleistet und, wenn immer möglich, viel Einzelhilfe geleistet. Dies alles geschieht in der Interpretation eines Integrationsbegriffes, der den Respekt, die Toleranz kultureller Eigenständigkeit in den Vordergrund stellt und die multikulturelle Gesellschaft als zukünftige Lebensform akzeptiert.

Diese positiven Beispiele bilden immer noch die Ausnahme: Es überwiegt der Eindruck, daß sich viele Menschen bei uns überfordert oder direkt bedroht fühlen durch die Anwesenheit von Menschen mit einem anderen kulturellen Hintergrund. Von einem kulturellen »melting-pot« ist die Rede, von der Bedrohung der »deutschen Kultur«. Extreme politische Gruppen greifen diese eher diffusen emotionalen Dispositionen gerne auf, entweder, um bedingungslose Anpassung zu fordern, oder um rassistische Aus- und Abgrenzung zu propagieren – um die beiden Pole zu kennzeichnen.

Politische Bildung muß solche Ängste aufgreifen und zunächst einmal ernstnehmen: Es sind Situationen und Lebensbedingungen vorstellbar, wo sich der einzelne durch die Nähe und die Intensität von Kontakten überfordert fühlt. Solche Gefühle lassen sich nicht »objektivieren«, wohl aber kann man versuchen, sie in bezug auf ihre Handlungskonsequenzen als Lernfeld zu nutzen und sie einer rationalen Überprüfung zu unterziehen. Darauf wird an anderer Stelle im Zusammenhang der Erörterung einiger Elemente politischer Bildung detaillierter eingegangen.

Kultur[1] ist in der Auseinandersetzung um eine multikulturelle Gesellschaft ein Schlüsselwort, weil diese Gesellschaftsform zwangsläufig vermehrte inter-kulturelle Kontakte mit sich bringt und unser Alltagsleben nachhaltig verändert. Gleichzeitig ist Kultur ein sehr vielschichtiger Begriff, mit vielen individuellen Interpretationsmerkmalen. Kroeber und Kluckhohn[2] haben bereits 1979 über 150 verschiedene plausible

---

1 Wer an einer ausführlichen Diskussion des Kulturbegriffs im Zusammenhang von Akkulturation und politischer Sozialisation interessiert ist, der sei verwiesen auf: W. Treuheit/ H. Otten, Akkulturation junger Ausländer in der Bundesrepublik Deutschland. Probleme und Konzepte, Opladen 1986.

2 Zitiert in: S. Bochner (Hrsg.), Cultures in Contact. New York–Oxford–Frankfurt/M. 1983, S. 6. Auch I. M. Greverus greift in ihrem Buch: Kultur und Alltagswelt. Eine Einführung in Fragen der Kulturanthropologie, München 1978, auf beide Autoren zurück. Vor allem aber diskutiert sie ebenfalls die für unseren Zusammenhang wichtige Verbindung von Kultur und Gesellschaft.

Definitionen des Kulturbegriffs zusammengestellt. Sie helfen nur dann weiter, wenn wir einen pragmatischen Zugriff gewinnen, das heißt, wenn wir davon ausgehen, daß Kultur eine strukturelle und eine individuelle Dimension hat, die in einem inneren Zusammenhang stehen; wenn wir weiter davon ausgehen, daß sich Kultur nicht als geschlossenes System, sondern sehr differenziert darstellt, in vielfältigen Erscheinungen sozialer Alltäglichkeit, und wenn wir prinzipiell akzeptieren, daß Kultur von jedem einzelnen mitgestaltet werden kann. Kultur ist nichts Statisches, die Attribute von Kultur unterliegen einem allmählichen aber ständigem Wandel – bei Subkultursystemen haben wir uns schon an diesen Wandel gewöhnt. Kultur ist in unserem Verständnis – der hier gewählte Zugang legt es zwingend nahe – sehr eng an Gesellschaft gebunden; beide Begriffe überlappen sich.

Die erste Schlußfolgerung für politische Bildung lautet deshalb: Wir müssen versuchen, verständlich zu machen, daß niemand unsere »Kultur bedrohen« kann – höchstens die Menschheit insgesamt, wenn sie sich selbst ausrottet –; ebenso wenig hat es ein Individuum mit *der* Gesellschaft zu tun, sondern stets nur mit Attributen von Gesellschaft. Damit wird der Umgang mit Kultur und Gesellschaft für die politische Bildung keineswegs leichter, denn die Attribute und Erscheinungsformen können sehr widersprüchlich sein: Wir haben unsere Schwierigkeiten adäquaten Reagierens auf diese Widersprüche; – um wie vieles mehr zu uns kommende Ausländer!

Daraus ergibt sich die zweite Schlußfolgerung: Politische Bildung muß sich mit den konkreten gesellschaftlichen Kommunikations- und Interaktionssituationen befassen, in denen Kontakte zwischen Menschen verschiedener sozio-kultureller Herkunft stattfinden: *Das ist unser Alltag.*

Die Ausgangsthese in diesem Zusammenhang: Je »ent-individualisierter« und anonymer wir andere wahrnehmen, je größer die potentielle Aggressionsbereitschaft.

Dieser Zusammenhang ist in der Sozialpsychologie ausführlich erforscht worden. Auch in der politischen Bildung ist häufig auf das sogenannte »Milgram-Experiment« von 1974 zurückgegriffen worden, mit dem in einer langwierigen Versuchsanordnung unter Laborbedingungen nachgewiesen worden ist, daß bei abnehmender Wahrnehmung der individuellen Persönlichkeitsmerkmale eines anderen das eigene Verantwortungsbewußtsein sinkt und Handlungen möglich werden, die nicht in das jeweilige »normale« Bild passen. Unsere eigene »jüngere Geschichte« kennt leider allzu viele Beispiele, die diesen Zusammenhang ebenfalls erhärten.

Objektiv betrachtet sind genügend Kontaktsituationen vorhanden, um in der politischen Bildung daran anknüpfen zu können: am Arbeitsplatz, in der Schule, im Omnibus oder im Supermarkt, manchmal auch in direkter Nachbarschaft. Die meisten dieser Kontakte finden jedoch nur unter formalen Bedingungen statt, das heißt, wir reagieren nicht je individuell, sondern als Angehörige einer kulturellen Bezugsgruppe mit einem mehr oder weniger eindeutig definierten Verhaltenskodex. Wir produzieren auf den Anderen all' das, von dem wir glauben, es sei typisch für ihn. Sind die Unterschiede zwischen eigen-kulturellem Kontext und anders-kulturellem Kontext auch äußerlich schnell erkennbar – beispielsweise durch Hautfarbe, sprachliche Defizite oder ethnische Charakteristika –, so wächst die Gefahr spontanen, unreflektierten Reagierens, nimmt die Wahrscheinlichkeit zu, daß kategorisiert wird: »Wir hier – die da«.

Politische Bildung könnte hier einiges bewirken, wenn mit ihrer Hilfe stärker und systematischer an der Verbesserung von Selbst- und Fremdwahrnehmung gearbeitet würde.

Durch bloßes Informieren sind solche Projektionsmechanismen nicht zu verändern. Wir müssen durch politische Bildung sensibilisieren für aufmerksameren Umgang mit Anders-Sein, für differenzierteres Wahrnehmen, für mehr Offenheit, Neues überhaupt zuzulassen.

Die Forderung, mehr Sensibilität zu entwickeln, bezieht sich auch auf die Interaktionssituationen selbst: Interkulturelle Kontaktsituationen unterliegen kulturspezifischen Regeln personaler Nähe und Distanz. Ihre Beachtung beziehungsweise Verletzung ist häufig, wenn auch unbewußt, auslösender Faktor für Konflikte; dieses Konfliktpotential finden wir auch in kulturell homogenen kleineren Gruppen, zum Beispiel bezogen auf Umgang mit Freunden, weiteren Bekannten, Kollegen am Arbeitsplatz und so weiter. Allerdings kommt es in diesen Fällen weit weniger zum Konflikt, weil wir die »Spielregeln« weitgehend verinnerlicht haben; sie sind Teil unserer spezifischen sozio-kulturellen Sozialisation. In Kontakten zu Menschen, die kulturell in anderer Weise sozialisiert sind, fehlen uns häufig die notwendigen Informationen und entsprechenden Erfahrungen; gleiches gilt natürlich auch für deren Verhalten uns gegenüber.

Obwohl solche Probleme in der politischen Bildung nicht unbekannt sind – im Bereich bi- und multilateralen Jugendaustauschs spielen diese unterschiedlichen Konzepte personaler Nähe ständig eine Rolle; das Deutsch-Französische-Jugendwerk hat sich unter Forschungsgesichtspunkten lange damit befaßt –, erstaunt manchmal die Unbekümmertheit, mit der einige Zeitgenossen auf andere zugehen. Das Fatale ist: Es ist gut gemeint, aber die Reaktion des Gegenüber ist völlig anders als erwartet. Diese Reaktion kann nicht verstanden werden, der Rückzug wird angetreten, Resignation macht sich breit oder, was noch schlimmer ist, latente Vorurteile manifestieren sich.

Politische Bildung muß deshalb systematisch auf interkulturelle Kontakte vorbereiten: Inhalt und Struktur unserer Einstellungen Fremdem gegenüber sind auch abhängig davon, wie wir den Anderen oder eine Situation wahrnehmen. Für unseren Sachverhalt ist der Theoriestreit, ob Wahrnehmung die Einstellung beeinflußt oder vorhandene Einstellungen die Wahrnehmungsfähigkeit steuern, von minderer Bedeutung: Wir gehen in unseren Überlegungen davon aus, daß sie sich gegenseitig und vor allem ständig beeinflussen, quasi eine Spirale, die sich ins Unendliche dreht.

Politische Bildung hat dann zu fragen: Welche Bilder haben wir von uns gegenseitig in unseren Köpfen? Welche Bilder haben schon den Charakter von Stereotypen? Was hat zu welchen Generalisierungen geführt?

In diesem Zusammenhang sei auf ein Dilemma hingewiesen, das wir schnell lösen müssen: Wir haben in den Sozialwissenschaften bisher zu wenig Energie darauf verwendet, Konzepte zu entwickeln und anzuwenden, die *gemeinsame* Lernprozesse von »Inländern« *und* »Ausländern« ermöglichen. Eine nicht mehr zu überschauende Flut von Seminaren und Kongressen *über* ausländische Arbeitnehmer hat in den letzten 25 Jahren stattgefunden, aber wieviele *mit* ihnen?

Mit großem Engagement sind Curricula entwickelt worden, die helfen sollen, auf Multikulturalität vorzubereiten. Bezogen auf Vorschulerziehung gibt es beachtliche Erfolge gemeinsamer Erziehung, bezogen auf Schule und außerschulische Jugendarbeit überwiegen die Bedenken: Ausländerpädagogik heißt diese Disziplin; sie ist auch so gemeint und suggeriert nicht nur einseitige Lernanforderungen.

Natürlich ist nicht zu leugnen, daß zu uns kommende Ausländer, aber auch diejenigen, die schon länger hier sind, ungleich mehr Akkulturationsleistungen erbringen müssen, wollen sie im weitesten Sinne des Wortes hier überleben. Aber erstens können sie diese Leistungen nicht erbringen, wenn wir ihnen keine Chance dazu bieten, und zweitens bedeutet Akkulturation ja nicht bedingungslose Aufgabe der ursprünglichen eigenen kulturellen Sozialisation, sondern im gelungenen Fall die Fähigkeit, zwischen altem und neuem System auszubalancieren, Bikulturalität zu leben. Solche Prozesse bleiben nicht ohne Auswirkungen auf uns, auch wenn sie die »Mehrheitskultur« nicht substantiell verändern: Das Wissen vom Anders-Sein, das immer häufigere Miterleben führt zu zumindest unbewußten Reaktionen, seien es Relativierungen und Abgrenzung oder teilweise Übernahme.

Politische Bildung hat in einer Gesellschaft, die mittlerweile objektive Merkmale von Multikulturalität trägt, die Verpflichtung, verbindendes Element, Katalysator zu sein, damit »Inländer« und »Ausländer« gemeinsam und voneinander lernen, und zwar auf der Basis prinzipieller Gleichheit. Dieser Aspekt ist besonders wichtig, nicht nur, weil die Ausübung kultureller Dominanz gegen die Menschenrechte verstößt, sondern weil die Anerkennung prinzipieller Gleichheit Voraussetzung dafür ist, daß die einen in ihrer »kulturellen Identität« nicht im Sinne von Instabilität verunsichert werden und die anderen die Möglichkeit haben, Ich-Identität in einem neuen soziokulturellen Umfeld zu entwickeln.

Wir können diese wichtige Diskussion um den Identitätsbegriff hier nicht ausbreiten (siehe auch den Beitrag von Klaus Eder in diesem Band), deshalb nur einige Hinweise: Auernheimer[3] hat die Wechselbeziehungen zwischen Kultur und Identität ausführlich dargestellt und in Forderungen für eine bikulturelle Bildung zusammengefaßt. Treuheit und Otten[4] haben ebenfalls versucht, den Identitätsbegriff für politische Bildung im interkulturellen Kontext zu »operationalisieren«, und sich in Abgrenzung zur strukturfunktionalistischen Sicht für einen interaktionistischen Ansatz im Rahmen der Handlungstheorie entschieden, weil interkulturelle Verständigung nur Ergebnis von Interaktionen sein kann.

Damit läßt sich eine dritte Schlußfolgerung für politische Bildung formulieren: Wenn Menschen mit unterschiedlichem soziokulturellen Hintergrund in einer Gesellschaft friedlich und kooperativ zusammenleben wollen, müssen sie interkulturell kommunikationsfähig sein. Eingedenk des bisher Gesagten kann diese Kommunikationsfähigkeit nur auf der Grundlage gegenseitigen Respekts entwickelt werden, oder anders ausgedrückt: Wenn politische Bildung auch als Erziehung zur Toleranz verstanden wird, gibt es gute Chancen, daß interkulturelle Kommunikationsfähigkeit erworben wird.

Die Bedeutung interkultureller Kommunikationsfähigkeit leuchtet unmittelbar ein, wenn wir uns daran erinnern, daß unsere Ausdrucksformen – verbale wie nonverbale – kulturspezifisch geprägt sind. Sprache erfährt dabei eine doppelte Bedeutung: Einmal ist sie besondere Ausdrucksform der eigen-kulturellen Identität, zum

---

3 G. Auernheimer, Der sogenannte Kulturkonflikt. Orientierungsprobleme ausländischer Jugendlicher, Frankfurt/M. 1988. Besonders hingewiesen sei auch auf das ausführliche Literaturverzeichnis, das den augenblicklichen Diskussionsstand gut widerspiegelt.
4 W. Treuheit/H. Otten (Anm. 1).

anderen kann ein interkultureller Verständigungsprozeß ohne Sprache nicht stattfinden. Dabei geht es nicht nur um den Austausch von Worten; die Art des Umgangs mit Sprache ist häufig Ursache für sogenannte Mißverständnisse. Die jeweils implizierten und verinnerlichten Regeln – wie zum Beispiel Ausdruck von Gefühlen, begleitende Mimik, Sequenzen von Frage und Antwort, Bedeutung von »ja« und »nein«, direkte Aussage mit Aufforderungscharakter oder indirekte Bildersprache und so weiter – bereiten uns die gleichen Probleme wie den Ausländern; – diese müssen allerdings noch zusätzlich die Sprache selbst lernen.

Interkulturelle Verständigung kommt also ohne Sprache nicht zustande, aber Sprache alleine macht auch noch keine interkulturelle Kommunikationsfähigkeit aus. Dazu gehören auch Kenntnisse über die kulturspezifischen Regeln für den gesellschaftlichen Umgang. Jene, die hin und wieder in Asien, in arabischen Ländern oder auch in Afrika zu tun haben, können ein Lied von den vielen Fallen singen, in die man hineinstolpert. Ausländer haben diese Probleme mit uns, zumindest die erste Zeit, wir haben sie sicher auch mit ihnen, wenn auch mit weniger direkten Folgen. Die Organisation der sozialen Beziehungen ist ebenfalls ein wichtiges gegenseitiges Lernfeld: Aufmerksamkeit verdient der unterschiedliche Stellenwert der Familie im Leben, die Hierarchien in der Familie, in der Verwandtschaft, unter den Kollegen am Arbeitsplatz oder auch – in der Schule und Hochschule – unter den Lehrenden. Ein dritter Bereich sei erwähnt, weil auch er in der politischen Bildung bearbeitet werden kann: die unterschiedlichen Denksysteme sowie die Bedeutung ideologischer Konzepte für die Steuerung des Alltagslebens.

Um möglichen Mißverständnissen vorzubeugen: Interkulturelle Kommunikationsfähigkeit heißt *nicht*, alles anderskulturelle akzeptieren zu müssen. Grenzen des Toleranzgebotes sind beispielsweise in unserem Verständnis dort erreicht, wo die in westlichen Kulturkreisen gültige Definition der Menschenrechte verletzt oder ignoriert wird – andere mögen ihre Grenzen weiter stecken. Dagegen bedeutet diese Fähigkeit aber, sich über den Gegenstand oder die Situation austauschen zu können, einen Konflikt auszuhandeln und die jeweiligen Standpunkte einschließlich des zugrunde liegenden Wertesystems offenzulegen, ohne in gegenseitige Diskriminierung zu verfallen.

Interkulturelle Kommunikationsfähigkeit besitzt man in aller Regel nicht a priori, sie muß erlernt werden. Interkulturelles Lernen ist unseres Erachtens die Kennzeichnung für politische Bildungsprozesse in unserem Diskussionszusammenhang. Dazu im folgenden einige Anmerkungen.

Der Begriff *interkulturelles Lernen* hat in jüngster Zeit Hochkonjunktur in der pädagogischen Diskussion sowie in der außerschulischen politischen Bildung. Die Bandbreite seiner Anwendung trägt fast »inflationäre« Züge, das heißt, nur selten wird er politisch legitimiert, wissenschaftstheoretisch begründet und didaktisch operationalisiert.

Breitenbach[5] und andere haben ihn 1979 zum ersten Mal im Rahmen einer mehrjährigen Studie über Kommunikationsbarrieren in der internationalen Jugend-

---

5 D. Breitenbach (Hrsg.), Kommunikationsbarrieren in der internationalen Jugendarbeit. Ein Forschungsprojekt im Auftrage des Bundesministeriums für Jugend, Familie und Gesundheit, Bde. 1–5, Saarbrücken–Fort Lauderdale 1979. Der Verfasser dieses Beitrages war Mitglied der Projektleitungsgruppe und ist Mitautor.

»Unsinn! Kein Mensch hat etwas gegen sie! Ich tu ja auch nur meine Pflicht!«

arbeit systematisch aufbereitet. Als kennzeichnendes Merkmal für interkulturelles Lernen haben sie definiert, daß es sich dabei nicht um besondere Lernmechanismen, sondern um besondere Inhalte und diesen adäquate Methoden handelt, die als ...»anderskulturelle Reize« in einem anderskulturellen Kontext wahrgenommen werden und aufgrund ... »ihrer subjektiven Bedeutung ... für den Lernenden« diesen motivieren, »sich mit ... der anderskulturellen Situation zu befassen«[6]. In den folgenden Jahren hat es einige wenige weiterführende Arbeiten in diesem Zusammenhang gegeben[7], aber bis heute herrscht Mangel an praxisrelevanten didaktischen Ansätzen.

Auch wenn das Konzept interkulturellen Lernens in der Bundesrepublik Deutschland im Zusammenhang europäischen Jugendaustausches, internationaler Jugendarbeit sowie im Kontext der Zusammenarbeit mit Entwicklungsländern[8] entwickelt worden ist, sind nach unserem Verständnis zentrale Elemente dieses Konzeptes auf politische Bildung im Kontext einer Erziehung zur Toleranz – als Grundlage einer multikulturellen Gesellschaft – anwendbar, weil sie Möglichkeiten zur Veränderung von Einstellungen und Verhaltensweisen gegenüber Alltagssituationen beinhalten, die in zunehmendem Maße nicht mehr als kulturell homogen strukturierte anzusehen sind.

---

6 D. Breitenbach (Anm. 5), Bd. 1., S. 13.
7 Für die außerschulische politische Bildung so zum Beispiel H. Otten, Zur politischen Didaktik interkulturellen Lernens, Opladen 1985. Für die internationale Jugendarbeit am Beispiel der Jugendgemeinschaftsdienste: W. Müller, Von der Völkerverständigung zum »interkulturellen Lernen«, Starnberg 1987.
8 Hier seien vor allem die Arbeiten von D. Danckwortt erwähnt (Deutsche Stiftung für Internationale Entwicklung).

Im Rahmen dieses Beitrages müssen wir uns auf einige wenige Akzentuierungen beschränken. Die bisherigen Ausführungen legen nahe, den Zusammenhang zwischen interkulturellem Lernen und interkultureller Kommunikationsfähigkeit aufzugreifen, weil diese als wichtige Voraussetzung für friedfertiges Zusammenleben in einer multikulturellen Gesellschaft definiert worden ist und nach unserem Verständnis politischer Bildung die Aufgabe zufällt, die Entwicklung dieser und anderer Fähigkeiten fördern zu helfen[9].

Daraus die vierte Schlußfolgerung: Interkulturelles Lernen ist politisches Lernen und erfordert eine kommunikative Didaktik als methodisches Prinzip. Zugrunde liegt die These, daß interkulturelles Lernen, bezogen auf konkrete gesellschaftliche Bedingungen, nicht ohne Konflikte stattfinden kann, weil alle beteiligten Personen und Gruppen eingedenk ihres jeweiligen sozio-kulturellen Hintergrundes unterschiedliche Interessen und Bedürfnisse haben, die miteinander und auch gegeneinander ausgehandelt werden müssen, will man eine tragfähige Basis für Zusammenleben und Zusammenarbeiten finden. *Konflikt, Interessen und Solidarität*[10] sind deshalb politische Kategorien, die Gegenstand interkulturellen Lernens sein müssen. Sie bestimmen sowohl unsere Alltagspraxis als auch die Lernsituationen in der politischen Bildung. Es genügt nicht, von den gesellschaftlichen Konflikten zu wissen, sondern es müssen Handlungen daraus erwachsen. Politische Bildung ist der Ort, diese exemplarisch zu erproben (deshalb kommunikative Didaktik).

Bezogen auf den Alltag, den Umgang mit Anders-Sein, müssen Konflikt, Interesse und Solidarität als Verhaltensorientierung dienen. Roloffs[11] didaktische Prinzipien für die politische Bildung: *Betroffenheit, Sachlichkeit und Verhaltensrelevanz* sind Prinzipien, die unserer Interpretation der genannten Kategorien zugrunde gelegt werden können, weil sie die jeweilige Verbindung zwischen interkultureller Lernsituation und gesellschaftlicher Praxis erlauben. Damit ist beispielsweise Solidarität nicht alleine eine politische Kategorie, sondern auch eine Handlungsqualifikation, die Gegenstand von interkulturellem Lernen sein kann, weil trotz gegebener soziokultureller Unterschiede Solidarität eine Kategorie für erlebte soziale Interaktion in einer Lernsituation ist und gleichzeitig Transfer auf Alltagspraxis ermöglicht.

Sachlichkeit bestimmt die Art des Bezugs zwischen Lernsituation in der politischen Bildung und Alltag: Sachlichkeit als kritische Analyse wahrgenommener Wirklichkeit, beruhend auf interessengebundener Wahrnehmungsstruktur, hat für beides Bedeutung. In der politischen Bildung wird dies deutlich als kulturspezifische Wahrnehmung interkultureller Interaktion, die im Hinblick auf solidarisches Handeln in prinzipiell vergleichbaren Alltagsstrukturen Lerngegenstand des Prinzips Sachlichkeit ist. Der sachlichen Auseinandersetzung um mögliche, durch soziokulturelle Unterschiede bedingte Konflikte muß dann ein Verhalten folgen, das in der jeweiligen Lernsituation *und* übertragen auf den Alltag generell den Konflikten, den Situationen, in denen sie sich manifestieren und den agierenden Individuen angemessen ist.

---

9 Ich beziehe mich dabei auf eigene Vorarbeiten (Anm. 7), S. 28 ff.
10 Siehe H. Giesecke, Didaktik der politischen Bildung, München 1976[10], S. 160.
11 E. A. Roloff, Politische Didaktik – Didaktik der Politik, in: K. G. Fischer (Hrsg.), Zum aktuellen Stand der Theorie und Didaktik der politischen Bildung, Stuttgart 1980[4], S. 115.

Es geht also primär darum, durch politische Bildung dem einzelnen ein Höchstmaß an Handlungsfähigkeit zu vermitteln. Je komplexer diese sich entwickelnde multikulturelle Gesellschaft wird, je dringender wird diese Zielsetzung: ... »je dynamischer ... die Gesellschaft ist, je zufälliger das Verhältnis des einzelnen zu seiner Umwelt, in die er hineingeboren wurde, ... um so kontinuierlicher muß der einzelne seine »Lebensfähigkeit« *sein ganzes Leben lang* unter Beweis stellen ...«[12]

Interaktionsfähigkeit und Handlungskompetenz sind also Elemente interkultureller Kommunikationsfähigkeit; durch interkulturelles Lernen sollen sie entwickelt und gestärkt werden. Damit sind soziale Fähigkeiten angesprochen, die nur in sozialen Lernprozessen erworben werden können. Die prägnanteste Zusammenfassung der in diesem Zusammenhang notwendigen Lernschritte bietet wohl immer noch Iben, weshalb er hier kurz zitiert wird:

»a) *sich selbst kennenlernen,* die eigenen Fähigkeiten, Möglichkeiten, Wünsche und Ziele, Einschätzen der eigenen sozialen Position;

b) *Bewußtsein der eigenen Lebenssituation,* durch Erkennen der Abhängigkeiten, Interessen, Ursachen, durch genaues Beobachten und Analysieren der Umwelt;

c) *Entwicklung von Kommunikationsfähigkeit,* der Verbalisierung von Gefühlen und Interessen, Erfahrungen und Beobachtungen, Förderung von Symbolverständnis gegenüber verbalem und nichtverbalem Signalsystem, Einsicht in die realen Bedingungen von Kommunikationsformen und Fähigkeit zur Metakommunikation;

d) *Steigerung der Interaktionsfähigkeit und Handlungskompentenz* durch Entwicklung von Ich-Stärke, Frustrationstoleranz, Widerstandsfähigkeit, Kreativität und Neugier, Selbstreflexion und Reduzierung des Egozentrismus, Abbau von Vorurteilen und Förderung von Empathie, Rollenflexibilität, Fähigkeit zur Kooperation und Solidarität, zu Regelbewußtsein und rationaler Konfliktbewältigung, Erlernen ... von Interaktionsmustern sowie Handlungsstrategien.«[13]

Diese Auflistung deckt nach unserer Einschätzung das Spektrum von Maximen ab, mit denen politische Bildung arbeiten muß, will sie effektiv am Zustandekommen tragfähiger Strukturen einer friedfertigen multikulturellen Gesellschaft mitwirken. In der Gesamtschau stellen sich diese Qualifikationsmerkmale eher als utopischer Entwurf dar. Politische Bildung hat deshalb Prioritäten zu setzen und Gewichtungen vorzunehmen, ohne den Zusammenhang aufzulösen.

In unserem Diskussionszusammenhang – Erziehung zur Toleranz als Grundlage für eine multikulturelle Gesellschaft – scheinen drei Qualifikationsmerkmale von vorrangiger Bedeutung, weil deren Vorhandensein unmittelbare Auswirkungen auf erfolgreiches Zustandekommen interkultureller Kommunikationsfähigkeit hat: *Rollendistanz, Empathie und Ambiguitätstoleranz.*

Dazu einige erklärende Bemerkungen: Interaktion, als handlungsbezogener kommunikativer Akt, wird vor allem durch Rollenbeziehungen reguliert. In unserem Alltagsleben handelt es sich meist um nicht hinterfragte, internalisierte Rollenübernahme. Diese bedeutet für uns Verhaltenssicherheit und damit in der Regel auch

12 A. Heller, Das Alltagsleben. Versuch einer Erklärung der individuellen Reproduktion. Frankfurt/M. 1978, S. 27; Hervorhebung so im Original.

13 G. Iben, Sozialerziehung. Soziales Lernen, in: Ch. Wulff (Hrsg.), Wörterbuch der Erziehung, München 1974, S. 539.

Handlungskompetenz. Allerdings ist damit kein statischer Zustand beschrieben, denn das Gesamt der Rollenübernahme unterliegt der Veränderbarkeit:»Rollen ›existieren‹ in verschiedenen Konkretheits- und Konsistenzgraden, während das Individuum vertrauensvoll sein Verhalten so einrichtet, als ob sie unzweifelhafte Existenz und Klarheit hätten. Das Ergebnis ist, daß bei dem Versuch, von Zeit zu Zeit Aspekte der Rollen explizit zu machen, das Individuum ebensogut Rollen schöpft und modifiziert, wie es sie lediglich ans Licht bringt; der Prozeß erschöpft sich nicht nur im ›role-taking‹, sondern umfaßt auch das ›role-making‹.«[14]

Dieses Verständnis von Rolle ist in unserem Zusammenhang insofern bedeutungsvoll, als Interaktionen in einer multikulturellen Gesellschaft durch die größere Notwendigkeit des »role-making« geprägt sind. Die größere Notwendigkeit ergibt sich aus der größeren Komplexität multikultureller Situationen und anderskultureller Kontexte: Bisher gewohntes Rollenverhalten zeigt häufig nicht die beabsichtigte Wirkung; das Aufeinandertreffen zunächst fremder Verhaltensweisen bedeutet gleichzeitig eine größere Bandbreite möglicher Interpretationen und Mißverständnisse.

Ohne ausreichende Ich-Identität – wir haben auf deren grundlegende Bedeutung an anderer Stelle bereits hingewiesen – erfährt eine solche Interaktionssituation keine Innovation, das heißt, es kann keine interkulturelle Verständigung zustande kommen, weil die Situationsbeteiligten nicht fähig sind, neue Rollen zu erproben und damit Interaktion voranzutreiben.

Um neue Rollen einnehmen und andere akzeptieren zu können, ist *Rollendistanz* vonnöten als Voraussetzung für kreatives probeweises Handeln. Damit ist die Fähigkeit gemeint, in »Distanz zu sich selbst« zu treten, das heißt, seine eigenen Einstellungen, Wahrnehmungsgewohnheiten und Handlungsmuster vor dem Hintergrund nationaler sozio-kultureller Normen zu sehen. Dies ist deshalb eine wichtige Voraussetzung für interkulturelle Kommunikationsfähigkeit, weil ohne eine solche Relativierung multikulturelle Situationen keinen positiven Lernreiz auslösen, sondern eher eine Verfestigung vorhandener Vorurteilsstrukturen bewirken und abwehrendes Verhalten begünstigen.

Das neue Verstehen einer alten Rolle – oder einer bisher nicht bekannten – setzt die Fähigkeit voraus, sich in neue Situationen hineinversetzen zu können: Ohne *Empathie* bleibt Wahrnehmung auf den jeweils eigenkulturellen Kontext beschränkt; solidarische Interaktion mit Partnern aus anderen Kulturen wird erschwert. Neue Formen gesellschaftlicher Interaktion, wie sie eine multikulturelle Gesellschaft erfordert, werden nicht möglich.

Empathie ist also eine Bedingung zur Entwicklung interkultureller Kommunikationsfähigkeit, deren Ziel es ja sei, weitgehende Übereinstimmung zwischen Inhalts- und Beziehungsaspekt von Kommunikation und Übereinstimmung bzw. konsensfähige Kompromisse zwischen den Interaktionspartnern zu erreichen. Dies kann ohne Empathie, ohne Hineindenken und Einfühlen in den anderen, nicht realisiert werden. Eine für alle Beteiligten neue Situation bedarf einer gemeinsamen Interpretation

---

14 R. Turner, 1962, zitiert in: Arbeitsgruppe Bielefelder Soziologen (Hrsg.), Alltagswissen, Interaktion und gesellschaftliche Wirklichkeit. 2 Bde., Reinbeck 1976³, in: Bd. 1: A. Cicourel, Basisregeln und normative Regeln im Prozeß des Aushandelns von Status und Rolle, S. 166.

dessen, was jeweils als Wirklichkeit erfaßt wird, um diese gemeinsam zu bewältigen. Gemeinsame Interpretation ist jedoch Ergebnis eines Prozesses, an dessen Anfang je verschiedene, individuelle Interpretationen stehen. Der Prozeß der Herstellung von Gemeinsamkeit besteht nun wesentlich im gegenseitigen Einfühlen, im Vorwegnehmen der vermuteten Interpretation des anderen und nach Prüfung der eigenen Möglichkeiten im Einstellen darauf. Gleichzeitig beinhaltet Empathie ein vorweg gedachtes Überprüfen dessen, was sich anderen mitteilen läßt oder durch Handeln erfahrbar gemacht werden kann.

Ambiguitätstoleranz ist die Fähigkeit, unterschiedliche Interessen, Erwartungen und Bedürfnisse zu tolerieren und sie im Prozeß der Herstellung einer Übereinkunft zu berücksichtigen; auf der anderen Seite bedeutet Ambiguitätstoleranz auch das Maß, in dem ertragen werden kann, daß man mit der eigenen Auffassung vielleicht nicht »ankommt«, daß man zurückstecken muß. Sie wird von uns besonders in komplexen multikulturellen Situationen gefordert. Deshalb ist ihr im Rahmen politischer Bildung besondere Aufmerksamkeit zu widmen. Ohne Ambiguitätstoleranz kann die durch Situationskomplexität ausgelöste Verhaltensunsicherheit sehr schnell dazu führen, daß miteinander konkurrierende Stereotype benutzt werden und versucht wird, kulturelle Dominanz auszuüben.

Fassen wir zusammen: Die Bundesrepublik Deutschland zeigt bereits ebenso wie die meisten anderen europäischen Staaten objektive Merkmale einer multikulturellen Gesellschaft. Der Entwicklungsprozeß dorthin wird sich intensivieren; kulturell homogene Alltagssituationen in der Arbeitswelt wie in der Freizeit werden weniger. Das Gebot der Achtung der Menschenwürde fordert von uns, entschieden jeder Form der Diskriminierung von Anders-Sein entgegenzutreten und mit demokratischen Mitteln Ethnozentrismus und kulturellen Chauvinismus zu verhindern.

Neben der notwendigen Informationsarbeit fällt der politischen Bildung vor allem die Aufgabe zu, die Menschen auf friedfertige Formen des Zusammenlebens in einer multikulturellen Gesellschaft vorzubereiten. Diese Vorbereitung findet ihre Entsprechung in einer Erziehung zur Toleranz, wobei Toleranz verstanden wird als Handlungsmaxime für solidarisches, soziales und politisches Handeln und Verhalten.

Interkulturelle Kommunikationsfähigkeit zu gewinnen und anwenden zu können, ist wesentliches Ziel politischer Bildung in diesem Zusammenhang. Interkulturelles Lernen kennzeichnet den Lernprozeß; Rollendistanz, Empathie und Ambiguitätstoleranz sind zentrale Qualifikationsmerkmale, die der einzelne in diesem Prozeß erwerben muß. Ohne sie kann keine interkulturelle Kommunikationsfähigkeit entstehen, gibt es keine interkulturelle Verständigung, kann sich eine multikulturelle Gesellschaft nicht mit demokratischen Strukturen entwickeln und stabilisieren.

III. Orientierungen:
Ziele der politischen Bildung

WOLFGANG KLAFKI

Allgemeinbildung
für eine humane, fundamental-demokratisch
gestaltete Gesellschaft

Vorbemerkung

Wenn ich in meinem Beitrag dem Begriff der »Industriegesellschaft« nicht die
zentrale Stellung einräume, die er im Titel dieses Sammelbandes einnimmt, so
geschieht das in programmatischer Absicht[1]. »Allgemeinbildung in der Industriegesellschaft« oder »Allgemeinbildung und politische Bildung in der Industriegesellschaft« – Titelformulierungen dieser Art könnten die Vorstellung vermitteln, ich
hielte es für angemessen, ein zeitgemäßes und zukunftsträchtiges Allgemeinbildungskonzept, das die politische Bildung mit umfaßt, primär durch die gegenwärtigen und
vermutlich zukünftigen Anforderungen der industriellen Gesellschaft, in der wir
leben, zu begründen. Zwar steht es außer Zweifel, daß solche Anforderungen in einer
heutigen Bildungskonzeption ihren Ort finden müssen – allerdings kritisch revidiert,
da wir die Weiterentwicklung der industriellen Gesellschaft gewiß nicht im Sinne
eines unkritischen, technisch-ökonomisch bestimmten Fortschrittsoptimismus' betreiben können.

Aber auch dann, wenn man eine weitreichende Umorientierung der industriellen
Gesellschaft für unabweisbar hält und ihre Anforderungen in neuer Weise auslegt –
etwa in Anlehnung an Ulrich Becks Bestimmungen der Spätmoderne oder »neuen

---

1 Da ich in den letzten Jahren mehrfach aufgefordert worden bin, das hier erörterte Thema zu
behandeln, ließen sich inhaltliche Überschneidungen und weitgehende Übereinstimmungen
ganzer Passagen dieses Beitrages mit entsprechenden Abschnitten in anderen meiner
Publikationen nicht vermeiden. Zu nennen sind hier: W. Klafki, Konturen eines neuen
Allgemeinbildungskonzepts, in: ders., Neue Studien zur Bildungstheorie und Didaktik,
Weinheim – Basel 1985, S. 12–30; ders., Einige Grundzüge eines zeitgemäßen Allgemeinbil-
dungskonzeptes, in: Bundesminister für Bildung und Wissenschaft (Hrsg.), Allgemeinbildung heute. Dokumentation einer deutsch-italienischen Fachtagung, Bonn 1988 (Schriftenreihe Grundlagen und Perspektiven für Bildung und Wissenschaft, Nr. 22); ders., Grundlinien eines neuen Bildungsverständnisses oder: Was bedeutet heute pädagogischer Fortschritt?, in: K. Ermert (Hrsg.), Was bedeutet heute pädagogischer Fortschritt für eine neue
Auseinandersetzung um Bildungsbegriff und Bildungspolitik?, Rehburg/Loccum 1989 (Loccumer Protokolle 8/89), S. 9–28.; ders., Gemeinsam lernen – Pädagogik für die Gesamtschule, in: Bundesvorstand der Gemeinnützigen Gesellschaft Gesamtschule (Hrsg.), Miteinander lernen – Pädagogik für die Gesamtschule. Dokumentation des Jahreskongresses der
GGG 1989 in Marburg, Aurich 1990; ders., Abschied von der Aufklärung? Grundzüge eines
bildungstheoretischen Gegenentwurfs, in: H. H. Krüger (Hrsg.), Abschied von der Aufklärung? Perspektiven der Erziehungswissenschaft, Opladen 1990.

Moderne« als »Risikogesellschaft«[2] –, ist damit meines Erachtens der Orientierungs-
horizont nicht zulänglich gekennzeichnet, innerhalb dessen heute eine tragfähige
Bildungskonzeption begründet werden kann. Eine solche Orientierung bietet vielmehr erst die Einsicht in den dialektischen Zusammenhang zwischen den personalen
Grundrechten, wie sie etwa die Menschenrechtsdeklarationen der Vereinten Nationen und der Grundrechtskatalog unserer Verfassung umschreiben, und der Leitvor-
stellung einer fundamental-demokratisch gestalteten Gesellschaft, einer konsequent
freiheitlichen und sozialen Demokratie. Erst in diesem Rahmen können auch die
»Herausforderungen«, welche sich aus der Weiterentwicklung der Industriegesellschaft für Bildungstheorie und Bildungspraxis, für die Reflexion über Allgemeinbildung und politische Bildung heute und morgen ergeben, angemessen interpretiert
und konstruktiv beantwortet werden.

Im folgenden werde ich – ohne Anspruch auf Vollständigkeit – in *acht Thesen*
Grundlinien eines solchen Bildungskonzepts skizzieren. Jede dieser Thesen erfordert
eigentlich ausführliche Erläuterungen, zumal im Hinblick auf verwandte und gegenläufige Positionen und auf praktische Konsequenzen. Jedoch erlaubt der zur Verfügung stehende Raum hier meistens nur knappe Hinweise.

1. Die erste These verweist auf den aktuellen und den problemgeschichtlichen
Kontext des Themas. Der Begriff »Allgemeinbildung« ist seit einigen Jahren in der
Bundesrepublik wieder ein Kristallisationskern der Diskussion in der Erziehungswissenschaft und in Teilen der bildungspolitisch interessierten Öffentlichkeit. Allerdings
verbinden sich mit der Forderung nach »Allgemeinbildung heute« oder »neuer
Allgemeinbildung« in dieser Diskussion inhaltlich sehr unterschiedliche Zielsetzungen. In manchen Stellungnahmen, wie different sie im einzelnen auch sein mögen[3],
werden problematische konservative Leitvorstellungen erkennbar. Zum Teil klingen
Hoffnungen auf die Wiederbelebung von Formen sogenannter »Elitebildung« und
angeblich bewährter nationaler Traditionen und ihrer »Werte« an, oder es werden
neue Versuche zur Rechtfertigung gesellschaftlicher Ungleichheit vorgetragen. Die
politischen und gesellschaftlichen Implikationen bleiben bisweilen unreflektiert,
unausgesprochen oder undeutlich.

Auch ich bin entschieden der Auffassung, daß wir ein neues Allgemeinbildungskonzept als Orientierungsrahmen für die Weiterentwicklung oder die Reform unseres
Bildungswesens – vom Kindergarten bis zur Erwachsenenbildung – brauchen. Aber
ein solches Konzept läßt sich weder traditionalistisch noch in Orientierung an der
Vorstellung einer »human computerisierten Gesellschaft« oder auch in Anlehnung an
irgendeine Wissenschaftssystematik begründen, sondern nur als ein umfassender,
zugleich pädagogischer und politischer Entwurf im Blick auf Notwendigkeiten,
Probleme, Gefahren und Möglichkeiten unserer Gegenwart und der voraussehbaren
Zukunft.

---

2 U. Beck, Risikogesellschaft. Auf dem Weg in die andere Moderne, Frankfurt/M. 1986.
3 K. Haefner, Die neue Bildungskrise, Reinbek 1985; Th. Wilhelm, Die Allgemeinbildung ist
tot – Es lebe die Allgemeinbildung, in: Neue Sammlung, 25 (1985), S. 120–150; H. Maier,
Allgemeinbildung in der arbeitsteiligen Industriegesellschaft, in: Bundesminister für Bildung
und Wissenschaft (Hrsg.), Allgemeinbildung im Computerzeitalter. Überlegungen zu einem
zeitgemäßen Bildungsverständnis, Bonn 1986, S. 17–33; M. Stürmer, Die Mitte der ›res
publica‹. Kann man zu Mündigkeit erziehen?, in: Die Höhere Schule, 40 (1987), S. 19–22
und S. 31–33.

Diese These besagt keineswegs, daß ein solcher Entwurf keinerlei Traditionsbezüge haben könnte oder haben sollte. Im Gegenteil: Es gibt – sieht man von Comenius, Ratke, Leibniz als »Vordenkern« der sich entwickelnden Moderne ab – mindestens *eine* bedeutsame bildungstheoretische Tradition, an die man bei einem solchen Vorhaben anknüpfen kann. Es ist jener bildungstheoretische Denkzusammenhang, der – aus Impulsen der Aufklärung herauswachsend – etwa zwischen 1770 und 1830/1840 vor allem im deutschsprachigen Raum, aber mit einem weltweiten Horizont entfaltet worden ist: von Lessing, Herder und Kant über Pestalozzi, Goethe, Schiller, Humboldt, Schleiermacher, Fröbel und Diesterweg bis zu Hegel[4]. Sein Grundprinzip ist in Kants großartiger Formel vom möglichen »Ausgang des Menschen aus seiner selbstverschuldeten Unmündigkeit« umschrieben, der mit dem Anbruch der Moderne als individuelle und gesellschaftliche Aufgabe erkennbar geworden sei.

Jener in sich durchaus variantenreiche, im Detail keineswegs völlig homogene Denkzusammenhang ist dann in knappen Ansätzen vom jungen Marx aufgenommen und gesellschaftskritisch transformiert und später im Rahmen liberaler und demokratisch-sozialistischer pädagogischer Programmatik – in einigen Elementen auch in einzelnen Richtungen der Reformpädagogik unseres Jahrhunderts – fortgeführt worden. Aber solche Versuche konnten jenen Prozeß nicht aufhalten, der die Geschichte des Bildungsdenkens und der Bildungspraxis im 19. Jahrhundert und weit ins 20. Jahrhundert hinein – gemessen am Niveau der vorher genannten Denker – im großen und ganzen doch als Verfalls-, Vergessens- und Verdrängungsgeschichte charakterisiert, als Moment jener Integration des einstmals progressiven Bürgertums in den restaurierten und bürokratisch perfektionierten Obrigkeitsstaat und als Ausdruck der politisch-gesellschaftlichen Abschottung gegen die wachsende Arbeiterklasse.

Es ist eine zentrale Aufgabe der gegenwärtigen Bildungstheorie und Bildungspraxis, die Denkansätze jener Epoche pädagogischen, philosophischen und politischen Denkens in den letzten Jahrzehnten des 18. und im 19. Jahrhundert wieder aufzunehmen und sie, in kritischer Aneignung, im Hinblick auf die historisch zweifellos tiefgreifend veränderten Verhältnisse der Gegenwart sowie auf Entwicklungsmöglichkeiten der Zukunft weiterzudenken, wie das nicht zuletzt führende Vertreter der Frankfurter sozialphilosophischen Schule versucht haben[5]. Was hier mit »kritischer Aneignung« gemeint ist, möchte ich an zwei Beispielen andeuten:

---

4 W. Klafki, Die Bedeutung der klassischen Bildungstheorien für ein zeitgemäßes Konzept allgemeiner Bildung, in: Zeitschrift für Pädagogik, 32 (1986), S. 455–476.
5 M. Horkheimer, Begriff der Bildung (1953), jetzt in: J. E. Pleines (Hrsg.), Bildungstheorien. Probleme und Positionen, Freiburg – Basel – Wien 1978, S. 22–27; Th. W. Adorno, Theorie der Halbbildung (1962), jetzt in: J. E. Pleines, a.a.O., S. 80–99; ders., Erziehung zur Mündigkeit, Frankfurt/M. 1970; J. Habermas, Vom sozialen Wandel akademischer Bildung (1963), jetzt in: J. E. Pleines, a.a.O., S. 100–112; H. J. Heydorn, Bildungstheoretische Schriften, Bd. 1–3, Frankfurt/M. 1979/1980 (Bd. 2: Über den Widerspruch von Bildung und Herrschaft, Frankfurt/M. 1979); K. Mollenhauer, Pädagogik und Rationalität, in: ders., Erziehung und Emanzipation, München 1968, S. 55–74; ders., Korrekturen am Bildungsbegriff?, in: Zeitschrift für Pädagogik, 33 (1987), S. 1–20; H. Blankertz, Bildungstheorie und Ökonomie, in: K. Rebel (Hrsg.), Texte zur Schulreform, Weinheim 1966, S. 61–85; ders., Demokratische Bildungsreform, kapitalistische Systemerhaltung, politische Erziehungswissenschaft, in: Vierteljahresschrift für wissenschaftliche Pädagogik, 49 (1973), S. 314–334.

Erstens: In den klassischen Bildungstheorien ist der Zusammenhang von Bildung und Gesellschaftsstruktur und damit die politische Dimension ihrer eigenen Entwürfe von »Menschenbildung« nur unzulänglich reflektiert worden. Das gilt selbst noch für Schleiermacher, obwohl er in dieser Hinsicht der differenzierteste, am entschiedensten einer kritischen Aufklärung verpflichtete Denker der klassischen Periode gewesen ist.

Zweitens: Die Auslegungen des Prinzips allgemeiner Menschenbildung durch die klassischen Bildungstheoretiker sind durch eine unverkennbare Einseitigkeit gekennzeichnet, nämlich die Konzentration auf die eine, die männliche Hälfte der Menschheit. Gewiß war die Geschlechterphilosophie, die im Denkraum der deutschen Klassik entwickelt wurde und die den Grundgedanken der Gleich*wertigkeit* beider Geschlechter entfaltete, ein historischer Fortschritt. Jedoch blieb sie in der Zuordnung qualitativ unterschiedlicher, vermeintlich geschlechtstypischer »Wesensmerkmale« von Männern und Frauen weithin überkommenen gesellschaftlichen Rollenzuschreibungen und tradiertem gesellschaftlichem Bewußtsein verhaftet. Sie vollzog den Schritt zum Postulat der vollen Gleich*berechtigung* der Geschlechter noch nicht. Erst die heutige feministische Bewegung zieht diese Konsequenz uneingeschränkt.

In den folgenden Thesen werde ich im Sinne eines Versuchs, jene bedeutsame Tradition kritisch aufzunehmen und weiterzudenken, einige Grundelemente eines neuen Allgemeinbildungskonzepts kennzeichnen.

2. Meine zweite These lautet: Bildung muß heute als selbsttätig erarbeiteter und personal verantworteter Zusammenhang dreier Grundfähigkeiten verstanden werden:
– als Fähigkeit zur Selbstbestimmung jedes einzelnen über seine individuellen Lebensbeziehungen und Sinndeutungen zwischenmenschlicher, beruflicher, ethischer, religiöser Art;
– als Mitbestimmungsfähigkeit, insofern *jeder* Mensch Anspruch, Möglichkeit und Verantwortung für die Gestaltung unserer gemeinsamen kulturellen, gesellschaftlichen und politischen Verhältnisse hat;
– als Solidaritätsfähigkeit, insofern der eigene Anspruch auf Selbst- und Mitbestimmung nur gerechtfertigt werden kann, wenn er nicht nur mit der Anerkennung, sondern mit dem Einsatz *für* und dem Zusammenschluß *mit* denjenigen verbunden ist, denen eben solche Selbst- und Mitbestimmungsmöglichkeiten aufgrund gesellschaftlicher Verhältnisse, Unterprivilegierung, politischer Einschränkungen oder Unterdrückung vorenthalten oder begrenzt werden.

3. Inwiefern ist ein so verstandener Bildungsbegriff nun als *Allgemein*bildung auszulegen? Die dritte These antwortet auf diese Frage. Als allgemein ist Bildung in dreifachem Sinne zu bestimmen:
– Sie muß – wenn Bildung tatsächlich als demokratisches Bürgerrecht und Bedingung der Selbstbestimmung anerkannt wird – *Bildung für alle* sein. Damit ist die *bildungsorganisatorische* Dimension des hier vertretenen Konzepts bezeichnet.
– Sie muß, sofern das Mitbestimmungs- und das Solidaritätsprinzip konkret eingelöst werden sollen, einen verbindlichen Kern des Gemeinsamen haben und insofern *Bildung im Medium des Allgemeinen* sein (erste *inhaltliche* Dimension). Anders formuliert: Sie muß verstanden werden als Aneignung der die Menschen

300

gemeinsam angehenden Frage- und Problemstellungen ihrer geschichtlich gewordenen Gegenwart und der sich abzeichnenden Zukunft und als Auseinandersetzung mit diesen gemeinsamen Aufgaben, Problemen, Gefahren. Der Horizont, in dem dieses uns alle angehende Allgemeine bestimmt werden muß, kann heute nicht mehr national, ja nicht einmal nur eurozentrisch begrenzt werden, er muß universal, muß ein Welt-Horizont sein.

– Allgemeinbildung muß, sofern das Grundrecht auf die »freie Entfaltung der Persönlichkeit« gewährleistet werden soll, als *Bildung in allen Grunddimensionen menschlicher Fähigkeiten* verstanden werden (zweite inhaltliche Dimension), also als Bildung

- der kognitiven Möglichkeiten,
- der handwerklich-technischen Produktivität,
- der Ausbildung zwischenmenschlicher Beziehungsmöglichkeiten, mit anderen Worten: der Sozialität des Menschen,
- der ästhetischen Wahrnehmungs-, Gestaltungs- und Urteilsfähigkeit,
- schließlich und nicht zuletzt der ethischen und politischen Entscheidungs- und Handlungsfähigkeit.

Die im vorliegenden Zusammenhang entscheidende Pointe dieser wie der vorangehenden These liegt darin, daß in dem hier vertretenen Konzept »politische Bildung« nicht »neben« Allgemeinbildung tritt, nicht erst »auf ihr aufbaut« oder nur einen »Teilbereich« bildet, sondern daß sie als eine konstitutive Komponente »allgemeiner Bildung« ausgelegt wird[6].

Die Thesen 4, 5 und 6 dienen der Erläuterung der in der 3. These unterschiedenen drei Dimensionen des Begriffs der Allgemeinbildung.

4. Die vierte These besagt: Aus dem Prinzip »Allgemeinbildung als Bildung für alle« folgt, daß weiterhin um die inhaltliche *und* organisatorische Demokratisierung des Bildungswesens gerungen werden muß; denn ein inhaltlich am Demokratieprinzip orientiertes Allgemeinbildungskonzept kann letztlich nicht von seinen organisatorischen Realisierungsbedingungen abgekoppelt werden. Grundforderungen der Bildungsreformbewegung der ausgehenden sechziger und der siebziger Jahre sind folglich keineswegs überholt:

– Abbau selektiver Faktoren im Bildungswesen beziehungsweise entschiedener Widerspruch gegen den Einbau neuer Selektionselemente;

– Ausdehnung und Intensivierung gemeinsamer Bildungseinrichtungen, etwa der Ausbau der 4jährigen zur 6jährigen Grundschule oder zu einer wirklich konsequent förderungsorientierten Förder- oder Orientierungsstufe, weiter aber der Einsatz für die Integrierte Gesamtschule auf der Sekundarstufe I bis zum 16. Lebensjahr;

– generelle Verwirklichung einer mindestens 10jährigen Schulpflicht;

– Weiterführung und Ausdehnung der Modellversuche zur Integration von sogenannten allgemeinbildenden und berufsbildenden Schulformen auf der Sekundar-

---

6 In dieser Hinsicht verdanke ich den zum Teil langjährigen Kontakten mit Vertretern der politischen Bildung und ihrer Didaktik direkt und indirekt wesentliche Anregungen; vor allem nenne ich Wolfgang Hilligen, Kurt-Gerhard Fischer, Gerd Stein, Walter Gagel, Bernhard Claußen und Wolfgang Sander.

stufe II, also ab dem 11. Schuljahr; eine solche Integration müßte auf der Sekundarstufe I durch eine polytechnische Grundbildung für alle vorbereitet werden;
– Ausbau der Erwachsenenbildung einschließlich der Weiterbildung, wiederum durch Verknüpfung beruflich-spezieller *und* allgemeiner – das bedeutet zugleich: politischer – Bildungselemente.

5. Die fünfte These erläutert die Bestimmung, daß Allgemeinbildung als »Bildung im Medium des Allgemeinen« ausgelegt werden muß. Ich werde sie ausführlicher als die anderen Aspekte des Konzepts erörtern.

Allgemeinbildung bedeutet in dieser Hinsicht das Gewinnen eines geschichtlich vermittelten Bewußtseins von zentralen Problemen der Gegenwart und – soweit voraussehbar – der Zukunft, die Einsicht in die Mitverantwortlichkeit aller und die Bereitschaft, an der Bewältigung dieser Probleme mitzuwirken. Abkürzend kann man von der Konzentration auf *Schlüsselprobleme* unserer Gegenwart und der vermutlichen Zukunft sprechen. Im folgenden umreiße ich einige Beispiele.

– Als *erstes* Schlüsselproblem nenne ich die *Friedensfrage* angesichts der ungeheuren Vernichtungspotentiale der ABC-Waffen. Hier sind in jüngster Zeit weltpolitisch neue Möglichkeiten aufgebrochen, Chancen für den Einstieg in einen Abrüstungsprozeß im großem Stile. Freilich wird zugleich auch bereits die Gefahr deutlich, daß diese noch bis vor wenigen Jahren für die meisten Zeitgenossen als unvorstellbar geltenden Chancen durch ein Festhalten an alten Konfrontationsschablonen und durch den Einfluß ökonomischer und politischer Partialinteressen verspielt werden. In jedem Falle wird Friedenserziehung als kritische Bewußtseinsbildung und als Anbahnung entsprechender Entscheidungs- und Handlungsfähigkeit eine langfristige pädagogische Aufgabe bleiben: Sie muß sich auf die Aufklärung der makrosoziologischen und makropolitischen Ursachen der Friedensgefährdung einerseits und auf die dadurch vermittelten gruppen- und massenpsychologischen Ursachen aktueller oder potentieller Friedlosigkeit in den Subjekten andererseits – kollektive Aggressionen, Feindbilder, Vorurteile, Stereotypen – richten.

– Ein *zweites* Schlüsselproblem ist die *Umweltfrage* als die in globalem Maßstab zu durchdenkende Frage nach Zerstörung oder Erhaltung der natürlichen Grundlagen menschlicher Existenz und damit *die Frage nach der Verantwortbarkeit und Kontrollierbarkeit der wissenschaftlich-technologischen Entwicklung.*

Auch die Gesellschaft der Zukunft, zunächst: die sogenannten entwickelten Gesellschaften der Ersten Welt werden hochtechnisierte und hochindustrialisierte Gesellschaften sein. Träume von der Rückkehr zu vortechnischen oder vorindustriellen Zuständen, die nur in unhistorischer Betrachtung als generell humane glorifiziert werden könnten, sind Illusionen. Und wenn die eklatante Ungleichheit zwischen den hochentwickelten Gesellschaften und den sogenannten Entwicklungsländern, die im Lichte der Anerkennung gleicher Menschenrechte als Form struktureller Gewalt unerträglich ist und eine ständige Friedensgefährdung darstellt, schrittweise beseitigt werden soll, dann ist auch das nicht ohne Anschluß der wenig entwickelten Länder an technische und industrielle Entwicklungen möglich, wenngleich alles getan werden sollte, um die betroffenen Länder und Regionen vor jenen Fehlwegen der Industrialisierung zu bewahren oder davon wieder abzubringen, deren ökologisch und sozial zerstörerische Folgen heute nur noch um den Preis der Selbstzerstörung verleugnet werden können.

Es ist eine inzwischen unabweisbare Einsicht, daß die Weiterentwicklung der industriellen Gesellschaft, die eine Risikogesellschaft geworden ist und es in gewissem Sinne bleiben wird, mit Sicherheit nicht auf der Bahn jener linear-verkürzten Fortschrittslogik erfolgen kann, die in Wahrheit eine ökonomisch-technologisch bestimmte Wachstumslogik ist. Als solche bildet sie seit langem fast unangefochten den Leitfaden. Diese unreflektierte Logik prägt noch heute weithin das Bewußtsein vieler Zeitgenossen und kennzeichnet die technologische Entwicklung, die Organisation der industriellen Produktion, unsere durch sie tief beeinflußten Konsumgewohnheiten und nicht zuletzt die Wirtschaftspolitik, die Wissenschafts- und Technologiepolitik sowie die Verkehrspolitik; aber auch Bildungs- und Gesundheitspolitik werden durch diese linear-verkürzte Fortschrittslogik beeinflußt, und zwar über die Unterschiede der politisch-gesellschaftlichen Systeme hinweg. Angesichts dieses Schlüsselproblems ergeben sich folgende Aufgaben einer gegenwarts- und zukunftsorientierten Bildungsarbeit:

Erstens: Die schrittweise Entwicklung des Problembewußtseins für die Umweltproblematik in ihrer Spannung zu den bisherigen Leitlinien der industriell-technischen Entwicklung mit ihren heute erkennbaren beiden Hauptfolgen: zum einen der tendenziellen Erschöpfung der natürlichen Ressourcen und zum anderen der Umweltzerstörung durch die *Folgen* unkontrollierter technologisch-ökonomischer Entwicklung.

Zweitens: Die Entwicklung der Einsicht in die Notwendigkeit, ressourcen- und energiesparende Techniken und umweltverträgliche Produkte und Produktionsweisen zu entwickeln sowie unseren Konsum teils einzuschränken, teils umweltfreundlich zu praktizieren. Möglich ist hier der Rückgriff auf Beispiele bereits heute – wenngleich noch in begrenztem Umfang – vorhandener Verfahren bei der Energiegewinnung wie etwa die Nutzung von Sonnen-, Wind- und Bioenergie sowie auf Beispiele eines umweltschonenden Konsumverhaltens, etwa die Reduktion und das Recycling von Abfall.

Schließlich drittens: Die Einsicht in die Notwendigkeit einer permanenten demokratischen Kontrolle der ökonomisch-technologischen und der entsprechenden wissenschaftlichen Entwicklung, einerseits in der Form ständiger und frühzeitiger öffentlicher Information und der allgemeinpolitischen und regionalpolitischen Diskussion, andererseits durch die Institutionalisierung von demokratischen Kontrollinstanzen.

Im Unterricht können und sollten die genannten Aufgaben soweit wie möglich in der Form handlungsorientierter Projekte in Angriff genommen werden, und zwar von den frühesten Bildungsstufen an, also im Grunde schon im Vorschulbereich, mindestens aber mit Beginn der Grundschule.

– Ein *drittes*, nach wie vor unbewältigtes Zentralproblem stellt *die gesellschaftlich produzierte Ungleichheit* dar. Innerhalb unserer und anderer Gesellschaften ist sie auszumachen als Ungleichheit zwischen sozialen Klassen und Schichten, zwischen Männern und Frauen, zwischen behinderten und nicht-behinderten Menschen, zwischen Menschen, die einen Arbeitsplatz haben, und denen, für die das nicht gilt, zwischen Ausländern in Gastländern und der einheimischen Bevölkerung, aber auch zwischen verschiedenen Volksgruppen einer Nation; hier stellt sich die Aufgabe multikultureller Erziehung.

Es geht jedoch auch um die Ungleichheit in internationaler Perspektive. Hier ist das eklatanteste Beispiel bereits vorher genannt worden: das Macht- und Wohlstands-Ungleichgewicht zwischen sogenannten entwickelten und wenig entwickelten Ländern.

– Ein *viertes* Schlüsselproblem bilden *die Gefahren und* die *Möglichkeiten der neuen technischen Steuerungs-, Informations- und Kommunikationsmedien.* Sie können zur Weiterentwicklung des Produktionssystems und der Arbeitsteilung beitragen. Es kann aber auch zu einer Vernichtung von Arbeitsplätzen durch eine ausschließlich ökonomisch-technisch verstandene »Rationalisierung« kommen. Zu bedenken sind die veränderten Anforderungen an Basis- und Spezialqualifikationen, der Wandel des Freizeitbereichs und der zwischenmenschlichen Kommunikationsbeziehungen.

Wir brauchen in einem zukunftsorientierten Bildungssystem auf allen Schulstufen und in allen Schulformen eine gestufte, kritische informations- und kommunikations-technologische Grundbildung als Moment einer neuen Allgemeinbildung. Die Einführung in die Nutzung und ein elementares Verständnis der modernen, elektronisch arbeitenden Kommunikations-, Informations- und Steuerungsmedien muß in diesem Sinne immer mit der Reflexion ihrer Wirkungen auf die Menschen, die sie benutzen, der möglichen sozialen Folgen ihres Einsatzes und des etwaigen Mißbrauchs verbunden werden. Es liegen inzwischen einige nach meinem Ermessen richtungweisende Ansätze zu einer solchen Grundbildung vor – etwa das Konzept einer Kommission, die im Auftrag des nordrhein-westfälischen Kultusministeriums gearbeitet hat. Dieser Entwurf ist weder einer Medieneuphorie noch einer abstrakten Medienphobie verfallen. Er zeigt, in welchem Sinne im Wechselspiel von didaktischer Konzeptbildung und unterrichtlicher Erprobung weitergearbeitet werden müßte[7].

– Schließlich nenne ich ein *fünftes* Schlüsselproblem, bei dem die Subjektivität des einzelnen und das Phänomen der Ich-Du-Beziehungen ins Zentrum der Betrachtung rücken: *die Erfahrung der Liebe, der menschlichen Sexualität, des Verhältnisses zwischen den Geschlechtern oder gleichgeschlechtlicher Beziehungen,* jeweils in der Spannung zwischen individuellem Glücksanspruch, zwischenmenschlicher Verantwortung und der Anerkennung des Anderen.

---

7 Kultusminister des Landes Nordrhein-Westfalen (Hrsg.), Neue Informations- und Kommunikationstechniken in der Schule. Rahmenkonzept, Düsseldorf 1985; Landesinstitut für Schule und Weiterbildung (Hrsg.), Neue Informations- und Kommunikationstechnologien I: Grundbildung im Pflichtbereich der Sekundarstufe I. Modellversuch, Soest 1986.

Ich breche die Reihe der Beispiele an dieser Stelle ab, um einige generelle Implikationen meines Vorschlages hervorheben und damit auf mögliche Einwände antworten zu können.

Die Anzahl solcher Schlüsselprobleme ist keineswegs beliebig erweiterbar, sofern man das Kriterium beachtet, daß es sich um epochaltypische Strukturprobleme von gesamtgesellschaftlicher, meistens sogar übernationaler beziehungsweise weltumspannender Bedeutung handelt, die gleichwohl jeden einzelnen zentral betreffen. Mit dem Stichwort »epochaltypisch« wird zugleich angedeutet, daß es sich um einen in die Zukunft hinein wandelbaren Problemkanon handelt. Jedoch darf der Vorschlag keinesfalls als Plädoyer für das Bemühen um »Aktualität« im gängigen, vordergründigen Wortsinne mißverstanden werden.

Die Forderung, die Konzentration auf Schlüsselprobleme im umschriebenen Sinne als eines der beiden inhaltlichen Zentren eines neuen Allgemeinbildungskonzepts – in Verzahnung mit der Dimension »vielseitiger Bildung« (vgl. weiter unten These 6) – anzuerkennen und die entsprechenden curricularen beziehungsweise didaktischen Konsequenzen zu ziehen, setzt voraus, daß ein weitgehender Konsens über die gravierende Bedeutung solcher Schlüsselprobleme diskursiv – zum Beispiel in neuen Curriculumkommissionen – erarbeitet werden kann. Ein solcher Konsens ist jedoch keineswegs hinsichtlich der Wege zur Lösung solcher Probleme von vornherein notwendig. Im Hinblick auf die Frage der Lösungswege ist vielmehr zu betonen: Zur bildenden Auseinandersetzung gehört zentral die – an exemplarischen Beispielen zu erarbeitende – Einsicht, daß und warum die Frage nach »Lösungen« der großen Gegenwarts- und Zukunftsprobleme verschiedene Antworten ermöglicht. Sie können etwa durch unterschiedliche ökonomisch-gesellschaftlich-politische Interessen und Positionen oder durch klassen-, schichten- oder generationsspezifische Sozialisationsschicksale und Wertorientierungen bedingt sein.

Aus diesem Grundsachverhalt folgt jedoch keineswegs die umstandslose Anerkennung *aller* solcher Positionen als gleichberechtigt. Vielmehr stellt sich die Frage nach Kriterien, mit deren Hilfe die Geltung unterschiedlicher Lösungsvorschläge für ein Schlüsselproblem oder einzelne seiner Teilelemente wertend beurteilt werden kann. Das entscheidende Kriterium läßt sich in der Frage ausdrücken: Wieweit können die einem Lösungsvorschlag zugrundeliegenden Prinzipien für alle potentiell Betroffenen verallgemeinert werden?[8]

Mit solchen Einsichten ist die Chance verbunden, daß jeder Lernende die Unverzichtbarkeit eigener Urteilsbildung, reflektierter Entscheidung und eigenen Handelns – für den jungen Menschen mindestens als Perspektive der eigenen »Weiterbildung« – erkennt, sich also, reflexiv vermittelt, als betroffen und mitverantwortlich erfährt. Zugleich wird erkennbar, daß die Lehrenden in einem so verstandenen pädagogischen Dialog den Lernenden gegenüber bestenfalls graduelle Vorsprünge haben, also Mit-Lernende, kritisch Befragte und zu Befragende sind und es ständig bleiben müssen.

---

8 W. Klafki, Kann Erziehungswissenschaft zur Begründung pädagogischer Zielsetzungen beitragen? Über die Notwendigkeit, bei pädagogischen Entscheidungsfragen hermeneutische, empirische und ideologiekritische Untersuchungen mit diskursethischen Erörterungen zu verbinden, in: H. Röhrs/H. Scheuerl (Hrsg.), Richtungsstreit in der Erziehungswissenschaft und pädagogische Verständigung. Wilhelm Flitner zur Vollendung seines 100. Lebensjahres am 20. August 1989 gewidmet, Frankfurt/M. – Bern – New York 1989, S. 147–159.

Bei der Auseinandersetzung mit Schlüsselproblemen an exemplarischen Beispielen geht es jedoch nicht nur um die Erarbeitung jeweils problemspezifischer, struktureller Erkenntnisse, sondern auch um die Aneignung von Einstellungen und Fähigkeiten, deren Bedeutung über den Bereich des jeweiligen Schlüsselproblems hinausreicht. Hier sollen vier grundlegende Einstellungen und Fähigkeiten herausgehoben werden. Sie enthalten jeweils inhaltsbezogene und kommunikationsbezogene Komponenten:

- Kritikbereitschaft und -fähigkeit einschließlich der Bereitschaft und Fähigkeit zur Selbstkritik. Dabei geht es darum, jeweils nach der Überzeugungskraft und den Grenzen fremder und eigener Begründungen für eine Position zu fragen und damit einen akzeptierten oder selbstentwickelten Standpunkt für weitere Prüfungen offenzuhalten.

- Argumentationsbereitschaft und -fähigkeit, das heißt: Bemühung und Kompetenz, eigene Positionen und eigene Kritik *so* in den Zusammenhang eines Gesprächs beziehungsweise eines Diskurses mit anderen einzubringen, daß den Gesprächspartnern Verstehen und kritische Prüfung ermöglicht wird, so also, daß die Chance zum gemeinsamen Erkenntnisfortschritt – hin zu besser begründeter Erkenntnis, als man sie zunächst besaß – gewahrt bleibt.

- Empathie im Sinne der Fähigkeit, eine Situation (ein Problem, eine Handlung) aus der Sicht des jeweils anderen, von der Sache Betroffenen beurteilen zu können. Das bedeutet nicht die umstandslose Anerkennung jeder beliebigen Sichtweise als einer gleichberechtigten. Vielmehr geht es darum, Prozesse der argumentativen Erarbeitung eines begründeten Konsenses in Gang zu setzen oder in Gang zu halten, eines Konsenses, der über die anfängliche Diskrepanz unterschiedlicher Sichtweisen hinausgelangen kann.

- Schließlich nenne ich noch eine weitere Bereitschaft und Fähigkeit von übergreifender Bedeutung. Man kann sie als »vernetzendes Denken« oder »Zusammenhangsdenken« bezeichnen.

Die Betonung dieser Fähigkeit ergibt sich zwingend aus neueren Zeit- und Gesellschaftsanalysen. Sie haben jene vielfältigen Verflechtungen herausgearbeitet, die heute – im Zeitalter hochentwickelter Technik und ihrer möglichen Folgen sowie der damit verbundenen politischen und ökonomischen Wirkungszusammenhänge – »alles mit allem« verknüpfen. Solche Verflechtungen innerhalb einzelner Gesellschaften ergeben sich bereits im Erfahrungs- und Handlungsbereich jedes einzelnen: Unser Konsumverhalten hat Folgen für die Umweltzerstörung oder deren Begrenzung, beides hat Auswirkungen für den Energieverbrauch und die Energiepolitik und so weiter. Solche Verflechtungen innerhalb einer Gesellschaft sind darüber hinaus aber bekanntlich in wachsende Verschränkungssysteme bis hin zu jenen weltweiten Wechselwirkungszusammenhängen verflochten, die mit Stichworten wie »drohende Klimakatastrophe«, »teilglobale oder globale Wirkung moderner Vernichtungswaffen«, »weltwirtschaftliche Wechselwirkungen«, »Entwicklungsdiskrepanzen zwischen sogenannter Erster und Dritter Welt« und ähnlichem angedeutet werden können.

Solche Probleme, wie sie schon in den Analysen des Club of Rome[9] oder neuerdings etwa in Ulrich Becks Deutung der Entwicklung moderner Gesellschaften

---

9 J. W. Botkin/E. Mahdi/M. Malitzka, Das menschliche Dilemma – Zukunft und Lernen, München 1979.

– und tendenziell der zukünftigen Welt-Gesellschaft – zur Risiko-Gesellschaft[10] aufgewiesen werden, verdeutlichen die weitgehende Unzulänglichkeit und Folgenblindheit unseres vorwaltenden Denkens, Entscheidens und Handelns in den jeweils begrenzten Perspektiven *einzelner* Funktionsbereiche hochgradig arbeits- und funktionsteiliger Gesellschaften, *einzelner* Staaten und Staatensysteme, *einzelner* Wissenschaften, *einzelner* Verwaltungs- oder Politik-Institutionen und – schulisch gesehen – *einzelner* Unterrichtsfächer. Die alte reformpädagogische Forderung nach nicht nur gelegentlichen fächerübergreifenden Veranstaltungen oder Hinweisen, sondern nach einer prinzipiellen Neustrukturierung des Verhältnisses von fachspezifischen Kursen und Lehrgängen einerseits und fächerübergreifenden Problemstellungen andererseits – um solche handelt es sich bei den Schlüsselproblemen durchgehend – erhält durch jene vorher skizzierten Einsichten ein ganz neues Gewicht.

Schon innerhalb schulischer Bildungsprozesse müßten wir es also den Kindern und Jugendlichen ermöglichen und ihnen die Anforderung stellen, eine Denkhaltung zu entwickeln, dergemäß prinzipiell nach wahrscheinlichen oder möglichen gewichtigen Nebenfolgen etablierter Regelungen, Institutionen, Handlungs- und Denkweisen oder aber geplanter Veränderungen gefragt wird. Die Frage richtet sich vor allem auch auf jeweils nichtintendierte, gleichwohl möglicherweise gravierende Nebenwirkungen, die die primären Handlungsabsichten der Akteure letztlich vielfach konterkarieren. Die wissenschaftliche, technische, ökonomische, gesellschaftliche, politische Wirklichkeit bietet auf Schritt und Tritt Beispiele für unsere bisherigen Versäumnisse, vernetzend zu denken und unser Handeln dementsprechend zu orientieren. Genau hier könnte didaktisch jeweils regional- und situationsspezifisch angesetzt werden. Ich deute das Spektrum möglicher Ansatzpunkte in Beispielen an: Es reicht von der kommunalen Bauplanung bis zur Müllproduktion und Müllbeseitigung, von der Chemisierung, Technisierung und Industrialisierung der landwirtschaftlichen Produktion bis zur Wasserversorgung, von der weithin noch parzellierten medizinischen Versorgungspraxis bis zum 45-Minuten-Hackwerk unserer vorwaltenden Stundenplanpraxis.

6. War die vierte These auf die Erläuterung des Prinzips »Bildung für alle« und die fünfte auf die Dimension »Bildung im Medium des Allgemeinen« bezogen, so geht es in der sechsten These um die Auslegung eines zeitgemäßen Allgemeinbildungskonzepts unter dem Gesichtspunkt *vielseitiger* Bildung. So notwendig nämlich einerseits die Konzentration auf Schlüsselprobleme ist, so führt sie andererseits doch *auch* die Gefahr von Fixierungen auf die Gegenwart, der Blickverengung und mangelnder Offenheit mit sich. Überdies ist jene Konzentration auf Schlüsselprobleme mit Anspannungen, Belastungen, Anforderungen intellektueller, emotionaler und moralisch-politischer Art verbunden, die nicht zuletzt auch für junge Menschen zur Überforderung und zur Einschränkung ihrer gegenwärtigen und zukünftigen Möglichkeiten werden *können*, wenn sie die Bildungsprozesse ausschließlich bestimmen würden.

Die Forderung nach Konzentration auf Schlüsselprobleme bedarf also der polaren Ergänzung durch eine Bildungsdimension, deren Inhalte und Lernformen nicht oder nicht primär durch ihren Beitrag zur Auseinandersetzung mit zentralen Zeitproble-

---

10 U. Beck (Anm. 2).

men gerechtfertigt sind, sondern die auf die Mehrdimensionalität menschlicher Aktivität und Rezeptivität abzielen, auf die Entwicklung seiner kognitiven, emotionalen, ästhetischen, sozialen, praktisch-technischen Fähigkeiten sowie seiner Möglichkeiten, das eigene Leben an individuell wählbaren ethischen und/oder religiösen Sinndeutungen zu orientieren.

Hier sollen Zugänge zu unterschiedlichen Möglichkeiten menschlichen Selbst- und Weltverständnisses, zu verschiedenen kulturellen Aktivitäten, zur Vielzahl möglicher, relativ frei wählbarer individueller Interessenschwerpunkte geöffnet werden. Am Ende der Sekundarstufe I und vor allem von der Sekundarstufe II ab geht es dabei nicht zuletzt auch um die Vorbereitung auf berufliche oder berufsfeldbezogene Schwerpunktsetzungen, mit anderen Worten: um Berufsgrundbildung als einem Element von Allgemeinbildung.

Das Vielseitigkeitsprinzip führt überdies zu einer weiteren Konsequenz, die man als den Grundsatz der »Aspektverknüpfung« bezeichnen kann. Dieser Grundsatz ist nicht identisch mit dem an früherer Stelle genannten Prinzip des vernetzenden Denkens, weist aber etliche Berührungspunkte damit sowie mit dem Unterrichtsprinzip der Verknüpfung von praktischem und theoretischem Lernen auf. Aspektverknüpfung meint: In den pädagogisch vermittelten Lernprozessen müssen kognitive Anforderungen und kognitive Förderung verbunden werden mit sozialem, kooperativem Lernen, ästhetische Gestaltung und Rezeption mit der Reflexion über ihre Voraussetzungen und Wirkungen. Praktisch-handwerkliches Gestalten beziehungsweise technisches Handeln und Konstruieren muß in eine produktive Wechselbeziehung zum Entdecken und Begreifen der zugrundeliegenden naturwissenschaftlichen und technologischen Gesetzmäßigkeiten und zur Einsicht in deren Funktion in den außerschulischen Produktionsverhältnissen gebracht werden. Berufliche Grundbildung muß verknüpft werden mit der Aufklärung der ökonomischen, gesellschaftlichen und politischen Rahmenbedingungen beruflicher Tätigkeiten, der Bedeutung des Berufs für die Ausbildung der personalen Identität und der Beziehungen zwischen beruflicher Arbeit und Freizeit.

7. Was folgt aus den Zielen, die in der fünften und der sechsten These genannt wurden, für die Gestaltung des Unterrichts? Auf diese Frage antwortet die siebente These. Für die beiden bisher angesprochenen didaktischen Dimensionen des hier vertretenen Allgemeinbildungskonzepts – die Auseinandersetzung mit »Schlüsselproblemen« und die Dimension der vielseitigen Fähigkeitsentwicklung – wird die Grundform des Lehrens und Lernens in fachlichen und vor allem auch in fächerübergreifenden Zusammenhängen durch mindestens vier ineinandergreifende didaktische Prinzipien bestimmt sein müssen:

– Exemplarisches Lehren und Lernen, das heißt die Gestaltung eines Unterrichts, in dem Schülerinnen und Schüler sich jeweils an wenigen, in ihrem Erfahrungsbereich liegenden oder in ihn einzuführenden Beispielen das Verständnis mehr oder minder verallgemeinerbarer Prinzipien, Einsichten, Gesetzmäßigkeiten, Zusammenhänge erarbeiten können.

– Methodenorientiertes Lernen, also die Aneignung von übertragbaren Verfahrensweisen des Lernens und Erkennens sowie der Übersetzung von Erkenntnis in praktische Konsequenzen.

– Handlungsorientierter Unterricht, heute oft »praktisches Lernen« genannt; mit diesen abkürzenden Kennzeichnungen ist die Verzahnung zweier Elemente gemeint: Die Verknüpfung des praktischen Tuns und Herstellens, der szenischen Gestaltung, des Vollzugs von Erkundungen und Befragungen innerhalb und außerhalb der Schule, des aktiven Einsatzes der Medien Foto, Videoaufnahme, Tonband, Kassette durch die Schüler selbst, der Durchführung von Praktika und Projekten mit der reflexiven Verarbeitung und ersten Schritten der Verallgemeinerung des Erfahrenen sowie dem Entwurf weiterführender Perspektiven. Handlungsorientierter Unterricht als sinnlich vermittelte Aktivitätsform, angesichts von Problemen, die junge Menschen als für sich selbst bedeutsam erfahren können, dürfte auch die pädagogisch aussichtsreichste Weise sein, um auf den vielbeklagten Motivationsschwund in der jungen Generation, ihre Zweifel am Sinn schulischen Lernens zu antworten. Er öffnet, so ist bereits deutlich geworden, den Lernort Schule überdies hin zu anderen, außerschulischen Lernorten und Erfahrungsfeldern und bringt schulisches Lernen damit in Beziehung.

– Handlungsorientiertes Lernen ist mit einem vierten Unterrichtsprinzip verschränkt: der Verbindung von sachbezogenem und sozialem Lernen. Diese Verbindung umfaßt eine Skala von Aufgaben und Möglichkeiten; ich deute einige der wichtigsten an:

• das kooperierende Lernen in Partner- und Kleingruppen;

• die Fähigkeit, anderen sachgemäß bei Schwierigkeiten im Lernprozeß helfen zu können; man muß allerdings zugeben, daß eine praktisch hilfreiche Didaktik für Lehrerinnen und Lehrer, das Helfen zu lehren, weitgehend erst erarbeitet werden muß;

• das Erlernen von rationalen Formen der Konfliktbewältigung;

• die Fähigkeit, sich auch in größere Gruppen mit Anregungen, Kritik, eigenen Argumentationen einbringen zu können.

8. In der achten These hebe ich eine Implikation der vorangehenden Ausführungen hervor: Sinnvolles und ertragreiches Lernen unter den Zielperspektiven einer neuen, zukunftsorientierten Allgemeinbildung schließt immer ein erhebliches Maß schlichter, sozusagen handfester Kenntnisse, Fähigkeiten, Fertigkeiten ein – Lesen und Schreiben, sachlich treffendes und kommunikativ verständliches Sprechen, grundlegendes Rechnen, Genauigkeit des Beobachtens, handwerklich-technische Grundfertigkeiten, Beherrschung von Formen der Informationsbeschaffung, zugleich aber sogenannte »Tugenden« wie Selbstdisziplin, Konzentrationsfähigkeit, Anstrengungsbereitschaft, Rücksichtnahme. Es ist aber von großer Bedeutung, den Stellenwert solcher Momente richtig zu bestimmen: Es handelt sich um instrumentelle, funktionale Kenntnisse, Fähigkeiten, Fertigkeiten und um Sekundärtugenden, die als solche nichts über ihre begründbare, verantwortbare Verwendung sagen und ebensowohl in den Dienst humaner, demokratischer, friedlicher, mitmenschlicher Ziele und Handlungszusammenhänge gestellt wie zum Konkurrenzkampf, zur Herrschaft über andere Menschen und zu ihrer Ausnutzung, zur Vermehrung von Friedlosigkeit, zur Verhinderung von Aufklärung, Mitbestimmung oder Chancengleichheit benutzt werden *können*. Daher ist es verfehlt und könnte verhängnisvolle Folgen haben, wenn man sie zu *Voraussetzungen* anspruchsvollerer Bildungsziele und -prozesse erklärt und ihnen im Bildungsgang sachliche und zeitliche Priorität zuspricht, wie das in manchen konservativen Allgemeinbildungskonzepten der Gegenwart geschieht. Demgegenüber benutze ich bewußt die Formulierung, daß sinnvolles und ertragrei-

ches Lehren und Lernen – Allgemeinbildung im hier vertretenen Sinne – solche Kenntnisse, Fähigkeiten, Fertigkeiten und Sekundärtugenden *einschließt*. Das will besagen: Sie sollten im Zusammenhang mit legitimierbaren Zielsetzungen und inhaltlich relevanten Problemstellungen erlernt werden, so nämlich, daß sie von den Lernenden als notwendige Instrumentarien eingesehen werden können.

Schluß

Das vorliegende Grundkonzept birgt eine Reihe von Konsequenzen hinsichtlich der praktischen Verwirklichung in sich[11], etwa
- für die Unterrichtsorganisation unter anderem die Schaffung der Voraussetzungen einer fächerübergreifenden Behandlung von Schlüsselproblemen im Epochenunterricht;
- für die Zuordnung von Lehrerinnen und Lehrern zu Klassen oder Lerngruppen (»Teamprinzip«);
- für die Lehrerbildung und die Lehrerfortbildung.

In bildungspolitischer Hinsicht wird man, sollte der Entwurf sich – wie immer weiterentwickelt und gegebenenfalls modifiziert – als überzeugend erweisen, die Kooperation sowohl mit den traditionsreichen Parteien und gesellschaftlichen Organisationen suchen, zu deren geistes- und sozialgeschichtlichen Quellen auch die pädagogischen Impulse der Aufklärung zählen, als auch die Zusammenarbeit mit jenen neuen sozialen Bewegungen, insbesondere der Friedens-, der Ökologie- und der Frauenbewegung, die heute als politisch-gesellschaftliche Schubkräfte mit besonderem Nachdruck auch auf eine Wiederbelebung der Bildungsreform drängen.

---

11 W. Klafki, Perspektiven einer humanen und demokratischen Schule, in: U. Schwänke (Hrsg.), Innere und äußere Schulreform, Hamburg 1989, S. 47–72.

BERNHARD SUTOR

Politische Bildung als Allgemeinbildung

Die These, die hier begründet werden soll, lautet, politische Bildung müsse als unentbehrlicher Bestandteil allgemeiner Bildung verstanden und entsprechend in Schul- und Bildungspolitik gewichtet werden. Dabei geraten wir allerdings vor die begrifflich-methodische und theoretische Schwierigkeit, daß Allgemeinbildung selbst heute kaum konsensfähig definierbar ist. Das gilt freilich für den Bildungsbegriff überhaupt, dessen selbstverständliche Verwendung in allen bildungspolitischen Erörterungen heute korrespondiert mit semantischer Beliebigkeit. Wo die Erziehungswissenschaft, weil sie Verbindlichkeit ihrer Grundbegriffe infolge der Spezialisierung ihrer Bezugswissenschaften und unseres philosophischen Pluralismus nicht mehr erreicht, sich mit historisch-beschreibender und interpretierender Darstellung begnügt[1], da kann auch die Fachdidaktik, in diesem Fall die der politischen Bildung, allenfalls darauf hoffen, im Gespräch und im Vergleich unterschiedlicher Konzepte Annäherungen und partiellen Konsens zu erreichen.

Die Situation ist aber nicht so hoffnungslos, daß babylonische Sprachenverwirrung herrschen müßte. In der wissenschaftlichen und politischen Diskussion wird seit längerem, vor allem vor dem Hintergrund eines weiteren Spezialisierungs- und Differenzierungsschubes durch die Schulreformen der sechziger und siebziger Jahre, neu nach der Bestimmbarkeit von Allgemeinbildung gefragt. Die Frage ist unumgänglich, solange man an der Vorstellung von »allgemeinbildenden« Schulen im Unterschied zu beruflich-fachlich orientierten Schulen festhält und sogar viele Verfechter einer Allgemeinbildung diese auf Kosten berufsorientierter Bildungsgänge ausdehnen und verlängern möchten. Zunächst meint Allgemeinbildung nichts anderes als Bildung im Unterschied zu Ausbildung, Bildung ohne Ausrichtung an einem speziellen, von außen vorgegebenen Zweck[2]. Freilich sehen sich alle Bemühungen um ihre inhaltliche Bestimmung immer vor der Schwierigkeit, daß Bildung und Ausbildung dialektisch ineinander verschränkt sind; denn Bildung ist auf die Begegnung mit Welt angewiesen. Es muß also bestimmt werden, an welchen konkreten Gegenständen sie erfolgen soll. Vielleicht war es deshalb sinnvoller, wenn die geisteswissenschaftliche Pädagogik der Nachkriegszeit das Problem, das heute wieder mit Hilfe der Kategorie allgemeiner Bildung diskutiert wird, als Frage nach einer »Grundbildung« im Unterschied zu aller Spezialbildung erörterte[3].

---

1 Vgl. etwa C. Menze, Beitrag »Bildung«, in: J. Speck/G. Wehle (Hrsg.), Handbuch Pädagogischer Grundbegriffe, Bd. 1, München 1970, S. 134ff.; R. Vierhaus, Beitrag »Bildung« in: O. Brunner/W. Conze/R. Koselleck (Hrsg.), Geschichtliche Grundbegriffe. Historisches Lexikon zur politisch-sozialen Sprache in Deutschland, Bd. 1, Stuttgart 1972, S. 508ff.

2 So C. Menze, Artikel »Bildung« im Staatslexikon der Görres-Gesellschaft, Bd. 1, Freiburg 1985[7], Sp. 788.

3 Vgl. etwa W. Flitner, Grundlegende Geistesbildung. Studien zur Theorie der wissenschaftlichen Grundbildung und ihrer kulturellen Basis, Heidelberg 1965.

Es gibt nun zwar eine nicht überraschende Vielfalt von Versuchen, Allgemeinbildung neu zu umschreiben. Aber allenthalben spielt dabei das Politische eine zentrale Rolle; und zwar nicht nur als inhaltlicher Bestandteil allgemeiner Bildung, sondern auch als Bedingung ihrer Bestimmbarkeit. Darauf soll hier in einem ersten Schritt aufmerksam gemacht werden. Der zu registrierende Befund ist zugleich Anlaß zu kritischer Reflexion des Bildungsbegriffs selbst. In einem zweiten Schritt soll das Politische als Allgemeines theoretisch aufgewiesen und didaktisch als unentbehrlicher Bestandteil von Allgemeinbildung konturiert werden. In einem dritten Schritt soll nach dem Gemeinsamen in dem Allgemeinen gefragt werden, welches das Politische darstellt[4].

1. Das Politische in Vorstellungen von Allgemeinbildung

Die in der Diskussion der letzten zehn bis fünfzehn Jahre feststellbaren Versuche, Allgemeinbildung neu zu umschreiben, setzen unterschiedlich an, aber in allen spielt das Politische eine zentrale Rolle. Das war gut beobachtbar in einer Artikelserie, die die Frankfurter Allgemeine Zeitung Ende der siebziger und Anfang der achtziger Jahre zu der Thematik veröffentlichte. Ein gemeinsamer Grundgedanke mehrerer Beiträge dieser Reihe war der, Allgemeinbildung in unserer pluralistischen und hochspezialisierten Gesellschaft als Medium und Möglichkeit der Verständigung zu betonen. Dies ist zwar noch kein unmittelbar politischer Gedanke, er schließt jedoch ein dem demokratischen Verfassungsstaat angemessenes Verständnis von Politik ein.

Historisch ist festzuhalten, daß Allgemeinbildung in der Entwicklung unserer gegenwärtigen Gesellschaft im 19. Jahrhundert eine bedeutende kommunikative Funktion hatte. Die verschiedenartigsten Geister konnten in ihren Auseinandersetzungen auf den gleichen Erfahrungsschatz etwa an geschichtlicher Orientierung und an literarischen Texten zurückgreifen[5]. Im Blick auf unsere gegenwärtige Situation nannte Hermann Lübbe Allgemeinbildung ein Orientierungswissen, das unsere Identität repräsentiere; das Bedürfnis nach einem solchen Orientierungswissen wachse mit dem sozialen Wandel, erst recht mit seiner gegenwärtigen Beschleunigung[6]. Konrad Adam umschrieb Allgemeinbildung als »Werkzeug der Verständigung«, als eine »Brücke zur Vergangenheit« und als Bildung an und mit der Tradition; sie habe Konsens nicht zur Bedingung, sondern zur Folge[7].

---

4 Im folgenden werden Erörterungen wieder aufgegriffen, präzisiert, ergänzt und weitergeführt, die ich zuerst vorgelegt habe unter dem Titel »Politische Bildung als Allgemeinbildung im geschichtlichen Kontext«, in: S. Schiele/H. Schneider (Hrsg.), Konsens und Dissens in der politischen Bildung, Stuttgart 1987, S. 178 ff.
5 Vgl. M. Fuhrmann, »Das bürgerliche Gymnasium ist tot. Zwei Briefe und einige Überlegungen zur Allgemeinbildung«, in: Frankfurter Allgemeine Zeitung vom 29. Oktober 1980.
6 H. Lübbe, »Die Überforderungskrise. Allgemeinbildung: Nachfrage wie nie zuvor«, in: Frankfurter Allgemeine Zeitung vom 6. Juni 1979.
7 K. Adam: »Wissen auch ohne Macht. Allgemeinbildung als Werkzeug der Verständigung«, in: Frankfurter Allgemeine Zeitung vom 17. März 1984; ders., »Die Suche nach dem Kanon. Neue Tendenzen im Unterricht am Gymnasium«, in: Frankfurter Allgemeine Zeitung vom 15. Dezember 1980.

Ein ausgeprägt erziehungswissenschaftlich-kommunikativ begründetes Verständnis von Allgemeinbildung finden wir bei Hartmut von Hentig, der die Notwendigkeit gemeinsamer Erkenntnis und Verständigungsmöglichkeit in einer pluralisierten und spezialisierten Gesellschaft in das Zentrum seiner Überlegungen rückt. Kenntnis und Aneignung der Tradition gehören auch bei ihm insofern dazu, als diese die Geschichte unseres bisherigen Streites darstellt, uns also Orientierungshilfen vermitteln kann, wenn wir uns heute und in Zukunft in unseren Konflikten verständigen und dabei auch wissen wollen, woran Verständigung scheitert[8]. Der Gedanke von Hentigs schreit geradezu nach Konkretisierung auf unsere politischen Institutionen hin. Denn wo wäre die Geschichte unseres bisherigen Streites als Tradition, gleichsam als geronnene Erfahrung eindrücklicher faßbar als in dem Gefüge der Institutionen und Normen des heutigen freiheitlichen Verfassungsstaates? Ausgesprochen politisch ist der Gedanke von Hentigs, wir müßten uns nicht nur verständigen können, sondern es auch wollen. Seine vielfältigen Hinweise auf die Bedrohung der Verständigungsmöglichkeiten heute durch den Zerfall geistigen Umgangs in unserer verwalteten und mediatisierten Welt unterstreichen ebenfalls die politische Bedeutung kommunikativ akzentuierter Allgemeinbildung[9].

Verständigung sei die wichtigste Aufgabe der allgemeinen öffentlichen Bildung, meinte von Hentig in seiner Antwort an Theodor Wilhelm, der – ebenfalls als Erziehungswissenschaftler – Allgemeinbildung als politische Kategorie entfaltet hat[10]. Im Unterschied zu von Hentig traut Wilhelm zwar der Orientierung an den »Vorstellungshorizonten« moderner Wissenschaften für die Bestimmung von Allgemeinbildung mehr zu, indem er sie gleichsam auf ihr didaktisches Potential hin abfragt. Aber abgesehen davon entfaltet er sein Verständnis von Allgemeinbildung als Bildung im Modus ihrer politischen Wirksamkeit und Verantwortung. Dabei steht der Begriff der Verantwortung gegen den der Gesinnung und gegen die Tradition einer »Gesinnungspädagogik«. Als Teilaufgaben einer politisch und verantwortungsethisch verstandenen Allgemeinbildung bezeichnet Wilhelm erstens die Aufwertung der öffentlichen Sphäre im Bewußtsein des Subjekts, zweitens die Fähigkeit zu distanzierter Verständigung. So ist denn auch seine Rüge konsequent, die er nebenher zum Ergebnis einer Umfrage bei Hochschullehrern über Erfordernisse der Studierfähigkeit formuliert: dort komme das Fach Sozialkunde, »ein Kernstück allgemeiner Bildung, sofern man sie politisch versteht«, nicht vor[11].

Einen eher bildungshistorischen und bildungstheoretischen Zugang zur Neubestimmung von Allgemeinbildung in unserer Gesellschaft wählt Wolfgang Klafki[12]. In

8 H. v. Hentig, »›Sokratische‹ Bildung ohne Sokrates? Fünfzehn Thesen zu der Frage, ob wir eine neue Allgemeinbildung brauchen«, in: Frankfurter Allgemeine Zeitung vom 25. August 1978; ders., »Bildung muß radikal sein. Von der Notwendigkeit gemeinsamer Erkenntnis«, in: Frankfurter Allgemeine Zeitung vom 27. September 1980.
9 Vgl. H. v. Hentig, Das allmähliche Verschwinden der Wirklichkeit, München 1984; ders., Die Wiederherstellung der Politik, Stuttgart 1973.
10 Th. Wilhelm, Die Allgemeinbildung ist tot – es lebe die Allgemeinbildung!, in: Neue Sammlung, (1985) 2, S. 120ff.; H. v. Hentig, Eine Antwort an Theodor Wilhelm, ebenda, S. 151ff.
11 Th. Wilhelm (Anm. 10), S. 137.
12 W. Klafki, Konturen eines neuen Allgemeinbildungskonzepts, in: Neue Studien zur Bildungstheorie und Didaktik, Weinheim 1985, S. 12ff.; vgl. ferner Klafkis Beitrag in diesem Band.

gesellschaftskritischer Intention greift er auf den zwischen 1770 und 1830 entwickelten Bildungsbegriff zurück und versucht, ihn in seiner Bedeutung für eine vernünftige Gestaltung gesellschaftlicher Verhältnisse zu explizieren. Die drei Bedeutungsmomente von Allgemeinbildung, die er dabei entfaltet, lauten: Bildung für alle; Bildung im Medium des Allgemeinen; allseitige Bildung. Die beiden ersten Momente haben eine unmittelbar politische Bedeutung. Bildung für alle basiert auf dem Gedanken der Gleichheit, woraus Klafki auch Folgerungen entwickelt für die Bildungsorganisation, über die man streiten kann.»Gleiche Bildungsmöglichkeiten für alle« implizieren keineswegs den Verzicht auf ein differenziertes und differenzierendes Schulsystem; eine arbeitsteilige und zugleich demokratisch verfaßte Gesellschaft kommt ohne ein solches gar nicht aus. Bildung im Medium des Allgemeinen heißt bei Klafki Auseinandersetzung mit den die Menschen heute gemeinsam angehenden»Schlüsselproblemen« in geschichtlicher Vermittlung.

Die historisch-theoretische Auseinandersetzung mit dem Bildungsbegriff des deutschen Idealismus kommt auch ohne die Intention einer »gesellschaftskritischen Erziehungswissenschaft« – wie sie Klafki vertritt – zu dem Ergebnis, Allgemeinbildung sei ohne angemessene Berücksichtigung des Sozialen und Politischen nicht bestimmbar. So hat Hans Maier in dieser Diskussion mehrfach darauf hingewiesen, der Anspruch allgemeiner Bildung sei bei Humboldt oder jedenfalls in der neuhumanistischen Umsetzung seiner Ideen nur reduktionistisch eingelöst worden; ganze Bereiche des sozialen Lebens, besonders des Berufs und der Wirtschaft, seien ausgeblendet geblieben. Die Frage nach Allgemeinbildung müsse deshalb heute für alle Schularten, also auch für die berufsbildenden Schulen, neu erörtert werden[13]. Das trifft sich mit der Feststellung von Clemens Menze, die neuhumanistische Bildungsidee sei im 19. Jahrhundert ihrer zeitkritischen Komponenten beraubt und durch Fixierung auf bestimmte Gegenstände veräußerlicht worden. An die Stelle der ursprünglich gemeinten harmonischen Ausbildung aller Kräfte sei die allseitige Sachbildung getreten, eine Vorstellung, die im Zuge der ungeheuren Entfaltung und Spezialisierung der Wissenschaften und damit der »Explosion« des uns möglichen Wissens nicht einlösbar war. Die Folge war die Reduktion auf ein »Bescheidwissen« über Kunst und Literatur, nicht aber über Wirtschaft, Arbeit und Gesellschaft[14].

Demnach war das, was in dieser Bildungtradition als Allgemeinbildung vertreten wurde, nicht mehr als eine geschichtlich und sozio-kulturell bedingte und bestimmte Spezialbildung, die für »allgemein« gehalten wurde, obwohl sie ganze Lebensbereiche souverän verachtete. Daß zu diesen auch das Politische gehörte, muß aus einem doppelten Grunde verwundern. Denn die antike Vorstellung von allgemeiner Bildung, die in den *artes liberales* gefaßt wurde, hatte einen unmittelbaren Bezug zum Öffentlichen und Politischen als dem Raum des Umgangs der freien Bürger miteinander. Humboldt wollte im Rückgriff auf die griechisch-römische Tradition diesen Bezug ausdrücklich wiederherstellen: gegen die Verzweckung und Funktionalisierung des Bildungswesens in den Schranken und im Nützlichkeitsdenken einer ständischen Gesellschaft. Auch Humboldts Grundgedanke, die Sprache sei zentrales Medium der

---

13 H. Maier, »Ein Sündenbock und die Allgemeinbildung. Die Schulreform ist nicht an allem schuld. – Der Stoffdruck und die alten Ideen«, in: Frankfurter Allgemeine Zeitung vom 5. September 1978; dazu vom gleichen Verfasser mehrere Beiträge, in: Anstöße. Beiträge zur Kultur- und Verfassungspolitik, Stuttgart 1978.
14 Vgl. C. Menze (Anm. 1), S. 148 ff.

Menschenbildung, hätte in der Umsetzung in ein Bildungskonzept zum Politischen als einem zentralen Bereich führen müssen. Denn die am Anfang der europäischen politischen Philosophie stehende Aussage des Aristoteles, der Mensch sei ein politisches Wesen – die nicht beschreibend, sondern normativ gemeint ist –, steht in kausaler Verbindung mit der anderen Aussage, der Mensch sei ein Wesen des Logos: eben als solches ist er zu seiner Entfaltung auf das Leben in der Verständigungsgemeinschaft der Polis angewiesen.

Die Kritik an der Verengung von Allgemeinbildung im Laufe des 19. Jahrhunderts führt zu der Konsequenz, im Verhältnis von Allgemeinbildung und beruflicher Bildung oder Ausbildung nicht von einem Gegensatz, sondern von einer Dialektik zu sprechen. Die Frage nach Allgemeinbildung ist eine doppelte, nämlich die Frage nach den allgemeinen Grundlagen des Speziellen und die Frage nach dem Allgemeinen im Speziellen. Deshalb müßte die alte Unterscheidung von Allgemeinbildung und spezieller Ausbildung wohl einer anderen Platz machen, nämlich der Unterscheidung von Grundbildung und darauf aufbauender zunehmender Differenzierung und Spezialisierung, welche ihrerseits eine stärker theoretische und eine stärker praktische Orientierung haben kann. Was in der Oberstufe unserer Gymnasien inhaltlich bearbeitet wird, ist nicht weniger speziell als das, was in den berufsbildenden Schulen Gegenstand ist. Der Bezug zu späteren Verwendungssituationen – in Studium und Beruf – fehlt auch ersteren nicht; und um Bildung in dem Sinne, daß funktionale Ausbildung einem Verständnis von Menschenbildung untergeordnet sein soll, muß es auch in letzterer gehen.

So gesehen würde sich der alte Streit zwischen Allgemeinbildung und Berufsbildung auf die Frage reduzieren, wie diese gleichwertig, nicht gleichartig gemacht werden können und ab wann die allgemeine Grundbildung zunehmend in differenzierende Spezialisierung übergehen soll. Wenn »progressiv« eingestellte Wissenschaftler und Politiker die Differenzierung eher hinausschieben wollen, dann folgen gerade sie einer fragwürdigen Überschätzung theoretischer im Vergleich zu praktischer Ausbildung und einer Unterschätzung des bildenden Potentials der Praxis. Unabhängig von dieser Auseinandersetzung kann für unser Thema aber hier vorläufig festgehalten werden, daß das Politische erstens zur allgemeinen Grundbildung aller als politische Propädeutik gehört und zweitens spezialisierte Ausbildung sowohl in ihrer theoretischen als auch in ihrer praktischen Orientierung gleichsam dialektisch als ein unentbehrliches allgemeines Element begleiten müßte.

Wir kehren aber zunächst zur Durchmusterung heutiger Vorstellungen von Allgemeinbildung zurück und haben dabei zwei philosophische Konzepte kurz vorzustellen. Dabei kann man den Versuch von Josef Derbolav näherhin »praxeologisch« nennen – nämlich im theoretischen Zugriff am Praxis-Verständnis der aristotelischen Philosophie orientiert –, während der Versuch Erich E. Geißlers auf einer philosophisch-pädagogischen Anthropologie aufbaut.

Josef Derbolav hat den ehrgeizigen Versuch unternommen, die Praxis moderner Gesellschaft im Entwurf einer »Praxeologie« zu repräsentieren, die Gesellschafts- und Wissenschaftstheorie miteinander verbinden soll. Dabei ging er von der Prämisse aus, die Bildungswelt müsse in einem Repräsentationsverhältnis zur wirklichen Welt stehen; sie müsse die Aufgaben der Lebenspraxis gegenwärtiger Gesellschaft darstellen. Dazu entwarf er ein Modell der Praxisfelder, in dessen Mitte die Politik steht, und zwar wegen ihrer Ordnungs- und Zielsetzungsfunktion, die sie für die meisten anderen Praxisfelder auszuüben habe[15]. Es sei hier dahingestellt, wie überzeugungskräftig dieses Modell ist. Eindrucksvoll tritt jedenfalls auch hier die zentrale Bedeutung von Politik sowohl im Praxisverständnis unserer Denktradition als auch besonders in moderner Gesellschaft hervor. Damit erweist auch dieser Denkansatz politische Bildung als eine zentrale Aufgabe von Bildung überhaupt: Sie trägt zu einem nüchternen Verständnis von Politik jenseits der gleichermaßen fatalen Allmachts- und Ohnmachtsgefühle gegenüber dem Politischen bei, die sich wechselseitig bedingen und oft auch einander ablösen.

Erich E. Geißler umschreibt Allgemeinbildung in allgemeinen pädagogischen Leitzielen auf der Grundlage philosophischer Anthropologie. Die Mitte seiner Vorstellung bildet die Dialektik von Selbständigkeit und Verantwortung der Person, wobei Verantwortung die Ordnung des Gemeinwohls als Bedingung der Möglichkeit personalen Selbstseins im Miteinander einschließt[16]. Folgerichtig erscheint auch in dieser Vorstellung politische Bildung als ein unentbehrlicher Bestandteil von Allgemeinbildung[17].

Philosophisch-anthropologische Versuche der Grundlegung menschlicher Praxis in Erziehung und Bildung, auch in der Politik, stehen seit dem Durchbruch der modernen Sozialwissenschaften immer im Verdacht, geschichtlich Veränderbares als »natürlich« zu fixieren und damit sozio-kulturell bedingte Strukturen festzuschreiben. Gewiß kann eine Philosophie des Menschseins keine allgemeingültigen Erkenntnisse jenseits unserer Geschichtlichkeit formulieren. Es ist Eigenart der menschlichen Natur, daß sie sich geschichtlich-kulturell entfaltet. Dies bedenkend, kann jedoch philosophische Anthropologie – ohne die übrigens auch eine kritische Gesellschaftstheorie nicht auskommt – ihrerseits Erziehungs-, Bildungs- und Politikvorstellungen kritisch befragen. In diesem Sinn seien hier zum Abschluß der Durchmusterung von Konzepten allgemeiner Bildung einige kritische Gedanken zur klassischen Bildungstheorie angefügt, die uns für die Bestimmung des Politischen als eines zentralen Gehalts allgemeiner Bildung besonders wichtig scheinen.

Die Bildungsidee, wie sie durch Aufklärung, Französische Revolution und deutsche Philosophie entwickelt wurde, enthielt ein erhebliches Potential an Zeit- und Gesellschaftskritik. Autoren wie Theodor W. Adorno, Heinz-Joachim Heydorn, Herwig Blankertz haben je in ihrer Weise darauf nachdrücklich aufmerksam gemacht[18]. Die Idee entstammte dem Umbruch, der aus einer statisch-ständischen Gesellschaft von Ungleichen in eine dynamische Gesellschaft von in gleicher Weise

15 J. Derbolav, Pädagogik und Politik. Eine systematisch-kritische Analyse ihrer Beziehungen, Stuttgart 1975.

16 E. E. Geißler, Allgemeinbildung in einer freien Gesellschaft. Standpunkte – Konzepte – Ideen – Kritik, Düsseldorf 1977.

17 Vgl. auch E. E. Geißler, Politische Bildung als Allgemeinbildung – die Perspektive des Erziehungswissenschaftlers, in: Seminarbericht 9 der Bayerischen Landeszentrale für politische Bildungsarbeit, München 1985, S. 16ff. Zum gleichen Thema dort Beiträge aus der Perspektive des Politikwissenschaftlers (H. Buchheim) und des Didaktikers (B. Sutor).

18 Th. W. Adorno, Theorie der Halbbildung, in: Sociologica II. Frankfurter Beiträge zur Soziologie, Bd. 10, Frankfurt/M. 1962; H. Blankertz, Bildung im Zeitalter der großen Industrie, Hannover 1969; H.-J. Heydorn, Über den Widerspruch von Bildung und Herrschaft, Frankfurt/M. 1970; ders., Zu einer Neufassung des Bildungsbegriffs, Frankfurt/M. 1972.

freien Bürgern führen sollte. Der Mensch sollte durch Bildung instandgesetzt werden, kraft seiner Selbstbestimmung sich seine Verhältnisse selbst zu schaffen, statt vorgegebenen Mächten und Ordnungen von Staat und Religion unterworfen zu sein. Führt man sich dies vor Augen, dann stellt sich die Frage nach den Gründen für das Erlahmen und Erlöschen der emanzipatorischen Gehalte dieses Bildungskonzepts im Versuch seiner Realisierung. Die Kritik sucht diese Gründe – sicher mit Recht – in der Ideologisierung von Bildung durch die Interessen der sich etablierenden bürgerlichen Gesellschaft: politisch ausgedrückt in der Reduktion des *citoyen* auf den *bourgeois*.

Man kann jedoch fragen, ob diese vor allem von Rousseau populär gemachte formelhafte Gegenüberstellung nicht auf einer falschen, einer idealistischen Trennung zwischen dem unpolitischen Interessenten und dem interesselosen Staatsbürger beruht; ob nicht Rousseaus Versuch, die partikularen Interessen auszuschalten und die Bürger normativ an eine Zivilreligion und an die ihr entsprechenden Tugenden zu binden, der Politik wie der politischen Pädagogik von vornherein eine zu schwere Last auferlegte. Allgemeine Erfahrung legt doch bereits die Vermutung nahe, daß es menschlich erträglicher und daher pädagogisch wie politisch geboten ist, zwischen dem Interessenten und dem Staatsbürger zu vermitteln.

Unsere Kritik lautet daher, dem revolutionär imprägnierten Bildungsbegriff hafte ein sozialanthropologischer Geburtsfehler an. Es muß zu denken geben, daß es Rousseau selbst – dem Stammvater so mancher pädagogischer und politischer Entwürfe – nicht gelungen ist, Pädagogik und Politik in *einem* Konzept zu vereinen. Er entwarf vielmehr zwei Utopien, eine pädagogische im *Emile* und eine politische im *Contrât social* (Vom Gesellschaftsvertrag). Mit der einen läßt sich eine anti-autoritäre Erziehung begründen, mit der anderen eine totalitäre, womit nicht behauptet sein soll, solche Begründungen ergäben sich zwingend. Als Grund für dieses Auseinanderklaffen von Pädagogik und Politik bei Rousseau führte Herwig Blankertz an, das vergesellschaftete Leben des Menschen stelle immer schon eine eingeschränkte Möglichkeit des Menschseins dar, gleichsam einen defizienten Modus; und Blankertz scheint sich diese Begründung selbst auch zu eigen zu machen[19].

Uns scheint dagegen, hier sei bereits am Beginn modernen Nachdenkens über Erziehung, Bildung und Politik ein verhängnisvoller Zwiespalt wirksam, eine fast manichäische Abscheu vor der konkreten Gesellschaft in ihrer Komplexität und Differenzierung, die man nur überwinden zu können glaubte im Entwurf der beiden Utopien eines »neuen Menschen« und einer »neuen Gesellschaft«. Gemeinschaft erscheint dann als der »Natur« des Menschen entsprechend, Gesellschaft dagegen als Entfremdung.

Sieht man die Dinge so an, dann hat nicht nur das interessegeleitete Denken einer bourgeoisen Gesellschaft dazu beigetragen, der klassischen Bildungsidee ihren kritisch-politischen Impuls zu nehmen; dann haben auch der dieser Bildungsidee anhaftende Dualismus von Gemeinschaft und Gesellschaft und die Utopie einer »gemeinschaftlichen Vergesellschaftung« verhindert, daß Politik in einem realistischen Verständnis als Gegenstand allgemeiner Bildung in unserem Schulsystem heimisch wurde[20].

19 Vgl. Blankertz (Anm. 18), S. 47 ff.
20 Die Tradition des utopischen Gemeinschaftsmodells in der politischen Pädagogik vom deutschen Idealismus bis zur kritischen Theorie der Frankfurter Schule ist dargestellt und kritisiert bei G. C. Behrmann, Soziales System und politische Sozialisation, Stuttgart 1972, S. 72 ff.

Nun legitimieren gemäß europäischer Denktradition revolutionäre Situationen revolutionäre Denkmodelle und Handlungsweisen. Aber das revolutionäre Pathos läuft leer, die Utopie wird ideologisch, wenn man sich ihrer glaubt für den »Normalfall« bedienen zu müssen. Die Rede vom Normalfall setzt sich selbstverständlich der Kritik aus. Was damit gemeint sein kann, hat ohne Zweifel eine große Bandbreite, und seine Grenzen sind nicht exakt bestimmbar. Gemeint ist hier folgender Grundgedanke: Für die nicht-revolutionäre Situation, für den geschichtlich-gesellschaftlichen »Normalfall« bedarf das Zusammenleben in Gesellschaft nicht der Revolution, sondern der Politik. Gewiß soll das kritische Potential, das in politischen und in pädagogischen Utopien enthalten ist, in Politik wie in Bildung wirksam bleiben: Denn nicht nur in bestimmten geschichtlich revolutionären Situationen, sondern auch aus sozialanthropologischer Begründung – wir behaupten sogar, gerade aus ihr – ergibt sich ein kritischer Begriff von Politik ebenso wie von Bildung, nämlich einer, der auf die je besseren Möglichkeiten des Menschseins in Gesellschaft zielt.

Aber zugleich muß in Politik wie in Bildung eine unaufhebbare Spannung zwischen Utopie und Realität ausgehalten werden. In diesen beiden unterschiedlichen Weisen menschlicher Praxis geht es, auf unterschiedlichen Wegen, um die Ermöglichung und Sicherung eines humanen Miteinander in Verschiedenheit und in Konflikten angesichts der immer drohenden schlimmeren, inhumanen Möglichkeiten. Die Menschwerdung des Menschen durch die Hilfe von Erziehung und Bildung bleibt ebenso eine ständige Aufgabe wie die Sicherung der äußeren Bedingungen dazu in einer gemeinsamen Friedens-, Rechts- und Freiheitsordnung. Wir kommen damit nie an ein Ende, und gerade deshalb gehört es zu den zentralen Aufgaben allgemeiner Bildung, dafür den Blick zu öffnen und die dazu jeweils geschichtlich gegebenen Bedingungen, Möglichkeiten, Grenzen, Gefahren, aber auch Chancen erkennbar zu machen. Allgemeinbildung und politische Bildung finden nur zusammen, wenn wir das in beiden enthaltene utopische Element nicht ideologisch verabsolutieren. Allgemeinbildung kann nicht Aufhebung aller Besonderung und Spezialisierung heißen, politische Bildung darf nicht an Gemeinschaft statt an Gesellschaft orientiert sein.

2. Das Allgemeine in Politik und politischer Bildung

Der politische Gehalt des idealistischen und revolutionären Bildungskonzepts verschwand, als seine Einlösung scheiterte. Sie scheiterte in Deutschland einerseits am Widerstand der etablierten Mächte, andererseits an ihrem eigenen idealistischen Überschwang. Was sich durchsetzte, war ein verengter, ästhetisch-literarisch geprägter Bildungsbegriff. In seiner Perspektive konnte und kann man die hier zu explizierende These nicht verstehen, Politik sei etwas vom Allgemeinsten, vom Menschlichsten, das man sich vorstellen könne. Die »machtgeschützte Innerlichkeit« (Thomas Mann) des deutschen Bildungsbürgers reduzierte ihre eigene politische Dimension auf Nationalstolz und Dynastie-Treue, fühlte sich erhaben über den Streit der Interessen und über den Machtkampf der Parteien. Die Welt der Bildung sollte davon nicht befleckt werden.

Nun ist phänomenologisch gar nicht zu bezweifeln, daß Politik Streit heißt: Konkurrenz der Interessen, Konflikt, Machtkampf zwischen Großgruppen und Staaten. Aber eben deshalb ist der Politik zugleich das Moment eines Allgemeinen immanent. Die Ausrichtung der miteinander streitenden Positionen am eigenen Interesse ist dialektisch verschränkt mit dem Interesse an einem Allgemeinen. Die Begründung dafür sei hier wenigstens skizzenhaft aus dem Politikverständnis angedeutet.

Das Politische stellt eine spezifische Problemdimension des Gesellschaftlichen dar. Das Miteinander der Menschen in den vielfältigen sozialen Beziehungen wird politisch, wenn es als solches zum Problem wird; zu einem Problem, zu dessen Bewältigung die Gemeinsamkeit in Sachzwecken oder auch in Überzeugung und Gesinnung nicht mehr ausreicht, wozu es vielmehr der Anstrengung einer besonderen Form von Rationalität bedarf. Politik ist eine Form sozialer Interaktion, in der es nicht primär um die Wahrnehmung von Sachzwecken geht, sondern um die rationale Bewältigung interpersonaler Situationen, genauer und einschränkender gesagt, um die Bewältigung von Intergruppen-Situationen[21].

Wir gehen damit von einem normativen Politikbegriff aus, dessen normativer Gehalt zugleich ein kritisches Potential darstellt. Die Prämisse dieses Politikverständnisses ist vor dem Hintergrund der unbestreitbaren Tatsache formuliert, daß Menschen in der Regelung ihres Miteinander immer Mittel der Gewalt und des Zwanges anwenden können. Sie lautet: Gewalt und Zwang sollen minimiert werden; in der Regelung des Miteinander ist eine prinzipielle Gleichheit aller von der gemeinsamen Situation Betroffenen vorauszusetzen. Historisch zeigt sich überall, wo die gewaltsame Regelung durch eine politische ersetzt wird, eine Gleichheit der an der Regelung Beteiligten: in der antiken Polis sind es die Freien, in Ständeordnungen sind es die Peers, in der modernen Demokratie sind es alle Bürger.

Die demokratische Öffnung des Politischen für die Beteiligung aller Bürger geht nun geschichtlich Hand in Hand mit zunehmender Politisierung aller gesellschaftlichen Bereiche. Dies ist historisch-soziologisch nicht überraschend: Wir können unseren Politikbegriff auch so umschreiben, daß wir sagen, politisch sei materialiter das öffentlich-gesellschaftlich Umstrittene, formaliter das, was allgemeiner Regelung bedürfe. Das Gesellschaftliche, das diese Bedingungen erfüllt, nimmt aber in der Neuzeit und in der Moderne rasant zu. Politik erfaßt zunehmend alle Daseinsbereiche, wofür es eine Reihe von bekannten Gründen gibt, die hier nur angedeutet seien[22]:

–   Politik muß mit zunehmender Pluralisierung der Gesellschaft ersetzen, was in der Regelung des Miteinander und für den Zusammenhalt der Gesellschaft früher andere Gemeinsamkeiten leisteten, etwa ein gemeinsamer Glaube und gemeinsame weltanschauliche Überzeugungen, Gemeinsamkeiten auf der Grundlage von Wissenschaft und Bildung, gemeinsame Gesinnungen und Ideologien.
–   Mit der Erfahrung des Wandels und der Gestaltbarkeit gesellschaftlicher Strukturen und Institutionen wird die Frage ihrer Beeinflussung und Gestaltung zu einer politischen, gibt es unausweichlich den Streit um Erhaltung oder Veränderung.
–   Im Zuge der industriellen Revolution und der Ausbildung kapitalistischer Wirt-

---

21 Zu dem hier nur angedeuteten Politikverständnis vgl. H. Buchheim, Theorie der Politik, München-Wien 1981; E. Vollrath, Grundlegung einer philosophischen Theorie des Politischen, Würzburg 1987.

22 Vgl. Chr. Graf v. Krockow, Politik und menschliche Natur, Stuttgart 1987.

schaftsweise mit ihren sozialen Umwälzungen und Folgen muß Politik über die Garantie rechtlicher Rahmenbedingungen für Gesellschaft hinaus zunehmend Leistungen der Daseinsvorsorge erbringen.

Dieser Prozeß der *Fundamentalpolitisierung* führt in unserer Zeit dazu, daß auch das Allgemeine am Fachlichen zunehmend politisch wird. Ökonomie wird partiell zur Politikökonomie; unsere naturwissenschaftlich-technisch bestimmte Produktions- und Lebensweise führt zu den nur politisch zu lösenden Problemen der Ökologie; die Fortschritte in Biologie und Medizin werfen neue ethische Grenzprobleme auf, die wiederum nach politisch gesetzter Normierung verlangen.

Schließlich wird in der gegenwärtigen menschheitsgeschichtlichen Situation Politik international über die alte Kunst von Kriegführung und Friedenssicherung hinaus neu beansprucht, weil Krieg als Mittel der Konfliktlösung zwischen Staaten »unmöglich« wird und weil eine zunehmende Interdependenz der Staaten nicht nur in Fragen der Friedenssicherung, sondern auch in anderen Problemfeldern – Ökologie und Entwicklung – den politischen Möglichkeiten des Einzelstaates deutliche Grenzen setzt und nach internationaler, vermutlich zum Teil auch nach supranationaler Regelung ruft. Was in der antiken Polis *res publica* genannt wurde, was man im modernen demokratischen Verfassungsstaat als Gemeinwohlaufgabe bezeichnen kann, das erscheint zunehmend heute auch als menschheitliche Aufgabe, und zwar gerade weil die Akteure viele sind und auch viele bleiben werden, in ihrer Verschiedenheit miteinander konkurrieren und immer wieder in Konflikte geraten werden. Es ist eine Grundfrage unseres heutigen Zeit-, Gesellschafts- und Weltverständnisses, wie wir angesichts dieser zunehmenden Problemkomplexität Ohnmachtsgefühle, Resignation, Privatismus und Eskapismus vermeiden können.

Politik erweist sich also als eine heute besonders dringliche spezifische Weise sozialer Praxis, die alle anderen Praxisfelder durchdringt. Sie ist zwar nicht mit ihnen identisch – sie ist nicht Wirtschaft, Erziehung, Bildung, Kunst, Wissenschaft, Technik, Religion –, aber sie ist in allen diesen Feldern anwesend als notwendige Bedingung ihrer Möglichkeiten, anwesend damit aber auch immer als Gefährdung.

Wenn dies zutrifft, dann ist auch politische Bildung eine allgemeine Aufgabe, nichts Professionelles, nicht Spezialbildung, nicht funktionalistisch bestimmbar. Sie geht uns alle an als Personen in unseren sozialen Bezügen, als Zeitgenossen unserer geschichtlichen Situation. Es mag für den »professionellen« Politiker eine Menge Spezialkenntnisse geben, aber das eigentlich Politische gehört *nicht* zu der Art von Kenntnissen, »die in einer arbeitsteiligen Gesellschaft von unterschiedlichen Individuen wahrgenommen werden können, ohne daß ihre Nichtbeherrschung zwangsläufig zu einer Beeinträchtigung der Selbständigkeit und Unabhängigkeit der einzelnen führt«[23]. In Unterscheidung von so definiertem Spezialwissen gehört politische Bildung zur »Grundbildung« als Ermöglichung verantwortlicher Teilnahme am Politischen für den »Normalbürger«. Ferner muß sie als ein gewichtiges allgemeines Element in allen speziellen Ausbildungsgängen anwesend sein. Zur näheren Bestimmung beider Aufgaben bedarf es einer kategorial genaueren Fassung von Politik als Bildungsgegenstand.

So wie wir Politik und politische Bildung umschreiben, liegt die Schlußfolgerung nahe, politische Bildung müsse Prinzip und Aufgabe aller Schulfächer sein. Das ist

---

23 C. Menze (Anm. 2), Sp. 792.

ohne Zweifel richtig. Nur ist dies kein überzeugendes Argument gegen einen eigenständigen Politikunterricht. Ganz im Gegenteil braucht politische Bildung – wenn sie als Prinzip nicht zu schlechter Politisiererei und zur Vergewaltigung der in den einzelnen Schulfächern notwendigen facheigenen Perspektiven führen soll – ein Zentralfach, in welchem das Politische als solches zum Gegenstand des Lernens gemacht wird.

Die facheigenen Perspektiven und Frageweisen der anderen Fächern liefern dem Politikunterricht vielfältige Sachkenntnisse, vermitteln aber nicht das eigentlich politische Verstehen, das einer spezifischen kategorialen Struktur bedarf. So können etwa in der Geographie natürliche Faktoren und Sozialstrukturen einer Region analysiert werden; naturwissenschaftlicher Unterricht mag die Funktions- und Sicherheitsbedingungen von Mülldeponien oder von Kernkraftwerken erklären; in den Fremdsprachen werden Texte gelesen, an denen etwas von anderen politischen Kulturen erkannt werden kann; der Geschichtsunterricht kann die Genese gegenwärtiger politischer Probleme aufarbeiten. Bei alledem wird aber nicht eigentlich kategorial politisch gefragt – und es ist auch nicht die Aufgabe dieser Fächer, so zu fragen.

Der Politikunterricht hingegen fragt unter der spezifisch politischen Perspektive, wie sie sich aus oben skizziertem Politikbegriff ergibt. Er fragt nach Möglichkeiten und Grenzen politischer Problembewältigung. Was dies in angemessener kategorialer Differenzierung heißt, soll hier nur skizzenhaft angedeutet werden. Es ist in den bekannten didaktischen Konzepten, wenn auch unterschiedlich, ausgeführt[24].

– Zu fragen ist nach politischen Situationen und Problemlagen, welche sich nicht als Sachfragen – und damit auch nicht als technisch lösbar – darstellen, sondern als interpersonale und als Intergruppen-Probleme; in denen konkurrierende Interessen aufeinander stoßen und miteinander vereinbart werden sollen; in denen Machtpotentiale kalkuliert und disponiert, in eine zumindest erträgliche Balance gebracht werden müssen.

– Zu fragen ist nach dem politischen Handeln als Sprachhandeln; denn die Sprache ist das vorzügliche Mittel der Politik, wenn in Konflikten Gewalt und Zwang vermieden werden sollen. Politik ist Streit zwischen sprachlich artikulierten Meinungen, Interessen sind im sozialen Kontext interpretierte Bedürfnisse, politische Ziele werden in Programmen formuliert. Politische Kräfte werben um Zustimmung, in Konflikten werden Kompromisse sprachlich ausgehandelt, verbindliche Regelungen werden in Gesetzessprache gefaßt, Vereinbarungen in Verträgen. Schließlich kennt die gesamte Politikvermittlung unterschiedliche Formen der Sprache. Es ist eine vorzügliche Aufgabe politischer Bildung, den kritischen Umgang mit diesen einzuüben.

– Zu fragen ist nach dem politischen Handeln als repräsentativem Handeln für und zwischen Großgruppen in einem durch Zustimmung und Mandat begrenzten Handlungsraum – nach den Regeln und in den Institutionen einer politischen Ordnung. Besonders ist hier der Sinn des Formalen und des Institutionellen zu vermitteln, der darin liegt, das Miteinander in Verschiedenheit in und zwischen Großgruppen zu ermöglichen.

---

24 Vgl. etwa H. Giesecke, Didaktik der politischen Bildung. Neue Ausgabe, München 1972 u. ö.; W. Hilligen, Zur Didaktik des politischen Unterrichts, Opladen 1985[4]; B. Sutor, Neue Grundlegung politischer Bildung, 2 Bde., Paderborn 1984.

– Zu fragen ist schließlich nach dem Verhältnis von politischer Rationalität im bisher umschriebenen Sinn zu politischer Ethik. Hier geht es vor allem um die erfahrungsgemäß schwer zu vermittelnde Einsicht in den Tatbestand, daß das ethisch Gebotene in der Politik zwar eine gewisse Moral der Akteure voraussetzt, aber nur durch politische Rationalität erfüllt werden kann, nämlich durch den Kalkül von Interessen und Macht, durch Kompromiß und Gleichgewicht, durch Gesetz, Vertrag und durch die Gestaltung von Institutionen. Moral ist eine Bedingung guter Politik, sie kann diese jedoch nicht ersetzen.

In politikwissenschaftlicher Terminologie könnte man hier weiter entfalten, daß die zuvor skizzierten kategorialen Fragen die drei Dimensionen enthalten, die in der angelsächsischen Sprache durch die Unterscheidung von *policy, polity* und *politics* ausgedrückt sind. In psychologisch-pädagogischer Hinsicht wäre es lohnend, näher zu erörtern, wie das, was zumal jungen Menschen an Politik fremd und manchmal auch befremdlich ist, in der hier skizzierten Differenzierung politischer Kategorien enthalten ist: besonders die Momente des Taktischen, des Kalkulierens, des Machtkampfes, aber auch das Regelhafte und Institutionelle und schließlich der Systemaspekt von Politik. Dadurch könnte noch deutlicher herausgearbeitet werden, daß hier elementare Probleme unseres Daseins im Miteinander als Bildungsaufgaben vorgestellt sind.

Es gibt eine lange, bis auf Aristoteles zurückgehende Diskussion darüber, ob der junge Mensch Politik überhaupt schon angemessen begreifen könne. Selbstverständlich muß die hier umrissene Aufgabe didaktisch-methodisch in der Form einer *politischen Propädeutik* angegangen werden, eben als politische Grundbildung. Die Schule muß »kleine Brötchen backen«; didaktisch ausgedrückt: Sie muß elementarisieren und mit jugendpsychologisch angemessenen einfachen Situationen und Modellen arbeiten.

Ein neuer, gelungener Versuch, politische Grundbildung für die allgemeinbildenden Schulen inhaltlich und kategorial zu umreißen, liegt vor in einer 1988 von der Akademie für Politische Bildung in Tutzing veröffentlichten Denkschrift: Politikunterricht in der Schule. Auch dort lautet die Prämisse, Politik sei Teil der Allgemeinbildung, sofern zu ihr alles gehört, was »jeder Schüler unabhängig von seinen speziellen Neigungen und Berufszielen lernen sollte«[25]. Dann wird mit Hilfe der Unterscheidung elementarer Rollen des Bürgers umschrieben, was zu den rationalen Voraussetzungen ihrer Wahrnehmung gehört, wobei in der Entfaltung im einzelnen deutlich wird, daß es sich hier keineswegs um ein funktionalistisches Rollenkonzept handelt. Im einzelnen werden entfaltet: der Bürger als Regierter; der Bürger als Wähler; der Bürger als Konsument von Informationen; der Bürger als Konsument staatlicher Leistungen; der Bürger als Mitglied einer Rechtsgemeinschaft; der Bürger als Mitwirkender; der Bürger als Mitglied des Staatsvolkes.

Keineswegs soll mit diesen Hinweisen der Eindruck erweckt werden, politische Bildung sei vornehmlich *inhaltlich* als Teil allgemeiner Bildung zu bestimmen. Ein gewisses Maß an Grundkenntnissen ist zwar unentbehrlich, aber die eigentliche Aufgabe besteht in der Entfaltung politischer Urteilskraft durch kognitiv-kommunikative Bearbeitung politischer Fragen. Deshalb endet politische Bildung nicht mit der Vermittlung von Grundbildung in der Sekundarstufe I, sondern setzt sich fort in den

---

25 Akademie für Politische Bildung Tutzing, Politikunterricht in der Schule. Eine Denkschrift, März 1988; das Zitat dort S. 4.

differenzierteren und spezielleren Ausbildungsgängen, die darauf aufbauen. Es scheint uns wiederum ein Erbe unseres verengten Bildungsbegriffs, daß in der didaktischen Diskussion dieser weiterführenden politischen Bildung vornehmlich das Gymnasium bedacht wurde, weniger die berufsbildenden Schulen. Aber gerade die Erörterung der politischen Fragen, die im breiten Feld des Ökonomisch-Sozialen, in Arbeit und Technik enthalten sind, stellt in der hier möglichen Verbindung von Praxis und Theorie eine reizvolle und zugleich wichtige Aufgabe dar.

3. Das Gemeinsame im Allgemeinen der politischen Bildung

Wenn politische Bildung ein Stück Allgemeinbildung darstellt, die auf Verständigungsmöglichkeiten in der arbeitsteiligen und pluralistischen Gesellschaft zielt, dann muß es in ihr auch einen Kernbestand an Gemeinsamkeit aller das Gemeinwesen tragenden Gruppen und Kräfte geben. Im Blick auf die leidenschaftlichen Auseinandersetzungen vergangener Jahre über Notwendigkeit, Ziele und Inhalte politischer Bildung scheint mir, daß auf der einen Seite konservative Verächter politischer Bildung deren allgemeinbildenden Charakter nicht gesehen haben, während manche ihrer progressiven Verfechter die Notwendigkeit eines Minimums an Gemeinsamkeit nicht wahrhaben wollten. Ich sehe darin einen Hauptgrund für die Misere der politischen Bildung an unseren Schulen.

Die Frage nach dem Gemeinsamen zielt nicht auf Harmonie; sie zielt vielmehr auf die Bedingung der Möglichkeit geregelten politischen Streites, kurz gesagt auf die Möglichkeit einer freiheitlichen Ordnung. Damit erweist sich der *Verfassungskonsens* als unentbehrliche Orientierungsgröße in der Bestimmung von Leitzielen und Hauptaufgaben politischer Bildung in einer demokratisch verfaßten pluralistischen Gesellschaft. Diese Aussage muß gegen Mißverständnisse, welche vielfach geäußert wurden, abgegrenzt und positiv präzisiert werden.

Gegen Mißverständnisse halten wir hier fest, was an anderen Stellen vielfältig erörtert ist[26]:

- Es geht in der Orientierung am Verfassungskonsens nicht um die Deduktion von Erziehungs- und Lernzielen aus dem Verfassungstext.
- Es geht nicht um eine autoritative Festsetzung solcher Ziele durch die Dritte Gewalt.
- Es geht nicht um die Einführung von Elementen des Verfassungsschutzes in den Politikunterricht.
- Es geht nicht um »Denkverbote« und um die Vermittlung einer nicht mehr hinterfragbaren Dogmatik von »Grundwerten« im Politikunterricht.
- Es geht nicht um einen Maximal-, sondern um einen Minimalkonsens, aber zugleich um dessen positive Bedeutung.

---

26 Vgl. B. Sutor, Verfassung und Minimalkonsens. Die Rolle des Grundgesetzes im Streit um die politische Bildung, in: S. Schiele/H. Schneider (Hrsg.), Das Konsensproblem in der politischen Bildung, Stuttgart 1977, S. 152 ff.; ferner Bd. 1 meiner Neuen Grundlegung politischer Bildung (Anm. 24).

Positiv geht es also:

– um die Orientierung des Politikunterrichts, soweit er auf gemeinsame Wertgrundlagen angewiesen ist, an den Fundamentalnormen und den tragenden Prinzipien der gemeinsamen Verfassung, – eine Orientierung, die in der pluralistischen Gesellschaft jeder anderen vorzuziehen ist, ganz gleich, an welcher Wissenschafts- oder Gesellschaftstheorie oder Weltanschauung diese gewonnen sein sollte; letztere haben innerhalb der gemeinsamen Orientierung genügend Raum zur Entfaltung;

– um eine Orientierung, die in das Gespräch mit der nachwachsenden Generation eingebracht wird als Hilfe zur Bestimmung von Wertmaßstäben in der Auseinandersetzung mit politischen Problemen;

– um eine Orientierung, die auch deshalb für Gespräch und Begründung offen bleibt, weil sie weder die Lösung konkreter politischer Fragen determiniert noch apodiktisch Letztbegründungen setzt; weil sie vielmehr »vorletzte« Gemeinsamkeiten einer in Letztbegründungen pluralistischen Gesellschaft anbietet.

Auf diese Weise werden das Sinnkonzept des Verfassungsstaates der Neuzeit und die Grundordnung unseres eigenen demokratischen Rechts- und Sozialstaates als Gegenstände einer möglichen kritikfähigen Identifikation in den Unterricht eingeführt. Die »linken« Kritiker dieses Konsensvorschlages sollten sehen, daß es in ihm nicht um die Legitimation der realen Verhältnisse geht, vielmehr um das Sinnkonzept, an welchem die Verhältnisse und aktuelle Politik auch gemessen werden können. Die »rechten« Kritiker sollten sehen, daß Identifikation nicht erzwingbar und nicht machbar ist, daß sie vielmehr eine Möglichkeit des freien, wertenden Subjektes bleibt.

Im Blick auf politikwissenschaftliche Pluralismustheorien sei noch ein wichtiger Hinweis angefügt. Der Konsens ist nicht ein für allemal fixiert und vordefiniert, er ist auch nicht säuberlich vom Konfliktbereich abgrenzbar. Er wird in Konflikten mehr oder weniger tangiert und beeinflußt, interpretiert, weiterentwickelt. Vor allem aber ist er eine intentionale Größe. Es gibt keinen Konsens ohne den Willen zu ihm. Deshalb stellt er immer sowohl eine politische als auch eine pädagogische Aufgabe dar. Politik muß ihn immer wieder neu ermöglichen und sichern durch pfleglichen und angemessenen Umgang mit den Institutionen und Normen der politischen Ordnung in Konflikten. Pädagogik muß ihn ermöglichen und stützen durch die Einführung der nachwachsenden Generation in den Sinn der gemeinsamen Ordnung[27].

Die pädagogische Aufgabe sei hier abschließend durch zwei Stichworte erläutert, die in der gegenwärtigen Diskussion eine große Rolle spielen und an denen der allgemeinbildende Charakter politischer Bildung noch einmal in anderer Weise verdeutlicht werden kann. Die Stichworte heißen: politische Bildung im geschichtlichen Kontext und politische Bildung als Beitrag zur Moralerziehung.

---

27 Zum Problemfeld Pluralismus, Konflikt, Konsens und Verfassung vgl. H. Oberreuter, Bewährung und Herausforderung. Zur Verfassung der Republik, München 1989, S. 32 ff. (mit weiterführender Literatur); mit Bezug auf politische Bildung meine Neue Grundlegung (Anm. 24), Bd. 1, S. 107 ff. und S. 124 ff.

3.1 Politische Bildung im geschichtlichen Kontext

Zum Verhältnis von geschichtlicher und politischer Bildung, von Geschichtsunterricht und Politikunterricht sind hier keine breiten Ausführungen nötig; es gibt dazu seit langem eine gründliche didaktische Diskussion – wie mir scheint, auch mit konsensfähigen Ergebnissen[28]. Heute scheint allgemein anerkannt, daß es falsch gewesen ist, beide Aufgaben gegeneinander auszuspielen, und daß eine Integration der beiden Fächer, wenn auch theoretisch begründbar, didaktisch mehr Probleme als Hilfen bringt. Aber die Koordination der beiden Fächer ist unumgänglich, gerade weil Geschichts- und Politikunterricht zwei unabdingbare Wege politischer Bildung darstellen. Diese Koordination kann aber nicht gelingen, wenn der Geschichtsunterricht schon allein deshalb weitgehend politisch blind bleibt, weil es einen ihm parallel laufenden Politikunterricht nicht gibt.

Was wir also brauchen, ist ein möglichst früh dem Geschichtsunterricht zugeordneter Politikunterricht, der seinerseits den zeitgeschichtlichen Kontext mit einführt. Es macht keinen Sinn, ab Klasse 6 oder 7 Schüler mit früheren Ordnungsformen, Gesellschaften und Kulturen zu befassen, ihnen aber die Geschichte ihrer eigenen Zeit und die Ordnung ihres eigenen Staates bis zur Abschlußklasse vorzuenthalten. Wann und wie stellt sich dieser Staat seinen Schülern in seinen allgemeinbildenden Schulen eigentlich vor? »Die Schule der Nation ist die Schule«, sagte Willy Brandt in seiner Regierungserklärung 1969. Aber ist sie es wirklich? Man sollte unter diesem Aspekt die Lehrpläne unserer Schulen einmal kritisch durchmustern!

3.2 Politische Bildung als Beitrag zur Moralerziehung

Zur Moralerziehung seien nur zwei Thesen formuliert und kurz erläutert, auch wenn die hier gebotene Kürze die Möglichkeit des Mißverständnisses in sich birgt. Die beiden Thesen lauten:
– Die Schule soll nicht in erster Linie Moral vermitteln, sondern Moralität fördern.
– Die Schule soll nicht Gesinnung bilden wollen, sondern zum Aufbau von Primärtugenden beitragen.
Moralität fördern heißt, das Vermögen moralischen Urteils fördern, die Entwicklung der entsprechenden Denkstrukturen, den Umgang mit Prinzipien des Urteilens in der Auseinandersetzung mit Problemfragen, statt auf die Vermittlung ganz bestimmter moralischer Urteile und Antworten abzuzielen. Insoweit sprechen wir hier im Sinne des Konzepts der kognitiv-moralischen Entwicklung von Lawrence Kohlberg, freilich ohne dieses hier insgesamt als *das* Modell für politische Bildung empfehlen zu wollen; dazu fehlen ihm nach unserem Dafürhalten zu sehr die außermoralischen politischen Kategorien, wie wir sie weiter oben umrissen haben. Aber weil sich dieses Konzept heute großer Aufmerksamkeit erfreut, sollte man die Selbstverständlichkeit nicht

---

28 Vgl. meinen in Anm. 4 genannten Beitrag (mit Literatur); ferner H. Süßmuth (Hrsg.), Geschichtsdidaktische Positionen, Paderborn 1980; H. G. Kirschhoff (Hrsg.), Neue Beiträge zur Geschichtsdidaktik, Bochum 1986.

übersehen, mit der Kohlberg sich an den Prinzipien der amerikanischen Verfassung orientiert[29].

Tugend statt Gesinnung: Diese Position ergibt sich unseres Erachtens als notwendige Ergänzung zur Förderung der Moralität aus der alten, auch von Kohlberg berücksichtigten Einsicht, daß gelebte Moral mehr ist als moralisches Urteilen; daß sie aber – zum Schutz gegen Indoktrination wie gegen Verführung – mit dem Urteilen gekoppelt sein soll. Tugend ist hier verstanden als Tüchtigkeit der Person im Sinne der klassischen Ethik der Kardinaltugenden; in der Sprache der Erziehungspsychologie geht es um Verhaltensdispositionen oder Einstellungen[30].

Wenn man sich am Modell der Kardinaltugenden orientiert – und wir sind überzeugt davon, daß es für die moralische Seite politischer Bildung viel hergibt –, dann geht es in erster Linie und grundlegend um die in der Erkenntnis zu übende und praktisch zu erprobende Urteilskraft, um die Klugheit, die als politische Klugheit zentrales Ziel politischer Bildung sein sollte. Sie bewährt sich als Fähigkeit, Situationsanalyse und prinzipielles Denken miteinander zu vermitteln und so das politisch jeweils Mögliche weder resignativ noch utopisch zu verfehlen, sondern realistisch herauszufinden. Unter der Kontrolle der Klugheit stehen dann die eigentlich sittlichen Primärtugenden, nämlich die Gerechtigkeit, die Tapferkeit, das Maß.

Die Gerechtigkeit ist die schlechthin zentrale Tugend für das Zusammenleben der Menschen. Sie zeigt sich in der Bereitschaft, Prinzipien wie Gegenseitigkeit, Zumutbarkeit, Verallgemeinerbarkeit zwischen Menschen und Menschengruppen walten zu lassen, Loyalität gegenüber der Gesamtheit und ihrer Rechtsordnung zu üben, das Partikularinteresse im Horizont des Gemeinwohls zu interpretieren, den Interessenten und den Staatsbürger in Einklang zu bringen. Die so verstandene Gerechtigkeit schließt die formalen Regeln der neuzeitlichen Vertragstheorien ein, geht jedoch insoweit über diese hinaus, als sie zugleich eine in der Sozialität des Personseins begründete Gemeinwohlorientierung ins Spiel bringt. Inhaltlich freilich muß das Gemeinwohl immer erst im politischen Prozeß gefunden werden.

Tapferkeit heißt die Bereitschaft, Nachteile in Kauf zu nehmen um höherer Güter willen. In ihrer politischen Form besteht sie wesentlich in Zivilcourage und Konfliktfähigkeit, im streitbaren Einsatz für das Bessere und das Rechte, aber auch im Aushalten von Ungewißheiten, von Komplexität und von Ambiguität.

Die Tugend des Maßes, auf Politik angewandt, heißt vor allem die Kontrolle der Affekte und der Leidenschaften, die gerade deshalb, weil das Politische uns immer als Personen betrifft, unvermeidlich sind.

Die sogenannten Sekundärtugenden, vielberedet, neu gefordert und andererseits geschmäht, sind Tugenden nur, sofern sie diesen Primärtugenden untergeordnet bleiben und ihnen folgen. Eben darin liegt die Überlegenheit der klassischen Tugend-

---

29 Zur Auseinandersetzung mit dem Konzept von L. Kohlberg sei hier nur auf zwei Sammelbände hingewiesen, die beide auch je einen Beitrag von Kohlberg selbst enthalten: F. Oser u. a. (Hrsg.), Transformation und Entwicklung. Grundlagen der Moralerziehung, Frankfurt/ M. 1986; G. Lind/J. Raschert (Hrsg.), Moralische Urteilsfähigkeit. Eine Auseinandersetzung mit Lawrence Kohlberg über Moral, Erziehung und Demokratie, Weinheim-Basel 1987.

30 Näheres dazu in Bd. 2 meiner Neuen Grundlegung politischer Bildung (Anm. 24), S. 62ff.; ferner B. Sutor, Die Kardinaltugenden – Erziehungsziele politischer Bildung?, Eichstätter Hochschulreden Nr. 21, München 1981.

lehre über alle Gesinnungsmoral und Gesinnungspädagogik, daß sie das Unentbehrliche jeder Moral, nämlich den guten Willen, die gute Gesinnung und Meinung, in die Zucht der vernünftigen Überlegung nimmt. Was nicht im Sinne der Orientierung an allgemeinen Prinzipien *und* an der Situation klug ist, das kann auch nicht gerecht sein; und was nicht gerecht ist, dafür sollen Zivilcourage (Tapferkeit) und gebändigte Leidenschaft (Maß) nicht eingesetzt werden. Erst recht nicht dürfen dafür die Sekundärtugenden des Fleißes, der Zuverlässigkeit und so weiter gefordert werden.

Nun muß man zwar einschränkend sagen, daß die Schule im allgemeinen und der Politikunterricht im besonderen für den Aufbau der skizzierten Einstellungen keine allzu große Bedeutung haben. Dennoch sollten wir die Art und Weise, wie wir in der Schule miteinander und mit den Gegenständen umgehen, in ihrer erzieherischen Wirkung auch nicht unterschätzen. Jedenfalls scheint uns – gerade wenn wir politische Bildung als eine Form von Allgemeinbildung verstehen und nach draußen verständlich machen wollen – die hier skizzierte Verbindung von geschichtlicher Orientierung, politisch-moralischer Urteilskraft und Bereitschaft zu einem Verhalten, das dem demokratischen Staatsbürger angemessen ist, eine unentbehrliche Zielvorstellung. Für eine pluralistische Gesellschaft, die sich unter den Bedingungen unserer Gegenwart zunehmend weiter pluralisiert und zugleich vor ganz neuen Problemen, in ausgesprochenen Grenzsituationen steht, brauchen wir ein besonders hohes Maß an rational und moralisch gestützter Konflikt- und Kompromißfähigkeit, die sich orientiert an den »Grundwerten« und den Prinzipien der gemeinsamen demokratischen Verfassung.

WOLFGANG HILLIGEN

Gewandelte Legitimationsmuster und Perspektiven der politischen Bildung

Im Jahre 1985 hatten Dieter Grosser und andere von einem »erbärmlichen Zustand der politischen Bildung« gesprochen und zu einem »Neubeginn« aufgerufen[1]. Beim Recklinghauser Kongreß der Deutschen Vereinigung für politische Bildung (DVpB) 1989 wurde in der Schlußdiskussion des Vorlaufseminars eine »Bildungsoffensive« – wer nicht so gern von Offensive sprach, gebrauchte die Formulierung »Selbstbildungsschub« – gefordert. Während des Kongresses selbst stand das Verhältnis von politischer Bildung und Allgemeinbildung, auch im Zusammenhang mit der Zukunft der Industriegesellschaft, im Vordergrund; und auch in den Fachtagungen der Landesverbände der DVpB spiegelt sich zum Beispiel in der Diskussion über Methodenfragen und eine neue »politische Ethik« die Absicht wider, die Resignation der achtziger Jahre zu überwinden. Fast gleichzeitig begann das Deutsche Institut für Fernstudien an der Universität Tübingen mit der Planung eines Fortbildungsprojektes unter dem Thema: »Allgemeinbildung im Fachunterricht: Wissen – Urteilen – Handeln«.

Im folgenden will ich Argumente für die These vorbringen, daß ein Selbstbildungsschub leer laufen kann, wenn er nicht nach stimulierenden Antworten auf die Veränderungen sucht, die zur Zeit das Weltgeschehen bestimmen: auf die Entwicklungen im Ostblock und die Herausforderungen der »Risikogesellschaft«, aber auch auf die landläufigen Defizite, die in der politischen Bildung registriert werden.

1. Anmerkungen zur Situation der Zeit und zur Situation der politischen Bildung und des Politikunterrichts

1.1 Vom Antikommunismus oder dem Ziel totaler Gesellschaftsveränderung zur Herausforderung der Risikogesellschaft?

Wie vielfältig dargestellt worden ist und hier nur kurz angedeutet werden soll, entwickelte sich die politische Bildung in engem Zusammenhang mit einer Politikwis-

---

1 D. Grosser, Politische Bildung heute: Chance für einen Neubeginn?, in: Gegenwartskunde/ G.S.E., (1985)2, S. 137 ff.

senschaft, die sich als »Demokratiewissenschaft« (Fraenkel, v. d. Gablentz, Bergstraesser u.a.) verstand, als »Erziehung zur Demokratie« in einem breiten Spektrum zwischen Ordnungstheorie und Prozeßtheorie. Als Folge des Kalten Krieges begann die Abwehr gegenüber einer ideologischen – und militärischen – Bedrohung durch den Kommunismus in den Vordergrund zu treten; Demokratie wurde vorwiegend als »Set von Spielregeln« verstanden und – von Oetinger selbst weniger als von vielen seiner Anhänger – auf »partnerschaftliches Verhalten« bis hin zu einer apolitischen »Erziehung zur Anpassung« beschränkt.

Kennzeichnend dafür war der Beschluß der Kultusministerkonferenz »Zur Behandlung des Totalitarismus« (1962). Erscheinungen wie die erste ökonomische Krise in der Bundesrepublik 1966, der Vietnamkrieg, die unzureichende Auseinandersetzung mit den NS-Verbrechen, aber auch marxistische Theorien, die an den Universitäten an Einfluß gewannen, sowie kritische Untersuchungen über die »Erziehung zur Anpassung« trugen dazu bei, daß sich eine kritische Didaktik entwickelte, die sich mit Konflikten und Interessen befaßte. Es wurden im Zusammenhang mit der Studentenbewegung auch Konzepte vertreten, politische Bildung nicht nur als Befähigung für Reformen, sondern für eine völlige Veränderung der Gesellschaft zu nutzen. Als beispielhaft dafür wurde die erste Fassung der Hessischen Rahmenrichtlinien für Gesellschaftslehre (1972) angesehen, die nicht nur von konservativen Politikern und Politologen abgelehnt wurde. Christian Graf von Krockow etwa sprach in bezug auf diese Richtlinien vom »Unverständnis für die Bedeutung institutioneller Regelungen und formaler Verfahren als Bedingungen der Möglichkeit, Konflikte diesseits blanker Gewalt auszutragen.«[2]

Obwohl die Hessischen Richtlinien revidiert wurden und andere radikalere Entwürfe sich nicht durchsetzen konnten, wurden sie zum Anlaß genommen, kritische Sozialwissenschaften und kritische politische Bildung zu diskreditieren. Die Polarisierung erfolgte weit über die – fruchtbare – Kontroverse zwischen Ordnungs- und Prozeßtheorie hinaus. Eine Folge war die sogenannte Schulbuchschelte, auf die hin Bücher, in denen von Konflikt und Interesse die Rede war, in den meisten unionsregierten Ländern aus den Schulbuchkatalogen entfernt wurden. Neue Richtlinien fielen in einigen Ländern auf die institutionenkundlichen Grundmuster der fünfziger Jahre zurück, ohne von der didaktischen Entwicklung Kenntnis zu nehmen. Politikdidaktiker unterschiedlicher politischer Positionen versuchten die Polarisierung durch den sogenannten »Konsens von Beutelsbach« zu überbrücken: Hervorgehoben wurden dort Elemente wie »Überwältigungsverbot – Thematisierung von Kontroversen – Berücksichtigung der Interessen der Schüler«[3]; aber einmal abgesehen davon, daß dieser Konsens in der mittleren Generation der Lehrenden nicht überall akzeptiert und praktiziert wurde, dauerte die Polarisierung in den Administrationen an. Obwohl die Extreme nur selten eindeutig vertreten wurden, schien das komplementäre Verhältnis von Bewahrung und Veränderung in Vorstellungen und auch in Richtlinien der politischen Bildung oft – ausgesprochen oder unausgesprochen – ein *unvereinbares Gegeneinander von Antikommunismus und Gesellschaftsveränderungs-*

---

2 Chr. Graf v. Krockow, Wie man Reformen ruiniert: oder der Streit um die Hessischen Rahmenrichtlinien, in: Vorgänge, 14(1975), S. 42–61.

3 S. Schiele/H. Schneider, Das Konsensproblem in der politischen Bildung, Stuttgart 1977; dies., Konsens und Dissens in der politischen Bildung, Stuttgart 1987.

wunsch gewesen zu sein – und sei es in gegenseitigen Zuschreibungen, wie sie sich etwa in den Kontroversen um die »emanzipatorische« Erziehung nachlesen lassen[4].

Vor einer völlig veränderten Situation stehen Politik und politische Bildung durch die Ereignisse im Ostblock. Denn die mit den Begriffen Glasnost und Perestroika umschriebenen Entwicklungen, das Abrücken vom Anspruch der Partei – der Nomenklatura –, »immer Recht zu haben«, von der Breschnew-Doktrin, von der zentralistischen Organisation der Wirtschaftsplanung – diese und andere Entwicklungen und Entscheidungen haben, und zwar nicht durch äußere Einwirkungen, sondern von innen heraus, die bisherigen ideologischen und ökonomischen Grundlagen der kommunistischen Systeme in Frage gestellt.

Wo so vieles im Fluß ist, können auch Momentaufnahmen unscharf geraten. Aber wie immer die weitere Entwicklung verlaufen wird – ob die DDR zum Stolperstein werden könnte, der sich überstürzende, unkontrollierbare Reaktionen in Gang setzt: Auch im Zusammenhang mit den Verhandlungen zwischen den Weltmächten schwindet die Furcht vor der totalitären Bedrohung im gleichen Maße wie der Wunsch nach einer durch Expropriation von Ausbeutung ein für allemal zu befreienden Weltgesellschaft. Damit ist die Legitimationsgrundlage für den Antikommunismus wie für den Traum von einer totalen Gesellschaftsveränderung gleichermaßen untauglich geworden. Hilfreich für die Beurteilung pädagogischer und didaktischer Konsequenzen kann es sein, einige sich bisher in der Bundesrepublik abzeichnenden politischen Reaktionen auf die Entwicklungen im Ostblock ein paar Schritte weit zu verfolgen – auf die Gefahr hin, daß überholt sein kann, was sich heute beobachten läßt.

Die Komplexität der derzeitigen Situation (Oktober 1989) erlaubt freilich nicht mehr als die Skizze einer Sequenz von Beobachtungen. In der politischen Rechten scheint ein »elitär-technokratisches Demokratiemodell«[5] Einfluß zu gewinnen, gegründet auf eine selbstkritikfreie, durch die derzeitige Wohlstandswelle verstärkte High-Tech-Euphorie, ohne Bedenken der möglichen langfristigen Konsequenzen. Die Katholische Soziallehre, früher Kernstück der CDU-Wirtschafts- und Sozialpolitik, ist heute, wie sich nicht nur an Vorstandswahlen zeigt, an den Rand gedrängt worden. Es wird offenbar nicht bedacht, daß das verarmende Drittel (oder Fünftel) der Gesellschaft – ablesbar am Anteil der Empfänger von Sozialfürsorge – sich bei weiterer Ausdehnung nicht mehr als anerkanntes Glied der Gesellschaft empfinden kann. Es scheint, als habe der Wegfall der sozialen und politischen Herausforderung, die der Ostblock noch vor 20 Jahren dargestellt hatte, die Einsicht schwinden lassen, hierzulande nicht nur Marktwirtschaft, sondern soziale Marktwirtschaft betreiben zu müssen[6].

---

4 Vgl. zum Beispiel M. Hättich u. a., Die politische Grundordnung der Bundesrepublik Deutschland in Politik- und Geschichtsbüchern, Melle 1985, und W. Hilligen, Das Schulbuch als Pädagogicum und Politicum, in: Demokratie – Lernen (Für K. G. Fischer), Stuttgart 1988, S. 85–112.

5 D. Grosser (Anm. 1), S. 142.

6 Daß die politische Rechte in der Bundesrepublik den Ausbau des Sozialsystems der Herausforderung des realexistierenden Sozialismus mit verdankt, hat der Soziologe Otto Hondrich jüngst noch einmal erläutert (Spiegel-Essay, in: Der Spiegel, [1989]37). In meinen didaktischen und methodischen Handreichungen zum Unterrichtswerk »Sehen – Beurteilen – Handeln« (Frankfurt/M. 1963, S. 29) schrieb ich schon damals: »Ohne die soziale Herausforderung, die der Osten neben der militärischen darstellt, wäre unsere Sozialordnung sicherlich nicht so weit gediehen.«

In der politischen Linken ist neben einer gewissen Lähmung ein zähneknirschen-
des Beharren auf Einzelelementen marxistischer Theorie zu beobachten – zum
Beispiel in der starken Stamokap-Fraktion der Jusos und beim linken Flügel –, aber
auch der Rückgriff auf Konzepte entschiedener marktwirtschaftlicher Politiken,
verbunden mit dem Willen, sich der Herausforderung zu stellen, daß es bisher kein
System gibt, das nach einer Expropriation sowohl ökonomisch effektiv als auch
human erträglich ist. Kennzeichnend für diese Unterschiede ist etwa eine Kontroverse zwischen Peter von Oertzen, der bei Großunternehmen nicht nur in den
Kontroll-, sondern auch in den Leitungsorganen die Repräsentation von Staat und
gesellschaftlichen Gruppen verlangt, und von Oskar Lafontaine, der darauf antwortet: »Alle Welt, einschließlich Gorbatschow, löst sich aus der Planwirtschaft. Und wir
legen sie neu auf.«[7]

Auch auf die Kritische Theorie (Frankfurter Schule) berufen sich immer noch
zahlreiche Leute, die eine völlige Veränderung der Produktionsverhältnisse, das
heißt die völlige Abschaffung des Kapitalismus für notwendig beziehungsweise für
möglich halten. Sie können sich dabei zwar auf den Marcuse der frühen siebziger
Jahre berufen, nicht aber auf Marx Horkheimer, der es für seine Aufgabe hielt, den
Zweifel an der Möglichkeit eines »guten« Systems wachzuhalten, zu untersuchen, was
überwunden werden soll, der die Abwägungsbedürftigkeit von Lösungen im einzelnen betonte sowie den Verzicht auf jedwede Demagogie forderte[8].

Es scheint, als habe nicht nur in der Rechten, sondern auch in der Linken die
Marxsche und Blochsche Utopie von einer Gesellschaft, in der Gerechtigkeit und
Freiheit versöhnt sein könnten, ihre analytische Potenz eingebüßt. In beiden politischen Lagern scheint auch die Aufgabe noch nicht im Vordergrund zu stehen, die
Reformbestrebungen im Osten nachdrücklich, aber ohne Einmischung oder Belehrung, zu unterstützen. Eine mögliche Verarmung im Laufe der schwierigen Über-
gangszeit könnte drüben eine Explosion hervorrufen, von der die westlichen Industrienationen angesichts der Hochrüstung des Ostens viel stärker betroffen wären als
von Hungerkatastrophen in der Dritten Welt.

Zur Zeit, so scheint es, wird das Legitimationsvakuum, von dem die Rede war,
eher von Kräften besetzt, die sich durch *das Scheitern der Zentralverwaltungswirt-
schaft* bestätigt fühlen. Damit aber geraten die Konsequenzen der zweiten großen
Veränderung aus dem Blick, mit der nicht nur die westlichen Industrienationen
konfrontiert sind: *die Gefährdungen für das Zusammenleben und Überleben im
»Raumschiff Erde« durch die wissenschaftlich-technische und industrielle Entwicklung
der letzten Jahrzehnte.* Zwar ist die Sorge um die »Umwelt« – angesichts des
Waldsterbens, der Vergiftung der Flüsse und Meere, der Luft und des Bodens – seit
Tschernobyl in Teilen der Bevölkerung der westlichen Industrienationen und zumal
in der Bundesrepublik nach den ersten Abrüstungsabkommen schon größer geworden als die Angst vor einem Krieg. Allerdings richtet sich die Aufmerksamkeit bisher
eher auf – zum Teil lokale – einzelne Umweltschäden – und in letzter Zeit auf eine
noch fragliche, aber mögliche Klimakatastrophe. Doch zeichnet sich das gewachsene
Umweltbewußtsein in sehr unterschiedlichen Ausprägungen ab: bisweilen als eine
durch Horrorszenarios angefachte kollektive Hysterie, die keinen Ausweg mehr zu

---

7 Der Spiegel, (1988)55, S. 25.
8 M. Horkheimer, Kritische Theorie. Bd. 1, Frankfurt/M. 1972, S. XIII.

kennen scheint; in Konzepten und Aktionen zur Abwendung von lokalen Schäden; in vorbildlichen Aktionen von Gruppen wie Greenpeace, die meist an Grundsätzlichem ansetzen; aber eben auch als Verdrängung oder Abwiegelung, verbunden mit einem wissenschaftlich-technischen Optimismus, gegründet auf noch nicht ausgeschöpfte oder zu erforschende Abwehrmaßnahmen.

Von Angehörigen der letzten Gruppe, die in Wirtschaftskreisen (noch) zahlreich vertreten ist, wird verdrängt oder unbeachtet gelassen, daß die notdürftige Reparatur der Altlasten und die Kosten der jährlich neuen Vergiftungen bereits den durch technischen Fortschritt bewirkten Zuwachs des Sozialproduktes übersteigen, und das, obwohl auf einigen Gebieten – T. A. Luft, Abwasserabgabengesetz – einige Fortschritte erzielt worden sind. Das Ausmaß der Umweltschäden verlangt die allmähliche Ersetzung der Reparatur durch Verhütung, des – grundsätzlich immer noch erforderlichen – Verursacherprinzips durch das Vorsorgeprinzip, die Durchsetzung von Kriterien wie »Umweltverträglichkeit«, »soziale Verträglichkeit« (Klaus Michael Meyer-Abich, vgl. seinen Beitrag in diesem Band). Die völlig *neue Qualität* nicht nur des Verhältnisses von Ökologie und Ökonomie, sondern auch der durch die epochale Entwicklung bewirkten gesellschaftlichen und sozialen Veränderungen hat Ulrich Beck mit dem Theorem der »Risikogesellschaft« benannt[9] (vgl. auch seinen Beitrag in diesem Band).

Hier nur einige erläuternde Anmerkungen im Blick auf Lehre, Selbstbildung und Unterricht. Vielfach gilt noch: Reichtümer sammeln sich oben, Risiken unten. »Doch atomare und chemische Gefahren heben die Kategorien auf, in denen wir bisher gedacht und gehandelt haben. . . . Unter dem Dach von Zivilisationsgefahren kommt

---

9 U. Beck, Risikogesellschaft. Auf dem Weg in eine andere Moderne. Frankfurt/M. 1986; ders.. Gegengifte. Die organisierte Unverantwortlichkeit. Frankfur/M. 1988.

es früher oder später zur Einheit von Tätern und Opfern«[10] – am Ende dazu, daß es gegenüber diesen globalen Gefahren »keine anderen mehr gibt«. Auch wenn das »am Ende« noch ein Stück weit vor uns liegen mag, hier wird nichts anderes ausgesagt als dies: Angesichts der industriellen Entwicklung werden bisherige darwinistische, vom Gegensatzdenken geprägte Grundlagen des Bewußtseins gegenstandslos, denen zufolge es den einen immer nur auf Kosten der anderen gut oder besser gehen kann. In der modernen Industriegesellschaft sind »Schäden« und »Unfälle« keine Ausnahmen mehr, die raumzeitlich nicht abgrenzbar sind und daher auch nicht mehr versicherungsrechtlich reguliert werden können. Die Verhütung der Gefahren und Schäden muß an die Stelle der Reparatur treten. Die »organisierte Unverantwortlichkeit« wird zu einer ökonomischen, sozialen, politischen Herausforderung, nach »Gegengiften« zu suchen.

Der Umgang mit Risiken, Unsicherheiten und Angst wird politisch »zu einer zivilisatorischen Schlüsselqualifikation«, die damit verlangten Fähigkeiten zu einem wesentlichen »Auftrag der pädagogischen Institutionen«. Die Schlüsselprobleme Umweltzerstörung, Rüstung, Hunger sind nicht nur von Menschen (Gruppen, Staaten) hergestellt; sie sind Nebenwirkungen von – erfolgreichen – menschlichen Veranstaltungen, die dazu unternommen worden sind, dem Wohlstand, der besseren Befriedigung von Bedürfnissen, der Sicherheit vor dem Gegner zu dienen: Sie sind Folgen von Erfolgen. Es scheint mir viel für die *These* zu sprechen, *daß die Herausforderungen der »Risikogesellschaft« in den Richtlinien der Bundesländer für den Politikunterricht wie im Bewußtsein der Lehrenden und Lernenden das Legitimationsvakuum ausfüllen sollten*, das entstanden ist, seitdem Antikommunismus wie auch die Träume von einer perfekten kommunistischen Gesellschaft gegenstandslos zu werden begonnen haben. Das entspräche dem existentiellen Bezug, der in der Politikdidaktik schon zu Beginn der sechziger Jahre etwa mit den Stichwörtern »Zukunftsorientierung«, »Chancen« und »Gefahren« angelegt gewesen war.

1.2 Anmerkungen zur Situation des Politikunterrichts heute angesichts der Herausforderungen der Risikogesellschaft

In den Richtlinien der allgemeinbildenden Schulen lassen sich bisher noch kaum pädagogische oder didaktische Konsequenzen der aktuellen historischen Situation ausmachen. In den naturwissenschaftlichen Fächern stehen Inhalte im Vordergrund, die dem Ausbau der Produktivkräfte dienen. In allen Fächern, zum Teil selbst im Religionsunterricht, dominiert ein Leistungsbegriff, der sich auf die Reproduktion zusammenhangloser Inhalte, Daten, Fakten richtet. Es scheint, als sei die ursprünglich humane, pädagogische Absicht einer Förderung und gerechten Beurteilung aller in oft sinnentleerter wöchentlicher Testerei pervertiert zu einer Verabschiedung kreativen Denkens. Daß auch in den Richtlinien für die politische Bildung/Sozialkunde sich die Herausforderungen der Situation bisher kaum erkennbar niederschlagen, läßt sich der neuesten Untersuchung über Stand und Perspektiven der politischen Bildung entnehmen, die Klaus Rothe 1989 herausgegeben hat[11].

---

10 U. Beck, Risikogesellschaft (Anm. 9), S. 167.
11 K. Rothe (Hrsg.), Unterricht und Didaktik der politischen Bildung in der Bundesrepublik. Aktueller Stand und Perspektiven, Opladen 1989.

Was Experten aus den zehn Bundesländern und Berlin beschreiben und analysieren, kann den Lehrenden im Fach Politik allein deshalb schon zur Lektüre empfohlen werden, weil sie anregende Vergleiche anstellen können. Nicht nur was das Stundendeputat, sondern auch was Ziele und Inhalte anbelangt, steht es »nach wie vor schlecht um die politische Bildung«[12]. Lediglich in drei Bundesländern werden Themen ausgewiesen, die eine Auseinandersetzung mit der Situation verlangen: In Nordrhein-Westfalen mit der (erst vor zwei Jahren eingeführten) 11. Qualifikation »Sicherung der Lebensbedingungen in der Zukunft«; im Saarland mit dem Gesichtspunkt »Verantwortung für zukünftige Generationen«; in Schleswig-Holstein – das jedoch in der Sekundarstufe I des Gymnasiums überhaupt keinen Politikunterricht kennt und im Fach Wirtschaftskunde/Politik für Haupt- und Realschulen beide Bereiche im Verhältnis 3:1 ausweist, die Politik dabei institutionenkundlich – mit dem Wahlpflichtkurs »Zukunftsaufgaben« für Realschulen.

Zwar gibt es in den Richtlinien kaum noch Anhalte für einen kämpferischen Antikommunismus, in Baden-Württemberg jedoch zum Beispiel Vorschriften für einen weitgehend apolitischen Politikunterricht und in den methodisch nicht ungeschickten Richtlinien von Rheinland-Pfalz eine ausdrückliche Orientierung an der sogenannten »Gelben Bibel«[13], die nicht nur aus dem linken Spektrum heraus als einseitig kritisiert worden war. Insgesamt bleiben die meisten Richtlinien hinter dem Stand der didaktischen Diskussion zurück, so wenn etwa in den Richtlinien des einstmals fortschrittlichen Berlin »Schlüsselfragen« und »Schüsselkategorien« vermißt werden.

Aber »Richtlinien sind zweitrangig, wenn die Lehrer kompetent sind«[14]. Obwohl seit langem keine größeren Untersuchungen über Einstellungen der Lehrenden vorliegen[15], wird, wer viel mit ihnen umgeht, hier und dort die Bereitschaft für eine Neuorientierung erkennen, aber kaum Vorstellungen darüber, welche Perspektiven angesichts der Situation angezielt werden sollten. Das gilt zumal für die Angehörigen der mittleren Generation, etwa der 1940 bis 1955 geborenen, die in den Haupt- und Realschulen, teilweise auch in den Gymnasien, 60 Prozent bis 70 Prozent der fest Angestellten ausmachen. Jüngere sind im letzten Jahrzehnt kaum noch eingestellt

---

12 Für bedauerlich halte ich es, daß auch die »Experten« in der der politischen Bildung gewidmeten Wochenzeitung »Das Parlament«, (1989)34, die Fragen, die hier skizziert werden, nicht ausdrücklich einbezogen haben. Von den Befragten nennt nur Robert Jungk die drei Schlüsselprobleme »Ökologie« – »Frieden« – »Dritte Welt«; in Unkenntnis dessen jedoch, was seit Anfang der sechziger Jahre zum Bestand der Politikdidaktik gehört, hält er der politischen Bildung vor, sie »reagiere immer nur auf Tagesfragen«, und rät ihr, auf den »Zukunftsbezug acht zu haben«.

13 D. Grosser/M. Hättich/H. Oberreuter/B. Sutor, Politische Bildung. Grundlagen und Zielprojektionen für den Unterricht an Schulen, Stuttgart 1976.

14 K. Rothe (Anm. 11), S. 8.

15 In diesem Jahr (1990) werden die Ergebnisse einer von Gotthard Breit und Hermann Harms in Zusammenarbeit mit der Bundeszentrale für politische Bildung betreuten Umfrage »Zur Situation des Unterrichtsfachs Sozialkunde und der Didaktik des politischen Unterrichts aus der Sicht der Sozialkundelehrerinnen/Sozialkundelehrer« gedruckt vorliegen. Erste Auswertungen lassen erkennen, daß die Lehrenden, die den Fragebogen ausgefüllt haben, ihr Fach (obwohl sie die Lage des Faches als »schlecht« charakterisieren) hoch einschätzen und überwiegend didaktisch interessiert und fortbildungsorientiert sind. Schlüsse auf ihre Einstellungen gegenüber den hier skizzierten Vorschlägen werden sich nicht entnehmen lassen.

worden. So wird von einer »Vergreisung« – die nichts mit dem Lebensalter zu tun hat – dieser Generation gesprochen, die eintritt, wenn eine Gruppe sich nicht mehr gegenüber nachfolgenden Jüngeren zu rechtfertigen oder zu behaupten braucht. Wer dieser Generation nicht Unrecht tun will, muß bedenken, daß sie es nicht leicht hat, Abschied von den Träumen und Scheingewißheiten zu nehmen, mit denen sie großgeworden ist:»Politische Ökonomie« – oft ohne Adam Smith und ganz im Sinne rigider Gesetzmäßigkeiten des realexistierenden Sozialismus verabreicht – war für viele ein unerläßlicher Studieninhalt; andere glaubten den Südsee-Märchen der Margret Mead, weil sie Reiseberichte für Wissenschaft hielten[16];»Gewissen«ließ sich vulgär-freudianisch als Über-Ich-Prägung erklären, die der Herrschaftssicherung dient, unerwünschte Verhaltensweisen Heranwachsender als frühkindlich erlittene Versagungen; immer noch wird von nicht wenigen »diese« Gesellschaft verantwortlich gemacht für alles Ärgerliche.

Verbreitet trifft man auf eine Abneigung gegen – zumal: didaktische – Theorie, die sich etwa am Zeitschriftensterben (»Politische Didaktik«, »Geschichtsdidaktik«) und am schwindenden Absatz didaktischer Literatur ablesen läßt. Das sind Resignationssymptome, die auch als kritisch bekannte jüngere Wissenschaftler besorgt machen[17].

Nach Beobachtungen, die ich teilen kann, ist die Resignation vieler Lehrender mitverursacht durch kultur- und bildungspolitische Versäumnisse – nicht zu sprechen von Zuständen in nicht wenigen Schulen, die ein ständiges Krisenmanagement verlangen.

Von Psychologen wird im Blick auf die hier sicherlich pointiert skizzierten Jahrgänge von einer – trotz verbreiteten Wohlstandes – »traurigen« Generation gesprochen[18]. Andere Beobachter sprechen von einem Sieg der Selbstverwirklichungswünsche über Zielvorstellungen von einer besseren Gesellschaft, die in der 68er-Bewegung noch in einem fruchtbaren Spannungsverhältnis standen. Ich halte es jedoch für möglich, daß die neuen Herausforderungen sich als Motiv erweisen könnten, das offensichtliche Legitimationsvakuum auszufüllen.

Gesetzt den Fall, die Lehrenden wie die Administrationen beginnen, sich die Herausforderungen zu eigen zu machen, die sowohl die »Risikogesellschaft« wie die politischen Veränderungen – mit ihren Chancen und Gefahren – enthalten, so ist es unerläßlich, den Bestand an pädagogischen und didaktischen Anregungen und Methoden zu nutzen, damit die neuen Inhalte und Zielvorstellungen auf den Unterricht durchschlagen können. Eine Voraussetzung dafür ist die Auseinandersetzung mit den unterrichtlichen Defiziten, die sich in der Resignationsphase eingeschlichen haben, aber auch die Kenntnisnahme von Untersuchungen über die Bewährung didaktischer Konzepte.

---

16 Es wird in diesem Zusammenhang darauf verzichtet, die Schriften von Margret Mead und die »Enthüllungsschriften« aufzuführen. Sie werden in den meisten Bibliotheken aufgeführt.
17 T. Ziehe, Die gefährliche Gewöhnung an Langeweile, in: päd-extra, (1987)6.
18 Vgl. Psychologie heute, (1989)4.

1.3 Defizite der politischen Bildung

Unter Defiziten will ich ganz allgemein die Differenzen verstehen
- zwischen existentiellen politischen Herausforderungen, entsprechenden sozialwissenschaftlichen Zeitdiagnosen und dem Stand des politischen Bewußtseins, auch in Teilen der Lehrerschaft sowie in Richtlinien;
- zwischen allem, was sich in Politikdidaktik, Methodik und Lernpsychologie als zustimmungswürdig und praktikabel erwiesen hat, und dem landläufigen Politikunterricht.

Ich beschränke mich im folgenden auf die Auflistung typischer unterrichtlicher Defizite, deren Überwindung oder Vermeidung sich zudem zweifellos auf Motivationen der Lernenden auswirkt (dazu weiter unten).

1. Es wird der Grundsatz vernachlässigt, Themen und erst recht Lernstoffe durch ihre Bedeutung für menschenwürdiges Überleben zu begründen. Der Grundsatz, daß sich Politik-Lernen existentiell zu legitimieren habe, ist vielfältig bestätigt – von Hartmut von Hentig auch für die wissenschaftliche Lehre[19]. Im Erziehungsbericht an den Club of Rome wird davon gesprochen, daß das Lernen eine Angelegenheit auf Leben und Tod geworden sei[20]; Beck spricht von Risiken als Ausgangspunkt für die Suche nach »Gegengiften«. Zumal in der Oberstufe reicht es jedoch nicht aus, wenn zu Lernendes durch Lehrende legitimiert wird. Es ist eine Voraussetzung der Motivation, sich danach zu fragen: Welche Information brauche ich, um dieses/jenes Problem zu erkennen, zu bearbeiten?

2. Begründungen für Ziel und Sinn politischen Lernens und Handelns – für das Warum und Wozu – werden zu selten diskursiv erörtert und einer Argumentation im Blick auf die Interessen unterschiedlicher Gruppen ausgesetzt. Die Diskussion um Möglichkeiten einer zeitangemessenen politischen Ethik, wie sie etwa von Hans Jonas[21] und seit 1985 von kritischen Sozialwissenschaftlern in Gang gesetzt wurde[22], ist – soweit dies ermittelt werden konnte – erst in wenigen Klassen der Oberstufe bearbeitet worden.

3. Vernachlässigt werden ferner Methode und Methodik in allen ihren Dimensionen, die einmal zum selbstverständlichen »Handwerkszeug« der Lehrenden gehörten: daß etwa die Bearbeitung von Situationen, Fällen, Konflikten auf eine zwar flexible, aber strukturierte Sequenz von Schritten angewiesen ist; daß Fertigkeiten im Umgang mit Materialien eingeübt werden müssen; daß – und hier sind Methodik und Didaktik nicht zu trennen – Methode zuletzt ein Verfahren ist, Besonderes und Allgemeines aufeinander zu beziehen und das, was daran bedeutsam ist, mit der Lebenswelt der Lernenden zu verbinden[23]. Gefordert ist hier ein Methodenlernen, das den Lernen-

---

19 H. v. Hentig, Magier oder Magister?, Stuttgart 1972.
20 A. Pecci (Hrsg.), Das menschliche Dilemma. Zukunft und Lernen, Wien 1979.
21 H. Jonas, Das Prinzip Verantwortung. Versuch einer Ethik für die technologische Zivilisation, Frankfurt/M. 1979.
22 J. Habermas, Moral und Sittlichkeit, Hegels Kant-Kritik im Lichte der Diskursethik, in: Merkur, 422 (1985)12, S. 1041 und 1052; ders., Der philosophische Diskurs der Moderne, Frankfurt/M. 1985; W. D. Narr, Ethik und Politik – Skizze einer Physik der Sitten, in: I. Fetscher/H. Münkler (Hrsg.), Politikwissenschaft, Reinbek 1985, S. 69–111.
23 Es läßt sich hoffen, daß die Diskussion um Unterrichtsmethoden im Politikunterricht, die sich an der Schrift von Janssen (B. Janssen, Wege politischen Lernens, Frankfurt/M. 1986)

den zugleich ein motivierendes Kompetenzgefühl verleihen kann[24]. Diese Aussage ist empirisch bestätigt: »60 Prozent aller Schüler führen ihre Lernschwierigkeiten darauf zurück, daß sie nicht über Methoden und Techniken zur selbsttätigen Planung und Steuerung ihres Lernens zu verfügen gelernt haben.«[25]

4. Nach wie vor läßt sich Untersuchungen zum Unterrichtsstil und zum Kommunikationsverhalten entnehmen, daß in der Mehrzahl aller Stunden eine verbale Überwältigung durch die Lehrenden vorherrscht – anstelle einer selbsttätigen, kommunikativen, das Für und Wider erwägenden Bearbeitung von Fällen und Problemen. Der Zwang zur Reproduktion von – oft der Benotung dienendem! – Einzelwissen unterfordert kreatives Denken und überfordert das Gedächtnis mit Zusammenhanglosigkeiten. Aussagen von Lernenden werden oft nach der – binomisch/elektronischen – Formel »falsch – richtig« behandelt, ohne daß bedacht wird, daß besonders im Politikunterricht sachlich unrichtige Aussagen wichtige Informationen über bestehenden Korrekturbedarf für Mitschüler und Lehrende sind, daß abweichende Meinungen nicht negativ sanktioniert werden dürfen, wo das Überwältigungsverbot zu gelten hat.

5. Defizitär ist, obwohl immer wieder kühn von »politisch-historischer Bildung« gesprochen wird – und trotz der Integrationsversuche in einer Gesellschaftslehre –, die Kooperation von Politik- und Geschichtsunterricht. Es wird kaum wahrgenommen, daß es erprobte Konzepte dafür gibt[26]. In neueren Richtlinien, die den Geschichtsunterricht begünstigen, wird übersehen, daß es für die globalen Herausforderungen unserer Zeit in der bisherigen Geschichte zwar lokal Vergleichbares, aber kaum voll tragende Beispiele gibt. Ohne Sozialwissenschaften gelingt es nicht, Geschichte als Vorgeschichte der »einen Geschichte zu begreifen, die die Zukunft der Welt ausmachen kann«[27].

6. Zu leiden haben Politikunterricht wie auch die Politikwissenschaft – in Lehre und Forschung – darunter, daß die enge Kooperation beider, die nach dem Kriege am Anfang der Entwicklung der Politikwissenschaft in der Bundesrepublik gestanden hatte, in den letzten Jahren gestört ist[28].

Allein die Überwindung der Defizite hätte, wären da nicht die neuen politischen, gesellschaftlichen, technologischen Entwicklungen der achtziger Jahre, als eine »Perspektive« des Politikunterrichts zu gelten.

---

entzündet hat (vgl. die Beiträge im Niedersächsischen »Politik-Unterricht«, [1989] 1 und 2), weil dieser wichtige Aspekte der Methodik ausgeklammert hatte, zu einem neuen Nachdenken anregt.

24 W. Gagel/W. Hilligen/U. Buch: Sehen – Beurteilen – Handeln, 7./10. Schuljahr, Frankfurt/M. 1984, sowie W. Hilligen, Zur Didaktik des politischen Unterrichts, Opladen 1985[4], S. 209 ff.

25 B. Jacobs/P. Strittmatter, Der schulängstliche Schüler, München 1979.

26 Vgl. W. Hilligen (Anm. 24), S. 242–250.

27 Chr. Maier auf dem Historikertag 1988.

28 Vgl. W. Hilligen, Replik: Politische Didaktik – politische Wissenschaft, in: Gegenwartskunde/G.S.E., (1988)2, S. 227–230, sowie ders., Statement zum Verhältnis von politischer Bildung und Politikwissenschaft, in: B. Claußen/A. Noll (Hrsg.), Politikwissenschaft und politische Bildung, Hamburg 1990.

2. Perspektiven

Bei der Frage nach gewandelten Perspektiven hat mich das Interesse geleitet, die Differenz zu verringern zwischen dem vorherrschenden – durch Fitneßkonkurrenz, Privatisierung, Antiideologien oder ideologische Umsturzideologien geprägten – Alltagsbewußtsein und den Herausforderungen der gesellschaftlichen, politischen wie geistigen Situation der Zeit. Mein Interesse gilt der Suche von Mehrheiten für zustimmungswürdige politische Antworten auf die herausfordernden Veränderungen in der Industriegesellschaft. Diese Zielsetzung soll nicht die Situationsfelder, Qualifikationen und Themen des Politikunterrichts durch eine ausschließlich an Zukunftsproblemen orientierte Sichtweise ersetzen oder durch eine klar abgrenzbare, einmal zu »behandelnde« Einheit ergänzen. Vielmehr ist die Diskussion von Risiken, Chancen und Zukunftsperspektiven, nachdem grundlegende Veränderungen an Beispielen wahrgenommen worden sind, zumal dann einzubringen, wenn die Beurteilung von Kontroversen und Lösungsvorschlägen eine Revision des bisherigen Alltagswissens erfordert. Im Hinblick darauf sind neue Antworten zu suchen auf die drei klassischen didaktischen Fragen nach dem Was, Warum/Wozu und Wie:
1. Welche *Wissensinhalte* können Lernende zur Bewältigung (Erkennen – Beurteilen – Handeln) von Problemen befähigen, die heute und morgen für Überleben und menschenwürdiges Zusammenleben unter den Bedingungen der Risikogesellschaft bedeutsam sind?
2. Welche *Wertvorstellungen*, Einstellungen, Verhaltensweisen können als zustimmungswürdig begründet werden?
3. Mit Hilfe welcher *Methoden*, Medien, welcher Unterrichtsorganisation und welchen Kommunikationstils können zustimmungswürdige, der Urteils- und Partizipationsfähigkeit dienende Kenntnisse und Einstellungen erworben werden?
Die folgenden Antworten auf die drei didaktischen Fragen verstehe ich als *vorläufig:* gedacht als eine Auffaltung, als Suchraster, als »heuristisches Instrumentarium«.

2.1 Die Wissensinhalte

Als Antworten auf die 1. Frage will ich nicht eine (gar curriculumförmige) Aufzählung von Themen und Inhalten vorlegen, sondern den Aufriß einer – abgestuften – Problemstruktur von epochalen Veränderungen, von Merkmalen der »Risikogesellschaft« und einige Vorschläge für das fachliche »Proprium« (polity, politics, policy) des politischen Unterrichts sowie einige für das – Selbststudium gedachte – politikdidaktische Hinweise.

Die Frage nach der Auswahl mitteilenswerten Wissens war als Folge der »Wissensexplosion« Anlaß für die Entwicklung einer wissenschaftlichen Didaktik geworden. Kriterien, die für die Schuldidaktik gewonnen worden waren, zum Beispiel der existentielle Bezug (Chancen und Gefahren), wurden mit dem Begriff »Bedeutung für das Leben«[29] auch für die Wissenschaftsdidaktik angeboten. Entsprechend diesem

---

29 Vgl. H. v. Hentig (Anm. 19).

Kriterium hat sich die Politikdidaktik schon seit Jahren an existentiellen *Schlüsselproblemen* als allgemeinen, je zu konkretisierenden Herausforderungen orientiert, die für ein menschenwürdiges Überleben politisch und sozial beantwortet werden müssen. Wolfgang Klafki hat auf dem Jahreskongreß der DVpB in Recklinghausen unter ausdrücklichem Hinweis auf Gießener Politikdidaktiker die Schlüsselprobleme Frieden – Umwelt – regionale wie globale soziale Gerechtigkeit als ersten Kernbereich der *Allgemeinbildung* erläutert[30]. Diese Probleme behalten im historischen Wandel ihre Bedeutung als allgemeine inhaltliche Schwerpunkte, Ziele und Aufgaben der Politik und des Politikunterrichts. Jedoch ist zu prüfen, welche neuen und besonderen Herausforderungen im historischen Wandel je beantwortet werden müssen.

Es sind, kurz zusammengefaßt, insbesondere folgende Veränderungen, die es erfordern, von »gewandelten Perspektiven« für den Politikunterricht zu sprechen:
- die skizzierten Vorgänge im Ostblock – mit dem Ende der Effektivität und Glaubwürdigkeit einer verbindlichen Ideologie und der zentralistischen ökonomischen Planung – und die bisher unzureichenden Antworten in den kapitalistischen Industrienationen;
- der Beginn von ernsthaften Abrüstungsverhandlungen zwischen den Weltmächten, verbunden mit der wachsenden Erkenntnis, daß Krieg auch einen Sieger vernichtet;
- der Verlust der Gewißheit einer Möglichkeit unbegrenzter technischer Fortschrittserwartungen in Verbindung mit der Gefahr einer Zerstörung der Lebensgrundlagen;
- wachsende soziale Ungleichheiten zwischen Erster, Zweiter, Dritter Welt und auch innerhalb der Ersten Welt – Zwei-Drittel- bzw. Vier-Fünftel-Gesellschaft –, verbunden mit einer Beschränkung der Sozialpflichtigkeit und Identität auf die eigene Gruppe;
- schwindende Möglichkeit, wissenschaftliche Kontroversen im naturwissenschaftlich-technischen Bereich übereinstimmend zu entscheiden[31];
- wachsende Überflutung durch Bilder, Musik und Werbung in den elektronischen Medien; Zurückdrängen des Denkens und der verbalen Kommunikation.

Offensichtlich handelt es sich bei diesen – und weiteren, hier nicht genannten – Veränderungen nicht nur um Anlässe für neue Perspektiven[32]; die Veränderungen deuten zugleich auf ein Bündel von mitteilenswerten Themen und Inhalten hin, die je an Beispielen, Situationen, Fällen, Entwicklungen, Daten, Fakten oder Geschehnissen in der Lebenswelt erkannt, eingesehen, bewußt gemacht werden können.

---

30 Vgl. den Beitrag von W. Klafki in diesem Band.
31 Vgl. W. Gagel, Unsicheres Wissen und machtlose Politik?, in: H. Ackermann u. a., Technikentwicklung und politische Bildung, Opladen 1988.
32 Es ist denkbar, daß in Zukunft in der Bundesrepublik weitere, scheinbar näherliegende Probleme als besonders dringlich empfunden werden, zum Beispiel: die demographische Entwicklung (neuer Generationenkonflikt); genetische Katastrophen; Überflutung durch elektronische Medien; Unterbringung von Flüchtlingen, Aussiedlern, Asylanten und natürlich die immer noch nicht bewältigte Arbeitslosigkeit. Heute schon gehören zu den Perspektiven, die im Politikunterricht berücksichtigt werden müssen, Konsequenzen aus dem Europäischen Binnenmarkt und die neue Herausforderung für die Demokratie, die derzeit durch das Anwachsen der *Republikaner* entstanden ist. Sie wird uns im folgenden beschäftigen, weil sie ebenfalls eine der unbewältigten Folgen der Risikogesellschaft ist und zum engeren fachlichen Bereich des Politikunterrichts gehört.

Ebenso gilt das für eine Reihe von Erscheinungen bzw. Merkmalen, an denen die – zum Teil noch verborgene – neue Qualität der »Risikogesellschaft« erkannt werden kann. Einige davon haben wir schon erwähnt: daß gegenüber atomaren und chemischen Katastrophen Versicherungen nichts mehr nützen; daß Risiken heute nicht selten »Folgen von Erfolgen« sind. Weitere Merkmale bzw. Phänomene:

– Wirkungen haben entgegengesetzte Nebenwirkungen: Waffen, die den Gegner abschrecken oder vernichten sollen, vernichten aller Voraussicht nach auch denjenigen, der sie einsetzt; der Überfluß ruft neuen Mangel hervor, zum Beispiel an sauberem Wasser, an Atemluft. Ein Beispiel: Düngung und Pestizide haben die landwirtschaftliche Produktion außerordentlich gesteigert – Degradierung des Bodens, Vergiftung des Grundwassers und Artenschwund sind die Folgen.

– Alle Risiken, insbesondere die atomare Gefahr und die Umweltzerstörung, haben gemeinsam, daß eher oder später alle Menschen davon betroffen sind, zumindest sein können. Zwei Beispiele: »Not ist hierarchisch, die Atomwolke ist demokratisch« (Ulrich Beck). Er wollte vermutlich sagen: Die Atomwolke ist egalitär, sie betrifft die Armen wie die Reichen. Früher mußten sich die Küstenbewohner vor dem Ozean schützen; heute müssen wir das Ökosystem Ozean vor dem Umkippen schützen; und wenn morgen ganze Landstriche vor dem Ozean nicht mehr geschützt werden können, dann deshalb, weil wir es heute versäumen, eine Klimakatastrophe abzuwenden.

– Die Erscheinungen sind – besonders deutlich in Gestalt einer atomaren Wolke, aber auch als Loch in der Ozonschicht oder als Vergiftung des Bodens und der Meere – zunächst nur durch Meßinstrumente – sofern man sie besitzt und nutzt – überhaupt wahrnehmbar und können sich so schleichend bis zum Kipp-Effekt entwickeln.

– Weil das alles nur sekundär, schleichend, ungleichzeitig erfahren wird, wirkt es sich auf Bewußtsein und Einstellungen, Verhalten und Handeln von einzelnen, aber leider auch der meisten verantwortlichen Politiker, noch kaum, spät, vielleicht zu spät aus.

Diese »Entmündigung der Sinne« hat politische wie pädagogische Konsequenzen: Das Erkennen des Neuen und das Nachdenken darüber gewinnt vielfach Vorrang vor der Erfahrung; und: Denken und Lernen müssen – das ist auch ein Fazit des Erziehungsberichts an den Club of Rome[33] – antizipatorisch angelegt werden. Die genannten Veränderungen und Merkmale – es ließen sich noch einige weitere nennen – gehören zum mitteilenswerten Grundbestand der neuen Perspektiven. Sie lenken den Blick auf konkrete politische Aufgaben. Auch läßt sich erkennen, daß es sich bei den am Theorem der Risikogesellschaft gewonnenen Perspektiven durchaus nicht um eine einheitliche, etwa auf vordergründige Technikfolgen beschränkte Blickrichtung handelt. Denn nicht nur sind Chancen und Gefahren (Risiken) miteinander verschränkt; vielmehr sind die möglichen politischen Antworten durchaus kontrovers, allerdings kaum noch »antagonistisch«, das heißt durch Beseitigung beziehungsweise Förderung eines Merkmals oder Faktors ein für allemal lösbar. Sie sind, ob es sich zum Beispiel um Umweltsteuern, Industrie-, Arbeitsmarkt-, Außen- oder Medienpolitik handelt, Konflikten und Interessen unterworfen. Die Lösungen sind je abwägungsbedürftig, was das Ausmaß von Regelung und Spielraum, von

---

33 A. Pecci (Anm. 20).

Verteilung und Besitzstandsvorbehalten, von indirekter und direkter Partizipation, von – restlicher – Abschreckung und Gewaltverzicht anbelangt. Das gilt unter der Voraussetzung, daß Entscheidungen »offen« getroffen werden können; daß Menschenrechte unantastbar werden; daß mehr soziale Gerechtigkeit angestrebt wird; und daß die Entscheidungen grundsätzlich friedlich getroffen werden – ohne das, was einmal »ultima ratio regis« hieß.

Ob vernünftige Lösungen gefunden und durchgesetzt werden können, scheint mir wie wohl nie zuvor in der Geschichte der Bildung abzuhängen von einer über Aufklärung verlaufenden Revision des bisherigen Alltagswissens und von der Erhaltung und dem Ausbau demokratischer Mitwirkung der Aufgeklärten. Unter dieser Voraussetzung sind die Krisen- und Risikosymptome noch kein »Untergangsszenario«. Denn die gefährlichen Nebenwirkungen des technischen Fortschritts können vermieden werden, sofern sie erkannt und durch eine – ethisch fundierte – Politik beantwortet werden, die nicht länger hinter den technischen Möglichkeiten zurückbleibt.

Während des Jahreskongresses zur politischen Bildung in Recklinghausen war zu spüren, wie ambivalent von vielen Anwesenden aufgenommen worden ist, was da an Neuem, vom Studium her noch Unbekanntem auf sie einströmte. Trotz mancher Skepsis überwog das Interesse, sich kundig zu machen, um kompetenter zu werden für den Unterricht, aber auch für die Beteiligung an Problemlösungen[34]. Grundsätzlich können Lehrende besser weitergeben, was sie sich in selbständiger Weiterbildung neu erworben haben. Anderseits stellt sich für die Mitteilung des neu Erworbenen, zumal wenn es sich um Einzelheiten handelt, eine Schwierigkeit: Sie kann zur Vermittlung »isolierter Phänomene« werden[35], wenn Lernende nicht zugleich die Zusammenhänge erkennen können. Umgekehrt bleiben allgemeine Aussagen über die Risikogesellschaft folgenlos, solange sie nicht je an lebensnahen Einzelheiten dingfest gemacht werden: Beim Selbststudium (wie bei der Unterrichtsvorbereitung und auch im Unterricht selbst) kommt es methodisch an auf die »Verkettung des Besonderen mit dem Allgemeinen« (Alexander v. Humboldt), auf den Pulsschlag zwischen Konkretheit, Abstraktion und Rekonkretisierung.

Schrittweise und behutsam die Beziehungen zwischen Problemen unterschiedlicher Abstraktionsebenen – vom Einzelfall bis zum Schlüsselproblem! – zu erkennen und erkennbar zu machen, dient der Entwicklung des Zusammenhangwissens. Dieses ist vordringlicher als das Lernen(lassen) zahlreicher Einzelheiten: Wissen läßt sich reduzieren auf das Ausmaß, das als notwendig für die Beurteilung von Problemen erkannt werden kann; *weniger* Wissen über Einzelheiten fördert die Urteils- und Entscheidungsfähigkeit in höherem Maße als zu umfangreiches[36].

---

34 Die Themen dieses Bandes kommen diesem Interesse entgegen. Für weitere Informationen über »Technikentwicklung und politische Bildung« sei auf die gleichnamige Schrift, hrsg. von H. Ackermann u. a. (Anm. 31) verwiesen.

35 G. Picht, Prognose – Utopie – Planung, Stuttgart 1967, S. 30f.

36 Vgl. hierzu etwa den Forschungsbericht von B. Bott in der Projektbeschreibung »Wissen – Urteilen – Handeln«, demnächst hrsg. vom Deutschen Institut für Fernstudien an der Universität Tübingen.

2.1.1 Perspektiven für das fachliche »Proprium« des Politikunterrichts

Die Aufgabe, Inhalte auf Bedeutsam-Allgemeines zu reduzieren, gilt auch und besonders für den fachlichen Schwerpunkt des Politikunterrichts. Wissenswertes ist auszuwählen und zu legitimieren im Blick auf Erfordernisse und politische Aufgaben der Risikogesellschaft wie auf vorherrschende Vorstellungen und Verhaltensweisen der Lernenden.

Die policies, die Aufgaben der Politik, lassen sich weitgehend aus den oben skizzierten Schlüsselproblemen, Veränderungen, Merkmalen herleiten. Bei der Diskussion konkreter Entscheidungen oder der Durchsetzung von Lösungsalternativen neigen Jugendliche dazu, perfekte Lösungen vorzuschlagen und die Frage nach Rahmenbedingungen im politischen System nicht zu stellen. Ihre »Alltagstheorien« über politics (politische Prozesse) und polity (politisches System), die sich, wo Lernende angstfrei reden, aus ihren Aussagen erschließen lassen, enthalten nicht selten Elemente wie etwa Geringschätzung von Parteien und Institutionen, Harmoniewünsche, unklare Vorstellungen über das Gewaltproblem. Alltagstheorien sollten als willkommener Anlaß zum geduldigen Vergleich mit politikwissenschaftlichen Theorien (auch kontroversen!) genommen werden. Dabei kommt es nicht auf Systemeigenschaften und Regelungen im einzelnen an, sondern auf das, was ihnen zugrundeliegt: Unantastbarkeit der Menschenwürde, Pluralität, Anerkennung der Möglichkeit für Alternativen, gewaltfreie Austragung von Konflikten, Rechtsstaatlichkeit, den Maßstab der sozialen Gerechtigkeit. Das sind Bedingungen, die nicht nur Beteiligung ermöglichen, sondern ein Leben und Zusammenleben ohne Zwang und Unterdrückung.

Weil die jahrhundertelange Entwicklung zur Demokratie nicht leicht von heute auf morgen nachvollzogen und epochal Neues erst recht nicht leicht eingesehen werden kann, ist es – wollen Lehrende wirklich an einem Wandel des Bewußtseins mitarbeiten – immer wieder angebracht, geduldig drei Schwierigkeiten zu begegnen:
- einem verkürzten Freiheitsbegriff: Die Veränderungen im Ostblock – die durch eine Selbstkorrektur im realexistierenden Sozialismus in Gang gesetzt worden sind – ebenso wie die Flüchtlinge in aller Welt und aus der DDR lassen erkennen, daß dieser Ziel- und Wertbegriff, der aus der Weltgeschichte nicht eliminierbar ist, lebendig bleibt – wenn auch nicht überall in seinen drei Dimensionen und in Kenntnis der Bedingungen für seine Wirklichkeit. *Freiheit vor Übergriffen* der »Obrigkeit« steht überall im Vordergrund. *Freiheit als Möglichkeit für andere Möglichkeiten* wird grundsätzlich bejaht, oft aber ersetzt durch die – der Polarisierung zwischen Antikommunismus und radikaler Gesellschaftsveränderung entsprechende! – Neigung, Ziele absolut zu setzen, strittige Fragen als Glaubensfragen zu behandeln und Politik als Freund-Feind-Verhältnis anzusehen; *Freiheit vor Not,* Benachteiligung und anderen Einschränkungen der Bedingungen für die Entfaltung der Person wird eingeklagt, anderen aber nicht überall zugestanden. Daß wir teilen müssen, ist heute nicht nur eine Forderung der Moral oder des Gerechtigkeitsgefühls, sondern politische Notwendigkeit geworden.
- Viele Jugendliche bevorzugen die Basisdemokratie oder haben jedenfalls Schwierigkeiten, die parlamentarische anzuerkennen. Eine Belehrung über die konstitutionellen Schwächen der Basisdemokratie – den Zeitbedarf, die Gefahr von Manipulation und Kaderherrschaft, die Zufallsmehrheit – hilft nur dann, wenn sie

im Zusammenhang mit entsprechenden Erfahrungen oder Beispielen vor sich gehen kann.

– Besonders schwierig ist es, die Entfremdung zwischen den Jugendlichen (wie Teilen der älteren Bevölkerung) und der politischen Klasse zu überwinden. Hier kann Politikunterricht nicht viel tun; er kann nur auf Systeme verweisen, in denen es keine freien Parteien gibt, und er kann deren Funktion als Filter und Bündelung von Meinungen und Interessen exemplarisch ins Bewußtsein rücken.

Ob und inwieweit es durch Unterricht gelingt, die Akzeptanzkrise vieler Jugendlicher in einem »Grundgesetzpatriotismus« aufzuheben[37], läßt sich nicht leicht beurteilen. Es hängt auch von Rahmenbedingungen in der jeweiligen Schule ab, zuletzt aber davon, daß sich Bürger/Jugendliche nicht ungerecht an Gütern und Entscheidungen beteiligt fühlen.

Eine gänzlich neue Aufgabe stellt sich dem Politikunterricht angesichts der Wahlerfolge der *Republikaner*. Selbstverständlich kann auch hier die Schule nicht korrigieren, was die Politik versäumt hat. Besonders aber in den Haupt- und Berufsschulen müssen Lehrende mit einem nicht geringen Anteil von männlichen Lernenden rechnen, die sich als »Reps« verstehen. Hilfreich für eine Beurteilung dieser neuen Aufgabe können neueste Untersuchungen sein[38]. Bis zu 18 Prozent der

---

37 Die Notwendigkeit eines solchen Verfassungspatriotismus betonen etwa D. Sternberger und J. Habermas.

38 H. Castner/T. Castner, Rechtsextremismus und Jugend, in: Beilage aus Politik und Zeitgeschichte, B 41–42/89 (in der gleichen Beilage vier weitere Beiträge zum Thema Republikaner).

Rep-Wähler gehören zu den 18- bis 24jährigen (auf einen Jahrgang hochgerechnet gibt es also in dieser Altersstufe bis zu 25 Prozent Rep-Wähler); 70 Prozent sind wie bei den Älteren Männer und haben – wie 60 Prozent der Älteren – nur eine Hauptschule durchlaufen. Bei den Jugendlichen wird, außer innerhalb der eigenen Gruppen, verbreitet eine Kontakt- und Bindungslosigkeit beobachtet. Politik wird reduziert auf die Beseitigung einer geringen Anzahl von »Ärgernissen«. Hauptaugenmerkmal ist eine *ausgeprägte Fremdenfeindlichkeit*. Ausländer werden für Mißstände wie Wohnungsnot, Arbeitslosigkeit, aber auch Kriminalität verantwortlich gemacht; Abhilfe wird von verfassungsrechtlich undurchführbaren Maßnahmen erwartet. Vorstellungen von einer rationalen Programmatik, die auch nur wenige Politikfelder abdeckt, werden nicht geäußert. Insgesamt sind diese Einstellungen und Verhaltensweisen ein radikales Gegenbild derjenigen, die für eine Bewältigung der Herausforderungen der Risikogesellschaft, zumal in globalem Ausmaß, erforderlich wären.

Es handelt sich um ein Syndrom *post*-faschistischer Alltagstheorien, die noch geprägt sind vom »Du oder Ich«, vom »Amboß oder Hammer sein«, von der heute zwar weithin noch wirksamen, aber zunehmend obsolet werdenden Regel, daß es den einen immer nur auf Kosten der anderen gut gehen könne. Anderseits kann das Anwachsen der Reps als Folge unbewältigter gesellschaftlicher und politischer Herausforderungen der Industriegesellschaft betrachtet werden. Damit könnte übereinstimmen, daß die Reps nach einer neueren, im Auftrag der SPD durchgeführten Sinusstudie überwiegend »keine Nazis« sind; sie vertreten zumeist kein entschiedenes rechtsextremes Weltbild, das sich in Merkmalen wie einem NS-Geschichtsbild äußert. Zumindest gilt das für die von der SPD zu ihnen abgewanderten Wähler[39].

Bloße Belehrung bewirkt auch hier wenig, etwas mehr vielleicht Informationen über Zukunftsaufgaben. Entscheidend aber scheint mir, ob es gelingt, die Jugendlichen überhaupt *zum Sprechen zu bringen* und durch die Art und Weise der Kommunikation ihre Bindungslosigkeit aufzubrechen. Erst wenn sie selbst Meinungen und Vorstellungen laut werden lassen, besteht die Chance, daß sie auch Argumente anderer wahrnehmen.

2.2 Wertvorstellungen, Einstellungen, Verhaltensweisen

Wertentscheidungen als Kriterien für wünschenswerte politische Einstellungen, Verhaltensweisen und Aufgaben gehen auch dann in den Politikunterricht ein, wenn Lehrende subjektiv überparteilich sein wollen. Verstöße gegen das »Überwältigungsverbot« des Beutelsbacher Konsenses[40] können nur vermieden werden, wenn Wertentscheidungen offengelegt und argumentativ – also unter Beachtung anderer Auffassungen – begründet werden.

In der Didaktik des Politikunterrichts gibt es seit langem Versuche für eine Offenlegung und Formulierung von Wertentscheidungen, etwa »die Grundlegenden Einsichten«[41], Sutors Anlehnung an die Praktische Philosophie[42] oder auch die vom

---

39 Der Spiegel, (1989)41, S. 50.
40 S. Schiele/H. Schneider, Das Konsensproblem (Anm. 3), dies., Konsens und Dissens (Anm. 3)
41 K. G. Fischer/H. Mahrenholz, Der politische Unterricht, Bad Homburg 1960.
42 B. Sutor, Neue Grundlegung politischer Bildung, Bd. I und II, Paderborn 1989.

Verfasser entwickelten Optionen für die Wahrung der personalen Grundrechte, die Überwindung struktureller sozialer Ungleichheiten und die Möglichkeit, Alternativen zu vertreten[43].

Bei diesen und anderen Vorschlägen handelt es sich jedoch eher um Setzungen, die – außer von Sutor, der aber der Frage nach einer Rekonstruktion der Praktischen Philosophie im Zusammenhang mit veränderten historischen Bedingungen nicht ausdrücklich nachgegangen ist – nicht im Zusammenhang mit der ethischen Diskussion begründet worden waren. Noch 1975 hatte der Tübinger Philosoph Walter Schulz sagen können, daß »das Problem der Ethik nicht mehr zu den aktuellen Themen« gerechnet werde[44]. Seit Mitte der achtziger Jahre, also etwa zum Zeitpunkt des Beginns der oben skizzierten epochalen Veränderungen, wird jedoch von Philosophen und Politologen zunehmend von der »Unvermeidbarkeit ethischer Reflexion« gesprochen, weil »ein praktisch wirksamer Glaube an den Sinn politischen Tuns politisch allein nicht ausreichend zu begründen« sei[45].

Die Belebung der ethischen Diskussion hat vielfach zu einem Rückgriff auf die »Praktische Philosophie« des Aristoteles geführt. Zuwenig wurde berücksichtigt, daß die traditionelle Ethik auf zwei wesentliche Probleme politisch-sozialen Zusammenlebens keine Antwort gibt, die für unsere Zeit taugen könnten: auf das Problem der Erhaltung des Friedens und das einer gerechten Beteiligung aller an dem, was durch Natur und Arbeit hervorgebracht wird. Überdies wurde zu wenig beachtet, daß Spannungen, ja Widersprüche unvermeidbar zu jeder Ethik gehören: Ethische Prinzipien sind »Optimierungsgebote«; ihre Anwendung ist in der historischen, politischen und sozialen Realität »abwägungsfähig« und »bedürftig«[46]. In der Risikogesellschaft muß nach neuen Begründungen und Postulaten für persönliches und zumal gesellschaftliches und politisches Handeln gefragt werden, weil politische Ethik zu einer Bedingung für die Möglichkeit des Überlebens geworden ist.

An anderer Stelle habe ich mich etwas ausführlicher mit dem möglichen Beitrag der Ethik für den politischen Unterricht angesichts der neuen Herausforderungen der geschichtlichen Situation befaßt[47]. Daher hier nur einige Anmerkungen. Wir haben in unserer geschichtlichen Entwicklung einen Punkt erreicht, von dem an das Ethisch-Moralische und das Überlebensnotwendige schon mittelfristig, zumindest aber langfristig konvergieren. Amoralität ist nicht mehr nur parasitär, sie kann existenzgefährdend werden, wenn die Hungernden aufstehen, wenn die Natur zurückschlägt. Ethik muß in Bezugnahme auf die Gattung – und nicht nur auf Gruppen bezogen – praktiziert werden. Neu ist damit die Reichweite für die notwendige Geltung ethischer Prinzipien, nämlich die Menschheit; der Geltungsbereich, der das Ökosystem Erde einschließt, und die Begründung mit dem Willen zum Überleben.

43 W. Hilligen (Anm. 24).

44 W. Schulz, Ethisches Handeln – heute, in: Schopenhauer Jahrbuch (hrsg. von A. Hübner), Frankfurt/M. 1975.

45 V. Gerhardt, Metaphysik und Politik, in: H. Baier (Hrsg.), Helmut Schelsky – Ein Soziologe in der Bundesrepublik, Stuttgart 1986, S. 97–114; J. Habermas (Anm. 22); W. D. Narr (Anm. 22). Der These der Unvermeidbarkeit ethischer Reflexion ist, wie hier nur angedeutet werden kann, von postmodernen französischen Philosophen (z. B. Foucault, Derrida) widersprochen worden; vgl. W. Hilligen, Analyse: Ethik im politischen Unterricht, in: Gegenwartskunde/G.S.E., (1988)3, S. 391–423, hier: S. 393.

46 R. Alexy, Rechtssystem und Praktische Vernunft, in: Rechtstheorie, 18(1987).

47 W. Hilligen (Anm. 45).

Im Politikunterricht geht es nicht darum, einen Ethikunterricht – wie er als Ersatz für den Religionsunterricht in vielen Bundesländern erteilt wird – oder eine Unterrichtseinheit »Ethik« einzuführen. Vielmehr sollte bei der Diskussion und Beurteilung gesellschaftlicher und politischer Entscheidungsfragen immer dann eine auf Argumente gründende ethische Reflexion angestellt werden, wenn Sachverhalte oder Lösungsalternativen kontrovers sind, Menschenwürde, Gerechtigkeit, Freiheit oder Sicherheit tangieren und zumal, wenn das vorherrschende Alltagsbewußtsein notwendigen Antworten auf neue Herausforderungen noch nicht entspricht. Für die Rechtfertigung oder Zurückweisung von Zielen und Entscheidungen kann sich die ethische Argumentation didaktischer Schlüsselfragen bedienen, zum Beispiel: Wie zeichnet sich das Problem (auch im Sinne der Schlüsselprobleme Hunger, Friede, Umwelt) beziehungsweise die globale Veränderung als »Folge von Erfolgen« in der Lebenswelt ab? Welche möglichen lokalen/globalen Folgen haben gelöste/ungelöste Probleme oder Verhaltensweisen? Welche Lösungen sind wünschenswert, und mit welchen Argumenten lassen sie sich begründen? Wie kann ihnen Zustimmung verschafft werden? Welche Konsequenzen haben rechtfertigungsfähige Lösungen für unterschiedliche Betroffene? Welche Konsequenzen hat es, wenn sich wenige/viele beteiligen?

Zuletzt zielen derartige, unschwer zu erweiternde Fragen im Zusammenhang mit den oben skizzierten Veränderungen, Merkmalen und Inhalten ab auf die Erkenntnis, daß heute – lokal und global – »die Realisierung der eigenen Lebenschancen eng gebunden ist an die Möglichkeit der Realisierung der Chancen anderer«[48]. In manchen Fällen kann sich auch eine Diskussion über »Leitbilder« (Rockgruppen, Greenpeace) oder Bedürfnisse beziehungsweise Wünsche im Spannungsfeld zwischen »Wohlergehen« und »Wohlstand« entwickeln: »Wohlfahrt wird immer mehr verstanden als Teilhabe an einem sinnerfüllten Leben« – und immer weniger als immer mehr Wohlstand[49].

2.3 Methode

Die knappen Vorschläge für Methodik, Unterrichtsorganisation und Kommunikationsstil enthalten nichts grundsätzlich Neues, sondern Hinweise auf Schwerpunkte, die geeignet sein können als Antwort auf mangelnde Motivation, Desinteresse und Einseitigkeiten. Dabei kommt es zunächst darauf an, die Defizite auszuräumen, die weiter oben (1.3) genannt worden sind. Einen der Schwerpunkte sollte das oben schon angesprochene Methodenlernen bilden. Neben eher formalen Fertigkeiten – Sammeln und Ordnen von Informationen, Diskussionstechniken, Einführung in einfachere sozialwissenschaftliche Methoden wie das Interview, Vorbereitung und Durchführung von Untersuchungen in Bereichen der Lebenswelt – kommt es beson-

48 Aus der Allgemeinen Grundlegung der Hessischen Rahmenrichtlinien von 1979, formuliert von dem ehemaligen Hessischen Kultusminister und Bundesverfassungsrichter Prof. Dr. Erwin Stein.
49 W. Glatzer/W. Zapf (Hrsg.), Lebensqualität in der Bundesrepublik Deutschland, Frankfurt/ M. 1984; eine instruktive Zusammenfassung enthält: dies., Die Lebensqualität der Bundesbürger, in: Aus Politik und Zeitgeschichte, B 44/84.

ders auf Instrumente für das Erkennen und die Bearbeitung von Problemen an, die mit dem Perspektivenwandel zusammenhängen, zum Beispiel: Belege suchen für die Erkenntnis, daß gelöste technische wie soziale Probleme vorher unbekannte, gelegentlich schwierigere zur Folge haben (etwa Pestizide – weniger Schadinsekten, aber auch Vergiftung von Nutzinsekten, Vögeln, Regenwürmern – und am Ende des Grundwassers; Autos und Flugzeuge ... – Mikroelektronik ... – ... usw.).

Kenntnis, Reflexion und, wenn möglich, die Erprobung der Wege, etwas durchzusetzen, sollten – wenn immer möglich – an einem Projekt durchgeführt werden. Der Schüler muß zunehmend ausgestattet werden mit einem Bestand von kategorialen Fragen, die es ihm ermöglichen, den für seine Zukunft bedeutsamen Kern einer Information, eines Ereignisses, eines Themas herauszuschälen.

Unter den *klassenzimmerspezifischen Faktoren* verstehe ich die Summe der verbalen und nichtverbalen Beziehungen zwischen Lehrern und Schülern und der Schüler untereinander, die – pädagogisch, kommunikativ, didaktisch, methodisch – den Unterricht ausmachen. Unterricht kann besser zu demokratischem Verhalten befähigen, wenn er von den Lernenden als Vorschein einer menschenwürdigen und entwicklungsfähigen Politik erlebt wird. Es muß sich abbilden, daß Frieden das Intaktsein gegenseitiger Beziehungen trotz zu regelnder Konflikte ist; daß Wissen als Hilfe für die Beurteilung und Bearbeitung von Problemen dient, die von den Lernenden als *ihre* Sache empfunden werden können. Eine weitere Voraussetzung dafür ist, daß Lehrende Verständnis für das Vorverständnis – die »Alltagstheorien« – der Lernenden aufbringen, daran anknüpfen und »Abweichendes« nicht als Störung, sondern als Bereicherung des Spektrums der Möglichkeiten empfinden; daß Lernende, indem sie ihre Erwartungen, Bedürfnisse, aber auch ihre Ängste zur Sprache bringen, Gelegenheit erhalten, zu beurteilen, inwieweit diese vereinbar sind mit derzeitigen und zukünftigen Lebensbedingungen der Industriegesellschaft. Begriffen und handlungsrelevant kann dabei zuletzt nur werden, was die Lernenden, und sei es noch so unzureichend, in ihrer eigenen Sprache ausdrücken können. Zumal wenn es um »Neues« geht wie hier, haben Lehrende zu bedenken: Alles, was wissenswert ist für Urteilen und Handeln in der Lebenswelt, läßt sich grundsätzlich umgangssprachlich formulieren.

3. Das Notwendige – auch möglich?

Die in der »traurigen Generation« verbreitete Resignation, die Verunsicherung durch wechselnde und defizitäre Richtlinien, das geringe Stundendeputat und anderes mehr könnten zweifeln lassen, ob ein »Neubeginn« in der politischen Bildung möglich ist, der gewandelten Legitimationsmustern und Perspektiven Rechnung tragen kann. Verbreitet ist die Klage, daß unter den heutigen schulischen, gesellschaftlichen, politischen Bedingungen in Schule und Unterricht »nichts mehr läuft«.

Gewiß, Politikunterricht kann nicht kompensieren, was Politik nicht erkennt, nicht findet, unterläßt. Aber er kann dazu verhelfen, das Finden zu erfinden, sofern Lernende einen Zusammenhang zwischen den Vorstellungen von ihrer Zukunft und den politischen und gesellschaftlichen Bedingungen erkennen können, die dafür taugen.

Daß es sich bei didaktischen und methodischen Verfahren, die in den letzten Jahren entwickelt worden sind und hier vorgelegt werden, nicht um einen Verschnitt von Schreibtischtheorien handelt, läßt sich – ganz abgesehen von den Erfahrungen vieler Lehrender – unter anderem aus der Untersuchung entnehmen, die Georg Weißeno 1989 vorgelegt hat[50]. Aus den Antworten der Lernenden auf Weißenos gründlich bedachte Fragen geht hervor, daß didaktische Instrumente und Verfahren wie die Orientierung an Schlüsselproblemen, die argumentative Diskussion um Wertentscheidungen, das Methodenlernen und Kommunikationsformen als Vorschein demokratischer Lebensformen zugleich Bausteine einer »*Lernerdidaktik*« sind, wie Lernende sie sich selber wünschen, weil sie sich dadurch zum »Finden« motiviert fühlen. Obwohl es sich bei den Interviewten um eine Auswahl aus Oberstufenklassen handelt, die von Fachkräften unterrichtet wurden, kann angenommen werden, daß die Ergebnisse übertragbar sind, sofern aufgegriffen wird, was dort praktiziert worden ist. Es bestätigen sich die – lernpsychologisch nicht widerlegten – Thesen, daß Lehrende glaubwürdig nur das vermitteln können, was sie sich selber zueigen gemacht haben, und daß erwünschte Ergebnisse des Unterrichts in nicht geringem Maße eine Folge sind ihrer didaktischen und methodischen, durch praxisnahe Theorie hindurchgegangenen Kompetenz.

---

50 G. Weißeno, Lernertypen und Lernerdidaktiken im Politikunterricht, Frankfurt/M. 1989.

KLAUS EDER

Kollektive Identität, historisches Bewußtsein und politische Bildung

1. Kollektive Identität und historisches Bewußtsein

1.1 Die Historiographisierung von Modernisierung

Was wir von der Geschichte, von vergangenen Ereignissen festhalten, sind immer selektive Erinnerungen. Das gilt für Individuen, die ihre Geschichte in eine *Biographie*[1] einbauen. Das gilt auch für Gesellschaften, die vergangene Ereignisse in ihre *Historiographie* einbauen. Die erinnerte Geschichte ist also immer weniger als die Abfolge von Ereignissen. Sie ist aber zugleich mehr als das: Eine Historiographie gibt – wie eine Biographie – vergangenen Ereignissen einen *Sinn*[2]. Die in modernen Gesellschaften evolutionär sich steigernde Historiographisierung vergangener Ereignisse führt somit in ein Paradox: Sie zwingt einerseits zu immer mehr Selektivität und sie erzeugt immer mehr Sinn.

Das Paradox besteht darin, daß die steigende Selektivität des historischen Bewußtseins das Sinnproblem zum Thema macht. Man kann dann diese Selektivität beklagen. Das führt zur *Moralisierung* des historischen Bewußtseins[3]. Historisches Bewußtsein wird des Vergessens angeklagt und Erinnerungsarbeit wird eingefordert. Oder man verzichtet auf einen emphatischen Begriff von historischem Bewußtsein und akzeptiert, daß jede Selektivität irgendeinen Sinn hat. Das führt zu *Zynismus*[4]. Das historische Bewußtsein wird kontingent gesetzt. Je komplexer die vergangenen Ereignisse werden, um so beliebiger wird das, was wir als Erinnerung, als historisches

---

1 Die Konjunktur, die Biographieforschung heute hat, ist auch auf die aktuelle Thematisierungswelle von Vergangenheit zurückzuführen. Zum jüngsten Stand dieser Diskussion vgl. H. G. Brose/B. Hildenbrand, Vom Ende des Individuums zur Individualität ohne Ende, Opladen 1988.

2 Die Sinnfrage gehört zu den Modethemen aktueller Diskussionen um das historische Bewußtsein. Geschichte wird als neues Sinnreservoir nicht nur von Historikern, sondern auch von Politikern entdeckt.

3 Der Historikerstreit gibt dafür beredtes Zeugnis ab. Siehe die Beiträge in R. Augstein u. a., »Historikerstreit«. Die Dokumentation der Kontroverse um die Einzigartigkeit der nationalsozialistischen Judenvernichtung, München 1987, insbesondere die Beiträge von Nolte und Stürmer.

4 Ein Beispiel dafür ist Luhmanns Umgang mit Geschichte. Vgl. etwa N. Luhmann, Gesellschaftsstruktur und Semantik. Studien zur Wissenssoziologie der modernen Gesellschaft (1. Bd.), Frankfurt/M. 1980. Es nimmt nicht wunder, daß die problematischen Phasen moderner Geschichte, insbesondere der deutschen Geschichte, kaum behandelt werden.

Bewußtsein, festhalten. Steigende Selektivität in der Wahrnehmung von Geschichte provoziert also Reaktionen, die zugleich mehr Sinn erzeugen. Moralismus und Zynismus sind Umgangsformen mit Geschichte, die im Beklagen der Selektivität neuen Sinn im Umgang mit der Geschichte erzeugen.

Die heute zu beobachtende Historisierung der Vergangenheit – etwa in Broszats Vorschlag einer Historisierung der Nazizeit – verschärft das oben genannte Paradox noch[5]. Die Forderung nach einem *historischen Bewußtsein* führt zur Thematisierung der Selektivität kollektiver Wahrnehmungs- und Erfahrungsmodi der Vergangenheit und provoziert zugleich die Suche nach Sinn in der Vergangenheit. Sie zwingt uns zu sehen, daß das, was wir wahrnehmen wollen, nicht mehr von den vergangenen Ereignissen abhängt. Es hängt davon ab, welches historische Bewußtsein wir haben *wollen*. Es hängt davon ab, welchen *Gebrauch* wir von der Geschichte machen wollen[6]. Je selektiver wir mit Geschichte umgehen, um so mehr Sinn wird erzeugt. Und je mehr Sinn produziert wird, um so mehr nimmt Kommunikation über Geschichte zu. Man kann dies als einen Rationalisierungseffekt von »Modernität« sehen: Je moderner die Gesellschaft ist, um so umfassender wird historische Kommunikation – bei gleichzeitigem Rückgang unseres Wissens über Geschichte als solche! *»Modernität« besteht darin, daß historisches Bewußtsein kommunikativ verflüssigt wird.*

1.2 Zur Funktion kollektiver Identitätssuche

Kommunikative Verflüssigung verunsichert. Das gehört zur Grunderfahrung der Aufklärung und damit zur Grunderfahrung von Modernität. Es gibt nichts mehr, das kommunikativem Zugriff entzogen werden kann[7]. Diese Verunsicherung provoziert den Rückgriff auf Selbstverständliches. Der Rückgriff auf eine Volksseele, auf eine Kulturnation und heute auf regionale Zugehörigkeit sind Gegenstrategien gegen die kommunikative Verflüssigung der Welt. Auch der Rückgriff auf ein objektiviertes historisches Bewußtsein gehört zu diesen Gegenstrategien. Die Objektivität einer Vergangenheit – ob positiv oder negativ bewertet, spielt zunächst keine Rolle – gibt Sinn im Fluß sich beschleunigender Kommunikation über Gesellschaft in der Gesellschaft. Hier hat der Begriff der *kollektiven Identität* seinen theoriestrategischen

---

5 Dieses – oft mißverstandene – Plädoyer für Historisierung sollte gerade Platz schaffen für die Sinnfrage. Denn solange die nationalsozialistische Vergangenheit als objektivierbares Forschungsproblem gesehen werden konnte, ließ sich die Dynamik der Sinnfrage einigermaßen steuern. Das geht nicht mehr, sobald man die Erkenntnisbedingungen von Vergangenheit thematisiert.

6 Das ist natürlich mit einer Desillusionierung über die Objektivität historischer Erkenntnis verbunden. Sie führt notwendig in wissenssoziologische Relativierungen. Die – mit dem Namen Bourdieu verbundene – Soziologisierung von Erfahrungs- und Wahrnehmungsmodi dürfte mit der gegenwärtigen Thematisierung und Problematisierung des Wirklichkeitsverhältnisses zu tun haben. Vgl. etwa P. Bourdieu, Die feinen Unterschiede, Kritik der gesellschaftlichen Urteilskraft, Frankfurt/M. 1982; ders., Homo Academicus, Paris 1984.

7 Vgl. zu dieser Klage im späten 18. und frühen 19. Jahrhundert K. Eder, Geschichte als Lernprozeß? Zur Pathogenese politischer Modernität in Deutschland, Frankfurt/M. 1985, S. 129 ff.

Im Arsenal der deutschen Geschichte

Platz[8]. Kollektive Identität ist ein Versuch, ein Identisches im Fluß der Kommunikation festzuhalten. Gegen die kommunikative Verflüssigung der Welt wird – in der Praxis wie in der Theorie – Identität gesetzt.

Doch die kommunikative Verflüssigung historischen Bewußtseins macht auch vor kollektiver Identität nicht halt. Der Rückgriff auf ein Identisches entkommt nicht dem Phänomen kommunikativer Verflüssigung. Identitätskommunikation erschwert den unmittelbaren Rückgriff auf historische Muster kollektiver Identität. Über kollektive Identität läßt sich trefflich streiten. Wenn heute nationale Identität gegen »neue« politische Identitäten ausgespielt und zu europäischer Identität hochstilisiert wird, dann handelt es sich um das, was ich *Identitätskommunikation* nennen möchte[9].

Am Beispiel der *Identitätskommunikation in den neuen sozialen Bewegungen* möchte ich diese neue Stufe historischer Bewußtseinsbildung und kollektiver Identitätsbildung diskutieren. Die Frage nach neuen kollektiven Identitäten in den neuen

---

8 Ich spreche ausdrücklich nicht vom »theorietechnischen« Platz, weil Theoriebildung nicht ein monadisches, sondern ein zutiefst interaktives Unternehmen ist. Man mag dieses »Interaktive« als dialogisch idealisieren; in der Praxis ist es in der Regel ein strategisches Unternehmen.

9 Mit diesem Begriff greife ich auf die kommunikationstheoretischen Ansätze zurück, wie sie gleichermaßen von J. Habermas (Theorie des kommunikativen Handelns, Frankfurt/M. 1981) und N. Luhmann (Soziale Systeme. Grundriß einer allgemeinen Theorie, Frankfurt/ M. 1984) vorgeschlagen wurden. Am Begriff der Identitätskommunikation läßt sich vermutlich zeigen, daß viel mehr kommunizierbar ist, als Habermas theoretisch vorsieht, und daß weit mehr Restriktionen für einen gehaltvollen soziologischen Kommunikationsbegriff nötig sind, als Luhmann vorschlägt.

sozialen Bewegungen wirft darüber hinaus die Frage auf, ob wir heute mit dem Begriff der kollektiven Identität überhaupt noch sinnvoll arbeiten können oder ob ihm notwendig jene Naturalisierung sozialer Beziehungen innewohnt, die mit kommunikativer Verflüssigung inkompatibel ist. Es scheint zumindest schwierig zu sein, ein »postkonventionelles« Konzept kollektiver Identität durchzuhalten[10]. Letztlich stellt sich damit die Frage, ob ein postkonventioneller Begriff kollektiver Identität überhaupt möglich ist. Wenn man zu dieser abschätzigen Schlußfolgerung gezwungen wäre, dann läge der Verdacht immer nahe, daß kollektive Identitätssuche in einer kommunikativ durchrationalisierten Welt pathogener Natur ist[11].

Die Suche nach Identität ist zwar der Stachel, der zu permanenter Kommunikation zwingt. Doch Identität gefunden zu haben bedeutet auch das Ende von Kommunikation. Darin liegt das pathogene Potential von Identitätssuche systematisch begründet. Doch dagegen arbeitet der Prozeß der Identitätskommunikation. Jede Analyse aktueller Identitätsbildung ist daher gezwungen, Identitätssuche und Identitätskommunikation scharf zu trennen. Die Annahme eines *pathogenen Potentials* in den aktuellen Versuchen kollektiver Identitätskonstruktion ist daran zu messen, inwieweit Identitätskonstrukte kommunikabel, das heißt strittig bleiben beziehungsweise inwieweit sie diese Kommunikation beenden können. *Am Grade der Blockierung von Identitätskommunikation ist deshalb das Rationalitätspotential aktueller Formen kollektiver Identitätssuche zu messen*[12].

2. Identitätssuche in der politischen Gegenkultur

2.1 Neue soziale Bewegungen und Aufklärungskritik

Identitätssuche seit dem Beginn der Moderne ist immer mit einer Kritik am Rationalismus der Aufklärung verbunden gewesen. Der der Aufklärung eigene Kosmopolitismus hat die Identitätsbedürfnisse nicht befriedigen können. Im Gegenteil. Er hat diese gerade provoziert. Die romantische Gegenbewegung gegen die Aufklärung hat dieser Aufklärungskritik die intellektuelle Variante geliefert[13]. Diese Aufklärungskri-

---

10 Siehe dazu die Arbeiten von J. Habermas, Zur Rekonstruktion des Historischen Materialismus, Frankfurt/M. 1976, R. Döbert/G. Nunner-Winkler, Adoleszenzkrise und Identitätsbildung, Frankfurt/M. 1975, und K. Eder, Die Entstehung staatlich organisierter Gesellschaften. Ein Beitrag zu einer Theorie sozialer Evolution, Frankfurt/M. 1976; ders. (Anm. 7). Ein neuerer Versuch der Wiederaufnahme findet sich in H. Honolka, Schwarzrotgrün. Die Bundesrepublik auf der Suche nach ihrer Identität, München 1987, S. 57 ff. Eine eher kultursoziologische Konzeptualisierung formuliert Ch. Graf von Krockow, Zur Anthropologie und Soziologie der Identität, in: Soziale Welt, 36 (1985), S. 142–152.
11 Dazu K. Eder (Anm. 7), S. 297 ff. Dort habe ich einen ersten Versuch unternommen, die Suche nach nationaler Identität in den Kontext einer rationalistisch begriffenen Evolution politischer Modernität zu stellen.
12 In dieser Diskussion nehme ich vor allem auch Anregungen von Max Miller zur Makroanalyse blockierter kollektiver Lernprozesse auf. Siehe dazu M. Miller, Kollektive Erinnerungen und gesellschaftliche Lernprozesse (Vortragsmanuskript), Bad Homburg 1988.
13 Siehe P. Honigsheim, Romantik und neuromantische Bewegungen, in: Handbuch der Sozialwissenschaften, Bd. 9, Göttingen 1956, S. 26–41.

tik darf aber nicht auf romantische Gegenbewegungen reduziert werden; sie findet sich ebenso in bürgerlichen wie proletarischen Gegenbewegungen[14]. Die neuen sozialen Bewegungen stehen ganz in dieser doppelten Tradition. Sie verkörpern ebenso die Aufklärung wie ihre Kritik. Was die neuen von den alten Bewegungen unterscheidet, ist die quantitative wie qualitative Bedeutung der Aufklärungskritik in diesen Bewegungen. Die neuen sozialen Bewegungen sind insofern neu, als die Aufklärungskritik nicht mehr bloße Reaktion auf Aufklärung, nicht mehr bloße konservative Reaktion ist. *Sie sind insofern neu, als Aufklärungskritik diese Bewegungen antreibt und zum Movens der Modernisierung moderner Gesellschaften wird*[15].

Die radikalste Form dieser Aufklärungskritik findet sich in jenen Teilen der neuen sozialen Bewegungen, die sich als Träger eines Vergesellschaftungsmodus verstehen, der an die Stelle rationaler Argumentation die *Körpersprache* und an die Stelle des Rationalismus den *Mythos* setzt, der – abstrakt formuliert – dem unterdrückten Anderen der Vernunft wieder zu seinem Recht verhilft. Beide Argumente verweisen auf die paradoxe Struktur einer die Aufklärung vorantreibenden Aufklärungskritik. Die Körpersprache kann man als einen Faktor kommunikativer Verständigung verstehen, der mit der Rationalisierung und Bürokratisierung der modernen Welt auf Inseln privater Verständigung zurückgedrängt worden ist – und selbst dort noch dank massenmedialer Kontrolle unterzugehen droht. Das Argument der Körpersprache als Opfer rationaler Argumentation leitet das Plädoyer für nichtargumentative Formen kollektiven Handelns an. Der Schlüsselterminus wird das »Sich-Einbringen«. Die Körpersprache muß ihr Recht erhalten, der Anteil gestischer Kommunikation an menschlicher Kommunikation rehabilitiert werden. Theoretisch konsequent wird das dann im Versuch gedacht, Körpersprache zur Grundlage menschlicher Kommunikation überhaupt zu machen – nach dem Motto, daß Kopf und Bauch Teile eines Körpers seien. Es geht dieser radikalen Rationalitätskritik darum, die *Identität von Kopf und Bauch* wiederherzustellen.

Die Aufklärungskritik der neuen sozialen Bewegungen ist damit auf einer eigentümlich elementaren Ebene eng verbunden mit der Wiederaufnahme der Identitätsfrage. In der Formulierung »Identität von Kopf und Bauch« bleibt die Identitätsfrage allerdings noch auf das Individuum zentriert. Doch mit der zunehmenden sozialen und politischen Rolle dieser Bewegungen läßt sich diese Subjektperspektive nicht mehr durchhalten. Es liegt dann nahe, auch Gesellschaft wie einen »Körper« zu sehen. Die Identitätsfrage wird auf Gesellschaft projiziert. Sie lautet dann: Wie ist kollektive Identität des gesellschaftlichen »Körpers« möglich?

---

14 Zur Diskussion dieser Gegenbewegungen vgl. K. Eder, Counterculture Movements Against Modernity. Nature as a New Field of Class Struggle (Manuskript), München 1989. Die dort diskutierten Phänomene sind vor allem bürgerliche Fluchtbewegungen. Einer genaueren historischen Erforschung bedarf noch die populäre Gegenkultur gegen die Rationalisierung der Arbeitswelt und der öffentlichen Sphäre.

15 Diese mag für die mehr in der Aufklärungstradition stehenden Teile der neuen sozialen Bewegungen oft mißlich sein. Doch der Konflikt zwischen »Fundamentalismus« und »Realismus« läßt sich nicht mehr – wie in den alten Bewegungen – als eine bloß ephemere Erscheinungsform, als ein »Stadium« im Lernprozeß der neuen sozialen Bewegungen abtun. Andererseits wäre die Reduktion der neuen sozialen Bewegungen auf die radikale Aufklärungskritik ebenso irreführend.

Nationale Identität war die klassische Lösung, um kollektive Identität jenseits von kosmopolitischer – also rein kognitiver – Identität in der Einheit von kollektiven Wir-Gefühlen und staatlicher Souveränität zu verankern. In der Auseinandersetzung mit dieser klassischen Lösung kommt es zur politischen Bewährungsprobe der Identitätskommunikation in den neuen sozialen Bewegungen[16].

Wie mit der von den neuen sozialen Bewegungen wieder eröffneten Identitätsfrage umgegangen wird, läßt sich nur klären, wenn wir sie im historischen Kontext sehen. Wir müssen deshalb die neuen sozialen Bewegungen in Deutschland als eine *historisch spezifische Form* des Konstruktionsprozesses der Moderne, als eine *spezifisch deutsche* Ausdrucksform politischer Modernisierung sehen. Wir müssen also – wenn wir über neue soziale Bewegungen und das Ende der Aufklärung reden wollen – Reflexionen über den spezifischen deutschen Weg in die Moderne einbauen. Sind die neuen sozialen Bewegungen eine Fortsetzung des deutschen Sonderweges in die Moderne oder rehabilitieren sie eine andere Moderne, die im deutschen Sonderweg mißbraucht und dann denunziert worden ist? Handelt es sich um das Ende der Aufklärung oder um das Ende eines falschen beziehungsweise verzerrten Modells von Aufklärung?

Die entscheidende Frage – die die radikale Aufklärungskritik in den neuen sozialen Bewegungen nur zuspitzt – ist, wer im »gesellschaftlichen Körper« wen kontrolliert: der »Kopf« den »Bauch« oder der »Bauch« den »Kopf«? Dies wird zur zentralen Frage aktueller Identitätskommunikation, wenn heute – von wem auch immer und in welch kritischer Distanzierung auch immer – an die klassische »nationale« Lösung angeschlossen wird. Die klassische deutsche Lösung privilegierte den »Bauch«. Die Analyse der von den neuen sozialen Bewegungen initiierten Identitätskommunikation ist ein Weg, die Chancen einer den »Kopf« privilegierenden Antwort zu identifizieren. Der Indikator für die letztere Lösung ist die Fähigkeit, Identitätskommunikation auf Dauer zu stellen. Die klassische Lösung wäre dann in dem Maße zu erwarten, wie Identitätskommunikation blockiert wird.

2.2 Identitätskommunikation in den neuen sozialen Bewegungen

Die deutsche Geschichte wirkt notwendig in irgendeiner Weise auf die neuen sozialen Bewegungen in Deutschland zurück. Wieweit die nationale Vergangenheit die neuen sozialen Bewegungen einholt, läßt sich an drei Beispielen diskutieren:
- am Beispiel der Suche nach Identität in einer überschaubaren Lebenswelt,
- am Beispiel der Suche nach dem guten Leben, nach der authentischen Lebenswelt,

---

16 Zur Kritik der Wiederaufnahme der Diskussion um nationale Identität und nationale Frage siehe für viele andere den Beitrag von S. Meuschel, Für Menschheit und Volk. Kritik fundamentaler und nationaler Aspekte in der deutschen Friedensbewegung, in: W. Schäfer, Neue soziale Bewegungen: Konservativer Aufbruch im linken Gewand?, Frankfurt/M. 1983. Eine ausführliche Diskussion bietet H. Honolka (Anm. 10), insbes. S. 38ff. Eine neue Variante findet sich in der aktuellen Diskussion um eine »civil religion«. Zum klassischen Gebrauch siehe J. A. Coleman, Civil Religion, in: Social Analysis, 31 (1970), S. 67–77. Zum normativen Gebrauch vgl. jetzt den Essay von U. Rödel/G. Frankenberg/H. Dubiel, Die demokratische Frage, Frankfurt/M. 1989, S. 117ff.

– am Beispiel der Suche nach einem Identitätsbewußtsein.

An diesen drei Beispielen läßt sich zeigen, inwieweit die Distanz zu der klassischen Form kollektiver Identitätsfindung hergestellt werden kann. Die These lautet, daß diese Suchstrategien bislang eher zur Blockierung denn zur Kontinuierung von Identitätskommunikation beitragen.

Ein »typisch deutscher« Umgang mit dem Identitätsproblem artikuliert sich erstens in der Suche nach einer *nationalen* beziehungsweise *regionalen Identität*. Das Eigenartige der deutschen Diskussion besteht darin, daß es eine Faszination für regionale Bewegungen gibt und daß zugleich eine regionale Bewegung fehlt. Das hat sicher auch mit der Unterdrückung regionaler Unterschiede im Faschismus zu tun, wo der Mythos deutscher Gemeinsamkeit alle anderen Herkunftsmythen überlagert hat. Andererseits ist gerade das Fehlen einer nationalen Identität in Deutschland eine Ursache für die Faszination, die von regionalen Herkunftsidentitäten ausgeht[17]. Das führt bis hin zu sprachlichen Enttabuisierungen. So ist etwa das Wort Heimat wieder diskursfähig geworden[18].

Daraus ergibt sich ein Diskurs, der mit eigentümlichen Umkehrungen und Entgegensetzungen arbeitet. Gegen die Gesellschaft, wo nur das Habenwollen zählt (Interessen), wo zentrale Bürokratien entscheiden, wird das Volk, genauer die völkliche Vielfalt als Kampfbegriff gesetzt. Gegen das Vaterland wird die Muttersprache gesetzt, gegen das Waldsterben das Plädoyer für einheimische (sic!) Pflanzen. Gegen die Gesellschaft werden Stämme gesetzt; denn nur »Stämme werden überleben«[19]. Die Sehnsucht nach dem Kleinen, Überschaubaren entspringt einem tiefverwurzelten Bedürfnis – »Graswurzelrevolution« ist ihre begrifflich weitestgehende Thematisierung – und verrät doch zugleich die Ambivalenz zur Moderne, die Nähe zum Diskurs, in dem sich die Pathogenese der Moderne artikuliert. Man kann an diesen Diskursfragmenten sehen, wie das Problem, eine kollektive Identität in einer modernen Gesellschaft auszubilden, durch den Rekurs auf Vorgegebenes oder Mythisches gelöst wird. Hier wird eine Blockierung von Lernprozessen reproduziert, die bereits die politische Kultur des letzten Jahrhunderts gekennzeichnet hat.

Diese Blockierung endet in der Mythisierung des Staates. Die Identifikation mit einer Herkunftsidentität ist das Komplement zum starken Staat. Wenn der Staat sich

---

17 Siehe dazu H. Eichberg, Nationale Identität. Entfremdung und nationale Frage in der Industriegesellschaft, München 1978; ders., Balkanisierung für jedermann? Nationale Frage, Identität und Entfremdung in der Industriegesellschaft, in: Befreiung, 19/20 (1981), S. 46–69. Es gibt eine unleugbare Nähe zwischen konservativen Positionen und Regionalismus. Das ist nicht per se ein Argument gegen regionalistische Ideen. Vielmehr steht der Begriff des Konservatismus selbst auf dem Spiel. Vgl. auch R. Spaemann, Ende der Modernität?, in: P. Koslowski/R. Spaemann/R. Löw (Hrsg.), Moderne oder Postmoderne? (Civitas Resultate Bd. 10), Weinheim 1986, S. 19–40.

18 Dazu I. M. Greverus, Auf der Suche nach Heimat, München 1979. Eine Kritik dieser Heimatsuche findet sich in A. Schmieder, Neue Innerlichkeit oder Ein verändertes Bedürfnis nach Heimat, in: Frankfurter Hefte, Zeitschrift für Kultur und Politik, 37 (1982), S. 49–54.

19 Eine suggestive Formulierung von H. Eichberg (Anm. 17).

20 Siehe dazu die ausführliche Diskussion über den deutschen Sonderweg und den für ihn konstitutiven Staatsbegriff. Statt vieler anderer und zusammenfassend K. Eder (Anm. 7). Vgl. auch Ch. Graf von Krockow, Nationalismus als deutsches Problem. München 1970, insbes. S. 77 ff.

dieser Sehnsüchte nach kollektiver Identität annimmt, dann wird der Gesellschaft (als dem Gegenüber des Staates) der Stachel gezogen. Sie wird sich, wo Identitätsfindung nur mehr staatlich garantiert werden kann, mit diesem identifizieren[20].

Eine zweite Form der Identitätssuche ist die Suche nach einer *authentischen Lebenswelt*. Diese Suche nimmt in Deutschland eine besondere (gerade auch die Nachbarn jenseits des Rheins irritierende) Form an: Sie besteht vor allem in der Suche nach dem Natürlichen, nach dem gesunden Leben oder nach dem gesunden Essen[21]. Hier zeigt sich eine eigentümliche Thematisierung des Problems einer nach Verwertungsgesichtspunkten durchrationalisierten Konsumtionssphäre: Die Lebenswelt wird verteidigt, indem das »Gewachsene« gegen das »Künstliche«, die »Natur« gegen die »Chemie« (als dem Inbegriff von Unnatur) gesetzt wird.

Zu Ende gedacht führt das zu einer *Biologisierung* der Bedürfnisse. Die Reduktion von Gesellschaft auf Natur verkennt systematisch die gesellschaftliche Geformtheit der Natur. Die reine und unverschmutzte Natur gibt es nicht. Sie hat mit dem Beginn der Kultur ihre Unschuld unwiderbringlich verloren. Und sie verkennt damit die Bedingungen der eigenen gesellschaftlichen Rolle: sich mitten in gesellschaftlichen Auseinandersetzungen über die Form der Aneignug der Natur zu befinden[22]. Die Authentizität von Lebenswelt ist gerade nicht in einer Natur jenseits von Kultur und Gesellschaft zu finden. Identitätskommunikation, die sie dort sucht, führt zu einem modernen Fundamentalismus, der Identitätskommunikation letztlich verhindert.

Mit dieser Biologisierung der Bedürfnisse geht drittens eine *Psychologisierung* des Umgangs mit diesen Bedürfnissen einher. Die »Tyrannei der Intimität« ist eine neue Form der Selbstentmachtung in der Geschichte der Moderne[23]. Sie verweist auf einen weiteren Mechanismus der Blockierung von Lernprozessen, nämlich die Übertragung der Verantwortung für das eigene politische Handeln auf einen Stellvertreter. Dieser Stellvertreter ist allerdings nicht mehr der Staat. Die Externalisierung der Verantwortung für das eigene Handeln wird vielmehr durch eine neuartige Form der »Selbsttechnokratisierung« des Bewußtseins ersetzt[24]: Die Psychologisierung des eigenen

---

21 Diese Betonung von Natur gegenüber Kultur setzt eine bestimmte Form der Überhöhung von Natur in der deutschen Tradition fort. Es soll dabei aber nicht übersehen werden, daß in dieser Tradition auch die Wurzeln eines alternativen gesellschaftlichen Naturverständnisses liegen, das neuartige Identitätskommunikation möglich macht. Siehe dazu K. Eder, Die Vergesellschaftung der Natur. Studien zur sozialen Evolution der praktischen Vernunft, Frankfurt/M. 1988, S. 225ff.

22 Das ist das Thema von Moscovicis Theorie der Menschengeschichte der Natur. Siehe S. Moscovici, Versuch über die menschliche Geschichte der Natur, Frankfurt/M. 1982.

23 Darauf hat R. Sennett in den beiden Arbeiten: Destruktive Gemeinschaft, in: A. Touraine/ H. P. Dreitzel/S. Moscovici/R. Sennet u. a. (Hrsg.), Jenseits der Krise. Wider das politische Defizit der Ökologie, Frankfurt/M. 1976, sowie: Verfall und Ende des öffentlichen Lebens. Die Tyrannei der Intimität, Frankfurt/M. 1983, hingewiesen und daraus das Plädoyer für die Stadt gegen das Land, für Kultur und gegen Natur gezogen. Anstatt für Authentizität plädiert er für die Fähigkeit, in der Öffentlichkeit Theater spielen zu können. Doch genau das wird in dieser Denktradition blockiert.

24 Dieser Begriff wurde von U. Oevermann benutzt, um die technokratischen Züge moderner psychologisch vermittelter Selbstkontrolle zu bezeichnen. Siehe U. Oevermann, Versozialwissenschaftlichung der Identitätsformation und Verweigerung der Lebenspraxis. Eine aktuelle Variante der Dialektik der Aufklärung, in: B. Lutz (Hrsg.), Soziologie und gesellschaftliche Entwicklung (22. Deutscher Soziologentag in Dortmund), Frankfurt/M.

Handelns gibt dem professionellen Wissen über diese Psyche die Macht. Die Authentizität der Lebenswelt verdankt sich schließlich ihrer psychologischen Kontrolle. Die therapeutischen Institutionen werden zum Stellvertreter für die Instanzen der Über-ich-Kontrolle. Sie blockieren damit die Möglichkeit, in der Auseinandersetzung mit dieser Instanz Identitätskommunikation in Gang halten zu können.

Alle drei Aspekte, die *Mythisierung* der Gesellschaft, die *Biologisierung* der Bedürfnisse und die *Psychologisierung* des Umgangs mit den Bedürfnissen, erinnern an die deutsche Romantik in ihrer doppelten Ausdrucksform als Theorie und als popularisierte Praxis. Von den neuen sozialen Bewegungen als *neoromantischen Bewegungen* zu reden[25] ist deshalb mehr als eine bloße Analogisierung. Dieses Reden thematisiert die Kontinuität eines Weges in die Moderne, der eine erste Stufe im Rückzug der romantischen Generation in der frühbürgerlichen Gesellschaft und eine bislang letzte Stufe im Rückzug eines nicht unbedeutenden Teils der Protestgeneration in der spätbürgerlichen Gesellschaft vom Feld politischer Auseinandersetzungen gefunden hat[26].

In den neuen sozialen Bewegungen in Deutschland wird also eine nationale Tradition des Diskurses – sowohl was seine Inhalte als auch was seine Produktionsbedingungen anbelangt – reproduziert. Die Pathogenese der frühbürgerlichen Gesellschaft setzt sich in der Pathogenese einer spätbürgerlichen Gesellschaft fort, die das »Bürgerliche« unter neuen technisch/ökonomischen Bedingungen sichern muß[27].

Die Identitätsfrage ist der Schlüssel zur Frage nach dem Bruch mit einer spezifischen Tradition der Aufklärungskritik. Für das Verständnis der neuen sozialen Bewegungen bedeutet das, *daß wir es weniger mit dem Ende der Aufklärung als mit einer Blockierung der sich selbst aufklärenden Aufklärung zu tun haben.* Die Suche nach Identität, das ungelöste Problem der modernen Aufklärung, wird in eine Form der Identitätskommunikation eingebunden, die Gefahr läuft, zugleich die Bedingungen von Identitätskommunikation zu zerstören. Die Mechanismen der Blockierung, die den deutschen Weg in die Moderne kennzeichnen, greifen weiterhin: Der

---

1985, S. 463 ff.; ders., Eine exemplarische Fallanalyse zum Typus versozialwissenschaftlichter Identitätsformation, in: H. G. Brose/B. Hildenbrand (Hrsg.), Vom Ende des Individuums zur Individualität ohne Ende, Opladen 1988, S. 243–286.

25 Vgl. U. Schimank, Neoromantischer Protest im Spätkapitalismus: Der Widerstand gegen die Stadt- und Landschaftsverödung. Bielefeld 1983.

26 Eine solche Behauptung übergeneralisiert notwendig eine Tendenz in den neuen sozialen Bewegungen. Es gibt aber zwei Gründe, eine solche Übergeneralisierung zu formulieren. Der erste ist die relative Bedeutung aufklärungskritischer Impulse in den neuen sozialen Bewegungen. Der zweite ist der historisch-kulturelle Kontext des deutschen Wegs in die politische Moderne, in dem Aufklärungskritik eine destruktive Rolle gespielt hat. Es gibt deshalb Kontextbedingungen, die Rückzugstendenzen aus der Politik eine Bedeutung jenseits der Bedeutung geben, die ihr die Rückzügler selbst geben. Es bleibt dabei unbestritten, daß eine optimistische Deutung auf die innovativen Aspekte eines neuen Politikverständnisses in den neuen sozialen Bewegungen abstellen kann. Doch solche Deutungen sind empirisch nicht entscheidbar. Sie sind selbst Teil des Feldes politischer Auseinandersetzungen und können insofern nur wissenssoziologisch angemessen analysiert werden.

27 Wir haben es – das dürfte kaum strittig sein – in den neuen sozialen Bewegungen mit Forderungen und Einklagen zu tun, die Folgeprobleme spätindustrieller Entwicklung sind. Strittig ist sicherlich die Behauptung, daß *die von den neuen sozialen Bewegungen reklamierte Diskontinuität eine Diskontinuität mit der Aufklärung in der Kontinuität mit der deutschen Geschichte ist.*

Rückzug auf die private Lebenswelt (der Konsumtion) und die Restriktion der Erfahrung auf das unmittelbar körperlich Erfahrbare, auf die von Gesellschaft gereinigte Natur, sind zumindest Zeichen dafür, daß die Blockierungsmechanismen der Illusionierung, Naturalisierung und Ideologisierung weiterhin am Werke sind. In der Identitätskommunikation in den neuen sozialen Bewegungen ist eine pathogene Fortsetzung deutscher Geschichte weiterhin möglich. Weniger ein produktiver Bruch denn ein pathogener Bruch mit der Aufklärung, weniger Aufklärung über Aufklärung denn Abräumen von Aufklärung ist denkbar. Welche Chancen gibt es dann noch für gelingende Identitätskommunikation?

2.3 Angstkommunikation und die Suche nach Identität

Gegen die Vorstellung einer bruchlosen Fortsetzung einer pathogenen Geschichte in der aktuellen Identitätskommunikation spricht – paradoxerweise – ein Phänomen, das die neuen sozialen Bewegungen mit den Bewegungen verbindet, die die antidemokratische Tradition in Deutschland getragen haben: nämlich Angstkommunikation[28]. Angst war das zentrale Motiv in den antidemokratischen Bewegungen der zweiten Hälfte des 19. und der ersten Hälfte des 20. Jahrhunderts[29]. Angst vor der sich demokratisierenden Gesellschaft, Angst vor der Erosion des Selbstverständlichen, Angst vor dem Verlust traditional eingelebter Identität wurde durch die Identifikation mit dem Staat, schließlich mit dem Charisma eines Führers kompensiert. Angst verstärkte also die Blockierung von Identitätskommunikation. Sie blockierte damit die Idee einer sich selbst konstituierenden Gesellschaft, deren Identität gerade nur in der Fähigkeit bestehen konnte, partikulare Identität als partikulare zu institutionalisieren.

Angst in den neuen sozialen Bewegungen ist davon grundverschieden. Sie richtet sich nicht mehr gegen die Gesellschaft, sondern gegen den die Gesellschaft überformenden und mediatisierenden Staat[30]. Wo sich Angst mit der Kritik am konkreten

---

28 Dieses Thema ist von verschiedenen Seiten aufgenommen worden. Vgl. dazu N. Luhmann, Ökologische Kommunikation. Kann die moderne Gesellschaft sich auf ökologische Gefährdungen einstellen?, Opladen 1986; K. P. Japp, Neue soziale Bewegungen und die Kontinuität der Moderne, in: J. Berger (Hrsg.), Die Moderne – Kontinuitäten und Zäsuren, Sonderband 4 der Soziale Welt, Göttingen 1986, S. 304–334; C. Offe, New Social Movements: Challenging the Boundaries of Institutional Politics, in: Social Research, 52 (1985), S. 817–868; und K. Eder, Soziale Bewegung und kulturelle Evolution. Überlegungen zur Rolle der neuen sozialen Bewegungen in der kulturellen Evolution der Moderne, in: J. Berger (Hrsg.), Die Moderne – Kontinuitäten und Zäsuren, Sonderband 4 der Sozialen Welt, Göttingen 1986, S. 335–357.

29 Das Hauptmotiv der antidemokratischen Bewegungen wurde – nicht ohne eine gewisse Berechtigung – mit der Angst des Kleinbürgers vor der Unordnung demokratisch geregelter Formen von Vergesellschaftung in Zusammenhang gebracht. Vgl. etwa die aus dem Jahre 1930 stammende Arbeit von S. Kracauer, Die Angestellten. Aus dem neuesten Deutschland, Frankfurt/M. 1985, die die Bedeutung dieses Motivs in den Angestelltenschichten im Berlin der Weimarer Zeit aufgezeigt hat.

30 Dabei darf nicht übersehen werden, daß sich in dieser normativ motivierten Wendung gegen den Staat eine neue Form des strategischen Umgangs mit dem Staat entwickelt, die das Verhältnis zum Staat – und das arbeitet gegen ideengeschichtliche und mentalitätsgeschicht-

staatlichen Handeln verbindet, etwa mit der Kritik am politisch institutionalisierten und reproduzierten Umgang mit äußerer und innerer Natur, gelingt es, Staat und Autorität voneinander abzukoppeln. Das eröffnet einen neuen Spielraum für das Experimentieren mit Identität.

In dem Maße, wie diese »neue« Angstkommunikation mit Identitätskommunikation verknüpft wird, wird es – so die These – möglich, letztere zu »entblockieren«. Die neue Angstkommunikation eröffnet Perspektiven
- der Desillusionierung (Entzauberung der Aufklärung),
- des kollektiven Lernens (Institutionalisierung von Frühwarnsystemen) und der
- Erinnerungsarbeit (Auflösung pathogener Rationalisierungsprozesse).

Die erste Möglichkeit, die moderne Angstkommunikation eröffnet, ist ein *desillusionierender* Umgang mit der Aufklärung. Angstkommunikation thematisiert das Problem, daß Aufklärungsdiskurse unter der Bedingung hoher Unbestimmtheit ablaufen. Angstkommunikation desillusioniert über das Ritual des Aufklärungsdiskurses, der Angstfreiheit unterstellt. Damit verliert der Aufklärungsdiskurs ein Moment der Selbstillusionierung, das ihm von Anfang an eigen war: zu unterstellen, daß sich Aufklärung von selbst einstellt.

Die bürgerliche Bewegung war noch davon überzeugt, daß kognitive Einsicht die Aufklärung voranbringt. Die kleinbürgerliche Bewegung hat dagegen argumentiert, daß nur normative Orientierungen, nämlich Werte wie Ordnung, Fleiß und Gerechtigkeit die Aufklärung in die richtige Richtung lenken können. Die neuen sozialen Bewegungen argumentieren – und hier gehen sie über die alten kleinbürgerlichen Bewegungen hinaus – auch mit Empfindungen und Gefühlen, über die Aufklärung notwendig sei, damit Aufklärung stattfinden kann. Man kann diesen Umgang mit der Aufklärung als ein Problem des *Aufklärungsstils* bezeichnen[31]. Es handelt sich um einen veränderten Stil des Miteinanderredens. Angstkommunikation ist dann eine Variante des Aufklärungsdiskurses. Sie bricht mit der kognitiven und normativen Illusion, die Stilfragen als sekundär betrachtet hat.

Eine zweite Funktion aktueller Angstkommunikation besteht darin, wie ein *Frühwarnsystem* zu funktionieren, das Sensibilität erhöht und dem Immunsystem »Gesellschaft« Zeit gibt, sich auf eine bedrohliche Umwelt einzustellen[32]. Man kann dieses Frühwarnsystem historisch und sozial kontextuieren und damit genauer

---

liche Traditionen in Deutschland – »normalisiert«. »Antistaatliche« Motive in den neuen sozialen Bewegungen sind deshalb doppeldeutig: Sie können Ausdruck historischer Normalisierungsleistungen sein (die die Einübung eines strategischen Umgangs mit dem Staat ermöglichen). Sie können aber auch – in impliziter Anerkennung von Staatsidealisierungen – in traditioneller Weise antistaatlich sein.

31 Das Stilkonzept geht über ein bloß intellektualistisches Konzept von argumentativer Verständigung hinaus. Es zwingt dazu, argumentative Prozesse zu kontextuieren und kultursoziologisch zu analysieren. Man kann dabei argumentative Struktur und kulturellen Kontext unterschiedlich gewichten. Vgl. dazu etwa M. Miller, Culture and Collective Argumentation, in: Argumentation, 1987, S. 127–154, und H. U. Gumbrecht/L. K. Pfeiffer (Hrsg.), Stil. Geschichte und Funktionen eines kulturwissenschaftlichen Diskurselements, Frankfurt/ M. 1986.

32 Diese Funktionsbestimmung ergibt sich offensichtlich zwangsläufig aus systemtheoretischen Ansätzen. Dazu mit sehr unterschiedlichen Intentionen N. Luhmann, Öffentliche Meinung, in: ders., Politische Planung, Opladen 1971, S. 9–34, und C. Offe, Strukturprobleme des kapitalistischen Staates, Frankfurt/M. 1972.

bestimmen. Was die neuen sozialen Bewegungen tun, ist nichts anderes als das, was die frühen bürgerlichen Emanzipationsbewegungen schon versucht haben: durch Verständigung auf gemeinsam betreffende Probleme sich einer formalrationalen »Traktierung« von Problemen entgegenzustellen und Bedürfnisse einzuklagen, die ansonsten systematisch ausgeschlossen würden. Was die neuen sozialen Bewegungen »objektiv« tun, ist nichts anderes, als den Bereich relevanter Bedürfnisse und damit auch die Komplexität von Entscheidungskriterien auszuweiten. In diesem Sinne kann man dann von einer Ersetzung der »Gerechtigkeitsformel« durch die Formel des »guten Lebens« sprechen. Aber die Form, in der diese Einklagen konstituiert und reproduziert werden, bleibt identisch: nämlich die Organisation kollektiver Lernprozesse außerhalb formal-rationaler Institutionen, die Herstellung politischer Öffentlichkeit – das ist der altmodische Begriff dafür – durch Assoziation, Diskussion und kollektive Aktion. Angstkommunikation wird so zum Kristallisationspunkt einer Form politischer Kommunikation, deren Dynamik sich auch Identitätskommunikation nicht mehr entziehen kann[33].

Eine dritte Funktion wäre die Reflexivität von Angstkommunikation. Was in der Angstkommunikation in den neuen sozialen Bewegungen transportiert werden kann, ist eine neue Form von *kollektiver Erinnerungsarbeit*: nämlich die Idee der Aufklärung über sich selbst. Das würde bedeuten, das kollektive Gedächtnis, das sich in der Pathogenese der Moderne abgelagert hat, selbst im Prozeß der Radikalisierung der Moderne auf- und durchzuarbeiten, Erinnerungsarbeit als Aufklärung über die Aufklärung zu betreiben. Und dazu gehört gerade auch *Erinnerungsarbeit über mißlungene Kommunikation, Erinnerungsarbeit über Identitätskommunikation*[34].

3. Politische Bildung – ein kollektiver Bildungsprozeß?

3.1 Eine alternative Konzeption politischer Identität

Aus dieser Diskussion läßt sich eine erste Schlußfolgerung ziehen. Identitätskommunikation kann nur dann gelingen, wenn Identität im Hinblick auf Vergangenheit erinnerungsfähig bleibt und sich im Hinblick auf Zukunft nicht festlegt. Abstrakter formuliert: Wenn Identität im Hinblick auf Vergangenheit und Zukunft offen ist.

---

33 Hier wird wieder der zentrale Stellenwert einer Theorie kollektiver Lernprozesse deutlich. Begriffe wie »Frühwarnsystem« sind einfach unzureichend, um den »agency«-Aspekt angemessen begrifflich fassen zu können. Zu weiterführenden Versuchen vgl. M. Miller, Kollektive Lernprozesse. Studien zur Grundlegung einer soziologischen Lerntheorie. Frankfurt/M. 1986; K. Eder (Anm. 7); P. Strydom, Collective Learning: Habermas' Concessions and their Theoretical Implications, in: Philosophy and Social Criticism, 13 (1987), S. 265–281.

34 Dazu die Arbeit von M. Miller (Anm. 12). Der Historikerstreit kann gerade unter diesem Gesichtspunkt in objektivierender Weise gelesen werden: als ein Versuch der Öffnung von Kommunikation über Vergangenheit mit offensichtlichen Folgeeffekten für die weitere Form der Identitätskommunikation. Zu dieser Diskussion vgl. die Beiträge in der neuen Zeitschrift »History and Memory« (1989).

Für eine solche Identitätskonzeption eignet sich der Begriff des citoyen. Der citoyen, der politische Bürger im Gegensatz zum Staatsbürger[35], ist derjenige, der kollektive Identität jenseits partikularer Zugehörigkeiten formuliert. Seine kollektive Identität besteht in der fiktiven Gemeinschaft der am Gemeinwesen Interessierten. In der aktuellen Identitätskommunikation wird jedoch diese fiktive Gemeinschaft substantiell ausgefüllt. Wer nationale Identitätssurrogate symbolisch bekräftigt, der sollte sich nicht wundern, wenn sich im Rücken dieser Identitätskommunikation wieder jene blutige Tradition europäischer Kultur – von der die deutsche ja ein Teil ist[36] – durchsetzt, wie sie bereits die Jahrhunderte seit Beginn der Neuzeit kennzeichnete.

Gegen diese Tradition ist die Idee des citoyen gedacht worden. Denn der citoyen ist zunächst citoyen und erst dann Teil einer Herkunftsgemeinschaft. Dies ist die Voraussetzung für *reflexive Identitätskommunikation*. Denn der citoyen sieht kollektive Identität nicht als Faktum, sondern als Problem. Er geht nicht in kollektiver Identität auf, sondern verhält sich reflexiv zu ihr. Der citoyen weiß, daß er – wie alle anderen – einen sozialen Gebrauch von kollektiver Identität macht. Kollektive Identität ist ein Politikum. Kollektive Identität ist jenes Gefühl der Gemeinschaft – jener »Konsens« –, das zu bestimmten Orten und zu bestimmten Zeiten dann entsteht, wenn es um die Mobilisierung von sozialen Gruppen für oder gegen politische Entscheidungen geht. Kollektive Identität ist Identität, die im Prozeß kollektiven Handelns entsteht und wieder vergeht. Sie kann sich – je nach Problemlage und Problemdefinition – ethnischer, religiöser, ökonomischer oder sonstiger partikularer Interessen bedienen. Entscheidend ist, daß die Bezugspunkte kollektiver Identität als partikulare Interessen erkennbar bleiben und nicht in Identitätsunterstellungen verschwinden. Das, was als Gemeinsames bleibt, ist nur mehr die Unterstellung, daß man citoyen, ein politischer Bürger ist. *Identität wird in einem so verstandenen Politikbegriff entsubstantialisiert.*

3.2 Die kollektive Konstruktion historischen Bewußtseins

Eine solche Kompetenz setzt die reflexive Distanzierung zur Vergangenheit voraus. Sie ist gleichbedeutend mit historischem Bewußtsein. Historisches Bewußtsein ist die Fähigkeit, eine kollektive Identität reflexiv anzueignen und substantielle Identitätsunterstellungen zu *relativieren*.

Historisches Bewußtsein ist also mehr als gelingende Erinnerungsprozesse. Historisches Bewußtsein ist zugleich Bewußtsein davon, daß jede Erinnerung eine soziale

---

35 Dazu aufschlußreich U. Rödel/G. Frankenberg/H. Dubiel (Anm. 16). Sie gehört in den Kontext der neueren Diskussion um das Konzept einer »civil society«. Siehe auch die Beiträge zum Forschungsjournal Neue Soziale Bewegungen, Sonderheft/89: »40 Jahre Soziale Bewegungen: von der verordneten zur erstrittenen Demokratie«, insbesondere die Beiträge von Rolke und Roth.

36 Man darf nicht vergessen, daß auch die Ersatzidentität eines europäischen Bürgers nur das Problem der Erinnerung an Vergangenes verdeckt. Der Rekurs auf Europa – ausgespielt gegen die deutsche Vergangenheit – würde nur wieder neue Illusionen produzieren. Dies wäre als Kritik an Euphemisierungsversuchen Europas wie dem von E. Morin, Penser l'Europe, Paris 1987, anzumelden.

Konstruktion ist, eine Selektion aus möglichen Erinnerungen. Diese Selbstrelativierung historischen Bewußtseins zwingt zur Relativierung jeder Identitätsunterstellung. Jede kollektive Identität ist ein selektiver Rückgriff auf Vergangenes, der auch anders aussehen könnte. Wie kollektive Identität letztendlich aussieht, ist von sozialen Konstruktionsleistungen abhängig, ist das Ergebnis politischer Auseinandersetzungen. *Identitätsbildung ist immer zugleich Medium und Ergebnis von Identitätskommunikation*[37]. Und nur an solche sozialen Prozesse kann man sinnvoll die Meßlatte gelingender Identitätskommunikation anlegen.

Ein *empirischer* Begriff von Identitätsbildung muß deshalb die Akteure und das Publikum solcher Konstruktionsprozesse benennen können. Die soziale Konstruktion von kollektiver Identität beteiligt zahlreiche Akteure. Sie beteiligt vor allem auch professionalisierte Akteure. Das Ergebnis dieser Professionalisierung hat in Deutschland den Namen *politische Bildung* erhalten. Politische Bildung ist ein ausdifferenziertes System, ein Betrieb der Produktion von Reflexion auf kollektive Identität geworden. Politische Bildung ist – wenn man die Euphemisierungsstrategien bildungsbürgerlicher Illusionen beiseiteläßt – Produktion von politischer Identität durch Symbole. Der soziale Konstruktionsprozeß kollektiver Identität ist von der professionellen Organisation dieses symbolischen Produktionsprozesses zunehmend abhängig geworden.

Dieses System der Produktion kollektiv geteilter Symbole bleibt zugleich an die Sozialstruktur gebunden. Es läßt sich nicht »autonom« setzen und funktional spezifizieren. Im institutionalisierten und professionalisierten Konstruktionsprozeß kollektiv geteilter Identitätssymbole gibt es die Besitzer von Produktionsmitteln für kollektiv geltende Symboliken und diejenigen, die von diesem Besitz ausgeschlossen sind. Wir kennen die klassische Situation, in der das Bildungsbürgertum Produktionsmittelbesitzer war. Mit dem Aufstieg des Kleinbürgertums wurde auch der kleine Mann Kleinbesitzer solcher symbolischer Produktionsmittel: Es begann die Periode der Politik des kleinen Mannes. Und in dieser Periode befinden wir uns weiterhin.

Dieser sozialstrukturelle Wandel verändert die politischen Deutungsmuster, innerhalb derer Identitätssuche und -kommunikation organisiert wird. Die Alternativen sind uns heute geläufig: Umdeutungen im Sinne des traditionellen Kleinbürgertums und solche im Sinne des neuen Kleinbürgertums. Die Alternativen heißen: Faschismus oder Radikaldemokratie[38]. Das zwingt dazu, den semantischen Raum, mit dem das Politische gefaßt werden kann, zu ändern. Nicht mehr die Begriffe »extreme Rechte« oder »extreme Linke« definieren ihn angemessen. Der semanti-

---

37 Ein derartig »prozeduralisierter« Identitätsbegriff ließe sich als das notwendige Komplement zu einem prozeduralisierten Volkssouveränitätsbegriff verstehen, der an die Stelle eines substantialisierten Volkskörpers wie Nation einen abstrakten Begriff von kollektiven Akteuren setzt, deren Identität im Prozeß der Beteiligung an diskursiven Prozessen konstituiert wird. Vgl. dazu jetzt J. Habermas, Volkssouveränität als Verfahren. Ein normativer Begriff von Öffentlichkeit, in: Merkur, 43 (1989), S. 465–477.

38 Diese Alternative ist Ausdruck der sozialen Ambivalenz der Trägergruppen: des Kleinbürgertums. Der Rückgriff auf diesen Begriff ist in einem doppelten Sinne gerechtfertigt. Er bezieht sich auf soziale »Klassen«, die etwas besitzen, nämlich symbolische Produktionsmittel und materielle Reproduktionsmittel. Als Kleineigentümer in Kultur und Ökonomie erleben sie die Ambivalenz ihrer sozialen Position. Die politische Orientierung spiegelt diese Ambivalenz nur wider.

sche Raum dieser Form symbolischer Produktion ist nicht mehr in der Dreiteilung: rechts, mitte, links, oder: konservativ, liberal, sozialistisch zu finden. Überfällig ist die Ersetzung dieses Klassifikationsprinzips. Alternativen sind die Differenz »utilitaristisch« und »kommunikativ« oder »monologisch« und »dialogisch«.

Welche Form der Klassifikation der politischen Welt sich durchsetzen wird, ist offen. Wir können nur Aussagen darüber machen, welche Trägergruppen, welche »symbolischen« Unternehmer, welche »Moralunternehmer«[39] mit welchen Strategien den Konstruktionsprozeß kollektiver Identität bestimmen. Sie entscheiden darüber – unter den gegebenen historischen Randbedingungen, die sich unabhängig und/oder durch den Konstruktionsprozeß kollektiver Identität verändern –, welche Definitionen kollektiver Identität gehandelt werden. Die Rationalität des Ergebnisses hängt aber nicht von den Akteuren selbst ab, sondern von den Beziehungen zwischen Akteuren. Alles hängt davon ab, wie Identitätskommunikation organisiert ist. Und nichts hängt davon ab, was von einzelnen Akteuren Rationales oder Irrationales kommuniziert wird. Wir sollten uns nicht auf einzelne Akteure verlassen, sondern auf Gesellschaft. Denn sie entscheidet darüber, welche Akteure zum Zuge kommen können.

4. Schlußfolgerung

Kollektive Identität ist nur mehr als kontingent gesetzte Identität möglich. Alle Versuche, eine substantielle kollektive Identität wiederherzustellen, erweisen sich als paradox: Man provoziert die Kommunikation über sie in dem Maße, in dem man sie festschreiben will. Kommunikation über Identität schließt entweder Identität oder Kommunikation aus. Beides ist versucht worden. Einer dieser Wege ist nicht mehr gangbar: nämlich Kommunikation über Identität zu blockieren. Damit bleibt nur mehr die Option, Identität der Kommunikation zu überantworten. Hieraus ergeben sich alternative Bezugspunkte für politische Lernprozesse: nicht mehr die »Pflege« von Geschichte und Identität, sondern die Dauererinnerung an Vergangenes und die permanente Rekonstruktion von Identität, nicht mehr Aufklärungskritik, sondern Kommunikation der Aufklärungskritik.

Weiterführende Literatur

AUGSTEIN, R. U. A., »Historikerstreit«. Die Dokumentation der Kontroverse um die Einzigartigkeit der nationalsozialistischen Judenvernichtung, München 1987.
BOURDIEU, P., Die feinen Unterschiede. Kritik der gesellschaftlichen Urteilskraft, Frankfurt/M. 1982.

---

39 Dieser Begriff bezeichnet jene professionalisierten Experten der Rechtfertigung und Vermittlung politischer Argumente und Symbole, die ins Zentrum der kulturellen Reproduktion moderner Gesellschaften getreten sind. Siehe zur Analyse dieser Gruppe B. Giesen, Moralische Unternehmer und öffentliche Diskussion, in: Kölner Zeitschrift für Soziologie und Sozialpsychologie, (1983) 2, S. 230–254.

DERS., Homo Academicus. Paris 1984.

BROSE, H. G./HILDENBRAND, B. (Hrsg.), Vom Ende des Individuums zur Individualität ohne Ende, Opladen 1988.

COLEMAN, J. A., Civil Religion, in: Sociological Analysis, 31 (1970), S. 67–77.

DÖBERT, R./NUNNER-WINKLER, G., Adoleszenzkrise und Identitätsbildung, Frankfurt/M. 1975.

DUBIEL, H./FRANKENBERG, G./RÖDEL, U., Die demokratische Frage, Frankfurt/M. 1989.

EDER, K., Die Entstehung staatlich organisierter Gesellschaften. Ein Beitrag zu einer Theorie sozialer Evolution, Frankfurt/M. 1976.

DERS., Geschichte als Lernprozeß? Zur Pathogenese politischer Modernität in Deutschland, Frankfurt/M. 1985.

DERS., Soziale Bewegung und kulturelle Evolution. Überlegungen zur Rolle der neuen sozialen Bewegungen in der kulturellen Evolution der Moderne, in: J. Berger (Hrsg.), Die Moderne – Kontinuitäten und Zäsuren. Sonderband 4, Soziale Welt, Göttingen 1986, S. 335–357.

DERS., Die Vergesellschaftung der Natur. Studien zur sozialen Evolution der praktischen Vernunft, Frankfurt/M. 1988.

DERS., Die »Neuen sozialen Bewegungen«: Moralische Kreuzzüge, politische pressure groups oder eine soziale Bewegung?, in: U. C. Wasmuht (Hrsg.), Alternativen zur alten Politik, Die neuen sozialen Bewegungen in der Diskussion, Darmstadt 1989, S. 177–195.

DERS., Politik und Kultur. Zur kultursoziologischen Analyse politischer Partizipation, in: A. Honneth/Th. McCarthy/C. Offe/A. Wellmer (Hrsg.), Zwischenbetrachtungen. Im Prozeß der Aufklärung. Jürgen Habermas zum 60. Geburtstag, Frankfurt/M. 1989, S. 563–592.

DERS., Counterculture Movements Against Modernity. Nature as a New Field of Class Struggle, Manuskript 1989.

EICHBERG, H., Nationale Identität. Entfremdung und nationale Frage in der Industriegesellschaft, München 1978.

DERS., Balkanisierung für jedermann? Nationale Frage, Identität und Entfremdung in der Industriegesellschaft, in: Befreiung, 19/20 (1982), S. 46–69.

FORSCHUNGSGRUPPE NEUE SOZIALE BEWEGUNGEN (Hrsg.), 40 Jahre Soziale Bewegungen: von der verordneten zur erstrittenen Demokratie, Sonderheft des Forschungsjournals Neue Soziale Bewegungen 1989.

GIESEN, B., Moralische Unternehmer und öffentliche Diskussion. Kölner Zeitschrift für Soziologie und Sozialpsychologie, 2 (1983), S. 230–254.

GREVERUS, I.-M., Auf der Suche nach Heimat, München 1979.

GUMBRECHT, H. U./PFEIFFER, L. K. (Hrsg.), Stil. Geschichte und Funktionen eines kulturwissenschaftlichen Diskurselements. Frankfurt/M. 1986.

HABERMAS, J., Zur Rekonstruktion des Historischen Materialismus, Frankfurt/M. 1976.

DERS., Theorie des kommunikativen Handelns, 2 Bde., Frankfurt/M. 1981.

DERS., Volkssouveränität als Verfahren. Ein normativer Begriff von Öffentlichkeit, in: Merkur, 43 (1989), S. 465–477.

HONIGSHEIM, P., Romantik und neuromantische Bewegungen, in: Handbuch der Sozialwissenschaften (Bd. 9), Göttingen 1956, S. 26–41.

HONOLKA, H., Schwarzrotgrün. Die Bundesrepublik auf der Suche nach ihrer Identität, München 1987.

JAPP, K. P., Neue soziale Bewegungen und die Kontinuität der Moderne, in: J. Berger (Hrsg.), Die Moderne – Kontinuitäten und Zäsuren. Sonderband 4, Soziale Welt, Göttingen 1986, S. 304–334.

KRACAUER, S., Die Angestellten. Aus dem neuesten Deutschland, Frankfurt/M. 1985 (Original 1930).

KROCKOW, CH. GRAF VON, Nationalismus als deutsches Problem, München 1970.

DERS., Zur Anthropologie und Soziologie der Identität, in: Soziale Welt, 36 (1985), S. 142–152.

LUHMANN, N., Öffentliche Meinung, in: ders., Politische Planung, Opladen 1971, S. 9–34.

DERS., Gesellschaftsstruktur und Semantik. Studien zur Wissenssoziologie der modernen Gesellschaft (1. Band), Frankfurt/M. 1980.

DERS., Soziale Systeme. Grundriß einer allgemeinen Theorie, Frankfurt/M. 1984.

DERS., Die Zukunft der Demokratie. Akademie der Künste, Berlin: Der Traum der Vernunft – Vom Elend der Aufklärung, 2. Folge, Neuwied 1986, S. 207–233.

DERS., Ökologische Kommunikation. Kann die moderne Gesellschaft sich auf ökologische Gefährdungen einstellen?, Opladen 1986.

MILLER, M., Kollektive Lernprozesse. Studien zur Grundlegung einer soziologischen Lerntheorie, Frankfurt/M. 1986.

DERS., Culture and Collective Argumentation, in: Argumentation, 1 (1987), S. 127–154.

DERS., Kollektive Erinnerungen und gesellschaftliche Lernprozesse (Vortragsmanuskript), Bad Homburg 1988.

MORIN, E., Penser l'Europe, Paris 1987.

MOSCOVICI, S., Versuch über die menschliche Geschichte der Natur, Frankfurt/M. 1982.

OEVERMANN, U., Versozialwissenschaftlichung der Identitätsformation und Verweigerung der Lebenspraxis. Eine aktuelle Variante der Dialektik der Aufklärung, in: B. Lutz (Hrsg.), Soziologie und gesellschaftliche Entwicklung. 22. Deutscher Soziologentag in Dortmund, Frankfurt/M. 1985, S. 463 ff.

DERS., Eine exemplarische Fallanalyse zum Typus versozialwissenschaftlichter Identitätsformation, in: H. G. Brose/B. Hildenbrand (Hrsg.), Vom Ende des Individuums zur Individualität ohne Ende, Opladen 1988, S. 243–286.

OFFE, C., Strukturprobleme des kapitalistischen Staates, Frankfurt/M. 1972.

DERS., New Social Movements: Challenging the Boundaries of Institutional Politics, in: Social Research, 52 (1985), S. 817–868.

SCHÄFER, W. (Hrsg.), Neue soziale Bewegungen. Konservativer Aufbruch im linken Gewand?, Frankfurt/M. 1983.

SCHIMANK, U., Neoromantischer Protest im Spätkapitalismus: Der Widerstand gegen die Stadt- und Landschaftsverödung, Bielefeld 1983.

SCHMIEDER, A., Neue Innerlichkeit oder Ein verändertes Bedürfnis nach Heimat, in: Frankfurter Hefte, Zeitschrift für Kultur und Politik, 37 (1982), S. 49–54.

SENNETT, R., Destruktive Gemeinschaft, in: A. Touraine/H. P. Dreitzel/S. Moscovici/R. Sennett u. a. (Hrsg.), Jenseits der Krise. Wider das politische Defizit der Ökologie, Frankfurt/M. 1976.

DERS., Verfall und Ende des öffentlichen Lebens. Die Tyrannei der Intimität, Frankfurt/M. 1983.

SPAEMANN, R., Ende der Modernität?, in: P. Koslowski/R. Spaemann/R. Löw (Hrsg.), Moderne oder Postmoderne? (Civitas Resultate Bd. 10), Weinheim 1986, S. 19–40.

STRYDOM, P., Collective Learning: Habermas' Concessions and their Theoretical Implications, in: Philosophy and Social Criticism, 13 (1987), S. 265–281.

UTA ENDERS-DRAGÄSSER

Das Geschlechterverhältnis als Gegenstand politischer Bildung

Frauen haben lange und hartnäckig um gleiche Rechte im Bildungswesen kämpfen müssen. Sie haben dies nicht nur aus Wissensbegierde getan. Bildung war für sie der wesentliche Angelpunkt für die Verbesserung ihrer gesellschaftlichen Situation, sowohl als Zugangsvoraussetzung zur politischen Partizipation und öffentlichen Präsenz wie auch zur eigenständigen Existenzsicherung. Der Satz »Wissen ist Macht« hatte und hat daher für Frauen eine besondere Bedeutung und einen besonderen Stellenwert. Insofern beinhaltet die Frage des Geschlechterverhältnisses als Gegenstand politischer Bildung, zumindest aus Frauensicht, immer auch den Bezug auf die Situation von Mädchen und Frauen im Bildungswesen selbst, auf ihre geschlechtsspezifischen Erfahrungen von Ausgrenzung und Abwertung, Machtlosigkeit und Randständigkeit in den Bildungsinstitutionen.

Zwar wird immer noch hartnäckig die Ansicht vertreten, die Benachteiligung von Mädchen und Frauen im Bildungswesen sei mit der Einführung der Koedukation überwunden. Bessere Noten und Abschlüsse sind aber noch keineswegs Beleg für eine Gleichstellung von Mädchen und Frauen. Mädchen und Frauen haben zwar den uneingeschränkten Zugang zu allen Einrichtungen des Bildungswesens. Diese aber waren für Jungen und Männer geschaffen und ihnen bis dahin vorbehalten. Und an den überkommenen Inhalten, Lernzielen, Unterrichtsmaterialien, dem männlichen Sprachgebrauch und der Dominanz von Jungen und Männern hat sich wenig geändert. Mädchen und Frauen sind jetzt als Personen anwesend, aber ihre Lebensrealität, ihr Erfahrungswissen, ihr Blick auf die gesellschaftliche Realität, ihre Bildungsbedürfnisse bleiben unberücksichtigt.

Das hat beispielsweise dazu geführt, daß die Mädchen in der koedukativen Schule in Mathematik, Naturwissenschaften und Technik unterfordert und in den entsprechenden Leistungskursen in der Oberstufe nahezu ausgegrenzt sind. Ihre besseren Abiturnoten täuschen darüber hinweg, daß ihnen in diesen Lernfeldern Jahrgang für Jahrgang weniger Wissen als den Jungen vermittelt wird. Diese Geschlechtsspezifik ihres Schulerfolgs ist bisher übersehen worden. Veränderungen, die ausdrücklich dem Gleichheitspostulat des Grundgesetzes, der Vielfalt weiblicher Lebenskonzepte und der sozialen Realität von Mädchen und Frauen Rechnung tragen würden, stehen noch aus. Aber nicht nur die Mädchen werden daher immer noch nicht angemessen auf ihr späteres Erwachsenenleben vorbereitet, sondern auch die Jungen. Dieser Tatbestand ist für die Frage des Geschlechterverhältnisses als Gegenstand der politischen Bildung von zentraler Bedeutung. Die – übliche – Behandlung des Geschlechterverhältnisses als »Frauenfrage« greift zu kurz und reproduziert, was sie zu überwinden vorgibt.

Das hat ganz wesentlich damit zu tun, daß es in der Auseinandersetzung mit der Geschlechterfrage immer wieder um eine Dimension der Bewertung und der Vermittlung von Wissen geht, die in ihrer grundlegenden Bedeutung insbesondere im Bildungswesen nicht hinreichend erkannt und akzeptiert ist: die Geschlechtsspezifik von Wissen und Bildung.

1. Die Geschlechtsspezifik von Wissen und Bildung

Alle Bereiche des gesellschaftlichen Wissenserwerbs und der gesellschaftlichen Willensbildung sind von Denkmustern und Wahrnehmungsstrukturen bestimmt, die als objektiv und geschlechtsneutral gelten, aber in Wirklichkeit androzentrisch sind. Sie beinhalten die normsetzende Verallgemeinerung männlicher Werte, Erfahrungen und Bedürfnisse. Sie beziehen sich nicht auf die Erfahrungen und die Praxis von Frauen. Deshalb geraten Frauen mit ihrer Kritik, ihren Forderungen und ihrem Sprachgebrauch, auch wenn sie dies zu vermeiden suchen, ständig in Gegensatz zu herrschenden Denkmustern und Wahrnehmungsstrukturen, erfahren sich als marginalisiert, ungeachtet ihrer gesellschaftlichen Leistungen, ihrer Bedeutung für unsere Kultur und unsere gesellschaftliche Entwicklung und obwohl sie die größere Bevölkerungshälfte darstellen.

Aus der geschlechtshierarchischen Perspektive des Androzentrismus stellen deshalb Frauen keineswegs gleichwertig eines von zwei Geschlechtern dar, sondern das »andere« und »besondere« Geschlecht. In der Frage der Perspektive und der Bewertung liegt daher der qualitative – und entscheidende – Unterschied für mögliche Herangehensweisen an die Frage des Geschlechterverhältnisses innerhalb der politischen Bildung sowie für die Bestimmung des notwendigen Handlungsbedarfs.

Die gegenwärtige androzentrische Prägung des Bildungswesens wirkt sich sehr konkret aus und beeinflußt die Bildungsmöglichkeiten beider Geschlechter nachhaltig. Die Probleme des Geschlechterverhältnisses, die Konfliktlinien, die aus den unterschiedlichen Lebensverhältnissen und Lebenschancen der Geschlechter resultieren, sind als »Frauenprobleme« definiert. Sie gelten nicht als Gegenstand eines »allgemeinen« Interesses, insbesondere von Männern, sondern werden als sogenannte »Frauenfrage(n)« der – ausschließlichen – Zuständigkeit von Frauen überlassen.

Wenn dann aber Frauen Fragen des Geschlechterverhältnisses behandeln und sich mit ihrer eigenen Lebensrealität kritisch auseinandersetzen, wird dies als Ausfluß ihrer »Subjektivität« definiert. Von daher entbehrt es nicht einer gewissen Logik (und Komik), wenn Männer inner- und außerhalb des Bildungswesens, die in ihrer Professionalität durchaus ernst genommen werden wollen, die wissenschaftliche Bearbeitung der Lebensrealität von Frauen als angebliche »akademische Aufblähung der Alltagsprobleme von Frauen« bezeichnen und sich derart vehement gegen die wissenschaftliche und gesellschaftliche Relevanz der Forschungs- und Bildungsarbeit von Frauen zu wehren suchen. Sie beteiligen sich damit nicht nur an der Ausgrenzung und Abwertung der gesellschaftlichen Erfahrungen von Frauen, ihres Alltags, ihrer gesellschaftlichen Arbeit und ihrer Belange: Mit der Ausgrenzung der Geschlechterdifferenz – und dem Beharren auf einer »Frauenfrage« – leugnen sie die sie persönlich in existentieller Weise betreffende gesellschaftliche Grundtatsache der Geschlechter-differenz. Mit ihrem Beharren auf der androzentrischen Verallgemeinerung männlicher Lebensrealität und männlichen Erfahrungswissens leugnen sie empirische Realität.

Die Denkstrukturen und Wahrnehmungsmuster des Androzentrismus bedeuten daher nicht nur, daß die Frauen mit männlichen Maßstäben gemessen werden, obwohl sie männliche Lebenskonzepte und Verhaltensweisen aufgrund ihrer Geschlechterzugehörigkeit nicht realisieren können oder wollen. Sie bedeuten nicht nur, daß aus den Frauen auf der Grundlage ihrer angeblich »besonderen« Lebenskonzepte Problemträgerinnen und Mängelwesen gemacht werden, daß sie marginalisiert und benachteiligt sind, obwohl sie den Hauptteil der gesellschaftlichen Arbeit leisten, die Verantwortung für die heranwachsende Generation tragen und die größere Hälfte der Bevölkerung stellen. Sie bedeuten auch, daß Männer zu ihren eigenen Gunsten Machtstrukturen zu legitimieren und festzuschreiben suchen um den hohen Preis, daß sie dafür auf die Erkenntnis, Vermittlung und Bearbeitung wesentlicher gesellschaftlicher Tatbestände verzichten und zwar gerade auch in Hinsicht darauf, in welch spezifischer Weise sie Jungen und Männer betreffen.

Aus diesem androzentrischen Umgang mit der gesellschaftlichen Realität resultieren die vielen Begriffe, die mit dem Wort »Mädchen« oder »Frauen« beginnen: von der Mädchenarbeit (in der Jugendarbeit) über die Mädchenförderung (in der Koedukation) bis hin zu den Frauenförderplänen und zu den Frauenquoten sind sie steter Hinweis auf das angeblich »Besondere« (und Defizitäre) von Frauen und implizite Absicherung männlicher Macht und Dominanz. Von Männerquoten ist daher nie die Rede, obwohl sie »Normalität« und herrschende Praxis sind. Männerrechte werden auch dann als »Menschenrechte« gefeiert, wenn Frauen ausgeschlossen waren. Die Behandlung der Französischen Revolution ohne Erwähnung der »Deklaration der Rechte der Frau und Bürgerin« von Olympe de Gouges und die Behandlung des »Frauenwahlrechts« als Sonderfall des allgemeinen Wahlrechts sind Beispiele für den androzentrischen Umgang mit geschichtlichen Entwicklungen und gesellschaftlicher Realität allgemein. Sie sind zugleich spezifische Beispiele dafür, wie in der politischen Bildung Mädchen und Frauen zugemutet wird, sich diskriminierende Wissensbestände anzueignen, mit denen sich die Jungen von ihnen abgrenzen und sich in ihrer männlichen Identitätsfindung positiv bestätigen können.

Diese für emanzipatorische – weil »geschlechtsbewußte« – politische Bildung so zentrale Problematik werde ich am Beispiel des Sprachgebrauchs, der Inhalte der politischen Bildung und der Interaktionen im schulischen Unterricht noch weiter konkretisieren.

2. Sprachgebrauch

Ein Verständnis der Strukturen und der Wirksamkeit des androzentrischen Denkens erschließt sich erst über die Kenntnis dessen, was es an gesellschaftlicher Realität, an Frauenerfahrung und Frauenpraxis, an Männererfahrung und Männerpraxis und damit an Unterschiedlichkeit, Vielfalt und Mehrdeutigkeit der Lebenszusammenhänge von Frauen und Männern ausgrenzt. Das ist zum einen ganz wesentlich eine Frage des Sprachgebrauchs, das heißt der Offenheit für die Frage der sprachlichen Gleichbehandlung der Geschlechter einerseits, aber auch des – fachlichen – Wissens um Ausgrenzungen und Abwertungen durch Sprache andererseits. So läßt sich androzentrisches Denken nicht nur am männlich orientierten Sprachgebrauch nachweisen. Männlich orientierter Sprachgebrauch reproduziert geschlechtshierarchische Wahrnehmungsmuster. Die Problematisierung dieses Sprachgebrauchs ist daher untrennbar Bestandteil politischer Bildung. Sie ist alles andere als eine Nebensache. Androzentrisches Denken liegt zum Beispiel vor,
– wenn Frauen als Personen und mit ihren Leistungen sprachlich ignoriert werden,
– wenn sie nur in Abhängigkeit von und in Unterordnung zu Männern beschrieben werden,
– wenn sie nur in stereotypen Rollen beschrieben und ihnen über das Stereotyp hinausgehende Interessen und Fähigkeiten abgesprochen werden,
– wenn sie durch herablassende Sprache gedemütigt und lächerlich gemacht werden[1].

---

1 S. Trömel-Plötz/J. Guentherodt/M. Hellinger/L. F. Pusch, Richtlinien zur Vermeidung sexistischen Sprachgebrauchs, in: Linguistische Berichte, 1 (1981).

3. Inhalte: Der Heimliche Lehrplan der Geschlechtererziehung

Daß die Vermittlung der Fragen des Geschlechterverhältnisses in der politischen Bildung fachliches Wissen und fachliche Kompetenz in hohem Maß erfordert, scheint nicht selbstverständlich zu sein. Das macht der allenthalben vorherrschende Dilettantismus deutlich und die mangelnde Bereitschaft, sich auf den Sachstand einer expandierenden internationalen Fachdiskussion einzulassen – vielleicht weil sie mehrheitlich von Frauen als Forscherinnen und Praktikerinnen getragen wird, sicherlich aber auch, weil es hier um äußerst komplexe Sachverhalte geht. Die – inzwischen entfaltete – Forschungsdiskussion um die Frauenarbeit als bezahlte und unbezahlte Arbeit ist dafür ein gutes Beispiel. Es gibt bisher kein Lehrwerk, das – auf der Grundlage der Sachkompetenz von ausgewiesenen Forscherinnen – diese zentrale gesellschaftliche Frage und ihre Konsequenzen für beide Geschlechter auch nur ansatzweise angemessen aufgreift.

In anderen gesellschaftlichen Bereichen haben Frauen die Aneignung der unbezahlten Arbeit von Frauen in Familie, Institution und Ehrenamt und die dadurch entstehende Spaltung von Frauen längst zum öffentlichen Thema machen können. Im bundesdeutschen Bildungswesen steht die Entdeckung und Vermittlung der empirischen Realität der unbezahlten Frauenarbeit in ihren vielfältigen Aneignungsformen noch aus.

Eine auf Geschlechterfragen bezogene systematische Fachausbildung ist nicht in Sicht. An entsprechenden Fort- und Weiterbildungsangeboten mangelt es. Dabei fehlt es nicht an Personen, die die Aus-, Fort- und Weiterbildung übernehmen könnten. Sie sind da und arbeiten in diskontinuierlichen Arbeitsverhältnissen an der Weiterentwicklung der Forschungsdiskussion. Die Schere zwischen dem verfügbaren Fachwissen insbesondere der Frauenforschung und seiner Rezeption und Umsetzung öffnet sich immer weiter.

An der Art und Weise dieses Umgangs mit wichtigen Wissensbeständen wird deutlich, wie Weichen für in der Zukunft wirksame gesellschaftliche Machtstrukturen geschlechtsspezifisch gestellt werden können. Bei Bildungsprozessen handelt es sich ja im besonderen Maß um auf die gesellschaftliche Zukunft gerichtete kollektive Prozesse. Die Erwachsenen der Jahrtausendwende haben zum Beispiel jetzt mit ihrer Schulzeit begonnen. Sie werden unterrichtet von Lehrpersonen, die ihre Fachausbildung mehrheitlich spätestens Mitte der siebziger Jahre abgeschlossen haben. Sie alle hatten keine Gelegenheit, sich systematisch mit der Geschlechtsspezifik von Wissen und Macht, dem Geschlechterverhältnis, der geschlechtlichen Arbeitsteilung auseinanderzusetzen.

Bei uns hat daher noch keine Schülerinnen- und noch keine Lehrerinnengeneration, aber auch noch keine Schüler- und keine Lehrergeneration im institutionellen Raum der Schule ein systematisches Wissen um die soziale Lage, die Bedeutung und die Kämpfe von Frauen in Geschichte und Gegenwart erwerben beziehungsweise vermitteln können. Die alltäglichen Erfahrungen von Mädchen oder Frauen im Bildungs- und Arbeitsprozeß werden ebensowenig thematisiert und reflektiert wie die von Jungen. Zum Regelunterricht gehören keineswegs Lernangebote, mit denen beide Geschlechter geschlechtsbewußt weibliche Lebensrealität – und damit auch manchen wichtigen Aspekt männlicher Lebensrealität – kennenlernen. Am Beispiel der Biografien und Leistungen von Frauen der Vergangenheit und der Gegenwart könnten sie erfahren, daß es zu allen Zeiten Frauen von Bedeutung gegeben hat und daß Frauen in der Gegenwart stärker denn je ihren Einfluß geltend machen, um gesellschaftliche Entwicklungen voranzutreiben.

Luise F. Pusch wies 1987 anläßlich der Herausgabe des ersten Kalenders »Berühmte Frauen« auf die Bedeutung dieses Versäumnisses hin: »Mitte der siebziger Jahre kam ich zur Frauenbewegung. In Zeitschriften wie *EMMA* und *COURAGE* wurden nun alle möglichen Frauen ausgegraben, präsentiert und gefeiert, von denen ich – damals schon über dreißig – nie etwas gehört hatte. Gertrud Bäumer und Helene Lang – gut, die Namen kannte ich wohl, aber mehr auch nicht, und auch diesen haftete natürlich etwas Lächerliches an – das waren doch diese ulkigen Sufragetten. Aber Louise Aston? Hedwig Dohm? Helene Stöcker? Anita Augspurg? Lida Gustava Heymann? Emmeline Pankhurst? Lily Braun? Susan B. Anthony? Elizabeth Cady Stanton? Nie gehört!

Ich mit meinem sonst so verläßlichen Gedächtnis machte nun eine sehr verstörende Erfahrung: Ich konnte mir die Namen dieser Frauen einfach nicht merken. Erst sehr spät kam ich dahinter, daß das nicht an meinem Gedächtnis lag. Jede neue Information über Männer und Männerleistungen konnte ich schon irgendwo »hinzufügen« und somit ebenso fix wie solide verorten und entsprechend leicht wieder abrufen. In meinem Kopf war seit meiner frühesten Kindheit ein riesiges, weitverzweigtes Informationssystem über Männer und männliche Kultur angelegt worden . . .«[2]

Ein analoges Informationssystem über Frauen und weibliche Kultur wird im Bildungswesen nicht vermittelt. Daran wird auch nicht systematisch gearbeitet, im Gegenteil: Das inzwischen vorhandene umfangreiche Wissen wird immer noch abgewertet und ausgegrenzt.

Das gilt gleichermaßen für alle Fragen der geschlechtlichen Arbeitsteilung und der Gewalt von Männern gegen Frauen in ihren individuellen wie gesellschaftlichen Konsequenzen sowie für Fragen der politischen und öffentlichen Partizipation von Frauen. Die Doppelverantwortung von Frauen für die wirtschaftliche Absicherung der Familie durch Erwerbstätigkeit und für die unbezahlte Erziehungs- und Familienarbeit – ihre dadurch bedingten Probleme, Belastungen und Leistungen – werden bereits in den Massenmedien thematisiert und sind längst politikfähig geworden. Aber sie gehören nicht zu den Regelaufgaben im Bildungswesen. Beide Geschlechter können sich damit nicht angemessen auseinandersetzen, weil das vorhandene umfangreiche Wissen darüber ausgegrenzt bleibt. Daher fordern Frauen eine grundlegende inhaltliche Umgestaltung des Bildungswesens, insbesondere der Schulbücher, und dies nicht nur zu Gunsten von Mädchen und Frauen, sondern auch von Jungen und Männern. Lernangebote werden, vor allem von Lehrerinnen, zunehmend für diese Fragen entwickelt. Sie sind aber vorläufig noch mit dem Stigma der »Einseitigkeit«(!) behaftet und gehören nicht zum Regelangebot.

Angesichts der Geschlechtsspezifik von Wissen und Bildung im Bildungswesen kann der Satz »Wissen ist Macht« daher nicht für eine gleichsam naive Gleichsetzung von Wissen mit Macht stehen. Vor diesem Hintergrund ist für die Vermittlung und Problematisierung von Fragen des Geschlechterverhältnisses in der politischen Bil-

---

2 L. F. Pusch (unter Mitarbeit von V. Reis), Berühmte Frauen, Kalender für 1988, Frankfurt/M. 1987.

dung daher in jedem Fall eine Grundvoraussetzung, daß von der Geschlechterdifferenz als empirischer Realität ausgegangen wird. Sie muß dadurch erfahrbar gemacht werden,

- daß die Lebensrealität, das Erfahrungswissen und die Belange von Mädchen und Frauen als bedeutsam und denen von Jungen und Männern gleichwertig anerkannt und aufgegriffen werden und
- daß akzeptiert wird, daß Erfahrungen und Vorstellungen auch dann gültig und normal sind, wenn sich männliche Laien und Experten auf sie nicht von ihrer eigenen sozialen Realität her beziehen können und selbst nicht ohne weiteres an sie empathisch, assoziativ und intellektuell anknüpfen können.

Das heißt, daß in der politischen Bildung an der bestehenden Realität und damit an dem Sachverhalt angesetzt werden muß, daß allein mit dem gemeinsamen Unterrichten den Mädchen noch keineswegs *gleichberechtigte Bildungsmöglichkeiten* eröffnet worden sind. Das wird bis heute äußerst ungern zur Kenntnis genommen, stellt es doch – je nachdem – bildungspolitisch den Erfolg der Koedukation oder frauenpolitisch die Vorrechte von Jungen und Männern, auf jeden Fall aber fachdidaktisch die gegenwärtigen Konzeptionen in Frage.

Die Frage nach dem Geschlechterverhältnis als Gegenstand politischer Bildung bedeutet für Frauen wie auch für Männer, daß auf jeden Fall überprüft werden muß, welches Wissen Mädchen und Jungen, Männer und Frauen in den Bildungsinstitutionen erwerben und *welches Wissen ihnen dort vorenthalten wird.*

Für Mädchen und Frauen stellt sich darüberhinaus die Frage, inwieweit bestätigend und anerkennend oder ausgrenzend und abwertend auf sie als Mädchen und Frauen, auf ihre gelebte Realität, auf ihre Erfahrungen Bezug genommen wird.

Und das heißt, daß angesichts der Neigung der Jungen, eine »männliche« Gruppensolidarität zu demonstrieren[3], wenn auf Bildungsbedürfnisse von Mädchen und Frauen eingegangen wird, phasenweise Fragestellungen auch sinnvoll in geschlechtshomogenen Gruppen bearbeitet werden können. Das kann sich insofern als sehr konstruktiv erweisen, als beide Geschlechter *unter sich Standpunkte aushandeln können.* Das macht es auch bei der anschließenden intergeschlechtlichen Vermittlung möglich, in diesem emotional hoch besetzten Bereich der Strategie von Jungen entgegenzuarbeiten, Standpunkte durch Personalisierung und Spaltung der Mädchen abzuwehren und auszugrenzen.

Angesichts der männlichen Vormachtstellung im Bildungswesen und der ungebrochenen Wirksamkeit des »heimlichen Lehrplans der Geschlechtererziehung« mit seinen Ausgrenzungen und Abwertungen weiblicher Realität und Kompetenzen wissen sich ja Mädchen und Frauen oft genug in der paradoxen Situation, daß sie in der jeweiligen Bildungsinstitution nur scheinbar »gleichberechtigt« und in Wirklichkeit bestenfalls »Mitgemeinte« sind, daß ihre weibliche Lebensrealität zum »Besonderen«, »Mangelhaften« und »Abweichenden« verkommt. Sie haben sich mit Erfahrungen und Vorstellungen auseinanderzusetzen und sich zu ihnen zu verhalten, die sich ausgesprochen oder unausgesprochen in positiver Weise nur auf Jungen und

---

3 U. Enders-Dragässer/C. Fuchs, Interaktionen der Geschlechter. Sexismusstrukturen in der Schule. Eine Untersuchung an hessischen Schulen im Auftrag des Hessischen Instituts für Bildungsplanung und Schulentwicklung, Veröffentlichung der Max-Traeger-Stiftung, hrsg. von D. Wunder, Bd. 10, Weinheim 1989.

Männer, dagegen oft abwertend und feindselig auf Mädchen und Frauen beziehen. Das bedeutet, daß sie sich mit Entfremdungserfahrungen auseinanderzusetzen haben, die zugleich geleugnet werden.

Mädchen – wie auch Lehrerinnen – erhalten dadurch nicht genügend Raum zur Entwicklung ihrer Fähigkeiten und Fertigkeiten. Mitschüler und Lehrer tun sich oft damit schwer, sich positiv und aufmerksam auf ihre Beiträge und Ideen zu beziehen, wenn sie nicht gelernt haben, Mädchen und Frauen ernsthaft zuzuhören. Ein Mädchenbeitrag kann als »fremd« empfunden werden, wenn er aus dem weiblichen Erfahrungsspektrum stammt. Er wird oft nicht genügend verstanden und nicht ernst genug genommen, zumal wenn Jungen und Männer nicht gelernt haben, sich auf Erfahrungen aus dem weiblichen Lebenszusammenhang ohne männliche Wertungen einzulassen und sie daher rasch als »irrelevant« oder »einseitig« abtun. Ein Mädchenbeitrag kann auch intellektuell so anspruchsvoll sein, daß er seiner Komplexität wegen nicht weiter behandelt wird. Astrid Kaiser hat am Beispiel eines Grundschulprojekts zum Thema »Fabrik« das entwickeltere soziale Wissen von Mädchen herausarbeiten können[4], dessen Differenziertheit im Unterricht oft nicht genügend verstanden und gewürdigt wird.

Die Leugnung der Geschlechterdifferenz und ihre Verschiebung auf die »Frauenfrage« beziehungsweise die »Benachteiligungen« und »Probleme« von Frauen haben unter anderem zur Folge, daß eine gleichberechtigte und für alle Seiten offene, differenzierte und konstruktive Auseinandersetzung mit den gegenwärtigen Lebensverhältnissen beider Geschlechter und mit dem in Veränderung begriffenen Geschlechterverhältnis nicht stattfinden kann. Dabei sind Jungen wie Mädchen in der heutigen und in der zukünftigen Gesellschaft darauf angewiesen, sich in kooperativen Aushandlungsprozessen auf den Ausgleich von Interessen, Erfahrungen und Bedürfnissen der Geschlechter – und der Kulturen – einzustellen. Jungen sind ebenfalls darauf angewiesen, für die eigene Versorgung Verantwortung zu übernehmen und sich zunehmend selbst, aber auch andere versorgen zu können. Diesbezüglich fehlen beiden Geschlechtern Lernangebote und Jungen das Vorbild erwachsener Frauen und Männer, mit denen sie sich positiv identifizieren und an deren Beispiel und mit deren Unterstützung sie geschlechtsrollenstereotype Vorstellungen und Handlungsmuster überwinden könnten.

4. Dominanz und Kooperation in den Interaktionen

Jungen wird es beispielsweise in der Schule in vieler Hinsicht zu einfach gemacht, weil alles in der Institution Schule auf eine Welt hin orientiert ist, in der Jungen und Männer im Vordergrund stehen, das Sagen haben und von vornherein wichtiger, stärker und besser sind als Frauen und Mädchen. Das kommt insbesondere in den Interaktionen zum Ausdruck und hat weitreichende Konsequenzen.

---

4 A. Kaiser, Die Arbeitswelt aus Mädchen- und Jungenperspektive, in: J. Block u. a. (Hrsg.), Feminismus in der Schule, Dokumentation der 3. Fachtagung der AG Frauen und Schule, Berlin 1985.

Lehrerinnen und Lehrer planen und gestalten in aller Regel ihren Unterricht mit Blick auf die Jungen. Sie bestätigen diese damit in ihrem dominanten Verhalten. Den Mädchen wird auf diese Weise vermittelt, daß sie und ihre Interessen und Themen nicht wichtig genug sind, um im Unterricht gleichwertig behandelt zu werden. Viele Untersuchungen unter anderem aus den USA, Großbritannien, Skandinavien und der Bundesrepublik[5] belegen die Dominanz der Jungen und zeigen sehr eindringlich, daß es allen Beteiligten in der Schule sehr schwer fällt, diese Bevorzugung der Jungen wahrzunehmen. So erhalten Jungen im Durchschnitt etwa zwei Drittel und Mädchen ein Drittel der Aufmerksamkeit. Wenn es einmal gelingt, durch konsequente Mädchenförderungen dieses Verhältnis zu Gunsten der Mädchen zu verändern, dann beschweren sich nicht nur die Jungen über die Bevorzugung der Mädchen, sondern auch die Mädchen und Lehrpersonen haben das Gefühl, die Mädchen seien bevorzugt worden, auch wenn empirisch das Gegenteil feststellbar ist.

Jungen können aber nicht nur öfter und länger als die Mädchen reden, eher unterbrechen, dazwischenschreien und so weiter, sondern das Unterrichtsgeschehen auch noch in anderer Weise dominieren. Ihre Beiträge beziehen sich häufig nicht direkt auf das Unterrichtsthema. Sie versuchen oft, Aufgabenstellungen und Themen zu verändern und ihre eigenen Annahmen und Situationsdefinitionen durchzusetzen. Ebenso wie ihr Verhalten sind ihre Kommentare oft konkurrent, abschätzig und spöttisch. Jungen (als Gruppe) stärken ihr Durchsetzungsvermögen und ihr Selbstwertgefühl zu Lasten von Mädchen und Lehrerinnen. So zeigen sie die Tendenz, die Fachkompetenz der Lehrerinnen anzuzweifeln, setzen leistungsstarke Schülerinnen mit Häme unter Druck, unterbrechen und verunsichern die Mädchen, machen sie lächerlich, belästigen sie sexuell und scheuen nicht davor zurück, auch körperliche Gewalt einzusetzen[6]. Mit derartigen Verhaltensweisen beeinflussen die Jungen als Gruppe in einem bisher nicht vermuteten Umfang in negativer Weise das Lernklima und beeinträchtigen die Qualität des Unterrichts, behindern sich in ihren eigenen Lernmöglichkeiten und schaffen sich selbst dadurch vielfältige Lernprobleme. Ihre Verhaltensweisen lassen darauf schließen, daß ihre generelle Lernbereitschaft niedriger als die der Mädchen ist[7]. Es kann daher ein bisher nicht vermuteter Zusammenhang zwischen ihren Vorrechten und ihren Lernproblemen und Bildungsdefiziten angenommen werden.

Angesichts der Verhaltensweisen der Jungen entscheiden sich Mädchen resignativ dafür, sich in der Schule zurückzunehmen, sich im Unterricht »passiv« zu verhalten oder auch Kurse, insbesondere in der Oberstufe, abzuwählen. Damit ist aber das Feld frei für die Jungen, wodurch deren »Überlegenheit« und Dominanz im Unterricht ironischerweise den Anschein des »Normalen« erhält. In subtiler Weise führt der

---

5 Für die Bundesrepublik insbesondere H. Frasch/A. C. Wagner, »Auf Jungen achtet man einfach mehr...« – Eine empirische Untersuchung zu geschlechtsspezifischen Unterschieden im Lehrerinnenverhalten gegenüber Jungen und Mädchen in der Grundschule, in: J. Brehmer (Hrsg.), Sexismus in der Schule, Weinheim 1982; U. Enders-Dragässer/C. Fuchs, Jungensozialisation und die Schule. Eine Expertise im Auftrag der Männerarbeit der Evangelischen Kirche in Hessen und Nassau (Elisabethenstr. 51, 6100 Darmstadt), Frankfurt/M.–Darmstadt 1988; dies. (Anm. 3).

6 M. Barz, Körperliche Gewalt gegen Mädchen, in: Die Schule lebt – Frauen bewegen die Schule, München 1984.

7 U. Enders-Dragässer/C. Fuchs (Anm. 5).

konkurrente jungenorientierte Unterricht dazu, eine ernstliche Konkurrenz der Mädchen zu verhindern. Gleichzeitig wird der Eindruck aufrechterhalten, die Mädchen hätten im »gleichen« Unterricht die »gleichen« Chancen wie die Jungen, aber die Jungen seien eben interessierter, begabter und deshalb stärker. Mädchen lernen daher in der koedukativen Schule, ihre Mißerfolge für einen Mangel an Begabung zu halten, und stecken daher später beruflich zurück.

Mädchen (als Gruppe) verhalten sich im Unterricht in der Regel eher integrativ und tendieren damit zu einem kooperativen Interaktionsstil[8]. Ihn kennzeichnen eine disziplinierte Konzentration auf das Unterrichtsthema und freundlich-ironische Kommentare. Mädchen haben eine Neigung, um die Aufmerksamkeit der Lehrperson mit Verständnisfragen zu werben, auch wenn sie in Wirklichkeit alles verstanden haben. Das aber kommt dem Unterrichtsklima zugute und bestätigt von vornherein die Kompetenz der Lehrperson. Es schafft Anknüpfungspunkte für vertiefte Darstellungen und erhöht durch die möglichen Ausdifferenzierungen des Unterrichtsthemas die Qualität des Unterrichts. Es bedeutet auch, daß alle mehr Raum haben, Unsicherheit auszudrücken, ohne fürchten zu müssen, sich deswegen Nachteile einzuhandeln oder sich gar lächerlich zu machen und als unbegabt oder faul zu gelten.

Dieser kooperative Interaktionsstil wird nun leider im Unterricht nur von den Mädchen erwartet, und zwar als *rollenkonformes* »Mädchenverhalten«. Lehrpersonen fordern Jungen nicht in der gleichen Weise. Die Schülerinnen lernen, daß sie mit ihrem »normalen« Verhalten sozialen Regeln entsprechen, die sie zu beachten haben, wenn sie nicht als Spielverderberinnen oder Außenseiterinnen dastehen wollen.

Lehrpersonen fällt es sehr schwer, die Selbstdisziplin und die »ruhige« fachliche Mitarbeit der Schülerinnen als Lernleistungen und als Ausdruck von erworbener Kompetenz wahrzunehmen und entsprechend anzuerkennen. Das bedeutet für die Mädchen, daß sie aufgrund ihrer interaktionellen und fachlichen Kompetenzen benachteiligt werden können.

Die Jungen lernen, daß diese Art Disziplin und Lernarbeit Sache der Mädchen ist und sie nicht betrifft. Sie sehen sich nicht veranlaßt und aufgefordert, ihre männlichen Selbstdarstellungs- und Selbstbestätigungsbedürfnisse sowie ihre sonstigen Individualinteressen den Gruppenbelangen unterzuordnen und unter Kontrolle zu halten. Von ihnen wird auch nicht erwartet, sich auf die jeweilige Gruppensituation einzulassen, Rücksicht auf andere zu nehmen und »rechtzeitig« einzulenken.

Verhaltensanforderungen, die sich an beide Geschlechter richten und selbstverständlich auch von beiden Geschlechtern befolgt werden könnten, werden im gemischten Unterricht geschlechtsspezifisch gehandhabt und gelten nur für die Mädchen.

Gerade deswegen können sie aber nicht mehr für die Jungen verbindlich und damit zur Gruppennorm werden, weil die Jungen unter dem normativen Druck stehen, sich ihrer »Männlichkeit« wegen von »weiblichem Verhalten« abgrenzen zu sollen. In den gleichen Lerngruppen, in denen Selbstdisziplin von den Mädchen erwartet und ihnen gegenüber auch durchgesetzt wird, können sich daher »normale« Jungen ein »männliches« und damit dominantes, konkurrentes und unsoziales Verhalten leisten, so weit sie damit durchkommen – ungeachtet der dadurch produzierten Unterrichtsbeeinträchtigungen und Unterrichtsstörungen, mit denen sie sich selbst

---

8   U. Enders-Dragässer/C. Fuchs (Anm. 3).

am Lernen hindern. Eine auf Selbstdisziplin und Kooperation basierende Mitarbeit kann von Jungen durchaus als »nicht männlich« und damit als *nicht rollenkonform* abgetan werden. Jungen, die sich mit ihren Störungen und Disziplinverstößen durchsetzen können, beweisen – allen vordergründigen Bestrafungen zum Trotz – »männliche« Stärke und Durchsetzungsfähigkeit und erhalten, und sei es augenzwinkernd oder zornbebend, soziale Anerkennung für letztlich defizitäre Verhaltensweisen.

Da Jungen eher Begabung und herausragende Leistungen zugeschrieben werden, werden sie fachlich stärker gefordert als die Mädchen. Diese Forderung enthält zugleich aber auch Momente von Überforderung und Frustration, die sie aber nicht thematisieren, sondern angesichts der Norm der selbstverständlichen männlichen Dominanz und Überlegenheit nur ausagieren können. Sie müssen daher ihren Streß, ihre Defiziterfahrungen, ihre Rollenkonflikte, die mit den gesellschaftlichen geschlechtsrollenstereotypen Erwartungen, Zuschreibungen und Versagungen zusammenhängen, als persönliches Versagen wahrnehmen und wegstecken oder überspielen.

Die Verhaltensauffälligkeiten und Disziplinverstöße von Jungen, insbesondere ihre aggressiven Handlungen, verweisen daher nicht nur auf ihren überlegenen Machtstatus. Sie machen auch deutlich, wie genervt Jungen heutzutage sind, wie sehr sie unter Druck stehen, wie sehr sie mit Zuschreibungen und Erwartungen an ihre »Männlichkeit« unter-, aber auch überfordert sind.

Für die Frage des Geschlechterverhältnisses besteht daher im Bereich der politischen Bildung ein umfassender Handlungsbedarf, nicht nur hinsichtlich des Sprachgebrauchs und der Inhalte, sondern auch der Interaktionen. Es bedarf eines geschlechtsbewußten Eingehens auf die Situation von Mädchen *und* Jungen in ihrer jeweiligen Unterschiedlichkeit. Und insofern sind ebenso wie bei den Mädchen die Frauen bei Jungen die Männer gefordert, sich sehr ernsthaft Gedanken darüber zu machen, wie die seitherige Geschlechtsspezifik von Wissen abgebaut und wie Inhalte realitätsangemessener und geschlechtsbewußter vermittelt werden können. Darüberhinaus sind insbesondere die Männer gefordert, sich mit »Männlichkeit« und »Weiblichkeit« auseinanderzusetzen und intensiv über sich selbst als Vorbilder im Unterricht nachzudenken.

Weiterführende Literatur

BARZ, M., Körperliche Gewalt gegen Mädchen, in: Die Schule lebt – Frauen bewegen die Schule, München 1984.

BERÜHMTE FRAUEN, Kalender für 1988, erstellt von L. F. Pusch unter Mitarbeit von U. Reis, Frankfurt/M. 1987.

BLOCK, J. U. A. (Hrsg.), Feminismus in der Schule, Dokumentation der 3. Fachtagung der AG Frauen und Schule, Berlin 1985.

BOOK, M./OTTEMEIER-GLÜCKS, F. G./SANDER, B./SWOBODA, R., Parteiliche Mädchenarbeit und antisexistische Jungenarbeit. Abschlußbericht des Modellprojekts »Was Hänschen nicht lernt ... verändert Clara nimmer mehr!« – Geschlechtsspezifische Bildungsarbeit für Jungen und Mädchen, hrsg. von der Heimvolkshochschule Alte Molkerei Frille, Petershagen-Frille 1988.

BREMER, J. (Hrsg.), Sexismus in der Schule, Weinheim 1982.

BROCK-UTNE, B./HAUKAA, R., Wissen ohne Macht. Frauen als Lehrerinnen und Schülerinnen, Giessen 1986.

DEUTSCHER BUNDESTAG (Hrsg.), Verbesserung der Chancengleichheit von Mädchen in der Bundesrepublik Deutschland (6. Jugendbericht), in: Zur Sache 1/84, Themen parlamentarischer Beratung, Probleme der Frau in unserer Gesellschaft, Bonn 1984.

DIE SCHULE LEBT – FRAUEN BEWEGEN DIE SCHULE, Dokumentation der 1. Fachtagung Gießen 1982 und der 2. Fachtagung Bielefeld 1983 Frauen und Schule. Beobachtet von I. Brehmer/U. Enders-Dragässer, hrsg. von der Arbeitsgruppe Elternarbeit, Bd. 12, Reihe Materialien für die Elternarbeit, Deutsches Jugendinstitut, München 1984.

ENDERS-DRAGÄSSER, U., Männliche Selbstbestätigung und bürgerliche Normalität im deutschen Schulbuch: Heilmittel gegen die multikulturelle Gesellschaft?, in: Informationsdienst zur Ausländerarbeit, (1986) 3.

DIES., Das Frauen- und Mädchenbild im Schulbuch, in: W. Grossmann/B. Naumann, (Hrsg.), Frauen und Mädchenrollen in Kinder- und Schulbüchern. GEW-Tagungsdokumentation 1987.

DIES., Arbeitskonkurrenz und Frauenspaltung in der Schule: ein blinder Fleck in der Mütterdiskussion, in: beiträge zur feministischen theorie und praxis, (1988) 21/22.

DIES., Schulischer Sexismus in der Bundesrepublik. Frauenpolitischer Handlungsbedarf im Schulwesen, in: Recht der Jugend und des Bildungswesens, 1(1988).

ENDERS-DRAGÄSSER, U./FUCHS, C., Interaktionen der Geschlechter. Sexismusstrukturen in der Schule. Eine Untersuchung an hessischen Schulen im Auftrag des Hessischen Instituts für Bildungsplanung und Schulentwicklung. Veröffentlichung der Max-Traeger-Stiftung, hrsg. von D. Wunder, Bd. 10, Weinheim 1989.

DIES., Jungensozialisation in der Schule. Eine Expertise im Auftrag der Männerarbeit der Evangelischen Kirche in Hessen und Nassau (Elisabethenstr. 51, 6100 Darmstadt), Frankfurt/M.–Darmstadt 1988.

DIES. (Hrsg.), Frauensache Schule. Aus dem deutschen Schulalltag: Erfahrungen, Analysen, Alternativen, Frankfurt/M. 1990 (im Erscheinen).

FRASCH, H./WAGNER, A. C., »Auf Jungen achtet man einfach mehr ...« – eine empirische Untersuchung zu geschlechtsspezifischen Unterschieden im Lehrerinnenverhalten gegenüber Jungen und Mädchen in der Grundschule, in: J. Brehmer (Hrsg.), 1982.

FRAUEN MACHT SCHULE, Dokumentation der 4. Fachtagung der AG Frauen und Schule, hrsg. vom Feministischen Interdisziplinären Forschungsinstitut e.V., bearbeitet von U. Enders-Dragässer und G. Stanzel, Frankfurt 1986.

FRAUEN VERÄNDERN SCHULE, Dokumentation des 5. Fachkongresses der AG Frauen und Schule, hrsg. von G. Kindermann/B. Mauersberger/I. Pilwousek, Berlin 1987.

GIESCHE, S./SACHSE, D. (Hrsg.), Frauen verändern Lernen. Dokumentation der 6. Fachtagung der AG Frauen und Schule, Kiel 1988.

HAGEMANN-WHITE, C., Sozialisation: Weiblich – männlich?, Opladen 1984.

HORSTKEMPER, M., Schule, Geschlecht und Selbstvertrauen, Weinheim–München 1987.

KAISER, A., Die Arbeitswelt aus Mädchen- und Jungenperspektive, in: J. Block u.a. (Hrsg.), 1985.

METZ-GÖCKEL, S., Licht und Schatten der Koedukation. Eine alte Debatte neu gewendet, in: Zeitschrift für Pädagogik, 33 (1987) 4.

MICHEL, A., Down with stereotypes! Eliminating sexism from children's literature and school text books, UNESCO, Paris 1986.

OTTEMEIER-GLÜCKS, F. G., Über die Notwendigkeit einer antisexistischen Arbeit mit Jungen, in: deutsche jugend, (1987) 7/8.

PRENGEL, A., Schulversagerinnen, Gießen 1984.

PUSCH, L. (Hrsg.), Feminismus. Inspektion der Herrenkultur. Ein Handbuch, Frankfurt/M. 1983.

SCHULBILDUNG UND GLEICHBERECHTIGUNG, Dokumentation zum internationalen Symposium des Arbeitskreises Frauenstudien am 20. und 21. Juni 1986 am Fachbereich Erziehungswissenschaften der Johann-Wolfgang-Goethe-Universität Frankfurt, hrsg. von A. Prengel/P. Schmid/G. Sitals/C. Willführ, Frankfurt/M. 1987.

SCHULTZ, D. (Hrsg.), Ein Mädchen ist fast so gut wie ein Junge, Bd. I und II, Berlin 1978/1979.

SPENDER, D., Frauen kommen nicht vor, Frankfurt/M. 1985.

STIEFEL, E., »Frauenbildung in einer auf männliche Bedürfnisse zugeschnittenen Arbeitswelt«, in: Informationen für die Frau, (1987) 10.

TRÖMEL-PLÖTZ, S. (Hrsg.), Gewalt durch Sprache. Die Vergewaltigung von Frauen in Gesprächen, Frankfurt/M. 1984.

TRÖMEL-PLÖTZ, S./GUENTHERODT, J./HELLINGER, M./PUSCH, L. F. Richtlinien zur Vermeidung sexistischen Sprachgebrauchs, in: Linguistische Berichte, 71 (1981).

WERNER, V./BERNARDONI, C., Die Bedeutung des beruflichen Aufstiegs von Frauen für den gesellschaftlichen Wandel am Ende des 20. Jahrhunderts, hrsg. von der Deutschen UNESCO-Kommission, Bonn 1986.

WALTER GAGEL

Politisierung der politischen Bildung?
Erfahrungen und Perspektiven

Politisierung der politischen Bildung: Ist das nicht ein Paradox? Eine Bildung, die Menschen in ein Verhältnis zur Politik setzen soll, kann kaum unpolitisch sein. Eine Bildung, die in der Schule unter staatlicher Aufsicht und Organisationsgewalt steht, vollzieht sich in einem von Politik gestalteten Raum.

Das Wort »Politisierung« ist keineswegs eindeutig; es lebt mehr von den unterschwellig wirkenden Konnotationen als von klaren Definitionen. Seine Bedeutung reicht von »politisch werden« – im Sinne von Politik bewirken – über die parteipolitische Politisierung – im Sinne von einseitiger Ausnutzung oder Ausrichtung – bis hin zur Politisierung von nichtpolitischen Bereichen – im Sinne von Usurpation. Dabei sind die Sachverhalte, die diesen Varianten zugrundeliegen, keineswegs eindeutig. Wenn der Historiker Thomas Nipperdey das Panorama einer »Schule im Sog der totalen Politisierung« entwirft, so sieht er in der Schule »das eigentliche Werkzeug der Gesellschaftsveränderung«[1], ohne zu berücksichtigen, daß das Gegenteil, die Schule als »Werkzeug« der Gesellschaftserhaltung, nicht weniger eine politische Zwecksetzung bedeutet.

So oder so, politische Bildung ist demnach immer schon politisiert gewesen. Die Frage ist nur, in welchem Verhältnis politische Bildung zu den politischen Prozessen und zu den politischen Akteuren einer jeweiligen Zeit gestanden hat.

In seinem Rückblick auf die Geschichte der politischen Bildung sprach Felix Messerschmid von dem »Zusammenhang von Politik, den geschichtlichen Ereignissen und der politischen Bildung«[2]. Gewiß ist der Begriff »Zusammenhang« methodisch unscharf. Die damit gefaßten Beziehungen können unter anderem als Widerspiegelung, als Wirkung, als Eingriff oder als Steuerung verstanden werden.

Die zitierte Perspektive soll daher im folgenden übernommen, aber auch präzisiert werden. Politisierung versuche ich zu fassen, indem ich aus der Geschichte der politischen Bildung drei Beispiele herausgreife, in denen politische Akteure versucht haben, Einfluß auf die Entwicklung der politischen Bildung auszuüben. Diese Beispiele stellen zugleich Fallstudien zu unterschiedlichen Formen der Politisierung dar.

---

1 T. Nipperdey, Die Schule im Sog der totalen Politisierung, in: A. F. Utz u. a., Politische Bildung im Umbruch. Beiträge zur Orientierung, München 1976, S. 99.

2 F. Messerschmid, 25 Jahre politische Bildung im Wandel, in: Th. Pfizer (Hrsg.), Bürger im Staat. Politische Bildung im Wandel, Stuttgart 1971, S. 23–43; vgl. auch R. Schmiederer, Zwischen Affirmation und Reformismus. Politische Bildung in Westdeutschland seit 1945, Frankfurt/M. 1972.

Dabei geht es um den Versuch, nicht um die Wirkung einer solchen Einflußnahme. Der Versuch genügt, weil sich in ihm bereits Merkmale für das Verhältnis zwischen Politik und politischer Bildung ablesen lassen.

1. Das Gutachten zur politischen Bildung und Erziehung des Deutschen Ausschusses von 1955

1.1 Zeitdiagnose und genetisches Konzept

Der Deutsche Ausschuß für das Erziehungs- und Bildungswesen wurde 1953 vom Bundesinnenminister und vom Präsidenten der Kultusministerkonferenz (KMK) berufen. Seine 20 Mitglieder waren ungefähr zur Hälfte »Laien«, zur anderen Hälfte »Pädagogen vom Fach«. Er hatte den Auftrag, die Entwicklung des Bildungswesens »durch Rat und Empfehlungen« zu fördern[3]. Damit war der Deutsche Ausschuß das erste der Gremien, welche versuchen sollten, die zentrifugalen Tendenzen des föderalistischen Bildungswesens in der Bundesrepublik aufzufangen. Diese Aufgabe kam auch dem am 22. Januar 1955 verabschiedeten »Gutachten zur politischen Bildung und Erziehung« zu.

Ausgangspunkt des 10 Druckseiten umfassenden Gutachtens ist eine Zeitdiagnose[4]. Die Teilung Deutschlands, das »gebrochene Verhältnis« vieler Menschen zu dem neuen Staat, fehlende Zustimmung der Jugend, fehlende Übereinstimmung in der Beurteilung des Nationalsozialismus, die Überschätzung weltanschaulicher Gegensätze und die obrigkeitsstaatlichen Formen der Schule waren für den Deutschen Ausschuß die wichtigsten Bedingungen, unter denen die politische Bildung im Jahre 1955 stand. Angesichts dieser Lage, so folgerte das Gutachten, sei politische Erziehung umso nötiger. Politische Bildung und Erziehung erhielt also die Aufgabe, politische Apathie, Privatisierung und Fremdheit gegenüber den staatlichen Institutionen in einer Gesellschaft überwinden zu helfen, in welcher die Erfahrungen der Besatzungszeit, der eingeschränkten Souveränität und der Ungewißheit über die endgültige politische Gestalt des Gemeinwesens noch gegenwärtig waren.

Der Deutsche Ausschuß entwarf zu diesem Zweck ein genetisches Konzept der politischen Erziehung und Bildung, das den Jugendlichen in seiner Entwicklung begleiten sollte und das der Ausschuß »als einen Fortgang durch einen vorpolitischen in den eigentlich politischen Raum« verstand[5]. Dazu gehörte die früh einsetzende »Gemeinschaftserziehung«, die »Begegnung zwischen Kindern aus allen Schichten unseres Volkes« in der Schule, die Gestaltung des Unterrichts allgemein nach Prinzipien und Methoden wie Gesamtunterricht, Arbeitsunterricht und Gruppenunterricht, die Schülermitverwaltung, die politische Bildung als Unterrichtsprinzip aller

---

3 U. Kleemann, Der Deutsche Ausschuß für das Erziehungs- und Bildungswesen, Weinheim 1977, S. 12 ff.; K. Hüfner/J. Naumann, Konjunkturen der Bildungspolitik in der Bundesrepublik Deutschland, Bd. 1, Der Aufschwung (1960–1967), Stuttgart 1977, S. 61–64.
4 Der Text dieses Gutachtens findet sich in: K. Borcherding, Wege und Ziele politischer Bildung in Deutschland. Eine Materialsammlung 1871–1965, München 1865, S. 72–81.

Fächer und der nur für ältere Schüler vorgesehene spezifische Fachunterricht, »politischer Unterricht« genannt.

1.2 Merkmale

Einige Besonderheiten dieses Gutachtens will ich hervorheben:

1. *Synthese von Oetinger und Litt:* Der Ausschuß hat versucht, die Vorzüge verschiedener damals diskutierter Ansätze der politischen Bildung zu vereinigen, um deren Einseitigkeiten zu vermeiden. Er hatte dabei wohl vor allem die pädagogischen Konzepte von Oetinger und Litt vor Augen[6]. Der Deutsche Ausschuß versuchte, beides zu verbinden: Die Gemeinschaftserziehung, die man damals aus Oetinger herauslas, wurde als propädeutische Erziehung zur Politik dem vorpolitischen Raum des Schullebens zugeordnet, während das, was Litt forderte, nämlich Politik als Kampf um Macht zu verstehen, dem Fachunterricht zugewiesen wurde. Mit dieser Synthese der zunächst als Antipoden verstandenen pädagogischen Konzeptionen schloß sich der Ausschuß der vermittelnden Position seines Mitgliedes Erich Weniger an[7] und übersetzte sie in das Stufenkonzept einer schulbezogenen Bildung.

2. *Gemeinschaftserziehung.* Oetinger/Wilhelm hatte sich dagegen gewehrt, sein Konzept für eine Gemeinschaftsideologie zu vereinnahmen; er hatte demgegenüber bewußt das Wort »Gesellschaft« verwendet[8]. Dem folgte der Deutsche Ausschuß nicht. Das Bild der Schule, das die von ihm geforderte »Gemeinschaftserziehung« voraussetzt, ist dasjenige einer pädagogischen Enklave, einer »pädagogischen Provinz«, wie es Rolf Schmiederer genannt hat[9]: Die Schüler gestalten das Leben der Schule mit ihren Lehrern »in Vertrauen und Zusammenwirken«[10]. Hier geht es also um das Verhalten in der Primärgruppe, welche die Möglichkeit der Intimität und des persönlichen Vertrauens zuläßt; konstituierend ist der pädagogische Bezug, welcher den Lehrer zu einer gewissen Selbstlosigkeit verpflichtet. Keineswegs lernen die Schüler aber auf diese Weise die Schule als »gesellschaftliches Phänomen« kennen, wie der Ausschuß meint, das heißt als Institution mit Anstaltscharakter. Der Deutsche Ausschuß versuchte zwar, dieses Konzept zu relativieren. Er warnte davor, sich mit Gemeinschaftserziehung zu begnügen, weil sich darin eine »antistaatliche, ja antipolitische Tendenz« verbergen könne[11]. Doch zog er daraus nicht die Konsequenzen.

5 Ebenda, S. 74.
6 W. Gagel, Theorien und Konzepte der politischen Bildung, in: W. Mickel/D. Zitzlaff (Hrsg.), Handbuch zur politischen Bildung, Opladen 1988, S. 15–26.
7 E. Weniger, Politische und mitbürgerliche Erziehung (1952), in: H. Schneider, Politische Bildung in der Schule, Bd. 1, Grundfragen, Darmstadt (Wege der Forschung CXXXVI), S. 16–35.
8 Th. Wilhelm, Eine Lanze für die Partnerschaft, in: H. Schneider (Anm. 7), S. 36–54; Theodor Wilhelm publizierte unter dem Pseudonym Oetinger.
9 R. Schmiederer (Anm. 2), S. 67.
10 Ebenda, S. 75.
11 »Gutachten zur politischen Bildung und Erziehung« des Deutschen Ausschusses, zitiert nach K. Borcherding (Anm. 4), S. 75.

3. *Politikferne*. Dem Politischen stand der Deutsche Ausschuß ambivalent gegenüber. Er warnte vor der Gefahr, daß wesentliche Bildungsgehalte politisiert werden, andererseits jedoch auch davor, Bildung als »Ausflucht aus der politischen Verantwortung« zu verwenden[12]. Er warnte vor politischer Propaganda in der Schule, forderte für den Unterricht »Distanz von den Tagesereignissen«; sollten sie aufgegriffen werden, dann ziele der Unterricht nicht auf eine »Stellungnahme«, sondern auf allgemeinere »Einsichten«[13]. Diese Überhöhung des bloß Politischen ins Geistige läßt eine gewisse Unsicherheit erkennen. Das Wort »Politik« taucht als Substantiv nur an zwei Stellen des Gutachtens auf[14].

Diese Politikferne läßt sich auch in der Zeitdiagnose des Gutachtens erkennen. Ausgangspunkt der Überlegungen ist die Teilung Deutschlands, Ziel ist die Wiedervereinigung. Die andere Möglichkeit – Integration in ein westliches Bündnissystem unter Preisgabe der Wiedervereinigung – wird nicht erwähnt. Dabei waren im Oktober 1954, also drei Monate vorher, die Pariser Verträge geschlossen worden, und dazu gehörten der Aufbau der Bundeswehr, der Eintritt in die NATO und das Ende des Besatzungsstatuts. Die schon Jahre andauernde Auseinandersetzung um die Wiederbewaffnung war unter den Alternativen: Wiedervereinigung oder Wiederbewaffnung geführt worden. Der Deutsche Ausschuß vermied eine Parteinahme. DDR und Kommunismus wurden in dem Gutachten nicht erwähnt. Daher enthält der Text auch keinen expliziten Antikommunismus, obwohl dieser in der Auseinandersetzung um den Wehrbeitrag eine große Rolle gespielt hatte. Während die Politik die Fakten bereits geschaffen hatte, blieb das Bewußtsein der Ausschußmitglieder, wie das der Bevölkerung, in der Schwebe zwischen Wiedervereinigungswunsch und erfolgter Staatsgründung.

4. *Latenter Antikommunismus*. Einen expliziten Antikommunismus kann man in dem Gutachten nicht feststellen. Dennoch ist es von der damaligen weltpolitischen Situation beeinflußt: der Teilung in die Blöcke und dem Kalten Krieg. In dem Sinne, wie Ernst Nolte das Grundgesetz revisionistisch, antikommunistisch und antifaschistisch genannt hat[15], können auch in diesem Text ein revisionistisches Element (Wiedervereinigung) und ein antifaschistisches (gegen Politisierung der Bildung) entdeckt werden. Das latent antikommunistische Element ist aus dem Wertekatalog herauszulesen. Die tragenden Elemente des Grundgesetzes sind nach Aussage des Deutschen Ausschusses Menschenrechte, bürgerliche Freiheiten und Rechtsordnung[16]. Gleichheit und Beteiligung werden nicht genannt, das Wort »Kritik« war damals ohnehin unüblich. Gleichheit erschien durch den Sozialismus östlicher Prägung diskreditiert und galt als »Gleichmacherei« – man denke an die vergeblichen Versuche der Amerikaner, die angelsächsische Stufenschule einzuführen, die durch die ostzonale »Einheitsschule« abgewertet erschien. Ebenso war politische Beteiligung diskreditiert durch die Mobilisierung der Massen, die in den östlichen Systemen praktiziert wurde und die in der von der SED seit 1947 initiierten Volkskongreßbewe-

---

12 Ebenda, S. 74.
13 Ebenda, S. 77.
14 Ebenda, S. 74 und S. 81.
15 E. Nolte, Deutschland und der Kalte Krieg, Stuttgart 1985², S. 203–210.
16 »Gutachten zur politischen Bildung und Erziehung« des Deutschen Ausschusses (Anm. 4), S. 72.

gung auch nach Westdeutschland hineinwirken sollte. Hervorgehoben wurden daher die von den östlichen Systemen *unterscheidenden* Wertvorstellungen, die dadurch zu Bestandteilen einer Gegenideologie wurden. So ist zu verstehen, daß auch der Deutsche Ausschuß in seinem Gutachten keine Vorstellung von Demokratie entwickelte[17], sondern als das *Gegenbild* das einer rechtsstaatlichen politischen Ordnung entwarf. Demokratie wurde also negativ definiert.

1.3 Politische Funktion der politischen Bildung

Der Deutsche Ausschuß war in doppelter Weise gegen eine Politisierung ausgerichtet. Zum einen durch seine politische Unabhängigkeit. Berufen war vom Innenminister und vom Präsidenten der KMK ein »von jeder behördlichen Einflußnahme unabhängiger Kreis von Persönlichkeiten«, wie es in dem Berufungsschreiben hieß[18]. Das bedeutete einerseits die Unabhängigkeit von politischen Institutionen, sowohl von Regierungen wie von Parteien, andererseits aber auch die Unverbindlichkeit der Ergebnisse gegenüber den Berufungsinstanzen. Seine Empfehlungen mußte der Deutsche Ausschuß an eine – »politisch nicht faßbare« – Öffentlichkeit richten. Er hatte also keinen Einfluß auf deren weiteres Schicksal[19]. Da dieses Gremium alle seine Empfehlungen einstimmig verabschiedete, waren diese gewissermaßen Konkordanzpapiere, »vorweggenommene politische Kompromisse«[20]. Das erklärt das Ausklammern aller brisanten Fragen in dem Gutachten, so der politischen Streitfragen oder der Auseinandersetzung mit dem Nationalsozialismus. Herausgehoben über die Tagesereignisse, befreit von der Notwendigkeit eines politischen Dialogs, konnte sich der Deutsche Ausschuß mit den den Tag überdauernden grundsätzlichen Fragen der politischen Bildung im Nachkriegsdeutschland beschäftigen.

Gegen eine Politisierung war der Deutsche Ausschuß zum anderen in dem Sinne ausgerichtet, daß sein Gutachten als ein Programm gegen die Politisierung der politischen Bildung angelegt war: daher die Entwertung der Tagesereignisse, die Warnung vor einer Politisierung der »wesentlichen Bildungsgehalte«[21]. Die Schulpolitik des Nationalsozialismus und in der DDR waren das abschreckende Gegenbild. Das bewirkte die Politikdistanz des Gutachtens. Aber trotzdem ist die politische Bildung in diesem Programm politisiert, da sie eine *politische Funktion* zugewiesen bekam: die Funktion nämlich, die politische Kultur zu reformieren und das Legitimationsdefizit des im Werden begriffenen und dennoch als Provisorium definierten Staates auszugleichen. Der Weg dieser Reform ging über die heranwachsende Generation, war also auf einen weiten Zeithorizont angelegt.

---

17 Das Wort »Demokratie« wurde im genannten Gutachten nur einmal beiläufig verwendet.
18 K. Hüfner/J. Naumann (Anm. 3), S. 62.
19 Ebenda, S. 62 f.
20 J. Raschert, Bildungspolitik im kooperativen Föderalismus, in: Max-Planck-Institut für Bildungsforschung (Hrsg.), Bildung in der Bundesrepublik Deutschland. Daten und Analysen, Bd. 1, Reinbek 1980, hier S. 149.
21 Zitiert nach K. Borcherding (Anm. 4), S. 74.

2. Die Antwort der Bundesregierung auf Große Anfragen zur politischen Bildung von 1968

Ganz anders als das Gutachten des Deutschen Ausschusses weist die Antwort der Bundesregierung auf Große Anfragen der Fraktionen des Deutschen Bundestages zur politischen Bildung vom 23. September 1968 einen engen Bezug zu aktuellen politischen Ereignissen auf: zu den Studentenunruhen der Jahre 1967/68. Stichwortartig seien die wichtigsten Ereignisse angeführt:

Dezember 1966 Bildung der Großen Koalition zwischen CDU/CSU und SPD unter Kurt Georg Kiesinger als Bundeskanzler und mit Willy Brandt als Vizekanzler und Außenminister. Die parlamentarische Opposition schmilzt auf eine kleine Minorität von 49 Abgeordneten der FDP. Juni 1967 erster Höhepunkt der Studentenunruhen an der FU Berlin mit der Demonstration gegen den Besuch des Schah von Persien und dem Tod eines Studenten. April 1968 die Osterunruhen im Zusammenhang mit der Ostermarschbewegung und dem Attentat auf das führende Mitglied der Studentenbewegung Rudi Dutschke. Bildung einer außerparlamentarischen Opposition gegen die Nostandsgesetzgebung; die Notstandsgesetze werden im Mai 1968 vom Bundestag verabschiedet. Erfolge der NPD, die erst 1964 gegründet worden war, bei den Landtagswahlen 1967 und 1968: Rheinland-Pfalz 6,9 %, Schleswig-Holstein 5,8 %, Niedersachsen 7,0 %, Bremen 8,8 %, Baden-Württemberg April 1968 9,8 %.

2.1 Ursachen des »Unbehagens« und Ziele der politischen Bildung

Wie in dem Gutachten des Deutschen Ausschusses beginnt die Antwort mit einer Zeitdiagnose, jedoch ist diese zeitlich und inhaltlich enger gefaßt: Die Bundesregierung behandelte zunächst die »Ursachen des Unbehagens an Politik und Staat«[22]. Sie bezog sich dabei nicht allein auf die Protestbewegung, sondern bündelte das zusammen, was sie als den »Entfremdungsprozeß breiter Schichten« bezeichnete. Die Bundesregierung sah eine Situation entstanden, in welcher alle gesellschaftlichen Kräfte und auch der Staat dem verbreiteten Unbehagen »entgegenwirken« müßten[23].

Als Ursachen führte sie an[24]: Resignation wegen noch nicht erfolgter Wiedervereinigung, den Übergang in eine wenig motivierende politische Alltagsarbeit nach der Gründungsphase, die Undurchsichtigkeit und Unübersichtlichkeit politischer und gesellschaftlicher Prozesse, eine idealisierte Vorstellung von Demokratie, die zu Enttäuschungen führt, sowie eine Verzerrung der politischen Wirklichkeit durch einseitige Kritik. Im einzelnen ist diese Diagnose sicherlich problematisch und insgesamt zudem unvollständig. Zutreffend ist die zunehmende Komplexität: Sie verringerte die Beteiligungschancen, erhöhte die Undurchschaubarkeit, aber auch den staatlichen Regelungsbedarf. Anzeichen für »Resignation und Ungeduld« in der

---

22 Die Antwort der Bundesregierung ist dokumentiert in: F. Minssen (Hrsg.), Laufende Mitteilungen zum Stand der politischen Bildung in der Bundesrepublik Deutschland, Jahresband 1968, Essen 1969, S. 24–36.
23 Ebenda, S. 26.
24 Ebenda, S. 24 f.

Bevölkerung lassen auch damalige Umfragen erkennen, aus denen jedoch auch die ungewöhnliche politische Interessiertheit der jüngeren Generation hervorgeht. Das Erstaunliche an diesen Ausführungen sind weniger die Lücken, als vielmehr die Tatsache, daß überhaupt nach Ursachen gefragt wurde. Denn es gab auch ganz andere Stimmen. Aus der CSU kamen zu politischen Nachgiebigkeiten – wie der Rücknahme der Fahrpreiserhöhungen der öffentlichen Verkehrsmittel durch den Bremer Senat nach Schülerprotesten im Januar 1968 – Äußerungen wie: »erschreckende Erschütterung der Staatsautorität«, »Ohnmacht des Staates als Ideal propagiert« und die Forderung »Landgraf werde hart«[25]. Die SPD nahm eine andere Haltung ein. Offenbar setzte sich dann mit den Osterunruhen im April 1968 innerhalb der Bundesregierung ein Meinungswandel durch. Die Koalition der beiden großen Parteien bewirkte eine mehr auf Verständnis zielende Haltung, und daraus ergab sich ein breiter parteipolitischer Konsens über Aufgabe und Inhalt der politischen Bildung, wie ihn die Antwort enthält.

Politische Bewußtseinsbildung sei, so die Bundesregierung, nicht allein von der politischen Bildungsarbeit abhängig, aber diese vermöge »zur Klärung des politischen Bewußtseins Wesentliches beizutragen«. Und dann nannte die Antwort der Bundesregierung die Ziele der politischen Bildungsarbeit: möglichst objektive Information, die Ausbildung eines politischen Problembewußtseins, die Förderung der Erkenntnis des eigenen Standortes, die Bejahung der Grundwerte, die Entwicklung der Fähigkeit zu politischem Handeln, das Bewußtmachen des Wesens demokratischer Spielregeln[26].

2.2 Rezeption der politischen Didaktik

Das zweite Erstaunliche an diesem Dokument ist, daß in ihm eine Rezeption der politischen Didaktik etwa auf dem damaligen Stande zu erkennen ist: eine realistische Demokratietheorie, die Akzeptierung des Konfliktbegriffs, die Ablösung des Ziels der Gemeinschaftserziehung durch das der Urteilsfähigkeit. Die Bundesregierung war in dieser Hinsicht den meisten Bundesländern weit voraus. Ich hebe einige Punkte hervor:

1. *Demokratievorstellung:* Kritisiert wurde von der Bundesregierung die bisher häufige »harmonisierende, verklärende Darstellung der Demokratie«. »Die überbetonte Wertschätzung von Gemeinschaft, Verständigung und Partnerschaft führt leicht zur Verkennung des Wesens der Politik.«[27] Dies trifft weniger die Theorie als die Praxis des politischen Unterrichts der damaligen Zeit. Eine quantitative Untersuchung der pädagogischen Literatur weist aus, daß Gemeinschaftserziehung längst ausgedient hatte; 1966 dominierte hingegen Erziehung zu Kritik und zu Konflikt[28]. Lehrer orientierten sich jedoch immer noch an der Gemeinschaft, sahen das Ziel im Abbau

25 So der CSU-Bundestagsabgeordnete Jaeger am 9. Februar 1968 im Bundestag; siehe auch H. J. Winkler (Hrsg.), Das Establishment antwortet der APO. Eine Dokumentation, Opladen 1968, S. 13 f.
26 Zitiert nach F. Minssen (Anm. 22), S. 26.
27 Ebenda, S. 27.
28 K. Wallraven, Der unmündige Bürger. Ideologien und Illusionen politischer Pädagogik, München 1976, S. 353 und S. 355.

der Gegensätze in der Gesellschaft und waren sich meist nicht der harmonisierenden Auffassung von Gemeinschaft bewußt[29].

2. *Entdeckung des Konfliktes:* Der amerikanische Politikwissenschaftler Henry W. Ehrmann, der in der Bundesrepublik 1964 den Sozialkundeunterricht in 37 Schulen besucht hatte, stellte nach seinen Schulbesuchen fest:»Das zentrale Problem, bei dem man in Deutschland wegen vergangener und gegenwärtiger Entwicklungen offenbar auf besondere Schwierigkeiten stößt, ist, den Zusammenhang zwischen unvermeidlichem politischen Konflikt und gesellschaftlicher Fortentwicklung klar zu machen.«[30] Auch dies trifft weniger auf die Theorie als vielmehr auf die Praxis der politischen Bildung zu; 1965 hatte zum Beispiel Hermann Giesecke auf der Grundlage der soziologischen Konflikttheorie von Ralf Dahrendorf eine sogenannte Konfliktdidaktik in seiner »Didaktik der politischen Bildung« entwickelt[31]. Ihr stand jetzt die Bundesregierung nahe, wenn es in der Antwort heißt:»Die Ausklammerung von Begriffen wie Interesse, Konflikt und Macht ist im Hinblick auf die politische Bewußtseinsbildung außerordentlich gefährlich. Sie führt dazu, daß der Bürger vielfach keine Einsicht in das Wesen und die Situationsgebundenheit politischer Entscheidungen erhält und daher auch kein Verständnis für sie aufbringt.«[32] Sicherlich ist dies ein verkürzter Dahrendorf, weil der soziale Wandel fehlt. Die Betonung liegt auf dem Verständnis von Macht als Herrschaft auf Zeit, doch zielen die Aussagen auch auf ein wirklichkeitsnahes, nicht harmonistisches Bild von Demokratie, in welcher Interessengegensätze in »menschenwürdiger Form« ausgetragen werden können[33].

3. *Abklingen des Antikommunismus:* Über die Auseinandersetzung mit dem Nationalsozialismus und Kommunismus in der politischen Bildungsarbeit sagte die Bundesregierung:»Jedoch erzeugt die immerwährende Betonung einer abwehrenden Haltung Überdruß und lenkt von dem Verständnis der in Gegenwart und Zukunft gestellten Aufgaben ab. Mit diesen soll sich die politische Bildungsarbeit vorrangig beschäftigen ...«[34] Ein völliger Verzicht auf derartige Themen war damit nicht gemeint. So heißt es auch, der Totalitarismus müsse weiterhin Gegenstand politischer Bildungsarbeit sein. Aber eine Abwertung ist doch deutlich herauszulesen. Freilich war damit auch das Ende der Vergangenheitsbewältigung nahegelegt. Der Verzicht auf einen betonten Antikommunismus ist mit den Schritten einer neuen Ostpolitik zu erklären, die in der Zeit der Großen Koalition unternommen wurden. Ein expliziter Antikommunismus hätte die deutschlandpolitische Option der Bundesregierung verbaut. Das Argument des Überdrusses ist daher weniger psychologisch als politisch zu verstehen. Auch hier stand die Bundesregierung im Einklang mit der politischen Didaktik dieser Zeit. Gegen eine antikommunistische Lehre hatten sich schon 1960 der Deutsche Ausschuß[35] und Wolfgang Hilligen 1961 ausgesprochen[36].

29 E. Becker/S. Herkommer/D. Bergmann, Erziehung zur Anpassung? Eine soziologische Untersuchung der politischen Bildung in den Schulen, Schwalbach 1970³, S. 135 f., S. 174.
30 H. W. Ehrmann, Politische Bildung. Beobachtungen und Vorschläge, Weinheim 1966, S. 32.
31 H. Giesecke, Didaktik der politischen Bildung, München 1965.
32 Zitiert nach F. Minssen (Anm. 22), S. 27.
33 Ebenda.
34 Ebenda.
35 Zitiert nach K. Borcherding (Anm. 4), S. 85.
36 W. Hilligen, Worauf es ankommt, in: H. Schneider (Anm. 7), S. 164–201.

4. *Veränderung:* Mit einem Satz geht die Bundesregierung auf den Gedanken der Veränderung ein: »Politische Bildung muß dabei auch den Sinn für die stets notwendige Verbesserung des Bestehenden schärfen.«[37] Das ist wenig im Vergleich zu der scheinbaren Einmütigkeit, in der Politiker aller Parteien 1968 ihre Reformbereitschaft äußerten: »Die Winde des Wandels regen sich« (Benda, CDU), »Wille zur Reform« (Martin, CDU), nicht nur Reformwille, auch »Reformfähigkeit« bekunden (Raffert, SPD), es sei ein Wagnis, über Reformen zu sprechen (Scheel, FDP), »evolutionäre Fortentwicklung zu Reformen« (Huber, CSU), »unser Land braucht Reformen« (Barzel, CDU)[38]. In vorsichtiger Weise nahm die Bundesregierung den Reformgedanken auf und eignete sich damit offenbar auch etwas von der Kritik an dem »verkrusteten« System und an einer den Status quo erhaltenden Politik an, die in der Protestbewegung damals immer wieder geäußert wurde.

2.3 Die »Feuerwehrfunktion« der politischen Bildung

Die Antwort, die bis heute einzige Verlautbarung einer Bundesregierung zur politischen Bildung, war sichtbar ein Produkt der Großen Koalition. Der hier gefundene Konsens der beiden großen Fraktionen des Deutschen Bundestages ist das Ergebnis eines langwierigen Prozesses innerhalb der Bundesregierung gewesen. Innenminister Benda berichtete in der Bundestagsdebatte über diese Antwort am 15. November 1968, daß auch eine Vielzahl von an sich unzuständigen Ressorts sich an der Abfassung beteiligt und sich sogar die Minister persönlich damit befaßt hätten, so daß eine Fülle von Anregungen zusammengekommen sei[39]. Verständlich ist, daß Abstriche von beiden Seiten gemacht werden mußten. Einerseits wurde die Forderung nach Demokratisierung nicht erwähnt, die der Abgeordnete Matthöfer (SPD) mit seinem Vorschlag, Formen der direkten Demokratie einzuführen, in die Bundestagsdebatte einbrachte[40]. Andererseits vermied es die Bundesregierung – und der Innenminister sagte es ausdrücklich –, politische Bildung zum Zwecke von »public relations« und »politischer Werbung« für die Bundesregierung zu nutzen[41].

Sicherlich ist der Kompromiß auch in der Kompilation heterogener Elemente wiederzuerkennen. Neben den erwähnten aktuellen Prinzipien der politischen Didaktik finden sich traditionelle Bestände in diesem Text, so die Aufgabe, ein »Staatsbewußtsein« zu vermitteln, sowie – unter Umgehung einer Überdruß erzeugenden Auseinandersetzung mit der NS-Zeit – die Herstellung eines unvoreingenommenen Verhältnisses zur eigenen Geschichte und zum eigenen Volk, also eine fortdauernde Tabuisierung des Nationalsozialismus. Sie war nach der damals kurz zuvor erfolgten Diskussion um die NS-Vergangenheit des Bundespräsidenten Lübke und des Bundeskanzlers Kiesinger in einem amtlichen Dokument nicht anders zu erwarten.

Die Antwort der Bundesregierung war Ergebnis eines politischen Prozesses des Aushandelns zwischen den beiden großen Parteien. Wie im Gutachten des Deutschen

37 Zitiert nach F. Minssen (Anm. 22), S. 27.
38 Zitiert nach H. J. Winkler (Anm. 25), S. 99, S. 118, S. 106, S. 119, S. 127, S. 129.
39 Stenografisches Protokoll über die 196. Sitzung des Deutschen Bundestags, 5. Wahlperiode, S. 10567 A.
40 Ebenda, S. 10574 D.
41 Ebenda, S. 10566 D.

Ausschusses erhielt die politische Bildung eine politische Funktion. Aber diese Funktion war jetzt eine andere. Sie wird durch folgenden Satz beschrieben: »Es ist eine Situation entstanden, die es allen gesellschaftlichen Kräften und auch dem Staat dringend gebietet, dem verbreiteten Unbehagen entgegenzuwirken und das Bewußtsein vom Wert unserer freiheitlichen Staatsordnung und den Möglichkeiten ihrer zeitgerechten Fortentwicklung zu stärken.«[42] Im Unterschied zum Deutschen Ausschuß reagierte die Bundesregierung auf aktuelle politische Ereignisse; diese wurden als krisenhaft empfunden. Ihre Analyse war die Diagnose eines pathologischen Befundes, der nach Therapie verlangte. Die mit »Unbehagen« nur verharmlosend bezeichnete Protestbewegung wurde als eine Deligitimierung der gerade erst errichteten politischen Ordnung angesehen. Politische Bildung sollte als Instrument der Behebung einer aktuellen Legitimationskrise dienen. Sie wurde zum Mittel der Politik, erhielt eine »Feuerwehrfunktion«.

Darin ist die Ambivalenz dieses Dokumentes enthalten. Einerseits bot es der politischen Bildung und der politischen Didaktik das legitimatorische Dach, unter dem sich fortschrittliche Konzeptionen entfalten konnten, die später mit dem Schlagwort »Konfliktdidaktik« von seiten der Unionsparteien verteufelt wurden. Politische Bildung geriet in den Folgejahren in ein Konjunkturhoch. Die Kehrseite war das nur kurzfristige, im Grunde zweckbezogene Interesse der politischen Akteure an der politischen Bildung. Es schwand in dem Augenblick, da sichtbar wurde, daß durch Förderung der politischen Bildung nicht beliebig Bewußtseinsprozesse der Adressaten politischer Herrschaft gesteuert werden können, daß sie nicht das Wasser liefert, mit dem legitimatorische »Brände« schnell gelöscht werden können. Im Gegenteil: In den nächsten Jahren erschien politische Bildung vielen politischen Akteuren sogar als Öl für das Feuer. Da stellte sich denn auch heraus, daß der in der Antwort gefundene Kompromiß der Großen Koalition über die Prinzipien der politischen Bildung nur einen fragilen Konsens herstellen konnte, der endete, als diese sich auflöste.

3. »Schulbuchschelte« und Richtlinienstreit in den siebziger Jahren

3.1 Politische Aktionen der CDU

Kurz vor der hessischen Kommunalwahl im Oktober und der Bundestagswahl im November 1972 begann in Hessen der Konflikt um Schulbücher und Richtlinien zum politischen Unterricht. Die »Welt am Sonntag« veröffentlichte am 2. Juli 1972 einen Artikel, der gegen die eben erschienene Neubearbeitung des Schulbuches »Sehen Beurteilen Handeln« (für die Klassen 5 und 6) von Siegfried George und Wolfgang Hilligen gerichtet war. In dem Artikel wurde Walter Wallmann, damals stellvertretender Landesvorsitzender der CDU in Hessen, ausführlich zitiert. Einige Tage später folgten andere Presseveröffentlichungen, darunter zwei von Wallmann selber verfaßte. Der Tenor des Urteils über das Buch: »Es wird offen zum Klassenkampf

---

42 Zitiert nach F. Minssen (Anm. 22), S. 26.

aufgerufen und Propaganda für den Sozialismus östlicher Prägung gemacht«, es handele sich um ein »propagandistisches Machtwerk«, um »Verfälschungen und Verzerrungen«, um »Manipulation«, um den Versuch, »mit Hilfe des Schulwesens ein revolutionäres Potential für die Zukunft schaffen«, ja um eine »Anleitung zur Zerstörung unserer Gesellschaft«[43]. Das Medienecho war groß; der Pressespiegel des betroffenen Verlages weist 86 Presseartikel und 14 Rundfunk- und Fernsehsendungen aus.

Angeregt durch die hessische Kampagne initiierte die hamburgische CDU im September 1972 eine große Schulbuchdebatte in der dortigen Bürgerschaft gegen den SPD/FDP-Senat. Auch hier ging es um das Schulbuch »Sehen Beurteilen Handeln«. In der Folgezeit gab es bis 1980 insgesamt 18 Parlamentsinitiativen der CDU zu Schulbüchern in SPD-regierten Ländern[44], meist im Vorfeld von Wahlen. Dabei wurden auch Politikbücher anderer Autoren – Kurt Gerhard Fischer und Wolfgang W. Mickel – einbezogen. Hinzu kamen Kampagnen in der Öffentlichkeit, so eine Anzeigenserie in Niedersachsen vor den Landtagswahlen 1974, vor allem gegen das Deutschbuch »Drucksachen«[45], und eine ähnliche in Nordrhein-Westfalen vor den Landtagswahlen von 1975[46].

Parallel zur Schulbuchkritik, die wohl zutreffender »Schulbuchschelte« genannt werden muß, verliefen Aktionen der CDU gegen Richtlinien in Hessen und Nordrhein-Westfalen. Am 14. September 1972 wurde auf Initiative einer Gruppe von hessischen Kommunalpolitikern der CDU der »Hessische Elternverein« gegründet[47]. Er entwickelte sich zur »zentralen Vorfeldorganisation der Union«, die von der hessischen Parteiorganisation mit Hilfe einer »Kaderpolitik« gesteuert wurde[48]. Der Elternverein wurde in Hessen Hauptträger des Kampfes gegen die eben erschienenen Rahmenrichtlinien Gesellschaftslehre. 1973 übernahm die CDU in Nordrhein-Westfalen das Thema und begann die Auseinandersetzung über die Richtlinien für den Politikunterricht in Nordrhein-Westfalen[49]. Durch die Revision der Richtlinien entfiel das Thema für den Landtagswahlkampf 1975; daher trat die CDU jetzt mit Anzeigen und Werbematerial zum Schulbuchthema auf: »Unglaublich! So etwas sollen unsere Kinder lernen!«[50]

---

43 H. Friemond, »Ein Bubenstück an Verleumdung«. Wolfgang Hilligens Buch und Walter Wallmanns Weltsicht, in: Frankfurter Hefte, (1973) 1, S. 43–48; vgl. auch W. Hilligen, Kreativität in Fesseln? Die Situation des Autors, in: B. Tewes (Hrsg.), Schulbuch und Politik. Unterrichtsmedien im Spannungsfeld politischer Interessen, Paderborn 1979, S. 51–62, hier: S. 52ff.; ders., Das Schulbuch als Pädagogicum und Politikum, in: S. George/ W. Sander (Hrsg.), Demokratie – Lernen als politische und pädagogische Aufgabe. Für K. G. Fischer zum 60. Geburtstag, Stuttgart 1988, S. 85–112, hier: S. 95.
44 F. J. Witsch-Rothmund, Politische Parteien und Schulbuch, Frankfurt/M. 1986, S. 162.
45 Ebenda, S. 189f.
46 Ebenda, S. 192ff.
47 G. Köhler (Hrsg.), Wem soll die Schule nützen? Rahmenrichtlinien und neue Lehrpläne: Soziales Lernen im Konflikt, Frankfurt/M. 1974, S. 245.
48 J. Schmid, Landesverbände und Bundespartei der CDU. Organisationsstrukturen, Politiken und Funktionsweisen einer Partei im Föderalismus, Politikwissenschaftliche Dissertation, Universität Konstanz 1988, S. 78.
49 Vgl. W. Gagel/R. Schörken (Hrsg.), Zwischen Politik und Wissenschaft. Politikunterricht in der öffentlichen Diskussion, Opladen 1975, S. 109ff.
50 G. Stein, Immer Ärger mit den Schulbüchern. Ein Beitrag zum Verhältnis zwischen Pädagogik und Politik. Dokumentarischer Teil, Stuttgart 1979, S. 120 und passim.

Schulbuch- und Richtlinienstreit wurden von der CDU nach dem Muster der grundsatzpolitischen Kontroverse der politischen Parteien in den damaligen Jahren geführt, wie sie Ulrich Sarcinelli analysiert hat[51]. In ihr erscheint die SPD aus CDU/CSU-Sicht als ideologisch gespaltene Partei mit Nähe zum Kommunismus, als Partei der vergesellschafteten Freiheit, der Gleichmacherei und der Klassensolidarität, als Partei der zentralen Planung, des Kollektivismus und der Unfreiheit[52]. (Entsprechendes gab es selbstverständlich auch umgekehrt.) Dieses Grundmuster kehrte in der »Schulbuchschelte« wieder. Walter Wallmann behauptete in seinem Artikel im »Deutschen Magazin« vom August/September 1972[53] über das Buch von Hilligen/George, Arbeiter würden als Galeerensklaven hingestellt; in der Hauptsache kritisierte er die nach seiner Auffassung prokommunistische Darstellung der DDR. Die Schlagzeile des Artikels lautete: »Hessischer Kultusminister vergiftet die Schuljugend mit prokommunistischen Pamphleten«. Noch im folgenden Jahr nannte der Didaktiker Bernhard Sutor in einem Artikel im »Rheinischen Merkur« vom 9. März 1973 das Buch »gefährlich einseitig« und »zum Teil klassenkämpferisch« und schloß daran die Aussage an, daß die »Neue Linke« bei ihrem »Marsch durch die Institutionen« auf die Lehrerbildung als Schlüsselstellung abziele[54]. Demnach müßten die Autoren als Kollaborateure des Umsturzes verstanden werden.

---

51 U. Sarcinelli, Grundsatzpolitische Kontroversen als Versuche gegenseitiger Positionsfixierung, in: H. Kaack/R. Roth (Hrsg.), Handbuch des deutschen Parteiensystems, 2 Bde., Opladen 1980, hier: Bd. 2, S. 189–202.
52 Ebenda, S. 191.
53 G. Stein (Anm. 50), S. 102 f.
54 Abgedruckt bei G. Stein (Anm. 50), S. 52 f.

3.2 Parteipolitische Instrumentalisierung der politischen Bildung

Die politische Bildung wurde in den siebziger Jahren von der CDU zum Feld einer wohlüberlegten Oppositionsstrategie gewählt. CDU und CSU waren 1969 von dem Regierungswechsel völlig überrascht worden. Sie betrachteten ihn als »Betriebsunfall«, als »gestohlenen Sieg« und als »Verrat am Wähler«[55]. Nach 20 Jahren Regierungsverantwortung im Bunde in der Opposition unerfahren, hatten sie Mühe, sich in der neuen Rolle zurechtzufinden, auch sie zu akzeptieren. Die knappe Mehrheit der Regierungsfraktionen von 254 Stimmen – Brandt hatte bei seiner Wahl zum Bundeskanzler sogar nur 251 erhalten – ließ einen innerparlamentarischen Regierungswechsel als möglich erscheinen. Im Bundestag wurde von beiden Seiten die Konfrontation gesucht, von der einen, um die knappe Mehrheit zu disziplinieren, von der anderen, um sich gegen die »legitimatorische Überhöhung des Regierungswechsels« zu wehren[56]. Dies spitzte sich im Umfeld der Bundestagswahl vom November 1972 noch zu. Nach dem Scheitern des konstruktiven Mißtrauensvotums im April 1972 wurde der Wahlkampf von beiden Seiten stark emotional und polarisierend geführt.

In dieser Situation wählte die CDU die Schulpolitik und die politische Bildung als Politikfeld, auf dem sie einen fundamentalen Wertekonflikt gegen die SPD führen konnte. Vorreiter war der CDU-Landesverband Hessen, der unter Alfred Dregger schon in den Jahren zuvor zum »Kampfverband«, zu einer »hochintegrierten, relativ stark zentralisierten Organisation« umgewandelt worden war[57]. Franz Josef Witsch-Rothmund hat durch eine Analyse der parlamentarischen Schulbuchdebatten in den Bundesländern, in denen die CDU in Opposition stand, gezeigt, daß es dabei gar nicht um die Schulbücher ging. Die zeitliche Plazierung im Vorfeld von Wahlen verweist auf die wahltaktische Komponente, ebenso die Ausblendung der didaktisch-methodischen Dimension von Schulbüchern in den Debattenbeiträgen der CDU-Abgeordneten. Prämisse war die Sozialisationswirkung von Schulbüchern, die jedoch wissenschaftlich nicht nachweisbar ist. Mit ihrer Hilfe wurde dann ein »eindeutig kausaler Zusammenhang zwischen der Sozialisationswirkung der kritisierten, inkriminierten Schulbücher und der öffentlichen Rechtfertigung radikaler Gewalt« durch die Jugendlichen hergestellt[58], was in den Jahren der RAF-Attentate und des Radikalen-Erlasses besonders wirksam erschien. Angelastet wurde dies der für Schulbuchzulassungen zuständigen Behörde, also der jeweiligen Landesregierung und der sie maßgeblich tragenden SPD.

Nach Witsch-Rothmund hatten die Schulbuchkontroversen der siebziger Jahre eine »Stellvertreterfunktion«; es ging dabei nicht um die Schulbücher, sondern diese dienten »der Inszenierung politischer Grundsatzkontroversen und Fundamentalkonflikte«[59]; sie waren Teil einer »Polarisierungsstrategie«[60]. Dieses Ergebnis läßt sich auch auf die Richtlinienkonflikte in Hessen und Nordrhein-Westfalen übertragen.

---

55 W. Jäger, Die Innenpolitik der sozialliberalen Koalition 1969–1974, in: K. D. Bracher/ W. Jäger/W. Link, Republik im Wandel 1969–1974. Geschichte der Bundesrepublik Deutschland, Bd. 5/I, Stuttgart-Mannheim 1986, S. 55.
56 Ebenda, S. 24, S. 62, S. 67.
57 J. Schmid (Anm. 48), S. 112.
58 F. J. Witsch-Rothmund (Anm. 44), S. 162–181, hier: S. 169.
59 Ebenda, S. 159 f.
60 J. Schmid (Anm. 48), S. 79.

Die politische Bildung wurde zum parteipolitischen Instrument für die Rückgewinnung politischer Macht.

Im Gutachten des Deutschen Ausschusses wie in der Antwort der Bundesregierung 1968 erhielt die politische Bildung eine politische Funktion. So unterschiedlich diese definiert wurde, sie blieb dennoch auf dem Feld der Bildungsprozesse angesiedelt, kennzeichnete eine Bildungsaufgabe. Jetzt hingegen wurde sie durch parteipolitische Instrumentalisierung zweckentfremdet.

Die Folgen waren weitreichend[61]. Zu ihnen zählt einmal die Polarisierung innerhalb der politischen Didaktik in den siebziger Jahren, die es sonst nicht gegeben hätte; ferner die bis heute andauernde Spaltung der schulischen politischen Bildung in den sozialdemokratischen und unionsregierten Bundesländern, den sogenannten A- und B-Ländern, abzulesen an den unterschiedlichen Richtlinien und an der restriktiven, selektiv wirkenden Schulbuchzulassung; und ganz allgemein: Die parteipolitische Instrumentalisierung führte zu der hochgradigen Abhängigkeit der politischen Bildung in den Schulen von politischen Entscheidungen – trotz der Verwissenschaftlichung und Institutionalisierung der politischen Didaktik, welche im Gegenteil ihre Unabhängigkeit hätte gewährleisten können.

4. Formen der Politisierung und ihre Grenzen

Der exemplarische Rückblick in die Geschichte der politischen Bildung ergab drei verschiedene Formen ihrer Politisierung:
- Der Deutsche Ausschuß entwickelte in seinem Gutachten zur politischen Bildung und Erziehung von 1955 das langfristige Programm einer politischen Bildung, deren politische Funktion die Reform der politischen Kultur im Nachkriegsdeutschland war. Seine Wirkung war auf einen weiten Zeithorizont bezogen.
- Die auf der Großen Koalition basierende Bundesregierung legte in ihrer Antwort auf Große Anfragen zur politischen Bildung 1968 eine Konzeption von politischer Bildung vor, welche die Aufgabe erhielt, eine aktuelle Legitimationskrise des politischen Systems zu beheben. Politische Bildung wurde hier zum Instrument der Behebung von Krisensymptomen des politischen Systems, zu einem Mittel für die Erhaltung der Regierbarkeit des Staates. Später wurde eine derartige, kurzfristig angelegte politische Funktion die »Feuerwehrfunktion« genannt (dazu weiter unten mehr).
- In den siebziger Jahren konnte eine parteipolitische Instrumentalisierung der politischen Bildung beobachtet werden. Hier ging es weder um langfristig noch um kurzfristig wirksame Bildungsprozesse; die Zielsetzung war vielmehr die Stimmenmaximierung in politischen Wahlen zugunsten einer Partei zum Zwecke der Rückgewinnung von Macht im Parteienstaat.

Diese unterschiedlichen Formen sind sicherlich auch durch die Verschiedenartigkeit der Akteure bestimmt, die hier durch ihre Aussagen zur politischen Bildung das

---

61 Ausführlich dazu W. Gagel, Der Einfluß innenpolitischer Konflikte auf die politische Didaktik seit 1970, in: Wochenschau, Sonderheft 1989, S. 16 ff.

Verhältnis zwischen Politik und politischer Bildung definieren. Der Deutsche Ausschuß war zwar eine bildungspolitische Institution, aber von Zusammensetzung und Kompetenz her ein unabhängiges Gutachter- und Beratergremium. Dies gab dem Deutschen Ausschuß die Möglichkeit, langfristige Konzeptionen zu entwickeln; er stand über dem politischen Prozeß und nicht unter dem Druck der Wahlperioden. Die Voraussetzung für die Tätigkeit eines solchen Gremiums war die fehlende Polarisierung in der politischen Landschaft der fünfziger Jahre. Die Konsenschancen waren hoch, zumal vorerst auch noch keine tiefgehenden Konfliktlinien zwischen Bund und Ländern bezüglich der Bildungspolitik, geschweige der politischen Bildung, sichtbar waren.

Eine Bundesregierung ist da in einer anderen Situation. Ihre Kompetenz auf dem Gebiet der politischen Bildung beschränkt sich auf die Bildungsarbeit der Bundeszentrale für politische Bildung und auf die Vergabe von Fördermitteln an die Bildungsinstitutionen in freier Trägerschaft und der Erwachsenenbildung. Dies gab ihr 1968 eine gewisse Unabhängigkeit. Hinzu kam der politische Konsens oder die Konsensbereitschaft, die sich in der Fähigkeit der beiden großen Parteien äußerte, eine Regierungskoalition einzugehen. Das Kooperationspotential war noch sehr groß. Dies waren institutionelle Voraussetzungen dafür, daß die Antwort in einer gewissen Ausgewogenheit sowohl eine Spannbreite von Bildungsprinzipien berücksichtigen als auch einen relativ aktuellen Stand der Entwicklung der politischen Didaktik rezipieren konnte. Aber auch unter diesen günstigen Voraussetzungen wurde hier die politische Bildung zum politischen Instrument, mit dessen Hilfe die Akteure auf eine politische Problemlage reagierten.

Mit der politischen Polarisierung der siebziger Jahre wurde die Instrumentalisierung dann bis zur Zweckentfremdung gesteigert; die politische Partei als Akteur betrachtete die politische Bildung nur noch unter dem Gesichtspunkt des Machterwerbs.

Dieser Prozeß einer fortschreitend verschärften Instrumentalisierung deckt auf, in welch hohem Grade politische Bildung von der Politik abhängig ist. Eine politische Funktion hatte sie von Anfang an: zunächst die Aufgabe, die politische Kultur der Deutschen zu reformieren, dann diejenige, Legitimationskrisen überwinden zu helfen. Förderung oder Vernachlässigung der politischen Bildung wurden dadurch bestimmt, ob das politische System einen Bedarf an derartigen Leistungen hatte und in der politischen Bildung eine effektive Legitimierungsressource erblickte.

In dem Hearing der Innen- und Bildungsausschüsse des Bundestages zur politischen Bildung am 8. Mai 1989 wurde über Äußerungen von Abgeordneten und Ministerialbeamten berichtet: »Da hieß es etwa als Vorwurf, politische Bildung habe Krisen nicht verhindert oder nicht wenigstens positiv gewendet, oder es hieß, sie habe diese Krisen manchmal sogar selber erzeugt; wir (die politischen Bildner) seien selbst daran schuld, daß wir nicht in ausreichendem Maße mit Ressourcen versorgt würden. Eine andere Position ... lautete etwa, die Demokratie habe sich nun, nach 40 Jahren Bundesrepublik, stabilisiert, sie sei wohlgefällig eingerichtet, d. h. Ressourcen für die politische Bildung dürften durchaus vermindert werden.«[62]

---

62 Stenografisches Protokoll über die 43. Sitzung des Ausschusses für Bildung und Wissenschaft am 8. Mai 1989: Gemeinsame öffentliche Anhörung von Sachverständigen zu Anträgen zur politischen Bildung, Deutscher Bundestag, 11. Wahlperiode, S. 94.

In diesen Aussagen politischer Akteure scheint die ursprüngliche Erwartung noch durch. Politische Bildung sollte als Manövriermasse einer Bildungspolitik dienen, die auf Erzeugung einer allgemeinen Unterstützung des politischen Systems zielt. Dies erklärt das Konjunkturhoch zu Beginn der siebziger Jahre. Mit dem Ausbau der Institutionen innerer Sicherheit im Verlauf der siebziger Jahre wurde diese Dienstleistung mehr und mehr überflüssig. Zudem wurde die Wirkungserwartung der politischen Bildung entzaubert. Von Interesse war sie nur noch als Instrument der Machtpolitik. Ansonsten führte sie der Weg in ein Konjunkturtief, und dieser Weg war markiert durch Verringerung der Unterrichtsangebote und Reduzierung der Ausbildungskapazitäten an den Hochschulen.

In der heutigen Situation, in der wieder eine Antwort der Bundesregierung auf Große Anfragen der Fraktionen des Deutschen Bundestages zur politischen Bildung ansteht, lassen sich diese Erfahrungen von 30 Jahren Behandlung der politischen Bildung durch politische Akteure verwerten. Deutlich wurde in dem Hearing am 8. Mai 1989, wie sehr die Experten und Verbandsvertreter, aber auch Abgeordnete bemüht waren, die Erwartung bezüglich der Wirkung politischer Bildung zurückzuschrauben. Sie sei keine »Feuerwehr«, die »Feuerwehrfunktion« wurde abgelehnt[63]. Sie dürfe »nicht kurzfristig angelegt sein«[64] und: »Der pädagogische Machbarkeitswahn hat an der Realität keinen Anhalt.«[65] Thomas Ellwein sagte: »Wenn es eine Glaubwürdigkeitslücke (der Politik) gibt, dann kann die politische Bildung diese allenfalls erklären, nicht schließen.«[66] Es ist also damit zu rechnen, daß in Zukunft die Wirkungsmöglichkeiten der politischen Bildung nicht mehr falsch eingeschätzt werden.

Im übrigen bietet die Tatsache, daß sich interfraktionelle Gremien des Bundestages – nämlich der Innenausschuß und der Ausschuß für Bildung und Wissenschaft – mit den Großen Anfragen befassen, die Chance, daß – ähnlich wie zur Zeit der Großen Koalition – die Antwort eine größere Spannbreite von Prinzipien der politischen Bildung berücksichtigt, auch wenn das nur durch ein Zusammenfügen heterogener Elemente gelingt. Nur so wäre eine parteipolitische Vereinseitigung der Antwort zu vermeiden, die bei einer Kleinen Koalition fast unvermeidlich ist; nur so wäre zu vermeiden, daß die Antwort eine solche der unionsregierten B-Länder wird. Vielmehr sollte sie wieder – wie 1968 – das legitimatorische Dach für A- und B-Länder und außerdem einen Anknüpfungspunkt für neue Konzeptionen bieten, die in den Richtlinien der Länder noch nicht profiliert auftauchen. Dies wäre ein Weg zum Abbau der Spaltung auf dem Gebiet der politischen Bildung.

Eine wichtige Veränderung zeichnet sich heute schon ab. Die Dokumente von 1955 und 1968 behandelten politische Bildung aus der Perspektive des politischen Systems, nicht des einzelnen. Im Hearing wurde aber darauf hingewiesen, daß politische Bildung sowohl als eine »Funktion für das politische System« als auch als »Teil der Bildung des Menschen« betrachtet werden kann[67]. Es gab verschiedene Hinweise auf letzteres, beispielsweise den von Odo Marquard vermuteten Beitrag der

---

63 Ebenda, S. 4, S. 7, S. 22.
64 Ebenda, S. 57.
65 Ebenda, S. 70.
66 Ebenda, S. 52.
67 Ebenda, S. 4.

politischen Bildung dazu, »ohne Angst anders sein zu können«[68], oder Robert Jungks Sichtweise der politischen Bildung als »Voraussetzung für Mitsprache und Mitbestimmung in der Demokratie«[69].

Diese Voraussagen und Forderungen stützen sich auf die Annahme, daß die Ausschußberatungen Einfluß auf die Antwort der Regierung haben. Allerdings legt die Anwesenheitsliste dieses Hearings vom 8. Mai[70] andere Prognosen nahe. Von den Mitgliedern der beiden gemeinsam tagenden Ausschüsse waren 2 Abgeordnete der CDU/CSU anwesend, aber 10 von der SPD. Das weckt den Eindruck, als sei das Hearing eine Veranstaltung der Opposition im Deutschen Bundestag gewesen, habe eine Ventilfunktion für Meinungen gehabt, die von der Regierungslinie abweichen. Dann freilich wäre als Antwort der Bundesregierung ein Papier der unionsregierten B-Länder zu erwarten, und die parteiliche Politisierung der politischen Bildung würde zementiert.

Diese Unwägbarkeiten des parlamentarischen Prozesses legen eine andere Lösung nahe. 1968 gab es eine »Kommission zur Beratung der Bundesregierung in Fragen der politischen Bildung«. Deren Lernzielkatalog, entnommen aus ihren Empfehlungen vom 25. Mai 1968[71], fand in die Antwort der Bundesregierung Eingang. Mitglieder waren Akademiedirektoren wie Felix Messerschmid und Fachwissenschaftler wie Wilhelm Hennis und Max Horkheimer. Die Kommission verbürgte also Unabhängigkeit und inhaltliche Spannbreite. Unabhängigkeit besaß auch der Deutsche Ausschuß, allerdings gepaart mit politischer Einflußlosigkeit. In seiner Arbeit erwies er sich als kompromißfähig, das Ergebnis als konsensfähig, freilich in einer Zeit hoher Konsensbereitschaft. Dies legt nahe, länderübergreifende Empfehlungen für die politische Bildung, so weit sich politische Akteure dazu angeregt fühlen, an unabhängige Kommissionen zu übertragen, die nicht nur Fachleute (Pädagogen und Sozialwissenschaftler), sondern auch »Laien« zu Mitgliedern haben könnten. Die Ergebnisse müßten aber von den beauftragenden politischen Institutionen aufgenommen werden.

Ob dies heutzutage realisierbar ist, sei dahingestellt. Aber es sind Überlegungen, die sich nach den Erfahrungen mit den dargestellten Interventionen politischer Akteure in die politische Bildung aufdrängen.

68 Ebenda, S. 30.
69 Ebenda, Anlage 5, S. 34.
70 Ebenda, S. II/III.
71 Abgedruckt bei F. Minssen (Anm. 22), S. 36.

WOLF-DIETRICH GREINERT

Das Verhältnis von politischer und beruflicher Bildung

Drei Beziehungsmodelle als Ansatzpunkte für didaktische Überlegungen

Das Verhältnis von politischer und beruflicher Bildung ist heute eher von Widersprüchen gekennzeichnet: So ist einerseits die – auch von der Forschung ausreichend belegte – Erkenntnis allgemein akzeptiert, daß Berufsarbeit, Persönlichkeitsentwicklung und politische Einstellungen von Individuen in einem engen Zusammenhang stehen[1], andererseits gibt es – wie Peter Weinbrenner beklagt – »innerhalb der etablierten Wissenschaftsdisziplin der Politischen Didaktik (...) keinen einzigen Ansatz, der explizit auf die Situation und Interessenlage des in der Berufsausbildung befindlichen Jugendlichen bezogen wäre«[2]. Dieser Widerspruch ließe sich weitgehend auflösen durch einen Hinweis auf die noch immer bestehende Randstellung berufspädagogischer Institutionen – beispielsweise der Berufsschule – in unserem Bildungssystem. Doch vom Desinteresse der Politischen Didaktik gegenüber dem Sozialkunde-Unterricht an beruflichen Schulen kann man nicht ableiten, daß Berufsausbildung und Berufsarbeit von Jugendlichen innerhalb der deutschen Pädagogik als politikfreie oder -fremde Erziehungsfelder begriffen wurden. Genau das Gegenteil ist der Fall.

1. Das konservative Modell: Berufliche Bildung als Mittel politischer und gesellschaftlicher Integration

Die der deutschen Pädagogik nicht eben naheliegende Idee, den Beruf als Ansatz und Vehikel politischer Bildung zu nutzen, ist von dem Münchener Stadtschulrat, Schulreformer und Universitätsprofessor Georg Kerschensteiner dem Instrumentarium moderner Erziehungspolitik am Anfang unseres Jahrhunderts hinzugefügt worden. Anlaß dieser bedeutsamen Tat war ein simples Preisausschreiben einer eher unbedeutenden Akademie gemeinnütziger Wissenschaften, die die Frage beantwortet haben wollte, wie »unsere männliche Jugend von der Entlassung aus der Volksschule bis zum Eintritt in den Heeresdienst am zweckmäßigsten für die staatsbürgerliche

---

1 Vgl. etwa P. Großkurth (Hrsg.), Arbeit und Persönlichkeit: berufliche Sozialisation in der arbeitsteiligen Gesellschaft, Reinbek 1979.

2 P. Weinbrenner, Prinzipien und Elemente einer zukunftsorientierten arbeits- und berufsbezogenen politischen Didaktik, in: derselbe (Hrsg.), Zur Theorie und Praxis der politischen Bildung an beruflichen Schulen, Alsbach 1987, S. 1–30, hier: S. 1.

Gesellschaft zu erziehen« sei[3]. Kerschensteiners Antwort war unkonventionell, aber bündig: durch Berufserziehung.

In seiner von der Akademie preisgekrönten Schrift »Staatsbürgerliche Erziehung der deutschen Jugend« geht er von der Erziehungspolitik des modernen Verfassungsstaates aus. Deren Ziel bestimmt er dahingehend, den Subjekten des Gemeinwesens eine Erziehung angedeihen zu lassen, kraft derer sie imstande sind, Funktion und Aufgabe des Staates zu verstehen und den ihnen nach ihrer Leistungsfähigkeit zukommenden Platz in der Gesellschaft auszufüllen.

Für die kleinbürgerliche und proletarische Jugend schränkt er jedoch – unter Hinweis auf deren geringen Bildungsstand und die verbleibenden bescheidenen Bildungsmöglichkeiten – das erste Teilziel – Verständnis der Staatsaufgabe – wesentlich ein, nämlich auf die Erkenntnis der »Abhängigkeit der besonderen wirtschaftlichen und sozialen Berufsinteressen des Zöglings von den Gesamtinteressen der Mitbürger und des Vaterlandes«[4]. Das Schwergewicht ihrer Erziehung muß nach Ansicht Kerschensteiners ganz auf dem zweiten Teilziel liegen, der »Erziehung zur beruflichen Tüchtigkeit«, die allein diesen Jugendlichen ihren Platz in der bürgerlichen Gesellschaft sichern kann. Erziehung zu Arbeit und Beruf – so der Kern der Erziehungsmaxime Kerschensteiners – ist für die »handarbeitende Bevölkerung« zugleich das Medium der politischen Bildung, die »conditio sine qua non aller staatsbürgerlichen Erziehung«. Nur die Berufserziehung fördert die Entwicklung jener bürgerlichen Tugenden, die als Grundlage aller höheren sittlichen Bildung zu betrachten sind und gleichzeitig auch als Fundament aller wichtigen Staatsbürgertugenden, nämlich: Gewissenhaftigkeit, Fleiß, Beharrlichkeit, Selbstüberwindung und die »Hingabe an ein tätiges Leben«[5].

Es ist nicht zu übersehen, daß wir hier das erziehungspolitische Fundament unseres Berufsausbildungssystems – des sogenannten dualen Systems – vor uns haben. Nicht nur die Preisschrift Kerschensteiners, die ja verbreitet als die Gründungsurkunde der Berufsschule angesehen wird, verströmt den Geist konservativer Gesellschaftspolitik; mehr noch gilt dies für die gewerbepolitischen Entscheidungen um die Jahrhundertwende, mit denen die betriebliche Berufsausbildung rechtlich fundiert wurde.

Beide Lernorte des dualen Systems der Berufsausbildung – Berufsschule und Betriebsausbildung – verdanken ihre Entstehung der Mittelstandspolitik des Kaiserreiches, jenem großangelegten gesellschaftspolitischen Versuch, den alten, sozial und ökonomisch verfallenden Mittelstand vor der Proletarisierung zu bewahren und in ein »Bollwerk gegen die Sozialdemokratie« zu verwandeln[6]. Der Sozialhistoriker Heinrich August Winkler hat für die Mittelstandspolitik des Kaiserreiches die treffende Bezeichnung eines »innenpolitischen Rückversicherungssystems« geprägt. Dieses System wechselseitiger Rückversicherung der »staatserhaltenden Kräfte« gegenüber sozialrevolutionären Erschütterungen und parlamentarischer Majorisierung sieht

---

3 Vgl. Jahrbücher der Königlichen Akademie gemeinnütziger Wissenschaften zu Erfurt, NF Heft XXVI, Erfurt 1900, S. 212.
4 Vgl. Staatsbürgerliche Erziehung der deutschen Jugend. Gekrönte Preisarbeit von Dr. Georg Kerschensteiner, Erfurt 1901[2], S. 15.
5 Ebenda, S. 16.
6 Zum folgenden vgl. W.-D. Greinert, Schule als Instrument sozialer Kontrolle und Objekt privater Interessen, Hannover 1975, S. 64 ff.

Winkler charakterisiert durch die Verflechtung eines sich überparteilich gebenden, nach der Verfassung von parlamentarischen Mehrheiten unabhängigen Staatsapparates mit privilegierten gesellschaftlichen Machtträgern. Die Einbeziehung von Handwerk, Kleinhandel und Kleinbauerntum – des alten Mittelstandes – in dieses System erfolgte angesichts der ökonomischen und politischen Ohnmacht dieser Schicht durch einen »Akt von Refeudalisierung«, das heißt über die Restauration spezifischer ständischer Ordnungsformen und Privilegien, die vor allem Handwerk und Kleinhandel aus dem kapitalistischen Wettbewerb weitgehend ausgliederten[7]. Der auf den Mittelstand bezogene Refeudalisierungsakt umfaßte vor allem die Wiederherstellung einer quasi-zünftlerischen Verfassung des Handwerks und die weitgehende Restaurierung der alten handwerklich-ständischen Berufsausbildung – eine gewerbepolitische Schlüsselentscheidung, die das handwerkliche Modell der Berufserziehung zum Vorbild nicht-akademischer Berufsqualifizierung in Deutschland überhaupt machte[8].

Das eingangs beschriebene Konzept von Staatsbürgererziehung als Berufserziehung ist nur vor dem Hintergrund dieser gesellschaftspolitischen Konstellation begreifbar. Die gesellschaftliche Realität, auf die es Bezug nahm – die vorindustrielle, ständisch geprägte Handwerkerwelt –, war zwar spätestens im Laufe des 19. Jahrhunderts endgültig verschwunden. Die neue Scheinexistenz, zu der ihr indes die Mittelstandspolitik verhalf – verbunden mit dem Weiterwirken ständischer Berufsdifferenzierung in der Industrie –, verlieh dem Modell der Funktionalisierung der Berufserziehung zur Staatsbürgererziehung nicht nur aktuelles Gewicht, sondern auch eine erstaunliche ideologische Langzeitwirkung.

Aktuell versprach damals – Anfang des Jahrhunderts – dieses konservative Erziehungsmodell zur Sicherung überkommener Machtverhältnisse in einer klassengespaltenen Industriegesellschaft einiges beizutragen. Seine institutionelle Verkörperung, die Kombination von privater Betriebsausbildung und öffentlicher Berufsschule – die wir seit den sechziger Jahren als »duales System« bezeichnen –, folgte sehr lange konsequent den antiaufklärerischen und vordemokratischen Tendenzen, die die ständische Handwerkerausbildung charakterisieren. Es ist »eine Erziehung in einem in sich gefestigten und geschlossenen System«[9]. Die Tugenden und sozialen Fähigkeiten, die in direktem Arbeitsvollzug gelernt werden können, und das politische Wissen, das über berufliche Erfahrung erworben werden kann, taugen bestenfalls zur Integration in eine vorgegebene Gesellschaftsordnung, zur Anpassung an das längst Vorentschiedene.

Aber auch langfristig konnte dieses Modell für konservative Erziehungspolitik seine ideologische Faszination und praktische Handlungsrelevanz bewahren: Wo immer in den letzten Jahrzehnten randständige Gruppen in unsere Gesellschaft integriert werden mußten, wann immer gefährdete Jugendliche »von der Straße geholt« werden sollten, waren beruflich orientierte Erziehungsprogramme das bevorzugte Instrumentarium der verfolgten Integrationspolitik. Das hohe Ansehen, das unser duales System der Berufsausbildung vor allem in den Ländern der Dritten Welt

7 H. A. Winkler, Mittelstand, Demokratie und Nationalsozialismus, Köln 1972.
8 Vgl. G. Stütz (Hrsg.), Das Handwerk als Leitbild der deutschen Berufserziehung, Göttingen 1969.
9 Vgl. dazu K. Stratmann, Grundüberlegungen zur Ausweitung der funktionalen zur gesellschaftspolitischen Berufsbildung, in: Berufsbildung – gesellschaftspolitische Bildung, hrsg. von der Friedrich-Ebert-Stiftung, Bonn 1973, S. 44–75.

»Wenn wir dieses nutzlose Stück heraussägen, kommen wir viel leichter an die Früchte!«

genießt, dürfte wohl ebensosehr von seiner unbestrittenen gesellschaftlichen Integrationskraft herrühren wie von seiner qualifikatorischen Effizienz.

Die politische Prägekraft beruflicher Arbeit und betrieblicher Sozialstruktur ist auch von der Berufspädagogik lange Zeit konsequent in konservativem Sinne gedeutet worden. Noch in den fünfziger Jahren versuchte der Wirtschaftspädagoge Karl Abraham die erzieherische Wirkung der Betriebsausbildung in der Weise zu deuten, daß der Betrieb als ein Modell der Gesamtgesellschaft gelten könne und daß das Erlebnis seiner »sinnvollen Ordnung« beim Lehrling zum »Bewußtsein des Vorhandenseins einer sinnvollen Ordnung der Gesellschaft« führe[10]. Als Conclusio seiner Analyse postuliert Abraham, daß sich der moderne Wirtschaftsbetrieb als ein Erzieher erweise, »der Entscheidendes für die Erhaltung der sittlichen Ordnung der Gesellschaft leistet«[11].

Mit der Erosion der konservativen Grundstimmung in der westdeutschen Nachkriegsgesellschaft mußte auch dieses berufspädagogische Erziehungsmodell in einen Widerspruch mit der gesellschaftlichen und wissenschaftlichen Entwicklung geraten. Positionen wie die Abrahams stießen schon ab Mitte der sechziger Jahre vor allem bei

---

10 K. Abraham, Der Betrieb als Erziehungsfaktor, Köln-Braunsfeld 1953.
11 Ebenda, S. 130.

soziologisch geschulten jüngeren Wissenschaftlern in zunehmendem Maß auf Kritik. Ihre analytischen Anstrengungen konzentrierten sich im Gegensatz zu den etablierten Berufspädagogen auf den Nachweis vor- beziehungsweise antidemokratischer Tendenzen im westdeutschen Ausbildungswesen. Ihre Forderungen zielten auf eine Einlösung demokratischer Prinzipien für und über die berufliche Bildung, das heißt insbesondere auf einen generellen Abbau der Benachteiligung berufstätiger Jugendlicher, auf eine Verwirklichung ihres »Bürgerrechtes auf Bildung« (Ralf Dahrendorf).

2. Das emanzipatorische Modell: Berufliche Bildung als Mittel gesellschaftlicher Demokratisierung

Die Grundlage für diese neue Richtung der Berufspädagogik bildete die Sozialphilosophie der sogenannten »Frankfurter Schule«, insbesondere vermittelt über die Arbeiten von Jürgen Habermas. Die pädagogischen Konsequenzen dieser Gesellschaftstheorie hatte schon 1964 Klaus Mollenhauer eingängig formuliert. Wenn es richtig sei, so Mollenhauer, daß eine demokratische Gesellschaft kein bloßes Repetitionsphänomen darstelle, daß es in ihr *auch* um die *Veränderung* gesellschaftlicher Bedingungen gehe, »dann fällt der Pädagogik als Praxis wie als Theorie die Aufgabe zu, in der heranwachsenden Generation das Potential gesellschaftlicher Veränderungen hervorzubringen«[12]. Daran anschließend folgert Wolfgang Lempert: »Die westdeutsche Berufspädagogik hätte demnach in den Jugendlichen die Kräfte zu entfalten, die auf eine Veränderung der Arbeitsverhältnisse hindrängen.«[13]

Auch diese progressive berufspädagogische Position – die in einigen Arbeiten von Wolfgang Lempert und Herwig Blankertz[14] am schlüssigsten formuliert ist – hält also an dem engen Zusammenhang von beruflicher und politischer Bildung fest, wendet das Verhältnis jedoch in die emanzipative Richtung: Berufserziehung hat die Berufsanwärter und Berufstätigen zur aktiven Mitwirkung an der Humanisierung der Arbeit und an der Demokratisierung der Betriebe sowie der Wirtschaft zu befähigen, zur Mitwirkung an der Abschaffung aller Herrschaft, die nicht durch Auftrag oder persönliche Leistung gerechtfertigt ist. Unter dieser Perspektive wird berufliche Bildung zugleich Hebel zur Aufhebung ungerechtfertigter Benachteiligung und zum Instrument der Beförderung gesellschaftlichen Fortschritts[15].

Die pädagogischen Konsequenzen lassen sich leicht ableiten: »Ohne die Aneignung bestimmter Qualifikationen und Orientierungen können humane und demokra-

---

12 K. Mollenhauer, Pädagogik und Rationalität, in: Die deutsche Schule 56 (1964), S. 665–676, hier: S. 672.

13 W. Lempert, Leistungsprinzip und Emanzipation, Frankfurt/M. 1971, S. 114; vgl. auch ders., Berufliche Bildung als Beitrag zur gesellschaftlichen Demokratisierung, Frankfurt/M. 1974.

14 H. Blankertz, Pädagogik unter wissenschaftstheoretischer Kritik, in: Erziehungswissenschaft 1971, Wuppertal 1971, S. 20 ff.; ders., Demokratische Bildungsreform, kapitalistische Systemerhaltung, politische Erziehungswissenschaft, in: Vierteljahresschrift für wissenschaftliche Pädagogik, 49 (1973), S. 314–334; ders., Bildungstheorie und Ökonomie, in: G. Kutscha (Hrsg.), Ökonomie an Gymnasien, München 1975, S. 59 ff.

15 W. Lempert/R. Franzke, Die Berufserziehung, München 1976, S. 25.

tische Ordnungen weder geschaffen noch im Interesse der Mehrheit weiterentwickelt werden, auch nicht im Bereich gesellschaftlicher Arbeit, beruflicher Tätigkeiten. Hierfür müssen neben gehobenen technischen, organisatorischen, wirtschaftlichen und sozialen Qualifikationen sowie Kritikvermögen und Phantasie vor allem arbeitsrechtliche, arbeitswissenschaftliche und sozio-ökonomische Kenntnisse sowie die Bereitschaft und Fähigkeit zu selbständigem beruflichen und solidarischem politischen Handeln und Lernen erworben werden.«[16] Neben die berufliche Tüchtigkeit tritt also gleichberechtigt die berufliche Autonomie.

Wenn wir danach fragen, was von diesem pädagogischen Programm in den bewegten Jahren der Berufsbildungsreform realisiert wurde, so stellt sich Verlegenheit ein. Sicherlich hat es ernsthafte Anstrengungen gegeben, die genannten pädagogischen Prinzipien institutionell und didaktisch zu konkretisieren – ich möchte als Beispiele nur das Kollegstufenmodell NRW, das Konzept der Berliner Oberstufenzentren und das Berufsgrundbildungsjahr nennen. Doch diese vielversprechenden Projekte gleichen heute allesamt einem Torso[17], und das eigentliche Ergebnis der Berufsbildungsreform besteht darin, daß das überkommene Ausbildungssystem in umfassender Weise rationalisiert wurde.

Bedeutung kommt in diesem Zusammenhang den Bemühungen Werner Frickes zu. Er hat zumindest modellhaft gezeigt, daß und wie berufliche Autonomie über eine gezielte Organisation von Arbeitsprozessen als Lernprozeß realisiert werden kann, wie sich aus der Verarbeitung von Arbeitserfahrung die individuelle Handlungskompetenz von Industriearbeitern erweitern läßt[18]. Züricher Forschungsgruppen haben von ähnlichen Versuchen – »Qualifizierung in der Arbeitstätigkeit«, »autonomieorientierte Arbeitsgestaltung« – berichtet[19]. Leider blieben derartige Bemühungen auf nur wenige Modelle beschränkt und es ist zweifelhaft, daß Unternehmen derartige Anregungen für ihre Qualifizierungspraxis nutzbar machen werden.

Praxisrelevant geworden ist das emanzipative Modell von politischer und beruflicher Bildung eher auf andere Weise, nämlich als Forschungsansatz. Angstoßen von der massiven Kritik an den Ausbildungsverhältnissen Anfang der siebziger Jahre waren zunächst eine Reihe von Analysen entstanden, die vor allem die Qualifikationsleistung des dualen Systems zu überprüfen suchten[20]. Es lag nahe, die Fragestellung durch eine Untersuchung darüber zu erweitern, welche Rolle die Betriebsausbildung als Vermittlungsinstanz sozialer Normen, Werte und politischer Handlungsstrategien spielt. Wenn es richtig ist, daß die Durchsetzung von Gleichheitsrechten im

16 Ebenda, S. 26.
17 Vgl. dazu W.-D. Greinert, Wohin treibt die Berufsschulpolitik? – Einige Anmerkungen zu einer überfälligen berufspädagogischen Diskussion, in: Zeitschrift für Berufs- und Wirtschaftspädagogik, 83 (1987), S. 614–623.
18 W. Fricke, Arbeitsorganisation und Qualifikation, Bonn 1975; E. Fricke/W. Fricke, Berufsausbildung und Beschäftigungssysteme, Köln 1976.
19 Vgl. W. Fricke u. a., Qualifikation und Beteiligung, Frankfurt/M. 1981.
20 Vgl. z. B. Heinen/Welbers/Windszus, Lehrlingsausbildung. Erwartung und Wirklichkeit, Mainz 1972; L. Alex/H. Heuser/H. Reinhardt, Das Berufsbildungsgesetz in der Praxis, Bonn 1973; R. Crusius u. a., Hamburger Lehrlingsstudie der Hochschule für Wirtschaft und Politik, 5 Bde., München 1973/74; zusammenfassend K. Stratmann, Berufsausbildung auf dem Prüfstand: Zur These vom »bedauerlichen Einzelfall«, in: Zeitschrift für Pädagogik, 19 (1973), S. 731–758.

wesentlichen davon abhängig ist, wie effektvoll die Benachteiligten selbst ihre Interessen vertreten, dann kam es darauf an herauszufinden, wie sich die konkrete Erfahrung von Benachteiligung im Ausbildungs- beziehungsweise Arbeitsprozeß auf Kritik- und Widerstandsbereitschaft der Betroffenen auswirkt, wichtiger noch: Es kam darauf an, herauszufinden, wie denn Berufsausbildung organisiert sein muß, wenn sie dieses emanzipatorische Potential stärken soll.

Eine ausführliche Darstellung der Anlage und der Ergebnisse dieser empirischen Analysen sowie eine kritische Beurteilung ihrer methodischen Qualität und Reichweite können hier nicht geleistet werden[21], aber ich möchte wenigstens einige wichtige Resultate referieren:

a) Je unsystematischer Lehrlinge ausgebildet werden, desto eher werden sie bei der Einstellung nach ihrer vermuteten Konformität ausgesucht, und desto eher überwiegt in der Ausbildung die Disziplinierung über die Qualifizierung. Dabei steht im Kleinbetrieb – also beispielsweise im Handwerk und Einzelhandel – die Unterwerfung unter persönliche Autoritäten im Vordergrund, während in der Industrie die Anerkennung abstrakter Organisationsregeln verlangt wird.

b) Das kritische Bewußtsein nimmt – allgemein gesehen – bei den Lehrlingen von Lehrjahr zu Lehrjahr zu; immer mehr bezeichnen mit zunehmender Lehrzeit die Qualität ihrer Ausbildung als mangelhaft und reagieren mit Kritik, Widerstand und betriebsdemokratischer Beteiligung oder mit der Bereitschaft dazu. Besonders gewerbliche Lehrlinge tendieren zu einer kritischen Sicht sowohl ihrer Ausbildung als auch der gesellschaftlichen Verhältnisse und engagieren sich im Rahmen kollektiver und institutioneller Interessenvertretung, während ihre kaufmännischen Kollegen eher individuelle Strategien bevorzugen.

c) Ausbildungs- und betriebsbezogene Orientierungen sowie das entsprechende Engagement nehmen bei den Lehrlingen vom ersten bis zum dritten Lehrjahr in sehr viel stärkerem Maße zu als allgemein-gesellschaftliche Einsichten, etwa in die Bedingungen sozialer Ungleichheit oder die Relativität bestimmter gesellschaftlicher Normen. Dies legt die Vermutung nahe, daß allgemeine politische Vorstellungen und Qualifikationen vor allem durch die familiale und schulische Sozialisation vermittelt werden.

d) Weder aus der vorberuflichen Sozialisationserfahrung noch aus den beruflichen Sozialisationsbedingungen und ihren jeweiligen dominanten Faktoren lassen sich eindeutige Prognosen für die Entwicklung sozialer und politischer Handlungsmuster während der Berufsausbildung ableiten. Erst die Kombination vorberuflicher und beruflicher Sozialisationsbedingungen erlaubt nähere Bestimmungen. Das heißt zum Beispiel, daß Jugendliche mit höheren Schulabschlüssen und einem politisch interessierten Elternhaus besonders kritisch und widerstandsbereit auf defizitäre Ausbildungsbedingungen, betriebliche Disziplinierungstaktiken oder Versagen ihrer Karrierewünsche reagieren, während Lehrlinge aus benachteiligten sozialen Schichten auf gleiche berufliche Sozialisationsbedingungen eher passiv und resignativ reagieren.

---

21 Vgl. dazu W. Lempert, Sozialisation in der betrieblichen Ausbildung. Der Beitrag der Lehre zur Entwicklung sozialer Orientierungen im Spiegel neuerer Längsschnittuntersuchungen, in: H. Thomas/G. Elstermann (Hrsg.), Bildung und Beruf, Berlin-Heidelberg-New York-Tokyo 1986, S. 103–144.

Alle diese Teilergebnisse relativieren indes nur das eher indirekt ablesbare Hauptergebnis der Untersuchungen, nämlich daß rein quantitativ gesehen die Steigerung des emanzipatorischen Handlungspotentials durch Berufsausbildung eher skeptisch eingeschätzt werden muß. Der Betrieb, der die gesellschaftlich-politische Handlungsfähigkeit am besten zu befördern verspricht, ist ein Großbetrieb mit einer separaten Ausbildungsabteilung, in der ein jugendfreundliches, liberales und initiativeförderndes Klima mit hohen sozialen und kulturellen Partizipationsanreizen herrscht. Die Lehrlinge werden aufgrund fachlicher Testergebnisse rekrutiert, gewerbliche und kaufmännische Auszubildende sind im Ausbildungszentrum zusammengefaßt. Die Ausbildung von Facharbeitern und kaufmännischem Nachwuchs hat in diesem Unternehmen einen hohen betriebspolitischen Stellenwert; Betriebsrat und Jugendvertretung werden von der Ausbildungsleitung über alle ausbildungs- und mitbestimmungsrelevanten Vorgänge und Beschlüsse informiert beziehungsweise an Planungen beteiligt. Die Lehrlinge werden im dritten Lehrjahr frühzeitig darüber unterrichtet, ob sie vom Betrieb als Arbeitskraft übernommen werden können und dürfen Präferenzen vorbringen[22].

Da unser duales System nur eine sehr geringe Zahl von Betrieben aufweist, die dieses Strukturmuster zeigen, wird derjenige, der die Erwartungen des emanzipatorischen Modells an die Betriebsausbildung heranträgt, dieser auch in puncto politischer Sozialisation ein eher schlechtes Zeugnis ausstellen müssen. Wir zitieren abschließend noch einmal Wolfgang Lempert: »Zwar dürfte sie (die Betriebsausbildung, W.-D. G.) in den sozialen Orientierungen der meisten Lehrlinge dauerhafte Spuren hinterlassen, doch wirkt sie vermutlich mindestens ebenso oft lähmend wie mobilisierend, oder sie motiviert nur zum individuellen Konkurrenzkampf im Rahmen der herrschenden Verhältnisse, nicht zur Partizipation an kollektiven Anstrengungen, die auf den Abbau struktureller Barrieren sozialer Gerechtigkeit zielen.«[23]

Das emanzipatorische Modell ist – genauso wie das konservative – nach wie vor aktuell und konkretisiert sich heute beispielsweise in Programmen und Konzepten wie dem Bremer Programm »Gestaltung von Arbeit und Technik«[24]. Der Glaube an – über spezielle Technikentwicklung und Arbeitsorganisation erreichbare – Demokratisierungsfortschritte in Wirtschaft und Gesellschaft trägt indes heute nicht mehr so ohne weiteres. Die ökologisch inspirierte Kritik am Sinn technischen Fortschritts überhaupt, die noch nicht absehbaren Folgen des schnellen Vordringens der Neuen Technologien in die Arbeitswelt und die Diskussion um die Zukunft unserer Arbeitsgesellschaft haben auch bei einer Reihe von (Berufs-)Pädagogen den Zweifel an der – dialektisch sozusagen vorgegebenen – emanzipatorischen Perspektive von Beruf und Berufsarbeit verstärkt[25]. Die Konsequenzen aus diesen veränderten Rahmenbe-

---

22 Vgl. dazu G. Kärtner, Die Entwicklung gesellschaftlich-politischer Handlungsfähigkeit in der Berufsausbildung, in: Zeitschrift für Berufs- und Wirtschaftspädagogik, 81 (1985), S. 24–36.

23 W. Lempert (Anm. 21), S. 127f.

24 Vgl. dazu: Arbeit und Technik. Ein Forschungs- und Entwicklungsprogramm; Endbericht der Bremer Sachverständigenkommission »Arbeit und Technik« des Senators für Bildung, Wissenschaft und Kunst der freien Hansestadt Bremen, Typoskript Universität Bremen, Mai 1987.

25 Vgl. beispielsweise R. Franzke, Ökotopia – Leitkonzept sozialökologischen Lernens. Sozialökologische Bildung für die post-industrielle Gesellschaft – oder: Das Ende des Monopols

dingungen im Hinblick auf Berufsausübung und politische Handlungsfähigkeit sind indes am schlüssigsten von einer Gruppe von Soziologen formuliert worden.

3. Das individualistisch-kritische Modell: Berufliche Bildung als Kritik beruflich verfaßter Arbeit

In der eher resignativen Gesamteinschätzung der beruflichen Bildung in bezug auf die Entwicklung politischer Handlungsfähigkeit, wie sie im Fazit der im vorigen Abschnitt angeführten Sozialisationsanalysen zum Ausdruck kommt, wird etwas deutlich, was die Berufspädagogik bislang kaum reflektiert hat, nämlich der Charakter des Berufs als *Warenform von Arbeitskraft* und die damit gegebene Ambivalenz von beruflicher Arbeit. Ich folge daher in meinen nächsten Ausführungen explizit soziologischen Überlegungen, wie sie vor allem Ulrich Beck, Michael Brater und Hansjürgen Daheim in ihrem Buch »Soziologie der Arbeit und der Berufe« niedergelegt haben[26].

Jede Berufserziehung – so die Verfasser – richtet sich zunächst einmal auf die Entwicklung jener persönlichen Fertigkeiten, Kenntnisse und Einstellungen, die erforderlich sind, um die dem Berufsbild entsprechende Arbeitstätigkeit übernehmen und erfolgreich ausführen zu können. Man spricht hier vom *Gebrauchswert* des Arbeitsvermögens, und über die persönlichkeitsbildende Wirkung dieser Arbeitserziehung ist vor allem von der Berufspädagogik viel spekuliert worden[27]. Die pädagogische Wirkung der Arbeitsinhalte bezeichnet indes nur die eine Seite des Berufsproblems; die andere besteht darin, »daß berufliche Bildung nicht nur Vorbereitung für konkrete, nützliche Arbeitsprozesse ist, sondern zugleich Herrichtung der persönlichen Arbeitsfähigkeiten für ihren Verkauf am Markt«[28]. Das Vorhandensein dieser *Tauschwertseite* von beruflicher Arbeit, die Notwendigkeit, im Beruf Arbeitsvermögen nicht nur arbeitsinhaltlich brauchbar, sondern auch tauschorientiert vermarktbar zu entwickeln, hat zwei bedeutsame Folgen: Zum einen werden die – positiven – pädagogischen Wirkungen von Arbeitserziehung kräftig relativiert, zum anderen erhält berufliches Handeln eine »latente Funktion« (Robert K. Merton) in dem Sinne, daß in seiner Verfolgung gesellschaftliche Probleme nicht nur bearbeitet und gelöst, sondern in vielfacher Weise auch erzeugt und reproduziert werden.

a) Wenn jemand sein Arbeitsvermögen als marktgängige Ware ausbildet, so greift er nur auf einen begrenzten Teil seiner Anlagen und Fähigkeiten zurück. Die mit dem Beruf verbundene Persönlichkeitsentwicklung ist also eher selektiv als universell, und zwar unter verschiedenen Gesichtspunkten: nach denen beruflicher Spezialisierung, nach Herkunftsgesichtspunkten und nach dem Kriterium der Verkaufbarkeit von

---

der Berufsarbeit und der Berufsausbildung, in: Zeitschrift für Berufs- und Wirtschaftspädagogik, 81 (1985), S. 438–451; oder die Auseinandersetzung zwischen G.-E. Famulla und R. Crusius, vgl. dazu: arbeiten + lernen, 7 (1985) 39, S. 2–7, und ebenda, 7 (1985) 40, S. 2–6. Vgl. auch die Zeitschrift für Berufs- und Wirtschaftspädagogik, (1982) 6.

26 U. Beck/M. Brater/H. Daheim, Soziologie der Arbeit und der Berufe. Grundlagen, Problemfelder, Forschungsergebnisse, Reinbek 1980.

27 Vgl. U. Müllges, Bildung und Berufsbildung, Ratingen 1967.

28 U. Beck/M. Brater/H. Daheim (Anm. 26), S. 208.

Arbeitsvermögen[29]. In stichwortartiger Verkürzung: Berufliche Spezialisierung erhöht die Abhängigkeit des einzelnen und schränkt seine Fähigkeit zum selbstbestimmten gesellschaftlichen Verhalten eher ein; sie versperrt den Zugang zu sehr vielen Lebensbereichen, die außerhalb der Spezialisierung liegen; und sie verleiht unter Umständen eine problematische Expertenmacht, deren verantwortliche Nutzung das Individuum überfordert. Da auch in sogenannten mobilen Gesellschaften die Berufswahl überwiegend milieukonform erfolgt, vertieft und verlängert berufliche Sozialisation milieuspezifische Erziehungs- und Lerndefizite und wirkt so eher schichtenstabilisierend als kompensatorisch. Der Beruf als Schablone der Persönlichkeitsentwicklung fördert aus dieser Sicht also nur solche Fähigkeiten und Anlagen, die irgendwie ökonomisch verwertbar erscheinen. Dagegen fallen alle Qualifiktionen, die auf eine Vertiefung des menschlichen Seinsverständnisses oder auf den Umgang des einzelnen mit sich selbst zielen, aus der Schablone berufsbezogener Fähigkeitsentwicklung prinzipiell heraus.

b) Gesellschaftliche Strukturen, Mechanismen, Funktionen, Systeme gewinnen für die Individuen in starkem Maße Realität, insofern sie sich in irgendeiner Weise – unter Warentauschverhältnissen – in Berufsarbeit konkretisieren. Vom individuellen Standpunkt aus gesehen: Berufsarbeit ist heute die entscheidende – und für die Mehrheit der Individuen einzige – Stelle, an der individuelles Handeln in gesellschaftliche und politische Dimensionen hineinwächst. »Die Berufstätigen wirken – ob ihnen das bewußt ist oder nicht – in ihrer äußerlich technisch-funktionellen Arbeit objektiv an der Erhaltung und Entwicklung gesellschaftlicher und politischer Strukturen, Beziehungen und Abläufe mit, und dies gilt selbst dort, wo es scheinbar nur um den sachlich-neutralen Vollzug eines Verwaltungsaktes ... oder das Bedienen einer Maschine ... geht.«[30]

Wenn es also richtig ist, »daß die Berufstätigen in ihrer Arbeit faktisch immer schon in einem grundlegenden Sinne ›Subjekte der Geschichte‹ sind, dann stellt sich die Frage«, – so Ulrich Beck, Michael Brater und Hansjürgen Daheim – »warum sie diese ihnen objektiv zuwachsenden gesellschaftlich-politischen Funktionen subjektiv normalerweise nicht bewußt wahrnehmen (können), warum sie eher im Gegenteil permanent eine Wirklichkeit hervorbringen, deren Subjekte sie in Wahrheit nicht sind.«[31]

Berufsarbeit in diesem Sinne ist »entfremdete« Arbeit, und die Dimensionen dieser Entfremdung haben zahlreiche Gesellschaftswissenschaftler – allen voran Karl Marx – analytisch zu fassen versucht[32]. Wir haben uns heute sozusagen mit einer neuen Dimension dieser Entfremdungserscheinung auseinanderzusetzen, nämlich mit der globalen Gefährdung unserer Lebensgrundlagen. Es ist nicht zu leugnen, daß Umweltzerstörung, Vergeudung von Ressourcen, Vergiftung der Nahrungsketten, Aufheizung der Atmosphäre, Überrüstung, risikoreicher Einsatz von Hochtechnologie, Verschärfung sozialer und ökonomischer Ungleichheiten und so weiter direkt oder indirekt *auch* aus der Arbeit verschiedener Berufsgruppen hervorgehen. Das

29 Ebenda, S. 209 ff.
30 Ebenda, S. 236.
31 Ebenda, S. 237.
32 Neben K. Marx auch G. Lukács, H. Popitz, P. Berger, Th. Luckmann; vgl. dazu J. Israel, Der Begriff der Entfremdung, Reinbek 1972.

heißt nicht, daß sie durch Berufsarbeit »verursacht« sind, auch nicht, daß sie bewußt gewolltes Produkt des Zusammenwirkens bestimmter Berufsgruppen sind; ohne Zweifel werden jedoch die genannten globalen Probleme »objektiv in Berufsarbeit hergestellt«[33].

Daß den Individuen die gesellschaftlich-politischen Inhalte und Folgen ihrer Berufsarbeit nicht bewußt werden, daß Erfahrungen von sinn- und wertloser Arbeit oder solcher, die andere beziehungsweise die Allgemeinheit objektiv schädigt, verdrängt werden, dafür gibt es – so Ulrich Beck und seine Mitautoren – eine einfache und eine komplizierte Erklärung. Die einfache verweist auf die ökonomischen Eigeninteressen der Arbeitenden, die kompliziertere auf eine »subjektive Logik der Berufswahrnehmung«, die in der Weise entsteht, daß die beiden heterogenen Rationalitäten, unter denen Berufsarbeit gleichzeitig stattfinden muß – die Rationalität der gesellschaftlichen Problemlösung und die Rationalität des ökonomischen Tauschzwecks –, nur unter individueller Perspektive synthetisiert werden können[34].

Betroffene Wahrnehmung von gesellschaftlich-politischen Folgen von Berufsarbeit findet offensichtlich vorzugsweise in Krisenzeiten statt – besonders nach Revolutionen, Umstürzen, »Säuberungen« –, wenn diejenigen, die ihren Beruf weiter ausüben, sich gezwungen sehen, ganz andere Inhalte und Ziele in ihrer Arbeit zu vertreten und zu verfolgen. In den letzten Jahren glauben die zitierten Autoren zahlreiche Phänomene registrieren zu können, die darauf schließen lassen, daß arbeitsinhaltlich-gebrauchsbezogene Interessen und Sinnbezüge der Arbeitenden eine neue Funktion gewinnen:

a) Es lassen sich inzwischen eine ganze Reihe von Fällen aufweisen, wo einzelne oder Gruppen die gesellschaftlich-politische Seite ihrer Berufswelt bewußt thematisiert haben und – oft im Gegensatz zu ihren ökonomischen Interessen – Aufgabenbewältigung und Bedürfnisbefriedigung nach inhaltlichen Kriterien wahrnehmen wollen.

b) Es gibt inzwischen eine Fülle von Publikationen mit Erfahrungsberichten von Lehrern, Sozialarbeitern, Krankenhausärzten, Juristen, Ingenieuren, in denen Versuche beschrieben werden, Berufsarbeit entgegen sozial vorgeprägten Mustern – die als fragwürdig und kontraproduktiv begriffen werden – in einer Weise wahrzunehmen, die eingefahrene gesellschaftliche Verhältnisse im Blick auf konkrete Alternativen verändert[35]. Die Aufzählung ließe sich fortsetzen.

c) Darüber hinaus haben »alternative« Arbeits- und Produktionsformen schon so etwas wie einen eigenen Wirtschaftsbereich hervorgebracht: Das sogenannte »Stattbuch« zählt für Berlin ungefähr 2 000 Betriebe und Projekte auf, in denen mehr oder weniger die traditionellen Normen beruflich verfaßter Arbeit außer Kraft gesetzt sind[36].

---

33 U. Beck/M. Brater/H. Daheim (Anm. 26), S. 237.
34 U. Beck/M. Brater/H. Daheim (Anm. 26), S. 243ff.
35 Die Verfasser beziehen sich hier hauptsächlich auf P. Löw-Beer, Das Recht auf Arbeit, die den Menschen nützt. Die konkrete Utopie von Lucas Aerospace, in: Kursbuch 53 (1978), S. 109–124; M. Cooley, Produktion für gesellschaftliche Bedürfnisse, in: Technologie und Politik 15, Reinbek 1980, S. 182–197; ansonsten finden sich kaum Angaben über ähnliche Fälle.
36 Vgl. Stattbuch Berlin 4, hrsg. von der Arbeitsgruppe Westberliner Stattbuch, Berlin 1989; einen Überblick über die Entwicklung des alternativökonomischen Sektors in der Bundes-

d) Es läßt sich bei bestimmten Gruppen so etwas wie ein allgemeiner Bewußtseinswandel in bezug auf ihre Arbeitsorientierung feststellen. Vor allem Jugendliche relativieren bei Befragen ihr ökonomisches Eigeninteresse und betonen, daß Arbeit in erster Linie Sinn und Spaß machen müsse. Der Grad der Verbreitung solch postindustrieller beziehungsweise postmoderner Wertvorstellungen ist allerdings umstritten[37].

e) Gerade veröffentlichte empirische Untersuchungen über das Umweltbewußtsein von Produktionsarbeitern in ökologisch problematisierten Industriebereichen zeigen, daß beispielsweise Chemiefacharbeiter ein ökologisches Bewußtsein entwickeln, das nicht einfach von ihren »harten« Arbeitsplatzinteressen determiniert wird[38].

Ulrich Beck und seine Mitautoren nennen die aktiven Formen solch gebrauchswertorientierter Berufsauffassung »kritische Berufspraxis« und sehen in ihr »eine historische Möglichkeit individuell initiierten, beruflich vermittelten Wandels«[39]. Fortgeschrittene Berufsgesellschaften sind nach ihrer Meinung zur Erhaltung der konkreten Bedingungen ihrer Reproduktion auf die kritische, erneuernde, bewußt politisch angewandte Berufspraxis einzelner oder oppositioneller Gruppen angewiesen.

Die Realitätshaltigkeit des letzten Modells mag man bezweifeln: Die Zahl derjenigen, die ihre Berufsarbeit konsequent gebrauchswertorientiert einzurichten versuchen und hierbei auch Konflikte eingehen oder übermäßige Anstrengungen auf sich nehmen, erscheint nach unseren Erfahrungen verschwindend gering; und gegen die Gefährdung unserer Lebensgrundlagen organisiert sich der Mensch in seiner Freizeit, nicht im Berufsleben. Man kann jedoch nicht übersehen, daß das individualistischkritische Modell aktuelle Entwicklungstendenzen in unserer Wirtschaft und Gesellschaft sensibel verarbeitet und nach konstruktiven Antworten sucht[40].

Was läßt sich nun mit den Modellen praktisch anfangen? Als unmittelbare Handlungsanleitung sind sie nicht zu gebrauchen, weil sie eher normativ beziehungsweise spekulativ ausgelegt sind. Mit ihrer Hilfe wird proklamiert, was Berufsausbildung und -ausübung unter anderem politisch bewirken sollen, nicht was sie faktisch bewirken oder bewirken können. Nichtsdestoweniger hat es auf der Grundlage der skizzierten Modelle – insbesondere der beiden ersten – immer wieder Versuche der didaktisch-methodischen Konkretisierung gegeben, und zwar sowohl in sozialisatorischer Richtung als auch in der Richtung gezielter pädagogischer Beeinflussung durch Unterricht[41]. Daß diese Versuche bruchstückhaft und wenig wirksam ausgefal-

republik gibt das Forschungsjournal Neue Soziale Bewegungen, Alternativökonomie: Zwischen Traum und Trauma, 2 (1989) 2.

37 Vgl. z. B. M. v. Klipstein/B. Strümpel (Hrsg.), Gewandelte Werte – Erstarrte Strukturen. Wie die Bürger Wirtschaft und Arbeit erleben, Bonn o. J.

38 Vgl. H. Heine/R. Mautz, Umweltbewußtsein von Industriearbeitern, Frankfurt/M.-New York 1989.

39 U. Beck/M. Brater/H. Daheim (Anm. 26), S. 271.

40 Vgl. dazu vor allem U. Beck, Risikogesellschaft. Auf dem Weg in eine andere Moderne, Frankfurt/M. 1986; derselbe, Gegengifte. Die organisierte Unverantwortlichkeit, Frankfurt/ M. 1988.

41 Klassisches Beispiel ist wiederum Georg Kerschensteiner, der auf der Grundlage seines konservativen Modells sowohl die Sozialisationsinstanz Berufsschule konzipierte wie auch einen besonderen politischen Unterricht für diese Schule; vgl. W.-D. Greinert (Anm. 6), S. 80ff.

len sind, spricht dabei nicht gegen die prinzipielle Erfolgsmöglichkeit solchen Bemü-
hens; die Politische Didaktik hat vielmehr bislang die Modelle nicht praktisch
ausgeschöpft.

Irritierend mag gleichwohl erscheinen, daß die Modelle nicht nur in historischer
Abfolge zu verstehen sind, sondern ganz offen mit aktuellem Geltungsanspruch
vertreten werden – beziehungsweise sich von selbst empfehlen. Dies könnte bedeuten, daß die Politische Didaktik hier vor einem Entscheidungsproblem steht, was
nach unserem Ermessen aber nicht der Fall ist. Die Aktualität der drei Modelle
verweist vielmehr auf die Notwendigkeit, alle gleichermaßen zu berücksichtigen.
Eine Politische Didaktik für die in der Berufsausbildung tätigen Jugendlichen wird
umso stimmiger und erfolgreicher sein, je mehr sie alle drei grundlegenden Aspekte
der vorgestellten Modelle zu Struktur- und Leitprinzipien ihrer Konzeption macht:
Integration, Demokratisierung und kritische Berufspraxis müssen konstruktiv aufeinander bezogen werden.

PETER WEINBRENNER

Lebenslanges Lerninteresse oder lebenslänglicher Lernzwang?

Neue Akzente in der Weiterbildungsdebatte

1. Einführung

Weiterbildung hat Konjunktur, insbesondere die berufliche Weiterbildung. Die Weiterbildungsdynamik der letzten Jahre hat die vierte Säule unseres Bildungssystems – neben dem Primar-, Sekundar- und Tertiärbereich – zu dem am stärksten expandierenden Bildungsbereich gemacht. Auch von der staatlichen Bildungspolitik ist der Weiterbildungsbereich als wichtige »Zukunftsaufgabe« erkannt worden. Bundesbildungsminister Jürgen Möllemann hat im Herbst 1987 zu einer »Konzertierten Aktion Weiterbildung« eingeladen und hierbei Bund und Länder, Arbeitgeber und Gewerkschaften sowie die verschiedenen Träger der Weiterbildung aufgefordert, sich an der Entwicklung eines umfassenden Konzepts zur Bewältigung dieser Zukunftsaufgabe zu beteiligen[1].

Unter dem Schlagwort »Qualifizierungsoffensive« läuft seit Ende 1975 ein Förderungsprogramm der Bundesanstalt für Arbeit nach dem Arbeitsförderungsgesetz (AFG) für die drei Bereiche Berufliche Fortbildung, Umschulung und betriebliche Einarbeitung, das den umfassenden Versuch darstellt, die Weiterbildung für die Belange des Arbeitsmarktes zu nutzen und an den Qualifizierungsanforderungen zu orientieren, die sich aus dem technisch-ökonomischen Wandel ergeben. Es dauerte nicht lange, bis die »Opfer der Qualifizierungsoffensive« ausgemacht waren[2] und die Kritik in der These kumulierte: »Die Qualifizierungsoffensive ist eine Bildungskatastrophe.«[3] Die Qualifikationsdebatte hat schließlich zu einer Reaktivierung des Begriffs »Bildung« in der aktuellen pädagogischen Diskussion geführt[4] und Veranlassung gegeben, auch innerhalb der Weiterbildungsdebatte das Verhältnis von Bildung und Qualifikation neu zu überdenken.

---

1 R. Wicke, Allgemeine, politische und berufliche Weiterbildung in der Diskussion, in: Bundeszentrale für politische Bildung (Hrsg.), Zukunft der Weiterbildung. Eine Standortbestimmung, Bonn 1988, S. 9–14.

2 K. A. Geißler u. a. (Hrsg.), Opfer der Qualifizierungsoffensive, Evangelische Akademie Tutzing 1987.

3 K. A. Geißler/H. Heid, Die Opfer der Qualifizierungsoffensive, in K. A. Geißler u. a. (Hrsg.) (Anm. 2), S. 11–20.

4 H. Benner/K. Pampus, Qualifikationen in der beruflichen Bildung, in: Berufsbildung in Wissenschaft und Praxis, (1988) 2, S. 56 f.

Entscheidende Impulse erhielt die Weiterbildungsdiskussion durch die Enquete-Kommission des Deutschen Bundestages »Zukünftige Bildungspolitik – Bildung 2000«, die am 8. Februar 1989 eine öffentliche Anhörung von Experten zum Thema »Weiterbildung – lebenslanges Lernen« durchgeführt hat[5].

Schließlich haben sich durch die jüngste Novellierung des Arbeitsförderungsgesetzes und die restriktive Haushaltspolitik von Bund und Ländern die gesetzlichen und finanziellen Rahmenbedingungen der Weiterbildung verschlechtert, so daß diese zunehmend in eine »strukturelle Krise« geraten ist[6].

In dem vorliegenden Beitrag sollen die neuen Akzente in der Weiterbildungsdebatte aufgespürt und eine Neubestimmung von Begriff, Zielen, Inhalten, Konzeptionen und Trägern der Weiterbildung als »Zukunftsaufgabe« der neunziger Jahre versucht werden.

2. Zur aktuellen Neubestimmung der Weiterbildung

2.1 Begriffe und Definitionen der Weiterbildung

Die verschiedenen Akteure der Weiterbildungsdebatte haben es bis heute nicht verstanden, durch eine allgemein anerkannte Begrifflichkeit ihren Gegenstand präzise zu bestimmen und abzugrenzen. Die Fülle der Begriffe und Definitionen ist nach wie vor verwirrend. Einigkeit besteht lediglich darin, daß der Begriff »Weiterbildung« der umfassende Begriff ist und als Oberbegriff die Gesamtheit der auf den Erwachsenen bezogenen Bildungsmaßnahmen nach Abschluß der schulischen Allgemeinbildung und beruflichen Erstausbildung erfaßt. Dies entspricht der Definition des Deutschen Bildungsrates, der im Strukturplan für das Bildungswesen Weiterbildung als die »Fortsetzung oder Wiederaufnahme früheren organisierten Lernens« definiert[7].

Der Begriff »Fortbildung« ist demgegenüber als Unterbegriff enger definiert und umfaßt mehr zweckbezogen die zur beruflichen Anpassung (Anpassungsfortbildung) und zum beruflichen Fortkommen (Aufstiegsfortbildung) erforderlichen Bildungsmaßnahmen. Eine Abgrenzung kann nicht allein von den Bildungszielen und -inhalten abgeleitet werden, sondern ist oft nur im Hinblick auf die Adressaten möglich[8]. Das Berufsbildungsgesetz aus dem Jahre 1969 unterscheidet in § 1 die Begriffe *Berufsbildung, Fortbildung und Umschulung*, wodurch eine sinnvolle Differenzierung

---

5 Protokoll der öffentlichen Anhörung anläßlich der 14. Sitzung der Enquete-Kommission »Zukünftige Bildungspolitik – Bildung 2000« am 8. Februar 1989 (unkorrigiertes stenographisches Protokoll).

6 Weiterbildung als lebensbegleitendes Lernen. Ein Interview mit Imma Hillerich, in: Bundeszentrale für politische Bildung (Hrsg.) (Anm. 1), S. 50–56, hier: S. 54; zur »Krise der Weiterbildung« vgl. auch E. Nuissl, Politische Bildung – Ein Opfer der Qualifizierungsoffensive?, in K. A. Geißler u. a. (Hrsg.) (Anm. 2), S. 69 ff.

7 Deutscher Bildungsrat, Empfehlungen der Bildungskommission: Strukturplan für das Bildungswesen, Stuttgart 1970, S. 51.

8 Protokoll 1989 (Anm. 5), S. 39.

der verschiedenen Berufsbildungsmaßnahmen möglich wird. Der Versuch einer Systematisierung der unterschiedlichen Begriffe und Definitionen führt zu folgender Begriffsdifferenzierung:

2.1.1 Differenzierung nach der Reichweite (sektoral/integrativ)

Eine *sektorale* Begriffsbestimmung geht davon aus, daß es möglich und sinnvoll ist, verschiedene Sektoren beziehungsweise Segmente von Weiterbildung zu bestimmen und gegeneinander abzugrenzen. Eine gängige Sektorenbildung ist die Unterscheidung in allgemeine, berufliche, politische, musisch-kulturelle und wissenschaftliche Weiterbildung. Die sektoralen Definitionsversuche zielen daher auf der Objektseite auf die Abgrenzung bestimmter Gegenstands- und Inhaltsbereiche, auf der Subjektseite hingegen auf die Abgrenzung bestimmter Teilqualifikationen oder Fähigkeitsbündel. Im Hinblick auf berufliche Qualifizierungsprozesse bietet sich beispielsweise folgende Segmentierung und Hierarchisierung an:
– arbeitsplatzbezogene Qualifizierungsprozesse,
– betriebsbezogene Qualifizierungsprozesse und
– berufsbezogene Qualifizierungsprozesse.
Während sich die arbeits- und betriebsbezogenen Segmentierungen ausschließlich auf unterschiedliche Objektbereiche beziehen, verweist der Berufsbezug auf das Bildungssubjekt als Träger von Qualifikationen, Kenntnissen, Fertigkeiten, Fähigkeiten sowie Einstellungen.

Eine *integrative* Begriffsbestimmung geht demgegenüber von einem einheitlichen Weiterbildungsbegriff etwa im Sinne des Deutschen Bildungsrates aus und vermeidet die Aufspaltung in Teilsegmente. Grundgedanke ist die Vorstellung, daß Bildung ein ganzheitlicher Prozeß ist und die umfassende Entwicklung aller menschlicher Anlagen und Fähigkeiten beinhaltet. Weiterbildung kann dann nichts anderes sein als die Fortführung dieser Entwicklung menschlicher Möglichkeiten.»Von diesem Begriff der Bildung her, der in ›Weiterbildung‹ steckt, werden die Grenzen zwischen allgemeiner, politischer und beruflicher Weiterbildung fließend oder unsinnig, wenn man nämlich nicht von Anwendungsfeldern ausgeht, sondern vom Menschen und von seiner Entwicklung.«[9]

2.1.2 Differenzierung nach dem Ansatzpunkt (kurativ/präventiv)

Diese Begriffsdifferenzierung taucht im Zusammenhang mit der Frage auf, ob Weiterbildung nicht zum falschen Zeitpunkt und an der falschen Stelle ansetzt. *Kurative* Weiterbildung beschreibt alle Ansätze, die dazu dienen, im Lebens- und Berufsvollzug auftretende Mängel und Defizite bei der sachgerechten Erfüllung von Anforderungen im Beruf und im privaten Lebensbereich zu beseitigen. *Präventive* Weiterbildung hingegen hat antizipativen Charakter und will auf zukünftige Anforderungen einer sich ständig entwickelnden und wandelnden Gesellschaft vorbereiten.

---

9 G. Dohmen, in: Protokoll 1989 (Anm. 5), S. 45.

Es herrscht Übereinstimmung darüber, daß die kurative Funktion von Weiterbildung zur Zeit überwiegt (etwa bei der Definition von Anspruchsvoraussetzungen im Arbeitsförderungsgesetz).

2.1.3 Differenzierung nach der Dauer (episodisch/lebensbegleitend)

Auch diese Unterscheidung gewinnt zunehmend an Bedeutung, weil das traditionelle Bildungsverständnis, sowohl was die schulische und berufliche Erstausbildung anbelangt als auch im Hinblick auf die Weiterbildung, von einer zeitlichen Befristung der einzelnen Bildungsmaßnahme ausgeht. Bildung wird *episodisch* verstanden, das heißt als eine zeitlich befristete Ausstattung des Individuums mit einem Vorrat an Wissen und Fähigkeiten, mit dem entweder lebenslang oder zumindest für eine gewisse Zeit die Ansprüche und Anforderungen des alltäglichen Lebens im beruflichen und außerberuflichen Bereich erfüllt werden können.

Demgegenüber steht der Begriff des »*lebensbegleitenden Lernens*«, bei dem Weiterbildung als permanenter, lebenslanger und umfassender Bildungsprozeß begriffen wird[10]. Der Begriff ist in ideologiekritischer Absicht formuliert worden. Er setzt sich bewußt ab von den Konzepten des »longlife learning«, die ja einen bildungsökonomischen Hintergrund haben und die ständigen Anpassungsnotwendigkeiten der Beschäftigten zur Vermeidung von Dequalifizierung und Arbeitslosigkeit umschreiben. Lebenslanges Lernen wird in dieser Sicht zu »*lebenslänglichem Lernen*« und beinhaltet ein Moment von Fremdbestimmung. Lebensbegleitendes Lernen ist dagegen positiv besetzt und meint die »Fähigkeit und Bereitschaft, aus subjektivem Antrieb heraus während des ganzen Lebens zu lernen. Nicht aus Zwang, sondern weil Interesse vorhanden ist und weil gesehen wird, daß es sinnvoll für die Lebensbewältigung ist.«[11]

2.1.4 Differenzierung nach der Bestimmtheit (außengeleitet/innengeleitet)

Auf diese Unterscheidungsmöglichkeit hat Günter Dohmen aufmerksam gemacht. Für ihn ist die Differenzierung in innen- oder außengeleitete Bestimmtheit das wichtigste Unterscheidungskriterium in der Weiterbildungsdebatte[12]. Bei der *außengeleiteten* Bestimmtheit geht es primär um die durch äußere Anforderungen gesteuerte Kompetenzentwicklung. Hierunter fallen danach alle Konzepte, die aus objektiven Qualifikationsanforderungen bestimmter Arbeitsplätze oder Technologien abgeleitet werden. Im Gegensatz dazu bezeichnet *innengeleitete* Bildung den »›natürlichen‹ Prozeß der Gestaltwerdung innerer Anlagen« des Menschen[13]. Hier ist das Individuum Subjekt seines persönlichen und beruflichen Entwicklungsprozesses.

---

10 Vgl. I. Hillerich (Anm. 6), S. 53.

11 Ebenda.

12 Vgl. G. Dohmen, Der Bericht der baden-württembergischen Weiterbildungskommission – Zum Verhältnis von allgemeiner und beruflicher Weiterbildung, in: Bundeszentrale für politische Bildung (Hrsg.) (Anm. 1), S. 59–72, hier: S. 60.

13 Ebenda.

Diese Definitionen legen es nahe, die außengeleiteten Lernprozesse als »*Qualifizierung*« und die innengeleiteten Bildungsprozesse als »*Bildung*« zu bezeichnen. Die hier vorgenommenen Begriffsabgrenzungen und Definitionen sind rein analytischer Natur. Begriffe sind Denkinstrumente und keine Erkenntnisse. Sie sind auch nicht objektiv und interessenneutral, sondern sie sind Träger gesellschaftlicher Interessen und Ansprüche. Mit den hier angebotenen Begriffen und Definitionen wurde versucht, das gesellschaftliche Ideen- und Interessenspektrum zu erfassen, das im Kontext der Weiterbildungsdebatte virulent ist und – je nach Begriffsgebrauch – höchst unterschiedliche Ziele, Inhalte und Konzepte der Weiterbildung beschreibt. Die sich hinter diesen Begriffsfassaden verbergenden theoretischen Ansätze und politischen Konfliktlinien können damit in den folgenden Kapiteln näher beschrieben und analysiert werden.

2.2. Ziele und Inhalte der Weiterbildung

2.2.1 Weiterbildung als Voraussetzung zur Bearbeitung gesellschaftlich-politischer Schlüsselprobleme

Die Ansprüche der Gesellschaft und ihrer Gruppierungen an die Weiterbildung sind inflationär und laufen Gefahr, die Weiterbildung als Politikersatz zu mißbrauchen. Übereinstimmung herrscht darin, daß die gesellschaftlichen Herausforderungen der neunziger Jahre und des kommenden Jahrhunderts nur bewältigt werden können, wenn sie von allen Bildungsbereichen, insbesondere der Weiterbildung, aufgegriffen und produktiv bearbeitet werden. Die Enquete-Kommission des Deutschen Bundestages »Zukünftige Bildungspolitik – Bildung 2000« hat diese gesellschaftlichen Herausforderungen als »*Querschnittsfragen*« definiert, das heißt als Fragen, die die Bildungspolitik aufzugreifen hat und die in allen Bildungsbereichen bearbeitet werden müssen.

Im einzelnen werden hierzu genannt[14]: der ökonomisch-technische Strukturwandel, die Gleichstellung der Geschlechter, die ökologische Krise, der Wertewandel von Arbeit und Beruf sowie die zunehmende internationale Verflechtung der Bundesrepublik. Als Globalziel kann danach formuliert werden, daß von der Weiterbildung ein konstruktiver Beitrag zur Zukunftsgestaltung, das heißt zur Bearbeitung gesellschaftlicher Schlüsselprobleme erwartet wird. Weiterbildung ist in dieser Definition kein Politikersatz, sondern die Voraussetzung einer demokratischen Gestaltung und Kontrolle der technisch-ökonomischen Entwicklung im Lichte humaner, insbesondere sozial- und umweltverträglicher Zielsetzungen. Damit werden die Ziele der Weiterbildung nicht nur durch die objektiven Herausforderungen der Wirtschafts- und Arbeitswelt definiert, sondern immer auch durch die subjektiven Ansprüche des Individuums an eine konstitutive Mitwirkung bei der Gestaltung seiner Lebenswelt[15].

---

14 Protokoll 1989 (Anm. 5), S. 2.
15 G. Dohmen (Anm. 12), S. 62.

2.2.2 Weiterbildung als Hilfe zur Bewältigung des strukturellen und technischen Wandels

Die Entwicklungsdynamik des ökonomisch-technischen Wandels, der verstärkte Wettbewerb durch die Integration des europäischen Binnenmarktes sowie die weltweite Exportverflechtung der Bundesrepublik haben zu tiefgreifenden strukturellen Veränderungen des Industriesystems geführt, die in immer kürzeren Zeitabständen von den Betroffenen verarbeitet werden müssen. Am nachhaltigsten ist dieser Veränderungsprozeß durch die Neuen Technologien, insbesondere die Informations- und Kommunikationstechnologien, vorangetrieben worden. Sie stellen »eine enorme Herausforderung für die Weiterbildung dar«[16]. Der durch ihre Einführung bewirkte Anpassungsdruck ist zur Zeit sicher der stärkste Motor und Auslöser für Weiterbildungsaktivitäten in allen Lebensbereichen.

Bei dieser stürmischen Entwicklung ist der gesellschaftliche Fortschrittskonsens zusehends verlorengegangen. Technik wird nicht mehr mit Fortschritt, Wachstum und Wohlstand gleichgesetzt, sondern löst zunehmend Bedrohungsängste und Widerstände aus: »Im Betrieb wird die dauernde Anpassung der Qualifikation an den Wandlungsprozeß gefordert, ohne daß jedoch der einzelne die Gewißheit hat, daß seine berufliche Existenz durch Qualifikation und Anpassung gesichert wird. Als Bürger sieht er sich bedroht durch die fortschreitende Zerstörung seiner Umwelt, durch die Entwicklung zweifelhafter Wachstumskonzepte, durch die atomare Gefährdung seines Lebens durch Kernenergie, durch die undurchschaubare Entwicklung der Bio- und Gentechnologie.«[17] Dieser ambivalente Charakter der Technikentwicklung, das heißt die ständige Abwägung zwischen Chancen und Risiken, zwischen Technikakzeptanz und Technikrestistenz, durchzieht die ganze Weiterbildungsdebatte.

2.2.3 Weiterbildung zur Vermittlung von Schlüsselqualifikationen

Mit dem Konzept der »Schlüsselqualifikationen« hat Dieter Mertens in den siebziger Jahren der Qualifikations- und damit auch der Weiterbildungsdebatte eine neue Wende gegeben[18]. Als Anwort auf die zunehmende Komplexität der Lebensverhältnisse, die steigende Unüberschaubarkeit der Fakten und die drohende Obsoleszenz des Berufswissens bemühte er sich um die Formulierung generalisierbarer Bildungsziele und -elemente. Sie besitzen einen hohen Abstraktionsgrad, ermöglichen Transfer und bilden damit den »Schlüssel« zur raschen und reibungslosen Erschließung von

16 E. Nuissl, Weiterbildung: Integration, neue Technologien, Finanzierung, in: J. Schweitzer (Hrsg.), Bildung für eine menschliche Zukunft. Solidarität lernen – Technik beherrschen – Frieden sichern – Umwelt gestalten. Bildungspolitischer Kongreß der GEW 1986 in Hannover, München 1986, S. 200–205, hier: S. 201.

17 W. Haas, Aufgabe der politischen Bildung und strukturelle Schwierigkeiten bei der Umsetzung, in: DGB-Bildungswerk NRW (Hrsg.), Materialien zur gewerkschaftlichen Bildungsarbeit, Heft 9: Politische Bildung im Bildungsurlaub, Düsseldorf 1987, S. 8–17, hier: S. 10f.

18 D. Mertens, Schlüsselqualifikationen, in: Mitteilungen zur Arbeits- und Berufsforschung, 7 (1974) 1, S. 36–43; ders., Schlüsselqualifikationen und Berufsbildung – Versuch einer Erwiderung, in: Berufsbildung in Wissenschaft und Praxis, 4 (1975) 5, S. 24–25.

wechselndem Spezialwissen[19]. Schlüsselqualifikationen sind danach solche Kenntnisse, Fähigkeiten und Fertigkeiten, welche keinen unmittelbaren und begrenzten Bezug zu bestimmten praktischen Tätigkeiten haben, sondern sich für eine große Zahl von Positionen und Funktionen eignen und die Bewältigung einer Sequenz von meist unvorhersehbaren Anforderungsänderungen im Laufe des Lebens ermöglichen[20]. Dieses Konzept hat trotz vielfacher Kritik[21] bis heute seine Faszination und Attraktivität als arbeitsmarktpolitische und didaktische Zielformel bewahrt, obwohl die damit verbundenen Probleme der Operationalisierung und empirischen Überprüfung bis heute nicht befriedigend gelöst erscheinen, insbesondere im Hinblick auf das Transferproblem. Ungeachtet dieser Schwierigkeiten durchzieht das Konzept der Schlüsselqualifikationen fast alle Weiterbildungsprogramme[22].

2.2.4 Weiterbildung als Beitrag zur Demokratisierung der Gesellschaft

Diese Zielformel, die insbesondere vom linken Spektrum unserer Gesellschaft – Gewerkschaften, SPD, Grüne – in die Weiterbildungsdebatte eingebracht wird, wird zumeist mit dem Argument begründet, daß die Weiterbildung nicht nur als Hilfe zur Bewältigung des ökonomisch-technischen Wandels, sondern auch »als Bestandteil der Demokratisierung von gesellschaftlichen Veränderungsprozessen« betrachtet werden müsse[23]. »Es liegt im Interesse einer funktionierenden Demokratie, daß möglichst viele Bürgerinnen und Bürger in den Stand gesetzt werden, durch entsprechende Weiterbildung verständig, vernünftig und urteilsfähig zu wählen und mitzugestalten.«[24]

2.2.5 Weiterbildung als Beitrag zur Gleichstellung der Geschlechter

Es ist eine vielbeklagte Tatsache, daß die Chancengleichheit, die die Frauen im Bildungssystem – mit Ausnahme der Hochschule – weitgehend erreicht haben, mit dem Eintritt in das Beschäftigungssystem wieder weitgehend verlorengeht. Die Unterrepräsentation der Frauen in den höheren Rängen des Beschäftigungssystems findet sich auch im Weiterbildungssystem wieder. Der Anteil der Frauen bei Weiter-

---

19 Vgl. O. Semmler, Von Schlüsselqualifikationen zu neuen Berufen mit einem anderen Lernen, in: L. Reyer/J. Kühl (Hrsg.), Resonanzen. Arbeitsmarkt und Beruf – Forschung und Politik. Festschrift für D. Mertens, Nürnberg 1988, S. 401–410, hier: S. 402.
20 Ebenda, S. 403.
21 Vgl. D. Elbers u. a., Schlüsselqualifikationen – Ein Schlüssel für die Berufsbildungsforschung?, in: Berufsbildung in Wissenschaft und Praxis, 4 (1975) 1, S. 26–29; J. Zabeck, »Schlüsselqualifikationen« – Zur Kritik einer didaktischen Zielformel, in: Wirtschaft und Erziehung, (1989) 3, S. 77–85.
22 Vgl. etwa Expertenkommission »Wettbewerbsfähigkeit und Beschäftigung« der Landesregierung Rheinland-Pfalz, Wettbewerbsfähigkeit und Beschäftigung, Mainz 1985; Kommission »Weiterbildung«, Bericht im Auftrage der Landesregierung von Baden-Württemberg, Stuttgart 1984.
23 I. Hillerich, in: Protokoll 1989 (Anm. 5), S. 17.
24 G. Dohmen, in: Protokoll 1989 (Anm. 5), S. 48.

bildungsmaßnahmen für Führungskräfte ist noch immer verschwindend klein. An der Akademie für Führungskräfte in Bad Harzburg lag er zum Beispiel bei Chefseminaren noch unter 1 Prozent, bei der mittleren Führungsebene nur gering darüber[25]. Die Vertreterin des Deutschen Frauenrats, eines Zusammenschlusses von 43 Frauenorganisationen mit mehreren Millionen Mitgliedern, forderte in der Enquete-Kommission des Deutschen Bundestages »Zukünftige Bildungspolitik – Bildung 2000« eine neue »Verteilung von Aus- und Weiterbildungszeiten im Lebenszyklus«[26]. Sie wies darauf hin, daß im Moment einer Weiterbildungsabsicht oder der Absicht der Aufnahme einer Erwerbstätigkeit »alle Mütter ... zu alleinstehenden Müttern werden, bei denen kein Vater anwesend ist, und ausgesprochen nur für sie Lösungen zur Vereinbarkeit von Berufs- und Familienaufgaben gesucht und gewährt werden müssen«[27].

2.2.6 Weiterbildung als Hilfe bei der Wiedereingliederung in das Beschäftigungssystem

Im Zusammenhang mit der Frauenfrage besteht zunehmender Weiterbildungsbedarf für alle Gruppen, die zeitweise aus dem Beschäftigungssystem ausgeschieden sind und nach einiger Zeit wieder in das Arbeits- und Berufsleben zurückkehren wollen. Hierzu zählen insbesondere:
- die große Zahl der Arbeitslosen, speziell der zunehmenden Langzeitarbeitslosen,
- die Aussiedler, Umsiedler und Asylanten, die in der Bundesrepublik eine neue Existenz aufbauen wollen,
- die ehemals Berufstätigen, insbesondere Frauen, die nach einer längeren Unterbrechung (etwa in der Familienphase) wieder eine Berufstätigkeit aufnehmen wollen.

2.2.7 Weiterbildung als allgemeine Lebenshilfe

Schließlich und endlich wird von der Weiterbildung gefordert, daß sie ihren Ansatz verbreitern und auch Fragen des Alltagslebens und der privaten Lebensbewältigung aufgreifen müsse. »Neben dem betrieblichen Ansatzpunkt sind auch Fragen der menschlichen Kommunikation und des zwischenmenschlichen Verhaltens in der Familie, im Wohnumfeld und in der Gesellschaft zu thematisieren. Fragen der Freizeitgestaltung sind ebenso aufzugreifen wie Fragen der Arbeitswelt.«[28] Ansatz- und Ausgangspunkt solcher allgemeiner Weiterbildungsthemen soll die »Auseinandersetzung mit kritischen Lebensereignissen« sein[29]. Im einzelnen werden hierbei genannt:
- Erziehungsprobleme,
- Partnerschafts- und Eheprobleme,

25 Protokoll 1989 (Anm. 5), S. 52.
26 Ebenda, S. 11.
27 Ebenda.
28 W. Haas (Anm. 17), S. 12.
29 G. Dohmen, in: Protokoll 1989 (Anm. 5), S. 46.

- Gesundheitsprobleme und
- die Ermöglichung eines selbständigen Lernens im Lebens- und Praxisvollzug[30].

3. Politische Kontroversen und Konfliktlinien der Weiterbildungsdiskussion

Weiterbildung ist – wie Bildung überhaupt – ein Politikum. Weiterbildung ist für den Staat und die relevanten gesellschaftlichen Gruppen ein Instrument der Meinungsbildung, das heißt der Formierung von Einstellungen und Überzeugungen. Insofern kann es nicht verwundern, wenn im »Kampf der Bildungsmächte« (E. Weniger) um den Zugang, die inhaltliche Ausgestaltung und Finanzierung der Weiterbildung sich bestimmte Konfliktlinien, die zum Teil bereits aus der allgemeinen Bildungs- und Schulpolitik bekannt sind, auftun. Nachstehend seien einige der gängigen Kontroversen und Konfliktmuster genannt.

3.1 Ist die Weiterbildung eine Möglichkeit zum Abbau von Chancenungleichheiten oder verstärkt sie eher die bestehenden Benachteiligungen?

Der Weiterbildung wird vielfach eine kompensatorische Funktion zugeschrieben. Durch Weiterbildung könnten Defizite und Benachteiligungen vorangegangener Bildungs- und Ausbildungsphasen behoben werden. Andererseits zeigt die Praxis der Weiterbildung, insbesondere in den beruflichen und betrieblichen Weiterbildungsmaßnahmen, daß hier die *Gefahr einer Segmentierung des Weiterbildungsmarktes* besteht, und zwar in eine Weiterbildungselite mit guten Aufstiegs- und Karrierechancen auf der einen Seite und eine Gruppe von Bildungsfernen und -benachteiligten, für die Weiterbildung – wenn überhaupt – allenfalls im Bereich Therapie und Sozialarbeit stattfindet, auf der anderen Seite. Empirische Untersuchungen zur Teilnehmerstruktur von beruflichen Weiterbildungsmaßnahmen haben eindeutig ergeben, »daß die beruflichen Weiterbildungsmaßnahmen sich vorwiegend auf Führungskräfte, technische und kaufmännische Fachangestellte konzentrieren. Wobei bestimmte Vorgesetztengruppen und Facharbeiter auch an diesen Bildungsaktivitäten partizipieren, ganz im Gegensatz zu angelernten, ungelernten und ausländischen Arbeitskräften.«[31] Die von der Arbeits- und Betriebssoziologie ausgemachte Spaltung von Belegschaften in »*Stamm-* oder *Kernbelegschaften*« und »*Randbelegschaften*« schlägt auf den Weiterbildungssektor voll durch.

Kernbelegschaften bestehen aus überwiegend deutschen männlichen Arbeitnehmern, haben relativ stabile Arbeitsplätze und sind durch ein bestimmtes Qualifikationsniveau, bestimmte Anforderungen an die Leistungsfähigkeit und die »Arbeits-

---

30 G. Dohmen (Anm. 12), S. 72.
31 D. Görs, »Der Kampf um die Seele des Arbeiters«. Unternehmerische Weiterbildung – Herausforderung an gewerkschaftliche Politik, in: päd. extra & demokratische erziehung, 1989 (3), S. 5–10, hier: S. 6.

tugenden« des einzelnen im Zeichen rascher technologischer Veränderungen charakterisiert. »Diese Gruppe partizipiert an innerbetrieblichen Weiterbildungen, nimmt am innerbetrieblichen ›Aufstieg‹ teil und zeichnet sich insgesamt durch eine relativ lange Betriebszugehörigkeit aus.«[32] Randbelegschaften sind charakterisiert durch überwiegend ausländische – zumeist weibliche – ArbeitnehmerInnen, durch relativ kurzfristige Arbeitstätigkeiten, durch die Gefahr, ständig in die Arbeitslosigkeit zu geraten und dadurch keinen Zugang zu betrieblichen und überbetrieblichen Weiterbildungsmaßnahmen zu haben. Angesichts dieses Tatbestandes kommt Dieter Görs zu dem Urteil: »Es kann daher davon ausgegangen werden, daß gegenwärtig die betriebliche berufliche Weiterbildung keinen qualifizierten Beitrag zum Abbau von Chancenungleichheit leistet. Viel eher verstärkt sie bestehende Ungleichheiten, trägt zu betrieblichen Selektionsprozessen bei und begünstigt eine weitere Polarisierung zwischen qualifizierten Führungs- beziehungsweise Fachkräften und den an der Basis der betrieblichen Hierarchie arbeitenden Arbeitern und Angestellten.«[33]

3.2 Ist die Weiterbildung »marktgängig« zu organisieren oder ist sie primär eine Aufgabe des Staates in öffentlicher Verantwortung?

Diese ordnungspolitische Fragestellung durchzieht die ganze wissenschaftliche und politische Weiterbildungsdebatte. Die Konfliktlinie verläuft hier ziemlich eindeutig zwischen den Tarifparteien. Die *Gewerkschaften* wehren sich »gegen einen Marktcharakter in der Weiterbildung«, weil in einer »Bildungsmarktwirtschaft« in der Regel die gut Ausgebildeten und gut Verdienenden profitieren[34]. Zumindest werden umfassende staatliche »Rahmenbedingungen« gefordert, um einen »relativ unkontrollierten Wildwuchs« von Weiterbildungseinrichtungen und -angeboten zu verhindern[35]. Ähnlich will die SPD die Verantwortungsstrukturen in der Weiterbildung grundlegend verändern. Die Kommission für Bildungspolitik beim Parteivorstand der SPD hat 1988 die Thesen »Weiterbildung für eine menschliche Zukunft« verabschiedet. Darin wird die »öffentliche Verantwortung für das Angebot und die Durchführung von Weiterbildung« gefordert. Das heißt konkret: »In allen Regionen für Weiterbildungseinrichtungen zu sorgen und die Einhaltung von Standards für deren personelle und sächliche Ausstattung, für Zugang und Abschluß, für die Curricula und für die Leistungsbewertung sowie die Qualifikation und die pädagogische Freiheit der Lehrenden zu sichern.« In die öffentliche Verantwortung sollen ferner fallen:
– die Entwicklung und Durchsetzung qualitativer Mindestanforderungen für alle Weiterbildungsträger,
– die Integration von beruflicher, allgemeiner und politischer Weiterbildung,
– ein differenziertes System der finanziellen Förderung der Weiterbildungsteilnehmerinnen und -teilnehmer sowie

---

32 H. Wienold, »Maschinen wollen sie – und Menschen nicht?« Neue Differenzierungslinien der Arbeitnehmerschaft und der Bildungsurlaub in Nordrhein-Westfalen, in: DGB-Bildungswerk NRW (Hrsg.) (Anm. 17), S. 18–25, hier: S. 19.
33 D. Görs (Anm. 31), S. 6.
34 So der DGB, in: Protokoll 1989 (Anm. 5), S. 5.
35 Ebenda, S. 9.

- die Möglichkeit, Weiterbildungskosten bis zu einem Höchstbetrag von der Steuerschuld abzusetzen[36].

Demgegenüber beklagen die Vertreter der *Wirtschaft* den Hang vieler Gewerkschaftsfunktionäre zur Verstaatlichung, Verrechtlichung und Reglementierung der Weiterbildung. Die Weiterbildung könne nur funktionsfähig sein, wenn sie ein »Höchstmaß an Flexibilität« besitze. Sie entziehe sich somit »weitgehend jeder verordneten vereinheitlichenden Regelung«[37]. Ähnlich äußerte sich der Vertreter des Bundesministeriums für Bildung und Wissenschaft[38]. Ein weiteres durchgängiges Argument auf der Arbeitgeberseite besteht darin, daß die Finanzierung nicht durch öffentliche Träger erfolgen dürfe. Sie fordern vielmehr eine »Finanzierung durch Nutznießer«[39]. Die Unabhängigkeit der Trägerorganisationen sei nur sicherzustellen, wenn sie sich bei staatlichen Zuschüssen auf die Finanzierung größerer Investitionen beschränken, auf Dauersubventionen verzichten und gleichzeitig die Teilnehmer an der Finanzierung beteiligen[40]. Eine weitere Argumentation geht dahin, daß im Zuge zunehmender Arbeitszeitverkürzung die finanzielle Beteiligung des einzelnen einhergehen müsse »mit seiner Bereitschaft, auch seine Freizeit für berufliche wie allgemeine politische Weiterbildung zu nutzen«[41]. Fortschritte der partnerschaftlichen Zusammenarbeit in der Weiterbildung seien nicht zu erreichen, »wenn Unmögliches gefordert wird: 35-Stunden-Woche, mehr Lohn, längerer Urlaub, zusätzlicher Bildungsurlaub, Übernahme der Weiterbildungskosten und zusätzliche Zahlung funktionsunabhängiger Einkommensverbesserung nach erfolgten Bildungsmaßnahmen«[42].

3.3 Ist die Weiterbildung ganzheitlich und integrativ zu vermitteln oder sollte sie besser auf bestimmte Sektoren und Lernfelder eingegrenzt werden?

Diese Konfliktlinie ist bereits im Zusammenhang mit der Analyse von Begriffen und Definitionen der Weiterbildung aufgetaucht. In der Weiterbildungsdiskussion geht es primär um die Möglichkeit der Abgrenzung von beruflicher beziehungsweise betrieblicher Weiterbildung von einer allgemeinen und politischen Weiterbildung. Die Ausgangsfrage impliziert zumindest zwei Teilfragen:
- Gibt es einen unaufhebbaren Zusammenhang zwischen der Arbeitswelt und der privaten Lebenswelt des Menschen, also zwischen dem, was er produziert und wie er produziert und dem, was er als Mensch und Persönlichkeit im privaten Lebensbereich darstellt?

36 W. Malcher, Zum Programm der SPD-Bildungskommission, in: Der Arbeitgeber, 41 (1989) 12, S. 468 f.
37 E. Gangler/W. Schlaffke, Weiterbildung als Produktionsfaktor, Köln 1989, S. 25.
38 J. Schaumann, Produktionsfaktor Qualifikation, in: Information Bildung Wissenschaft, (1989) 7/8, S. 98.
39 G. Woortmann, Perspektiven der beruflichen Weiterbildung, in: Bundeszentrale für politische Bildung (Hrsg.) (Anm. 1), S. 73–82, hier: S. 81.
40 Ebenda.
41 Ebenda.
42 W. Schlaffke, Weiterbildung – Zukunftschancen unserer Wirtschaft, in: E. Gangler/ W. Schlaffke (Anm. 37), S. 7–27, hier: S. 25.

– Wird bei der Entwicklung einer Weiterbildungskonzeption von bestimmten Gegenstandsbereichen oder Lernobjekten ausgegangen oder geht man vom Menschen als ganzheitlichem Wesen und Lernsubjekt aus?

Die erste Frage kann empirisch beantwortet werden, die zweite ist normativer Natur. Empirisch hat insbesondere die Sozialisationstheorie den *Zusammenhang zwischen Arbeit und Persönlichkeit,* also zwischen den vorfindlichen Arbeitsstrukturen und Berufsanforderungen einerseits und den Persönlichkeitsmerkmalen, Verhaltensweisen und Einstellungen im privaten Lebensbereich andererseits aufgewiesen[43]. Diese Befunde weisen alle auf eine durchgängige Persönlichkeitsstruktur hin, die einen engen Zusammenhang und eine wechselseitige Durchdringung von Arbeitswelt und Lebenswelt voraussetzt. Bildungsbemühungen, die nicht nur funktionsgebundene Fertigkeiten und Kenntnisse vermitteln wollen, sondern auf die Entwicklung der gesamten Persönlichkeit zielen, müssen daher einen weiten, integrativen Bildungsansatz zugrunde legen. Die normative Entscheidung für den Subjektbezug – das heißt für den Ansatzpunkt beim lernenden Individuum und seinen Wünschen, Bedürfnissen und Interessen – ergibt sich aus dem vorausgesetzten Menschenbild. Mit Bezug auf unsere Verfassung und ihren Grundrechtskatalog erfolgt der Rückgriff auf ein personales Menschenbild, das sich auf Menschenwürde, Freiheit und Gleichheit gründet.

---

43 Vgl. hierzu die Arbeiten von G. G. Voß, Arbeitssituation und gesellschaftliches Bewußtsein. Zur Kritik arbeitssoziologischer Erklärungen gesellschaftlichen Bewußtseins. Forschungsberichte aus dem Sonderforschungsbereich 101 »Theoretische Grundlagen Sozialwissenschaftlicher Berufs- und Arbeitsforschung« der Universität München, Frankfurt/M.-New York 1980; P. Windolf, Berufliche Sozialisation. Die Produktion des beruflichen Habitus, Stuttgart 1981; M. L. Kohn, Persönlichkeit, Beruf und soziale Schichtung, Stuttgart 1981; U. Büchner, Arbeit und Individuierung. Zum Wandel des Verhältnisses von Arbeit, Erziehung und Persönlichkeitsentfaltung in Deutschland, Weinheim 1982; M. Frese, Der Einfluß der Arbeit auf die Persönlichkeit. Zum Konzept des Handlungsstils in der beruflichen Sozialisation, in: Zeitschrift für Sozialisationsforschung und Erziehungssoziologie, 3 (1983) 1, S. 11–28.

In der bildungspolitischen Kontroverse verläuft die Trennungslinie zwischen integrativer und sektoraler Weiterbildung wiederum zwischen Arbeitgebern und Gewerkschaften und den ihnen nahestehenden Gruppen und Parteien. Für die Gewerkschaften ist integrative Weiterbildung eine Schnittmenge zwischen politischer, beruflicher und allgemeiner Bildung, die sich an allgemeinen Bildungszielen orientieren muß[44]. Dies wird am Beispiel der neuen Technologien verdeutlicht, und zwar anhand der CNC-Qualifizierung (CNC = computer numeric control) von Metallfacharbeitern: Hier geht es aus Sicht der Gewerkschaften darum, die Gestaltungsspielräume Neuer Technologien sichtbar zu machen. »Arbeitswelt gestalten lernen im Zusammenhang mit den Metallfacharbeitern heißt, daß sie sowohl lernen müssen, computergesteuerte Maschinen fachlich zu beherrschen als auch Einfluß auf die Einsatzbedingungen dieser Maschinen zu nehmen. Daraus ergibt sich die Notwendigkeit von Integration. Aber was dort integriert wird, ist nicht Identisches, sondern Unterschiedliches. Was von ihnen fachlich verlangt wird, sind andere Kenntnisse, Fertigkeiten und Fähigkeiten als diejenigen, die sie arbeitspolitisch brauchen, um die Einsatzbedingungen zu beeinflussen. Es gibt also einen gemeinsamen Bezugspunkt; es geht aber um Unterschiedliches.«[45] Ausgangspunkt und Endpunkt beruflicher Weiterbildungsarbeit sind der Betrieb und der Arbeitsplatz. Aber gleichzeitig mit dem Lernen des Umgangs und der Beherrschung Neuer Technologien sollen diese auch auf ihre Gestaltungsspielräume und »Requalifizierungschancen« überprüft werden. Es geht um die tendenzielle Aufhebung der Fremdbestimmung, das heißt um die »Wiederaneignung der Arbeit durch die Wiederaneignung des Wissens«[46], um die »Einübung der Durchsetzung von Mitbestimmungs- und Selbstbestimmungsrechten der Arbeitnehmer«[47] sowie um die Verbindung von Arbeitswelt und außerbetrieblicher Lebenswelt des Arbeitnehmers.

Der Vertreter der Bundesvereinigung der Deutschen Arbeitgeberverbände äußerte sich demgegenüber in der gleichen Expertenanhörung wie folgt: »Berufliche Weiterbildung unterscheidet sich von anderen Bildungsbereichen vor allem darin, daß sie nicht in erster Linie in organisierten Kursen und Maßnahmen, sondern vor allem am Arbeitsplatz oder in unmittelbarer Verbindung mit dem Arbeitsplatz geschieht. Diese integrierte Form der Weiterbildung wird in der öffentlichen Diskussion zu wenig berücksichtigt, weil zu häufig auf die alte und nach meiner Sicht sachlich nicht gerechtfertigte Definition des Bildungsrates zurückgegriffen wird.«[48] Damit ist definitiv klargestellt, daß die Arbeitgeberseite
– einen engen, arbeitsplatz- und betriebsbezogenen Weiterbildungsansatz verfolgt,
– daß primär arbeitsplatzbezogene Anpassungsqualifikationen vermittelt werden sollen,
– daß »Integration« nicht die organisierte Vermittlung ganzheitlicher und persönlichkeitsbezogener Bildungsinhalte meint, sondern eher informelle, eng an den Produktionsablauf und Arbeitsvollzug gekoppelte Lernprozesse,
– daß der umfassende Weiterbildungsbegriff des Deutschen Bildungsrates – Weiter-

44 Protokoll 1989 (Anm. 5), S. 19.
45 Ebenda, S. 19f.
46 H. Wienold (Anm. 32), S. 24.
47 DGB-Bildungswerk NRW (Hrsg.) (Anm. 17), S. 11.
48 Protokoll 1989, S. 6.

bildung als Fortsetzung oder Wiederaufnahme früheren organisierten Lernens – abgelehnt wird und

- daß eine Integration von beruflicher, allgemeiner und politischer Weiterbildung nicht als sinnvoll angesehen wird, sondern als »inhaltliche Überfrachtung der Weiterbildungsmaßnahmen«[49].

4. Gesetzliche Rahmenbedingungen der Weiterbildung

Gesetzliche Rahmenbedingungen für die Weiterbildung müssen auf drei Ebenen diskutiert werden:

- auf der Ebene des *Bundes* ist vor allem das Arbeitsförderungsgesetz zu nennen, das inzwischen seine 9. Novellierung erfahren hat;
- auf der Ebene der *Länder* sind die Bildungsurlaubs- oder Freistellungsregelungen zu diskutieren;
- auf der *tarifvertraglichen* Ebene geht es um den Versuch der Gewerkschaften, Tarifverträge über Fort- und Weiterbildung abzuschließen.

Das *Arbeitsförderungsgesetz* (AFG) regelt Anspruchsgrundlagen und Förderungsbedingungen für Maßnahmen der Fortbildung, Umschulung und Einarbeitung. Es ist die maßgebliche Rechtsgrundlage für die »Qualifizierungsoffensive« der Bundesanstalt für Arbeit. Inzwischen haben die steigenden Belastungen – der Gesamtaufwand für 1988 belief sich auf fast 6 Milliarden DM – dazu geführt, daß in der 8. Novelle des AFG originäre öffentliche Staatsaufgaben auf die Beitragszahler abgeschoben wurden. Das bedeutet, daß die Förderungsmöglichkeiten zur Teilnahme an Fortbildung und Umschulung für die Zielgruppe der Arbeitslosen sich verschlechtert haben. Aufgrund der Änderungen der 9. AFG-Novelle, die am 1. Januar 1989 in Kraft trat, ist nach Meinung der Gewerkschaften damit zu rechnen, daß:

- mindestens 40 000 zusätzliche Arbeitslose die ohnehin schon unerträglich hohe Arbeitslosigkeit noch erhöhen werden,
- viele leistungsgeminderte und schwer vermittelbare Arbeitslose ihre Einstellungschancen verlieren und noch mehr ins gesellschaftliche Abseits gedrängt werden,
- die soeben erst in Gang gekommene »Qualifizierungsoffensive« erheblich zurückgefahren wird, was einer bildungspolitischen Kapitulation gleichkomme[50].
- *Bildungsurlaubs- und Freistellungsregelungen* gibt es inzwischen in Baden-Württemberg, Bayern, Bremen, Hessen, Niedersachsen, Nordrhein-Westfalen, Rheinland-Pfalz und im Saarland[51]. Die Landesregierung in Schleswig-Holstein hat im Juni 1989 den Entwurf für ein neues Weiterbildungsgesetz vorgelegt[52]. Diese

49 W. Malcher (Anm. 36), S. 469.
50 Minderheitsvotum der Gruppe der Beauftragten der Arbeitnehmer zum Entwurf des Berufsbildungsberichts 1989, in: Berufsbildung in Wissenschaft und Politik, (1989) 2, S. 42–46, hier: S. 46.
51 J. Weinberg, Zukunft der Weiterbildung aus gewerkschaftlicher Sicht, in: J. Schweitzer (Hrsg.) (Anm. 16), S. 194–200, hier: S. 194.
52 Zu den unterschiedlichen Bildungsurlaubs- und Freistellungsregelungen in den einzelnen Ländern vgl. S. Heid, Strukturelle Veränderungen in der Weiterbildung. Gesetzliche, finanzielle und organisatorische Rahmenbedingungen, in: Bundeszentrale für politische Bildung (Hrsg.) (Anm. 1), S. 85–94, hier: S. 90.

Regelungen konnten nur gegen den erbitterten Widerstand der Arbeitgeberseite durchgesetzt werden. Nach der Verabschiedung haben die Arbeitgeberverbände ihre Mitgliedsfirmen aufgefordert, ihren Arbeitnehmerinnen und Arbeitnehmern die Lohnfortzahlung zu verweigern. Inzwischen ist von beiden Seiten eine Fülle von Klagen bei den Arbeitsgerichten eingereicht worden und ein Ende der Prozeßflut ist nicht abzusehen[53]. Nach den jüngsten »Gewerkschaftsurteilen« des Bundesarbeitsgerichtes (BAG) ist die bisherige Praxis der Arbeitnehmerweiterbildung in Nordrhein-Westfalen bedroht. Nach diesen Urteilen stellt das BAG für die Lohnfortzahlung bei Bildungsmaßnahmen Bedingungen, die nach Meinung der IG Metall »einen erheblichen Teil des bewährten Weiterbildungsangebots in Nordrhein-Westfalen in Frage stellen«[54].

Auf der *tarifrechtlichen Ebene* sind die ersten Tarifverträge zur Weiterbildung abgeschlossen worden, zum Beispiel 1987 der Tarifvertrag zur berufsbezogenen Weiterbildung im Wirtschaftsbereich Heizungs-, Klima- und Sanitärtechnik in Berlin, im Februar 1988 zwischen der Deutschen Shell AG und der IG Chemie-Papier-Keramik und ebenfalls im Februar 1988 im Lohn- und Gehaltsrahmen-Tarifvertrag I für die Metallindustrie in Nordwürttemberg/Nordbaden. Die Forderungen einzelner Gewerkschaften gehen jedoch weiter. Sie fordern einen Tarifvertrag über Fort- und Weiterbildung, in dem Arbeitgeber und Betriebsrat jährlich betriebliche Bildungs- oder Qualifizierungspläne vereinbaren. Die Weiterbildungsmaßnahmen sind entweder allen Arbeitnehmern anzubieten oder alle Arbeitnehmer haben einen Anspruch auf berufliche Weiterbildung[55].

Die Arbeitgeberverbände lehnen diese Position ab. Für die Bundesvereinigung der Deutschen Arbeitgeberverbände (BDA) »muß berufliche Weiterbildung außerhalb der tarifvertraglichen Regelungsmechanismen verbleiben«. »Qualifizierungsinitiativen müssen immer an den konkreten betrieblichen Erfordernissen orientiert werden, was allgemeine und gleiche beziehungsweise originäre Rechtsansprüche der Arbeitnehmer prinzipiell ausschließt. Ausgangspunkt der Grundlage der betrieblichen Fort- und Weiterbildung der Beschäftigten ist der konkrete Qualifikationsbedarf des Betriebes. Mit den Qualifizierungsmaßnahmen sollen zielgerichtet Qualifikationslücken geschlossen werden, die im Hinblick auf technische oder organisationsbedingte Veränderungen der Anforderungen oder Arbeitsaufgaben im Betrieb festgestellt werden.«[56]

53 DGB-Bildungswerk NRW (Anm. 17), S. 5f.
54 Ohne Verfasser, Weiterbildung: Gesetz nachbessern, in: Der Gewerkschafter, 37 (1989) 9, S. 34.
55 R. Zedler, Weiterbildung und Tarifpolitik, in: Informationen zur beruflichen Bildung vom 30. 8. 1989, S. 1–4.
56 Ebenda, S. 4.

Horst Siebert

Lerninteressen und Lernprozesse in der politischen Erwachsenenbildung

1. Das Motivationsdilemma der politischen Bildung

Seit jeher ist das politische Themenangebot das »Aushängeschild« der meisten Erwachsenenbildungseinrichtungen. Politische Themen werden gleichsam fettgedruckt und an vorderster Stelle plaziert, sie sind das Tüpfelchen auf dem i der Bildungsarbeit. Und dennoch ist politische Bildung kein Numerus-clausus-Fach, dessen Veranstaltungen gleich in der ersten Semesterwoche ausgebucht sind. Die Fachbereichsleiter für »Gesellschaft/Politik/Wissenschaft« haben es schwer; ihre Teilnehmerzahlen nehmen sich meist bescheiden aus gegenüber denen der Fachbereiche berufliche Bildung, Fremdsprachen, Hauswirtschaft und musisch-kulturelle Bildung.

Die Kluft zwischen Angebot und Nachfrage, zwischen Anspruch und Wirklichkeit ist keine Erscheinung unserer Tage. Sogar der Leipziger Volkshochschule der Weimarer Republik, die als ein erfolgreiches Vorbild der politischen Arbeiterbildung gilt, gelang es nur bedingt, in größerem Umfang Interesse für politische Veranstaltungen zu wecken. Eine Auswertung der Teilnehmerstatistiken der Volkshochschulen Leipzig, Dresden und Zürich sowie der Entleihungen der Leipziger Bücherhallen 1922 bis 1926 ergab: »Damit stoßen wir abermals auf die Bedeutung der beruflichen Weiterbildung, die von den Volkshochschulen der Nachkriegszeit weitgehend vernachlässigt wurde. Am wichtigsten erscheint in unserem Zusammenhang der geringe Anteil der Gruppe Staats- und Wirtschaftskunde...«[1]

Auch nach dem Zweiten Weltkrieg war die politische Bildungsdistanz kaum geringer, obwohl nach 1945 mit Unterstützung der Alliierten große Anstrengungen einer »Reeducation«, einer demokratischen Umerziehung der Bevölkerung unternommen wurden[2], und obwohl Fritz Borinski die »mitbürgerliche Bildung« als Leitprinzip aller Bildungsarbeit propagierte[3]. Die Mehrzahl der Erwachsenen blieb von diesen Bildungsappellen unbeeindruckt. So stellte Hans Tietgens 1964 fest: »Es scheint, als ob ohne Verbindung mit dem Bedürfnis nach persönlichem, beruflichem Fortkommen das Bildungsangebot keine Chance hat, einer Nachfrage zu entsprechen.«[4]

---

1 R. Buchwald, Die Bildungsinteressen der deutschen Arbeiter (1934), in: W. Schulenberg (Hrsg.), Erwachsenenbildung, Darmstadt 1978, S. 71 ff.
2 K. E. Bungenstab, Umerziehung zur Demokratie, Düsseldorf 1970.
3 F. Borinski, Der Weg zum Mitbürger, Düsseldorf 1954.
4 H. Tietgens, Warum kommen wenig Industriearbeiter in die Volkshochschule? (1964), in: W. Schulenberg (Hrsg.), Erwachsenenbildung, Darmstadt 1978, S. 98 ff.

Diese Einschätzung wurde durch empirische Untersuchungen der damaligen Zeit bestätigt. In der »Köln-Porzer-Studie« wurde nachgewiesen, daß die Weiterbildungsinteressen in hohem Maße von den Aufstiegshoffnungen abhängig sind[5]. In dem Berliner Bezirk Kreuzberg wurden Volkshochschulteilnehmer und Nichtteilnehmer nach ihren Bildungsinteressen befragt. Diese Befragung bestätigte die bereits von Wolfgang Schulenberg nachgewiesene Diskrepanz zwischen dem verbalen Bildungsinteresse vieler Erwachsener und ihrem tatsächlichen Bildungsverhalten[6]: Auf die Frage nach interessanten Bildungsinhalten nennen insbesondere die Nichtteilnehmer vor allem politische Themen, ohne jedoch entsprechende Bildungsangebote zu nutzen. Für diese Inkonsequenz sind zwei Erklärungen denkbar: 1. Die Bekundung eines politischen Interesses gilt als »sozial erwünscht«, sie bleibt aber oberflächlich, äußerlich und folgenlos. 2. Man erwartet von den bekannten Bildungseinrichtungen keine befriedigenden Antworten auf die politischen Fragen[7].

Eine repäsentative, mehrstufige bildungssoziologische Untersuchung der Bildungsinteressen der westdeutschen Bevölkerung wurde von Willy Strzelewicz, Wolfgang Schulenberg und Hans-Dietrich Raapke Ende der fünfziger Jahre durchgeführt. Diese »Göttinger Studie« unterstreicht und ergänzt die vorhandenen Erkenntnisse[8]. Die meisten Befragten, und insbesondere diejenigen aus den unteren Sozialschichten, erwarteten von den Einrichtungen der Erwachsenenbildung nützliche, praktisch verwertbare und berufsbezogene Lernangebote. Willy Strzelewicz entdeckte auffällige Parallelen zwischen den Bildungsinteressen der westdeutschen und der nordamerikanischen Bevölkerung. Ein amerikanisches Forscherteam war zu ähnlichen Ergebnissen gekommen wie die Göttinger Soziologen. Auch für die USA galt 1962: »33 % der Lernaktivitäten waren berufsbezogener Art, 20 % hatten rekreativen Charakter und 12 % befaßten sich mit ›akademischen‹ Themen, wie die Verfasser es formulierten. Nur 3 % zentrierten sich auf öffentliche Angelegenheiten und Zeitereignisse. Das größere Gewicht wurde mehr auf praktische als auf akademische Gegenstände, mehr auf anwendungsfähige als auf theoretische Themata, mehr auf Fertigkeiten als auf Wissen und Information gelegt.«[9]

Wolfgang Schulenberg überprüfte Anfang der siebziger Jahre die Ergebnisse der »Göttinger Studie«. Die neue »Oldenburger Studie« machte deutlich, daß sich der Trend zum Pragmatismus noch verstärkt hatte. Vereinfacht formuliert: Erwachsene wollen sich nicht primär politisch oder kulturell »bilden«, sie wollen etwas Nützliches »lernen«. Die Frage nach dem Nutzeffekt steht im Vordergrund des Bildungsinteresses[10].

Alle empirischen Untersuchungen machen auf erhebliche schicht-, berufs-, alters- und geschlechtsspezifische Differenzen der Weiterbildungsbeteiligung und der Bildungsinteressen aufmerksam. Doch diese Differenzierungen verschärfen eher das

---

5 H. Ehrhardt, Zum Verhältnis von Aufstiegshoffnung und Bildungsinteresse, Dortmund 1965.

6 W. Schulenberg, Ansatz und Wirksamkeit der Erwachsenenbildung, Stuttgart 1957.

7 Kreuzberg-Studie: Die Einstellung der Kreuzberger Bevölkerung zur Volkshochschule, Berlin 1972.

8 W. Strzelewicz u. a., Bildung und gesellschaftliches Bewußtsein, Stuttgart 1966.

9 W. Strzelewicz, Bildungssoziologische Forschung im Weiterbildungsbereich, in: H. Siebert (Hrsg.), Taschenbuch der Weiterbildungsforschung, Baltmannsweiler 1979, S. 147f.

10 W. Schulenberg u. a., Soziale Lage und Weiterbildung, Braunschweig 1979.

Dilemma: Die politischen Bildungsangebote werden nicht in erster Linie von denjenigen in Anspruch genommen, für die sie konzipiert sind, nämlich von den politisch und sozial benachteiligten Gruppen, sondern am ehesten von der intellektuellen bürgerlichen Mittelschicht. Ein Manko dieser bildungssoziologischen Untersuchungen ist jedoch, daß primär sozialstatistische Merkmale wie die Schulbildung oder der Sozialstatus erfaßt werden, nicht aber Sozialisationsfaktoren wie Erfahrungen, Mentalitäten und Lebensstile.

Eine Ausnahme bildet die Göttinger Untersuchung über die »Weiterbildung von Arbeitern und Lehrlingen« aus der Zeit von 1972 bis 1975[11]. Sie untersuchte das Bildungsinteresse in Abhängigkeit von Persönlichkeitsfaktoren, zum Beispiel der Toleranz im Umgang mit mehrdeutigen Sachverhalten (Ambiguitätstoleranz). Zwar wurde bei den meisten Arbeitern ein politisches Desinteresse festgestellt, allerdings mit deutlichen Unterschieden zwischen dem Typ des »clarifier« und des »simplifier«. Für den »clarifier« ist typisch: »Man sei vor allen Dingen neugierig, mit seinem Wissensstand unzufrieden, man möchte Sachen analysieren, beide Seiten kennenlernen, Durchblick bekommen, und es wird die allgemeine Kontaktlosigkeit unter den Kollegen und Mitmenschen beklagt, man möchte gern Streitgespräche führen. In der Gruppe der ›simplifier‹ dominieren dagegen Wendungen wie: man wisse genau, was los ist. In der Zeitung brauche man nur die Überschriften zu lesen, dann wisse man schon Bescheid. Man steht auf dem Standpunkt, zum Beispiel daß etwas schon bei den alten Römern so gewesen sei und auch ewig so bleibe. Das ewige Diskutieren kotzt einen an, denn ändern könne man ohnehin nichts. Und was soll man sich da für nix aufregen.«[12]

Pädagogen verfallen nun häufig in den Fehler, den »simplifier« moralisch zu verurteilen, anstatt nach den gesellschaftlichen Hintergründen dieser Haltung zu fragen. Ist das Simplifizieren nicht Merkmal unserer politischen Kultur? Wird Politik uns von den Politikern und von den Massenmedien nicht häufig in Schwarz-Weiß-Mustern präsentiert? Ist der Eindruck, der einzelne Bürger könne doch nichts ändern, so falsch?

Solchen ideologiekritischen Fragen ist Marianne Gronemeyer in ihrer Arbeit über »Motivation und politisches Handeln« nachgegangen. Sie untersucht die Bedingungen der politischen Apathie und Ohnmachtserfahrungen und begründet unter anderem drei Thesen:

1. »Der Entpolitisierung durch Integration ist nur beizukommen durch die Vermittlung von Mangelerfahrungen, durch welche die Zufriedenheit stiftende Gleichgewichtslage aus der Balance gebracht wird und die so Handlung zur Beendigung des Mangels freisetzen.«

2. »Die handlungslähmende Ohnmacht ist nur durch – wenigstens partielle – Kompetenzerfahrungen zu überwinden. In Reaktion auf diesen Teilaspekt von Apathie müssen Autonomieerfahrungen zum Handlungsantrieb werden.«

3. »Politische, soziale und moralische Apathie kann nur aufgebrochen werden, wenn Mangelmotivation und Kompetenzmotivation im Lernprozeß einander ergänzen.«[13]

11 R. Brödel u. a., Industriearbeiter und Weiterbildung, Bonn 1976.
12 H. F. Müller, Bedingungen politischer Lernbereitschaft bei Industriearbeitern, Stuttgart 1978, S. 154.
13 M. Gronemeyer, Motivation und politisches Handeln, Hamburg 1976, S. 39f.

Die Ursachen der politischen Bildungsdistanz lassen sich also nicht nur individualpsychologisch aufklären, und es ist wenig ergiebig, im Stil einer Postulatpädagogik anspruchsvolle Bildungsappelle zu formulieren. Vielmehr sind zunächst die vielschichtigen Zusammenhänge zwischen dem politischen System und den subjektiven politischen Lerninteressen zu analysieren. Die fortschreitende Entfremdung zwischen Bürger und Staat reflektiert Klaus Horn: »Im Zentrum meiner Erörterungen über die sich öffnende Schere zwischen politischer Bildung und realen Beteiligungschancen werden zunächst zwei Entwicklungen der bürgerlichen Gesellschaft stehen, die am besten aufeinander bezogen erörtert werden: das Erstarken zentraler Bürokratien, die gesellschaftliche Prozesse zu steuern versuchen, einerseits und andererseits das Zurücktreten des einzelnen Bürgers in seiner rechtlich garantierten und formal wirksamen, aber faktisch bedeutungsloser werdenden politischen Lenkungsfunktion.«[14]

Die demotivierende politische Ohnmacht des Bürgers ist also nicht »eingebildet«, sondern basiert auf einer richtigen Einschätzung der politischen Machtverhältnisse, in denen die Politiker selbst sich tagtäglich ihrer Hilflosigkeit und ihres Einflußverlustes bewußt werden. So ist Immanuel Kants Aufklärungsappell weiterhin gültig, seine psychologische Schuldzuweisung greift jedoch zu kurz: »Habe Mut, Dich Deines Verstandes zu bedienen! ist also der Wahlspruch der Aufklärung. Faulheit und Feigheit sind Ursachen, warum ein so großer Teil der Menschen, nachdem sie die Natur längst von fremder Leitung freigesprochen, dennoch gerne zeitlebens unmündig bleiben, und warum es anderen so leicht wird, sich zu deren Vormündern aufzuwerfen. Es ist so bequem, unmündig zu sein.«[15]

14 K. Horn, Politische Bildung und reale Beteiligungschancen, in: Bundeszentrale für politische Bildung (Hrsg.), Politische Partizipation, Bonn 1985, S. 95 ff.
15 I. Kant, Beantwortung der Frage: Was ist Aufklärung?, in: Werke, hrsg. von E. Cassirer/ A. Buchenau, Berlin 1922, Bd. IV, S. 169.

In der theoretischen Literatur wird die Notwendigkeit politischer Bildung mit dem objektiven Interesse des Menschen an seiner Emanzipation, Mündigkeit und Mitbestimmung begründet. Diesem objektiven Interesse entspricht jedoch nicht unbedingt ein manifestes subjektives Bedürfnis, das zur regelmäßigen Teilnahme an politischen Bildungsveranstaltungen motiviert. Vor einer solchen Teilnahme stellen Erwachsene eine Kosten-Nutzen-Rechnung auf. Zu den »Kosten« der Weiterbildung gehören nicht nur Anfahrtswege und Teilnahmegebühren, sondern auch ein Opfer an kostbarer Zeit, der Verzicht auf Hobbies, Erholung oder auch Nebentätigkeiten. Der erwartete Nutzen kann in dem verwertbaren Ergebnis der Weiterbildung oder aber in dem Prozeß der Seminarteilnahme bestehen. Das Ergebnis einer Lernanstrengung ist dann nützlich, wenn es zur Verbesserung der materiellen und sozialen Lage oder zur allgemeinen Lebensqualität beiträgt. Dieser Nutzeffekt ist für den EDV-Kurs, für den Französischkurs, für den Kochkurs, für den Kurs zum Bau einer Solaranlage relativ einsichtig nachzuweisen. Ein solches Verwertungsinteresse befriedigt die politische Erwachsenenbildung jedoch in der Regel nur für politische Funktionsträger – etwa für Kommunalpolitiker und Betriebsräte oder aber für Sozialkundelehrer, Journalisten und ähnliche Berufsgruppen. Der »Normalbürger« verspricht sich von der politischen Bildung meist keinen erkennbaren Vorteil, zumal politische Kompetenz auch kaum zum Sozialprestige in unserer Gesellschaft beiträgt.

Bleibt also die Hoffnung auf ein Erfolgserlebnis durch die Teilnahme an politischen Seminaren. Die Attraktivität vieler Meditationskurse, Selbsterfahrungsgruppen und musisch-kreativer Seminare besteht nicht sosehr in den Lernergebnissen als in dem Spaß und dem Wohlbefinden während der Bildungsveranstaltung. Auch in dieser Hinsicht verspricht die politische Erwachsenenbildung wenig Erfolgserlebnisse. Die Themen sind meist kompliziert und theoretisch, und in der Gruppe sind erbitterte Positionskämpfe und verbissene Auseinandersetzungen keine Seltenheit. »Spaß« daran haben vor allem diejenigen, die hier ein Forum für ihre politische Selbstdarstellung finden. Wenn außerdem bei den TeilnehmerInnen der Eindruck entsteht, sie sollten besserwisserisch belehrt werden und ihnen würden Vorurteile und konservative Auffassungen unterstellt, sinkt die Stimmung noch mehr. Ich weiß, daß die Praxis der politischen Bildung vielfach anders, erfreulicher aussieht, aber ich versuche hier das Image der politischen Erwachsenenbildung vor allem bei den Nicht-Teilnehmern zu beschreiben.

Nun ist allerdings zu bedenken, daß fast alle zitierten empirischen Untersuchungen zur politischen Bildungsmotivation 15 Jahre und älter sind. Schon diese Feststellung ist erstaunlich: Besteht heute kein Interesse mehr an Untersuchungen über Motive und Barrieren politischen Lernens? Oder werden von solchen Erhebungen keine neuen Erkenntnisse erwartet? Immerhin haben sich das politische Klima und die politischen Problemlagen in dem vergangenen Jahrzehnt wesentlich verändert. Untersuchungen über einen Wertewandel weisen darauf hin, daß auch das politische Bewußtsein insbesondere von Frauen, von Jüngeren, aber auch von Älteren in Bewegung geraten ist[16].

Dieser Wandel scheint sich jedoch auf die Beteiligung an den traditionellen politischen Angeboten der Erwachsenenbildung kaum positiv ausgewirkt zu haben.

---

16 G. Michelsen/H. Siebert, Ökologie lernen, Frankfurt/M. 1985, S. 25.

Im Gegenteil: Die klassischen politologischen und soziologischen Themen werden weniger denn je nachgefragt.

2. Zur Wirksamkeit politischer Bildungsarbeit

Wenden wir uns nun den tatsächlichen TeilnehmerInnen der politischen Erwachsenenbildung zu. Was lernen sie in diesen Veranstaltungen? Unter welchen Bedingungen überprüfen und korrigieren sie ihre politischen Einstellungen und Verhaltensweisen? Welche Bedeutung hat die politische Bildungsarbeit für die politische und weltanschauliche Sozialisation eines Erwachsenen? Überblickt man die deutschsprachige Literatur zur politischen Bildung und zur politischen Sozialisation, so fällt auf:
1. Die wissenschaftliche Literatur zur politischen Bildung ist empirisch wenig gehaltvoll. Es überwiegen legitimatorische Aussagen zur Begründung und Notwendigkeit politischer Bildung, es werden anspruchsvolle Lernziele oft im Stil einer Postulatpädagogik formuliert, und es werden didaktische Modelle und Methoden konzipiert und propagiert, deren Wirksamkeit aber nur behauptet und nicht empirisch belegt wird.
2. Das Forschungsinteresse an der politischen Sozialisation Jugendlicher ist erheblich größer als an der politischen Entwicklung Erwachsener[17]. Allenfalls sind noch junge Arbeitslose eine Zielgruppe politischer Sozialisationsforschung. Die wenigen deutschsprachigen Untersuchungen zum politischen Bewußtsein sind überwiegend mehrere Jahrzehnte alt und auch die vielzitierte Biographieforschung hat bisher mehr hochgesteckte Ziele und Ansprüche formuliert als verallgemeinerbare Ergebnisse vorgelegt.
3. Die politische Sozialisationsforschung hat mehr die Einflüsse von Familie, Schule, Peer-groups, Arbeitswelt und Massenmedien als die der außerschulischen Bildungsangebote untersucht. Möglicherweise ist das Interesse dieser Bildungseinrichtungen an ihrer Evaluation – aus verständlichen Gründen – nicht sehr groß. Vielleicht sind aber auch die forschungsmethodischen Schwierigkeiten zu groß, um die Wirksamkeit dieser »Kurzzeitpädagogik« empirisch zuverlässig nachweisen zu können. Die Berichte über einzelne Modellversuche haben meist eine legitimatorische Funktion und haben bisher wenig zur Erforschung der politischen Lernfähigkeit Erwachsener beigetragen.

Mit diesen Bemerkungen sollen jedoch nicht der theoretische Gehalt und der praktische Nutzen der Literatur zur politischen Bildung in Frage gestellt werden[18]. Es wird lediglich behauptet, daß wir zur Wirksamkeit außerschulischer politischer Bildungsarbeit wenig empirisch Gesichertes wissen. Dennoch sei auf einige anregende – und zum Teil wenig beachtete – Untersuchungen hingewiesen.

Nach den eher enttäuschenden Resultaten der »Reeducation-Bemühungen« der Alliierten in den westlichen Besatzungszonen nach 1945 blieb auch das Forschungsinteresse an der politischen Erwachsenenbildung gering. Anders in der SBZ und

---

17 Vgl. M. Beyersdorf, Außerschulische Jugendbildungsarbeit, Hannover 1987.
18 Vgl. zum Beispiel W. Mickel/D. Zitzlaff (Hrsg.), Handbuch zur politischen Bildung, Opladen 1988.

späteren DDR: Dort war die Umgestaltung zu einem »Arbeiter- und Bauern-Staat« und die Umerziehung der Erwachsenen zu leistungsmotivierten und sozialistisch engagierten Bürgern ein zentrales Thema auch der erziehungswissenschaftlichen Forschung.

Bereits 1962/63 wurde eine – in der Bundesrepublik nahezu völlig unbekannte – empirische Untersuchung über »pädagogische und psychologische Probleme der Erwachsenenbildung« durchgeführt[19]. Untersucht wurde vor allem der Einfluß des politischen Bewußtseins von Arbeitern und Angestellten auf ihren Lernerfolg in der allgemeinen und beruflichen Qualifizierung. Durchgeführt wurden nicht nur umfangreiche Befragungen und teilnehmende Beobachtungen, sondern auch inhaltsanalytische Auswertungen von Aufsätzen erwachsener Teilnehmer, zum Beispiel zu dem Thema »Ereignisse, die meine Entwicklung beeinflußten«. Die zentrale These lautete: Je mehr die Erwachsenen die Einheit der notwendigen gesellschaftlichen Entwicklung mit den individuellen Bedürfnissen erkennen, desto größer ist ihre Lern- und Leistungsbereitschaft. Mängel des sozialistischen Bewußtseins beeinträchtigen den Lernerfolg. So wird kritisiert: »Nur einige Teilnehmer erkannten bei unseren Aussprachen den Zusammenhang ihrer persönlichen Probleme mit den Fragen des Klassenkampfes, besonders im ideologischen Bereich.«[20]

Positiv wird registriert: »Das hohe gesellschaftliche Bewußtsein gestattet es dem Lehrer, an die Teilnehmer erhöhte Anforderungen zu stellen, die – in der Regel – bewußt bejaht werden.«[21] Allerdings: »Ein spezielles Problem bürgerlicher Überreste sind die – besonders bei älteren Teilnehmerinnen auftretenden – Minderwertigkeitskomplexe.«[22] »Ungenügend wird der Zusammenhang zwischen gesellschaftlichen Entwicklungsproblemen und ihrer Auswirkung auf den einzelnen erkannt... So hat zum Beispiel der 13. August 1961 unmittelbare Auswirkungen für alle Bürger beider deutscher Staaten. Direkt als Ereignis, das ›die persönliche Entwicklung beeinflußt‹, wurde er bei den von uns befragten Teilnehmern jedoch nur von Angehörigen der Nationalen Volksarmee... empfunden.«[23] Gefordert wird unter anderem: »Insbesondere muß den Teilnehmern geholfen werden, die noch häufig auftretenden unzulässigen Verallgemeinerungen zu überwinden. Sie gründen sich meist auf einzelne Erlebnisse, die dann als allgemeingültige Erfahrungen ausgelegt werden.«[24] Diese Zitate mögen zweierlei belegen: zum einen die Vermischung empirischer Befunde mit normativen Erklärungen und politisch erwünschten Konsequenzen; zum anderen die zu Recht verwendete Bezeichnung »Erwachsenenerziehung« für diese damalige Form der politischen Bildungsarbeit in der DDR.

Eine »Überinterpretation« empirischer, auch statistisch signifikanter Ergebnisse ist jedoch nicht nur für DDR-Forschungen, sondern auch für Evaluationsforschung zur politischen Bildungsarbeit in der Bundesrepublik keine Seltenheit. Als Beispiel sei die methodisch anspruchsvolle Wirkungsanalyse politischer Seminare von Ansgar Weymann erwähnt. 1974/75 wurden 153 Hörer aus 9 Kursen in 3 Institutionen mit

---

19 E. Harke, Pädagogische und psychologische Probleme der Erwachsenenbildung, Leipzig 1966.
20 Ebenda, S. 23.
21 Ebenda, S. 32.
22 Ebenda, S. 35.
23 Ebenda, S. 43.
24 Ebenda, S. 53.

Hilfe eines Polaritätsprofils und eines Assoziationstests befragt. Da in allen 9 Seminaren Fragen des Gesellschaftssystems zur Sprache kamen, sollte ein Wandel der emotionalen Einstellungen durch zwei Polaritätsprofile zu den Begriffen »Soziale Marktwirtschaft« und »Sozialismus« zu Beginn und am Ende der Kurse ermittelt werden. Vorgegebene polare Merkmale für diese Begriffe waren zum Beispiel weich–hart, heiter–traurig, stark–schwach. Gemessen wurde, welche Gruppen nachher andere Adjektive ankreuzten als vorher, wobei diese Abweichungen als Indiz für einen Einstellungswandel gewertet wurden: »Bei Angestellten/Beamten ist der Einstellungswandel in bezug auf beide Objekte signifikant, bei Schülern lediglich hinsichtlich des Sozialismus. Die beiden Unterschichtgruppen jedoch lassen weder gegenüber der Marktwirtschaft noch gegenüber dem Sozialismus einen signifikanten Einstellungswandel erkennen... Es gibt schichtspezifische Lernerfolge in der politischen Erwachsenenbildung.«[25]

Durch einen freien Assoziationstest sollten ferner kognitive Lernfortschritte festgestellt werden. Die Teilnehmergruppen notierten vor und nach dem Kurs ihre Assoziationen zu Begriffen wie Arbeitnehmer, Mitbestimmung, Unterdrückung. Dabei assoziierten beispielsweise Arbeiter häufiger als Angestellte und Beamte mit »sozialer Marktwirtschaft« »Wohlstand«. Insgesamt bleiben die Reaktionen jedoch relativ stabil, wobei aber Angestellte und Beamte am Ende des Kurses häufiger neue Assoziationen nennen. Ansgar Weymann folgert daraus: »Als Ergebnis ist also festzuhalten, daß die Beeinflussung der kognitiven Struktur schichtspezifisch ausfällt: Der Wandel des Assoziationsverhaltens ist in der Mittelschicht wesentlich ausgeprägter als in der Unterschicht.«[26] Insgesamt sieht Ansgar Weymann seine Hypothese einer Mittelschichtorientierung der politischen Erwachsenenbildung durch diese Resultate bestätigt: »Mißt man den Lernerfolg als Wandel politischer Einstellungen, so wird die Hypothese bestätigt: je höher der soziale Status, desto größer der Einstellungswandel.«[27]

Ansgar Weymanns Untersuchung zeigt, wie schwierig es ist, selbst mit einem aufwendigen empirisch-statistischen Instrumentarium gültige und praxisrelevante Ergebnisse über politische Lernerfolge und die Wirksamkeit politischer Erwachsenenbildung zu gewinnen. Dabei ist er sich des »unbefriedigenden forschungslogischen Zusammenhangs zwischen abstrakter Gesellschaftstheorie und operationalisierbaren Hypothesen« durchaus bewußt[28]. Doch nicht nur dies ist ein Problem seiner Arbeit, sondern seine empirisch nicht abgedeckten Interpretationen.

Werfen wir noch einen kurzen Blick auf die nordamerikanische Sozialisations- und Kommunikationsforschung. Bevorzugte Forschungsmethode dieser empirischen Sozial- und Lernpsychologie sind experimentelle Laboruntersuchungen. Dabei werden einzelne Variablen des komplexen Feldes menschlichen Denkens, Fühlens und Handelns isoliert und gezielt verändert und gemessen. Für die politische Erwachsenenbildung sind dabei vor allem solche Forschungen von Interesse, in denen die Aufnahme und Assimilation neuer Wissensinhalte untersucht werden. Jeder Erwachsenenpädagoge kennt Phänomene der selektiven Wahrnehmung, der einseitigen

25 A. Weymann, Lernen und Sprache, Hannover 1977, S. 65.
26 Ebenda, S. 81.
27 Ebenda, S. 85.
28 Ebenda, S. 46.

Auswahl und der Uminterpretation von Informationen bei Teilnehmern der Erwachsenenbildung. Erwachsene nehmen einen Text oder einen mündlichen Diskussionsbeitrag je nach den Vorkenntnissen, Einstellungen und Interessen sehr individuell und eigenwillig wahr, wobei sie sich dieser gefilterten und verzerrten Wahrnehmung selten bewußt sind. Dies gilt für die Lektüre eines Buches ebenso wie für eine Fernsehsendung oder für ein Bildungsseminar. Dabei sind affektive Barrieren ebenso von Bedeutung wie vorhandene kognitive Schemata und pragmatische Verwendungsinteressen.

Wilbur Schramm beschreibt diese Kernfrage der Kommunikationswissenschaft wie folgt:»Es muß gesagt werden, daß jeder von uns viel mehr solcher Mitteilungen ausgesetzt ist, als er empfangen kann. Das Verhältnis ist wenigstens hundert zu eins; es kann Millionen zu eins sein. Daher ist unsere erste Frage: Wird der Empfänger die Mitteilung beachten?... Das erste Hindernis, das die Mitteilung überwinden muß, ist, aus allen anderen konkurrierenden Mitteilungen ausgewählt zu werden. Wenn diese Hürde bewältigt ist, wird die Mitteilung vom Empfänger entweder angenommen oder zurückgewiesen... Annahme oder Zurückweisung hängen also davon ab, inwieweit eine Mitteilung in das System von Werten und Überzeugungen auf seiten des Empfängers paßt... (Die Mitteilung muß aber auch) die Konfrontierung mit den Normen und Überzeugungen seiner Gruppe bestehen... Wenn er seine Bezugsgruppe hoch einschätzt, wird der Mensch versuchen, die Mitteilung mit dem in Einklang zu bringen, was jene Gruppe glaubt oder für richtig hält.«[29]

Diese Prozesse der Informationsverarbeitung sind für den in der politischen Erwachsenenbildung zur Zeit favorisierten»Deutungsmusteransatz« von besonderem Interesse[30]. Dieses didaktische Konzept basiert auf Thesen des»symbolischen Interaktionismus«, demzufolge unsere Lebenswelt eine sozial gedeutete Wirklichkeit ist; diese Deutungen entstehen durch die Kommunikation in Bezugsgruppen und auch in neuen sozialen Kontexten – etwa in einer neuen Lerngruppe –, sie können auch im Alter noch verändert werden. Die politische Erwachsenenbildung soll die Problematisierung, Modifizierung und Erweiterung solcher handlungsleitenden Deutungsmuster fördern. Um abschätzen zu können, inwieweit und unter welchen Bedingungen Erwachsene bereit sind, ihre Deutungsmuster unverfälscht zur Sprache zu bringen, in Frage zu stellen, offen für ungewohnte»fremde« Deutungen zu sein und eigene, identitätsstiftende Deutungen zu verändern, sind empirische Untersuchungen der von Wilbur Schramm beschriebenen Art erforderlich.

So hat Leon Festinger in seinen Untersuchungen zur»kognitiven Dissonanz« untersucht, wie Erwachsene den Konflikt zwischen den»liebgewonnenen« Deutungen und divergierenden neuen Informationen und alternativen Sichtweisen lösen. Erwachsene neigen dazu, solange wie möglich an ihren gewohnten und stabilisierenden Deutungen festzuhalten und wollen sich nicht ständig verunsichern lassen[31]. Deshalb neigen wir dazu, denjenigen mehr zuzuhören und zu»glauben«, die unsere eigene Position bekräftigen.»Die Kommunikationsforschung hat zum Beispiel mehrfach bestätigt, daß Menschen durchweg dazu neigen, nur solche Dinge zu lesen,

---

29 W. Schramm, Grundfragen der Kommunikationsforschung, München 1969, S. 20f.
30 R. Arnold, Deutungsmuster und pädagogisches Handeln in der Erwachsenenbildung, Bad Heilbrunn 1985.
31 L. Festinger, Die Lehre von der kognitiven Dissonanz, in: W. Schramm (Anm. 29), S. 27ff.

anzuhören oder anzusehen, die Auffassungen vertreten, mit denen sie selbst sympathisieren, und daß sie Kommunikationen aus dem Wege gehen, die eine andere Färbung haben.«[32]

Das gilt im großen und ganzen auch für die Teilnahme an Veranstaltungen der Erwachsenenbildung. In der Regel werden die Seminare solcher Institutionen und Dozenten besucht, mit denen man politisch übereinstimmt und von denen eine Bestätigung der eigenen Einstellung erwartet wird. Überspitzt formuliert: Während die Ziele der politischen Bildungsarbeit eher auf Verunsicherung und Veränderung ausgerichtet sind, erwarten die Teilnehmer eher Verstärkungen und Bestätigungen. Die Bereitschaft, widersprechende politische Deutungen zu akzeptieren und eigene Meinungen zu ändern, hängt von zahlreichen Faktoren, unter anderem auch von Persönlichkeitsvariablen ab. So ergaben amerikanische Untersuchungen, daß Männer mit geringer Selbsteinschätzung und solche mit »reicher Phantasie« eher zu einer Korrektur ihrer Einstellungen bereit sind[33] als beispielsweise autoritative Persönlichkeiten oder Menschen mit asozialen und aggressiven Verhaltensweisen. »Männliche Personen mit ›außengelenkter‹ Orientiertheit sind zu einer größeren Überredbarkeit veranlagt als solche mit ›innengelenkter‹ Orientierung... ›Außengelenktheit‹ bezieht sich auf ein Wertsystem, das Gruppenkonformität und Anpassung an die soziale Umgebung herausstellt. ›Innengelenktheit‹ bedeutet dagegen die Betonung persönlicher Ziele und innerer Maßstäbe, die das eigene Auftreten regeln.«[34]

Wird dieses identitätssichernde Interesse von den Pädagogen ignoriert, besteht die Gefahr eines »Bumerang-Effekts«: Versucht ein Dozent zu offensiv, die Teilnehmer umzustimmen, zu belehren und ihre Vorurteile zu korrigieren, oder versucht er zu drastisch, Ängste und Betroffenheit im Stil einer »Katastrophenpädagogik« zu erzeugen, so erreicht er oft genau das Gegenteil. Die Teilnehmer zeigen Vermeidungsreaktionen und widersetzen sich solchen frontalen Beeinflussungsversuchen. Man merkt die Absicht und ist verstimmt.

Wie schwierig es ist, politische Lernerfolge am Ende eines Seminars zu messen, zeigen zwei weitere Effekte: Als »Badewanneneffekt« wird eine nur kurzfristige Einstellungs- und Verhaltensänderung in und durch eine Bildungsmaßnahme bezeichnet; dieser Lerneffekt wird aber in der »back-home-Situation«, das heißt in den »alten« Bezugsgruppen und Lebensbereichen, wieder ausgelöscht. Einen solchen »Verlerneffekt« stellen wir zur Zeit häufig bei der Behandlung der Ausländer- und Asylantenthematik fest. Andererseits gibt es auch zahlreiche Beispiele für einen »sleeper-Effekt«: Während des Seminars beharren Teilnehmer auf ihren Ansichten und zeigen sich uneinsichtig und widerspenstig. Dennoch sind die Gegenargumente und die neuen Informationen nicht spurlos geblieben; sie wirken nach, werden nach dem Seminar möglicherweise durch Bezugspersonen und Massenmedien verstärkt und bewirken allmählich einen Einstellungswandel.

Thomas Ziehe interpretiert diese Ambivalenzen und Mehrdeutigkeiten des politischen Lernens psychoanalytisch und identitätstheoretisch: »Es wird wohl deutlich, daß wir entschieden Wert darauf legen, eine fortwährende Balance zwischen dem Erproben des ›Neuen‹ und dem sichernden Rückgriff auf ›Altes‹ aufrechtzuerhal-

---

32 J. Klapper, Die gesellschaftlichen Auswirkungen der Massenkommunikation, in: W. Schramm (Anm. 29), S. 85 ff.

33 N. Maccoby, Die neue »wissenschaftliche Rhetorik«, in: W. Schramm (Anm. 29), S. 55 ff.

34 I. Janis, Persönlichkeitsstruktur und Beeinflußbarkeit, in: W. Schramm (Anm. 29), S. 71 ff.

ten... Hier wird nicht jemand durch den Teamer ›verändert: Allenfalls erleben die Lernenden Angebote, in denen sie Reservoire in sich bilden können. Reservoire neuer Deutungen ihres Welt- und Selbstbildes. Wann auf sie zurückgegriffen werden kann, auch wann sie in das Handeln im ›wirklichen Leben‹ einbezogen werden können, kann in der Bildungssituation selbst nicht kalkuliert werden. Identitätsrelevanz erhalten diese Reservoire erst in Phasen biographischer Brüche und biographischer Verdichtung. Solche Phasen sind aber keineswegs zeitlich identisch mit der Lernsituation, also mit dem Ausbilden der Reservoire. Zunächst wird man sich den Bildungsprozeß so vorstellen müssen, daß die Reservoire sich *neben* dem bewährten Wissen und den konservativen Besetzungen ablagern. Dies ist kein Entweder-Oder, sondern eine Parallelität. Ob und wann ›das Alte‹ in der Psychodynamik und in der Kognition so erschüttert wird, daß die Reservoire aktiviert werden, sich ausbreiten, vielleicht sogar die Herrschaft übernehmen, ist nicht pädagogisch planbar!«[35]

Wenn wir Thomas Ziehes These akzeptieren und ernst nehmen, hat sie weitreichende Bedeutung auch für die Evaluationsforschung. Die Lernerfolge der politischen Bildungsarbeit sind mit den klassischen Methoden quantifizierender Sozialforschung kaum unmittelbar meßbar und testbar. Eine Seminarteilnahme läßt sich nicht aus der Lebenswelt, das heißt aus dem komplexen Prozeß der politischen Sozialisation eines Erwachsenen und aus dem vielschichtigen Gefüge der politischen Kultur unserer Gesellschaft herauslösen. Alle bisherigen Versuche, direkte Wirkungen einer politischen Bildungsmaßnahme zu beweisen, sind fragwürdig und trügerisch. Das heißt aber keinesfalls, daß die politische Bildungsarbeit wirkungs- oder folgenlos ist.

Ein Nachteil der traditionellen politischen Sozialisationsforschung ist ihre Inhaltsneutralität. Die subjektive und gesellschaftliche Relevanz des Themas bleibt in der Regel unberücksichtigt. Erfaßt werden sozialstatistische Daten und Persönlichkeitsmerkmale der Lernenden, nicht aber der politische Lerninhalt. Um es am Beispiel der amerikanischen Untersuchungen zu erläutern: Es gibt vermutlich keinen generellen Faktor der Beeinflußbarkeit oder Überredbarkeit, sondern es kommt bei Themen, die für mich neu oder weniger wichtig sind, leichter zur Korrektur meiner Einstellung als bei Themen, über die ich gut informiert bin und die für mich eine hohe Identitätsrelevanz haben. Hinzu kommt die gesellschaftliche Relevanz: Nicht die Wahlkampfprogramme der Parteien haben in der letzten Zeit eine Lernbewegung ausgelöst, sondern die Tschernobylkatastrophe. Wer politische Lernprozesse in unserer Gesellschaft untersucht, sollte sich nicht nur auf »kritische biographische Lebensereignisse« konzentrieren[36], sondern auch die subjektive Verarbeitung – oder Verdrängung – der kritischen gesellschaftlichen Ereignisse berücksichtigen. Dies erfordert jedoch eher einen qualitativ-interpretativen als einen statistisch-quantifizierenden Forschungsansatz.

3. Versuche und Fehlversuche der politischen Didaktik

Wie hat sich die außerschulische politische Bildung didaktisch-methodisch verändert? Die politische Bildung im Kontext der 68er-Studentenbewegung orientierte sich

---

35 Th. Ziehe/H. Stubenrauch, Plädoyer für ungewöhnliches Lernen, Reinbek 1982, S. 179.
36 S. H. Filipp (Hrsg.), Kritische Lebensereignisse, München 1983.

überwiegend – trotz des exemplarischen Erfahrungsansatzes von Oskar Negt[37] – an dem von Paolo Freire kritisierten »Bankierskonzept«[38]. Überspitzt formuliert: Sozialwissenschaftlich ausgebildete Pädagogen gaben Antworten auf Fragen, die so nicht von den Teilnehmern gestellt wurden. Es wurden »richtige«, meist gesellschaftskritische makrosoziologische Analysen, Theoreme und Postulate popularisiert und »frontal« vermittelt. (Mir ist die Äußerung eines Arbeiters in einem Bildungsurlaubsseminar in Erinnerung: »Wenn der noch einmal das Wort ›Kapitalverwertungsinteresse‹ in den Mund nimmt, packe ich meine Koffer.«)

Diese belehrende Aufklärung war nicht selten mit dem Zielgruppenkonzept verknüpft, das seinerseits durchaus von den Erfahrungen der Teilnehmer ausging. Unterprivilegierte, benachteiligte Zielgruppen sollten mit Hilfe privilegierter Pädagogen ihre unerträgliche Lage erkennen und ihre Interessen durchsetzen lernen. Dieser in seiner Zielsetzung berechtigte Ansatz einer gesellschaftskritischen, interessen- und konfliktorientierten Zielgruppenarbeit mit Benachteiligten hatte in der Praxis folgende Schwächen:

1. Die soziologischen, »systemischen« Gesellschaftstheorien halfen den Teilnehmern kaum bei der Bewältigung ihrer Alltagsprobleme.
2. Das »Benachteiligtenprogramm« wurde von den Betroffenen als Stigmatisierung und Diskriminierung wahrgenommen und provozierte Abwehrmechanismen.
3. Das klassen- und/oder schichtspezifische Konzept der Durchsetzung von Gruppeninteressen war nur noch bedingt überzeugend, als die globale Gefährdung der Menschheit, Natur und Zukunft in den Blick geriet – ohne daß soziale Interessengegensätze damit irrelevant wurden. Der Begriff der Zukunftsverantwortung muß den der »Interessendurchsetzung« zwar nicht ersetzen, aber doch relativieren. Außerdem scheint das Konzept des kollektiven Interesses gegenüber dem der individuellen Betroffenheit an Bedeutung zu verlieren – so problematisch diese Individualisierung aus gesellschaftstheoretischer Sicht auch sein mag.

Um es zu wiederholen: Erwachsene wollen sich weder belehren noch erziehen lassen. Eine »Zeigefingerpädagogik« ruft Vermeidungsreaktionen hervor: Die Seminarräume bleiben leer oder leeren sich nach der dritten Sitzung. Versuche von »wissenden« Pädagogen, ein »falsches Bewußtsein« nachzuweisen, über die »eigentlichen« Bedürfnisse besser Bescheid zu wissen als die Betroffenen, Vorurteile abzubauen und Verhaltensänderungen zu fordern, sind keineswegs nur bei »linken Pädagogen« festzustellen. Ein solcher Defizitansatz ist auch im konservativen Lager verbreitet und äußert sich in jüngster Zeit vor allem in »Akzeptanzforderungen«. Mit *Akzeptanz* ist die Zustimmung der Bevölkerung zu Entscheidungen gemeint, die die Herrschenden »für sie« gefällt haben. So klagte der ehemalige bayerische Kultusminister Hans Maier auf dem Weiterbildungskongreß des Deutschen Industrie- und Handelstages 1985: »Akzeptanz oder – Max Weber hätte gesagt: Gehorsam, Gehorsamschance – ruht natürlich auf der allgemeinen, der gemeinsamen Anerkennung von Werten, und daß in dieser Hinsicht vieles heute problematisch geworden ist, das spüren wir tagaus, tagein... Wenn sich nicht eine neue Akzeptanz entwickelt, dann ist die Zukunft der Industriekultur ernsthaft gefährdet.«[39] Wohlgemerkt: Nicht die Werte der »Industrie-

37 O. Negt, Soziologische Phantasie und exemplarisches Lernen, Frankfurt/M. 1966.
38 P. Freire, Pädagogik der Unterdrückten, Reinbek 1973, S. 57.
39 Deutscher Industrie- und Handelstag (Hrsg.), Dynamik durch Weiterbildung, Bonn 1985, S. 29f.

kultur« sind problematisch geworden, sondern lediglich das Bewußtsein und Einverständnis der Bevölkerung. So beinhaltet auch die »neue Allgemeinbildung« aus dieser Sicht Zufriedenheit, positives Denken, Fortschrittsoptimismus. . .

Teilnehmerorientiert scheint ein anderes Konzept der politischen Bildung zu sein, das sich wachsender Beliebtheit erfreut, nämlich das der »Erlebnispädagogik«. In der Tat wollen viele Menschen nicht nur über Politik reden, sondern etwas tun. Ganzheitliche erlebnispädagogische Konzepte der Reformpädagogik – etwa Arbeitsschule, Kunsterziehung, Wandervogelbewegung, Arbeitslager – sollten die »Buch- und Kreide-Pädagogik« überwinden[40]. Wir erinnern uns aber auch an die Pervertierung dieses Ansatzes im Nationalsozialismus, in dem der Kampf Jugendlicher an der »Front« zu dem Erlebnis schlechthin glorifiziert wurde. In den Zeiten des »Kalten Krieges« galt das »Erlebnis« an der Berliner Mauer als der Höhepunkt der politischen Bildung. Vor einigen Jahren wurde die Teilnahme an einer »Demo« vielfach zum Schlüsselerlebnis des politischen Lernens hochstilisiert. Ich halte Demonstrationen für eine legitime, notwendige und oft auch wirkungsvolle Form politischer Partizipation und Gegenöffentlichkeit. Politische Bildung aber darf nicht zur Vorbereitung politischer Aktionen verkümmern. Die Erlebnispädagogik hat ihre Grenzen, weil Politik nur selten unmittelbar erlebbar ist, sondern sich meist »hinter unserem Rücken« vollzieht und deshalb theoretisches, analytisches Lernen erfordert. Allenfalls können »Erlebnisse« Auslöser von Lerninteressen sein. Außerdem ist der Begriff »Erlebnis« verkürzt im Vergleich zu dem Erfahrungsbegriff, wie ihn Oskar Negt und andere definiert haben[41]. Zum dritten sind Erlebnisse häufig mit Aktionen

---

40 J. H. Knoll, Jugendbewegung, Opladen 1988.
41 O. Negt (Anm. 37).

und Eingriffen verbunden, die selber zweischneidig sind. Wer unberührte Natur erleben will, zerstört ihre Unberührtheit, wer die Dritte Welt – auch als »alternativer« Tourist und Entwicklungshelfer – erleben will, beglückt die Menschen nicht nur, sondern kolonialisiert ihren Lebenszusammenhang. . .

Von der *Curriculumtheorie* der siebziger Jahre ist die politische Erwachsenenbildung relativ unbeeinflußt geblieben. Die Curriculumentwicklung wurde von vielen kritischen Pädagogen bald – und meines Ermessens nach zu eilfertig – als technokratisch und affirmativ abqualifiziert, wobei die möglichen Verkürzungen überbetont wurden, ohne daß zuvor die Möglichkeiten für politisches Lernen ausgelotet worden wären. Die Prämisse von Saul B. Robinsohn, der das Curriculumkonzept in der Bundesrepublik bekanntgemacht hat, lautete: »Bildung als Vorgang, in subjektiver Bedeutung, ist Ausstattung zum Verhalten in der Welt.«[42] Ausgangspunkt der Curriculumentwicklung sollten nicht Lerninhalte, sondern gesellschaftliche Verwendungssituationen sein: »Damit ergibt sich für Curriculumforschung die Aufgabe, 1. Methoden zu finden und anzuwenden, durch welche diese *Situationen* und die in ihnen geforderten *Funktionen*, 2. die zu deren Bewältigung notwendigen *Qualifikationen* und 3. die *Bildungsinhalte* und Gegenstände, durch welche die Qualifizierung bewirkt werden soll, in optimaler Objektivierung identifiziert werden können.«[43] Dieser Ansatz entspricht durchaus dem heute viel gepriesenen Konzept der Lebensweltorientierung. Die Kritik dagegen richtete sich sofort gegen eine – nicht zwingend erforderliche – Festschreibung und Standardisierung von Curricula und gegen eine – ebenfalls von Robinsohn nicht intendierte – Operationalisierung von Lernzielen. Eine systematische Lernzielreflexion ist für die politische Bildung mindestens ebenso wichtig wie für einen Fremdsprachenkurs. Die Feststellung von Robert Mager: »Wer nicht weiß, wohin er will, braucht sich nicht zu wundern, wenn er ganz woanders ankommt«[44], ist sicherlich weiterhin gültig. Unangemessen ist allerdings eine perfektionistische Lernzieloperationalisierung (nach Magers Schema zum Beispiel: »3 Gründe für die Entwicklungshilfe in 5 Minuten fehlerlos an die Tafel schreiben«). Aus heutiger Sicht ist daneben etwas anderes fragwürdig: die in den siebziger Jahren übliche Proklamierung programmatischer, anspruchsvoller und für eine Bildungsveranstaltung unrealistischer Richtziele wie kritische Urteilsfähigkeit, politische Handlungskompetenz, Befreiung aus Abhängigkeiten und so weiter. Nicht die emanzipatorische Zielrichtung ist suspekt, wohl aber die Überschätzung der Möglichkeiten eines Abendkurses oder Bildungsurlaubsseminars. Solche vollmundigen programmatischen Absichtserklärungen werden heute nicht mehr so naiv formuliert wie damals.

Mitte der siebziger Jahre, als der Optimismus, wesentliche Fortschritte durch institutionelle Reformen, durch betriebliche Mitbestimmung oder auch durch gesellschaftliche Utopien und Programme zu bewirken, enttäuscht wurde, erfolgte eine »Entdeckung des subjektiven Faktors«, eine Alltags- und Lebensweltorientierung, eine Wende vom »Fern-« zum »Nahbereich«. Dieser Akzentwandel (nicht nur) der politischen Erwachsenenbildung hat sicher auch einige gute Gründe für sich. Es ist unstrittig, daß unsere Lebenswelt immer mehr vom System »kolonialisiert« wird[45]

---

42 S. B. Robinsohn, Bildungsreform als Revision des Curriculum, Neuwied 1972.
43 Ebenda, S. 45.
44 R. Mager, Lernziele und programmierter Unterricht, Weinheim 1969, S. 7.
45 J. Habermas, Theorie des kommunikativen Handelns, 2 Bde., Frankfurt/M. 1981.

und daß unser Privatbereich zunehmend politisiert wird. Dennoch ist es aus verschiedenen Gründen schwierig, die Zusammenhänge zwischen dem Privaten und dem Politischen zu didaktisieren. Zur Illustration ein Beispiel aus der Ökologie: Wir haben verschiedene Zielgruppen nach ihren ökologischen Lerninteressen befragt. Die befragten Kleingärtner interessierten sich sehr für den sauren Regen, aber nur insoweit, als sie sich konkrete Hinweise erhofften, wie ihre Kirschbäume zu schützen sind. Ähnliche Verkürzungen ergeben sich, wenn in Dritte-Welt-Seminaren nur nach dem eigenen »Erlebnis« von »Kolonialwaren« im Supermarkt gesucht und kein Bezug zu den komplexen Zusammenhängen der Verschuldungskrise hergestellt wird.

Eine Orientierung der politischen Bildung an den Erfahrungen und Lebenssituationen der Teilnehmer ist zudem theoretisch nicht neu. Schon in den siebziger Jahren wurden überzeugende Konzepte einer Integration beruflicher und politischer Bildung, einer arbeitsorientierten politischen Bildung, eines erfahrungsorientierten exemplarischen Lernens und eines Deutungsmusteransatzes entwickelt. Aber sei es, daß diese anspruchsvollen, aber allgemeinen Postulate sich in der konkreten Lehr–Lernsituation schwer didaktisch umsetzen lassen, sei es, daß sie der eher konkretistischen, utilitaristischen Motivation der Teilnehmer widersprechen – ein durchschlagender Erfolg war diesen Ansätzen nicht beschieden.

In der Bildungspraxis scheint sich eine Wende von einer systematischen zu einer lebensweltlichen Perspektive der politischen Bildung in den vergangenen Jahren vollzogen zu haben[46]. Das Thema lautet nicht mehr »Kernenergie – pro und contra«, sondern »Wie gehen wir mit der Energie um?« Damit werden die Grenzen zwischen politischer, allgemeiner und beruflicher Bildung noch fließender als bisher. Immer weniger signalisiert das Thema, ob politische Inhalte und Lernziele im Vordergrund stehen. Hier eine typische Auswahl von Bildungsurlaubsthemen der niedersächsischen Bildungsvereinigung »Arbeit und Leben«: »Frauen – zurück an den Herd?«, »Aus der Geschichte lernen«, »Zuckerbrot oder Peitsche«, »Wenn die Arbeit uns kaputt macht...«, »Jetzt rede ich«, »Ökologie im Alltag«. Ob in diesen Seminaren primär politisch gelernt wird, läßt sich nur durch eine mikrodidaktische Auswertung feststellen. Wichtiger als das Thema werden oft die Veranstaltungsformen und die Lehr–Lernmethoden, und in dieser Hinsicht sind nach meinem Ermessen wesentliche Innovationen erkennbar. Relativ neu sind die offeneren, längerfristigen Werkstätten: Schreib-, Geschichts-, Ökologie-, Zukunftswerkstatt[47]. Die Befragung von »Arbeiterveteranen« und »Zeitzeugen« ist zu einer beliebten Methode zeitgeschichtlicher Bildung geworden. Auch lokalgeschichtliche Arbeitsgruppen finden immer mehr Anklang.

Aber auch bekannte reflexive Methoden – wie etwa das Sokratische Gespräch – werden zunehmend für politisches Lernen genutzt. Das Sokratische Gespräch – ebenso wie die »soziobiographische Methode« – wird dem wachsenden Bedürfnis nach Selbstreflexion gerecht. Symptomatisch ist auch das zunehmende Interesse an »Schreibwerkstätten«. Wir stellen einerseits einen Verfall der »Schriftkultur« und einen neuen Analphabetismus fest, andererseits wächst das Bedürfnis nach literarischen Ausdrucksformen – angeblich soll ein Drittel der Bevölkerung nach der Schulzeit Gedichte oder Kurzgeschichten schreiben oder geschrieben haben. Auch in

---

46 M. Beyersdorf (Anm. 17), S. 80.
47 R. Jungk/N. Müllert, Zukunftswerkstätten, München 1981.

Frauen- und Seniorengesprächskreisen wird vermutlich mehr politisch gelernt und diskutiert als früher.

Die politische Bildung ist im Spannungsfeld von alltäglicher Lebenswelt und systemischen Strukturen angesiedelt. In der Theorie und Praxis der politischen Bildung fallen beide Pole oft auseinander: Die einen fordern eine Systemveränderung und halten Verbesserungen im Kleinen für Ablenkungsmanöver, Alibis und Verschleierungen. Die anderen konzentrieren sich auf Aktionen im Alltag – zum Beispiel eine Verkehrsberuhigung im Stadtteil oder eine Spendenaktion für die Dritte Welt –, ihnen ist eine Systemkritik zu abstrakt oder zu »ideologisch«. Theoretische Bemühungen um eine dialektische Verknüpfung des Besonderen mit dem Allgemeinen, des Privaten mit dem Öffentlichen, des Subjekts mit der Gesellschaft sind nicht neu, ja, sie sind gerade das zentrale Thema der Didaktikdiskussion.

Eine rein theoretische Systemkritik begünstigt Resignation, Ohnmachtsgefühle, Passivität. Ein reiner Aktionismus ist (oft) ziellos, kuriert an Symptomen und dient oft der Selbstberuhigung. Beispiele aus der Friedens-, Ökologie- und Dritte-Welt-Arbeit drängen sich auf. Entscheidend ist eine ständige Verzahnung von Nah- und Fernbereich: »Recycling« ist wichtig, darf aber nicht von der Suche nach Alternativen des Denkens, Lebens und Wirtschaftens ablenken. Konkrete Hilfen für hungernde Kinder in einem Dürregebiet sind unsere Pflicht, aber nicht Spenden, sondern Veränderungen auch des Weltwährungssystems verringern die Ausbeutung und Kolonialisierung der Dritten Welt.

4. Schlußbetrachtung

Als Resümee läßt sich ziehen: Es gibt keinen didaktischen Königsweg der politischen Erwachsenenbildung. Alle Ansätze sind je nach den Bedingungen und Zielsetzungen mehr oder weniger geeignet. So setzt der *Erfahrungsansatz* voraus, daß den TeilnehmerInnen zu der Thematik tatsächlich eigene Primärerfahrungen möglich waren – was bei betrieblichen Rationalisierungsproblemen eher der Fall sein dürfte als etwa bei der Gentechnik. Der *Nahbereichsansatz* bietet sich an, wenn nicht nur an Alltagssituationen »angeknüpft« werden kann – zum Beispiel: Wie hängt der Preis der Banane mit der Verschuldungskrise zusammen? –, sondern wenn beispielsweise unser alltäglicher Umgang mit ausländischen Nachbarn zentrales Thema ist. Der *exemplarische Ansatz* setzt voraus, daß an dem ausgewählten Beispiel tatsächlich generelle Strukturen und Machtverhältnisse erarbeitet werden können. Das ist bei Themen des Umweltrechts eher möglich als bei der generellen Frage der zukünftigen Energieversorgung. *Projektorientiertes Lernen* setzt konkrete Handlungsmöglichkeiten voraus und ist für die Erarbeitung struktureller politisch-ökonomischer Zusammenhänge des Weltwährungssystems weniger geeignet.

Ähnliches gilt auch für die *Methoden* der politischen Bildungsarbeit. Ein Rollenspiel oder Kleingruppenarbeit sind nicht prinzipiell dem Dozentenvortrag überlegen. Zu fragen ist, wie ein Vortrag zum Mitdenken, Nachdenken und Hinterfragen anregen kann und wie er das vorhandene Wissen und die Erfahrungen der Teilnehmer aufgreift. Diese aktivierende Funktion kann auch ein Impulsreferat oder ein entwickelnder Vortrag durchaus erfüllen. Auch muß das Referat durchaus nicht immer zu Beginn einer Veranstaltung gehalten werden. Denkbar ist, daß die Teilneh-merInnen zunächst ihr Vorwissen sammeln und vortragen, und der Referent ergänzt und systematisiert – daran anschließend – das »Rohmaterial« der Gruppe durch seinen Vortrag.

Die Frage nach einer Krise der politischen Bildung läßt sich mit einem klaren »Jein« beantworten. Eine Krise ist aber immer auch eine Chance für neue Wege und Lösungen. Politisches Lernen findet trotz der gesellschaftlichen Entpolitisierungsten-denzen in vielfältigen Formen statt, erfolgt aber weniger an den klassischen, »systemi-schen« Themen und in den herkömmlichen Veranstaltungsformen. Über die Wirk-samkeit der »alten« und »neuen« Formen politischer Bildung wissen wir noch sehr wenig. So sind weitere empirische Forschungen zu dem Beitrag der politischen Bildungsangebote, zur politischen Sozialisation Erwachsener und zur Kultivierung der politischen Kultur wünschenswert. Außer biographischen und didaktisch-metho-dischen Analysen sollte auch untersucht werden, inwieweit die Einrichtungen der Erwachsenenbildung ein öffentliches Forum für den Diskurs über Zukunftsperspekti-ven unserer Gesellschaft sind. Erforderlich ist aber auch eine erneute Selbstverständ-nisdiskussion der Erwachsenenbildung und eine theoriegeleitete »Erinnerungsarbeit« der Pädagogen. Je mehr die »Qualifizierungsoffensive« verabsolutiert wird, desto mehr werden politische Bildungsangebote zu einem »Minderheitenprogramm«. Berufliche Qualifizierungszwänge absorbieren und schwächen politische Lernener-gien. Die Gefährdung der politischen Bildung ist deshalb auch eine Kehrseite der primär arbeitsmarkt- und sozialpolitisch ausgerichteten Qualifizierungspolitik.

SIEGFRIED GEORGE

Situation, Ziele und Inhaltsfelder der politischen Bildung in der Bundesrepublik Deutschland

Die Sicht der Deutschen Vereinigung für politische Bildung*

Vorbemerkung

Die Deutsche Vereinigung für politische Bildung (DVpB) wurde 1965 gegründet, nachdem Hakenkreuzschmierereien auf jüdischen Friedhöfen die Notwendigkeit verstärkter politischer Bildung in das Bewußtsein der Öffentlichkeit gerückt hatten. Sie ist ein Fachverband, in dem Lehrer und Lehrerinnen aller Schularten, pädagogische Mitarbeiter und Mitarbeiterinnen in der Jugendarbeit und Erwachsenenbildung sowie Hochschullehrer und Hochschullehrerinnen organisiert sind. Ihr Ziel ist die Förderung politischer Bildung und Erziehung, um die Demokratie als freiheitliche Staats- und Lebensform auf dem Boden der Grundrechte des Grundgesetzes und der Verfassungen der Länder zu wahren und weiterzuentwickeln.

1. Politische Bildung ist unverzichtbar

Die DVpB sieht in politischer Bildung, wie sie in Schule und außerschulischen Bereichen geleistet wird, einen notwendigen und unverzichtbaren Beitrag zur Entwicklung und Aufrechterhaltung der Demokratie. Politische Bildung kann dazu beitragen, das Interesse für Politik – insbesondere bei jungen Menschen – zu wecken

---

*   Siegfried George ist Mitglied des Bundesvorstandes der Deutschen Vereinigung für politische Bildung (DVpB). Der Aufsatz orientiert sich an dem von der DVpB im Herbst 1988 veröffentlichten »Memorandum zur Lage der politischen Bildung in der Bundesrepublik Deutschland« und der »Stellungnahme der DVpB für die Anhörung im Innenausschuß und Ausschuß für Bildung und Wissenschaft des Deutschen Bundestages zum Thema ›Politische Bildung‹ am 8. Mai 1989 in Bonn«. In die Gesamtkonzeption des Aufsatzes fließen auch eigene Akzente des Autors ein.

449

und ihre Fähigkeit, Kompetenz und Bereitschaft, sich an Politik verantwortlich zu beteiligen, zu fördern und zu entwickeln. Der erreichte Stand demokratischen Bewußtseins und politischer Kultur in der Bundesrepublik Deutschland ist in erheblichem Maße das Ergebnis politischen Lernens in den vielfältigen Angeboten der Schulen und Hochschulen, der Jugendarbeit und Erwachsenenbildung. Freilich gelang dies nicht ohne Unterstützung durch die politisch Verantwortlichen in Parlamenten, Regierungen, Verwaltungen, Parteien und Verbänden.

So sehr die Rückschau auf 40 Jahre politischer Bildung in der Bundesrepublik insgesamt Anlaß zu Selbstbewußtsein gibt, so sehr geben leider neuere Entwicklungen eher Anlaß zur Besorgnis. Diagnosen bestätigen immer wieder, daß Teile der jungen Generation angesichts der wachsenden Komplexität und Unübersichtlichkeit demokratischer Prozesse in vereinfachende Denkmuster ausweichen. Dadurch könnte der Konsens über die verfassungsmäßigen Verfahren politischer Entscheidungsfindung brüchig werden. Dies heißt, daß die Akzeptanz der demokratischen Institutionen nicht krisenfest ist und wesentliche Elemente der politischen Identität der Bundesrepublik in ihrer Orientierungskraft bedroht sind.

Eine Neigung zum Freund-Feind-Denken, zur Kompromißfeindlichkeit scheint im Wachsen begriffen, auch da, wo keine Affinität zu extremistischen Positionen vorliegt. Daneben gibt es immer noch und immer wieder Klagen über beängstigende Defizite an politischen Grundkenntnissen bei Schulabgängern – bis hin zu politischem Analphabetismus.

Es müßte deshalb ein elementares Interesse aller sein, denen an der Erhaltung und Fortentwicklung freiheitlicher und sozialer Demokratie in unserem Lande gelegen ist, bestmögliche Voraussetzungen dafür zu schaffen, daß junge Menschen deren Grundlagen verstehen lernen, die Bedeutung der demokratischen Grundwerte erkennen und sich damit identifizieren, daß sie befähigt werden, sich mit politischen Problemen rational und engagiert auseinanderzusetzen und zu begründeten Urteilen zu gelangen, die auf verantwortungsbewußtes Handeln orientiert sind.

Obwohl die Verpflichtung zu dieser Aufgabe grundsätzlich allgemein bejaht wird, ist nicht zu übersehen, daß ihr in Wirklichkeit gar nicht oder nur ungenügend Rechnung getragen wird.

2. Ergebnisse einer Jugendstudie

Die im Frühjahr und Sommer 1989 erfolgten Wahlen in Berlin, Hessen und zum Europäischen Parlament haben rechtsradikalen Parteien aufsehenerregende Erfolge gebracht. Wie Wahlanalysen zeigen, sind rechte Parteien überproportional von Jugendlichen gewählt worden. »So haben in Berlin am 29. Januar 15 Prozent der 18- bis 23jährigen für die Republikaner gestimmt, das heißt doppelt so viel, wie in der Gesamtbevölkerung (7,5 Prozent). In Frankfurt, als einem Beispiel aus Hessen, haben bei der Kommunalwahl am 12. März 10 Prozent derselben Altersgruppe für die NPD gestimmt – bei einem Gesamtergebnis von 6,6 Prozent.«[1]

---

1 Frankfurter Rundschau vom 17. Mai 1989.

Für dieses Verhalten der Jugendlichen gibt es keine monokausale Erklärung. Es läßt sich aber – wie gleich zu zeigen ist – die These erhärten, daß politischer Radikalismus auch ein Ausdruck mangelhafter politischer Bildung ist.

In einer Jugendstudie hat Helmut Fend – unter Einbeziehung von Thesen des rechtsextremistischen ›Heidelberger Manifests‹ aus dem Jahre 1983 – das rechtsextreme Potential von 16- und 17jährigen (Stichprobe 1 800 Jugendliche) erforscht[2]. Die Thesen des Manifests wurden in vereinfachte Aussagen umformuliert. Die Ergebnisse sind wie folgt:

	Zustimmung aller Jugendlichen in %	Extremgruppen besonders großer bzw. geringer Zustimmung	
In diesen schwierigen Zeiten brauchen wir wieder unbedingt eine starke politische Hand.	50	38 (W/GY/S)	80 (W/HS/L)
Wer nicht bereit ist, sich in unsere Gesellschaft einzufügen, sollte dieses Land am besten verlassen.	36	27 (W/GS/S)	55 (W/HS/S)
Auch die jüngste Vergangenheit in diesem Jahrhundert sollte uns nicht daran hindern, als Deutsche stolz zu sein.	60	34 (W/GS/S)	76 (M/GS/L)
Ausländer und Gastarbeiter sollte man möglichst wieder in ihre Heimatländer schicken.	41 ˙	24 (M/GY/S)	55 (M/RS/L)
Wenn so viele Nationalitäten in einem Lande leben, wie dies durch die Gastarbeiter der Fall ist, dann kann dies nicht gutgehen.	42	25 (W/GY/S)	63 (M/HS/S)
An den vielen Kriminellen sieht man, wohin eine verweichlichte Demokratie führt.	29	10 (W/GY/S)	62 (W/HS/S)

W/M = weiblich/männlich
HS/RS/GY/GS = Hauptschule/Realschule/Gymnasium/Gesamtschule
S/L = Stadt/Land

Quelle: Helmut Fend, Mädchen in der Stadt denken weniger rechtsextrem, in: Frankfurter Rundschau vom 18. Mai 1989.

»Wie aus den Antworten auf diese Fragen ersichtlich ist, reagieren zwischen 30 und 60 Prozent der Jugendlichen positiv auf Feststellungen, die zumindest im Umkreis

---

2 H. Fend, Mädchen in der Stadt denken weniger rechtsextrem, in: Frankfurter Rundschau vom 18. Mai 1989.

rechtsextremen Denkens häufig zu hören sind. Wenn man Syndrome von Mehrfachbeantwortungen bildet, dann kristallisiert sich ein rechtsextremes Potential von etwa 18 Prozent heraus.«[3]

Zur Erklärung des Rechtsradikalismus verweist Fend:

1. auf die »Bedrohungssituation«, der sich Jugendliche zum Beispiel auf dem Arbeitsmarkt ausgesetzt sehen,
2. auf das »Geborgenheitsbedürfnis«, das sich im Wunsch nach einer heilen Welt äußert,
3. auf die »Identifikation mit Größen-Idealen« zur Kompensation für ein vorhandenes Minderwertigkeitsgefühl,
4. auf ein Leben »in einer autoritären und rechtsextremen Umwelt von Erwachsenen«
5. sowie schließlich auf »mangelnde politische Bildung«.

Zu dem letzterwähnten Erklärungsansatz sagt er: »Eine klare Unterstützung erfährt auch die Vermutung, es könnte sich um ein Problem mangelnder politischer Bildung handeln. Das Demokratieverständnis der rechtsextremen Jugendlichen ist bedeutend geringer als das nicht rechtsextremer. Ein politischer Wissenstest und ein politischer Verständnistest bringen dies ans Tageslicht. Viele Aufgaben werden nur halb so häufig richtig gelöst, so daß fundamentale Einsichten in das Funktionieren der Demokratie fehlen. Nur etwa 30 Prozent antworten richtig auf die Frage, wer in einem demokratischen Gemeinwesen die Politik eines Landes bestimmt (gewählte Volksvertreter), im Gegensatz zu etwa 60 Prozent richtiger Antworten bei nicht rechtsextrem denkenden Jugendlichen. Ebenso steht es bei der Aufforderung, wichtige Merkmale demokratischen Denkens und Handelns zu identifizieren (zuerst offene Diskussion und dann Abstimmung).«[4]

Fend bezieht die Rolle der politischen Bildung in seine Schlußfolgerungen ein: »Die Chancen einer intensiven politischen Bildungsarbeit müßten genutzt werden. Die Förderung des normativen Wissens über demokratische Prozesse ist dabei ebenso wichtig wie die Förderung des sozialen Verhaltens.«[5]

Die Ergebnisse dieser Studie lassen sich in analoger Weise auf andere zu Extremismus neigende Jugendliche übertragen. Politische Bildung kann zur Lösung dieser Probleme nur einen bescheidenen Beitrag leisten. Aber die Bewältigung dieser Herausforderung durch politisches Handeln wird ohne politisches Wissen, hinreichendes Problemverständnis und rationale Urteilsfähigkeit bei möglichst vielen Menschen nicht auf eine humane und demokratische Weise möglich sein. Politische Bildung ist der Ort, an dem die zentralen Probleme unserer Zeit frei von Entscheidungszwang im offenen Diskurs verhandelt werden können. Sie leistet damit einen unersetzbaren Beitrag zur politischen Kultur.

---

3 Ebenda.
4 Ebenda.
5 Ebenda.

3. Was die DVpB unter politischer Bildung versteht

3.1 Demokratie lernen

Die DVpB versteht politische Bildung als »Demokratie lernen«. Dieses Leitziel orientiert sich an den Freiheitsrechten, wie sie seit der Aufklärung in westlichen Demokratien verstanden werden. Kinder, Jugendliche und Erwachsene sollen politisch verantwortungsbewußtes Verhalten lernen und praktizieren. Dabei geht es zunächst darum, Interesse für Politik zu wecken und die Bereitschaft zu politischem Engagement zu fördern. Der Erwerb von Wissen über die Funktionsweise demokratischer Institutionen (zum Beispiel Wahlen, Parlamente) wird als notwendig, aber nicht hinreichend für die Qualifizierung politisch aktiver Bürgerinnen und Bürger angesehen. Vielmehr ist nach unserem Verständnis von politischer Bildung auch die Fähigkeit zur Beurteilung politisch-gesellschaftlicher Probleme unserer Zeit und die Anleitung zur aktiven politisch-gesellschaftlichen Mitgestaltung des öffentlichen Lebens entscheidend.

3.2 Politische Bildung ist eigenes Fach – nicht nur Unterrichtsprinzip

Wer politische Probleme von heute angemessen verstehen will, muß dazu – angesichts der zunehmenden Komplexität und internationalen Verflochtenheit unserer gesellschaftlichen Wirklichkeit – nicht geringe geistige Leistungen vollziehen. Das bedeutet, daß ausreichende Unterrichtszeit zur Verfügung stehen muß, um das nötige Sachwissen und die Zusammenhänge mit den Schülern zu erarbeiten. Politische Sachverhalte sind zudem ihrem Wesen nach umstritten; sie werden von unterschiedlichen Gruppen in der Gesellschaft aufgrund ihrer besonderen Interessenlagen und Zielvorstellungen verschieden beurteilt. Schüler müssen also befähigt werden, sich mit kontroversen Standpunkten auseinanderzusetzen, unterschiedliche Lösungsmöglichkeiten zu kennen und zu prüfen, ihre Risiken abzuschätzen, ihre möglichen Konsequenzen für die verschiedenen Gruppen von Betroffenen zu erwägen, zu erkennen, um welche Werte – möglicherweise Grundwerte – es dabei geht, ihre eigene Interessenlage und ihre eigenen Wertmaßstäbe zu klären und schließlich ein begründetes Urteil in der betreffenden Sache zu bilden.

Es ist zuzugeben, daß politische Bildung auch als ein Unterrichtsprinzip vieler Fächer anzusehen ist, daß also außer dem Politikunterricht auch andere Fächer Beiträge zur politischen Bildung leisten können und sollen. Hier müssen besonders der Geschichts- und Erdkundeunterricht hervorgehoben werden, durch deren strukturgeschichtliche und sozialgeographische Fragestellungen und Inhalte die politische Bildung wertvolle Unterstützung erfahren kann. Die Lehrpläne der anderen Fächer enthalten jedoch in den meisten Fällen keine Konkretisierung und Koordinierung unter einem übergreifenden Verständnis politischer Bildung. Die Beiträge der anderen Fächer drohen unzusammenhängende Episoden zu bleiben, wenn nicht in einem besonderen Fach eine systematische Auseinandersetzung mit politischen Problemen geleistet wird. Politikunterricht bringt dazu die Erkenntnisweisen besonderer, für das Verständnis unserer Gegenwart wichtiger Bezugswissenschaften in das Curriculum der Schule ein: neben denen der Politikwissenschaft die der Wirtschaftswissenschaft, der Soziologie und der Rechtswissenschaft. Politische Bildung als Unterrichtprinzip muß daher den Politikunterricht ergänzen, kann ihn aber nicht ersetzen.

3.3 Politische Bildung und Allgemeinbildung

Die DVpB ist der Überzeugung, daß in einer demokratisch verfaßten Gesellschaft politische Bildung zum Kernbereich von Allgemeinbildung gehört. Eine so verstandene Allgemeinbildung soll im Bewußtsein der Bürgerinnen und Bürger die Voraussetzungen dafür schaffen, daß die demokratischen Institutionen mit Leben erfüllt und fortentwickelt werden. Nur wenn sie dies leistet, sichert sie auch ab gegen den Rückfall in politische Barbarei. Konsequent hat daher die erziehungswissenschaftliche Diskussion in den letzten Jahren bei den Bemühungen um die Formulierung eines zeitgemäßen Bildungsbegriffs der politischen Bildung eine zentrale Stellung zugewiesen.

Ein Aspekt dieser neuen Gewichtung von politischer und allgemeiner Bildung ist die Notwendigkeit fächerübergreifender Kooperation. Nur durch die Zusammenschau mehrerer Wissenschaften/Fächer können die Probleme der modernen Welt sachgerecht bearbeitet werden. Neue Modelle fächerübergreifender Zusammenarbeit müssen besonders in der Beziehung der politischen Bildung zu den Naturwissenschaften und zur berufsbezogenen Bildung entwickelt werden. Bei gelungener Kooperation kann politische Bildung einen Beitrag zur sozialen und ökologisch verträglichen Technikgestaltung leisten. Ferner kann politisches Lernen in Schule und Erwachsenenbildung von morgen eine wichtige zentrierende Funktion wahrnehmen, indem sie Zusammenhänge zwischen unterschiedlichen Fächern und Bildungsbereichen aufzeigt und der Disparatheit des Lernens in unzusammenhängenden Teilstücken entgegenwirkt.

Dieses Verständnis von Allgemeinbildung steht im Gegensatz zu einem Weiterbildungsbegriff, der im Zuge der sogenannten »Qualifizierungsoffensive« zu einseitig auf die Vermittlung berufsbezogener Fertigkeiten abhebt. Von diesem instrumentell gefaßten Begriff von Bildung ist besonders die politische Erwachsenenbildung bedroht. Politisches Lernen steht dort in Gefahr, zum Opfer einer weitgehenden Kommerzialisierung zu werden. Dies könnte zu bloßer Anpassungsqualifizierung und Entsolidarisierung führen. Nach unserem Verständnis muß verhindert werden, daß politische Bildung marktwirtschaftlichen Kriterien unterworfen wird, das heißt als Konkurrentin in einem wettbewerbsorientierten Weiterbildungsmarkt auftreten muß. Damit wäre ihre Eigenständigkeit und Unabhängigkeit in Frage gestellt.

4. Inhaltsfelder, denen sich die DVpB besonders zugewandt hat

In den Veranstaltungen und Publikationen der DVpB ist die Diskussion über alle politischen Themen möglich, die von den Mitgliedern gewünscht werden. Es haben sich im Laufe der Jahre aber Schwerpunkte herausgebildet, die unter anderem auf den Bundeskongressen der DVpB behandelt wurden. Ich hebe besonders hervor: drängende Überlebensfragen, Probleme des sozialen Wandels, Probleme des technisch-industriellen Fortschritts und Wachstums, die europäische Einigung, die Deutschlandpolitik, die Gleichstellung der Frau, Aussiedler, Asylanten und andere. Zentrale Zielsetzungen, Fragestellungen und Aktivitäten der DVpB in diesen Problemfeldern sollen in den folgenden Ausführungen näher vorgestellt werden.

4.1 Drängende Überlebensfragen

- Völkerverständigung ist eines der höchsten Ziele politischer Bildung;
- dauerhafte Friedenssicherung erhält angesichts der Möglichkeit der Selbstvernichtung der Gattung Mensch eine globale Bedeutung;
- die Überwindung der Verelendung der Mehrheit der Menschen in der Dritten Welt durch tiefgreifende politische und soziale Veränderungen in den betroffenen Ländern muß angestrebt werden, unter anderem mit dem Ziel, die Bevölkerungsexplosion zu stoppen.

Mitglieder der DVpB haben sich in den vergangenen Jahren auf breiter Basis mit den Überlebensfragen der Menschheit auseinandergesetzt und sie als zentrale didaktische Fragestellungen für Gegenwart und Zukunft bekannt gemacht[6]. Auf zahlreichen internationalen Kongressen, die sich mit den Überlebensfragen der Menschheit befaßten, sind Beiträge dieser Didaktiker auch im Ausland auf große Resonanz gestoßen – so zum Beispiel 1979 in Guilford/Großbritannien, 1983 in Atlanta/USA, 1988 in Dallas/USA.

4.2 Probleme des sozialen Wandels

- Bedacht werden müssen die weitreichenden Folgen eines veränderten generativen Verhaltens der Bevölkerung der Bundesrepublik Deutschland; eine Änderung der Altersstruktur der Bevölkerung geht einher mit neuen sozialen Herausforderungen und Notwendigkeiten des politischen Lernens;
- das Miteinander in einer multikulturellen Gesellschaft wird zu einer zentralen Herausforderung auch der politischen Bildung.

Da Hakenkreuzschmierereien ein entscheidender Anlaß zur Gründung der DVpB im Jahre 1965 waren, sind Diskriminierungen von bestimmten Gruppen der Gesellschaft – insbesondere Juden und Ausländern – von Anfang an ein zentrales Thema unserer Bildungsarbeit gewesen[7]. Regelmäßige Seminare mit Gastarbeiterkindern, Bildungsreisen nach Israel, regionale Fortbildungsveranstaltungen – so zum Beispiel der Politiklehrertag 1989 in Hessen – befassen sich mit den Problemen einer multikulturellen Gesellschaft. Ein Schwerpunkt unserer Aktivität liegt im Bereich der Erwachsenenbildung, um auch dort die Akzeptanz einer multikulturellen Gesellschaft zu fördern.

---

6 Vgl. zum Beispiel W. Hilligen, Zur Didaktik des politischen Unterrichts, Opladen 1985[4], S. 183 ff.
7 Vgl. z. B. die Schulbücher von S. George/W. Hilligen, sehen – beurteilen – handeln, 5./6. Schuljahr, Frankfurt/M. 1971, und L. Helbig, Politik im Aufriß, Frankfurt/M. 1982. Sie thematisieren in mehreren Kapiteln die Fremdenfeindlichkeit.

4.3 Probleme des technisch-industriellen Fortschritts und Wachstums

– Ökologisch verantwortbare Politik wird angesichts der Möglichkeit irreparabler Schäden in der Biosphäre zur unabdingbaren Notwendigkeit;
– eine demokratische Gestaltung des Einsatzes der Mikroelektronik durch den Staat (zum Beispiel Datenschutz, Fernsehdemokratie), in der Wirtschaft (zum Beispiel veränderte Produktionsstrukturen, Massenarbeitslosigkeit) oder auch im Privatleben (zum Beispiel Reizüberflutung, Verlust von Sinnlichkeit, Verlust von Kommunikationsfähigkeit) wird von großer Bedeutung für die Zukunft der Demokratie sein;
– die Chancen und Gefahren der Bio- und Gentechnologie, die erstmals den gezielten Eingriff in die Evolution ermöglicht, müssen bewußt gemacht werden.

Die DVpB hat sich in den letzten Jahren sehr stark der Auseinandersetzung mit den neuen Technologien zugewandt. Mehrere Tagungen der Landesgruppen und die beiden letzten Bundeskongresse (der vorliegende Band geht hervor aus Beiträgen und Konzeptionen des 1989 in Recklinghausen abgehaltenen 4. Bundeskongresses mit der Themenstellung »Herausforderungen der Industriegesellschaft« sowie alle Mitgliederzeitschriften haben sich dieser Thematik zugewandt. Mitglieder der DVpB sind maßgeblich an der Weiterbildung von Lehrerinnen und Lehrern in Informatik beteiligt. Dabei geht es um die Qualifizierung der Lehrer/innen im Umgang mit dem Computer, aber auch um die Reflexion über die politischen, gesellschaftlichen und individuellen Folgewirkungen der neuen Technologien. Gerade in der Verbindung von technischem und politisch-ökonomischem Wissen sehen wir eine große Chance, die Komplexität der gesellschaftlichen Veränderungen verständlich zu machen.

Das Interesse der Teilnehmer und Teilnehmerinnen an solchen Veranstaltungen in Bezug auf den technischen Umgang mit dem Computer ist groß; es ist jedoch gering oder nicht vorhanden, wenn es um die gesellschaftlichen Folgewirkungen geht. Erst allmählich wächst die Bereitschaft der Teilnehmer/innen, sich mit Datenschutz, Arbeitsplatzveränderungen und anderem mehr auseinanderzusetzen. Im Gegensatz zu dieser Erfahrung ist die Beschäftigung mit der Bio- und Gentechnologie sowie mit Fragen der Reproduktionsbiologie durchweg sehr motivierend. Da unser Leitziel »Demokratie lernen« auch für die Wirtschaft gilt, haben wir ein elementares Interesse daran, gesellschaftliche Mitbestimmungsmodelle für die technologische Entwicklung zu diskutieren.

4.4 Die europäische Einigung

– Die Bewältigung der Zukunftsaufgaben ist nicht mehr auf der Ebene der europäischen Nationalstaaten möglich, sondern nur in einer europäischen Einigung;
– internationale Zusammenarbeit erfordert einen Interessenausgleich zwischen den unterschiedlich entwickelten Staaten/Regionen Europas;
– Ziel der europäischen Einigungsbestrebungen ist die wirtschaftliche, soziale, politische Union pluralistischer Gesellschaften, die auch für die bislang sozialistischen Staaten offen sein muß;
– die Grundlagen des europäischen Zusammenschlusses sind: die Freiheitsrechte, eine demokratische Ordnung, Gerechtigkeit, Frieden, Wohlstand, Toleranz;

- eine ›Europäisierung‹ der politischen Bildung erscheint notwendig, um Konzepte, Curricula, empirische Daten zum politischen Lernen international bekannt zu machen. Wünschenswert ist der verstärkte Austausch von Lehrenden und Lernenden in den europäischen Ländern;
- der europäische Zusammenschluß darf nicht auf Kosten der Entwicklungsländer gehen.

Die DVpB widmet seit vielen Jahren dem Problemfeld Europa als Gegenstand der politischen Bildung sowie dem europaweiten Erfahrungsaustausch der politischen Bildner große Aufmerksamkeit. In Zusammenarbeit mit der Europäischen Akademie Berlin wurden mehrere internationale Lehrertagungen zu europapolitischen Themen durchgeführt. Der 3. Bundeskongreß der DVpB im Jahre 1986 fand in Kehl und Straßburg unter dem Rahmenthema »Politische Bildung in und für Europa« statt; zu diesem und zu anderen Kongressen wurden Lehrer und Wissenschaftler aus anderen europäischen Ländern als Gäste eingeladen; weitere Tagungen zum Themenschwerpunkt »Europa in der politischen Bildung« wurden auf regionaler und lokaler Ebene durchgeführt. Ferner sind von Mitgliedern unseres Verbandes Unterrichtsmaterialien und Schulbücher zu europapolitischen Themen erarbeitet worden.

4.5 Deutschlandpolitik

Die DVpB hat seit ihrer Gründung einen Arbeitsschwerpunkt in der Deutschlandpolitik. Durch die jüngsten Entwicklungen in der DDR und in Osteuropa ergeben sich neue Arbeitsschwerpunkte und Perspektiven:
- Der bislang in der DDR verfügte Staatsbürgerkundeunterricht soll durch politische Bildung im Sinne von ›Demokratie lernen‹ abgelöst werden. Die DVpB lehnt es ab, politischen Unterricht aus dem Lehrplan der DDR zu streichen;
- die Kernaussagen des Grundgesetzes sind die unumstößliche Norm, die für den bislang praktizierten Systemvergleich zwischen der Bundesrepublik Deutschland

Neuer Reiter auf altem Parcours

und der DDR gültig waren und die für die Erarbeitung neuer Konzepte politischer Bildung in der DDR gültig sein müssen; dies gilt auch für die Erlangung der Einheit Deutschlands;

- die Öffnung der Grenzen ermöglicht verstärkte Kooperation von Schulen und Hochschulen der Bundesrepublik mit Schulen und Hochschulen der DDR, Besuche, gegenseitiges Kennenlernen; ein verstärkter Austausch von Lehrenden und Lernenden kann das gegenseitige Verständnis fördern;
- die »friedliche Revolution in der DDR« soll als Musterbeispiel für die Anziehungskraft und den Sieg westlicher Demokratie über stalinistische Strukturen den Jugendlichen nahegebracht werden;
- in der Beziehung der beiden deutschen Staaten sind aktuelle Entwicklungen und Probleme vordringlich zu thematisieren.

Schon vor der Öffnung der Mauer war es der DVpB gelungen, mit der Akademie der Gesellschaftswissenschaften der DDR Kontakte aufzunehmen und gemeinsame Veranstaltungen durchzuführen. Die Informationen, die uns damals über den Zustand der DDR gegeben wurden, fanden nach der Öffnung der Mauer nur allzu deutliche Bestätigung.

In jüngster Zeit sind einige Mitglieder der DVpB zu Gesprächen mit DDR-Kollegen zusammengetroffen, um an der Neuerarbeitung der Lehrpläne für Gesellschaftskunde und Geschichte mitzuwirken. Es zeichnet sich eine intensive Kooperation ab.

Die sich entwickelnden konföderativen Strukturen zwischen den beiden deutschen Staaten werden wir nutzen, um die Gründung von Landesverbänden der DVpB in Thüringen, Sachsen und den anderen Ländern der DDR zu initiieren.

4.6 Die Gleichstellung der Frauen

- Noch immer stellt die Doppelbelastung vieler Frauen in Beruf und Familie ein Hindernis für die Erlangung einer Berufsqualifikation, wie sie Männern möglich ist, dar. Die Erziehung der Kinder und die damit verbundenen beruflichen Nachteile gehen weithin zu Lasten der Frauen;
- trotz der Vorgabe des Grundesetzes zur Gleichberechtigung der Frauen (Art. 3, Abs. 2) sind die Frauen in vielen Berufszweigen und insbesondere in den Führungspositionen von Staat und Gesellschaft noch stark unterrepräsentiert (Politik, Wirtschaft, Hochschulen);
- der geringe Anteil von Frauen unter den Studierenden der Technischen Hochschulen weist auf Einseitigkeiten und Defizite der familialen und schulischen Sozialisation hin. Auch im neuen Studienfach Informatik ist die Lage ähnlich. Es erscheint sinnvoll, für Schülerinnen – wie in einigen Bundesländern geschehen – eigene Zugänge zu den Naturwissenschaften zu erproben.

Die DVpB unterstützt alle Bemühungen, der Gleichstellung der Frau mehr Gewicht zu geben. Dieses Ziel wird auf unterschiedlichen Ebenen verfolgt: In unserem Verband sind Frauen in den Landesvorständen und im Bundesvorstand vertreten (ca. ein Drittel der Vorstandsmitglieder sind Frauen). Einzelne Bildungsveranstaltungen waren und sind dieser Thematik gewidmet, so etwa die Sektion »Gleichstellung der Geschlechter als Ziel politischen Lernens« beim 4. Bundeskongreß der DVpB im

Februar 1989 in Recklinghausen. Auch wurden in einigen Bundesländern Fortbildungsveranstaltungen angeboten, in denen Schulbücher für den politischen Unterricht auf Rollenklischees untersucht wurden. Im übrigen ist zu erwähnen, daß Mitglieder der DVpB als Schulbuchautoren/autorinnen tätig sind und Schulbucharbeit kritisch begleiten. In diesen Schulbüchern werden Probleme der Gleichstellung der Geschlechter aufgegriffen und diskutierbar gemacht.

4.7 Aussiedler, Asylanten und andere

Eine neue Zielgruppe für die Vermittlung politischer Bildung sind die Aussiedler, Übersiedler, Asylbewerber und die anerkannten Asylanten.
– Aussiedler, Übersiedler und andere kamen und kommen größtenteils aus Staaten ohne funktionierende Demokratie. Auch wo sich – wie in Osteuropa – die Verhältnisse im Sinne von Demokratisierung geändert haben, verfügen die Ankömmlinge nur über geringe Erfahrungen mit demokratischem Leben;
– die öffentliche Meinung gegenüber diesen Personengruppen ist starken Schwankungen unterworfen. Teils werden sie willkommen geheißen, teils gelten sie als Bedrohung für die soziale Stabilität in der Bundesrepublik, teils werden sie als Wirtschaftsflüchtlinge eingestuft, denen kein politisches Asyl zusteht;
– die menschliche und berufliche Eingliederung bereitet vielfach Schwierigkeiten. Diese können nicht allein durch staatliche Maßnahmen überwunden werden, sondern sie stellen eine Aufgabe für alle Bürgerinnen und Bürger dar. Dazu müssen entstehende Vorurteile und Diskriminierungen überwunden werden.
Die DVpB ist der Auffassung, daß Bildungsangebote für die genannten Gruppen sich nicht auf die Vermittlung von sprachlicher Kompetenz beschränken dürfen, sondern

auch Kenntnisse und Urteilsfähigkeit zum gesellschaftlich-politischen Leben in einem demokratischen Gemeinwesen vermitteln müssen. Wir halten es für sinnvoll, spezielle Angebote zur politischen Bildung für diese Gruppen zu entwickeln und den Interessenten eine kostenlose Teilnahme zu ermöglichen. Die Finanzierung dieser Angebote muß über öffentliche Zuschüsse erfolgen. Solche Programme haben gute Chancen, von der Bevölkerung akzeptiert zu werden, wenn über die Lage der genannten Gruppen sachlich und umfassend informiert wird und damit Vorurteilen entgegengetreten wird.

5. Zur Lage der politischen Bildung

5.1 Zu wenig Unterricht im Fach Politik

In vielen Bundesländern wurde in den letzten Jahren der Unterricht im Fach Politik (beziehungsweise Sozialkunde, Gemeinschaftskunde und so weiter – die Bezeichnungen sind in den Bundesländern unterschiedlich), der im Kanon der Unterrichtsfächer der Schule ohnehin meist noch völlig unzureichend vertreten ist, in seinem Stundenanteil noch weiter zurückgeschnitten. In den meisten Bundesländern hat er in der Sekundarstufe I (Klassen 5–10) insgesamt noch nicht einmal den Umfang von einer Unterrichtsstunde pro Woche. Oft gibt es Politikunterricht in der Sekundarstufe I nur in der 9. und 10. oder gar nur in der 10. Klasse. Einer detaillierten Bestandsaufnahme, die das Institut für Didaktik der Gesellschaftswissenschaften der Universität Gießen durchführte, läßt sich entnehmen, daß in der Sekundarstufe I der verschiedenen Schulformen für Politikunterricht (beziehungsweise Sozialkunde, Gemeinschaftskunde und so weiter) in 8 Bundesländern maximal 3,2 Prozent aller Unterrichtsstunden vorgesehen sind (Stand: August 1985). Beispielsweise beträgt der Prozentsatz in den Gymnasien in Baden-Württemberg und Rheinland-Pfalz 1,0 Prozent, in Bayern 0,6 Prozent, in Hamburg 1,1 Prozent, in Schleswig-Holstein gibt es im Gymnasium in der Sekundarstufe I überhaupt keinen Politikunterricht. (Zum Vergleich: Auf das Fach Erdkunde entfallen in allen Bundesländern zwischen 4 und 6 Prozent aller Unterrichtsstunden[8].)

Solche Fakten stehen in krassem Gegensatz zu der Bedeutung, die der politischen Bildung gern in offiziellen Verlautbarungen zuerkannt wird. Während beispielsweise der Bundeskanzler mit Recht von der Verpflichtung spricht, »Erziehung zur Demokratie als eine zentrale Aufgabe unseres Bildungswesens zu begreifen«[9], führt die faktische Randstellung desjenigen Faches, in dem die Probleme der Demokratie thematisiert werden sollen, bei den Schülern – und nicht nur bei diesen – unvermeidlich zu einer Geringschätzung dieses Gegenstandes.

---

8 K. G. Fischer/F. Sygusch, Lernen und politische Bildung in der Schule. Versuch einer Situationsbeschreibung, in: Schulische politische Bildung unter außerschulischen Bedingungen. Ergebnisse eines Projektes, Bonn 1987, S. 67.

9 Verantwortung für die Jugend – Erziehung im demokratischen Staat. Rede des Bundeskanzlers in Bonn, in: Presse- und Informationsdienst der Bundesregierung, Bulletin Nr. 115 vom 19. Oktober 1985, S. 1006.

Wenn man den künftigen Staatsbürgern politisch verantwortungsbewußtes Verhalten nicht nur abverlangen, sondern ihnen auch die dafür nötigen Voraussetzungen vermitteln will – worauf sie ein Anrecht haben –, dann bedarf es eines kompetent erteilten fachlichen Unterrichts, in dem solche Fähigkeiten entwickelt und gefördert werden können. Dieser Unterricht soll mit der 5. Klasse beginnen und bis zum Ende der Schulzeit fortgeführt werden. Für das spezielle Fach politischer Bildung darf kein geringeres Gesamtvolumen vorgesehen werden als für die Fächer Geschichte oder Erdkunde. Ein nur einstündig oder nur in wenigen Jahrgangsstufen erteilter Unterricht wird weder von Schülerinnen und Schülern noch von den Eltern ernst genommen und ist unter schulischen Alltagsbedingungen nicht als kontinuierlicher Fachunterricht realisierbar.

5.2 Die Situation in den Berufsschulen

In besonderer Weise unbefriedigend ist die Situation der politischen Bildung an den Berufsschulen. Politikunterricht wird hier normalerweise – wenn überhaupt – als Ein-Stunden-Fach gegeben, das darüber hinaus durch die Anforderungen der Kammerprüfung weitgehend fremdbestimmt ist. Die von den Kammern durchgeführten Abschlußprüfungen sind in aller Regel auf standardisiertes Faktenwissen gerichtet und wirken dadurch negativ auf den Unterricht zurück. Auf der anderen Seite ist der nach den jeweiligen Länder-Richtlinien erteilte Politikunterricht ohne Prüfungsrelevanz für die Abschlußprüfung, wodurch das Fach Politik in den Augen von Lehrern und Schülern zur Bedeutungslosigkeit herabgesetzt wird. Wenn man jedoch bedenkt, daß sich die Mehrzahl der Jugendlichen zwischen 16 und 18 Jahren in beruflichen Ausbildungsgängen befindet und täglich mit den Problemen der Berufs- und Arbeitswelt konfrontiert wird, und wenn man die Fülle der damit in Zusammenhang stehenden politischen Fragen und Probleme betrachtet, dann ist der dafür angebotene Politikunterricht völlig unzureichend. Hier ist seit langem Abhilfe dringend geboten.

5.3 Ausbildung und Einstellung von Politiklehrern und -lehrerinnen

Die Benachteiligung des Politikunterrichts zeigt sich auch darin, daß er immer noch sehr oft von Lehrkräften erteilt wird, die dieses Fach nicht studiert haben, während für Politik (beziehungsweise Sozialkunde) ausgebildete Lehrer und Lehrerinnen seit Jahren an allen Schulformen nicht die gleichen Einstellungschancen haben, wie sie für andere stark unterversorgte Fächer offengehalten werden. In den siebziger Jahren wurden Verbesserungen der Situation des Politikunterrichts oft mit dem Argument verweigert, es fehle an ausgebildeten Fachlehrern. Heute stellen Absolventen mit der Fakultas Politik, Sozialkunde und so weiter eines der größten Kontingente unter den arbeitslosen Lehrern.

Obwohl auf den unhaltbaren Zustand der Rahmenbedingungen der politischen Bildung in der Schule seit Jahren immer wieder hingewiesen wird, ist im bildungspolitischen Raum ein wirklicher Wille, diese Verhältnisse zum Positiven zu verändern, nicht erkennbar. Im Februar 1973 erklärte der damalige Bundesinnenminister Werner Maihofer in einer Podiumsdiskussion: »Ich muß gestehen, ich bin sehr beunruhigt über die gesamte Lage der politischen Bildung. Denn ich halte diese Situation für sehr kritisch.« In den Schulen »ist die politische Bildung in einer miserablen Situation, die Sozialkunde kaum irgendwo da oder dort ernst zu nehmen ... Ich halte es für eine Katastrophe, was hier auf diesem Gebiet in unserer Wirklichkeit geschieht.«[10] Heute, über 15 Jahre später, müssen wir feststellen, daß die »miserable Situation« von damals zum Dauerzustand geworden ist. Den Verbesserungen, die in einigen wenigen Bundesländern stattfanden, steht inzwischen ein Abbau des Politikunterrichts in einer größeren Anzahl anderer Bundesländer gegenüber.

Angesichts dieser Realitäten läßt sich der Eindruck nicht abweisen, daß die formelle Bejahung schulischer politischer Bildung in öffentlichen Erklärungen oft nur eine Alibifunktion hat. Das Bekenntnis zur politischen Bildung ist jedoch nur dann sinnvoll, wenn zugleich in der Praxis entsprechende Konsequenzen aus ihm gezogen werden. Gerade die Politiker in der Demokratie sollten sich bewußt sein, daß die ständige Legitimierung ihres Handelns und die Akzeptanz der demokratischen Institutionen nicht zuletzt auch von angemessenen Kenntnissen demokratischer Verfahrensweisen und Willensbildungsprozesse abhängen. So ist es erstaunlich, daß sie die beschriebene Situation haben entstehen lassen. Die Frage drängt sich auf: »Für wie wichtig halten Politiker ihre eigene Tätigkeit und Funktion, daß sie sich nicht darum kümmern, was davon und wie es in Schulen dargestellt wird? ... Warum werden bei uns mangelhafte Beherrschung der Rechtschreibung und des Rechnens lauthals beklagt, politischer Analphabetismus aber achselzuckend hingenommen?«[11]

5.4 Politische Bildung und Erwachsenenbildung

Politische Bildung kann in der Demokratie in ihren unterschiedlichen Praxisfeldern nicht von gegensätzlichen Zielvorstellungen ausgehen. Schon aus diesem Grund ist ein intensiver Dialog zwischen Schule und außerschulischer Bildung im Bereich des politischen Lernens erforderlich. In der Praxis sind hier jedoch erhebliche Defizite festzustellen:

- Es gibt so gut wie keine institutionellen Strukturen für den Erfahrungsaustausch von politischen Bildnern in Schule und Erwachsenenbildung. Die DVpB versucht mit ihren Bundeskongressen und den Tagungen der Landesverbände diesem Defizit zu begegnen, kann dies aber nur in sehr begrenztem Umfang leisten.
- Desgleichen existiert derzeit keine sinnvolle Verbindung der Ausbildung der Politiklehrer für den schulischen Bereich und der Ausbildung der politischen Erwachsenenbildner. Es ist unverkennbar, daß dieser Mangel sich in der Praxis in einem Mangel an wissenschaftlicher und didaktischer Professionalität niederschla-

---

10 Diese Äußerung von Werner Maihofer erfolgte während einer Podiums-Diskussion anläßlich des 2. Kongresses für politische Bildung, in: Arbeitskreis deutscher Bildungsstätten (Hrsg.), 2. Kongreß für politische Bildung, Bonn o. J., S. 198.
11 B. Sutor, Politische Bildung als Allgemeinbildung – Überlegungen eines Didaktikers, in: H. Buchheim/E. E. Geißler/B. Sutor, Politische Bildung als Allgemeinbildung (Bayerische Landeszentrale für politische Bildungsarbeit), München 1985, S. 8. Vgl. auch B. Sutors Beitrag in diesem Band.

gen kann und in der Theoriediskussion zu erheblichen Defiziten im Bereich der politischen Erwachsenenbildung geführt hat. Nach unserem Eindruck ist das hohe Niveau politikdidaktischer Theoriebildung, das in der Diskussion um die schulische politische Bildung in den letzten Jahrzehnten erreicht wurde, in der außerschulischen Bildungsarbeit bisher kaum zur Kenntnis genommen worden. Umgekehrt sind die spezifischen Praxisprobleme der außerschulischen politischen Bildung bisher in der wissenschaftlichen Diskussion kaum bearbeitet worden.

Die marginale Stellung der politischen Bildung in der Schule dürfte erheblich dazu beitragen, daß politische Erwachsenenbildung oftmals auf Motivationsprobleme bei potentiellen Teilnehmern stößt. Nicht selten muß politische Erwachsenenbildung zunächst fundamentale Defizite im Bereich des politischen Wissens und der politischen Urteilsfähigkeit aufarbeiten, die bei einer angemessenen Stellung des Politikunterrichts in der Schule gar nicht auftreten dürften. Dabei ist zu überlegen, daß das Interesse für politische Bildungsveranstaltungen in beträchtlichem Maße vom Zustand der politischen Kultur abhängt: Politikverdruß behindert politische Bildung; Handlungsmöglichkeiten im Sinne von Einflußnahme auf politisch-gesellschaftliche Entscheidungen fördern das Interesse an politischer Bildung.

Die Erwachsenenbildung leidet aber nicht nur an diesen Kooperationsdefiziten, sondern muß sich noch mit einer Vielzahl von anderen Problemen herumschlagen. Einige seien genannt:

– In den Volkshochschulen ist ein starker Rückgang der Angebote zur politischen Bildung zu verzeichnen, der im umgekehrten Verhältnis zur Expansion dieser bedeutenden Bildungseinrichtungen steht. Diese Situation kann nicht befriedigen. Sie ist erstens zu einem erheblichen Teil auf Defizite in der personellen Ausstattung der Volkshochschulen und ihrer Verbände zurückzuführen. Es mangelt an einschlägig ausgebildeten Pädagogischen Mitarbeitern bei vielen, besonders den kleineren Volkshochschulen. Es gibt zudem keine Fachreferenten für politische Bildung bei der Pädagogischen Arbeitsstelle des Deutschen Volkshochschulverbandes und den meisten Landesverbänden der Volkshochschulen. Zweitens sind unzureichende finanzielle Mittel für die politische Bildung sowie Erschwernisse für die Teilnahme etwa in Form einer restriktiv angewendeten Mindestteilnehmerzahl zu konstatieren.

– Die DVpB setzt sich für Pluralität im Angebot politischer Erwachsenenbildung ein. Neben den öffentlichen Trägern muß deshalb die politische Bildungsarbeit bei freien Trägern – dazu zählen wir auch die aus sozialen Initiativen hervorgegangenen »alternativen Träger« – durch die öffentliche Hand in umfassender Weise gefördert werden. Dabei ist seitens der freien Träger zu beachten, daß die inhaltliche und didaktische Gestaltung von Bildungsmaßnahmen wissenschaftlichen Kriterien gerecht wird.

– Für einen politischen Unterricht, der aktuell sein will, ist die Verwendung von Video-Mitschnitten von Fernsehsendungen unerläßlich. Die derzeitige Rechtslage läßt dies nicht zu. Hier sollte der Bundesgesetzgeber dringend Abhilfe schaffen. Es wäre wünschenswert, daß zumindest die Produktionen der öffentlich-rechtlichen Sendeanstalten jederzeit gebührenfrei als Unterrichtsmitschnitte in der politischen Bildung verwendet werden dürfen.

– Die DVpB möchte insbesondere auf Restriktionen von Arbeitgeberseite hinweisen, die auf eine Behinderung der Teilnahme an politischen Bildungsveranstaltungen hinauslaufen. Unter anderem sollten die öffentlichen Arbeitgeber durch modellhaftes Freistellen der Mitarbeiter/innen für Bildungsurlaub positive Signale setzen.

– Auch wird immer wieder berichtet, daß die Bundeszentrale für politische Bildung die Anerkennung von politischen Bildungsveranstaltungen als Bildungsurlaub für öffentliche Bedienstete zu eng handhabe. Die DVpB regt eine Überprüfung der Anerkennungspraxis in der Bundeszentrale an.

6. Zu den Ursachen der Vernachlässigung politischer Bildung

6.1 Das traditionelle deutsche Bildungsverständnis

Die Ursachen für die merkwürdige Vernachlässigung politischer Bildung in der Bundesrepublik Deutschland lassen sich nicht leicht eindeutig beschreiben; vielfältige Faktoren wirken einander wechselseitig verstärkend zusammen. Allgemein wirkt hier das traditionelle deutsche Bildunsverständnis fort, für das – anders als in den alten westlichen Demokratien – politische Bildung nicht zur Allgemeinbildung gehört: eine Einstellung, die sich erst allmählich wandelt.

Politische Bildung im qualifizierten Sinne ist kein traditioneller Gegenstand des schulischen Kanons; sie ist ein Kind der Demokratie. In einer demokratisch verfaßten Gesellschaft muß politische Bildung daher zum Kernbereich von Allgemeinbildung gehören. Sie soll im Bewußtsein der Bürger die Voraussetzungen dafür schaffen, daß die demokratischen Institutionen mit Leben erfüllt und fortentwickelt werden.

6.2 Die unpolitische Angst vor der Auseinandersetzung mit der Politik

In den siebziger Jahren hatte es vorübergehend den Anschein, als solle politische Bildung zum Hauptkampfplatz der gesellschaftspolitischen Auseinandersetzung werden. Die Einseitigkeiten und polemischen Verzerrungen um Richtlinien für den Gesellschaftslehre- und Politikunterricht im Rahmen von Wahlkampfkampagnen hatten in der Öffentlichkeit manche Verunsicherung bewirkt. Die Versäumnisse der achtziger Jahre lassen sich damit vielleicht erklären, nicht aber rechtfertigen. Dahinter ist das alte Vorurteil erkennbar, Politik sei etwas Unredliches und gehöre nicht in die Schule.

Ähnlich ist das Mißtrauen gegenüber den unterschiedlichen didaktischen Konzeptionen der politischen Bildung einzuordnen. Es hat sich als unbegründet erwiesen, als eine Fehlinterpretation einer fachlichen Diskussion. Im übrigen haben sich in der Didaktik der politischen Bildung einstmals stark divergierende Richtungen lange schon in wesentlichen Punkten aufeinander zu bewegt. Spätestens mit dem ›Beutelsbacher Kompromiß‹ von 1976 ist ein für alle didaktischen Richtungen tragfähiger und allgemein anerkannter Rahmenkonsens formuliert worden. Danach ist es nicht erlaubt, den Schüler – mit welchen Mitteln auch immer – im Sinne erwünschter Meinungen zu überrumpeln oder zu steuern und damit an der Gewinnung eines selbständigen Urteils zu hindern (Überwältigungsverbot). Außerdem muß das, was in

Wissenschaft und Politik kontrovers ist, auch im Unterricht kontrovers erscheinen (Kontroversprinzip).

Die Didaktik der politischen Bildung befindet sich heute, was die Klärung ihres Selbstverständnisses und ihrer wissenschaftlichen Grundlagen betrifft, auf hohem Niveau. Konsensfähige Lehrplaninhalte, Curricula und didaktische Konzeptionen liegen vor – woran es fehlt, sind zureichende Arbeitsmöglichkeiten für die Praxis! Die erforderlichen konkreten Schritte zu deren Neugestaltung aber bleiben aus, weil die Parteien auf diesem Feld allzu divergierende Intentionen verfolgen.

6.3 Kurzsichtige Betrachtungsweisen

Es liegt an der Besonderheit des Gegenstandes der politischen Bildung, daß hierüber politische Kompromisse sehr viel schwieriger zu erreichen sind und den Parteien weit mehr abverlangen als bei irgendeinem anderen Sachgebiet. Hier werden die Parteien und ihr Handeln selbst zum Gegenstand. Es ist daher nicht verwunderlich, wenn die Parteien gerade das Thema politische Bildung nicht zuletzt unter parteipolitischen Konkurrenzgesichtspunkten zu betrachten geneigt sind und Erwägungen Raum geben, inwieweit diese oder jene Entscheidung auf diesem Felde der eigenen Position zugute kommen werde oder eher dazu geeignet sei, der gegnerischen Position Anhänger zuzuführen. Ob politische Bildung eine Chance bekommt, hängt davon ab, ob diese unangemessene instrumentelle Betrachtungsweise – die kurzsichtig und außerdem trügerisch ist – die Oberhand behält, oder ob die demokratischen Parteien ihre Verantwortung für die Demokratie insgesamt erkennen und ihr Handeln davon bestimmen lassen.

Wie lange noch wird einerseits Besorgnis geäußert über demokratiegefährdende Tendenzen, über Intoleranz und Extremismus, andererseits aber für die Verbesserung politischer Bildung nichts getan oder gar ihre weitere Reduzierung hingenommen?

7. Politische Bildung nötiger denn je

Verfehlt wäre es allerdings, politische Bildung – wie in der Vergangenheit öfter – nun in einer Art Feuerwehrfunktion auf den Plan zu rufen. Dabei würde verkannt, daß es heute für das politische Leben insgesamt in weit höherem Maße als bisher auf politische Urteilsfähigkeit aller Bürgerinnen und Bürger ankommt. Das technokratische Politikmodell früherer Jahre funktioniert nicht mehr. Ansehen und Glaubwürdigkeit von Politikern haben stark gelitten; fragloses Vertrauen der Bevölkerung in den Sachverstand der Experten und in die Angemessenheit der Entscheidungen von Eliten kann nicht mehr vorausgesetzt werden. In einer Zeit tiefgreifenden Wertewandels, neuer sozialer Bewegungen und allgemein gestiegener Partizipationsansprüche ist der politische Prozeß in der Bundesrepublik Deutschland schwieriger geworden. Ob dieser Prozeß auch in Zukunft eine demokratische Qualität behalten wird, hängt davon ab, wieviele der Bürgerinnen und Bürger qualifizierte Demokraten sein werden.

Diese Frage ist um so ernster, als viele der uns heute bedrängenden ungelösten Probleme – Arbeit, Umwelt, Energie, Nord-Süd-Probleme, um nur wenige zu nennen – aller Voraussicht nach sich in den kommenden Jahren noch verschärfen werden. Die politischen Auseinandersetzungen der Zukunft werden also noch höhere Anforderungen an die Fähigkeit zu rationalem Denken und Handeln und die Bereitschaft zu demokratischen Konfliktlösungen stellen. Die Demokratie wird angesichts der kommenden Herausforderungen ihre Bewährungsprobe nur bestehen, wenn es gelingt, eine politische Kultur des Diskurses zu entwickeln und einzuüben. Sie ist der einzig mögliche Weg, die Austragung als existenziell empfundener Konflikte gewaltfrei zu halten.

Hierzu kann und muß die Schule einen wesentlichen Beitrag leisten. Es kommt darauf an, daß Menschen schon in jungen Jahren Gelegenheit erhalten, die Wertorientierungen aufzubauen und die Kompetenzen zu trainieren, die für eine solche demokratische politische Kultur grundlegend sind. Ohne daß alle Schüler einen kontinuierlichen, qualifizierten Unterricht im »Fach Demokratie« erhalten, bleiben die Aussichten auf eine breite Verankerung der demokratischen Grundwerte in der Bundesrepublik im Hinblick auf die Zukunft vage. Umgekehrt gilt: Wird Schülern eine solche politische Bildung vorenthalten, muß man sich nicht wundern, wenn Erscheinungen irrationalen, unverantwortlichen Verhaltens nicht weniger werden, sondern zunehmen.

8. Was ist zu tun?

8.1 Zunächst die Forderungen an die eigene Adresse

– Über Politik muß in der Schule lebendig und problemorientiert unterrichtet werden. Es muß erfahrbar werden, daß es hier um entscheidend wichtige Dinge geht, die jeden einzelnen und die Zukunft aller betreffen. Dies schließt bloßes Pauken von Stoffwissen ebenso aus wie unverbindliches Gerede.
– Die Vertreter politischer Bildung in Wissenschaft, Schule, Jugend- und Erwachsenenbildung müssen mehr dafür tun, die Bedeutung ihres Faches in ihrem Arbeitsbereich und in der Öffentlichkeit bewußt zu machen und falsche Vorstellungen abzubauen. Dazu gehört auch, daß sie sich stärker in ihrem Fachverband, der Deutschen Vereinigung für politische Bildung, engagieren und darüber hinaus in anderen Verbänden für die Belange der politischen Bildung eintreten.
– Die Politikdidaktik und die politische Wissenschaft müssen sich mehr um die Alltagssituation des Politikunterrichts kümmern und der Praxis wirksame Hilfen anbieten. Die Zusammenarbeit zwischen Praktikern und Wissenschaftlern muß verstärkt werden (Lehrerfortbildung).
– Zwischen der Schule und den Einrichtungen der außerschulischen politischen Bildungsarbeit sollte es mehr Zusammenarbeit geben. Kooperationen zwischen Politikunterricht und Veranstaltungen zur politischen Bildung mit Jugendlichen bieten Chancen wechselseitiger Ergänzung und Befruchtung. Sie können darüber hinaus motivationsstiftend in Hinblick auf die Nutzung der Möglichkeiten zu politischer Weiterbildung nach Ende der Schulzeit wirken. Politische Bildung muß

in einer sich rasch wandelnden Gesellschaft als lebenslanger Prozeß begriffen werden.

8.2 Forderungen an politische Entscheidungsträger

Entscheidend ist, daß in der Bildungspolitik Maßnahmen ergriffen werden, durch die der politischen Bildung in der Schule der nötige Raum und zureichende Arbeitsbedingungen bereitgestellt werden.

- Die elementarste Forderung sind 2 Wochenstunden für das Fach Politik (beziehungsweise Sozialkunde ...), wie sie im staatlichen Schulwesen als Minimum allen Fächern zur Verfügung stehen, nur nicht demjenigen Fach, in dem sich unser Staatswesen selbst vorstellt und in dem die nachwachsende Generation auf eine Beteiligung am politischen Leben der Demokratie vorbereitet werden soll. Wichtig ist, daß ein solches vollwertiges Fach Politik in der Sekundarstufe I aller Schulformen unterrichtet wird – auch des Gymnasiums, das heute einen nicht unbeträchtlichen Teil seiner Schüler nach der 10. Klasse abgibt.
- Die zweite Forderung ist eine bevorzugte Einstellung fachlich ausgebildeter Politik- beziehungsweise Sozialkundelehrer/lehrerinnen, da Politikunterricht von allen Fächern der Schule am häufigsten von fachfremden Lehrkräften erteilt wird.
- Die dritte Forderung richtet sich auf die Entwicklung qualifizierter Lehrpläne, die dem Anspruch des Faches gerecht werden. In einigen Bundesländern wurde hier bereits Beachtliches geleistet.
- Vierte Forderung: Im Bereich der Berufsschule muß die Abschlußprüfung im Fach Politik in die Zuständigkeit der Schule gegeben werden.
- Fünftens sind für das Fach Politik mehr und bessere Möglichkeiten der Lehrerfort- und -weiterbildung zu schaffen. Lehrer, die das Fach Politik unterrichten, bedürfen mehr als die Lehrer anderer Fächer der Weiterbildung, weil die Themen dieses Unterrichts sich mit der gesellschaftlich-politischen Entwicklung wandeln. Ständig kommen neue Themen hinzu, die politisch wichtig werden, in der wissenschaftlichen Ausbildung der Lehrer aber meist noch keine Rolle spielten (etwa Neue Medien, Neue Technologien, Arbeitslosigkeit/Strukturwandel, Ökologie).
- Sechstens ist zu fordern, daß an den Hochschulen im Bereich der Sozialkundelehrerausbildung nicht weiterhin Stellen abgebaut werden, damit der wissenschaftliche Nachwuchs eine Chance erhält und die Didaktik der politischen Bildung weiterentwickelt werden kann. An jeder Hochschule, an der Geistes- und Sozialwissenschaften gelehrt werden, ist mindestens eine Professur für Didaktik der politischen Bildung einzurichten.
- Die siebte Forderung betrifft die außerschulische politische Bildung. Zumindest bei hauptamtlichen Mitarbeitern sollte ein sozialwissenschaftliches und politikdidaktisches Studium verbindlich sein. Entsprechende Studienschwerpunkte könnten im Rahmen von sozialwissenschaftlichen Magister- und Diplomstudiengängen eingerichtet werden. Dazu wäre erforderlich, in die Aufgabenbeschreibung für politikdidaktische Lehrstühle nicht nur die Lehrerbildung, sondern ebenso die außerschulische politische Bildung aufzunehmen.

Auswahlbibliographie

Die hier angeführten deutschsprachigen Titel sollen – eingedenk der verbleibenden Unwägbarkeiten jeglicher zuordnenden Auswahl – die Erschließung der jeweiligen Themenfelder und Diskussionszusammenhänge erleichtern. Aus Platzgründen werden Einzelbeiträge aus Sammelbänden und einzelne Zeitschriftenbeiträge nur in Ausnahmefällen aufgeführt. Die Struktur der Auswahlbibliographie orientiert sich weitgehend an der Gliederung des Bandes »Umbrüche in der Industriegesellschaft – Herausforderungen für die politische Bildung«.

1.   Gesellschaft
1.1 Theoretische Zugänge
1.2 Sozialstruktur im Wandel
1.3 Geschlechterverhältnis
1.4 Perspektiven der Arbeitsgesellschaft
1.5 Aspekte der Informationsgesellschaft
1.6 Risikogesellschaft

2.   Politik
2.1 Demokratie und politische Theorie
2.2 Das politische Vermittlungssystem
2.3 Politische Kultur
2.4 Institutionentheorie

3.   Politische Bildung
3.1 Bildungstheoretische Zugänge und methodisch-didaktische Gesichtspunkte
3.2 Arbeitsfelder und Ansatzpunkte
3.3 Bestandsaufnahmen und Analysen

1. Gesellschaft

1.1 Theoretische Zugänge

AARON, R., Die industrielle Gesellschaft, Frankfurt/M.–Hamburg 1969.
BELL, D., Die nachindustrielle Gesellschaft, Frankfurt/M.–New York 1975.
BERGER, J. (Hrsg.), Die Moderne – Kontinuitäten und Zäsuren, in: Soziale Welt, Sonderband 4, Göttingen 1986.
BERGER, P. L./LUCKMANN, TH., Die gesellschaftliche Konstruktion der Wirklichkeit. Eine Theorie der Wissenssoziologie, Frankfurt/M. 1977[5].
BUNDESZENTRALE FÜR POLITISCHE BILDUNG (Hrsg.), Grundfragen der Ökonomie, Bonn 1989.
DEUTSCH, K. W., Politische Kybernetik. Modelle und Perspektiven, Freiburg/Br. 1970[2].
ETZIONI, A., Die aktive Gesellschaft. Eine Theorie gesellschaftlicher und politischer Prozesse, Opladen 1975.
FREYER, H., Gedanken zur Industriegesellschaft, Mainz 1970.
GABRIEL, K., Analysen der Organisationsgesellschaft. Ein historischer Vergleich der Gesellschaftstheorien Max Webers, Niklas Luhmanns und der phänomenologischen Soziologie, Frankfurt/M.–New York 1979.
GALBRAITH, J. K., Die moderne Industriegesellschaft, München 1968.
HABERMAS, J., Theorie des kommunikativen Handelns, 2Bde., Frankfurt/M. 1985.
DERS., Die neue Unübersichtlichkeit, Frankfurt/M. 1985.
HIRSCH, J./ROTH, R., Das neue Gesicht des Kapitalismus. Vom Fordismus zum Post-Fordismus, Hamburg 1986.
HONNETH, A., Kritik der Macht, Frankfurt/M. 1985.
HORKHEIMER, M./ADORNO, TH.W., Dialektik der Aufklärung, Frankfurt/M. 1986 (Neuausgabe).
KERN, L. (Hrsg.), Probleme der postindustriellen Gesellschaft, Köln 1976.
KOSLOWSKI, P./SPAEMANN, R./LÖW, R. (Hrsg.), Moderne oder Postmoderne? (Civitas Resultate Bd. 10), Weinheim 1986.
KRÄMER, H. L./LEGGEWIE, C. (Hrsg.), Wege ins Reich der Freiheit, Berlin 1989.
LÖWENTHAL, R., Gesellschaftswandel und Kulturkrise. Zukunftsprobleme der westlichen Demokratien, Frankfurt/M. 1979.
LUHMANN, N., Soziologische Aufklärung I, Aufsätze zur Theorie sozialer Systeme, Opladen 1972[3].
DERS., Soziale Systeme. Grundriß einer allgemeinen Theorie, Frankfurt/M. 1984.
MÜNCH, R., Die Struktur der Moderne, Frankfurt/M. 1984.
VON NELL-BREUNING, O., Kapitalismus kritisch betrachtet. Zur Auseinandersetzung um das bessere ›System‹, Freiburg/Br. 1974.
RASCHKE, J., Soziale Bewegungen. Ein historisch-systematischer Grundriß, Frankfurt/M.–New York 1985.
SCHMID, M.G. (Hrsg.), Pipers Wörterbuch zur Politik, Bd. 2: Westliche Industriegesellschaften, München–Zürich 1983.

1.2 Sozialstruktur im Wandel

BALSEN, W. U.A., Die neue Armut. Ausgrenzung der Arbeitslosen aus der Arbeitslosenunterstützung, Köln 1984.
BERGER, P.A., Entstrukturierte Klassengesellschaft?, Opladen 1986.
DERS./HRADIL, ST. (Hrsg.), Lebenslagen, Lebensläufe, Lebensstile, Soziale Welt, Sonderband 7, Göttingen 1990.
BOLTE, K. M./HRADIL, ST., Soziale Ungleichheit in der Bundesrepublik Deutschland, Opladen 1984.

Bourdieu, P., Die feinen Unterschiede. Kritik der gesellschaftlichen Urteilskraft, Frankfurt/M. 1982.

Brose, H.G./Hildebrand, B. (Hrsg.), Vom Ende des Individuums zur Individualität ohne Ende. Opladen 1988.

Claessens, D./Klönne, A./Tschoepe, A., Sozialkunde der Bundesrepublik Deutschland, Reinbek 1989 (vollständig überarbeitete Neuausgabe).

Hartwich, H.H., Sozialstaatspostulat und gesellschaftlicher status quo, Opladen 1970.

Häussermann, H./Siebel, W., Neue Urbanität, Frankfurt/M. 1987.

Heinze, R.G./Olk, Th./Hillert, J., Der neue Sozialstaat. Analyse und Reformperspektiven, Freiburg/Br. 1988.

Hradil, St., Sozialstrukturanalyse in einer fortgeschrittenen Gesellschaft, Opladen 1987.

Huber, J., Die Regenbogengesellschaft. Ökologie und Sozialpolitik, Frankfurt/M. 1988.

Kreckel, R. (Hrsg.), Soziale Ungleichheiten, Soziale Welt, Sonderband 2, Göttingen 1983.

Opielka, M. (Hrsg.), Die ökologische Frage. Entwürfe zum Sozialstaat, Frankfurt/M. 1985.

Otto, K. A. (Hrsg.), Westwärts – Heimwärts? Aussiedlerpolitik zwischen »Deutschtümelei« und »Verfassungsauftrag«, Bielefeld 1990.

Riedmüller, B./Rodenstein, M. (Hrsg.), Wie sicher ist die soziale Sicherung?, Frankfurt/M. 1989.

Statistisches Bundesamt (Hrsg.), Datenreport 1989. Zahlen und Fakten über die Bundesrepublik Deutschland, Bonn 1989.

Vobruba, G. (Hrsg.), Strukturwandel der Sozialpolitik, Frankfurt/M. 1990

Zapf, W. u. a., Individualisierung und Sicherheit. Untersuchungen zur Lebensqualität in der Bundesrepublik Deutschland, München 1987.

1.3 Geschlechterverhältnis

Anders, A. (Hrsg.), Autonome Frauen. Schlüsseltexte der Neuen Frauenbewegung seit 1968, Frankfurt/M. 1988.

Badinter, E., Ich bin Du, München 1987.

Beauvoir, S. de, Das andere Geschlecht. Sitte und Sexus der Frau (1949), Reinbek 1968.

Beck, u./Beck-Gernsheim, E., Das ganz normale Chaos der Liebe, Frankfurt/M. 1990.

Beck-Gernsheim, E., Das halbe Leben. Männerwelt Beruf, Frauenwelt Familie, Frankfurt/M. 1985[2].

Becker-Schmidt, R./Knopp, G.-A., Geschlechtertrennung – Geschlechterdifferenz. Suchbewegungen sozialen Lernens, Bonn-Bad Godesberg 1987.

Beer, U. (Hrsg.), Klasse Geschlecht. Feministische Gesellschaftsanalyse und Wissenschaftskritik, Bielefeld 1987.

Dies., Geschlecht, Struktur, Geschichte. Soziale Konstituierung des Geschlechterverhältnisses, Frankfurt/M.–New York 1989.

Berger, B./Berger, P. L., In Verteidigung der bürgerlichen Familie, Frankfurt/M. 1984.

Bernadoni, C./Werner, V. (Hrsg.), Ohne Seil und Haken. Frauen auf dem Weg nach oben, (Deutsche UNESCO-Kommission), Bonn 1987.

Busch, G./Hess-Diebäcker, D./Stein-Hilbers, M. (unter Mitarbeit von M. Krautmacher), Den Männern die Hälfte der Familie, den Frauen mehr Chancen im Beruf, Weinheim 1988.

Chodorow, N., Das Erbe der Mütter. Psychoanalyse und Soziologie der Geschlechter, München 1985.

Clemens, B. u. a. (Hrsg.), Töchter der Alma Mater. Frauen in der Berufs- und Hochschulforschung, Frankfurt/M. 1986.

Conze, W. (Hrsg.), Sozialgeschichte der Familie in der Neuzeit Europas, Stuttgart 1976.

Däubler-Gmelin, H./Pfarr, H./Weg, M., Mehr als nur gleichen Lohn. Handbuch zur beruflichen Förderung von Frauen, Hamburg 1985.

Doormann, L. (Hrsg.), Keiner schiebt uns weg. Zwischenbilanz der Frauenbewegung in der BRD, Weinheim 1979.

ECKERT, R. (Hrsg.), Geschlechtsspezifische Arbeitsteilung, München 1979.

EHRENREICH, B., Die Herzen der Männer, Reinbek 1984.

ENDERS-DRAGÄSSER, U./FUCHS, C. (Hrsg.), Frauensache Schule. Aus dem deutschen Schulalltag. Erfahrungen, Analysen, Alternativen, Frankfurt/M. 1990.

ERLER, G. A., Frauenzimmer. Für eine Politik des Unterschieds, Berlin 1985.

DIES./JAECKEL, M./SASS, I. (Hrsg.), Mütter zwischen Beruf und Familie, München 1983.

FREVERT, U., Frauen-Geschichte. Zwischen bürgerlicher Verbesserung und Neuer Weiblichkeit, Frankfurt/M. 1986.

GERHARD, U., Rechtsalltag von Frauen, Frankfurt/M. 1988.

GERHARDT, U./SCHÜTZE, Y. (Hrsg.), Frauensituation. Veränderungen in den letzten zwanzig Jahren, Frankfurt/M. 1988.

GILLIGAN, C., Die andere Stimme – Lebenskonflikte und Moral der Frau, München – Zürich 1984.

HAGEMANN-WHITE, C., Sozialisation: Weiblich – männlich?, Opladen 1984.

DIES./RERRICH, M.S. (Hrsg.), FrauenMännerBilder. Männer und Männlichkeit in der feministischen Diskussion, Bielefeld 1988.

HANSEN, K. (Hrsg.), Frauen suchen ihre Geschichte, München 1983.

HELD, S. Soziologie der ehelichen Machtverhältnisse, Neuwied 1978.

HOLLSTEIN, W., Nicht Herrscher, aber kräftig. Die Zukunft der Männer, Hamburg 1988.

ILLICH, J., Genus. In einer historischen Kritik der Gleichheit, Reinbek 1983.

IRIGARAY, L., Spekulum. Spiegel des anderen Geschlechts, Frankfurt/M. 1980.

DIES., Zur Geschlechterdifferenz, Wien 1987.

LEPSIUS, R., Frauenpolitik als Beruf, Hamburg 1988.

LIBRERIA DELLE DONNE DE MILANO (Hrsg.), Wie weibliche Freiheit entsteht. Eine neue politische Praxis, Berlin 1988.

LISSNER, A./SÜSSMUTH, R./WALTER, K. (Hrsg.), Frauenlexikon. Traditionen, Fakten, Perspektiven, Freiburg/Br. 1988.

LIST, E./STUDER, H. (Hrsg.), Denkverhältnisse. Feminismus und Kritik, Frankfurt/M. 1989.

METZ-GÖCKEL, S./MÜLLER, U., Der Mann. Eine repräsentative Untersuchung über die Lebenssituation und das Frauenbild 20- bis 50jähriger Männer, Weinheim-Basel 1986.

MÜLLER, W./WILLMS, A./HANDL, I., Strukturwandel der Frauenarbeit 1880–1980, Frankfurt/M.–New York 1983.

NAVE-HERZ, R. (Hrsg.), Wandel und Kontinuität der Familie in der BRD, Stuttgart 1988.

OPITZ, C. (Hrsg.), Weiblichkeit oder Feminismus?, Weingarten 1984.

OSTNER, I. (Hrsg.), Frauen. Soziologie der Geschlechterverhältnisse, Sonderheft 2, Soziologische Revue 1987.

PFARR, H., Quotierung und Grundgesetz. Notwendigkeit und Verfassungsmäßigkeit von Frauenförderung, Baden-Baden 1988.

POSTLER, I., / Schreiber, R. (Hrsg.), Traditionalismus, Verunsicherung, Veränderung. Männerrolle im Wandel, Bielefeld 1985.

PROSS., H., Die Männer. Eine repräsentative Untersuchung über die Selbstbilder von Männern und ihre Bilder von der Frau, Hamburg 1984.

PUSCH, L. (Hrsg.), Feminismus. Inspektion der Herrenkultur. Ein Handbuch, Frankfurt/M. 1983.

SCHAEFFER-HEGEL, B. (Hrsg.), Frauen und Macht. Der alltägliche Beitrag der Frauen zur Politik des Patriarchats, Berlin 1984[2].

DIES./WARTMANN, B., Mythos Frau. Projektionen und Inszenierungen im Patriarchat, Berlin 1984.

DIES./WATSON-FRANKE, B., Männer Mythos Wissenschaft. Grundlagentexte zur feministischen Wissenschaftskritik, Pfaffenweiler 1988.

SCHENK, H., Die feministische Herausforderung. 150 Jahre Frauenbewegung in Deutschland, München 1983[3].

SCHÜTZ, Y., Die gute Mutter. Zur Geschichte des normativen Musters ›Mutterliebe‹, Bielefeld 1986.

Sektion Frauenforschung in der Deutschen Gesellschaft für Soziologie (Hrsg.), Frauenforschung. Beiträge zum 22. deutschen Soziologentag, Dortmund 1984, Frankfurt/M. 1985.

Sichtermann, B., Wer ist wie? Über den Unterschied der Geschlechter, Berlin 1987.

Weg, M./Stein, O. (Hrsg.), Macht macht Frauen stark, Frauenpolitik für die 90er Jahre, Hamburg 1988.

1.4 Perspektiven der Arbeitsgesellschaft

Beck, U./Brater, M./Daheim, H., Soziologie der Arbeit und der Berufe. Grundlagen, Problemfelder, Forschungsergebnisse, Reinbek 1980

Bonss, W./Heinze, R. G. (Hrsg.), Arbeitslosigkeit in der Arbeitsgesellschaft, Frankfurt/M. 1984.

Bust-Bartels, A., Skandal Massenarbeitslosigkeit. Zwischen passivem Staat und alternativer Arbeitsmarktpolitik, Opladen 1990.

Forschungsgruppe Neue Soziale Bewegungen (Hrsg.), Alternativökonomie zwischen Traum und Trauma, Themenschwerpunkt des Forschungsjournal Neue Soziale Bewegungen, 2 (1989)2.

Gorz, A., Kritik der ökonomischen Vernunft, Berlin 1989.

Heinze, R. G./Hombach, B./Mosdorf, S. (Hrsg.), Beschäftigungskrise und Neuverteilung der Arbeit, Bonn 1984.

Hirsch, F., Die sozialen Grenzen des Wachstums. Eine ökonomische Analyse der Wachstumskrise, Hamburg 1980.

Huber, J., Die zwei Gesichter der Arbeit. Ungenutzte Möglichkeiten der Dualwirtschaft, Frankfurt/M. 1984.

Huizinga, J., Homo ludens, Reinbek 1987 (Neuauflage).

Kern, H./Schumann, M., Industriearbeit und Arbeiterbewußtsein, Frankfurt/M. 1977.

Dies., Das Ende der Arbeitsteilung?, München 1984.

Lafargue, P., Das Recht auf Faulheit, o.O. 1978.

Lutz, B., Der kurze Traum immerwährender Prosperität, Frankfurt/M. 1984.

Mahnkopf, B., Verbürgerlichung. Die Legende vom Ende des Proletariats, Frankfurt/M.–New York 1985.

Matthes, J. (Hrsg.), Krise der Arbeitsgesellschaft?, 21. Deutscher Soziologentag 1982, Frankfurt/M.–New York 1983.

Negt, O., Lebendige Arbeit, enteignete Zeit, Frankfurt/M. 1984.

Offe, C. (Hrsg.), Arbeitsgesellschaft – Strukturprobleme und Zukunftsperspektiven, Frankfurt/M.–New York 1984.

Ders./Hinrichs, K./Wiesenthal, H. (Hrsg.), Arbeitszeitpolitik. Formen und Folgen einer Neuverteilung der Arbeitszeit, Frankfurt/M.–New York 1982.

Opaschowski, H.W., Arbeit, Freizeit, Lebenssinn? Orientierungen für eine Zukunft, die längst begonnen hat, Opladen 1983.

Ders./Raddatz, G., Freizeit im Wertewandel. Die neue Einstellung zu Arbeit und Freizeit (Bd. 4 der BAT-Schriftenreihe zur Freizeitforschung), Hamburg 1982.

Piore, M./Sabel, Ch., Das Ende der Massenproduktion, Berlin 1985.

Scharpf, F.W., sozialdemokratische Krisenpolitik in Europa, Frankfurt/M.–New York 1987.

Ders./Brockmann, M. (Hrsg.) Institutionelle Bedingungen der Arbeitsmarkt- und Beschäftigungspolitik, Frankfurt/M.–New York 1983.

Schmidt, Th. (Hrsg.), Befreiung von falscher Arbeit. Thesen zum garantierten Mindesteinkommen, Berlin 1984.

Schwendter, R. (Hrsg.), Grundlegungen zur alternativen Ökonomie, München 1986.

Sengenberger, W., Struktur und Funktionsweise von Arbeitsmärkten. Die Bundesrepublik Deutschland im internationalen Vergleich, Frankfurt/M.–New York 1987.

1.5 Aspekte der Informationsgesellschaft

ANDERS, G., Die Antiquiertheit des Menschen, 2 Bde., München 1983[6] und 1984[3].

VON BISMARCK, K./GAUS, G./KLUGE, A./SIEGER, F., Industrialisierung des Bewußtseins, München–Zürich 1985.

BÖTTGER, B./METTLER-MEIBOM, B./HEHR, I., Informatisierung des privaten Alltags und Strategien der Anbieter. Ein Beitrag aus der Sicht von Frauen, Opladen 1990.

BRIEFS, U., Informationstechnologien und Zukunft der Arbeit, Köln 1984.

BUNDESZENTRALE FÜR POLITISCHE BILDUNG (Hrsg.), Computer in der Schule. Pädagogische Konzepte und Projekte. Empfehlungen, Dokumente, Bonn 1986.

DIES. (Hrsg.), Medienkritik im Blickpunkt. Plädoyer für eine engagierte Programmkritik, Bonn 1988.

DEUTSCH, K. W., Von der Industriegesellschaft zur Informationsgesellschaft, Berlin 1980.

EURICH, C., Das verkabelte Leben. Wem schaden und wem nützen die Neuen Medien?, Reinbek 1980.

DERS., Computerkinder, Reinbek 1985.

FRIEDRICHS, G./SCHAFF, A. (Hrsg.), Auf Gedeih und Verderb – Mikroelektronik und Gesellschaft. Bericht an den Club of Rome, Wien–München–Zürich 1982.

FRÖHLICH, W. D./ZITZLSPERGER, R./FRANZMANN, B. (Hrsg.), Die verstellte Welt. Beiträge zur Medienökologie, Frankfurt/M. 1988.

GEORGE, S., Chancen und Risiken der Neuen Technologien, Stuttgart 1988.

GRANSOW, V., Der autistische Walkman. Elektronik, Öffentlichkeit und Privatheit, Berlin 1985.

VON HENTIG, H., Das allmähliche Verschwinden der Wirklichkeit, München 1984.

KEVENHÖRSTER, P., Politik im elektronischen Zeitalter. Politische Wirkungen der Informationstechnik, Baden-Baden 1984.

KUBICEK, H./ROLF, A., Mikropolis mit Computernetzen in der ›Informationsgesellschaft‹, Hamburg 1985.

METTLER-MEIBOM, B., Soziale Kosten in der Informationsgesellschaft. Überlegungen zu einer Kommunikationsökologie, Frankfurt/M. 1987.

MEYN, H., Die neuen Medien – neue Chancen und Risiken, Berlin 1984.

POSTMAN, N., Wir amüsieren uns zu Tode. Urteilsbildung im Zeitalter der Unterhaltungsindustrie, Frankfurt/M. 1985.

PROKOP, D. (Hrsg.), Medienforschung, 3 Bde. (Band 1: Konzerne – Macher – Kontrolleure; Band 2: Analysen, Kritiken, Ästhetik; Band 3: Wünsche, Zielgruppen, Wirkungen), Frankfurt/M. 1985.

RAU, J./VON RÜDEN, P. (Hrsg.), Die Neuen Medien – Eine Gefahr für die Demokratie?, Frankfurt/M.–Olten–Wien 1984.

SONNTAG, PH. (Hrsg.), Die Zukunft der Informationsgesellschaft, Frankfurt/M. 1983

STEINMÜLLER, W. (Hrsg.), Verdatet und vernetzt. Sozialökologische Handlungsspielräume in der Informationsgesellschaft, Frankfurt/M. 1988.

WEIZENBAUM, J., Die Macht der Computer und die Ohnmacht der Vernunft, Frankfurt/M. 1978.

1.6 Risikogesellschaft

ANDERS, G., Die atomare Bedrohung, München 1985.

BECHMANN, G. (Hrsg.), Gesellschaftliche Bedingungen und Folgen der Technologiepolitik, Frankfurt/M. 1984.

BECK, U., Risikogesellschaft. Auf dem Weg in eine andere Moderne, Frankfurt/M. 1986.

DERS., Gegengifte. Die organisierte Unverantwortlichkeit, Frankfurt/M. 1988.

BÖHME, G./SCHRAMM, E. (Hrsg.), Soziale Naturwissenschaft. Wege zu einer Erweiterung der Ökologie, Frankfurt/M. 1985.

BÖHRET, C./FRANZ, P., Technologiefolgeabschätzung, Frankfurt/M. 1982.

BUNDESZENTRALE FÜR POLITISCHE BILDUNG (Hrsg.), Prinzip Fortschritt? Natur und Gesellschaft zwischen Legitimation und Verantwortung, Bonn 1989.

CLAUSEN, L./DOMBROWSKI, W.R. (Hrsg.), Einführung in die Soziologie der Katastrophen, Bonn 1983.

CONRAD, I. (Hrsg.), Gesellschaft, Technik und Risikopolitik, Berlin 1983.

VON DER DAELE, W., Mensch nach Maß? Ethische Probleme der Genmanipulation und Gentherapie, München 1985.

DONNER, H. U. A. (Hrsg.), Umweltschutz zwischen Staat und Markt. Moderne Konzeptionen im Umweltschutz, Baden-Baden 1989.

ENZENSBERGER, H. M., Zur Kritik der politischen Ökologie, in: Kursbuch 33 (1973).

ERD, R./JACOBI, O./SCHUMM. W. (Hrsg.), Strukturwandel in der Industriegesellschaft, Frankfurt/M. 1986.

EVERS, A./NOVOTNY, H., Über den Umgang mit Unsicherheit, Frankfurt/M. 1987.

FETSCHER, I. Überlebensbedingungen der Menschheit – Zur Dialektik des Fortschritts, Konstanz 1976.

FISCHER, J., Der Umbau der Industriegesellschaft, Frankfurt/M. 1989.

FORSCHUNGSGRUPPE NEUE SOZIALE BEWEGUNGEN (Hrsg.), Gegenexperten in der Risikogesellschaft, Themenschwerpunkt des Forschungsjournal Neue Soziale Bewegungen, 3 (1990) 1, Marburg.

FREYER, H., Die Technik als Lebensmacht, Denkform und Wissenschaft, Mainz 1970.

GEHLEN, A., Die Seele im technischen Zeitalter, Hamburg 1957.

GORZ, A., Ökologie und Politik. Beiträge zur Wachstumskrise, Reinbek 1977.

GRUHL, H., Ein Planet wird geplündert. Die Schreckensbilanz unserer Politik, Frankfurt/M. 1975.

HABERMAS, J., Technik und Wissenschaft als Ideologie, Frankfurt/M. 1968.

HACK, L., Vor Vollendung der Tatsachen. Die Rolle von Wissenschaft und Technologie in der dritten Phase der industriellen Revolution, Frankfurt/M.–New York 1988.

HELD, N./KOCH, D., Risiko und Sicherheit: Eine Bewertungsdimension der Sozialverträglichkeitsanalyse, Augsburg – Mühlheim/R. 1984.

ILLICH, I., Selbstbegrenzung. Eine politische Kritik der Technik, Reinbek 1975.

IMMLER, H., Natur in der ökonomischen Theorie, Opladen 1985.

DERS., Vom Wert der Natur. Zur ökologischen Reform von Wirtschaft und Gesellschaft, Opladen 1989.

KITSCHELT, H., Kernenergie. Arena eines gesellschaftlichen Konflikts, Frankfurt/M. 1980.

DERS., Der ökologische Diskurs, Frankfurt/M. 1984.

KOCH, C./SENGHAAS, D. (Hrsg.), Texte zur Technokratiediskussion, Frankfurt/M. 1970.

KOSLOWSKI, P., Die postmoderne Kultur. Gesellschaftlich-kulturelle Konsequenzen der technischen Entwicklung, München 1987.

KUHN, TH. S., Die Struktur wissenschaftlicher Revolutionen, Frankfurt/M. 1967.

LAGADEC, P., Das große Risiko – Technische Katastrophen und gesellschaftliche Verantwortung, Nördlingen 1987.

LEIPERT, CH., Die heimlichen Kosten des Fortschritts. Wie Umweltzerstörung das Wirtschaftswachstum fördert, Frankfurt/M. 1989.

DERS./ZIESCHRANK, R. (Hrsg.), Perspektiven der Wirtschafts- und Umweltberichterstattung, Berlin 1989.

LENK, H./ROPOHL, G. (Hrsg.), Technik und Ethik, Stuttgart 1987.

LOMPE, K. (Hrsg.), Techniktheorie, Technikforschung, Technikgestaltung, Opladen 1987.

LÖW, R., Leben aus dem Labor. Gentechnologie und Verantwortung – Biologie und Moral, München 1985.

LÜBBE, H./STRÖKER, E. (Hrsg.), Ökologische Probleme im kulturellen Wandel, München–Paderborn 1986.

LUHMANN, N., Ökologische Kommunikation. Kann die moderne Gesellschaft sich auf ökologische Gefährdungen einstellen?, Opladen 1986.

LUTZ, B. (Hrsg.), Technik und sozialer Wandel. Verhandlungen des 23. Deutschen Soziologentags in Hamburg 1986, Frankfurt/M.–New York 1987.

MEADOWS, D. U. A., Die Grenzen des Wachstums. Bericht des Club of Rome zur Lage der Menschheit, Stuttgart 1972.

MEYER-ABICH, K.M./SCHEFOLD, B., Die Grenzen der Atomwirtschaft, München 1986.

PERROW, CH., Normale Katastrophen, Frankfurt/M. 1988.

RADKAU, J., Hiroshima und Asilomar. Die Inszenierung des Diskurses über die Gentechnik vor dem Hintergrund der Kernenergie-Kontroverse, in: Geschichte und Gesellschaft, 14 (1988) 3.

SCHELSKY, H., Der Mensch in der wissenschaftlichen Zivilisation, Köln–Opladen 1961.

SIMONIS, U. E. (Hrsg.), Ökonomie und Ökologie. Auswege aus einem Konflikt, Karlsruhe 1986[1].

STRASSER, J./TRAUBE, K., Die Zukunft des Fortschritts. Der Sozialismus und die Krise des Industrialismus, Berlin 1984.

TOURAINE, A., Die antinukleare Prophetie. Zukunftsentwürfe einer sozialen Bewegung, Frankfurt/M.–New York 1982.

ULRICH, O., Technik und Herrschaft, Frankfurt/M. 1977.

WAMBACH, M. M. (Hrsg.), Der Mensch als Risiko. Zur Logik der Prävention und Früherkennung, Frankfurt/M. 1983.

WOLF, R., Der Stand der Technik-Geschichte. Strukturelemente und Funktion der Verrechtlichung technischer Risiken am Beispiel des Immissionsschutzes, Opladen 1986.

2. Politik

2.1 Demokratie und politische Theorie

ABENDROTH, W., Antagonistische Gesellschaft und politische Demokratie, Neuwied 1967.

VON ALEMANN, U. (Hrsg.), Partizipation, Demokratisierung, Mitbestimmung, Opladen 1975.

DERS. (Hrsg.), Neokorporatismus, Frankfurt/M.–New York 1981.

AGNOLI, J./BRÜCKNER, P., Die Transformation der Demokratie, Frankfurt/M. 1968.

ANDERS, G., Gewalt. Ja oder Nein?, München 1987.

ARENDT, H., Elemente und Ursprünge totaler Herrschaft, Frankfurt/M. 1955.

DIES., Elemente totaler Herrschaft, Frankfurt/M. 1961.

DIES., Über die Revolution, München 1963.

BACHRACH, P., Die Theorie demokratischer Elitenherrschaft, Frankfurt/M. 1970

VON BANDEMER, ST./WEWER, G. (Hrsg.), Regierungssystem und Regierungslehre. Fragestellungen, Analysekonzepte, Forschungsstand, Opladen 1989.

BERMBACH, U. (Hrsg.), Theorie und Praxis der direkten Demokratie, Opladen 1973.

BLEEK, W./MAULL, H. (Hrsg.), Ein ganz normaler Staat? Perspektiven nach 40 Jahren Bundesrepublik, München 1989.

BOBBIO, N., Die Zukunft der Demokratie, Berlin 1988.

BÖHRET, C./JANN, W./KRONENWETTER, E., Innenpolitik und Politische Theorie, Opladen 1988[3] (neubearbeitete und erweiterte Ausgabe).

BRACHER, K. D., Zeit der Ideologien. Eine Geschichte politischen Denkens im 20. Jahrhundert, München 1985.

BUCHHEIM, H., Theorie der Politik, München–Wien 1981.

BURNHEIM, J., Über Demokratie – Alternativen zum Parlamentarismus, Berlin 1985.

BUNDESZENTRALE FÜR POLITISCHE BILDUNG (Hrsg.), Grundlagen unserer Demokratie, Bonn 1988.

DAHRENDORF, R., Gesellschaft und Demokratie in Deutschland, München 1971.

DERS., Die Chancen der Krise, Stuttgart 1983.

DENNINGER, E. (Hrsg.), Freiheitliche demokratische Grundordnung. Materialien zum Staatsverständnis und zur Verfassungswirklichkeit in der Bundesrepublik, 2 Bde., Frankfurt/M. 1977.

DETTLING, W., Demokratisierung. Wege und Irrwege, Köln 1974.

DERS. (Hrsg.), Die Zähmung des Leviathan. Neue Wege der Ordnungspolitik, Baden-Baden 1980.

EBBIGHAUSEN, R./NECKEL, S. (Hrsg.), Anatomie des politischen Skandals, Frankfurt/M. 1989.

EDELMAN, M., Politik als Ritual. Die symbolische Funktion staatlicher Institutionen und politischen Handelns, Frankfurt/M.–New York 1976.

ELLWEIN, TH./HESSE, J. J., Das Regierungssystem der Bundesrepublik Deutschland, Opladen 1987[6] (neubearbeitete und erweiterte Auflage).

FETJÖ, F., Die Geschichte der Volksdemokratien, 2 Bde., Frankfurt/M. 1988 (erweiterte Neuausgabe).

FETSCHER, I./MÜNKLER, H. (Hrsg.), Pipers Handbuch der politischen Ideen, 5 Bde., München–Zürich 1985 ff.

DIES. (Hrsg.), Politikwissenschaft, Reinbek 1985.

FORSCHUNGSGRUPPE NEUE SOZIALE BEWEGUNGEN (Hrsg.), 40 Jahre Soziale Bewegungen: von der verordneten zur erstrittenen Demokratie, Sonderheft 1989 des Forschungsjournal Neue Soziale Bewegungen.

FORSTHOFF, E., Der Staat der Industriegesellschaft, München 1971.

FRAENKEL, E., Deutschland und die westlichen Demokratien, Stuttgart 1964.

DERS., Reformismus und Pluralismus, Hamburg 1973.

FORUM FÜR PHILOSOPHIE BAD HOMBURG (Hrsg.), Die Ideen von 1789 in der deutschen Rezeption, Frankfurt/M. 1989.

GLOTZ, P. (Hrsg.), Ziviler Ungehorsam im Rechtsstaat, Frankfurt/M. 1983.

GRUBE, F./RICHTER, G. (Hrsg.), Demokratietheorien. Konzeptionen und Kontroversen, Hamburg 1975.

GUGGENBERGER, B./KEMPF, U. (Hrsg.), Bürgerinitiativen und repräsentatives System, Opladen 1984[2].

GUGGENBERGER, B./OFFE, C. (Hrsg.), An den Grenzen der Mehrheitsdemokratie, Opladen 1984.

HABERMAS, J., Strukturwandel der Öffentlichkeit, Neuwied 1962.

DERS., Legitimationsprobleme im Spätkapitalismus, Frankfurt/M. 1973.

HARTWICH, H.-H. (Hrsg.), Gesellschaftliche Probleme als Anstoß und Folge von Politik, Kongreß der Deutschen Vereinigung für Politische Wissenschaft 1982, Opladen 1983.

HÄTTICH, M., Zornige Bürger. Vom Sinn und Unsinn des Demonstrierens, München 1984.

HENNIS, W., Demokratisierung. Zur Problematik eines Begriffs, Opladen 1970.

DERS./KIELMANSEGG, P. GRAF/MATZ, U. (Hrsg.), Regierbarkeit. Studien zu ihrer Problematisierung, Stuttgart 1977.

HIRSCHMANN, A. O., Engagement und Enttäuschung. Über das Schwanken der Bürger zwischen Privatwohl und Gemeinwohl, Frankfurt/M. 1988.

JÄNICKE, M., Staatsversagen – die Ohnmacht der Politik in der Industriegesellschaft, München 1986.

KIELMANSEGG, P. GRAF, Das Experiment der Freiheit. Zur gegenwärtigen Lage des demokratischen Verfassungsstaates, Stuttgart 1988.

KIRCHHEIMER, O., Politische Herrschaft. Fünf Beiträge zur Lehre vom Staat, Frankfurt/M. 1967.

KREMENDAHL, H., Pluralismustheorie in Deutschland, Leverkusen 1977.

VON KROCKOW, CH. GRAF, Reform als politisches Prinzip, München 1976.

DERS., Politik und menschliche Natur, Stuttgart 1987.

KÜHNHARDT, L., Die Universalität der Menschenrechte, Bonn 1987.

LUHMANN, N., Politische Planung, Opladen 1971.

DERS., Politische Theorie im Wohlfahrtsstaat, München 1981.

MACPHERSON, G. B., Demokratietheorie, München 1977.

DERS., Nachruf auf die liberale Demokratie, Frankfurt/M. 1983.

MAUS, I., Rechtstheorie und Politische Theorie im Industriekapitalismus, München 1986.

NARR, W. D./NASCHOLD, F., Theorie der Demokratie. Einführung in die moderne politische Theorie, Teil III, Stuttgart–Berlin–Köln–Mainz 1971.

NOHLEN, D./SCHULTZE, R.-O. (Hrsg.), Politikwissenschaft. Theorien – Methoden – Begriffe, 2 Halbbde., München 1985 (jetzt auch als Pipers Wörterbuch zur Politik, Bd. 1).

OBERREUTER, H. (Hrsg.), Pluralismus. Grundlegung und Diskussion, Opladen 1980.

DERS. (Hrsg.), Wahrheit statt Mehrheit? An den Grenzen der parlamentarischen Demokratie?, München 1986.

OFFE, C., Strukturprobleme des kapitalistischen Staates, Frankfurt/M. 1972.

POPPER, K. R., Die offene Gesellschaft und ihre Feinde, 2 Bde., Bern–München 1973³.

PREUß, U. K., Legalität und Pluralismus. Beiträge zum Verfassungsrecht der Bundesrepublik Deutschland, Frankfurt/M. 1973.

DERS., Politische Verantwortung und Bürgerloyalität. Von den Grenzen der Verfassung und des Gehorsams in der Demokratie, Frankfurt/M. 1984.

RÖDEL, U./FRANKENBERG, G./DUBIEL, H., Die demokratische Frage, Frankfurt/M. 1989.

RONGE, V./SCHMIEG, G., Restriktionen politischer Planung, Frankfurt/M. 1973.

ROTH, R. (Hrsg.), Parlamentarisches Ritual und politische Alternativen, Frankfurt/M.–New York 1980.

SAAGE, R., Rückkehr zum starken Staat?, Frankfurt/M. 1983.

SACK, F./STEINERT, H., Protest und Reaktion, Wiesbaden 1984.

SCHARPF, F. W., Demokratietheorie zwischen Utopie und Anpassung, Konstanz 1975².

SCHMID, TH. (Hrsg.), Entstaatlichung. Neue Perspektiven auf das Gemeinwesen, Berlin 1988.

SCHUMPETER, J. A., Kapitalismus, Sozialismus, Demokratie, München 1950.

SÖLLNER, A., Geschichte und Herrschaft. Studien zur materialistischen Sozialwissenschaft 1929–1942, Frankfurt/M. 1979.

STERNBERGER, D., Drei Wurzeln der Politik, Frankfurt/M. 1978.

TEUBNER, G., Recht als autopoietisches System, Frankfurt/M. 1989.

TOURRAINE, A./DREITZL, H. P./MOSCOVICI, S./SENNET, R. (Hrsg.), Jenseits der Krise. Wider das politische Defizit der Ökologie, Frankfurt/M. 1976.

VILMAR, F., Strategien der Demokratisierung, Darmstadt–Neuwied 1973.

VOIGT, R. (Hrsg.), Abschied vom Recht?, Frankfurt/M. 1983.

VOLLRATH, E., Grundlegung einer philosophischen Theorie des Politischen, Würzburg 1987.

WASCHKUHN, A., Politische Systemtheorie. Entwicklung, Modelle, Kritik. Eine Einführung, Opladen 1987.

WASSERMANN, R., Die Zuschauerdemokratie, Düsseldorf–Wien 1986.

WIESENDAHL, E., Moderne Demokratietheorie. Eine Einführung in ihre Grundlagen, Spielarten und Kontroversen, Frankfurt/M. 1981.

ZAPF, W. (Hrsg.), Theorien des sozialen Wandels, Köln–Berlin 1969.

ZELLENTIN, G., Abschied vom Leviathan. Ökologische Aufklärung über politische Alternativen, Hamburg 1979.

2.2 Das politische Vermittlungssystem

VON ALEMANN, U./HEINZE, R. G., Verbände und Staat. Vom Pluralismus zum Korporatismus, Opladen 1979.

VON BEYME, K., Interessengruppen in der Demokratie, München 1980⁴.

BRAND, K.-W., Neue soziale Bewegungen. Entstehung, Funktion und Perspektive neuer Protestpotentiale. Eine Zwischenbilanz, Opladen 1982.

DERS. U. A., Aufbruch in eine andere Gesellschaft. Neue soziale Bewegungen in der Bundesrepublik, Frankfurt/M.–New York 1986 (aktualisierte Neuausgabe).

DUBIEL, H., Populismus und Aufklärung, Frankfurt/M. 1986.

DUDEK, P./JASCHKE, H.-G., Entstehung und Entwicklung des Rechtsextremismus in der Bundesrepublik. Zur Tradition einer besonderen politischen Kultur, 2 Bde., Opladen 1989.

FALTER, J. W./FENNER, C./GREVEN, M. TH. (Hrsg.), Politische Willensbildung und Interessenvermittlung, Opladen 1984.

FEIT, M., Die ›neue Rechte‹ in der Bundesrepublik. Organisation – Ideologie – Strategie, Frankfurt/M.–New York 1987.

GUGGENBERGER, B., Bürgerinitiativen in der Parteiendemokratie, Stuttgart 1980.

HAUGS, P./JESSE, E. (Hrsg.), Parteien in der Krise. In- und ausländische Perspektiven, Köln 1987.

HESS, H. U. A., Angriff auf das Herz des Staates. Soziale Entwicklung und Terrorismus, 2 Bde., Frankfurt/M. 1988.

JANNING, J./LEGRAND, H.-J./ZANDER, H. (Hrsg.), Friedensbewegungen. Entwicklungen und Wirkungen in der Bundesrepublik Deutschland, Europa und den USA, Köln 1987.

KAAK, H., Geschichte und Struktur des deutschen Parteiensystems. Ein Handbuch, Opladen 1971.

LEIF, TH., Die strategische (Ohn)Macht der Friedensbewegung. Kommunikations- und Entscheidungsstrukturen in den achtziger Jahren, Opladen 1990.

LEGGEWIE, C., Die Republikaner. Phantombild der Neuen Rechten, Berlin 1990².

LEONHARDT, M., Umweltverbände. Zur Organisation von Umweltschutzinteressen in der Bundesrepublik Deutschland, Opladen 1986.

LINSE, U. U. A., Ökopax und Anarchie. Eine Geschichte der ökologischen Bewegungen in Deutschland, München 1986.

MEYER-TASCH, P.C., Die Bürgerinitiativbewegung. Der aktive Bürger als rechts- und politikwissenschaftliches Problem, Reinbeck 1985⁵ (vollständig überarbeitete Neuausgabe).

MINTZEL, A., Die Volkspartei. Typus und Wirklichkeit. Ein Lehrbuch, Opladen 1984.

DERS./OBERREUTER, H. (Hrsg.), Parteien in der Bundesrepublik Deutschland, Bonn–München 1990.

NARR, W.-D. (Hrsg.), Auf dem Weg zum Einparteienstaat, Opladen 1977.

NEGT, O./KLUGE, A., Öffentlichkeit und Erfahrung. Zur Organisationsanalyse von bürgerlicher und proletarischer Öffentlichkeit, Frankfurt/M. 1972.

OBERREUTER, H., Bewährung und Herausforderung. Zur Verfassung der Republik, München 1989.

OLSON, M., Die Logik des kollektiven Handelns. Kollektivgüter und die Theorie der Gruppen, Tübingen 1968.

OTTO, K. A., Vom Ostermarsch zur APO. Geschichte der außerparlamentarischen Opposition in der Bundesrepublik 1960–1970, Frankfurt/M.–New York 1982.

RAMMSTEDT, O., Soziale Bewegung, Frankfurt/M. 1978.

RASCHKE, J. (Hrsg.), Bürger und Parteien. Ansichten und Analysen einer schwierigen Beziehung, Bonn 1982.

ROLKE, L., Protestbewegungen in der Bundesrepublik, Opladen 1987.

ROTH, R./RUCHT, D. (Hrsg.), Neue soziale Bewegungen in der Bundesrepublik Deutschland, Frankfurt/M.–New York 1987.

RUPP, H.-K., Außerparlamentarische Opposition in der Ära Adenauer, Köln 1970.

SARCINELLI, U. (Hrsg.), Politikvermittlung. Beiträge zur politischen Kommunikationskultur, Bonn 1987.

SCHÄFER, W. (Hrsg.), Neue soziale Bewegungen: Konservativer Aufbruch im bunten Gewand?, Frankfurt/M. 1983.

SCHERER, K.-J., Jugend und soziale Bewegungen, Opladen 1988.

STAMM, K.-H., Alternative Öffentlichkeit. Die Erfahrungsproduktion neuer sozialer Bewegungen, Frankfurt/M.–New York 1988.

STÖSS, R., Die extreme Rechte in der Bundesrepublik. Entwicklung, Ursachen, Gegenmaßnahmen, Opladen 1989.

DERS. (Hrsg.), Parteien-Handbuch. Die Parteien der Bundesrepublik Deutschland 1945–1980, 4 Bde., Opladen 1986².

STREEK, W., Vielfalt und Interdependenz. Überlegungen zur Rolle von intermediären Organisationen in sich verändernden Umwelten, in: Kölner Zeitschrift für Soziologie und Sozialpsychologie, 39 (1987), S. 471ff.

WASMUTH, U.C. (Hrsg.), Alternativen zur alten Politik?, Neue soziale Bewegungen in der Diskussion, Darmstadt 1989.

WIESENDAHL, E., Parteien und Demokratie. Eine soziologische Analyse paradigmatischer Ansätze der Parteienforschung, Opladen 1980.

2.3 Politische Kultur

BUNDESZENTRALE FÜR POLITISCHE BILDUNG (Hrsg.), Die Frage nach der deutschen Identität, Bonn 1985.

DAMM, O. (Hrsg.), Nationalismus und sozialer Wandel, Hamburg 1978.

EDER, K., Geschichte als Lernprozeß? Zur Pathogenese politischer Modernität in Deutschland, Frankfurt/M. 1985.

EICHBERG, H., Nationale Identität. Entfremdung und nationale Frage in der Industriegesellschaft, München 1978.

GABRIEL, O. W., Politische Kultur, Postmaterialismus und Materialismus in der Bundesrepublik Deutschland, Opladen 1987.

GREIFFENHAGEN, M./GREIFFENHAGEN, S., Ein schwieriges Vaterland. Zur politischen Kultur Deutschlands, München 1979.

DIES../PRÄTORIUS, R. (Hrsg.), Handwörterbuch zur politischen Kultur der Bundesrepublik Deutschland. Ein Lehr- und Nachschlagewerk, Opladen 1981.

GREVERUS, I. M., Kultur und Alltagswelt. Eine Einführung in Fragen der Kulturanthropologie, München 1978.

HABERMAS, J. (Hrsg.), Stichworte zur ›geistigen Situation der Zeit‹, 2 Bde., Frankfurt/M. 1980.

HÖFFE, O., Politische Gerechtigkeit. Grundlegung einer kritischen Philosophie von Recht und Staat, Frankfurt/M. 1987.

HONOLKA, H., Schwarzrotgrün. Die Bundesrepublik auf der Suche nach ihrer Identität, München 1987.

INGLEHART, R., Kultureller Umbruch. Wertwandel in der westlichen Welt, Frankfurt/M.–New York 1989.

KERN, L./MÜLLER, H.-P. (Hrsg.), Gerechtigkeit, Diskurs oder Markt?, Opladen 1986.

KLAGES, H., Wertorientierungen im Wandel: Rückblick, Gegenwartsanalysen, Prognosen, Frankfurt/M.–New York 1984.

KOHN, H., Die Idee des Nationalismus, Frankfurt/M. 1962.

VON KROCKOW, CH. GRAF, Nationalismus als deutsches Problem, München 1970.

LEMBERG, E., Nationalismus, 2 Bde., Reinbek 1964.

MAYER, T., Prinzip Nation, Dimensionen der nationalen Frage am Beispiel Deutschlands, Opladen 1987[2].

MILLER, M., Kollektive Lernprozesse. Studien zur Grundlegung einer soziologischen Lerntheorie, Frankfurt/M. 1986.

MOORE, B., Ungerechtigkeit. Die sozialen Ursachen von Unterordnung und Widerstand, Frankfurt/M. 1982.

RAWLS, J., Eine Theorie der Gerechtigkeit, Frankfurt/M. 1975.

REICHEL, P., Politische Kultur der Bundesrepublik, Opladen 1981.

SENNETT, R., Die Tyrannei der Intimität. Verfall und Ende des öffentlichen Lebens, Frankfurt/M. 1983.

2.4 Institutionentheorie

CASTORIADIS, C., Gesellschaft als imaginäre Institution, Frankfurt/M. 1984.

FORSCHUNGSGRUPPE NEUE SOZIALE BEWEGUNGEN (Hrsg.), Institutionalisierungstendenzen der Neuen Sozialen Bewegungen, Themenschwerpunkt des Forschungsjournal Neue Soziale Bewegungen, 2 (1989) 3/4.

GIDDENS, A., Die Konstitution der Gesellschaft, Frankfurt/M.–New York 1988.

GÖHLER, G. (Hrsg.), Grundfragen der Theorie politischer Institutionen. Forschungsstand – Probleme – Perspektiven, Opladen 1987.

GRAMSCI, A., Philosophie der Praxis. Eine Auswahl, hrsg. von Ch. Riechers, Frankfurt/M. 1967.

HAFERKAMP, H./SCHMID, M. (Hrsg.), Sinn, Kommunikation und soziale Differenzierung. Beiträge zu Luhmanns Theorie sozialer Systeme, Frankfurt/M. 1982.

HARTWICH, H.-H. (Hrsg.), Macht und Ohnmacht politischer Institutionen, 17. Kongreß der Deutschen Vereinigung für Politische Wissenschaft, Opladen 1989.

HONNETH, A./JOAS, H. (Hrsg.), Kommunikatives Handeln. Beiträge zu Jürgen Habermas ›Theorie des kommunikativen Handelns‹, Frankfurt/M. 1986.

LAU, E.E., Interaktion und Institution, Berlin 1978.

LUTHARD, W./WASCHKUHN, A. (Hrsg.), Politik und Repräsentation, Beiträge zur Theorie und zum Wandel politischer und sozialer Institutionen, Marburg 1988.

NULLMEIER, F., Institutionelle Innovationen und neue soziale Bewegungen, in: Aus Politik und Zeitgeschichte, B 26/1989, S. 1–13.

ROHRMOSER, G., Die Krise der Institutionen, München 1982.

SCHARPF, F. W., Plädoyer für einen aufgeklärten Institutionalismus, in: Hartwich, H. H. (Hrsg.), Policy-Forschung in der Bundesrepublik Deutschland, Opladen 1985, S. 164–170.

SCHELSKY, H. (Hrsg.), Zur Theorie der Institutionen, Düsseldorf 1970.

SCHMALZ-BRUNS, R., Ansätze und Perspektiven der Institutionentheorie. Eine bibliographische und konzeptionelle Einführung, Wiesbaden 1989.

3. Politische Bildung

3.1 Bildungstheoretische Zugänge und methodisch-didaktische Gesichtspunkte

ADORNO, TH. W., Erziehung zur Mündigkeit, Frankfurt/M. 1970.

BEHRMANN, G.C., Soziales System und politische Sozialisation. Eine Kritik der politischen Pädagogik, Stuttgart–Berlin–Köln–Mainz 1972.

BUNDESZENTRALE FÜR POLITISCHE BILDUNG (Hrsg.), Politische Partizipation, Bonn 1985.

DIES. (Hrsg.), Erfahrungsorientierte Methoden der politischen Bildung, Bonn 1988.

CLAUSSEN, B., Methodik der politischen Bildung. Von der pragmatischen Vermittlungstechnologie zur praxisorientierten Theorie der Kultivierung emanzipatorischen politischen Lernens, Opladen 1981.

DERS., Politische Bildung und Kritische Theorie. Fachdidaktisch-methodische Dimensionen emanzipatorischer Sozialwissenschaft, Opladen 1985.

DERS., Politische Persönlichkeit und politische Repräsentation. Zur demokratietheoretischen Bedeutung subjektiver Faktoren und ihrer Sozialisationsgeschichte, Frankfurt/M. 1988.

DINER, D. (Hrsg.), Zivilisationsbruch. Denken nach Auschwitz, Frankfurt/M. 1988.

FEND, H., Die Pädagogik des Neokonservatismus, Frankfurt/M. 1984.

FORUM FÜR PHILOSOPHIE BAD HOMBURG (Hrsg.), Zerstörung des moralischen Selbstbewußtseins: Chance oder Gefährdung? Praktische Philosophie in Deutschland nach dem Nationalsozialismus, Frankfurt/M. 1988.

FREIRE, P., Pädagogik der Unterdrückten, Reinbek 1973.

GAGEL, W., Betroffenheitspädagogik oder politischer Unterricht? Kritik am Subjektivismus in der politischen Didaktik, in: Gegenwartskunde, (1985)4.

GIESECKE, H., Methodik des politischen Unterrichts, München 1984[6].

GREIFFENHAGEN, M. (Hrsg.), Kampf um Wörter? Politische Begriffe im Meinungsstreit, München–Wien 1980.

GRONEMEYER, M., Motivation und politisches Handeln, Hamburg 1976.

GROSSER, D./HÄTTICH, M./OBERREUTER, H./SUTOR, B., Politische Bildung. Grundlagen und Zielprojektionen für den Unterricht an Schulen, Stuttgart 1976.

HAGEMANN, W./HEIDBRINK, H./SCHNEIDER, M.M. (Hrsg.), Kognition und Moralität in politischen Lernprozessen. Theoretische Ansätze, Forschungsergebnisse, Anwendungsmodelle, Opladen 1982.

HANSMANN, O./MAROTZKI, W. (Hrsg.), Diskurs Bildungstheorie II: Problemgeschichtliche Orientierungen. Rekonstruktion der Bildungstheorie unter Bedingungen der gegenwärtigen Gesellschaft, Weinheim 1989.

HEYDORN, H. J., Bildungstheoretische Schriften, Bd. 1–3, Frankfurt/M. 1979/80.

HILLIGEN, W., Zur Didaktik des politischen Unterrichts. Wissenschaftliche Voraussetzungen – Didaktische Konzeptionen – Unterrichtspraktische Vorschläge, Opladen 1985[4] (völlig neubearbeitete Ausgabe).

JONAS, H., Das Prinzip Verantwortung. Versuch einer Ethik für die technologische Zivilisation, Frankfurt/M. 1979.

JUNGK, R./MÜLLERT, N., Zukunftswerkstätten, München 1981.

KLAFKI, W., Neue Studien zur Bildungstheorie und Didaktik, Weinheim-Basel 1985.

KRÜGER, H. H. (Hrsg.), Abschied von der Aufklärung? Perspektiven der Erziehungswissenschaft, Opladen 1990.

LIND, G./RASCHERT, J. (Hrsg.), Moralische Urteilsfähigkeit. Eine Auseinandersetzung mit Lawrence Kohlberg über Moral, Erziehung und Demokratie, Weinheim-Basel 1987.

MEYER, TH./MILLER, S. (Hrsg.), Zukunftsethik und Zukunftsgesellschaft, München 1986.

MEYER-ABICH, K. M., Wege zum Frieden mit der Natur – Praktische Naturphilosophie für die Umweltpolitik, München 1984.

DERS., Wissenschaft für die Zukunft – Holistisches Denken in ökologischer und gesellschaftlicher Verantwortung, München 1988.

MICKEL, W. W., Methodik des politischen Unterrichts, Frankfurt/M. 1980.

NEGT, O., Soziologische Phantasie und exemplarisches Lernen, Frankfurt/M. 1966.

NIEDERSÄCHSISCHE LANDESZENTRALE FÜR POLITISCHE BILDUNG (Hrsg.), Wertwandel und Erziehung in der Schule, Hannover 1984.

NITZSCHKE, V./SANDMANN, J. (Hrsg.), Neue Ansätze zur Methodik des Politischen Unterrichts, Stuttgart 1982.

OSER, F. u. a. (Hrsg.), Transformation und Entwicklung. Grundlagen der Moralerziehung, Frankfurt/M. 1986.

OSTERMANN, A./NICKLAS, H., Vorurteile und Feindbilder, Weinheim-Basel 1982.

PLEINES, J. E. (Hrsg.), Bildungstheorien. Probleme und Positionen, Freiburg–Basel–Wien 1978.

RICHTER, D., Bedingungen emanzipatorischer politischer Lernprozesse. Über den Zusammenhang von lebensweltlicher Erfahrung mit kognitiver Entwicklung, Frankfurt/M. 1989.

ROTHE, K. (Hrsg.), Unterricht und Didaktik der politischen Bildung in der Bundesrepublik. Aktueller Stand und Perspektiven, Opladen 1989.

SANDER, W., Effizienz und Emanzipation. Prinzipien verantwortlichen Urteilens und Handelns. Eine Grundlegung zur Didaktik der politischen Bildung, Opladen 1984.

SCHIELE, S./SCHNEIDER, H., Das Konsensproblem in der politischen Bildung, Stuttgart 1977.

DIES. (Hrsg.), Konsens und Dissens in der politischen Bildung, Stuttgart 1987.

SÜNKER, H., Bildung, Alltag und Subjektivität. Elemente zu einer Theorie der Sozialpädagogik, Weinheim 1989.

SUTOR, B., Neue Grundlegung politischer Bildung, 2 Bde., Paderborn 1984.

ZIEHE, TH./STUBENRAUCH, H., Plädoyer für ungewöhnliches Lernen. Ideen zur Jugendsituation, Reinbek 1982.

3.2 Arbeitsfelder und Ansatzpunkte

ACKERMANN, H. u. a., Technikentwicklung und politische Bildung, Opladen 1988.

ALBRECHT, G./ALLWARDT, U./UHLIG, P./WEINREUTER, E. (Hrsg.), Handbuch Medienarbeit, Opladen 1979.

BAST, R., Friedenspädagogik. Möglichkeiten und Grenzen einer Erziehung zum Frieden, Düsseldorf 1982.

BAUER, TH. A., Medienpädagogik. Einführung und Grundlegung, 3 Bde., Wien–Köln–Graz 1979/80.

BEER, W., Ökologische Aktion und ökologisches Lernen. Erfahrungen und Modelle für die politische Bildung, Opladen 1982.

BRANDT, S. H., Verbrauchererziehung. Vorschläge für einen Unterricht über selbstbestimmtes Konsumverhalten, Berlin 1982.

BUNDESZENTRALE FÜR POLITISCHE BILDUNG (Hrsg.), Europäische Themen im Unterricht. Ökonomie, Ökologie, Frieden, Sicherheit, Neue Technologien, Bonn 1987.

DIES. (Hrsg. in Zusammenarbeit mit der DEUTSCHEN UNESCO-Kommission), Menschenrechte. Arbeitshilfen für die politische Bildung, 6 Bde., Bonn 1988².

DIES. (Hrsg. in Zusammenarbeit mit dem UMWELTBUNDESAMT und dem LANDESVERBAND DER VOLKSHOCHSCHULEN NIEDERSACHSENS), Ökologie in der Erwachsenenbildung, 6 Bde., Bonn 1988².

CALLIESS, J. (Hrsg.), Gewalt in der Geschichte. Beiträge zur Gewaltaufklärung im Dienste des Friedens, Düsseldorf 1983.

DUDEK, P. (Hrsg.), Hakenkreuz und Judenwitz. Antifaschistische Jugendarbeit in der Schule, Bensheim 1980.

ESSINGER, H./UÇAR, A. (Hrsg.), Erziehung in der multikulturellen Gesellschaft, Baltmannsweiler 1984.

FRIEDRICHS, P. M., Menschenrechtserziehung in der Schule. Ein kognitionspsychologisch orientiertes Konzept für den Politikunterricht mit Vorschlägen und Anregungen für menschenrechtskonformes Handeln, Opladen 1983.

GIESECKE, H., Leben nach der Arbeit. Ursprünge und Perspektiven der Freizeitpädagogik, München 1983.

HAFENEGER, B./PAUL, G./SCHOSSIG, B. (Hrsg.), Dem Faschismus das Wasser abgraben? Zur Auseinandersetzung mit dem Rechtsradikalismus, München 1981.

HEITMEYER, W. (Hrsg.), Jugend – Staat – Gewalt. Politische Sozialisation von Jugendlichen. Jugendpolitik und politische Bildung, Weinheim–München 1989.

MICHELSEN, G./SIEBERT, H., Ökologie lernen, Frankfurt/M. 1985.

MICKEL, W. W., Die ›Europäische Dimension‹ im Unterricht. Begründungen, Dokumente, Vorschläge (Europäische Akademie Berlin), Berlin 1984.

MÜLLER, H., Die deutsche Frage in Wissenschaft und Unterricht. Rahmenbedingungen eines Konzepts deutschlandpolitischer Bildung in der gymnasialen Oberstufe, Frankfurt/M. 1981.

NITSCHKE, V. (Hrsg.), Multikulturelle Gesellschaft – multikulturelle Erziehung?, Stuttgart 1982.

OPASCHOWSKI, H. W., Pädagogik der Freizeit, Bad Heilbrunn 1976.

RAJEWSKI, CH./SCHMITZ, A., Nationalsozialismus und Neonazismus. Ein Reader für Jugendarbeit und Schule, Düsseldorf 1988.

SCHMACK, E., Chancen der Umwelterziehung. Grundlagen einer Umweltpädagogik und Umweltdidaktik, Düsseldorf 1982.

SCHREINER, G./SCHWEITZER, J. (Hrsg.), Friedensfähigkeit statt Friedlichkeit. Positionen zur Friedenserziehung, Stuttgart 1986.

SCHULENBERG, W. (Hrsg.), Erwachsenenbildung, Darmstadt 1978.

TREML, A. K., Pädagogik-Handbuch Dritte Welt, Wuppertal 1982.

TREUHEIT, W./OTTEN, H., Akkulturation junger Ausländer in der Bundesrepublik Deutschland. Probleme und Konzepte, Opladen 1986.

ZITZLAFF, D., Multikulturelle Gesellschaft und politisches Lernen. Eine Auswahlbibliographie 1984–1989, in: Materialien zur Politischen Bildung, (1989) 2, S. 56–62.

3.3 Bestandsaufnahmen und Analysen

ACKERMANN, H., Aufklärung durch politische Bildung? Ausgewählte Fragen zu ihrem Selbstverständnis, Hamburg 1989.

ASSEL, H.-G., Zur Ortsbestimmung politischer Bildung in der Bundesrepublik Deutschland. Reflexionen über neuere Denkansätze politischer Erziehung, Frankfurt/M. 1981.

DERS., Über Hauptprobleme politischer Bildung in der Bundesrepublik Deutschland. ›Veränderung‹ als Leitmotiv politischer Bildungstheorie im Wandel der Zeit, Frankfurt/M. 1983.

BENDIX-ENGEL, U./LANGGUTH, G. (Hrsg.), Politische Bildung heute (Forschungsbericht der Konrad-Adenauer-Stiftung), Melle 1984.

BRIESE, V./ HEITMEYER, W./KLÖNNE, A. (Hrsg.), Entpolitisierung der Politikdidaktik? Politische Bildung zwischen Reform und Gegenreform, Weinheim–Basel 1981.

BROCK, A./HINDRICHS, W./MÜLLER, H. D./NEGT, O. (Hrsg.), Lernen und Verändern. Zur soziologischen Phantasie und exemplarischem Lernen in der Arbeiterbildung, Marburg 1988².

BUNDESZENTRALE FÜR POLITISCHE BILDUNG (Hrsg.), Zukunft der Weiterbildung. Eine Standortbestimmung, Bonn 1988.

DIES. (Hrsg.), Politische Bildung an Berufsschulen, Bonn 1987.

CLAUẞEN, B., Entwicklungen und Tendenzen neuerer Überlegungen zur sozialwissenschaftlich-politischen Bildung, in: Neue Politische Literatur: Forschungsberichte zur internationalen Literatur 2 (Politische Bildung in der Forschungsdiskussion), Stuttgart 1986.

DEUTSCHE VEREINIGUNG FÜR POLITISCHE BILDUNG (Hrsg.), Politische Bildung in den Achtzigerjahren. Erster Bundeskongreß für politische Bildung Gießen 1982, Stuttgart 1983. (Der zweite Bundeskongreß für politische Bildung der DVpB wurde vom ARBEITSKREIS DEUTSCHER BILDUNGSSTÄTTEN in Bonn (o. J.) dokumentiert; die Diskussionen des dritten Bundeskongresses führten zu einer Veröffentlichung durch die BUNDESZENTRALE FÜR POLITISCHE BILDUNG (Hrsg.), Europäische Themen im Unterricht, Bonn 1987.)

ECKARDT, E./NOLL, A./SCHANZ, H., Politische Bildung in der Bundeswehr. Erfahrungen und Konzepte, Bonn 1986.

ENSEL, F.-J., Richtige Angst und falsche Furcht. Psychologische Friedensvorbereitung und der Beitrag der Pädagogik, Frankfurt/M. 1984.

FISCHER, K. G., ›Krise‹ – ›Misere‹ – ›Elend‹: Politische Bildung heute. Ein Literaturbericht, in: Zeitschrift für Pädagogik, (1987) 4, S. 547–564.

DERS. (Hrsg.), Zum aktuellen Stand des Theorie und Didaktik der Politischen Bildung, Stuttgart 1986⁵.

GAGEL, W./MENNE, D. (Hrsg.), Politikunterricht. Handbuch zu den Richtlinien NRW, Opladen 1988.

GRAMMES, T., Gibt es einen verborgenen Konsens in der Politikdidaktik?, in: Aus Politik und Zeitgeschichte, B 51–52/1986, S. 15–26.

HEITMEYER, W., Rechtsextremistische Orientierungen bei Jugendlichen. Empirische Ergebnisse und Erklärungsmuster einer Untersuchung zur politischen Sozialisation, Weinheim–München 1987.

HILMAR, P./SÜNKER, H./WILLIGMANN, S. (Hrsg.), Politische Jugendbildungsarbeit. Eine Einführung in Probleme kurzzeitpädagogischer Arbeit, Frankfurt/M. 1982.

JANSSEN, B., Wege politischen Lernens. Methodenorientierte Politikdidaktik als Alternative zur Pädagogik der guten Absichten, Frankfurt/M. 1986.

KNÜTTER, H.H. (Hrsg.), Bibliographie zur Politischen Bildung. Themen – Methoden – Didaktik, Bonn 1985.

KUHN, H.-W./MASSING, P. (Hrsg.), Politische Bildung in Deutschland. Entwicklung – Stand – Perspektiven, Opladen 1989.

LUTZ, D.S. (Hrsg.), Weder Wehrkunde noch Friedenserziehung? Der Streit in der Kultusministerkonferenz 1980/83, Baden-Baden 1984.

MARKMANN, H.-J. (Hrsg.), Beschlüsse, Erklärungen, Empfehlungen der Kultusministerkonferenz. Geschichtsunterricht, Geographieunterricht, Politische Bildung (Arbeitspapiere des Pädagogischen Zentrums), Berlin 1982.

MATERIALIEN ZUR POLITISCHEN BILDUNG (Sonderheft), Politische Bildung 2000, Bonn 1989.

MAX-PLANCK-INSTITUT FÜR BILDUNGSFORSCHUNG – PROJEKTGRUPPE BILDUNGSARBEIT (Hrsg.), Bildung in der Bundesrepublik. Daten und Analysen, Bd. 1: Entwicklungen seit 1950, Reinbek 1980.

MICKEL, W. W./ZITZLAFF, D. (Hrsg.), Handbuch zur politischen Bildung, Opladen 1988.

NITZSCHKE, V./SANDMANN, F. (Hrsg.), Metzler Handbuch für den Politischen Unterricht, Stuttgart 1987.

DAS PARLAMENT, 34/1989: Themenausgabe Politische Bildung.

POLITISCHE BILDUNG, (1986) 3, Der Politikunterricht der achtziger Jahre – Kritik und Impulse.

SANDER, W., Zur Geschichte und Theorie der politischen Bildung. Allgemeinbildung und fächerübergreifendes Lernen in der Schule, Marburg 1989.

SARCINELLI, U. U.A. Politikvermittlung und Politische Bildung. Herausforderungen für die außerschulische politische Bildung, Bad Heilbrunn 1990.

SCHIELE, S. (Hrsg.), Politische Bildung im öffentlichen Auftrag, Stuttgart 1982.

DERS./SCHNEIDER, H. (Hrsg.), Die Familie in der politischen Bildung – Konsens auf dem Prüfstand, Stuttgart 1980.

SCHLUTZ, E. (Hrsg.), Erwachsenenbildung zwischen Schule und sozialer Arbeit. Einführende Beiträge in gegenwärtige Aufgaben und Handlungsprobleme, Bad Heilbrunn 1983.

SCHWÄNKE, U. (Hrsg.), Innere und äußere Schulreform, Hamburg 1989.

SIEBERT, H. (Hrsg.), Taschenbuch der Weiterbildungsforschung, Baltmannsweiler 1979.

SIEVERING, U. O. (Hrsg.), Politische Bildung als Leistung der Schule. Beiträge zu einer Bestandsaufnahme der Hessischen Gesellschaftslehre, Frankfurt/M. 1990.

STEFFENS, G., Der neue Irrationalismus in der Bildungspolitik. Zur pädagogischen Gegenreform am Beispiel der hessischen Rahmenrichtlinien, Frankfurt/M.–New York 1984.

THOMAS, H./ELSTERMANN, G. (Hrsg.), Bildung und Beruf, Berlin–Heidelberg–New York–Tokyo 1986.

TIETGENS, H., Zur Lage der außerschulischen politischen Bildung, in: Gegenwartskunde (1987) 4, S. 433–442.

WEILER, H., Politische Erziehung oder sozialwissenschaftlicher Unterricht?, Frankfurt/M. 1985.

WEINBRENNER, P., Zu Theorie und Praxis der politischen Bildung an beruflichen Schulen, Alsbach 1987.

WIDMAIER, B., Die Bundeszentrale für politische Bildung. Ein Beitrag zur Geschichte staatlicher politischer Bildung in der Bundesrepublik Deutschland, Frankfurt/M.–Bern–New York–Paris 1987.

WOCHENSCHAU-SONDERAUSGABE, Politische Bildung. Analysen und Modelle, Schwalbach 1989.

Die Autoren

BECK, ULRICH, geb. 1944, Dr. phil., Professor für Soziologie an der Universität Bamberg, Herausgeber der Zeitschrift „Soziale Welt". – *Veröffentlichungen u. a.:* Soziologie der Arbeit und der Berufe, Reinbek 1980 (zus. mit M. Brater/H.-J. Daheim); Risikogesellschaft. Auf dem Weg in eine andere Moderne, Frankfurt/M. 1986; Das ganz normale Chaos der Liebe, Frankfurt/M. 1990 (zus. mit E. Beck – Gernsheim).

BUST-BARTELS, AXEL, geb. 1947, Dr. rer. pol., Wiss. Mitarbeiter und Lehrbeauftragter am Seminar für Politikwissenschaft an der Georg-August-Universität Göttingen. – *Veröffentlichungen u. a.:* Herrschaft und Widerstand in den DDR-Betrieben. Leistungsentlohnung, Arbeitsbedingungen, innerbetriebliche Konflikte und technologische Entwicklung, Frankfurt/M. – New York 1980; Recht auf Einkommen?, in: Aus Politik und Zeitgeschichte, B 28/1984; Skandal Massenarbeitslosigkeit. Zwischen passivem Staat und alternativer Arbeitsmarktpolitik, Opladen 1990.

CLAUßEN, BERNHARD, geb. 1948, Dr. phil. habil., Professor am Institut für Didaktik der Politik an der Universität Hamburg, Vorsitzender des Research Committee on Political Education der Internationalen Political Science Association. – *Veröffentlichungen u. a.:* Politische Bildung und Kritische Theorie. Fachdidaktisch-methodische Dimensionen emanzipatorischer Sozialwissenschaft, Opladen 1984; Politische Persönlichkeit und politische Repräsentation. Zur demokratietheoretischen Bedeutung subjektiver Faktoren und ihrer Sozialisationsgeschichte, Frankfurt/M. 1988; (Hrsg.) Politisierung des Menschen. Instanzen der politischen Sozialisation, Weinheim 1990 (zus. mit R. Geißler).

ECKERT, ROLAND, geb. 1937, Dr. phil., Professor für allgemeine Soziologie an der Universität Trier. – *Veröffentlichungen u. a.:* Ausgrenzung einer neuen Unterschicht? Technischer Fortschritt und Arbeitslosigkeit, in: Die Neue Gesellschaft/Frankfurter Hefte, 33 (1986) 12, S. 1153–1156; Persönliche Beziehungen im Medienzeitalter, in: Themen, (1984) 4, S. 10–13 (zus. mit R. Winter); Sozialer Wandel und das Verhältnis der Generationen, in: H. Bertram u. a. (Hrsg.), Blickpunkt Familie, Weinheim-München 1989, S. 41–67.

EDER, KLAUS, geb. 1946, Dr. rer. soc., Professor für Soziologie am European University Institute in Florenz. – *Veröffentlichungen u. a.:* Die Entstehung staatlich organisierter Gesellschaften, Frankfurt/M. 1976; Geschichte als Lernprozeß? Zur Pathogenese politischer Modernität in Deutschland, Frankfurt/M. 1985; Die Vergesellschaftung der Natur. Studien zur sozialen Evolution der praktischen Vernunft, Frankfurt/M. 1988.

ENDERS-DRAGÄSSER, UTA, geb. 1940, Dr. rer. soz., Projektleitungen, Lehraufträge, Mitbegründerin und Wiss. Mitarbeiterin des autonomen Frankfurter Instituts für Frauenforschung e. V. – *Veröffentlichungen u. a.:* Die Mutterdressur. Eine Untersuchung zur schulischen Sozialisation der Mütter und ihren Folgen, am Beispiel der Hausaufgaben, Basel 1981; Jungensozialisation in der Schule. Eine Expertise, in: Gemeindedienste und Männerarbeit der Evangelischen Kirche Hessen-Nassau, Darmstadt 1988 (zus. mit C. Fuchs); (Hrsg.: D. Wunder) Interaktionen der Geschlechter. Sexismusstrukturen in der Schule. Veröffentlichung der Max-Traeger-Stiftung, Bd. 10, Weinheim-München 1989 (zus. mit C. Fuchs).

FAMULLA, GERD-E., geb. 1941, Dr. rer. pol. habil., Privatdozent an der Fakultät für Soziologie an der Universität Bielefeld, zur Zeit Wiss. Mitarbeiter im Sekretariat der Enquete-Kommission „Zukünftige Bildungspolitik – Bildung 2000" des Deutschen Bundestages. –*Veröffentlichungen u. a.:* Geschichtsbegriff und Politische Ökonomie. Untersuchungen zu einem problematisch gewordenen Selbstverständnis, Frankfurt/M. – New York 1978; Umweltorientiertes Management, in: W. Fricke u. a. (Hrsg.), Jahrbuch Arbeit und Technik in Nordrhein-Westfalen 1988, Bonn 1988; Ausbildung und Beruf in der Privatgesellschaft, in: A. Bernhard/ D. Sinnhart-Pallin (Hrsg.), Bildung für Emanzipation und Überleben, Weinheim 1989.

GAGEL, WALTER, geb. 1926, Dr. phil., em. Professor für politische Bildung am Erziehungswissenschaftlichen Fachbereich der Technischen Universität Braunschweig, Herausgeber der Zeitschriften „Politische Bildung" und „Gegenwartskunde". – *Veröffentlichungen u. a.:* Politik – Didaktik – Unterricht. Einführung in didaktische Konzeptionen, Stuttgart 1981²; Einführung in die Didaktik des politischen Unterrichts, Opladen 1983; Unterrichtsplanung Politik/Sozialkunde, Opladen 1986.

GEORGE, SIEGFRIED, geb. 1933, Dr. phil., Professor für Didaktik der Gesellschaftswissenschaften an der Justus-Liebig-Universität Gießen, Vorstandsmitglied der Deutschen Vereinigung für politische Bildung. – *Veröffentlichungen u. a.:* Ich empöre mich, also sind wir, in: S. Schiele/ H. Schneider (Hrsg.), Konsens und Dissens in der politischen Bildung, Stuttgart 1987; Chancen und Risiken der Neuen Technologien, Stuttgart 1988; Abstand/Distanz in sozialen Bereichen, in: mathematik lehren, 32 (1989).

GREINERT, WOLF-DIETRICH, geb. 1938, Dr. phil., Professor für Berufspädagogik am Institut für berufliche Bildung und Weiterbildungsforschung an der Technischen Universität Berlin. – *Veröffentlichungen u. a.:* Schule als Instrument sozialer Kontrolle und Objekt privater Interessen, Hannover 1975; Das Berufsgrundbildungsjahr, Frankfurt/M. – New York 1984; Berufsfeld und Qualifizierung von Betriebsausbildern, Berlin 1989 (zus. mit H. Passe–Tietjen und H. Stiehl).

GUGGENBERGER, BERND, geb. 1946, Dr. phil., Professor für politische Wissenschaft an der Freien Universität Berlin. *Veröffentlichungen u. a.:* Sein oder Design. Zur Dialektik der Abklärung, Berlin 1987; Das Menschenrecht auf Irrtum. Eine Anleitung zur Unvollkommenheit, München 1987; Wenn uns die Arbeit ausgeht. Die aktuelle Diskussion um Arbeitszeitverkürzung, Einkommen und die Grenzen des Sozialstaats, München 1988.

HILLIGEN, WOLFGANG, geb. 1916, em. Professor für Didaktik der Gesellschaftswissenschaften an der Justus-Liebig-Universität Gießen. – *Veröffentlichungen u. a.:* Plan und Wirklichkeit im sozialkundlichen Unterricht. Untersuchungen, Erfahrungen und Vorschläge, Frankfurt/M. 1955; Unterrichtswerk Sehen – Beurteilen – Handeln, Frankfurt 1957 ff.; Zur Didaktik des politischen Unterrichts, Opladen 1975 und 1985.

HRADIL, STEFAN, geb. 1946, Dr. rer. pol. habil., arbeitet am Institut für Soziologie der Ludwig-Maximilians-Universität München. – *Veröffentlichungen u. a.:* Soziale Ungleichheit in der Bundesrepublik Deutschland, Opladen 1988⁶ (zus. mit K. M. Bolte); Sozialstrukturanalyse in einer fortgeschrittenen Gesellschaft, Opladen 1989²; (Hrsg. zus. mit P. A. Berger), Lebenslagen, Lebensläufe, Lebensstile, Soziale Welt, Sonderband 7, Göttingen 1990.

KLAFKI, WOLFGANG, geb. 1927, Dr. phil., Professor für Erziehungswissenschaft an der Philipps-Universität Marburg. – *Veröffentlichungen u. a.:* Die Pädagogik Theodor Litts – eine kritische Vergegenwärtigung, Kronberg/Ts. 1982; Neue Studien zur Bildungstheorie und Didaktik, Weinheim 1985; (Hrsg.) Verführung – Distanzierung – Ernüchterung. Kindheit und Jugend im Nationalsozialismus, Autobiographisches aus erziehungswissenschaftlicher Sicht, Weinheim 1988.

LEIPERT, CHRISTIAN, geb. 1944, Dr. rer. pol., Wiss. Mitarbeiter am Wissenschaftszentrum Berlin für Sozialforschung. – *Veröffentlichungen u. a.:* Grundfragen einer ökologisch ausgerichteten Wirtschafts- und Umweltpolitik, in: Aus Politik und Zeitgeschichte, B 27/1988; Illusionäres Wachstum, in: Scheidewege. Jahresschrift für skeptisches Denken, 18 (1988/89); Die heimlichen Kosten des Fortschritts. Wie Umweltzerstörung das Wirtschaftswachstum fördert, Frankfurt/M. 1989.

METTLER-MEIBOM, BARBARA, geb. 1947, Dr. phil., Professorin für Politikwissenschaft mit dem Schwerpunkt Kommunikation und Medien an der Universität Gesamthochschule Essen. – *Veröffentlichungen u. a.:* Über die Chancen sozialer Vernunft in technologie-politischen Entscheidungsprozessen, Opladen 1986; Soziale Kosten in der Informationsgesellschaft. Überlegungen zu einer Kommunikationsökologie. Ein Exkurs, Frankfurt/M. 1987; Kommunikationsökologie als Herausforderung an unser Denken und Handeln, in: C. Schmidt u. a. (Hrsg.), Medien – Menschen, Frankfurt/M. 1988.

MEYER-ABICH, KLAUS MICHAEL, geb. 1936, Dr. phil., Professor für Naturphilosophie im Kulturwissenschaftlichen Institut des Wissenschaftszentrums Nordrhein-Westfalen und an der Universität Gesamthochschule Essen, 1984–1987 Senator für Wissenschaft und Forschung der Freien Hansestadt Hamburg, seit 1987 Mitglied der Enquete-Kommission „Vorsorge zum Schutz der Erdatmosphäre" des Deutschen Bundestages. – *Veröffentlichungen u. a.:* Wege zum Frieden mit der Natur – Praktische Naturphilosophie für die Umweltpolitik, München 1984; Die Grenzen der Atomwirtschaft – Die Zukunft von Energie, Wirtschaft und Gesellschaft, München 1986 (zus. mit B. Schefold); Wissenschaft für die Zukunft – Holistisches Denken in ökologischer und gesellschaftlicher Verantwortung, München 1988.

OBERREUTER, HEINRICH, geb. 1942, Dr. phil., Professor für Politikwissenschaft an der Universität Passau. – *Veröffentlichungen u. a.:* Stimmungsdemokratie, Zürich 1987; Bewährung und Herausforderung. Zum Verfassungsverständnis in der Bundesrepublik Deutschland, München 1989; (Hrsg.) Parteien in der Bundesrepublik (zus. mit A. Mintzel), Bonn 1990.

OPIELKA, MICHAEL, geb. 1956, Dipl.-Päd., 1983–1987 Wiss. Mitarbeiter der Bundestagsfraktion der Grünen für Sozialpolitik; Geschäftsführer des „Institut für Sozialökologie" in Hennef bei Bonn. – *Veröffentlichungen u. a.:* (Hrsg.) Das garantierte Grundeinkommen, Frankfurt/M. 1986 (zus. mit G. Vobruba); (Hrsg.) Umbau des Sozialstaats, Essen 1987 (zus. mit I. Ostner); Einige Grundfragen sozialökologischer Theorie und Politik, in: Zeitschrift für Philosophie, (1990) 8 und 9, Berlin/DDR (im Erscheinen).

OTTEN, HENDRIK, geb. 1946, Dr. disc. pol., Leiter des Instituts für angewandte Kommunikationsforschung in der außerschulischen Bildung – IKAB e. V. und des IKAB-Bildungswerkes e. V., Lehrbeauftragter am Institut für Politikwissenschaft an der Technischen Hochschule Darmstadt. – *Veröffentlichungen u. a.:* Zur politischen Didaktik interkulturellen Lernens, Opladen 1985; Akkulturation junger Ausländer in der Bundesrepublik Deutschland, Opladen 1986 (zus. mit W. Treuheit); Bildung für Europa. Interkulturelles Lernen in europäischen Jugendbegegnungen, Opladen 1990 (zus. mit W. Treuheit und B. Janssen).

SARCINELLI, ULRICH, geb. 1946, Professor für Politikwissenschaft am Seminar Wirtschaft/Politik und ihre Didaktik an der Pädagogischen Hochschule Kiel. – *Veröffentlichungen u. a.:* (Hrsg.) Politikvermittlung. Beiträge zur politischen Kommunikationskultur, Bonn 1987; Symbolische Politik, Opladen 1987; Politikvermittlung und politische Bildung, Bad Heilbrunn 1990.

SIEBERT, HORST, geb. 1939, Dr. phil., Professor für Erwachsenenbildung an der Universität Hannover. – *Veröffentlichungen u. a.:* Erwachsenenbildung in der Erziehungsgesellschaft der

DDR, Düsseldorf 1970; Erwachsenenbildung als Bildungshilfe, Bad Heilbrunn 1983; Die vergeudete Umwelt – Steht die Dritte Welt vor dem ökologischen Bankrott?, Frankfurt/M. 1990.

SUTOR, BERNHARD, geb. 1930, Dr. phil., Professor für Politikwissenschaft an der Katholischen Universität Eichstätt mit den Schwerpunkten Politische Bildung und Christliche Gesellschaftslehre. – *Veröffentlichungen u. a.:* Neue Grundlegung politischer Bildung, 2 Bde., Paderborn 1984; Politik – Ein Lehr- und Arbeitsbuch für den Politikunterricht der Sekundarstufe II, Paderborn 1987[2] (Neubearbeitung); Lehrerhandbuch Politik zum Lehr- und Arbeitsbuch, Paderborn 1989.

WEINBRENNER, PETER, geb. 1936, Dr. rer. pol., Professor für Wirtschaftswissenschaften und Didaktik der Wirtschafts- und Sozialwissenschaften an der Universität Bielefeld. – *Veröffentlichungen u. a.:* (Hrsg.) Politische Bildung an beruflichen Schulen zwischen Kammerprüfung und eigenständigem Bildungsauftrag, Alsbach 1989; »Zukunftswerkstätten« – Eine Methode zur Verknüpfung von ökonomischem, ökologischem und politischem Lernen, in: Gegenwartskunde, 37 (1988) 4; Ökonomie und Ökologie im politischen Interessenkonflikt, in: Bundeszentrale für politische Bildung (Hrsg.), Grundfragen der Ökonomie, Bonn 1989.